Von J. Happel
Dalia Falvado(?)

Berlin, Januar 2013

Von Moskau lernen?

Uczyć się od Moskwy?

Learning from Moscow?

Von Moskau lernen?
Architektur und Städtebau des Sozialistischen Realismus.
Denkmaldialog Warschau–Berlin 2011 – eine Dokumentation

Uczyć się od Moskwy?
Architektura i Urbanistyka Socrealizmu.
Dialog o zabytkach Warszawa–Berlin 2011 – Dokumentacja

Learning from Moscow?
Architecture and Urban Design of Socialist Realism.
Heritage Dialogue Warsaw–Berlin 2011 – a Documentation

Beiträge zur Denkmalpflege in Berlin, Band 38

Herausgegeben vom Landesdenkmalamt Berlin
und Biuro Stołecznego Konserwatora Zabytków Warszawa

mit einem Grußwort von ICOMOS Deutschland und ICOMOS Polen
und Beiträgen von

Marek Barański
Arnold Bartetzky
Aneta Borowik
Szymon Brzezowski
Sigrid Brandt
Krzysztof Charewicz
Wojciech Ciepiela
Christina Czymay
Dmitrij Chmelnizki
Maria Dydek
Antje Graumann
Jörg Haspel
Waldemar Komorowski
Klaus von Krosigk
Kristina Laduch
Eugenij Morozow
Ewa Nekanda Trepka
Antoni Oleksicki
Katarzyna Rogalska
Halina Rojkowska-Tasak
Bernadeta Schäfer
Michał Smoktunowicz
Svitlana Smolenska
Christian Steinmeier
Aleksandra Sumorok
Dominika Szewczykiewicz
Bogusław Szmygin
Paulina Świątek
Irina Tulbure
Maria Wojtysiak
Urszula Zielińska-Meissner

Titelbild: Montage aus Palast der Kultur und Wissenschaft in Warschau, (Jörg Haspel) und Turmhochhaus Frankfurter Tor in Berlin (Wolfgang Bittner), als Titelbildhintergrund: Flachrelief »Eröffnung des MDM« (Tomasz Kubaczyk)

Umschlagrückseite: Wohnhaus in der Mochovaja Straße in Moskau von Ivan Zoltovskij aus dem Jahr 1934 (»30 Jahre sowjetische Architektur in der RSFSR«, Leipzig, 1951)

Die Tagungen und die vorliegende Dokumentation des Denkmaldialogs Berlin–Warschau 2011 wurden mit großzügiger Unterstützung der Meridian Stiftung Berlin, der Stiftung für deutsch-polnische Zusammenarbeit, der Senatskanzlei und der Senatsverwaltung für Stadtentwicklung und Umwelt Berlin, den Stadtverwaltungen Warschau und Krakau, des Hauses der Begegnungen mit der Geschichte (Dom Spotkań z Historią/ Warschau), des Deutschen Historischen Museums Berlin, der Berliner Festspiele Martin-Gropius-Bau, des Polnischen Instituts Berlin, der Deutsch-Polnischen Stiftung für Kulturpflege und Denkmalschutz und der Gruppe Capital Park, des Bank- und Finanzzentrums »Nowy Świat« AG sowie Winfried Brenne Architekten Berlin ermöglicht. Die Organisatoren, Herausgeber und der Verlag danken für die verständnisvolle Förderung.

Die Deutsche Bibliothek – CIP Einheitsaufnahme
Von Moskau lernen?
Architektur und Städtebau des Sozialistischen Realismus.
Denkmaldialog Warschau-Berlin 2011 – eine Dokumentation
1. Auflage: Nicolai Verlag Berlin
(Nicolaische Verlagsbuchhandlung GmbH)
Beiträge zur Denkmalpflege in Berlin, Band 38

© by Landesdenkmalamt Berlin
Biuro Stołecznego Konserwatora Zabytków Warszawa
Nicolai Verlag Berlin
Erstauflage Berlin 2012

Herausgeber: Landesdenkmalamt Berlin
und Biuro Stołecznego Konserwatora Zabytków Warszawa
Koordination: Bernadeta Schäfer und Christian Steinmeier mit Katarzyna Zawiła und Antje Graumann
Redaktion: Bernadeta Schäfer

nicolai *Der Hauptstadtverlag*
© 2012 Nicolaische Verlagsbuchhandlung GmbH, Berlin
Herstellung: Virginia Illner
Printed in the EU
Alle Rechte vorbehalten
ISBN 978-3-89479-761-4

Inhalt

11   Editorial/Przedmowa wydawców/Editorial

12   Grußwort/Słowo wstępne/Welcome Address

I. Das Erbe des Sozialistischen Realismus in Warschau
Dziedzictwo Socrealizmu w Warszawie
The Heritage of Socialist Realism in Warsaw

20   *Ewa Nekanda Trepka*
Romantik, Realismus, Revolution. Das architektonische Erbe des Sozialistischen Realismus in Warschau
Romantyzm, Realizm i Rewolucja. Dziedzictwo architektury Socrealizmu w Warszawie
Romaticism, Realism and Revolution. The Architectural Heritage of Socialist Realism in Warsaw

30   *Michał Smoktunowicz*
De architettura libri quattro. Das architektonische Erbe des Sozrealismus. Ein Bewertungsversuch
De architettura libri quattro. Dziedzictwo architektoniczne Socrealizmu. Próba oceny zjawisk
De architettura libri quattro. The Architectural Heritage of Socialist Realism. An Attempt of Assessment

37   *Antoni Oleksicki*
Architektur des Sozialistischen Realismus. Planung und Ausführung
Architektura socrealistyczna. Plany i realizacje
Socialist Realism Architecture. Plans and Realizations

51   *Maria Wojtysiak, Maria Dydek*
Städtebauliche Anlagen im Stil des Sozialistischen Realismus
Socrealistyczne zespoły urbanistyczne
Urban Complexes in the Style of Socialist Realism

59   *Paulina Świątek*
Zwischen Erinnerung und Vergessen – der Stadtteil Muranów
Między pamięcią a zapomnieniem – dzielnica Muranów
Between Memory and Forgetting – the Muranów District

66   *Katarzyna Rogalska*
Die Konstanty-Ildefons-Gałczyński-Straße und der östlich an Nowy Świat angrenzende Stadtbezirk von Zygmunt Stępiński
Ulica Konstantego Ildefonsa Gałczyńskiego oraz wschodnie zaplecze Nowego Światu projektu Zygmunta Stępińskiego
Konstantego Ildefonsa Gałczyńskiego Street and the East End of Nowy Świat Designed by Zygmunt Stępiński

76   *Krzysztof Charewicz*
Wohnungsbau des Sozialistischen Realismus
Architektura mieszkaniowa okresu Socrealizmu
Housing Construction of Socialist Realism

85 *Marek Barański*
Palastanlagen in der Praxis des sozrealistischen Städtebaus.
Schutz – Ablehnung – Schöpfung
Założenia pałacowe w praktyce socrealistycznej urbanistyki.
Ochrona – negacja – kreacja
Palaces in Socialist – Realist Urban Planning.
Protection – Denial – Creation

94 *Dominika Szewczykiewicz*
Innenarchitektur des Sozialistischen Realismus
Wnętrza okresu socrealizmu
Interiors of Socialist Realism

99 *Urszula Zielińska-Meissner*
Folklore und Lyrik im Dekor des Sozialistischen Realismus
Liryzm i ludowość w dekoracjach socrealistycznych
Lyricism and Folklore in Socialist Realism Decorations

II. Sozialistischer Realismus, Nationale Tradition, Sozialistische Moderne – Bau- und Gartendenkmale der Hauptstadt der DDR
Socrealizm, tradycja narodowa, socjalistyczny modernizm – zabytki architektury i sztuki ogrodowej w stolicy NRD
Socialist Realism, National Tradition, Socialist Modernism – Architectural and Landscape Heritage of the Capital of the GDR

106 *Sigrid Brandt*
Auferstanden aus Ruinen – Leitprojekte der Nationalen Tradition im Wiederaufbau ostdeutscher Städte
Powstały z ruin – wiodące projekty tradycji narodowej w odbudowie miast wschodnioniemieckich
Arisen from Ruins – National Tradition Flagship Projects in the Reconstruction of East German Cities

114 *Jörg Haspel*
Schaufenster des Ostens – Schaufenster des Westens. Berlins Nachkriegserbe
Witryna Wschodu – witryna Zachodu. Powojenne dziedzictwo Berlina
Showcase of the East – Showcase of the West. Berlin's Post-War Heritage

123 *Klaus von Krosigk*
Russische Friedhöfe und Sowjetische Ehrenmale als Gartendenkmale – ein gemeinsames grünes Erbe?
Rosyjskie cmentarze i pomniki chwały radzieckiej jako zabytki sztuki ogrodowej – wspólne zielone dziedzictwo?
Russian Cemeteries and Soviet War Memorials as Garden Monuments – a Shared Green Heritage?

132 *Christina Czymay*
Bauwerke der Hauptstadt der DDR. Hermann Henselmann und andere
Budowle w stolicy NRD. Hermann Henselmann i inni
Buildings of the Capital of the GDR. Hermann Henselmann and Others

141 *Antje Graumann*
Die politische Topographie Ost-Berlins. Botschaftsbauten zwischen Repräsentation und Typisierung
Polityczna topografia Berlina Wschodniego. Budynki ambasad pomiędzy reprezentacją a typologizacją
Political Topography of East Berlin. Embassy Buildings between Representation and Typification

151 *Kristina Laduch*
Planungsinstrumente des städtebaulichen Denkmalschutzes – das Beispiel Karl-Marx-Allee, 2. Bauabschnitt
Instrumenty planistyczne ochrony zabytków urbanistycznych na przykładzie II odcinka budowy Karl-Marx-Allee
Planning Instruments for Urban Heritage Preservation – the Example of Karl-Marx-Allee, Building Phase 2

163 *Bernadeta Schäfer, Christian Steinmeier*
Denkmaldialog Warschau – Berlin. Exkursion zum Nachkriegserbe in Berlin
Dialog o zabytkach Warszawa – Berlin. Wycieczka do obiektów powojennego dziedzictwa w Berlinie
Heritage Dialogue Warsaw – Berlin. Excursion to Post-War Heritage Sites in Berlin

III. Das architektonische und städtebauliche Erbe des Sozialistischen Realismus – Fallstudien aus Polen
Architektoniczne i urbanistyczne dziedzictwo socrealizmu – przykłady z Polski
The Architectural and Urban Heritage of Socialist Realism – Case Studies from Poland

172 *Waldemar Komorowski*
Die städtebauliche Anlage von Nowa Huta – Probleme des Denkmalschutzes
Urbanistyka Nowej Huty – problem konserwatorski
The Urban Plan of Nowa Huta – Problems of Preservation

181 *Halina Rojkowska-Tasak, Wojciech Ciepiela*
Das denkmalgeschützte Zentrum von Nowa Huta – Schutz und Modernisierung
Zabytkowe centrum Nowej Huty – ochrona a modernizacja
The Listed Centre of Nowa Huta – Protection and Modernization

188 *Aneta Borowik*
Der Sozialistische Realismus im Stadtzentrum von Kattowitz. Der Wettbewerb von 1947 und die Konzepte der fünfziger Jahre des 20. Jahrhunderts
Socrealizm w śródmieściu Katowic. Wokół konkursu z 1947 r. oraz koncepcje z lat pięćdziesiątych XX w.
Socialist Realism in Downtown Katowice. The 1947 Competition and Concepts of the 1950s

197 *Aleksandra Sumorok*
Sozrealistische städtebauliche Räume in Łódź. Charakteristika und Werte
Łódzkie przestrzenie socrealistyczne. Cechy i wartości
Socialist Realism Urban Spaces in Łódź. Characteristics and Values

210 *Szymon Brzezowski*
Niederschlesische Arbeiterwohnsiedlungen. Charakteristik, Bedrohung und Potenzial – vier Beispiele
Dolnośląskie osiedla robotnicze. Charakterystyka, zagrożenia i potencjał na przykładzie czterech wybranych zespołów
Lower Silesian Working-Class Housing Complexes. Characteristics, Risk and Potential – Four Examples

IV. Der architektonische Nachlass des Sozialismus in mittel- und osteuropäischen Städten
Architektoniczna spuścizna socjalizmu w miastach środkowej i wschodniej Europy
The Architectural Legacy of Socialism in Central and Eastern European Cities

216 *Dmitrij Chmelnizki*
Von der Sowjetunion lernen, heißt siegen lernen? Sowjetarchitektur in Mittel- und Osteuropa
Uczyć się od Związku Radzieckiego, to uczyć się zwyciężać? Architektura radziecka w Europie Środkowej i Wschodniej
Learning from the Soviet Union Means Learning to be Victorious? Soviet Architecture in Central and Eastern Europe

222 *Eugenij Morozow*
Schutz des architektonischen Erbes der 1920er bis 1950er Jahre in Minsk. Gegenwärtige Situation
Ochrona dziedzictwa architektonicznego lat 1920–1950 w Mińsku. Stan obecny
Protection of Architectural Heritage of the 1920–1950s in Minsk. Current Situation

229 *Svitlana Smolenska*
Grünbereiche in städtebaulichen Komplexen der Ukraine als Gegenstand der Denkmalpflege
Tereny zielone w ukraińskich zespołach miejskich jako obiekty objęte ochroną dziedzictwa
Green Areas in Ukrainian Urban Complexes as Objects of Heritage Protection

239 *Irina Tulbure*
Die (Re)Urbanisierung der Industriestädte in den ersten Jahren der kommunistischen Herrschaft in Rumänien – Soziale und sozialistische Ziele
(Re)Urbanizacja miast przemysłowych w pierwszych latach reżimu komunistycznego w Rumunii. Pomiędzy inicjatywami społecznymi a socjalistycznymi
(Re)Urbanisation of Industrial Cities in the First Years of the Communist Regime in Romania. Between Social and Socialist Initiatives

V. Postsozialistische Perspektiven für das Erbe des Sozialismus
Postsocjalistyczne perspektywy dla dziedzictwa socjalizmu
Post-Socialist Perspectives on the Heritage of Socialism

246 *Arnold Bartetzky*
Nationale Tradition und Ostmoderne – postsozialistische Denkmalbewertungen im Wandel
Socrealizm i Socmodernizm – zmiany w ocenie dziedzictwa architektonicznego okresu socjalizmu po 1989 roku
National Tradition and East Modern – Changing Post-Socialist Assessment of Socialist Realism Heritage

253 *Bogusław Szmygin*
Die Architektur des Sozialistischen Realismus als Gegenstand des Denkmalschutzes
Architektura Socrealizmu jako przedmiot ochrony konserwatorskiej
Socialist Realism Architecture as Object of Preservation

VI. Anhang / Dokumente
Załącznik / Dokumenty
Appendix / Documents

268 Letter of Intent
Miasto stołeczne Warszawa / Biuro Stołecznego Konserwatora Zabytków and Senatsverwaltung für Stadtentwicklung / Landesdenkmalamt Berlin

270 Letter of Intent
Polski Komitet Narodowy ICOMOS and Deutsches Nationalkomitee von ICOMOS, Miasto stołeczne Warszawa / Biuro Stołecznego Konserwatora Zabytków and Senatsverwaltung für Stadtentwicklung / Landesdenkmalamt Berlin

272 Arbeitsplan 2011–2013 für das Projekt: Stadt und Identität
Plan działania na lata 2011–2013 dla projektu: Tożsamość Miasta
Action Plan 2011–2013 for the Project: The City and Identity

274 Ausstellung / Wystawa / Exhibition
Das architektonische Erbe des Sozialistischen Realismus in Warschau und Berlin: Marszałkowska Dzielnica Mieszkaniowa (MDM) und Karl Marx Allee (KMA)
Architektoniczna spuścizna socrealizmu w Warszawie i Berlinie: Marszałkowska Dzielnica Mieszkaniowa (MDM) – Karl-Marx-Allee (KMA)
The Architectural Heritage of Socialist Realism in Warsaw and Berlin: the Marszałkowska Residential District (MDM) and the Karl-Marx-Allee (KMA)

276 Autoren / Autorzy / Authors

277 Bildnachweise / Wykaz Źródeł Ilustracji / Credits

Fensterbild »Aus der Geschichte der Arbeiterbewegung« nach Entwurf von Walter Womacka in dem ehemaligen Staatsratsgebäude der DDR

Editorial

Landesdenkmalamt Berlin und Biuro Stołecznego Konserwatora Zabytków, Warszawa

Im September 2010 feierte das Warschauer Stadtkonservatoramt (Biuro Stołecznego Konserwatora Zabytków) das 30-jährige Welterbe-Jubiläum der im Zweiten Weltkrieg von deutschen Truppen dem Erdboden gleichgemachten und von polnischer Seite in historischen Formen wieder aufgebauten Altstadt von Warschau. Dieses Beispiel der städtebaulichen Rekonstruktion wurde durch die UNESCO durch die Eintragung in die Weltkulturerbeliste gewürdigt. Unter den Gästen, die Warschau als Referenten zu der Welterbekonferenz *Colour on historical Facades from the Middle Ages to Modern Times: History, Research and Conservation Issues* eingeladen hatte, befanden sich auch zahlreiche Experten aus Deutschland. Als Beitrag aus Berlin konnte die Doppelausstellung *Bruno Taut – Meister des farbigen Bauens / Leben im Welterbe – Siedlungen der Berliner Moderne* in der polnischen Hauptstadt gezeigt werden. Unter dem Eindruck der bevorstehenden 20-Jahr-Feier des polnisch-deutschen Nachbarschaftsvertrags und der Städtepartnerschaft Warschau – Berlin vereinbarten das Stadtkonservatoramt Warschau unter der Leitung von Ewa Nekanda Trepka und das von Jörg Haspel geleitete Landesdenkmalamt Berlin für das Jubiläumsjahr 2011 die Aufnahme eines als »Denkmaldialog« bezeichneten Forums, um dem kollegialen Meinungs- und Erfahrungsaustausch zwischen Konservatoren und Archäologen aus beiden Metropolen eine Plattform zu bieten.

In einer auf drei Jahre angelegten Auftaktphase (2011–2013) sollte sich der »Denkmaldialog Warschau-Berlin« zunächst dem Schutz und der Pflege von Nachkriegsdenkmalen in den beiden stark von Kriegszerstörungen und Wiederaufbauprojekten geprägten Hauptstädten widmen. Dafür sprachen auch die seit 1990 in beiden Städten anhaltenden Debatten um einen angemessenen Umgang mit dem architektonischen und städtebaulichen Erbe des Sozialistischen Realismus und der Sozialistischen Moderne, ein Thema, das zudem für andere Partnerstädte von Warschau und Berlin in den postsozialistischen Ländern, ja für weite Teile von Mittel- und Osteuropa überhaupt von Interesse ist. Mit der Einbeziehung des bilateralen »Denkmaldialogs Warschau-Berlin« in die von ICOMOS Polen und ICOMOS Deutschland aufgenommene Diskussion um Welterbepotentiale des Nachkriegserbes in den postsozialistischen Ländern, die auf der Leipziger Messe *denkmal 2010 – European Trade Fair for Conservation, Restoration and Old Building Renovation* zustande kam, konnte das interkommunale Projekt in eine erweiterte internationale Netzwerkinitiative eingebunden werden.

Anlässlich der Feierlichkeiten zum 20-jährigen Jubiläum der Städtepartnerschaft Warschau – Berlin konnte in der zweiten Jahreshälfte 2011 die auf Warschauer Seite vom Stadtkonservatoramt in Zusammenarbeit mit dem Haus der Geschichte (Dom Spotkań z Historią – DSH) organisierte und von Maria Wojtysiak kuratierte Wanderausstellung *SocЯealismus – das architektonische Erbe in Warschau und Berlin: Marszałkowska Dzielnica Mieszkaniowa (MDM) und Karl-Marx-Allee (KMA)* in beiden Hauptstädten präsentiert und eine aufwendige dreisprachige Begleitpublikation vorgelegt werden. Im Vorfeld zu der großen Jubiläumsausstellung *Tür an Tür. Polen – Deutschland. 1000 Jahre Kunst und Geschichte* fand Mitte September 2011 unter dem Titel *Sozialistischer Realismus und Nationale Tradition. Erfassung, Bewertung und Unterschutzstellung von Schlüsselzeugnissen in Warschau und Berlin* die dreitägige Eröffnungsveranstaltung des Denkmaldialogs Warschau – Berlin im Berliner Rathaus und im Martin-Gropius-Bau statt. Vorbereitend dazu hatten die Stadtkonservatorenämter in Warschau und Krakau in Zusammenarbeit mit ICOMOS Polen bereits im Juni 2011 ein Seminar *Das städtebauliche Erbe des Sozialistischen Realismus als Gegenstand des Denkmalschutzes (Socialist-Realist Urban Planning as Object of Heritage Protection)* in Krakau und Warschau mit Experten aus Deutschland, der Ukraine, Weißrussland und Rumänien initiiert.

Mit der vorliegenden Publikation dokumentieren die Denkmalämter Warschau und Berlin die Ergebnisse des deutsch-polnischen Denkmaldialogs 2011. Zugleich wollen Sie damit einen Diskussionsbeitrag zu der grenzüberschreitenden ICOMOS-Debatte über das Nachkriegserbe in Mittel- und Osteuropa leisten. Allen Mitwirkenden und Förderern des Denkmaldialogs Warschau – Berlin danken die Herausgeber für die verständnisvolle Unterstützung des Projekts. Allen Lesern wünschen wir eine informative Lektüre.

Jörg Haspel
Landesdenkmalamt Berlin

Ewa Nekanda Trepka / Piotr Brabander
Biuro Stołecznego Konserwatora Zabytków, Warszawa

Przedmowa wydawców

Landesdenkmalamt Berlin oraz Biuro Stołecznego Konserwatora Zabytków, Warszawa

Dialog pomiędzy konserwatorami dwóch miast: Berlina i Warszawy rozpoczął się jeszcze w 2009 r. We wrześniu 2010 r. Miasto Stołeczne Warszawa obchodziło trzydziestą rocznicę wpisu Historycznego Centrum na Listę Światowego Dziedzictwa UNESCO. Stare Miasto zostało odbudowane w latach pięćdziesiątych XX w. po zniszczeniach dokonanych przez oddziały niemieckie podczas II wojny światowej. To właśnie dzieło odbudowy na podstawie historycznej dokumentacji zostało uhonorowane wpisem na Listę Światowego Dziedzictwa. Z tej okazji Biuro Stołecznego Konserwatora Zabytków zorganizowało międzynarodową konferencję pod tytułem *Kolorystyka zabytkowych elewacji od średniowiecza do współczesności. Historia i konserwatorstwo*, w której wzięło udział także wielu niemieckich badaczy. Jako wkład Berlina w Warszawie pokazano podwójną wystawę: *Bruno Taut. Mistrz Kolorowej Architektury Berlina / Modernistyczne Osiedla Mieszkaniowe wpisane na Listę Światowego Dziedzictwa UNESCO*. W związku ze zbliżającą się dwudziestą rocznicą podpisania Polsko-Niemieckiego Traktatu o Dobrym Sąsiedztwie i Przyjaznej Współpracy, a także zawarcia Partnerstwa Miast Berlin – Warszawa, obie instytucje – Biuro Stołecznego Konserwatora Zabytków, kierowane przez Ewę Nekanda-Trepkę i Urząd Konserwatora Miasta i Landu Berlina (Landesdenkmalamt Berlin), kierowane przez Jorga Haspela podpisały porozumienie o współpracy i zapoczątkowały »Dialog Konserwatorski« (*Denkmaldialog*), jako forum wzajemnej wymiany wiedzy i doświadczeń.

Trzy pierwsze lata »Dialogu Konserwatorskiego Warszawa– Berlin« (2011–2013) koncentrują się na ochronie i konserwacji dziedzictwa powojennego w stolicach Polski oraz Niemiec, które doznały poważnych zniszczeń w czasie wojny i zostały odbudowane w okresie powojennym zgodnie z projektami urbanistycznymi opracowywanymi na niespotykaną dotąd skalę. W kontekście toczącej się od lat dziewięćdziesiątych XX w. debaty na temat właściwego podejścia do dziedzictwa architektonicznego i urbanistycznego realizmu socjalistycznego oraz socmodernizmu dyskusja otworzyła się na inne kraje bloku postkomunistycznego Europy Wschodniej. Podczas Europejskich Targów Konserwacji i Restauracji Zabytków *denkmal 2010*, przy okazji przygotowywania aktualizacji katalogu obiektów kandydujących do wpisu na Listę Światowego Dziedzictwa, polski i niemiecki ICOMOS zainicjowały proces wartościowania powojennego dziedzictwa, włączając w niego inicjatywę dwustronnego »Dialogu Konserwatorskiego Warszawa – Berlin«. W ten sposób wspólna wewnętrzna inicjatywa zyskała wymiar międzynarodowy.

Z okazji jubileuszu dwudziestolecia partnerstwa Warszawy i Berlina Biuro Stołecznego Konserwatora Zabytków przy współpracy z Domem Spotkań z Historią zorganizowało objazdową wystawę pod tytułem *Architektoniczna spuścizna realizmu socjalistycznego w Warszawie i Berlinie: Marszałkowska Dzielnica Mieszkaniowa (MDM) i Karl-Marx-Alee (KMA)*, kuratorowaną przez Marię Wojtysiak. Wystawę otworto w Berlinie w sierpniu 2011 r., a w Warszawie we wrześniu 2011 r. Ekspozycji towarzyszył trójjęzyczny album. We wrześniu 2011 r. w kontekście wystawy pod tytułem *Obok. Polska – Niemcy. 1000 lat historii w sztuce*, Berlin zorganizował w Ratuszu i w Martin- -Gropius-Bau trzydniową konferencję *Socrealizm – narodowy w formie i socjalistyczny w treści. Kluczowe przykłady architektury w Warszawie i Berlinie*, otwierającą »Dialog Konserwatorski Warszawa – Berlin«. Jeszcze w czerwcu 2011 r. m.st. Warszawa we współpracy z miastem Kraków i ICOMOS Polska w Krakowie i Warszawie zorganizowały dwudniowe seminarium pt. *Urbanistyka socrealizmu jako przedmiot ochrony konserwatorskiej*, na które zaproszono ekspertów z Niemiec, Ukrainy, Białorusi, Rumunii.

Niniejsza publikacja, wydana wspólnie przez władze konserwatorskie Warszawy i Berlina, podsumowuje niemiecko-polski Dialog Konserwatorski 2011, wzbogacając jednocześnie ponadnarodową debatę ICOMOS-u na temat powojennego dziedzictwa Europy Środkowej i Wschodniej. Wydawcy chcieliby podziękować wszystkim, którzy przyczynili się do wsparcia projektu. Życzymy Czytelnikom przyjemnej i informatywnej lektury.

Jörg Haspel
Landesdenkmalamt Berlin

Ewa Nekanda Trepka / Piotr Brabander
Biuro Stołecznego Konserwatora Zabytków, Warszawa

Editorial

Landesdenkmalamt Berlin and Biuro Stołecznego Konserwatora Zabytków, Warszawa

The dialogue between the two conservation authorities of Warsaw and Berlin began in 2009. In September 2010 the Warsaw City Government celebrated the 30th anniversary of the historic city centre status as a UNESCO World Heritage Site. The Warsaw Old Town destroyed by German troops during World War II was rebuilt in 1950s according to historic plans. This example of urban reconstruction has been placed on the UNESCO's list of World Heritage Sites. For this occasion, the Warsaw Heritage Protection Department (Biuro Stołecznego Konserwatora Zabytków) held an international conference *Colour on historical Facades from the Middle Ages to Modern Times: History, Research and Conservation Issues* featuring numerous German experts. From Berlin came the double exhibition *Bruno Taut – Master of Colourful Architecture / Living in World Heritage Site – Berlin Modernism Housing Estates*. Under the impression of the upcoming 20th anniversaries of the Polish-German convention of neighbourhood on the one hand and the town twinning of Warsaw and Berlin on the other, both authorities, the Warsaw Heritage Protection Department (Biuro Stołecznego Konserwatora Zabytków) directed by Ewa Nekanda Trepka and the Berlin Authority of Heritage Conservation (Landesdenkmalamt Berlin) directed by Jörg Haspel, signed an agreement on partnership and initiated a »Heritage dialogue« (Denkmaldialog) as a forum for the mutual exchange of knowledge and experience.

In its first three years (2011–2013) the »*Heritage Dialogue Warsaw-Berlin*« focuses on the protection and conservation of post-war heritage in the German and Polish capitals, that both suffered heavy destruction during the war and that were rebuilt in enormous urban planning programmes in the post-war era. On the basis of the ongoing debates since the 1990s for a suitable treatment of the architectural and urban heritage of socialist realism as well as socialist modernism, the discussion opened towards other post-socialist Eastern European countries. Preparing the current updating of World Heritage Tentative Lists ICOMOS Poland and ICOMOS Germany initiated at the *denkmal 2010 – European Trade Fair for Conservation, Restoration and Old Building Renovation* an evaluation process of socialist post-war heritage potentials including the activities of the bilateral »*Heritage Dialogue Warsaw-Berlin*«. Thus the intercommunal initiative became part of an international network. To celebrate 20 years of town twinning between Warsaw and Berlin, the Warsaw Heritage Protection Department in cooperation with the History Meeting House Warsaw (Dom Spotkań z Historią – DSH) organised a touring exhibition »*SocЯealismus – The Architectural Heritage of Warsaw and Berlin: Marszałkowska Dzielnica Mieszkaniowa (MDM) and Karl-Marx-Allee (KMA)*", that was coached by Maria Wojtysiak. The exhibition opened in August 2011 in Berlin and in September 2011 in Warsaw and was accompanied by trilingual booklet. Preceding the exhibition *Tür an Tür. Polen – Deutschland. 1000 Jahre Kunst und Geschichte*, Berlin organised the three-day opening conference of the »*Heritage Dialogue Warsaw-Berlin*« at the town hall and Martin-Gropius-Bau focussing on the subject *Socialist Realism and National Tradition. Recording, Evaluating and Listing of Key Monuments and Memorials in Warsaw and Berlin* in September 2011. In June 2011 Warsaw in cooperation with Cracow and ICOMOS Poland initiated a two-day seminar on *Socialist–Realist Urban Planning as the Object of Heritage Protection* and invited experts from Germany, Ukraine, Belarus and Romania to Cracow and Warsaw. This documentary edited by the conservation authorities of Warsaw and Berlin assembles the contributions to the German-Polish Heritage Dialogues 2011 with the intention to feed the transnational ICOMOS debate over post-war heritage in Central and Eastern Europe.

The editors would like to thank all contributors and promoters for kindly supporting this project. We wish all readers a pleasant and informative reading.

Jörg Haspel
Landesdenkmalamt Berlin

Ewa Nekanda Trepka / Piotr Brabander
Biuro Stołecznego Konserwatora Zabytków, Warszawa

Wohnhaus in der Mochovaja Straße in Moskau von Ivan Zoltovskij (1934) aus: »Dreissig Jahre sowjetische Architektur in der RSFSR« (Leipzig 1951)

Grußwort ICOMOS Deutschland und ICOMOS Polen

Die Denkmalpflege in Polen und die Denkmalpflege in Deutschland genießen international seit vielen Jahren hohes Ansehen. Der Internationale Rat für Denkmalpflege (International Council on Monuments and Sites – ICOMOS) wurde 1965 in Warschau gegründet, ein Jahr nach der Unterzeichnung der Charta von Venedig, der Internationalen Charta zur Konservierung und Restaurierung von Denkmälern und Ensembles. Im selben Jahr wurden auch die ICOMOS-Nationalkomitees von Polen und der Bundesrepublik Deutschland gebildet, die den grenzüberschreitenden Erfahrungsaustausch pflegen und die UNESCO in Welterbefragen beraten.

ICOMOS Polen und ICOMOS Deutschland stehen seit vielen Jahren in gutnachbarlichen und besonders engen Arbeitsbeziehungen. Die Sorge um ähnlich gelagerte Restaurierungs- und Konservierungsaufgaben, aber auch das gemeinsame Anliegen der Erhaltung und Erschließung des gemeinsamen Erbes, nicht zuletzt der Welterbestätten, die Ausschnitte der deutsch-polnischen Vergangenheit repräsentieren, gehören dazu, wie die Deutschordensburg Marienburg, die mittelalterliche Altstadt von Thorn oder der grenzüberschreitende Muskauer Park. Auch jüngere Welterbestätten des 20. Jahrhunderts, wie das bereits 1979 in die UNESCO-Liste aufgenommene deutsche nationalsozialistische Konzentrations- und Vernichtungslager Auschwitz-Birkenau oder die Jahrhunderthalle in Breslau (2006 in die Welterbeliste eingetragen), waren und sind Gegenstand grenzüberschreitender Kooperation. Die im Jahr 2002 von Prof. K. Pawłowski und Prof. M. Petzet unterzeichnete Kooperationsvereinbarung zwischen den beiden Nationalkomitees basiert auf dieser bewährten grenzüberschreitenden Zusammenarbeit und wird die kollegiale Partnerschaft zwischen der Denkmalpflege in Polen und Deutschland festigen und vertiefen.

Gerne haben wir deshalb 2010 die Initiative der beiden Partnerstädte Warschau und Berlin aufgegriffen, dem Nachkriegserbe in Polen und Deutschland und in den benachbarten postsozialistischen Ländern bis 2013 ein mehrjähriges Schwerpunktprojekt zu widmen. Die »*denkmal 2010 – Europäische Messe für Altbausanierung, Restaurierung und Denkmalpflege*« in Leipzig, die im Zeichen des Partnerlands Polen stand, bot den geeigneten Anlass für eine gemeinsame Auftaktveranstaltung und die Unterzeichnung einer Absichtserklärung. Die Ergebnisse des zusammen mit DOCOMOMO Deutschland organisierten Workshops, auf dem auch Beiträge aus Ungarn und der Ukraine vertreten waren, konnten dank der Förderung von polnischer Seite bereits unter dem Titel *Zabytki Drugiej Połowy XX Wieku – Waloryzacja, Ochrona, Konserwacja / Das Erbe der Nachkriegszeit erhalten und erneuern – Denkmale der Moderne und Gegenmoderne / Architecture of the Second Half of the 20th Century – Studies and Protection* von den beiden ICOMOS-Nationalkomitees herausgegeben und publiziert werden.

Es folgte 2011 ein von ICOMOS Polen initiiertes Seminar *Socialist-Realist Urban Planning as Object of Heritage Protection* in Krakau und Warschau. *Auf der denkmal 2012 – Europäische Messe für Altbausanierung, Restaurierung und Denkmalpflege* ist nun von deutscher Seite ein Kolloquium geplant, das vor allem Aspekte der Denkmalrezeption und Denkmalvermittlung diskutieren und der Frage nachgehen soll, ob das architektonische Erbe des Sozialismus in den letzten 20 Jahren – zumindest in manchen postsozialistischen Ländern bzw. in Teilen der postsozialistischen Gesellschaft – dank eines öffentlichen Meinungswandels mehr und mehr als historisches Erbe akzeptiert wird. Eine Schlusskonferenz ist 2013 in Warschau vorgesehen und soll Welterbequalitäten des Nachkriegserbes in Mittel- und Westeuropa herausarbeiten, um Möglichkeiten einer gemeinschaftlichen internationalen seriellen Nominierung auszuloten, die thematische Lücken in der UNESCO-Welterbeliste schließen könnte.

Für das Zustandekommen der vorliegenden Veröffentlichung, die die Arbeitsergebnisse des deutsch-polnischen Projekts aus dem Jahr 2011 dokumentiert, möchten wir uns bei allen Beteiligten, bei Autoren und Förderern sehr herzlich bedanken.

Prof. Dr. Bogusław Szmygin
Präsident ICOMOS Polen

Prof. Dr. Michael Petzet
Präsident ICOMOS Deutschland

Słowo wstępne Narodowych Komitetów ICOMOS Polska i ICOMOS Niemcy

Od wielu już lat polska i niemiecka konserwacja zabytków zajmuje znaczącą pozycję w skali międzynarodowej. Międzynarodowa Rada Ochrony Zabytków i Miejsc Zabytkowych (ICOMOS) została powołana do życia w Polsce w roku 1965, rok po uchwaleniu Karty Weneckiej (Międzynarodowej Karty Konserwacji i Restauracji Zabytków). Konsekwencją powstania międzynarodowego ICOMOS-u było powołanie narodowych komitetów, które w Polsce i Niemczech powstały już w roku 1965. Od tego czasu nasze komitety często współpracują, podejmując wspólne tematy, wymieniając doświadczenia oraz włączając się w międzynarodowe działania związane ze Światowym Dziedzictwem UNESCO.

Patrząc z wieloletniej perspektywy, współpracę Narodowych Komitetów ICOMOS Polski i Niemiec należy określić jako bliską i przyjacielską. Jest to związane między innymi z podejmowaniem wspólnych problemów i zadań. Szczególnie znacząca była współpraca przy wpisywaniu na Listę Światowego Dziedzictwa takich obiektów, jak Zamek w Malborku, Stare Miasto w Toruniu czy Park Mużakowski. Ważna i efektywna współpraca miała też miejsce w przypadku dóbr najnowszego dziedzictwa – Niemieckiego Obozu Zagłady Auschwitz-Birkenau (wpisany na Listę Światowego Dziedzictwa w 1979 r.) oraz Hali Stulecia we Wrocławiu (wpisana w 2006 r.). Potwierdzeniem wieloletnich relacji było podpisanie przez prof. K. Pawłowskiego i prof. M. Petzeta w 2002 r. umowy o współpracy pomiędzy naszymi Komitetami ICOMOS.

W ostatnich latach najważniejszą wspólną inicjatywą jest projekt poświęcony analizie i ocenie dziedzictwa powojennego. Organizatorami tego projektu – oprócz Narodowych Komitetów Polski i Niemiec, są w ramach partnerskiej współpracy miasta Berlin i Warszawa. Projekt ma charakter wieloetapowy, będzie trwał cztery lata i w założeniu obejmie również inne kraje postsocjalistyczne. Pierwszym etapem projektu była konferencja zorganizowana w 2010 r. w Lipsku, przy okazji Międzynarodowych Targów Konserwatorskich (Polska była honorowym gościem targów w 2010 r.). Konferencji towarzyszyło wydanie publikacji poświęconej ochronie dziedzictwa socrealistycznego w Niemczech i Polsce z udziałem autorów z Węgier i Ukrainy – *Zabytki Drugiej Połowy XX Wieku – Waloryzacja, Ochrona, Konserwacja / Das Erbe der Nachkriegszeit erhalten und erneuern – Denkmale der Moderne und Gegenmoderne / Architecture of the Second Half of the 20th Century – Studies and Protection.*

Kolejnym etapem programu były dwa seminaria zorganizowane w 2011 r. W Krakowie i Warszawie odbyło się seminarium *Urbanistyka socrealizmu jako przedmiot ochrony*, w Berlinie seminarium poświęcone ikonicznym budowlom socrealizmu (materiały z tych spotkań są podstawą niniejszej publikacji). Kolejnym planowanym działaniem jest konferencja, która będzie towarzyszyła najbliższym targom konserwatorskim w Lipsku, zaplanowanym na jesień roku 2012. Tematem tego spotkania będzie recepcja dziedzictwa postsocjalistycznego przez społeczeństwa krajów dawnego bloku wschodniego. Jednym z zasadniczych zagadnień ma być ocena zmian w percepcji dziedzictwa socjalizmu na przestrzeni 20 lat, które upłynęły od upadku komunizmu w naszej części Europy. Finałem całego programu będzie konferencja zorganizowana w roku 2013 w Warszawie. Jej celem ma być podsumowanie dotychczasowych ustaleń i określenie ram dla opracowania międzynarodowej nominacji dziedzictwa socrealizmu na Listę Światowego Dziedzictwa. Przygotowanie takiej nominacji wydaje się uzasadnione z punktu widzenia obecnego zasobu dóbr wpisanych na Listę UNESCO.

Serdeczne podziękowania składamy wszystkim autorom, sponsorom i osobom, które przyczyniły się do wydania niniejszej monografii.

Prof. Dr. Michael Petzet
Prezes ICOMOS Niemcy

Prof. Dr. Bogusław Szmygin
Prezes ICOMOS Polska

Welcome Address ICOMOS Germany and ICOMOS Poland

For years, Polish and German monument conservation services have been highly respected internationally. The International Council on Monuments and Sites (ICOMOS) was founded in 1965 in Warsaw, one year after the Venice Charter, the International Charter for the Conservation and Restoration of Monuments and Sites, was signed. In the same year the ICOMOS national committees of Poland and of the Federal Republic of Germany were set up. Both committees cultivate an intensive cross-border exchange of experience and advise UNESCO in World Heritage matters.

ICOMOS Poland and ICOMOS Germany have had a very close and friendly work relationship for many years. Part of this is caring for similar conservation and restoration matters, just as much as the goal of preserving and presenting the joint heritage, not least those World Heritage sites standing for sections of the German-Polish past, e.g. Malbork Castle, the Medieval Town of Toruń, and the trans-border World Heritage site Muskauer Park. World Heritage sites of the 20th century, such as Auschwitz-Birkenau German Nazi Concentration and Extermination Camp (included on the World Heritage List as early as in 1979) or the Centennial Hall in Wroclaw (included in 2006), have also been objects of cross-border cooperation. The cooperation agreement between the two ICOMOS national committees signed by prof. K. Pawłowski and prof. M. Petzet in 2002 is based on this cooperation; it will strengthen and intensify the friendly partnership between conservation services in Poland and in Germany.

Therefore, we were pleased to take up the initiative of the twin cities of Warsaw and Berlin in 2010 to dedicate a project lasting until 2013 that would focus on post-war heritage in Poland, Germany and the neighbouring post-Socialist countries. The *denkmal* conservation fair of 2010 in Leipzig, where Poland was the partner country, was an appropriate venue for a joint opening session and for signing a declaration of intent. Thanks to the support from the Polish side the proceedings of this workshop organised together with DOCOMOMO Germany, with contributions also from Hungary and Ukraine, were already published by the two ICOMOS national committees as *Zabytki Drugiej Połowy XX Wieku – Waloryzacja, Ochrona, Konserwacja / Das Erbe der Nachkriegszeit erhalten und erneuern – Denkmale der Moderne und Gegenmoderne / Architecture of the Second Half of the 20th Century – Studies and Protection*.

A seminar in Cracow and Warsaw on *Socialist-Realist Urban Planning as Object of Heritage Protection* initiated by ICOMOS Poland followed in 2011. Now, at the *denkmal trade fair 2012*, German partners are preparing a colloquium that wishes to discuss such aspects as how monuments are perceived and their qualities conveyed. It also wishes to explore the question of whether the public – at least in some post-Socialist countries or in parts of the post-Socialist society – has changed its attitude towards the architectural heritage of Socialism in the past 20 years, i.e. if it is now more widely accepted as cultural heritage. A final conference planned for 2013 in Warsaw intends to outline the World Heritage qualities of post-war heritage in Central and Western Europe in order to sound the possibilities of a joint international serial nomination that could fill thematic gaps in the World Heritage List.

We would like to thank all contributors, authors and sponsors who helped to make the present publication possible which documents the results of the German-Polish project in 2011.

Prof. Dr. Bogusław Szmygin
President ICOMOS Poland

Prof. Dr. Michael Petzet
President ICOMOS Germany

Fassadenreliefs von Aufbauarbeiten an der Marszałkowska-Straße in Warschau

I.

Das Erbe des Sozialistischen Realismus in Warschau

Dziedzictwo Socrealizmu w Warszawie

The Heritage of Socialist Realism in Warsaw

Romantik, Realismus, Revolution.
Das architektonische Erbe des Sozialistischen Realismus in Warschau

Romantyzm, Realizm i Rewolucja.
Dziedzictwo architektury Socrealizmu w Warszawie

Romanticism, Realism and Revolution. The Architectural Heritage of Socialist Realism in Warsaw

Ewa Nekanda Trepka

Wielkie założenia przestrzenne powstają wówczas, gdy mamy silną władzę i ambitnych władców. W Warszawie pierwszym takim założeniem było założenie Saskie. August Mocny, król przybyły z Saksonii, w pocz. XVIII w. zapragnął stworzyć prywatną rezydencję, nie licząc się z dotychczasową strukturą miasta i podziałem własnościowym. Kupił niewielki pałac Morsztyna, który miał się stać sercem założenia, i poprosił swoich znakomitych saskich architektów o zaprojektowanie założenia opartego na osi w kierunku wschód – zachód. Było to w poprzek dotychczasowego układu przestrzennego miasta, które rozwijało się wzdłuż skarpy wiślanej w kierunku północ – południe. Zrealizowanie założenia saskiego wymagało wykupu wielu prywatnych własności oraz zlikwidowania części wałów zygmuntowskich wybudowanych zaledwie niecałe sto lat wcześniej. Realizacja tego założenia do dzisiaj komplikuje urbanistom organizację sprawnej komunikacji na kierunku równoległym do Wisły. Jest jednocześnie, pomimo wielu przekształceń, jednym z najciekawszych zespołów wielkoprzestrzennych w Polsce. Inną wielkoprzestrzenną kompozycję próbował zrealizować w kilkadziesiąt lat później inny król, Stanisław August Poniatowski. Otrzymała ona od jego imienia miano założenia Stanisławowskiego. Oparta na Zamku Ujazdowskim wytyczyła układ promienistych dróg, który do dnia dzisiejszego stanowi kanwę przestrzenną tej części miasta. Zabudowa przy nich powstawała przez następne dwa stulecia, także w okresie po II wojnie światowej.

Koniec XVIII w. przyniósł utratę niepodległości państwa. W XIX w. zaborcy stworzyli wielkie założenia jedynie o charakterze militarnym, mające na celu ograniczenie rozwoju miasta i sprawowania kontroli nad niepokorną Warszawą. Była to Cytadela zlokalizowana na północy i system fortyfikacji skierowany głównie przeciwko miastu. XIX w. przyniósł rozwój nowoczesnej infrastruktury miejskiej (np. bardzo nowoczesny system wodno-kanalizacyjny) oraz przemysłu na ówczesnych obrzeżach, gdzie spowodowało to gwałtowny wzrost liczby mieszkańców. Wytyczano nowe ulice i budowano nowe kamienice, ale było to przede wszystkim dogęszczanie istniejącej struktury miasta. Nowe miejskie założenia przestrzenne, takie jak Aleje Jerozolimskie wraz z mostem przez Wisłę, dziś noszącym imię księcia Poniatowskiego, oraz rozległym Parkiem Skaryszewskim na prawym brzegu rzeki, były rzadkością.

Odzyskanie niepodległości w 1918 r., po którym zaraz nastąpiła wojna polsko-bolszewicka, a następnie wielki kryzys, nie były czasem sprzyjającym budowaniu wielkich planów przestrzennych. Przyniosły je dopiero lata trzydzieste XX w., wraz z dalekosiężnymi planami prezydenta Warszawy Stefana Starzyńskiego (w latach 1934–39). Świetni architekci działający wówczas w Warszawie kreślili plany założeń przestrzennych, korzystając głównie z terenów wcześniej, jeszcze w XIX w., zarekwirowanych przez wojsko, a które przeszły na skarb państwa. Planowano również wywłaszczenia na cele publiczne. Starzyński doprowadził do opracowania i uchwalenia czteroletniego planu rozwoju miasta stołecznego Warszawy na lata 1938/1939–1941/1942. W ramach tego planu przewidywano ulokowanie racjonalnie rozplanowanej zabudowy mieszkaniowej na zachód od miasta, dalszy rozwój osiedli mieszkaniowych na Ochocie, w rejonie Koła i Czystego. W rejonach południowo-zachodnich Warszawy miała być zlokalizowana Dzielnica Reprezentacyjna im. Marszałka Józefa Piłsudskiego, w dalszym ciągu miał być rozbudowywany Mokotów. Na obszarze pomiędzy Wisłą a Skarpą Warszawską planowano budowę wielkiego ośrodka sportowo-rekreacyjnego, co wiązało się z planowaną na lata pięćdziesiąte XX w. olimpiadą sportową w stolicy Polski. Przewidywano rozwój i modernizację Powiśla, Żoliborza oraz Bielan. Zakładano, że dla uczczenia 25-lecia odzyskania niepodległości w 1944 r. odbędzie się w Warszawie światowa wystawa przemysłowa na terenach po prawej stronie Wisły. Dzielnicę przemysłową planowano zlokalizować na północnym wschodzie, co wynikało z róży wiatrów.

Zamierzano rozwinąć infrastrukturę komunikacyjną, w tym budowę sześciu mostów przez Wisłę, połączenie dzielnic po zachodniej stronie miasta z Pragą poprzez tunel pod Ogrodem Saskim oraz cały szereg innych zamierzeń.

Tylko niektóre z ówczesnych planów udało się zrealizować, jak np. budowę Muzeum Narodowego czy kompleksu Akademii Wychowania Fizycznego. We wrześniu 1939 r. przerwała wszystko wojna, która miała trwać prawie sześć lat. Niemieccy okupanci planowali w miejscu Warszawy budowę prowincjonalnego miasta. Zachowany jest tzw. plan Pabsta, który dokumentuje ich zamierzenia. Na szczęście nie zostały one zrealizowane, natomiast nam po wojnie pozostało morze ruin lewobrzeżnej Warszawy i prawie całkowicie wymarłe miasto.

01. Stare Miasto z lotu ptaka

Pierwsze zniszczenia Warszawy miały miejsce jeszcze w 1939 r. w wyniku nalotów i spowodowały, że plany odbudowy powstawały jeszcze w okresie wojennym. Największe zniszczenia nastąpiły w 1943 r., po upadku powstania w getcie, gdy niemiecki okupant zrównał z ziemią dużą część miasta, na której zlokalizowana była dzielnica żydowska. W roku 1944, po walkach powstańczych i wypędzeniu w październiku mieszkańców, okupant systematycznie niszczył Śródmieście ze Starym i Nowym Miastem.

Zniszczenia dotknęły przede wszystkim jej najbardziej zurbanizowaną część po lewej stronie rzeki Wisły. Prawobrzeżna część od lipca 1944 r. znajdowała się w rękach armii radzieckiej. W ogromne sterty gruzu przemienił się teren getta, wypalone zostało Stare i Nowe Miasto, Śródmieście, Mokotów, Wola, zniszczone zostały wszystkie mosty, sieć tramwajowa, tunel linii średnicowej wybudowanej przed wojną, nie funkcjonowały wodociągi i kanalizacja. Miasto jako organizm przestało praktycznie istnieć. Przed wracającymi stanęło zadanie odbudowy miasta.

Bezmiar zniszczeń był katastrofą, z drugiej strony stworzył możliwość jego gruntownej przebudowy. Komuniści, którym powierzono zarządzanie Polską w ramach wielkiego sowieckiego imperium, właśnie w odbudowie i zarazem przebudowie stolicy i całego kraju bardzo szybko dostrzegli możliwość legitymizacji swej władzy. Odbudowa miała zaświadczyć o ich patriotycznych intencjach i uwiarygodnić w oczach społeczeństwa polskiego, w większości nieufnie nastawionego do nowej władzy, ale jednocześnie pragnącego jak najszybciej powrócić do normalnego życia. Porwanie nie tylko mieszkańców Warszawy do zrywu odbudowy miasta pod hasłem »cały naród buduje swoją stolicę« było stosunkowo łatwe. Architekci i urbaniści polscy, jeśli chcieli włączyć się do odbudowy, szybko zorientowali się, że będą musieli zmierzyć się z nową ideologią, która legła u podłoża całej odbudowy.

Od stycznia 1945 r. mieszkańcy zaczęli wracać do miasta. Już w lutym zostało powołane Biuro Odbudowy Stolicy (BOS). Pierwszym zadaniem BOS-u była inwentaryzacja zniszczeń, aby można było podjąć decyzję o odbudowie lub wyburzeniu poszczególnych budynków. W październiku 1945 r. została wydana specjalna regulacja prawna zwana »Dekretem Bieruta« (Bolesław Bierut był naznaczonym przez ZSRR ówczesnym prezydentem Polskiej Rzeczpospolitej Ludowej), która przejmowała na skarb państwa wszystkie grunty w granicach przedwojennej Warszawy. Abstrahując od niesprawiedliwości takiego »zaboru« w stosunku do dotychczasowych właścicieli, umożliwiła ona swobodne dysponowanie gruntami i budynkami przez ówczesne władze. Jednocześnie możliwość nieliczenia się z dotychczasowym prawem własności dała szansę szybkiego podjęcia odbudowy. O kształcie odbudowy decydowali przedstawiciele nowej komunistycznej władzy. Władza była silna i ambitna, chciała stworzyć nowy homogeniczny Naród, była pozbawiona kontroli demokratycznej, stąd mogła arbitralnie tworzyć prawo i planować wielkie założenia przestrzenne w Stolicy ku chwale »Ludzi Pracy« i swojej własnej. O odbudowie lub nie i o sposobie jej prowadzenia w poszczególnych częściach miasta decydowała Ona i tylko Ona. Tak mogły powstać wielkie założenia przestrzenne o iście królewskim rozmachu.

W kształcie odbudowy najstarszej części Warszawy w jej formie historycznej nieocenione zasługi położyli ówczesny generalny konserwator zabytków (lata 1945–1957) Jan Zachwatowicz oraz konserwator miasta stołecznego Warszawy Piotr Biegański (lata 1945–1954). Obaj byli jednocześnie pracownikami naukowymi Wydziału Architektury Politechniki Warszawskiej, z zasobów której mogli korzystać w trakcie odbudowy. Mam tu na myśli inwentaryzacje przedwojenne i projekty odbudowy opracowywane już w czasie wojny. Odbudowa Starego Miasta oraz w dużej mierze Nowego Miasta i Traktu Królewskiego w nawiązaniu do historycznego kształtu nie do końca mieściła się w nowej socjalistycznej ideologii. Dla ich odbudowy w historycznym kształcie, a także dawnych pałaców i kościołów wypełniających Krakowskie Przedmieście, ulicę Miodową, Długą i Senatorską, trzeba było znaleźć nowe uzasadnienie. Jan Zachwatowicz już w październiku 1945 r. opublikował niejako »manifest« programowy uzasadniający z jednej strony historyczne odbudowy, z drugiej udowadniający, że mieści się ona w nurcie socjalistycznym[1]: »… Nie mówmy tylko o zniszczonej Warszawie, mówmy o tych setkach polskich miast i miasteczek, które posiadają niekiedy bezcenne wręcz zabytki. Jakże czę-

02. Zabudowa staromiejska od strony zachodniej

03. Rynek Nowego Miasta z kościołem ss. Sakramentek

sto nie biorą one żadnego wręcz udziału w życiu osiedla, są martwymi upiorami przeszłości, jak te klasztory i zamki obrócone od dawna na więzienia. Budowle o walących się murach, butwiejących resztkach stropów i dachów, pełne gruzu, chwastów i nieczystości. Wreszcie niezliczone zabytki, znane tylko z tradycyjnej nazwy lub dawnych sztychów, dziś ohydnie zniekształcone, szpecące miasto budy. Nie! Nie takimi dokumentami przeszłości chcielibyśmy kształtować psychikę młodych pokoleń – a wszak życie w osiedlu i świat sfery bezpośrednio otaczającej jest potężnym czynnikiem tę psychikę kształtującym… Nie jest do pomyślenia oczywiście, żeby odbudowywać, oczyszczać i konserwować zabytki tylko po to, aby trwały. Zarysowuje się istotna sprawa życiowej treści, czy funkcji odrodzonego zabytku… Ratusz powinien zostać ratuszem, kościół – kościołem. W wielu klasztorach z łatwością odnajdziemy tradycję szkolnictwa, a sklepione sale dadzą dobrą atmosferę do skupionej pracy… Zamki i pałace przeznaczone na muzea, urzędy, kluby związkowe, instytuty, itp., byle nie na więzienia, fabryki lub składy żywnościowe. Przeznaczenie poszczególnego budynku zabytkowego w większym zespole miejskim jest ściśle związane z ogólnymi planami miast i przeznaczeniem całych dzielnic. Jeśli ta funkcja będzie kontynuacją właściwego przeznaczenia budynku – rozwiązanie będzie najszczęśliwsze. Lecz i w nowej treści odżyje tradycyjna forma dawnej treści, włączona do służby społecznej, do nurtu nowego życia«.

Jak widzimy, ten nurt, który na pierwszy rzut oka jawi się nam jako romantyczny, gdy patrzymy na odtworzone mury obronne, wąskie ulice i fasady kamienic Starego Miasta, charakterystyczny nieregularny przebieg Krakowskiego Przedmieścia i Nowego Światu, zbliżony do trójkąta kształt rynku nowomiejskiego, odbudowane pałace i kościoły, został podbudowany treściami realizmu, już socjalistycznego. Za fasadami kamienic staromiejskich ulokowano program osiedla mieszkaniowego, z szerokimi przestrzeniami wewnątrz bloków zabudowy w miejscu oficyn, z klatkami schodowymi obsługującymi trzy, cztery kamienice, małymi mieszkaniami przeznaczonymi dla robotników – »ludu pracy« i »inteligencji pracującej« – artystów, pisarzy, kompozytorów, naukowców. Wewnątrz kamienice przeznaczone na mieszkania, z wyjątkiem sieni i klatek schodowych, które otrzymały czasami skromny wystrój współczesny, pozbawione są dekoracji. Kamienice o funkcjach użyteczności publicznej – muzea, biblioteka publiczna, poczta, prestiżowe restauracje i firmowe sklepy prowadzone przez spółdzielnie kontrolowane przez państwo, siedziby stowarzyszeń koncesjonowanych przez ówczesne władze – otrzymały wystrój oparty wiernie na wzorcach historycznych lub na indywidualnych projektach najlepszych ówczesnych plastyków. Historyczne pałace przy prestiżowych ulicach Miasta Rezydencjonalnego Jego Królewskiej Mości, jak zwano Warszawę w XVIII w. – Krakowskim Przedmieściu, Miodowej, Długiej, Senatorskiej – nawet jeśli przed wojną pełniły funkcje komercyjne – odbudowano w formie rezydencji magnackich znanych z przekazów ikonograficznych. Przeznaczono je jednak głównie na urzędy centralne, szkoły wyższe, siedziby prestiżowych

04. Ulica Nowy Świat, widok w kierunku północnym

stowarzyszeń kontrolowanych przez państwo. W romantycznym nurcie odbudowy historycznej obowiązywała zasada unikania odbudowy w formach końca XIX i początku XX w., który to okres nie był ceniony przez ówczesnych historyków sztuki i konserwatorów. Ostatnim okresem, który cieszył się pełną akceptacją, był klasycyzm. Stąd też w wielu przypadkach starano się budynkom nadać formę znaną z wcześniejszych przekazów ikonograficznych, takich na przykład jak XVIII-wieczne obrazy Bernarda Belotta zwanego Canalettem, lub idealizowano ich wygląd, opierając się na studiach i wiedzy teoretycznej. Tak stworzono gotycką fasadę katedry na Starym Mieście (projektu Jana Zachwatowicza), w zamian za neogotycką przedwojenną, czy klasycystyczny kościół św. Aleksandra na pl. Trzech Krzyży oparty na XIX-wiecznym projekcie Aignera, zamiast XIX-wiecznej eklektycznej formy sprzed zniszczenia. Najbardziej znamienny jest przykład ul. Nowy Świat, której pierzeje przed wojną tworzyły budynki z różnego okresu, od parterowych do pięciokondygnacyjnych. Zachował się w archiwach odbudowy rysunek wykreślający jednolitą, trzykondygnacyjną wysokość wszystkich budynków. W efekcie budynki niższe nadbudowano, wyższe rozebrano do takiej wysokości lub odbudowano nie w pełnej wysokości. Tylko siedem budynków zachowało się przy tej ulicy. Dodatkowo nadano im bezpieczny w obowiązującej ideologii charakter klasycystyczny. Kilka budynków wybudowano w stylu socrealistycznym. Są to zazwyczaj budynki narożne z ulicami, których pierzeje zostały przesunięte w stosunku do przebiegu przedwojennego lub flankujące nowe przebicia.

Przy odbudowie o charakterze historycznym części budynków celowo nie odbudowano. Tak postąpiono wokół Starego Miasta, odsłaniając i częściowo rekonstruując relikty murów obronnych Starego Miasta oraz odsłaniając skarpę od strony rzeki, by uzyskać odpowiednią panoramę. De facto otrzymaliśmy swoistą romantyczną kreację, jaka nigdy nie istniała w przeszłości, miasto, które można porównać do kreacji Viollet-le-Duc'a w Carcassonne.

Odbudowa Nowego Miasta w historycznym kształcie ograniczyła się do Rynku, ul. Freta łączącej Stare Miasto z Nowym, wylotów z ul. Freta ulic Długiej i Mostowej oraz kościołów. Ku zaskoczeniu oglądających, na tych historycznych kreacjach dekoracje zarówno na elewacjach, jak i we wnętrzach dostępnych dla publiczności, tak na Starym, jak i Nowym Mieście, nie udają wystroju z epok wcześniejszych. Są zaprojektowane i wykonane na przełomie lat czterdziestych i pięćdziesiątych, gdzieś na pograniczu stylistyki przedwojennej i awangardy zachodnioeuropejskiej z tego czasu, przy tematyce czysto robotniczo-chłopsko-patriotycznej. Ta mieszanka historii z ówczesną współczesnością powoduje, że przestrzenie te są przyjazne i o ludzkiej skali, nie mają piętna tego niezdrowego patosu, jak niektóre inne założenia przestrzenne z nurtu »rewolucyjnego«, o których będę mówić później. Odbudowa Starego Miasta trwała od 1949 do 1963 r., chociaż oficjalne uroczyste oddanie Starego Miasta mieszkańcom miało miejsce w 1953 r., a Zamek Królewski odbudowano dopiero w latach siedemdziesiątych i osiemdziesiątych XX w. Odbudowa Nowego Miasta prowadzona była w latach 1949–1957, natomiast prace budowlane przy Nowym Świecie trwały w latach 1948–50.

Nieco inna zasada odbudowy obowiązywała już na obrzeżach Nowego Miasta czy sąsiadującym ze Starym Miastem i Krakowskim Przedmieściem Mariensztacie. Zarówno układ urbanistyczny, jak i zabudowa w sposób dość luźny nawiązywały do historycznych wzorców. Zachowane jednak zostały przebiegi ulic i zasada zabudowy pierzejowej. Na Mariensztacie architekt Zygmunt Stępiński zaprojektował niskie, trzykondygnacyjne domy z wysokimi dachami, praktycznie pozbawione dekoracji. Znajdujemy tu podcień na jednej z pierzei rynku, elementy pojedynczych dekoracji elewacji. Fontanna i rzeźby małej architektury dopełniają klimat kameralnego osiedla »realistycznego« co do kosztów i potrzeb. Autor doskonale wykorzystał położenie na skarpie, zieleń jako tworzywo architektoniczne i otwierające się widoki na zabytkowe budowle położone na koronie skarpy. Nawet nowa arteria wybudowana w tym samym czasie – Trasa WZ – nie zakłóca charakteru tego miejsca. Nie pozwoliła co prawda na odtworzenie północnej pierzei rynku, otworzyła natomiast widok na Stare Miasto, a dzisiaj Zamek Królewski.

Odbudowa zniszczonej Warszawy jako stolicy państwa, a także stworzenie miasta z nowoczesnym przemysłem wymagało nowych mieszkań. Ówczesny architekt i urbanista Wacław Ostrowski pisał[2]: »Mówiąc o konieczności lokowania w stolicy przemysłu dodajemy, że musi to być także przemysł większy, który by przeciwważył liczne drobne warsztaty rzemieślnicze, jakie się będą w Warszawie sadowiły. Podobnie w handlu i usługach uważamy za pożądaną znaczną centralizację, zwłaszcza w oparciu o spółdzielczość i zakładamy ją w planowaniu przestrzennym. Dążenie do wielostronnej struktury społecznej nasuwa postulaty, które powinny być uwzględnione w planie zabudowania. Nie jest bynajmniej obojętne, gdzie ulokujemy zakłady przemysłowe, które będziemy chcieli w Warszawie usytuować… Otóż chodzi nam o to, by pracownik przemysłowy był jednym z elementów, współkształtujących życie dzielnic centralnych, a nie tylko peryferii Warszawy…«. Oczywiście nie mogło być mowy o odtworzeniu XIX-wiecznej ciasnej, »burżuazyjnej« zabudowy. Ten sam autor pisze dalej: »Ze względu na zamierzenia urbanistyczne wypadnie sprzeciwić się odbudowie zabytku … jedynie w wyjątkowych wypadkach. Natomiast w stosunku do zabudowy nowszej, nie przedstawiającej specjalnych wartości kulturalnych, trzeba będzie zastosować selekcję daleko idącą. Rzecz oczywista, że plan nowej Warszawy musi być pod tym względem znacznie bardziej radykalny, aniżeli jakikolwiek plan sporządzony w przeszłości …«.

Istniała więc potrzeba budowy nowych osiedli mieszkaniowych. Polscy architekci wykształceni jeszcze przed wojną i prężnie działający w awangardowych ruchach, między innymi w Congres Internaconaux d'Architecture Moderne, byli do tego przygotowani. Osiedla projektowane przez małżeństwo Helenę i Szymona Syrkusów jeszcze w czasie wojny na terenach wcześniej niezabudowanych na Pradze i Kole, a budowane po roku 1949 w pełni realizowały przedwojenne zasady funkcjonalizmu. Podobne zasady przyświecały projektantom Muranowa, którymi kierował Bohdan Lachert. Budowę rozpoczęto po 1949 r., na miejscu wcześniejszej gęstej zabudowy getta żydowskiego. Warstwa gruzu była tak duża, że podjęto decyzję o tylko częściowym jego usunięciu. Pozostałą część użyto do stworzenia nowej konfiguracji terenu. Domy nie przekraczały pięciu kondygnacji, głównie były to niewielkie trzykondygnacyjne punktowce na wyniesieniach terenu oraz bloki o czterech kondygnacjach mieszkalnych, często o układzie galeriowym, z wysokimi suterynami przeznaczonymi na usługi. Osiedle wybudowane z pełnym programem społecznym i zaprojektowa-

05. Brama prowadząca do dzielnicy Muranów na osi ulicy Długiej

nymi terenami zieleni, kontynuowało zasady budowy osiedli przedwojennych w Warszawie, np. na Żoliborzu. Pierwsze domy miały proste elewacje wykończone specjalną prostą kształtką. Niestety nie znalazło to akceptacji ówczesnych decydentów politycznych i nakazano pokryć elewacje tynkiem z na szczęście dość prostą dekoracją – obramienia okienne, gzymsy, balustrady. Realistyczne zasady budowy osiedli mieszkaniowych musiały, nawet na tym osiedlu, ustąpić z czasem »rewolucji«. Szczególnego opracowania architektonicznego, już w duchu rozwiniętej fazy »realizmu socjalistycznego« – fazy rewolucji, doczekały się wejścia – bramy do osiedla i ulice obrzeżne, jak ul. Andersa, Jana Pawła II, także al. Solidarności (wszystkie te ulice po 1989 r. otrzymały nowe nazwy). Były one już zdecydowanie wyższe i monumentalne. Dwie pierwsze zostały wytyczone zupełnie na nowo w morzu ruin, a al. Solidarności, przedwojenna ul. Leszno, została jednostronnie poszerzona, i to z niemałym trudem. Na terenie getta zachowały się tylko kościoły. Dwa z nich, zbór ewangelicko-reformowany oraz kościół Karmelitów trzewiczkowych wraz z klasztorem, stały właśnie przy ul. Leszno. Pierwszy z nich, odsunięty od linii zabudowy, nie stwarzał problemu, natomiast drugi po poszerzeniu pozostał niejako na środku ulicy. Dopiero w roku 1962 kościół przesunięto o 21 metrów, a z klasztoru pozostało tylko skrzydło w głębi posesji.

Ten nurt, który ma więcej wspólnego z modernizmem niż »rewolucją« w architekturze, najlepiej reprezentują Centralny Dom Towarowy, i ku zaskoczeniu, Dom Partii oraz budynki »Dzielnicy Ministerstw« przy nowo wytyczonej ul. Wspólnej. Centralny Dom Towarowy, zaprojektowany w 1948 r. przez Zbigniewa Ihnatowicza, a zrealizowany pomiędzy 1949–52, był krytykowany jako nierealizujący zasad socjalizmu, a autor miał poważne kłopoty. Trafił do więzienia i ukończenie CDT odbyło się już bez jego udziału. Niestety budynek otrzymał nową elewację po pożarze w 1975 r. Także Dom Partii, zaprojektowany w latach 1947–48 przez Wacława Kłyszewskiego, Jerzego Mokrzyńskiego i Edwarda Wierzbickiego, był krytykowany za zbyt bliskie związki z modernizmem i w trakcie jego realizacji w latach 1948–51 wnoszono poprawki. Ten przykład pojawi się w referatach moich kolegów jutro, aby przybliżyć Państwu perypetie związane z jego lokalizacją, stąd nie będę go dalej omawiać. Niemniej dzisiaj jest jednym z narożników odbudowanej ulicy Nowy Świat z Alejami Jerozolimskimi.

Najdziwniejszym przykładem był (niestety jest w trakcie przebudowy) pierwszy budynek wieżowy w Warszawie o konstrukcji stalowej, wybudowany jako luksusowy gmach apartamentowo-biurowy w latach 1931–33 według projektu Marcina Weinfelda. Poważnie uszkodzony w pierwszych dniach Powstania Warszawskiego w 1944 r., przetrwał wojnę. Decyzja o jego adaptacji na hotel »Warszawa« była realizowana w latach 1950–53 przez samego autora. Na modernistyczną bryłę nałożył on oszczędny kostium historyzujący w duchu rewolucji. Czy działał pod presją, tego nie wiemy. Także nie wiemy, czy decyzja sprzed kilku lat, aby przywrócić budynkowi formę z lat trzydziestych znalazłaby jego akceptację. Niemniej ten ciekawy przykład architektury socrealistycznej przestał istnieć.

Pomiędzy realizmem a rewolucją sytuuje się kameralne osiedle zlokalizowane po zachodniej stronie Nowego Światu, zaprojektowane przez Zygmunta Stępińskiego i zrealizowane w latach 1949–56. Ponieważ na Nowym Świecie odbudowano jedynie zabudowę obrzeżną ulicy, bez licznych oficyn oraz zniesiono historyczny układ działek, na zapleczu znalazło się miejsce na zupełnie nowe założenia. Tak jak kamienice przy Nowym Świecie w wielu przypadkach zostały przeznaczone na sklepy, kawiarnie, siedziby instytucji i towarzystw publicznych, założenia na jego zapleczu zostały zaprojektowane jako osiedla mieszkaniowe. Rewolucja wymagała regularności i monumentalizmu. Osiedle po stronie zachodniej Nowego Światu to osiowy, symetryczny układ, ale o architekturze w skali człowieka, zamknięty dwoma dominantami: od północy, po przeciwnej stronie szerokiej ul. Świętokrzyskiej, monumentalnym Ministerstwem Skarbu (zaprojektowanym w 1949 r. i zrealizowanym w latach 1953–56), od południa formalną wieżyczką wieńczącą osiedlowe przedszkole. Dr Marta Leśniakowska tak charakteryzuje ten zespół[3]: »Nowy typ kameralnego osiedla socrealistycznego, skomponowanego jako malowniczy, neoromantyczny zespół łączący cechy osiedla wielkomiejskiego z ›miastem-ogrodem‹«. W wyniku plebiscytu gazetowego ulicy tej nadano miano Kubusia Puchatka, całkowicie pozbawiając ją cech patetyczności.

Ale romantyzm i realizm musiały ustąpić rewolucji. Jak państwo słyszeli, idee socjalistyczne musiały wytłumaczyć odbudowy w historycznym kształcie, modernistyczne w założeniach osiedla i budynki musiały było korygowane socjalistycznym w wyrazie detalem, ale wciąż brak było tych wieloprzestrzennych założeń pokazujących wielkość i wyższość nowego systemu nad tym wszystkim, co było przedtem. Kluczowe znaczenie miała narada partyjna architektów w 1949 r., na której czołowy ideolog Edmund Goldzamt wygłosił referat pod tytułem *Zagadnienia realizmu socjalistycznego w architekturze*. Potępił w nim formalizm i kosmopolityzm i wskazywał na jedynie słuszne wzorce pochodzące z ZSRR.

Nowy socjalistyczny człowiek, przede wszystkim robotnik i chłop, ale i inteligent, nie powinien być indywidualistą, jest

06. Ulica Kubusia Puchatka, czyli Nowy Świat-Zachód

07. Współczesna ikona Warszawy, Pałac Kultury i Nauki na tle wieżowców

cząstką kolektywu. Kolektywem ktoś musi kierować i tym kimś jest Partia, nazywana »Przewodnią Siłą Narodu«. To ona wie, jak ludzie mają pracować, mieszkać, odpoczywać i manifestować swoje poparcie dla nowego systemu. Ona także wie, jak ma być zorganizowane miasto i wyglądać architektura, sztuka, poezja, muzyka, czerpiąc z najlepszych wzorców pochodzących z »Bratniego Kraju« – Związku Radzieckiego. Tam skutecznie przeprowadzono rewolucję i my powinniśmy iść w ich ślady. W architekturze najważniejszy jest porządek, a porządek to osiowość i symetria w kompozycji założeń urbanistycznych i budynków, szczególnie użyteczności publicznej. Przestrzenie publiczne powinny być rozległe, aby ludzie mogli się gromadzić, okazując wdzięczność swojej władzy. Powinny uzyskać odpowiednią monumentalną oprawę, która w założeniu miała chwalić »lud«, a w praktyce realizowała ambicje rządzących. Strojenie budynków mieszkalnych lub biurowych w szaty analogiczne do historycznych pałaców i nazywanie ich »pałacami« na modłę sowiecką, de facto miało realizować tęsknoty (prawdziwe lub wyimaginowane) dostępności do pałaców arystokracji z poprzednich epok. Pałac Kultury i Nauki im. Józefa Stalina jest tego doskonałym przykładem. Do jego realizacji splantowano zabudowę kwartałów pomiędzy ulicami Emilii Plater, Świętokrzyską, Marszałkowską i Alejami Jerozolimskimi. Projekt nawiązujący do moskiewskiego Uniwersytetu Łomonosowa wykonał radziecki architekt Lew Rudniew w 1952 r. Nota bene Rudniew studiował w Ameryce i doskonale poznał zasady kompozycji wieżowców amerykańskich końca XIX i początku XX w. Realizacja Pałacu nastąpiła w latach 1952–55. Poszczególne bryły Pałacu Kultury i Nauki, aby ukłonić się architekturze narodowej polskiej, zwieńczono attykami nawiązującymi do renesansu. Bardzo starannie zaprojektowano i wykonano wnętrza, angażując polskich artystów i rzemieślników o najwyższych kwalifikacjach. O nawiązywaniu do narodowej tradycji świadczy ekran akustyczny zaprojektowany w Sali Kongresowej, do dekoracji którego posłużyła tradycyjna historyczna tkanina, tzw. pas słucki. Bardzo starannie zaprojektowano otoczenie Pałacu, z zielenią i fontannami, ale także od strony ul. Marszałkowskiej zaprojektowano trybuny i rozległy plac przeznaczony na defilady – pokaz siły i poparcia.

Sześcioletni Plan Odbudowy Warszawy, opublikowany w 1951 r., a firmowany przez Bolesława Bieruta, zakładał budowę kilkunastu założeń przestrzennych o monumentalnej, obcej w tym mieście skali i wzorcach. Najpełniejszym zespołem realizującym założenia socjalizmu realnego jest Marszałkowska Dzielnica Mieszkaniowa zaprojektowana w latach 1949–50, a realizowana od roku 1950 do 1953. Jej głównym projektantem był Józef Sigalin, który pełnił wówczas funkcję naczelnego architekta Warszawy.

Zespół ten wykorzystał XVIII-wieczne założenie Osi Stanisławowskiej, o którym wspominałam na początku. Ulica Marszałkowska, będąca jedną z kluczowych ulic założenia tego tak zwanego Latawca, została poszerzona na potrzeby realizacji szerokiej, monumentalnej arterii od strony zachodniej na odcinku od Alej Jerozolimskich do placu Konstytucji. Ta część miasta nie była poważnie zniszczona, ale jej centralne położenie kusiło, by to tu zrealizować sztandarowe założenie architektury socrealistycznej w najczystszej formie. Utworzenie placu Konstytucji zmieniło przebieg ulic Pięknej i Koszykowej, niejako »wycięto« nowe przebicie ulicy Waryńskiego. Wiele kamienic zostało rozebranych. Sześciokondygnacyjne monumentalne elewacje mają wysoką część cokołową mieszczącą przy placach za arkadami handel i usługi. Budynki wieńczy wydatna attyka.

08. Plac Konstytucji, centralny element Marszałkowskiej Dzielnicy Mieszkaniowej

Elewacje wykończone zostały w wielu przypadkach opracowanym rzeźbiarsko kamieniem, są tu rzeźby i płaskorzeźby, mozaiki, sgraffita, majolika i metaloplastyka. Plac Konstytucji od południa zamykają monumentalne latarnie w formie kandelabrów. Chociaż jest to dzielnica mieszkaniowa z pełnym programem socjalnym – 65 sklepów, szkoła, 2 przedszkola, 3 żłobki, 2 ośrodki zdrowia i 2 kluby, 10 lokali żywienia zbiorowego, to mieszkaniec każdego z kilku tysięcy mieszkań został podporządkowany architekturze mającej odzwierciedlać silną ideę socjalizmu. Oprócz placu Konstytucji przebudowany został także plac Zbawiciela, leżący na przecięciu głównej osi założenia Stanisławowskiego i ulicy Marszałkowskiej, oraz leżąca na głównej osi historycznego założenia Aleja Wyzwolenia. Ta ostatnia realizowana w latach 1953–55 ma bardziej ludzką skalę i charakter. Zmiany w tej części miasta miały być zdecydowanie większe, ale nie wszystkie zostały zrealizowane. Do dziś na zapleczach wielkich socjalistycznych gmachów możemy zobaczyć zagubione, wyrwane z kontekstu kamienice z wcześniejszego rozplanowania. Monumentalnym założeniem wykorzystującym idee socjalizmu jest Centralny Park Kultury i Wypoczynku. Do jego realizacji wykorzystano, poprzez ich połączenie, trzy położone na skarpie XVIII-wieczne parki. Dołączono do nich teren nie odbudowanego pałacu na koronie skarpy oraz tereny po również nie odbudowanej zabudowie na Powiślu. W założeniach park miał się łączyć z placem Trzech Krzyży otwartym amfiteatrem (tego elementu założenia nie zrealizowano i w ostatnim dziesięcioleciu odtworzono pierzeję wschodnią placu). Wyznaczenie tak rozległego terenu umożliwiło realizację osiowego założenia łączącego obszerne tarasy na górze skarpy, poprzez monumentalne schody wiodące do szerokiej alei, z fontanną na przecięciu osi poprzecznych, aż do brzegów rzeki Wisły. Na podskarpiu zlokalizowano program wypoczynkowo-rozrywkowy – kino letnie, taneczny krąg, miejsca do wypoczynku i aktywności sportowej. Park uzupełnia mała architektura zgodna z duchem nakazów obowiązującej doktryny, ale zdarzają się również odtworzenia form historycznych. Odtworzono na przykład wodozbiór na terenie dawnego parku Na Książęcem na podstawie projektu Szymona Bogumiła Zuga z końca XVIII w. Park zaprojektowali w latach 1949–50 Alina Scholtzówna i Longin Majdecki, a elementy architektoniczne Zygmunt Stępiński. Realizacja rozpoczęła się w roku 1952 i była prowadzona przez ponad 10 lat.

W roku 1953, roku oddania do użytku MDM i Starego Miasta, umarł Stalin. Projekty, które powstają od 1954 r., jak łupinowe przystanki kolei średnicowej czy strunowa konstrukcja Super--Samu, są diametralnie inne i muszą poczekać na realizację kilka lat. Niemniej idzie »odwilż« i Socrealizm musi ustąpić.

Odbudowę najstarszych części miasta w formach historycznych w większości mieszkańcy Warszawy zaakceptowali. Czasami trafiamy na stwierdzenia, że nasze zabytki są »nieprawdziwe«. Odpowiadamy wówczas, że są prawdziwe, ale z innego okresu, z okresu odbudowy, i to ten fakt doceniły międzynarodowe gremia, wpisując Warszawę w 1980 r. na Listę Światowego Dziedzictwa UNESCO. Najlepiej bronią się osiedla i budynki fazy przedrewolucyjnej. Oparte na wzorcach przedwojennych, są po prostu użyteczne. Zagrożeniem dla nich jest bezmyślne dogęszczanie, przebudowa i docieplenia. Najtrudniejszą do akceptacji jest faza rewolucji. Oprócz piętna złych konotacji politycznych podkreślanych przez starsze pokolenie pamiętające tamte czasy, jest obca kulturowo i pompatyczna. Jest jednak znakiem tamtych czasów i jako zamknięty okres, także w historii architektury i sztuki, zasługuje na rzetelną ocenę. Niewątpliwie tworzyli ją dobrzy architekci, a dekorowali uzdolnieni artyści i rzemieślnicy. Dzisiaj śmieszą nas cytaty z architektury renesansu czy anegdotyczna tematyka robotnicza dekoracji. Młodzi ludzie nie mający świadomości klimatu politycznego, w jakim dzieła te były tworzone, fascynują się nimi. Tak odrzucany i ośmieszany (nazywano go »koszmarnym snem pijanego cukiernika«) przez lata Pałac Kultury i Nauki stał się ikoną Warszawy i celem licznych wycieczek polskich i zagranicznych. Ponadto jest po prostu użyteczny.

Ta zmiana społecznego podejścia do architektury i szeroko pojętej sztuki tamtego okresu stawia przed nami nowe zadania: udokumentowania ich, nadania najbardziej reprezentatywnym przykładom kategorii zabytków, identyfikacji zagrożeń i podjęcia działań ochronnych. Oczywiście podane tu przykłady nie wyczerpują katalogu wartościowych zespołów i budynków z tego okresu.

W Polsce ustawa o ochronie zabytków i opiece nad zabytkami mówi, iż zabytek to »nieruchomość lub rzecz ruchoma, ich części lub zespoły, będące dziełem człowieka lub związane z jego działalnością i stanowiące świadectwo minionej epoki bądź zdarzenia, których zachowanie leży w interesie społecznym ze względu na posiadaną wartość historyczną, artystyczną lub naukową«. Z tego względu warto by było ochronę dzieł z tego okresu poprzeć konsensusem społecznym.

Kurzfassung

Große räumliche Anlagen entstehen dann, wenn wir eine starke Herrschaft und ehrgeizige Herrscher haben. In Warschau zu Anfang des 18. Jahrhunderts hatte der König den Wunsch, seine Residenz bauen zu lassen, ohne die bisherige Stadtstruktur und Besitzteilung zu berücksichtigen. Zweieinhalb Jahrhunderte später beschlossen die neuen sozialistischen Herrscher infolge der Kriegskatastrophe und der Stadtzerstörung, neue räumliche Anlagen »zum Ruhme der Werktätigen« und ihrer selbst zu schaffen. In einer solchen politischen und gesellschaftlichen Umwelt wurde das Werk des Wiederaufbaus der Hauptstadt begonnen. Ich werde hier an einigen Beispielen unterschiedliche Herangehensweisen an den Wiederaufbau des zerstörten Stadtgewebes präsentieren: die Altstadt, die Neustadt, Mariensztat, Nowy Świat, MDM, Muranów, Praga II sowie den Park für Kultur und Erholung.

Die beiden Ersten stellten einen Wiederaufbau auf der Grundlage der historischen Raumaufteilung dar – die Romantik. Die drei Nächsten sind Beispiele für die Schaffung einer neuen Struktur unter Benutzung von Elementen historischer Stadtplanung und Prinzipien der klassischen Architektur – den Realismus. Die beiden weiteren sind Beispiele für die Schaffung einer neuen Raumaufteilung von Grund auf mit Anknüpfung an die Moderne, jedoch nicht ganz von den historischen Wurzeln getrennt – der Revolution. Das letzte Beispiel ist eine Parkanlage, die das historische Stadtgewebe durchschnitt.

Mehr als ein halbes Jahrhundert nach der Entstehung dieser Anlagen können wir sie objektiv betrachten, ohne politische Belastungen. Einerseits stellen sie eine abgeschlossene Tendenz in der Architekturgeschichte dar, andererseits finden sie immer größer werdende Akzeptanz bei der jungen Generation. Die Denkmalpfleger stehen aber nun vor der Aufgabe, ihren Wert zu beurteilen und die interessantesten Beispiele auszuwählen, um sie für künftige Generationen zu erhalten.

Abstract

Great spatial arrangements come into being when we have strong authority and ambitious rulers. In Warsaw, at the beginning of the 18th century the king was seized with a desire to create a private residence regardless of the hitherto existing city structure and ownership distribution. Two and a half centuries later, due to the war cataclysm and destruction of the city, new socialist rulers resolved to create great new spatial arrangements to 'the glory of working men' and their own. Such was the political and social setting for the work of reconstruction of the capital. Based on some examples i present a few different approaches to the reconstruction of the destroyed city tissue – the Old Town, the New Town, Mariensztat, Nowy Świat, MDM, Muranów, Praga II and the Culture and Recreation Park. The first two are reconstructions based on historical planning – romanticism. The next three are a creation of a new structure using elements of historical planning and principles of classical architecture – realism. The following two examples are building a new spatial layout from scratch with reference to modernism, but not entirely irrelatively to historical roots – revolution. The last example is a park arrangement cutting across the historical tissue.

After over a half-century from their occurrence we can look at these arrangements objectively, without political burden. On one hand they constitute a closed trend in architecture, and on the other hand they find a constantly growing acceptance of the young generation. Conservators, however, face the task of valuation and selection of the most interesting examples to preserve them for future generations.

Przypisy

1 Tygodnik »Skarpa Warszawska« nr 1 z dnia 21 października 1945 r.
2 W czasopiśmie »Skarpa Warszawska« nr 7 z dnia 17 lutego 1946 r.
3 Marta Leśniakowska, Architektura Warszawy, lata 1945–1965, Warszawa 2003.

De architettura libri quattro.
Das architektonische Erbe des Sozrealismus. Ein Bewertungsversuch

**De architettura libri quattro.
Dziedzictwo architektoniczne Socrealizmu. Próba oceny zjawisk**

De architettura libri quattro.
The Architectural Heritage of Socialist Realism. An Attempt of Assessment

Michał Smoktunowicz

Mam mówić o architekturze socrealistycznej. Jako zjawisko w polskiej sztuce była to efemeryda, która pojawiła się nagle i równie szybko znikła. Dzieł, które można sklasyfikować jako narodowe w formie i socjalistyczne w treści, właściwie mamy niewiele. Moskiewskie widzenie architektury nie przyjęło się w »przywiślańskim kraju« (tak nazywano Polskę w okresie rozbiorów). Ale pozostają pytania. Jak doszło do powstania takiego zjawiska? Czy Socrealizm wywarł wpływ na zjawiska w polskiej architekturze XX w.?

Pozwoliłem sobie zapożyczyć tytuł z dzieła Andrea di Pietro, zwanego Andrea Palladio, architekta działającego w XVI w. na północy Włoch. Jego realizacje, a głównie traktat architektoniczny, wywarły duży wpływ na polską architekturę XVIII i XIX w. W roku 1570 wydał w Wenecji dzieło *I Quattro Libri dell' Architettura*. Poza rozważaniami o materiałach, stylach, starożytnych gmachach, zawarty w nim był wzornik budowli. Katalog wiejskich rezydencji (villa suburbana) doskonale przyjął się na terenach Rzeczpospolitej i przez ponad dwa stulecia był twórczo kopiowany w setkach, tysiącach polskich dworów. Można zaryzykować twierdzenie, iż Andrea Palladio przyczynił się do powstania narodowego stylu architektonicznego. Również dla miast dawał instrukcje, jak i gdzie stosować po-

01. Osiedle Praga II, arch.: Jerzy Gieysztor z zespołem, 1950

rządki proste lub bardziej ozdobne. Tutaj historycy sztuki nie są zgodni, czy Palladio dostarczał wzory dla wielkomiejskich budowli Warszawy. Niewątpliwie działający w pierwszej połowie XIX w. inny włoski architekt, Antonio Corazzi korzystał z dzieła Maestro Andrea, jednakże nie do końca wiemy, czy nie był to polityczny wybieg architektów – pracując w czasie jedynie słusznej idei, starali się zachować czy odbudować dobre i ważne dla miasta budynki i zmuszeni byli udowadniać »narodowość« tych form i ich »socjalistyczną« treść.

Traktat Palladia został przetłumaczony na język polski i wydrukowany w albumowej oprawie. Miał być narzędziem pracy we wprowadzaniu Socrealizmu. Jednak wydanie pojawiło się na rynku w momencie, kiedy doktrynalna architektura przechodziła już do historii.

Księga pierwsza – o porządkach

Pierwsza zasada marksistowskiej dialektyki – walka przeciwieństw

Jak wyłonić ład z chaosu? Oczywiście za pomocą królewskiej sztuki, jaką zawsze była architektura. To wiedzie nas od budowniczych piramid, muratorów wznoszących katedry poprzez wolnych mularzy do dzisiejszych elit zastanawiających się nad porządkiem świata.

Na przestrzeni tysiącleci europejskiej cywilizacji ugruntował się pogląd, iż ład przestrzenny i hierarchię społeczną kształtowały porządki architektoniczne. Wszystkie traktaty teoretyczne uczyły, do jakich budowli będzie pasował konkretny styl, gdzie stosować właściwe rozwiązania przestrzenne i jak je przyozdabiać. Dzisiaj wiedza o historii klasycznej architektury jest w programie wszystkich uczelni kształcących adeptów sztuki królewskiej, a na pewno tych, które wywodzą się z kręgu kultury śródziemnomorskiej. W końcu XIX w. wystąpiły nowe zjawiska – rozwój produkcji przemysłowej, migracja ludności do miast i związane z tym procesy industrializacji i urbanizacji. Nasilanie się problemów spowodowało rozpoczęcie debaty i pierwsze próby rozwiązań. Powstała piękna idea miast-ogrodów Howarda, Arts and Crafts Morrisa pozostał w sferze rozważań na temat estetyki dekoracji. Najdalej posunął się chyba Deutscher Werkbund Na spotkaniach grona architektów, rzemieślników, jak również przemysłowców, nauczycieli i publicystów dyskutowano o zagadnieniach nie tylko ze sfery estetyki, ale włączono problemy, które zaczynały zaprzątać uwagę wszystkich sfer. Humanizacja pracy, poprawa warunków społecznych, socjalizm i na koniec nieuchronność rewolucji – oto hasła, które dominowały dyskusje w postępowych grupach społecznych w całej Europie. Monarchowie i sfery rządzące rozumiały te problemy zupełnie inaczej i jedynym rozwiązaniem, jakie znaleźli, była wojna, która po traumatycznych doświadczeniach doprowadziła do totalnej przemiany obrazu Europy. Jeszcze gorsze przeżycia mieli ci, którzy zdołali przeżyć wydarzenia z października 1917 r. Po rewolucji i wojnie domowej chaos ogarnął całą Rosję. Hasła tej rewolty były postępowe, głosiły sprawiedliwość, wolność i powszechny dostatek. Realna rzeczywistość okazała się brutalnie odmienna od ideałów. Odmienna też była metoda rozwiązywania problemów. W latach powojennych było oczywiste, że model starego świata nie mógł utrzymać się w dawnej postaci. Narastały problemy życia zwykłych ludzi – mieszkaniowe, społeczne i tym samym ucieczka od dotychczas stosowanych zasad klasycznej architektury była procesem nieuniknionym. Eksperymenty twórcze doprowadziły w wielu przypadkach do powstania dzieł sztuki zapisanych w annałach dziejów architektury. Później krytyka i historycy zaczęli nadawać im imiona – modernizm, kubizm, formalizm, suprematyzm, funkcjonalizm, konstruktywizm i wiele innych »izmów«. Zjawiska te były milowymi krokami na drodze rozwoju myśli architektonicznej. Najważniejszym ośrodkiem pracy nad nowymi tendencjami w architekturze stał się Bauhaus, szkoła założona w 1919 r. z inicjatywy Waltera Gropiusa pod patronatem Wielkiego Księcia Weimaru, potem przeniesiona do Dessau.

Prace teoretyczne nad zmianą wizerunku architektury prowadziła również grupa młodych architektów ze wszystkich niemal krajów Europy. Powołali do funkcjonowania w 1928 r. Międzynarodowe Kongresy Architektury Nowoczesnej [Congres Internacionaux d'Architecture Moderne (CIAM)]. W dokumencie inicjującym prace zawarto intencję, że spotkania mają odbywać się dla wydobycia architektury z akademickiego impasu i umieszczenia jej we właściwym społecznie i ekonomicznie miejscu. Do wybuchu II wojny światowej odbyło się pięć spotkań. Najważniejszy, czwarty Kongres odbył się w 1933 r. Sformułowano na nim zasady »funkcjonalnego miasta«, znane z późniejszej publikacji jako Karta Ateńska.

Wymiana myśli oraz obserwacja doświadczeń odbywały się we wszystkich ośrodkach. Koledzy z różnych stron cieszyli się z osiągnięć awangardy. Rewolucja październikowa była wielkim wyzwaniem dla grup myślących o postępie ludzkości. Cały świat śledził rozwój wypadków w państwie, w którym zapanował nowy i zgoła odmienny od dotychczas znanego porządek. Konstruktywizm był doskonałym wyrazem nowoczesności w architekturze i symbolem postępu. Czysty, wydobyty na zewnątrz schemat konstrukcji budowli pozbawionej innych elementów dekoracji był wyzwaniem rzuconym przestarzałym poglądom na estetykę budowli. Architekci rosyjscy, już wtedy sowieckiej Rosji, tacy jak Vladimir Tatlin, Alexander Vesnin czy Konstantin Melnikov, zapisali się jako twórcy awangardy architektonicznej początku XX w. Był to czas, kiedy projektanci prowadzili ze społeczeństwem dialog dla wypracowania optymalnych rozwiązań przestrzennych. Działało wtedy wiele prywatnych pracowni i stowarzyszeń, które w 1932 r. uległy rozwiązaniu i powstał w to miejsce Związek Architektów ZSRR. Przewodniczyli tej strukturze akademicy i polityczni aparatczycy – Alabjan, Ginzburg, Zholotovsky, Ladovsky – którzy leninowską metodą postanowili przejąć kontrolę nad wydarzeniami. Do zaproponowania mieli jedynie stare podręczniki klasycznej architektury i determinację, aby nie zostać zmiecionymi z areny dziejów. Kilka lat wcześniej (1920) Zholotovsky był już ludowym komisarzem Komisariatu Nauk Architektonicznych (sama nazwa budzi grozę). Nie mamy pełnej wiedzy, jakie procesy nastąpiły w tamtym czasie. Wiemy, że ujarzmianie sił odbywało się z użyciem aparatu represji i terroru. Wygrali najsprytniejsi. Za przełomową datę uważa się rozstrzygnięcie konkursu na Pałac Rad. Zwycięski model na długie lata wyznaczył jedynie słuszny kierunek kształtowania architektury w ZSRR, a później we wszystkich krajach sowieckiego bloku. Jednak kształtowanie się idei Socrealizmu zajęło jeszcze kilka lat. Hasła głoszone w 1932 r. brzmiały – typologizacja, duch partii, duch narodu. Dopiero na pierwszym kongresie Związku Architektów ZSRR w 1937 r. sformułowano zasady Socrealizmu – narodowy w formie, socjalistyczny w treści.

Moskwa zawsze miała problemy ze znalezieniem tożsamości – to kradła insygnia religijne, to zapożyczała styl architektoniczny. Od czasów Piotra Wielkiego i budowy Piotrogrodu obowiązującym stylem stał się klasycyzm. Trochę może wykoślawiony, ale ozdobny, monumentalny, pokazujący imperialne aspiracje władców. Nowa władza również potrzebowała splendoru i rozmachu. Awangarda nie miała jeszcze wypracowanych modeli, a już na pewno daleka była od podkreślania imperialnych aspiracji władzy. Paradoksalnie uważało się, że z Dessau wiedzie prosta droga do Moskwy. Ale wyjazd Vasyla Kandynskiego w 1920 r. z Rosji uważany był w jego rodzimym kraju za ucieczkę! Otrzymał stanowisko wykładowcy w Bauhaus i rozwinął teorię dynamiki form, publikując książkę *Punkt, linia a płaszczyzna*. W ZSRR nie miałby na to żadnych szans. Drogi dwóch »postępowych« światów w latach trzydziestych zaczęły biec w przeciwległych kierunkach.

Księga druga – o przestrzeni

Druga zasada marksistowskiej dialektyki – przemiany ilościowe przechodzą w jakościowe

Przestrzeń Warszawy przekształcała się w nietypowy dla dziejów europejskiej architektury sposób. Do końca XVIII w. funkcjonowały dwa »stare miasta« oraz ponad dwadzieścia prywatnych miast z własnymi ratuszami i całkowicie odmienną strukturą zabudowy. Ta mozaika była przeplatana rezydencjami kolejnych królów i wielkich rodów magnackich. Przestrzeń Warszawy miała więc charakter mocno rozdrobniony, można powiedzieć: kameralny. Dopiero od drugiej połowy XIX w. rozpoczął się proces urbanizacji, który wytworzył wielkomiejski charakter. Obrzeża, stopniowo włączane w granice, pozostawały jeszcze długo wsiami. W latach międzywojennych zaczęły ścierać się dwie odmienne tendencje kształtowania przestrzeni. Pierwsza wywodziła się z zasad wypracowanych kilkadziesiąt lat wcześniej, w czasie wielkiego rozwoju miast europejskich spowodowanego procesami industrializacji. Podstawowym modelem zabudowy mieszkaniowej była kamienica czynszowa, zlokalizowana przy ulicy. Stąd rysunki planów zagospodarowania i rozwoju miasta oparte były na tej zasadzie. Awangardowy ruch architektów, związanych z CIAM, zakładał całkowicie inne podejście do organizacji przestrzeni – budowę jednostek mieszkaniowych. Według nowych zasad mieszkania miały być grupowane w blokach, a te z kolei lokalizowane w koloniach otoczonych zielenią.

Po wojnie Warszawa znalazła się w szczególnie trudnym położeniu. Zniszczenia wojenne były tak olbrzymie, że rozważano nawet przeniesienie stolicy do innego miasta. Na sowieckich czołgach wjechał do Polski zupełnie odmienny sposób myślenia o przestrzeni. Dekrety Polskiego Komitetu Wyzwolenia Narodowego pozbawiły ludzi własności ziemi i środków produkcji. Wszystko stało się wspólne, czyli niczyje. W jednej chwili ziemia utraciła swój podstawowy atrybut – przestała mieć jakąkolwiek wartość. Miasto leżało w gruzach i panowała pełna swoboda działania w obszarze znacjonalizowanej przestrzeni. Dawało to architektom nieograniczone pola działania, ale stawiało również pytania o zakres swobody twórczej. Należy tu podkreślić, że poza sporadycznymi przypadkami gigantomanii polscy architekci nie dali się zwieść wytycznym z Moskwy. Wprawdzie kopiowali rysunki wielkich przestrzeni, przeznaczonych do manifestacji poparcia linii partii, jednak czuli skalę Warszawy, bardzo kameralną i swojską. W swoich projektach, może intuicyjnie, a na pewno wbrew doktrynie Socrealizmu, stosowali swojskie rozwiązania o wymiarze humanistycznym. Dekret Krajowej Rady Narodowej, z dnia 14 lutego 1945 r., powołał Biuro Odbudowy Stolicy. Biuro dzieliło się na cztery wydziały: Planowania Gospodarczego, Urbanistyki, Architektury i Inżynierii oraz Architektury Zabytkowej. W Biurze znalazło zatrudnienie wielu doskonałych architektów. Kierownikiem został architekt Józef Sigalin i z jego wspomnień możemy wyczytać wiele ciekawych relacji o odbudowie zniszczonego miasta, ale również o kolaboracji z nową władzą. Od pierwszych dni rozgorzał spór o kształt przestrzeni przyszłej Warszawy. Ścierały się głównie wydziały Urbanistyki i Architektury Zabytkowej, ponieważ urbaniści stali na stanowisku całkowitej odmiany wizerunku miasta, natomiast konserwatorzy chcieli zachować jak najwięcej struktury historycznej. Niestety, w tamtym czasie doktryna konserwatorska uznawała za wartościowe jedynie obiekty powstałe przed 1850 r., a secesję uważano za dekadencki przejaw sztuki schyłku epoki burżuazyjnej. Skazało to na zagładę wiele cennych budynków, a największym kuriozum było wyburzenie zachowanych kwartałów zabudowy z przełomu XIX i XX w. pod budowę Pałacu Kultury i Nauki na obszarze ok. 1 km^2, które kiedyś tworzyły centrum miasta.

W pierwszych latach odbudowy wyodrębniono kilka kluczowych zagadnień planowania Warszawy – komunikację, mieszkalnictwo, przemysł i zieleń. Od wieków mankamentem miasta była sieć ulic, z tym postulatem zgadzali się wszyscy. Wytyczono więc przelotowe trasy krzyżujące się w środku miasta, zgodnie z założeniami projektu »Warszawa Funkcjonalna« z 1936 r. Urbaniści radzieccy z pomysłem obwodnic, jakie zastosowali w Moskwie, jeszcze do nas nie dotarli. A szkoda, ponieważ do dnia dzisiejszego komunikacja, pomimo kolejnych inwestycji, pozostaje ważnym problemem do rozwiązania.

02. Siedziba Najwyżseja Izby Kontroli, arch.: Marek Leykam, Jerzy Hryniewiecki, 1946

W zakresie planowania mieszkalnictwa i przemysłu nastąpiło zerwanie z dotychczasowymi poglądami na rozwój miasta. System dobudowywania wokół istniejącej tkanki kolejnych linearno-koncentrycznych układów zastąpiła koncepcja satelitarnych osiedli, łączonych z ośrodkiem miejskim i pomiędzy sobą wyodrębnionymi arteriami. Było to wielkie osiągnięcie nowoczesnego ruchu w architekturze. Zasady rozplanowania i dyspozycji przestrzeni (bo trudno je nazwać projektami urbanistycznymi) wykonywane były bardzo szybko, w formie szkiców. Zyskiwały akceptację władz zarówno miasta, jak i państwa. Jednakże Moskwa już przygotowywała schemat przyszłej organizacji architektury we wszystkich aspektach socjalistycznej rzeczywistości. Biuro Odbudowy Stolicy zostało zlikwidowane w 1951 r., na mocy Rozporządzenia Rady Ministrów z 6 września 1950 r. Ówczesny Prezydent Warszawy, generał Marian Spychalski został aresztowany (popełnił błąd, bo dał się sfotografować z generałem amerykańskim, a nie sowieckim). Prezydent Bolesław Bierut na posiedzeniu Sekretariatu KC w sprawie Planu Generalnego Warszawy (13 marca 1953) już zgłaszał uwagi do tego, czego kilka lat wcześniej był gorącym orędownikiem: »Miasto należy budować bardziej skupione, bliżej Wisły, zachować rozsądne normy zieleni i powietrza.«

Księga trzecia – o funkcji i formie

Trzecia zasada marksistowskiej dialektyki – zaprzeczenie zaprzeczenia

Co oznaczała w rzeczywistości socjalistyczna treść? Deficyt mieszkaniowy był w powojennej Warszawie największym problemem społecznym. Brakowało mieszkań i każdy metr był na wagę złota. Wydawało się, że uspołecznione budownictwo mieszkaniowe rozwiąże problem tym bardziej, że przedwojenna tradycja przekazała bardzo dobre wzory.

Warszawska Spółdzielnia Mieszkaniowa [WSM] założona została w 1922 r. jako jedna z pierwszych takich instytucji w Europie, z inicjatywy grupy polityków o lewicowych poglądach, do której należeli między innymi Bolesław Bierut, później prezydent PRL. Celem Spółdzielni było »zaspokojenie potrzeb mieszkaniowych klasy robotniczej«, co doskonale wpisywało się w doktrynę nowego socjalistycznego państwa. Pierwsza kolonia powstała w 1925 r. po północnej stronie placu Wilsona, jako blok zabudowy zbliżony charakterem do tych wznoszonych w latach pięćdziesiątych. Dopiero jednak współpraca z członkami grupy Praesens – H. i Sz. Syrkusami, B. i S. Brukalskimi, B. Zborowskim zaowocowała realizacjami na Żoliborzu i Rakowcu o wyrazie zdecydowanie odmiennym – w duchu architektury modernistycznej. Działało również od 1934 r. Towarzystwo Osiedli Robotniczych [TOR], spółka prawa handlowego, którego celem była »budowa małych mieszkań dla niezamożnych robotników, rzemieślników i pracowników umysłowych«, a główną metodą działania – udzielanie różnym instytucjom (m. in. spółdzielniom mieszkaniowym) pożyczek na ich realizację. Do wybuchu II wojny światowej Towarzystwo Osiedli Robotniczych zdążyło wybudować dwa własne osiedla – na Kole i Grochowie.

W pierwszym okresie odbudowy, do 1949 r, organizacje te działały w niezmienionej formie i w referacie *Udział spółdzielczości mieszkaniowej w realizacji pierwszego trzyletniego Narodowego Planu Gospodarczego dla Warszawy*, wygłoszonym w listopadzie 1946 r., H. i Sz. Syrkusowie mówili: »Koncepcja osiedla społecznego po siedmioletniej pracy badawczej jest dojrzała i gotowa do realizacji. Urbaniści są przygotowani do przeprowadzenia w 1948 r. doświadczenia nowego ukształtowania terenów«. Rzeczywiście w ostatnim roku przed pro-

03. Osiedle ZOR Koło, arch.: Helena i Szymon Syrkusowie, 1947

klamacją Socrealizmu rozpoczęli realizację dwóch kolonii – na Kole i na Pradze. W tym czasie prasa donosiła: »I choć autorzy nie uważają bynajmniej nowych mieszkań za ideał, ze względu na ich skromne rozmiary, to jednak stanowią one pewien krok naprzód również w ›demokratyzacji‹ mieszkania«. Niestety był to już czas normatywów powierzchniowych. Komisje mieszkaniowe wyliczyły, że pracujący zawodowo lub uczący się obywatel musi mieć 10 m^2, a niezatrudniony – 5 m^2. Rozwiązania były bardzo proste i nie pozbawione logiki. Budynki typu galeriowców ustawiane były w kierunku wschód–zachód, tak więc wejście do mieszkania prowadziło z otwartego ganku, od strony północnej. Przy wejściu zlokalizowane były kuchnia i łazienka. Na południe wychodził duży pokój z aneksem sypialnym lub wydzielonym drugim pokojem. W domach galeriowych występowały mieszkania małe – jedno- – i półtoraizbowe. Doliczając do normatywnej powierzchni mieszkalnej przestrzeń kuchni, łazienki i przedpokoju – trzyosobowa rodzina otrzymywała mieszkanie o powierzchni użytkowej 37 m^2, natomiast rodzinie czteroosobowej przysługiwało 44 m^2. Innym rozwiązaniem były budynki z klatką schodową prowadzącą do mieszkań. Tutaj zlokalizowane były większe mieszkania dla rodzin pięcioosobowych o powierzchni 55 m^2 i sześcioosobowych o powierzchni 60 m^2. Bloki lokalizowano w linii północ–południe, gdzie łazienka i kuchnia miały orientację wschodnią, a duży pokój wychodził na zachód. Mieszkania dla samotnych lub dla małych rodzin nie prowadzących oddzielnego gospodarstwa domowego zgrupowane miały być w dziesięciopiętrowym budynku o typie hotelowym (nie zrealizowanym).

Tak narodził się sztywny kanon tak zwanego normatywu mieszkaniowego, twórczo rozwijanego (czytaj zmniejszanego) w następnych latach. Za hasłami równości społecznej kryło się sprowadzanie wymiarów mieszkań do niezbędnego biologicznie minimum. Identyczne zasady stosowano w odbudowywanych zespołach zabudowy historycznej. Stare indywidualne domy zamieniano w bloki mieszkalne, łącząc je lub dzieląc tak, aby mogły być spełnione zasady i funkcje »osiedla społecznego«.

Tak wyglądało budownictwo dla mas. »Swoi« otrzymywali doskonale rozplanowane apartamenty, często ze służbową klatką schodową. Powierzchnia oraz liczba pokoi nie grały roli. Mieszkanie musiało być wygodne, dobrze urządzone i położone w dobrym punkcie. z czasem takie »punkty« Warszawa zaczęła nazywać »zatokami czerwonych świń«, ale to było później, ponieważ w latach Socrealizmu nikt nie miał na to odwagi.

Co działo się z formą architektoniczną – za przykład niech posłużą trzy osiedla: Praga I, Praga II, Praga III. Położone przy jednej ulicy, realizowane kolejno są akademickim przykładem przemian myślenia o architekturze w okresie niewiele przekraczającym 10 lat. Pierwszym jest kameralny kwartał zabudowy, zaprojektowany przez H. i Sz. Syrkusów, wybudowany zgodnie z zasadami wypracowanymi w postępowych kręgach architektów okresu międzywojennego. Budowę rozpoczęto w 1949 r. Modelową kompozycję zniszczono później, wstawiając w środku założenia ogrodowego substandardowe bloki. Drugim jest zespół monumentalnych budowli wokół placu Hallera, w stylu Socrealizmu, wybudowany według projektu J. Gieysztora z zespołem. Realizację rozpoczęto w roku 1950 już pod wpływem zasad architektury i urbanistyki przeniesionych ze wschodu. Nie jest to jednak wierna kopia wzorów radzieckich. Architektury nie dominują detale rzeźbiarskie czy malarskie. Detal został ograniczony do minimum, i to w stylu C. N. Ledoux, a to był również klasycyzm rewolucyjny! Za tymi fasadami kryły się bieda mieszkania, z niefunkcjonalnie rozwiązanymi wejściami, schodami. Liczył się tylko wyraz reprezentacyjnej elewacji. Trzecim jest bezduszne blokowisko, zwane już osiedlem mieszkaniowym, zaprojektowane przez J. Czyża, J. Furmana, A. Skopińskiego i L. Robaczyńskiego w roku 1961, które pokazuje manowce, na jakie potrafi zaprowadzić ideologia »jedynie słusznych« rozwiązań przestrzennych i architektonicznych.

Podobne analogie zauważamy w architekturze monumentalnej, z jednym zastrzeżeniem – nie było tutaj dychotomii dla mas i dla nas (elit). W pierwszej fazie odbudowy warszawscy architekci pokazali wybitną klasę. Zbudowali »kawał dobrej Architektury«, jak na przykład dzielnica ministerstw, Centralny Dom Towarowy, siedziba Głównego Urzędu Statystycznego, budynek Sejmu, BISTYP czy Dom Partii.

Później bywało różnie. Organizacja kolektywnego projektowania, która polegała na zamknięciu autorskich pracowni i zmuszeniu do pracy w biurach gigantach, liczących po kilka tysięcy pracowników, nie odpowiadała wszystkim.

Za zakończenie okresu Socrealizmu można uznać stadion X-Lecia, który projektowany pierwotnie jako klasyczny w formach, uzyskał ostatecznie niezwykle nowoczesny wyraz, cała Warszawa zaś podśmiewała się z rzeźby umieszczonej przy wejściu. Biegacze kierowali się bowiem na zachód.

Księga czwarta – o ludziach

Czwarta zasada marksistowskiej dialektyki – powszechność rozwoju

Socrealizm był fenomenem w dziedzinie kultury, ale przede wszystkim socjologii.

Poglądy ludzi, nawet pracujących w tej samej dziedzinie, mogą być i na ogół są odmienne. Każdy widzi świat nieco inaczej i debata na temat różnic stanowi napęd rozwoju. W architekturze jest dokładnie tak samo. Stąd wielość nurtów i stylów, stąd różnorodność budowli wznoszonych w tym samym czasie. I odwrotnie. Mówi się, że gotyk w Anglii nigdy nie zaginie, ponieważ kiedy skończono wznoszenie ostatniej budowli gotyckiej, rozpoczęła się moda na neogotyckie ruiny. Ostatnie gotyckie kościoły budowano w Polsce w połowie XVII w. Dochodzimy tu do sedna kwestii Socrealizmu. W wyniku nieszczęsnego posiedzenia nazwanego Krajową Partyjną Naradą Architektów z udziałem egzekutywy partyjnej Stowarzyszenia Architektów Polskich i najwyższych władz państwowych w czerwcu 1949 r. skończył się pluralizm i wolność wypowiedzi nie tylko w architekturze, ale we wszystkich dziedzinach sztuki. Na tej naradzie referat programowy wygłosił przysłany z Moskwy emisariusz Edmund Goldzamt. Miał on jedną misję – dokonać zawłaszczenia polskiej kultury dla moskiewskiej ideologii. Do dyspozycji oddano mu wszystkie »środki perswazji«, z terrorem włącznie. Wtedy ustalono, że jedyną linią rozwoju architektury będzie Socrealizm i jakiekolwiek indywidualne inicjatywy twórcze będą bezwzględnie zwalczane. Radziecki Socrealizm w podstawach ideologicznych podważał możliwość różnorodności i niestety realizacja tego założenia odbywała się zgodnie z leninowską regułą: »Kto nie z nami – ten wróg«. I rzeczywiście, do wykonania zadania zaangażowano sztab operacyjny.

Reakcja środowiska architektonicznego była różnorodna. Spora grupa »kolegów« przyjęła reguły gry. Albo już byli członkami, albo szybko zaczęli zapisywać się do grona przewodniej siły narodu, popłynęli z nurtem i natychmiast byli awansowani. Indywidualne kariery czy strach przed konsekwencjami? Twarda opozycja została spacyfikowana. Pod byle pretekstem byli oni zatrzymywani, przetrzymywani, czasami wytaczano im procesy i siedzieli bezradni, bez możliwości odwołania (bo do kogo?). Wyszli na wolność dopiero po zakończeniu Socrealizmu, jak go później nazwano »okresu błędów i wypaczeń«. Wielu usiłowało uciec do wolnego świata, na Zachód. W tym czasie były to już ucieczki, ponieważ granice demokratycznego państwa zostały zamknięte. Wyjazdy Wasyla Kandynskiego z Rosji czy Macieja Nowickiego z Polski odbywały się jeszcze w okresie przejściowym pomiędzy demokracją i demokracją socjalistyczną.

Trudnym zagadnieniem dla komunisty (nowej władzy) byli awangardowi architekci, wywodzący się z grupy Praesens, którzy w okresie międzywojennym czynnie uczestniczyli w pracach Congres Internacionaux d'Architecture Moderne (CIAM). Poglądy mieli oni głównie lewicowe i stanowili łakomy kąsek dla aparatu propagandy nowego ustroju. Na żer rzucono im tytuły profesorskie (tym władza dysponowała bez ograniczeń!). Jednak tacy wolni ludzie to był element niepewny. Do anegdotycznych powiedzeń przeszła instrukcja Urzędu Bezpieczeństwa »architekci – traktować jak kryminalnych recydywistów«. Dozór nad tą słabą ideowo grupą objął E. Goldzamt. Miał tytuł profesora, swój gabinet na Wydziale Architektury Politechniki Warszawskiej, ale rezydował w Moskwie, w Instytucie Architektury i Urbanistyki. Był to twór powołany do utrzymania poprawnej linii ideologicznej. W skład Instytutu wchodzili profesorowie wszystkich czołowych uczelni sowieckiego bloku i ich zadaniem było obserwowanie zachowań architektów, szczególnie tych »na stanowiskach«. Poza ustaleniami, jaka linia partii dzisiaj obowiązuje, przywoził Goldzamt do Warszawy decyzje personalne. Kiedy zjawiał się w Warszawie ze swoją czarną teczką, ktoś tracił stanowisko lub wylatywał z pracy. Goldzamt pełnił swoją funkcję do śmierci.

04. Osiedle ZOR Koło, arch.: Helena i Szymon Syrkusowie 1951

Zakończenie

Oddajmy na koniec głos Maestro Andrei. »Najobfitsze dowody nieskończonej łaskawości Twojej, wielce Miłościwy Panie mój, tak urosły co do liczby, i co do rozmiarów swoich przez szczególne dobrodziejstwa, których ze stałą hojnością przez tyle lat mi udzielasz, że jeślibym nie usiłował wywdzięczyć się za nie, okazując za nie stałą pamięć, z wszelką pewnością naraziłbym się na to, że byłbym przez wszystkich uznany i ogłoszony jako niewdzięcznik i prostak«. Był to zwyczajowy hołd składany władcy w czasach feudalnego poddaństwa i dzisiaj nie budzi zdziwienia. Ale w drugiej połowie XX w. w każdej pracy naukowej musiał pojawić się akapit chwalący ówczesną władzę bądź mniej lub bardziej odpowiedni (najczęściej mniej) cytat z dzieł Marksa, Engelsa, Lenina lub Stalina. Jakkolwiek pierwszy wprowadził do filozofii pojęcie materializmu dialektycznego, co było bardzo ciekawą teorią interpretacji rzeczywistości, to następcy nie rozumiejąc istoty myśli Karola Marksa, nadużywali jego dorobku. Radziecki biolog Trofim Łysenko dowodził, że największy wpływ na rozwój roślin mają dzieła Lenina. W architekturze dowody nie były tak oczywiste i o wartości pracy naukowej decydowała jedynie liczba cytatów z »klasyków socjalizmu«. Niestety za sztandarami socjalizmu krył się realny socjalizm. Czy Socrealizm jest już przeszłością? Przez niego architekci stracili dominujące miejsce w debacie nad kształtem przestrzeni, sami wyeliminowali siebie i kolegów z tej ważnej debaty.

Kurzfassung

EINFÜHRUNG
Unterwürfige Huldigung an den Herrscher. Warum Andrea Palladio? Sozialistischer Realismus und realexistierender Sozialismus!

ERSTES BUCH – VON DEN ORDNUNGEN
Architektonische Ordnungen – Grundlage der Raumordnung und der politischen Ordnung. Krise der Ideologien der Wende des 19./20. Jahrhunderts. Suche nach Wegen zur Lösung architektonischer Probleme – Methoden in Westeuropa, Situation im nachrevolutionären Russland. Ordnung im Verständnis der Sowjets – Diktatur des Proletariats.

ZWEITES BUCH – VOM RAUM
Nationalisierung von Fabriken, Bodenreform, Bieruts Dekret. Rückkehr zu feudalen Abhängigkeitsverhältnissen. Planen ohne Einschränkungen, Diskussionen im Kreis des Büros für den Wiederaufbau der Hauptstadt (BOS). Warschauer Paradoxa – Beispiele.

DRITTES BUCH – VON DER FUNKTION UND DER FORM
Eine in ihrem Inhalt sozialistische Architektur – Norm für die Massen versus Räume für uns. Nationale Form. Die sowjetischen Standards werden nicht angenommen, Palladio mit seinem Modell der Villa suburbana musste unter dem Druck der Ideologie weichen. Glanz der Macht. Doktrinäre Karikaturen.

VIERTES BUCH – VON DEN MENSCHEN
Erklärung der Exekutive des Verbandes Polnischer Architekten (SARP) – Machtübernahme. Institut für Architektur und Städtebau in Moskau. Organisation der inneren Strukturen. Reaktionen des Architektenmilieus – Eliminierung, leise Passivität, Akzeptanz der Spielregeln, Wege zur Karriere. Erbe des realexistierenden Sozialismus.

Abstract

INTRODUCTION
Obsequious homage to the sovereign. Why Andrea Palladio? Socialist realism and real socialism!

BOOK ONE – ON ORDERS
Architectonic orders – basis of the spatial and political order. Crisis of ideology at the turn of the 19th century. Quest for finding solutions to architectural problems – the methods in Western Europe, the situation in post-revolutionary Russia. Order as understood by the Soviets – the dictatorship of the proletariat.

BOOK TWO – ON SPACE
Nationalization of plants, agrarian reform, Bierut's decree. Return to feudal dependencies. Planning without limitations, discussions within the Warsaw Restoration Office (BOS). Warsaw paradoxes – examples.

BOOK THREE – ON FUNCTION AND FORM
Socialistic architecture – standard for masses versus space for us. National standard. Soviet standards did not take on, Palladio with the villa suburbana model was also bound to fall through under ideological pressure. The glamour of authority. Doctrinal caricatures.

BOOK FOUR – ON PEOPLE
Declaration of the Union of Polish Architects executive – power transition. The Institute of Architecture and Urban Planning in Moscow. Organization of internal structures. Reactions of the circle of architects – elimination, escape, quiet passiveness, acceptance of the game rules, a way to a career. Real socialism heritage.

Architektur des Sozialistischen Realismus. Planung und Ausführung

Architektura socrealistyczna. Plany i realizacje

Socialist Realism Architecture. Plans and Realizations

Antoni Oleksicki

Socrealizm na terenie Polski był stylem architektonicznym najkrócej obowiązującym. Moim zdaniem »obowiązującym« jest określeniem właściwym, ponieważ nie pojawił się w wyniku przenikania wpływów kulturowych i naturalnych zapożyczeń jak inne style – gotyk, renesans, klasycyzm, style historyzujące czy modernizm. Socrealizm, podobnie jak przebudowa społeczna, został narzucony i był wcielany w życie przez aparat państwowy. Nie musiał zatem, jak inne style, ścierać się z już istniejącymi prądami, powoli przecierać szlaki, by dotrzeć do twórców, by następnie zostać zaakceptowanym przez ogół społeczeństwa. Był jednym z fundamentów przebudowy społecznej; podobnie jak Socrealizm w literaturze, sztuce, marksistowsko-leninowskie podejście do zagadnień filozoficznych, historycznych itd. Socrealizm architektoniczny, tak jak i inne wymienione (i nie wymienione tutaj) Socrealizmy, był obowiązującym stylem architektonicznym – wznoszenie w innym stylu traktowane było niemal jak herezja i podobnie mogło być ukarane. Socrealizm miał luksus wyłączności.

Podobnie jak wprowadzenie Socrealizmu w literaturze czy np. historiografii, tak i wprowadzenie Socrealizmu architektonicznego poprzedzone było zjazdami architektów, inżynierów i techników budownictwa, na których wygłaszano programowe referaty, następnie wcielane w życie. W dniach 20–21 czerwca 1949 r. odbyła się krajowa narada partyjnych architektów. O wadze, jaką do tego spotkania przywiązywała partia, świadczy fakt, iż pojawili się na niej: formalnie bezpartyjny prezydent Rzeczpospolitej Polskiej Bolesław Bierut, premier Józef Cyrankiewicz, minister budownictwa gen. Marian Spychalski (architekt z zawodu), partyjny ideolog Jakub Berman. W rezolucji z tego spotkania (Stolica nr 28, 10 VII 1949) czytamy m. in: »… Nie było dotąd jasnego sprecyzowania kierunku rozwojowego architektury i urbanistyki Polski Ludowej i to było źródłem niektórych błędnych rozwiązań. Formalizm, nihilizm i konstruktywizm w architekturze, jako przejawy burżuazyjnego kosmopolityzmu, wąski tradycjonalizm odbijający tendencje nacjonalistyczne, zbyt ciasno pojęty ekonomizm – oto czynniki hamujące rozwój architektury. Wszystko to prowadzi do zubożenia alfabetu form architektonicznych oraz do upadku kultury architektonicznej…, najgroźniejszym niebezpieczeństwem są wpływy dezurbanistycznych tendencji – urbanistyki anglosaskiej, szerzące pesymistyczną niewiarę w miasto…,

01. Makieta osiedla Praga autorstwa Szymona i Heleny Syrkusów. Widoczne wyrzucone przed elewację klatki schodowe, falująca elewacja budynku, wsparcie na słupach wyższych, nadwieszonych kondygnacji

prowadzące do zaniku pojęcia miasta jako całości… Groźne są również wpływy schematyzmu superurbanistycznej doktryny Corbussierowskiej … Architektura nasza musi stać się ideologiczną bronią Partii, czynnikiem wychowania socjalistycznego mas…, winna odrodzić się jako wielka, społeczna Sztuka. Powinna ona – odzwierciedlając ideowe bogactwo epoki budowy socjalizmu – ukształtować formy narodowe, bliskie i zrozumiałe dla ludu. Dla wykonania tych zadań ideologicznych konieczne jest wzbogacenie skali form architektonicznych, a w tym celu należy krytycznie wykorzystać i rozwinąć dziedzictwo naszej kultury. Nowa architektura społeczna; poprzez

02. Fragment elewacji budynku

03. Panorama Starego Miasta, zapewne widok z wieży kościoła oo. Paulinów. Na pierwszym panie odbudowywany Barbakan i dwie linie murów obronnych, dalej odbudowa kompletnie zniszczonych obiektów wzdłuż Nowomiejskiej i Szerokiego Dunaju; w głębi nowo odbudowane budynki wokół Rynku Staromiejskiego

organiczną współpracę z malarstwem i rzeźbą – poprzez syntezę sztuk – tworzy nową bogatą plastykę, przeciwstawiając się ubóstwu i jałowości plastycznej konstruktywizmu …Jednym z kluczowych zadań urbanistyki i architektury polskiej jest odbudowa i przebudowa Warszawy. Musi ona rozwijać się po linii socjalistycznej troski o człowieka. Konieczna jest kardynalna przebudowa starej struktury miasta, … stworzenie dla mas pracujących najlepszych warunków pracy, mieszkania, wypoczynku oraz ukształtowanie jednolitego w swym wyrazie obrazu ideowo – architektonicznego stolicy …«.

Z kolei zjazd inżynierów i techników budownictwa, jaki odbył się w końcu 1949 r. w Gdańsku, został podsumowany artykułem *Walka o architekturę socjalistyczną* (Stolica nr 1, 1950 r., s. 5) autorstwa Eugeniusza Olszewskiego i Stefana Tworkowskiego, gdzie czytamy min.: »…Realizm socjalistyczny w architekturze nie jest ani jedynie nowym rozwiązaniem użytkowości budynku, ani postępem w dążeniu ku powiększeniu produkcji budowlanej, a więc do jej ekonomii, ani też jedynie szukaniem nowego wyrazu plastycznego. Realizm musi ogarnąć dialektycznie wszystkie te czynniki łącznie; tworząc architekturę, należy operować jednocześnie myśleniem społecznym, technicznym i plastycznym. Realizm socjalistyczny w architekturze jest metodą twórczą, opartą o rzeczywiste warunki społeczno-gospodarcze i ujmującą zagadnienia architektury w jego całokształcie. Idąc drogą realizmu, stawiać będziemy zręby stylu architektury socjalistycznej«. I dalej autorzy przechodzą do krytyki największego wroga – architektury funkcjonalistycznej: »…Błędne jednak było stanowisko funkcjonalizmu, który związki poszczególnych pomieszczeń użytkowych przyjmował za główną podstawę kształtowania architektonicznego. Studia nad programem ruchu wewnątrz i zewnątrz budynku przyćmiewały poszukiwanie formy. Zasadniczy błąd funkcjonalizmu polegał na jednostronnym pojmowaniu architektury pod kątem jednego z elementów użytkowości. Zaniedbywał natomiast czasem zagadnienia ekonomiczności budowy, a ponadto przede wszystkim zagadnienia podstawowego elementu wyrazu plastycznego budynku – jednolitości kompozycji. Programowo do rozbicia bryły dążyła dekadencka odmiana funkcjonalizmu, która dla pokazania zróżnicowanych funkcji dochodziła do zaniedbywania właściwego czynnika użytkowości. Tak np. odsuwanie klatek schodowych od bloku budynku dla wyodrębnienia funkcji komunikacyjnych wydłużyło drogę wchodzącego …« Ostatni passus jest wymierzony wprost w Helenę i Szymona Syrkusów, autorów funkcjonalistycznych osiedli mieszkaniowych na Kole i Praga i z lat 1947–1950, gdzie przy budowie bloków mieszkalnych zastosowano odsunięcie pionów klatek schodowych. Dostało się również konserwatorom zabytków; autorzy stwierdzają m.in.: »… Na równi

04. Panorama Marienształtu widziana z gmachu Związków Zawodowych przy trasie WZ (obecnie Centrum Stomatologii), opublikowana 17 lipca 1949 r. – w przeddzień oficjalnego oddania w dniu 22 lipca 1949 r. do użytku osiedla i trasy WZ

05. Widok na Pałac Kultury i Nauki zapewne z okien hotelu »Polonia«

06. Socrealistyczna zabudowa u zbiegu Alei Niepodległości i ul. Racławickiej. Widoczne uproszczenia rozwiązań gzymsów i lizen

z przecenianiem użytkowości architektury, błędem jest również jej niedocenianie. Przykładem tu mogą być tendencje do bezkrytycznie wiernego odtwarzania kompleksów historycznych, bez liczenia się z potrzebami użytkującego je w obecnych warunkach człowieka …«. I niżej ponownie autorzy przechodzą do krytyki konstruktywizmu: »… Dekadencką odmianą konstruktywizmu jest efekciarskie popisywanie się nowymi, nigdzie jeszcze nie widzianymi konstrukcjami. Wywodzi się stąd nieuzasadnione ekonomicznie nadużywanie szkieletów, ekspresyjnego wysuwania wsporników itp. Fetyszyzacja konstrukcji łączy się tu niespodziewanie z zaniedbywaniem nakazów ekonomii …«. Ten fragment może z kolei odnosić się do Centralnego Domu Towarowego, zbudowanego w latach 1948–1952 wg projektu Zbigniewa Ihnatowicza i Jerzego Romańskiego. Nieco niżej pojawia się opisowe rozumienie Socrealizmu w architekturze: »… architektura kształtuje ludzką wrażliwość estetyczną, tworząc w ten sposób podbudowę emocjonalną dla ideologii społecznej. Rola ta … może być spełniona, gdy architektura przemawiać będzie językiem powszechnie zrozumiałym, … wywodzącym się ze źródeł tradycji rodzimej, a nie językiem kosmopolitycznego esperanta. Architektura musi nie tylko liczyć się z warunkami przyrodzonymi kraju, ale też z nawykami i upodobaniami jego ludności, wyrażającymi się w rozwoju historycznym sztuki ludowej i narodowej …, formy architektury rozwijały się w wielu krajach w oparciu o wypracowane przez klasycyzm pojęcie ładu, o jego nieprzemijające zdobycze, polegające na uzyskaniu właściwej proporcji wśród elementów kształtujących formę … Nowy ustrój rozszerzył skalę architektury. Od skali hipotecznej przeszliśmy do skali urbanistycznej, do jednorodnego projektowania dzielnic, całych miast i zespołów osiedli wiejskich.« Jednym słowem, w rozumieniu autorów, Socrealizm architektoniczny był zwieńczeniem myśli architektonicznej w jej dziejowym rozwoju, podobnie jak realizm socjalistyczny w dziejach literatury, marksizm-leninizm wieńczył rozwój filozofii, nauk historycznych itd.

Styl ten trwał niezmiernie krótko – pierwsze obiekty wznoszone zgodnie z jego zasadami pojawiły się w 1949 (Mariensztat), apogeum nastąpiło ok. 1954 r., gdy hucznie obchodzono X-Lecie Polski Ludowej. Funkcjonował wówczas od 1949 r. wspomniany Mariensztat, od 1952 r. Plac Konstytucji, kończony był Pałac Kultury i Nauki, którego budowę zadecydowano w 1951 r. podczas wizyty Wiaczesława Mołotowa w Polsce, rozpoczęto w 1952 r., a ostatecznie ukończono w 1955 r. przed Światowym Festiwalem Młodzieży i Studentów w Warszawie. 22 lipca otwierano właśnie warszawskie Stare Miasto, a pod Krakowem trwała budowa Nowej Huty. W wielu punktach na terenie Warszawy wznoszono osiedla zaprojektowane w duchu socrealistycznym. Jednak już w 1955 r. poczęto zeń chyłkiem wycofywać się – w prasie zaczęły pojawiać się artykuły wskazujące na rozrzutność, z jaką szafowano deficytowymi materiałami przy budowie pompatycznych obiektów pełnych niewykorzystanych przestrzeni – kolumnad, wielkich portyków, trudnych do utrzymania attyk, fasadowość dbającą o wygląd od strony głównych arterii i zupełne zaniedbanie położonych w głębi fragmentów zabudowy, które np. przez lata pozostawały nieotynkowane, z nie urządzonymi uliczkami osiedlowymi, bezładnymi, nieuporządkowanymi wygonami w miejscu zaplanowanych zieleńców itp. Ostatecznie Socrealizm jako styl obowiązujący został zarzucony w 1956 r., kończono jedynie w uproszczonej formie osiedla zaprojektowane zgodnie z jego zasadami. Widoczne to jest na przykład na osiedlu w rejonie ul. Racławickiej i Alei Niepodległości, gdzie przygotowane do obłożenia płytami kamiennymi i ozdobienia skomplikowanym gzymsami międzykondygnacyjnymi płaszczyzny murów przykryto uproszczonymi wyprawami tynkarskimi. Podobnie rzecz się miała np. przy ul. Gagarina, gdzie jeszcze bardziej uproszczono wystrój architektoniczny, pozostawiając jedynie portfenetry z uproszczonymi balustradami i tarasy w elewacjach szczytowych.

Mimo tak krótkiego okresu obowiązywania (około siedmiu lat) Socrealizm odbił niezatarte piętno na architekturze miasta. Niemal w każdej dzielnicy – może poza zbudowanym niemal na surowym korzeniu w latach siedemdziesiątych i osiemdziesiątych XX w. Ursynowem, ale tam również są obiekty wznoszone na potrzeby Szkoły Głównej Gospodarstwa Wiejskiego – można znaleźć obiekty wzniesione zgodnie z kanonami tego kierunku bądź rozplanowania zrealizowane w myśl zasad urbanistyki socrealistycznej. Jaka zatem była przyczyna tak wielkiego wpływu krótkiego przecież okresu trwania Socrealizmu urbanistycznego i architektonicznego na dalszy rozwój miasta? Sądzę, że wśród głównych czynników należy wymienić przede wszystkim ogromną skalę zniszczeń miasta, konieczność uporządkowania systemu komunikacyjnego Warszawy, ale przede wszystkim niespotykane obecnie możliwości realizacyjne państwa.

Ówczesne państwo posiadało wszelkie możliwości, aby stać się ostatnim, jak się zdaje, wielkim mecenasem z rozmachem podjętej przebudowy miasta. Posiadało środki finansowe, gromadzone także dzięki »dobrowolnym« składkom na Społeczny

07. Późniejsza, jeszcze bardziej uproszczona wersja rozwiązań architektonicznych zastosowanych w budynku przy ul. Gagarina 15

08. Zabawa na Rynku Marienstackim, jako ilustracja artykułu *Zabawy ludowe w Warszawie organizowane przez Zarząd Miejski*

Fundusz Odbudowy Stolicy, ściągane w każdym przedsiębiorstwie i instytucji, w szkołach, wyższych uczelniach, wojsku, materialne – dysponowało na zasadzie pełnej reglamentacji wszystkimi dostępnymi materiałami budowlanymi. Państwo miało moc odpowiedniego regulowania bądź nawet naginania przepisów prawnych stosownie do aktualnych potrzeb, ażeby podjąć realizację wielkiej koncepcji urbanistycznej w skali miasta bez zbytniego oglądania się na uwarunkowania społeczne, gospodarcze i finansowe. Dysponowało przede wszystkim obecnie szeroko krytykowanym dekretem z dnia 26 października 1945 r. o własności i użytkowaniu gruntów na obszarze m. st. Warszawy (Dz. U. RP 50/1945, z dnia 21 listopada 1945 r., poz. 579), zwanym powszechnie »dekretem Bieruta«. Państwo miało wreszcie do dyspozycji architektów i urbanistów. Komuniści, którym powierzono zarządzanie Polską w ramach wielkiego sowieckiego imperium, właśnie w odbudowie i zarazem przebudowie stolicy i całego kraju bardzo szybko dostrzegli możliwość legitymizacji swej władzy, o której powszechnie i nie bez racji mówiono, że została przyniesiona na sowieckich bagnetach. Odbudowa miała zaświadczyć o ich patriotycznych intencjach i uwiarygodnić w oczach społeczeństwa polskiego, co najmniej nieufnie nastawionego do nowej władzy.

Architekci i urbaniści polscy stanęli przed bardzo trudnym wyborem – albo stać z boku i nie brać udziału w odbudowie, z całym cynizmem wykorzystywanej do walki ideologicznej przez władze, albo też włączyć się w jej nurt i zdając sobie sprawę, że ich praca zostanie wykorzystana nie do końca zgodnie z intencjami, walczyć o zachowanie najważniejszych przekazów tkwiących w substancji zabytkowej kraju i nie dopuścić, na ile tylko to możliwe, do ich skażenia nową ideologią. Większość architektów stanęła po stronie jedynego ówczesnego mecenasa – władzy. Pokolenie architektów, wykształcone w okresie międzywojennym, szczególną estymą darzyło architekturę modernistyczną, traktując architekturę eklektyczną i okresu secesji nie tyle jako zabytek, lecz raczej przeżytek, świadectwo złego gustu, ciasnej zabudowy okresu drapieżnego kapitalizmu, której należy jak najszybciej się pozbyć. Takie widzenie architektury przełomu XIX i XX w. było zbieżne z poglądami przychodzącymi ze wschodu, gdzie również tego rodzaju architekturę, jednak w połączeniu z modernizmem, a zwłaszcza z konstruktywizmem, postrzegano jak najgorzej. Nadto, w pierwszym okresie po I wojnie światowej realizowano wiele obiektów, ba, nawet całych zespołów mieszkaniowych w duchu tzw. architektury dworkowej, narodowej. Można zatem było operując językiem tej architektury, po wprowadzeniu niezbędnych zmian dostosować się dość łatwo do socreali-

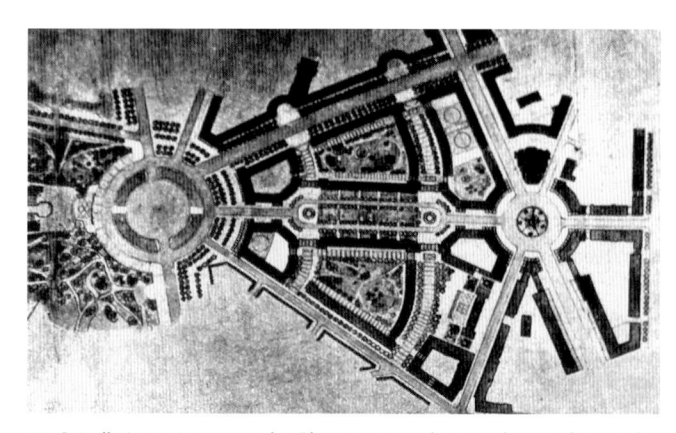

09. Osiedle Latawiec pomiędzy Placem na Rozdrożu a Placem Zbawiciela. Plansza przedstawiająca kompozycję urbanistyczną, elewacja jednego z budynków, fragment rozwinięcia pierzei

stycznej estetyki. Bardzo często już wprowadzenie attyki pomagało w przyszłej realizacji projektu. Wszystko to ułatwiało absorpcję Socrealizmu w architekturze, a jeżeli dołożymy jeszcze powszechny głód mieszkań, z jakim mimo wielu wysiłków nie uporało się przedwojenne państwo polskie i na który nałożyły się dodatkowo potworne zniszczenia wojenne, postulaty i cele Socrealizmu wydawały się bardzo kuszące. Powstawały więc projekty nowej zabudowy mieszkaniowej, administracyjnej, przemysłowej, obiektów sportowych i komunikacyjnych, parki i zieleńce zgodne z życzeniami władzy – »…narodowe w duchu, socjalistyczne w treści…«.

Po prawdzie państwo zachowywało się tak, jak wielcy magnaci XVIII-wieczni podejmujący się przebudowy miast, które sprzężone z ich rezydencjami w zamyśle miały stanowić godną oprawę siedziby władcy. Był to jak dotychczas ostatni okres realizacji wielkich przeobrażeń substancji urbanistycznej, podejmowanych jednak na znacznie większą skalę niż budowa Osi Saskiej czy Osi Stanisławowskiej. Doprowadzało to do swoistej teatralizacji przestrzeni miejskiej. Realizowane w tym czasie place – jak Rynek Mariensztacki, Starego Miasta i Nowego Miasta, miały stanowić architektoniczną oprawę zgromadzeń, pochodów i manifestacji ludności »popierającej politykę Partii i rządu«, a z okazji świąt stać się miejscami festynów i zabaw ludowych, uwiecznianych nawet w filmach (reż. Leonard Buczkowski, *Przygoda na Mariensztacie,* 1953 r., na ekranach od 1954 r., pierwszy kolorowy film w powojennej Polsce). Podobną rolę wyznaczono również placowi Konstytucji oraz największemu z placów warszawskich – placowi wokół Pałacu Kultury i Nauki, nieformalnie nazywanemu w ówczesnej prasie placem Stalina – dzisiejszy plac Defilad.

Warszawa stała się zgodnie z przywołaną rezolucją z narady architektów w czerwcu 1949 r. wielkim placem budowy socrealistycznej. Poza najbardziej znanymi przykładami – Stare Miasto, Mariensztat, MDM, Praga II, realizacje w tym duchu powstawały na dolnym Mokotowie, Sielcach, na Kole (w tym osiedle małych domków jednorodzinnych »zorowskich«), Muranowie, Pradze (w rejonie Ratuszowej i d. placu Juliana Leńskiego – Leszczyńskiego, dzisiejszego placu Hallera), lecz i na oddalonych terenach, takich jak osiedle na Bielanach w rejonie placu Konfederacji, kontynuujące tradycję osiedla Zdobyczy Robotniczej, na Żoliborzu (plac Henkla i ul. Wieniawskiego, bloki przy ul. Śmiałej i obecnej Popiełuszki), Bemowo (osiedle Przyjaźń – dawne domy mieszkalne budowniczych PKiN oraz osiedle domków jednorodzinnych), Sielce, Grochów I i II, osiedla w Ursusie (rejon placu Tysiąclecia), na Mokotowie w rejonie ul. Racławickiej, Chełmskiej i Sielec (ul. Gagarina), Wilanowie (osiedle pracowników SGGW przy ul. Kostki Potockiego – Vogla), Rembertowie (związane z funkcjonującą tam Akademią Sztabu Generalnego – dzisiejsza Akademia Obrony Narodowej), na Bemowie – także związane z Wojskową Akademią Techniczną i in. Nawet na dalekim Wawrze zrealizowano przychodnię zdrowia z charakterystycznym czterospadowym dachem, boniowanym przyziemiem, o rozwiązaniach charakterystycznych dla architektury »zorowskiej«. Osiedla te, realizowane w różnych częściach miasta i ubrane w różne kostiumy architektoniczne, w ostatecznym rozrachunku były osiedlami zorowskimi. Dotyczy to zarówno Nowego Miasta czy Mariensztatu, jak i osiedla na Grochowie. Obowiązywał ten sam sztywny normatyw powierzchniowy, te same normy w zakresie komunikacji, liczby miejsc w żłobkach, przedszkolach, szkołach, placówek pocztowych, handlu itp. na jednego na mieszkańca. Mimo pewnej pozornej różnorodności uważny obserwator dostrzeże wiele podobieństw i schematyzm tych układów przestrzennych. Wyjątkiem było Stare Miasto, gdzie starano się zachować maksymalnie dawną tkankę architektoniczną, przy czym tutaj również przeprowadzano rozgęszczanie zabudowy (jednak opierając się na dokładnej analizie historyczno-architektonicznej, usuwano przede wszystkim naleciałości budowlane z XIX i pocz. XX w., pozbawione wartości architektonicznych), wprowadzano dukty widokowe na istotne z punktu widzenia ówczesnych planistów obiekty. Przykładem może być chociażby realizacja słusznej, przedwojennej jeszcze idei oczyszczenia z zabudowy Podwala i wprowadzenie

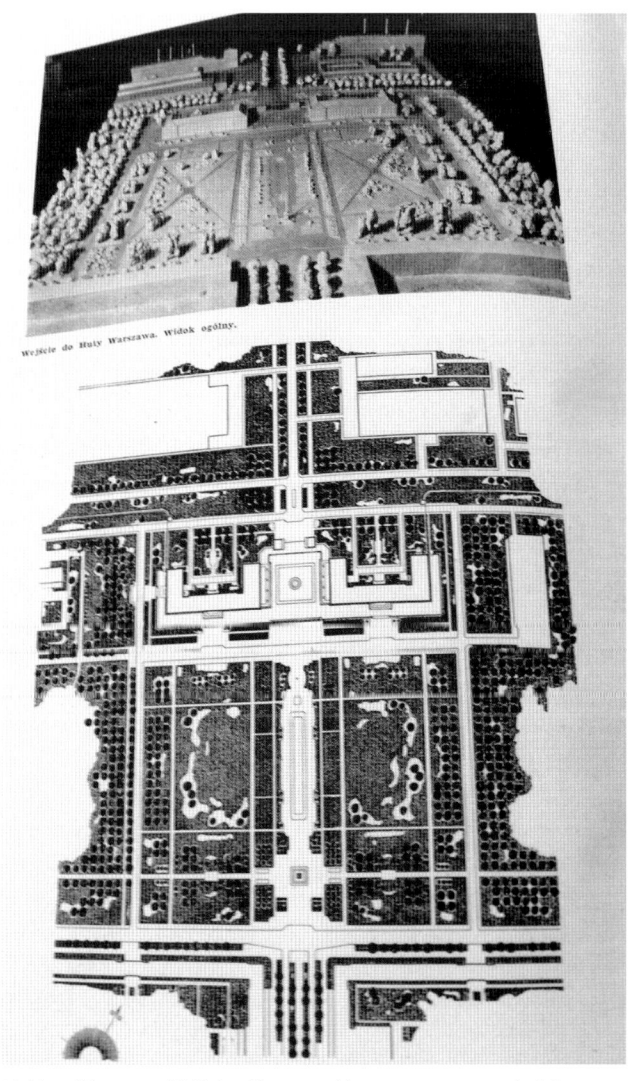

10. Huta Warszawa. Wejście główne, makieta oraz centrum administracyjne huty, plan. Zwraca uwagę iście barokowe traktowanie przestrzeni przemysłowej

Architektura socrealistyczna. Plany i realizacje | Antoni Oleksicki

11. Aleja Waszyngtona 3, Stacja wodociągów warszawskich w Parku Skaryszewskim

w jej miejsce zieleni. Aby otworzyć widok na mury miejskie, zaniechano odbudowy w południowej pierzei ul. Mostowej itp. w ten sposób realizował się materialny kształt czegoś, co można nazwać Socrealizmem romantycznym. Odbudowywano miasto nie takie, jakim było naprawdę, lecz takie, jakim być powinno wedle normatywów tego okresu.

Zamierzano wówczas zupełnie serio przeobrazić Warszawę w miasto w pełni socrealistyczne. W ówczesnej prasie i literaturze fachowej można znaleźć wiele propozycji przeobrażeń rozwiązań architektonicznych w Warszawie, które miały zupełnie odmienić miasto. Oprócz zrealizowanych rozwiązań urbanistycznych – sztandarowy MDM, osiedle »Latawiec« wypełniający XVIII-wieczny schemat rozplanowania promienistego, w rejonie Koszykowa – Mokotowska – plac Zbawiciela wielkimi neobarokowymi blokami mieszkalnymi, wielki plac wokół Pałacu Kultury i Nauki miał uzyskać socrealistyczny sztafaż w otaczających go pierzejach, planowano także rozwiązać w socrealistycznej szacie wschodnią pierzeję placu Bankowego (podówczas Dzierżyńskiego), przebudować w duchu socrealistycznym teren pomiędzy Marszałkowską, Świętokrzyską i Królewską, a budynkowi PAST-y nadać sztafaż socrealistyczny i przeobrazić go w coś na kształt manierystycznego ratusza, podobne realizacje miały powstać również na Kole itd. Powstawały również wielkie zespoły zieleni częściowo na terenach odgruzowanych, na których świadomie zrezygnowano z odbudowy – niech przykładem będzie tutaj Park Kultury i Wypoczynku, obecny Park Rydza-Śmigłego, tereny na podskarpiu Starego i Nowego Miasta i inne.

Oprócz przebudowy urbanistyczno-architektonicznej miasta, planowano również przebudowę społeczną Warszawy. Już w numerze siódmym Skarpy Warszawskiej (17 lutego 1946 r., s. 7–8), a więc zaledwie rok po zdobyciu Warszawy przez Armię Czerwoną i Wojsko Polskie, opublikowany został artykuł Wacława Ostrowskiego *Plan odbudowy Warszawy. Podstawowe założenia projektu*. Zawarte w nim tezy, mimo odwoływania się do kierunków rozwoju miasta w okresie międzywojennym, w sposób jednoznaczny określają, jak zmieniony zostanie kształt przestrzenny i socjalny przyszłej Warszawy: »…Warszawa i w przyszłości musi spełniać wielorakie czynności, jakie wykonywała w wyniku naturalnego procesu rozwojowego przed wojną … Warszawa powinna także być kulturalną stolicą Polski, ośrodkiem współżycia społecznego, jednym z ważniejszych centrów politycznych, kulturalnych i społecznych Europy. A wtedy skład społeczny miasta nie będzie jednostronny, unikniemy niepożądanego przerostu elementu urzędniczego i usługowego. Dlatego Warszawa powinna mieć możliwie pełny przekrój społeczny …«. Z kolejnego passusu przebija wyraźna niechęć do warstw urzędniczych i rzeszy drobnych usługodawców oraz wytwórców, którą nowy sposób zagospodarowania miał rozrzedzić, rozpuścić w masie wielkoprzemysłowej klasy robotniczej, a więc tej części społeczeństwa, z której ówczesna władza poniekąd się wywodziła i w stosunku do niej miała jeszcze zaufanie: »… Bary, restauracje i sklepy są dziś najwyraźniejszym przejawem prywatnej inicjatywy w Warszawie. Takiemu rozrostowi jednej grupy społecznej, zresztą nie

12. Główne założenia Śródmieścia. Zwraca uwagę zupełnie inna niż obecnie struktura terenu dzisiejszego placu Defilad (założenia pochodzą z okresu przed podjęciem decyzji o budowie Pałacu Kultury), przebudowa portu praskiego na ośrodek sportów wodnych, budowla nawiązująca do zasady starożytnego stadionu w rejonie ul. Książęcej z długą osią widokową przecinającą Park Kultury i Wypoczynku (ob. Park Rydza-Śmigłego), powiązana z placem przed południową elewacją KC PZPR, kompletnie przebudowany Muranów i in.

13. Bloki mieszkalne przy ul. Nowotki. Fragment planu generalnego, St. Brukalski, M. Andrzejewska

najcenniejszej, trzeba przeciwdziałać. Dlatego mówiąc o konieczności lokowania w stolicy przemysłu dodajemy, że musi to być także przemysł większy, który by przeciwważył liczne drobne warsztaty rzemieślnicze, jakie się będą w Warszawie sadowiły. Podobnie w handlu i usługach uważamy za pożądaną znaczną centralizację, zwłaszcza w oparciu o spółdzielczość , i zakładamy ją w planowaniu przestrzennym. Dążenia do wielostronnej struktury społecznej nasuwa postulaty, które powinny być uwzględnione w planie zabudowania. Nie jest bynajmniej obojętne, gdzie ulokujemy zakłady przemysłowe, które będziemy chcieli w Warszawie usytuować … Otóż chodzi nam o to, by pracownik przemysłowy był jednym z elementów, współkształtujących życie dzielnic centralnych, a nie tylko peryferii Warszawy …« i dalej: »… Chcemy tak rozmieścić główne tereny pracy różnego rodzaju – ośrodki dyspozycji państwowej, gospodarczej, zakłady naukowe, przemysł, rzemiosło i inne – aby w każdej dzielnicy mogli mieszkać przedstawiciele różnych zawodów i grup społecznych w niezbyt wielkiej odległości od swych miejsc pracy. Wszystkie dzielnice chcemy jednakowo dobrze wyposażyć w urządzenia współżycia społecznego, zaopatrzenia i wczasów …«.

Pomysł zlokalizowania w Warszawie wielkich zakładów przemysłowych, których pracownicy byliby przeciwwagą dla urzędników i inteligencji, czyli tych grup społecznych, do których władza ludowa nie miała zbytniego zaufania, rozpoczęto realizować z początkiem Planu Sześcioletniego. W jego ramach powstała m.in. Fabryka Samochodów Osobowych na Żeraniu, Huta Warszawa na Bielanach – by wymienić tylko największe zakłady, bo było ich oczywiście znacznie więcej. Także obiekty związane z infrastrukturą miejską – kotłownie osiedlowe, zastępowane następnie przez elektrociepłownie, nowe obiekty wodociągów warszawskich (np. w Parku Skaryszewskim czy na osiedlu Praga II) otrzymywały sztafaż architektury socrealistycznej. Sprowadzana do pracy w socjalistycznych zakładach pracy klasa robotnicza miała zamieszkiwać w socrealistycznych osiedlach bloków mieszkalnych.

Powstające wówczas osiedla posiadały wcześniej czy później zrealizowany pełny program socjalny: żłobki, przedszkola, szkoły, przychodnie zdrowia, obiekty sportowe, obiekty kultury, parki i zieleń osiedlową. Był to program ściśle związany z przedwojenną ideą spółdzielczości mieszkaniowej, realizowaną w la-

14. Stare Miasto, ul. Rycerska, widok od strony Podwala. Zabudowa realizowana ok. 1963 r. wg projektu odbudowy Starego Miasta, pochodzącego z przełomu lat pięćdziesiątych i sześćdziesiątych XX w.

tach międzywojennych na osiedlach Warszawskiej Spółdzielni Mieszkaniowej na Żoliborzu (*vide* działalność Teodora Toeplitza), w zmienionych warunkach realizowany na wielką skalę i rzeczywiście będący wielką rewolucją w budownictwie społecznym. Skalę wprowadzonych i planowanych przemian, zwłaszcza na obszarze centrum Warszawy, obrazuje sygnowany przez ówczesnego prezydenta Rzeczpospolitej Polskiej (takiej nazwy używano do lipca 1952 r.), Bolesława Bieruta »Sześcioletni Plan odbudowy Warszawy« (wyd. II, Warszawa 1951 r.). W publikacji tej zamieszczono na kolorowej wkładce nr 12 plan przyszłej Warszawy. Widać tu zrealizowane wielki arterie komunikacyjne, obszary zielone, ale też szereg nowych placów i placyków oraz obszary nowej zabudowy mieszkalnej i administracyjnej, zrealizowane tylko częściowo w duchu Socrealizmu. Urbanistyczne ramy narzucone przez zrealizowany układ komunikacyjny odcisnęły swe piętno na dalszym rozwoju miasta.

15a. Ul. Kredytowa 8, budynek mieszkalny – »mister Warszawy«, 1959 r., autorstwa »warszawskich tygrysów«

Co dzieje się dalej z tym krótkotrwałym, narzuconym prądem architektonicznym, a zwłaszcza z realizacjami architektonicznymi wzniesionymi w jego duchu? Rola tych osiedli w dzisiejszym organizmie miejskim jest nadal znaczna. Dzięki swemu rozbudowanemu programowi socjalnemu stały się ośrodkami, wokół których koncentruje się nowa zabudowa, pasożytująca na umieszczonych w nich instytucjach użyteczności publicznej, z czego korzystają deweloperzy.

Socrealistyczne zespoły mieszkaniowe, wznoszone z rozmachem przestrzennym w epoce, gdy nie musiano się liczyć z ceną gruntu, by użyć określenia z epoki »w skali urbanistycznej, a nie hipotecznej«, usytuowane luźno w zieleni, w znacznej odległości od siebie, co wynikało także z obawy przed bombardowaniami – pamiętać bowiem należy, że budowano je w czasach zimnej wojny, gdy widmo wojny gorącej było straszakiem używanym przez propagandę zarówno na Wschodzie, jak i na Zachodzie – stały się łakomym kąskiem w dobie »dogęszczania zabudowy«. »Racjonalizacja wykorzystania przestrzeni miejskiej« zaczęła się już w latach sześćdziesiątych i siedemdziesiątych XX w. Można posłużyć się tu chociażby przykładem zespołu zabudowy socrealistycznej po obu stronach ul. Andersa (dawnej Nowotki), pomiędzy ul. Wałową a ul. Stawki. Początkowo planowano tu (*vide:* B. Bierut, »Sześcioletni Plan odbudowy Warszawy«, wyd. II, Warszawa 1951 r. kolorowa plansza na wklejce nr 12) zespół zieleńców ujmujących dwujezdniową ul. Nowotki (obecnie Andersa). Wkrótce jednak plany te zmieniły się i zaprojektowano tu zespół zabudowy mieszkaniowej autorstwa St. Brukalskiego i M. Andrzejewskiej w czystym stylu socrealistycznym, którego plan i rysunek elewacji jednego z budynków opublikował J. Stępkowski w Kwartalniku Urbanistyki i Architektury (nr 1 z marca–kwietnia 1954 r., s. 97). Realizację tego osiedla przerwano jednak po wzniesieniu kamienic frontowych i skrzydeł bocznych, prace przerwano w momencie wybudowania bocznych skrzydeł. Po obu stronach ówczesnej Nowotki nie wybudowano natomiast tylnych kamienic. Jest zastanawiające, że dotyczy to właśnie tych budynków. Było to z całą pewnością podjęte świadomie działanie. Być może po jakiejś ważnej naradzie produkcyjnej, które odbywały się na bieżąco, codziennie

15b. Ul. Kredytowa 8, tablica wmurowana przy wejściu do budynku, upamiętniająca nadanie tytułu »mister Warszawy«

i na których podejmowano mające ogromne znaczenie ustalenia, a protokoły z nich nie zawsze zachowały się do naszych czasów.

Pamiętać należy, że jednym z projektantów był architekt (St. Brukalski), przed wojną będący pionierem architektury modernistycznej i funkcjonalnej w Polsce, wykształcony w opozycji do bombastycznej i przeładowanej architektury akademickiej stylów historycznych, secesji, zapatrzony w czystą formę, a świeżo nawrócony na Socrealizm. Jak ognia unikano skojarzeń z architekturą kapitalizmu, a takie budziły kamienice z podwórzami – studniami. Zespół zabudowy po obu stronach Andersa, przy swej ogromnej skali, takie skojarzenia mógł budzić. Moim zdaniem świadomie odstąpiono od realizacji kamienic tylnych po to, by pozostawić otwarte (był to jeden z wyznaczników nowoczesnej socjalistycznej zabudowy) podwórza zazielenione i z ze swobodnym dostępem do sąsiadujących parków i zabudowy. Wzniesiona później za zachodnią pierzeją zabudowa – blok w pierzei z lat sześćdziesiątych i dalej z lat dziewięćdziesiątych to ogromny dysonans architektoniczny, wskazujący jasno i wyraźnie, że za pierzeją wschodnią nie należy tego robić, chociaż i dzisiaj pojawiają się zakusy, aby w rejonie ul. Wałowej – Świętojerskiej, zbudować kolejny obiekt.

Architektura socrealistyczna. Plany i realizacje | Antoni Oleksicki | 47

16. Widok na Plac Konstytucji z okien Hotelu MDM

Podobnie socrealistyczne osiedle »Latawiec« będące zespołem socrealistycznej neobarokowej architektury od strony placu Na Rozdrożu zamknięte zostało banalnymi gomułkowskimi blokami, typowymi »maszynami do mieszkania«.

Na rozległy zieleniec, który został zaprojektowany na dawnym placu Juliana Leńskiego-Leszczyńskiego (ob. plac gen. Hallera), wciśnięto od strony wschodniej dwukondygnacyjny budynek przychodni zdrowia, nie biorąc pod uwagę faktu, że demoluje się w ten sposób przestrzeń urbanistyczną i wprowadza się chaos poprzez lokalizację obiektu na placu, w którego pierzejach usytuowane są obiekty o jednolitej, uporządkowanej architekturze. Podobne przykłady można mnożyć, jednakże moim zdaniem najciekawszy jest przypadek gmachu Komitetu Centralnego PZPR. Obiekt ten został zaprojektowany jako wolno stojący, poprzedzony od strony południowej niewielkim placem, połączonym z przebudowanym placem Trzech Krzyży. Architekturę gmachu KC pomyślano nawet w ten sposób, że w jego południowej elewacji na pierwszym piętrze usytuowano wielki balkon – niewykluczone, że przeznaczony dla partyjnych oficjeli, po to by mogli zeń przemawiać do zgromadzonych na placu tłumów. Przy okazji odbudowy kościoła pod wezwaniem św. Aleksandra przywrócono jego pierwotne rozwiązania architektoniczne według Ch. P. Aignera sprzed rozbudowy z końca XIX w. według projektu J. Dziekońskiego, tym samym powiększyła się przestrzeń placu niezbędnego dla wielkich zgromadzeń. Wystarczyło jedynie rozebrać dwie kamienice na rogu ul. Książęcej. A jednak nie zrobiono tego i gabinet i sekretarza pozostawał cały czas w cieniu wielkiej kapitalistycznej kamienicy, zamykającej dostęp słońca. Być może chodziło o to, żeby nie kłuć w oczy widokiem na świątynię. I takie połowiczne rozwiązanie funkcjonuje do dzisiaj.

Rola zespołów zabudowy socrealistycznej tych osiedli w dzisiejszym organizmie miejskim jest nadal znaczna. Dzięki swemu rozbudowanemu programowi socjalnemu stały się ośrodkami, wokół których koncentruje się nowa zabudowa, »pasożytująca« na umieszczonych w nich instytucjach użyteczności publicznej, z czego korzystają deweloperzy, wciskając się z nową zabudową pomiędzy obiekty socrealistyczne. Inny spotykany codziennie rodzaj degradacji przestrzeni socrealistycznej bierze się stąd, że nie przewidziano wówczas zupełnie wielkiego boomu motoryzacyjnego. Wielkie przestrzenie zielone pomiędzy wolno stojącymi blokami powoli zamieniały się w późniejszych latach w place postojowe i parkingi, wielu też mieszkańców organizowało się, by dla swoich ukochanych aut zbudować garaże, które po ich sprywatyzowaniu stały się zmorą przy próbach przekształceń własnościowych.

Reasumując, należy stwierdzić, że Socrealizm mimo swego bagażu politycznego i negatywnych konotacji był niewątpliwym postępem w stosunku do spuścizny po wielkim i burzliwym rozwoju miast w końcu XIX i na pocz. XX w. Realizowanym był jednak mimo wszystko chaotycznie, niekonsekwentnie i wbrew ciążącemu na wszystkich dziedzinach życia społecznego centralnemu planowaniu bywał bezplanowy, demolował często racjonalnie rozplanowaną przestrzeń miejską, przy czym rzadko kiedy założenia realizowano do końca wedle pierwotnego planu. Klasycznym tutaj przykładem jest warszawski MDM, zorganizowany wokół prostokątnego placu Konstytucji na siłę wciśniętego w XVIII-wieczne promieniste rozplanowanie Osi Stanisławowskiej. Chyba jedyną realizacją do końca przeprowadzoną jest Mariensztat i warszawskie Stare Miasto. W innych przypadkach prowadzone z wielkim rozmachem prace zostały z tych czy innych względów przerwane. Tak było chociażby ze wspomnianym osiedlem »Latawiec«. Ale jednocześnie w tym samym czasie na Starym Mieście realizowano zgodnie z planami z początku lat pięćdziesiątych zabudowę np. ul. Rycerskiej – budynki według planów z początku lat pięćdziesiątych XX w. były tu konsekwentnie realizowane jeszcze ok. 1962–1963 r.

Socrealizm w Polsce praktycznie skończył się wraz z wielkim ruchem odnowy społecznej zapoczątkowanym w 1956 r. Koryfeusze tego kierunku z dnia na dzień porzucali tworzenie w tym nurcie i otwarcie zwracali się ku architekturze modernistycznej, często jeszcze dosyć niezdarnej, w opozycji do pompierskiego, przeładowanego detalem Socrealizmu, pozbawionej jakiegokolwiek detalu, zredukowanej do roli »maszyny do mieszkania« czy »ceglanej bądź żelbetowej obudowy warsztatu pracy«. W 1959 r. w konkursie »Życia Warszawy« na najlepszy dom tzw. mister Warszawy wygrał banalny w swych rozwiązaniach

17. Strona tytułowa tygodnika »Stolica«, nr 43/1954, z fotografią dzielnicy Nowy Świat Wschód

(jednakże odwołujących się wprost do modernizmu) budynek przy ul. Kredytowej 8, autorstwa »warszawskich tygrysów« – Wacława Kryszewskiego, Jerzego Mokrzyńskiego i Eugeniusza Wierzbickiego, wcześniej autorów wielu socrealistycznych budowli i zespołów zabudowy.

Odwrócono się gwałtownie od Socrealizmu, choć miał także i pozytywne cechy – chociażby podnoszone tu zagospodarowanie osiedli mieszkaniowych i wyposażenie ich w możliwie pełny program społeczny.

Dziś wiadomo, że Socrealizm należy już do bezpowrotnej przeszłości, dlatego należy objąć ochroną te spośród socrealistycznych rozplanowań wraz z ich architekturą, które są najbardziej wartościowe. Tak już zaczyna się dziać – chronione są zarówno pojedyncze obiekty, jak Pałac Kultury i Nauki czy gmach KC PZPR, jak i zespoły mieszkaniowe, jak chociażby osiedle Praga II, autorstwa J. Gieysztora. Inne tego rodzaju realizacje, wartościowe, będące istotnym wkładem do rozwoju architektury i urbanistyki w XX w., winny być również objęte ochroną. Zwłaszcza plac Konstytucji wraz z zabudową winien być poddany rygorom ochrony konserwatorskiej.

Kurzfassung

Der Sozialistische Realismus war in Polen der am kürzesten geltende Architekturstil. Meiner Meinung nach ist »geltend« hier die richtige Bezeichnung, denn er erschien nicht wie andere Stile infolge des Durchdringens kultureller Einflüsse und natürlicher Entlehnungen– wie die Gotik, die Renaissance, die historisierenden Stile oder die Moderne – auf dem Markt.

Der Sozialistische Realismus wurde, ähnlich wie der gesellschaftliche Umbau, aufgezwungen, und vom Staatsapparat in die Praxis umgesetzt. Er musste sich also nicht, wie andere Stile, gegen bereits existierende Strömungen durchzusetzen, sich nicht langsam den Weg bahnen, um an die Künstler zu gelangen und dann von der Mehrheit der Gesellschaft akzeptiert zu werden. Er gehörte zu den Fundamenten des gesellschaftlichen Umbaus, ähnlich wie der Sozialistische Realismus in der Literatur und Kunst, die marxistisch-leninistische Herangehensweise an philosophische, historische u. ä. Fragen. Der sozialistische Realismus in der Architektur besaß, wie die anderen hier erwähnten (und nicht hier erwähnten) Sozialistischen Realismen, die Ausschließlichkeit der Realisierung – Bauen in einem anderen Stil wurde beinahe wie Ketzerei behandelt und konnte ähnlich bestraft werden. Der Sozialistische Realismus hatte den Luxus der Ausschließlichkeit. Seiner Einführung gingen Architekten-, Ingenieur- und Bautechnikerkongresse voraus, auf denen programmatische Referate gehalten wurden, deren Inhalte dann in die Praxis umgesetzt wurden. Am 20. und 21. Juni 1949 fand eine gesamtpolnische Konferenz der Parteiarchitekten statt. Vom Gewicht, das die Partei diesem Treffen beimaß, zeugt die Tatsache, dass dort folgende Personen auftauchten: der formell parteilose Präsident der Polnischen Republik Bolesław Bierut, Ministerpräsident Józef Cyrankiewicz, der Minister für Bauwesen General Marian Spychalski (von Beruf Architekt) und der Parteiideologe Jakub Berman. Im Beschluss dieses Treffens (Stolica Nr. 28, 10 VII 1949) lesen wir u. a.: »Bisher hat es keine klare Präzisierung der Entwicklungsrichtung der Architektur und des Städtebaus der Volksrepublik Polen gegeben, und das war die Quelle von manchen fehlerhaften Ausführungen. Formalismus, Nihilismus und Konstruktivismus in der Architektur als Ausdruck bourgeoisen Kosmopolitismus, enger Traditionalismus, der nationalistische Tendenzen widerspiegelte, und ein zu eng begriffener Ökonomismus – das waren Faktoren, die die Entwicklung der Architektur gebremst hatten. All dies führte zu einer Verarmung des Alphabets architektonischer Formen und zum Niedergang der architektonischen Kultur …«

Abstract

Socialist realism was the architectonic style which obliged in Poland for the shortest period of time. i believe that 'obliged' is an adequate term as it did not occur as the result of cultural influence penetrations and natural borrowings like other styles – gothic, renaissance, classicism, historicizing styles and modernism.

Socialist realism, like social reconstruction, was imposed and implemented by the state machine. Therefore, it did not have to, like other styles, clash with the already existing trends, to pave its way to reach the creators and then to be accepted by the people at large. It was one of the foundations of social reconstruction; like socialist realism in literature, art, Marxist-Leninist approach to philosophical, historical etc. issues. Architectural socialist realism, like other mentioned (and not mentioned here) socialist realisms, had the exclusiveness of realization – erecting in another style was treated almost like heresy and it could also be punished. Socialist realism had the luxury of exclusiveness. The introduction of socialist realism was preceded by the conventions of architects, engineers and building technicians during which programmatic speeches were delivered and later implemented. On 20–21 June 1949 a national council of card-carrying architects took place. The significance of this meeting for the party was confirmed by the presence of officially nonpartisan President of the Polish Republic B. Bierut, Prime Minister J. Cyrankiewicz, Minister of Building Gen. M. Spychalski (architect by profession) and the party ideologist J. Berman. The resolution of this meeting ›Stolica‹ No. 28, 10 August 1949) reads, among others: »So far there has not been a clearly specified trend of development of the architecture and city planning of the Polish People's Republic and this has been the source of some wrong solutions. Formalism, nihilism and constructivism in architecture, as manifestations of bourgeois cosmopolitism, a narrow traditionalism reflecting nationalistic tendencies, narrowly conceived economism – they are all factors stunting the development of architecture – all this leads to emasculating the alphabet of architectonic forms and to the fall of the architectonic culture …«

Städtebauliche Anlagen im Stil des Sozialistischen Realismus

Socrealistyczne zespoły urbanistyczne

Urban Complexes in the Style of Socialist Realism

Maria Wojtysiak, Maria Dydek

Ideologiczne źródło stylu

Radziecki totalitaryzm w latach trzydziestych XX w. nie mógł znieść twórczej swobody artystów – w żadnej dziedzinie sztuki. Realizm socjalistyczny (Socrealizm) – doktryna i praktyka twórcza w literaturze, sztuce, filmie, muzyce, wprowadzona w ZSRR na początku lat trzydziestych XX w., wg Maksyma Gorkiego (»Literaturnaja Gazeta« 1932 r.) »uporządkowuje« twórczość niepokornych pisarzy. Rok 1934 to proklamacja Socrealizmu jako doktryny dla dzieła sztuki, które musi być realistyczne, narodowe w formie i socjalistyczne w treści, zgodne z regułami marksizmu i leninizmu. Kierunek wiodący to wg Malenkowa, typowość, odpowiadająca istocie danego zjawiska społeczno--historycznego. Zasada, że świadome przejaskrawienie wyostrza obraz, nie wyklucza typowości, lecz w pełniejszej mierze ujawnia ją i podkreśla. Uznałabym to za jedną z głównych cech charakterystycznych stylu.

Bolesław Bierut ogłosił w Polsce Socrealizm na Konferencji PZPR w lipcu 1949 r. Sześcioletni plan odbudowy Warszawy z 1950 r. jego autorstwa był ilustrowaną wizją miasta socrealistycznego. Miasta nie wyłącznie odbudowywanego po zniszczeniach wojennych, ale przede wszystkim w sposób zasadniczy przebudowanego. Realizacją nowej urbanistyki i architektury śródmiejskich dzielnic miasta były między innymi zespoły stanowiące przedmiot niniejszej prezentacji. W Polsce realizm socjalistyczny funkcjonował w postaci doktrynalnej

01. Zespół przy alei Gen. Wł. Andersa

w latach 1949–56. Należy dodać, iż datowanie nie określa stylu jednoznacznie. W latach 1949–55 zrealizowano zarówno wcześniejsze, nie obarczone doktryną projekty, jak również po tym okresie realizowano budowle socrealistyczne (np. ul. M. Nowotki, obecnie ul. W. Andersa w Warszawie).

Założenia urbanistyczne Warszawy. Zasady kształtowania, cechy charakterystyczne

Podstawowy szkielet miasta istniejący do naszych czasów powstał właśnie w latach Socrealizmu (1947–1955). Znacząca część zespołów urbanistycznych z tamtego okresu, szczególnie tych wpasowanych w szerszy kontekst zabytkowy, ma niezaprzeczalne walory urbanistyczne i architektoniczne. Dominuje symetria i osiowość – zarówno w założeniach urbanistycznych, jak też architekturze. Poza tym proporcje nawiązujące do historycznej zabudowy, ludzka skala mieszkaniowych zespołów kameralnych, właściwy stosunek wysokości budynków do szerokości zabudowy. Przy monumentalnym przeskalowaniu zespołów miejskich – wielkie place, szerokie aleje (założenia typu barokowego), dużo światła i zieleni, przestrzenie dające oddech. Osiowe kompozycje sprawiają, iż człowiek porusza się po takim obszarze z łatwością. Niezaprzeczalnym walorem jest ład urbanistyczny. Gęstość zabudowy jest wynikiem potrzeb społecznych i urbanistycznych – niezależnie od ideologii, a nie wynikiem spekulacji dotyczącej cen gruntu. To także pierzeje, place, dobrze skomponowana wysokość poszczególnych budynków pozostających w jednym zespole zabudowy. Stosowanie dowolnie interpretowanych form historycznego detalu (klasycystyczne pilastry, balustrady, tarasy, balkony, gzymsy wieńczące oraz typowe dla renesansu arkady, attyki, podcienia, płaska dekoracja elewacji i kasetony). Występuje zróżnicowanie detalu i artykulacji elewacji przy zachowaniu spójnego charakteru zabudowy zespołu, osiedla, kwartału. i choć estetyka jest socrealistyczna, detal w postaci pilastrów, balustrad, tarasów, balkonów, gzymsów wieńczących, arkad, attyk, podcieni, bogatej artykulacji elewacji – raz pionowej w obiektach monumentalnych, raz poziomej w obiektach kameralnych, kasetonów, ceramiki, sgraffita, mozaik, ma przejaskrawione proporcje i jest przeskalowany, dekoracja czasem śmieszy swoją dosłownością ideologiczną, to jednak przewaga walorów, głównie w przestrzeni urbanistycznej miasta, sprawia, iż obiekty, zespoły, założenia urbanistyczne, ba, całe miasta stają

02. Marszałkowska Dzielnica Mieszkaniowa

03. Zespół przy placu Gen. J. Hallera

04. Zespół u zbiegu alei Niepodległości i ulicy Odyńca

05. Zespół przy Alei Wyzwolenia

się przedmiotem ochrony konserwatorskiej, czy to poprzez zapisy w planie, czy wpis do rejestru zabytków.

Powołany w lutym 1950 r. Komitet Koordynacyjny Biur Projektowych Warszawy miał za zadanie organizację pokazów dorobku architektonicznego biur projektowych na tle opracowań Biura Urbanistycznego Warszawy. Celem tych przedsięwzięć była ocena projektów przeznaczonych do realizacji na terenie Warszawy, m.in. pod kątem ich wzajemnej koordynacji kompozycyjnej, w kontekście obrazu architektonicznego miasta jako całości.

Zagrożenia architektury i urbanistyki socrealistycznej Warszawy w czasach obecnych

W Warszawie w ostatnich czasach daje się odczuć ogromny napór na ocieplanie i nadbudowę budynków, m.in. socrealistycznych. Zgoda na takie działania doprowadzi do zaniku cech stylowych, zarówno w architekturze – ginie detal, artykulacja elewacji, szlachetne materiały i doskonałe tynki kamieniarskie – jak też w urbanistyce. Charakterystyczny dla stylu, starannie zaprojektowany stosunek wysokości obiektów do gabarytów przestrzeni znajdujących się pomiędzy nimi – czy to ulic, czy placów, czy zielonych dziedzińców wewnętrznych – jest bardzo istotną cechą stylową. Proporcje te sprawiają, iż przestrzenie są harmonijne, człowiek znajdujący się w nich wyraźnie odczuwa stan ich uporządkowania. Zmiana tych proporcji poprzez nadbudowy wprowadziłaby chaos przestrzenny w całych założeniach urbanistyczny, chaos, który tak nas razi we współczesnej zabudowie miasta. Zagrożeniem jest także próba zagęszczania zabudowy na terenach mieszkaniowych zespołów socrealistycznych. Zagrożeniem, które w sposób ewidentny niszczy kompozycję urbanistyczną, której immanentną część stanowi ukształtowanie zielonych wnętrz wśród zabudowy. Pilne z punktu widzenia ochrony dziedzictwa staje się poszukiwanie konkretnych rozwiązań.

06. Zespół ze skwerem Tekli Bądarzewskiej. Widok z lotu ptaka

Zarówno tych, które pod względem legalizacyjnym ochronią cały ten zasób, jaki praktycznych sposobów konserwowania i rewitalizowania architektury, urbanistyki, sztuki tamtej epoki. Prezentowane przykłady pokazują najbardziej charakterystyczne dla tamtego okresu rozwiązania urbanistyczne. Wszystkie one w mniejszym lub większym stopniu bazują na barokowych kompozycjach urbanistycznych. Cechami najbardziej charakterystycznymi, wspólnymi są osiowość i symetria kompozycji, jak również przeskalowanie detalu i jego ideologizujący charakter.

Ponadto wspólnym elementem tych zespołów są starannie zakomponowane układy zieleni, integralnie powiązane z zabudową, lokalizowane w dziedzińcach wewnętrznych bądź podkreślające osiowość zespołu.

Niektóre z prezentowanych założeń były projektowane i wznoszone na terenach niezabudowanych, inne zaś wkomponowywano w pozostałości przedwojennej struktury miasta.

Podobieństwa wynikają przede wszystkim z zasad kompozycyjnych, obowiązujących w Socrealizmie. Różnice zaś zarówno z lokalizacji (vide Nowy Świat Wschód, Nowy Świat Zachód, ul. Andersa), jak też założeń programowych przyjętych dla rozwoju poszczególnych dzielnic i rejonów miasta. W zasadzie podstawowymi różnicami są: układ kompozycyjny poszczególnych zespołów oraz zastosowanie architektury o charakterze monumentalnym bądź nawiązującej do historycznych stylów narodowych, szczególnie form renesansowych i barokowych.

Zastosowanie detalu w architekturze zespołów urbanistycznych w wyrazisty sposób podkreśla ich zróżnicowanie, np. sposób zwieńczania budynków w zespołach – attyki w różnych formach i wysokie, stylizowane dachy z lukarnami. Prezentowane zespoły zostały usystematyzowane według najbardziej charakterystycznych cech kompozycyjnych i architektonicznych, o których była mowa we wstępie. Na potrzeby referatu podzielono zespoły na cztery typy, mianowicie: osiowe, geometryczne, liniowe i inne, łączące powyższe cechy.

Układy osiowe

Przykładem układu o kompozycji osiowej jest zespół zabudowy przy al. Gen. Wł. Andersa. Oś główna – al. Andersa, zorientowana jest w kierunku północ–południe. Arteria ta wytyczona została z dużym rozmachem: na ok. jednym kilometrze długości szerokość trasy wynosi 66 m, co pozwalało nadać zespołowi monumentalny charakter. Zauważalna jest niepełna symetria kompozycji, co jest konsekwencją lokalizacji arterii na podziemnej infrastrukturze sieci zlikwidowanych ulic, przerwa w zabudowie na wysokości Franciszkańskiej powstała dla ominięcia kanałów podziemnych. Pięciusetmetrowe ciągi ośmiokondygnacyjnych budynków od strony ulic Muranowskiej i Stawki wieńczą pawilony wieżowe, dostosowane do gabarytów pobliskiego kościoła Bonifratrów. Na zapleczu zabudowy pierzejowej wprowadzono tereny zielone. Zastosowano typową, socrealistyczną architekturę: arkadowe podcienia, monumentalne kolumnady, zamknięte łukowo prześwity w łącznikach, attykowe zwieńczenia budynków.

Innym przykładem układu osiowego jest także Marszałkowska Dzielnica Mieszkaniowa. Jest to sztandarowa realizacja socrealistyczna w Warszawie, która nadała nowe oblicze głównej

07. Zespół ze skwerem Tekli Bądarzewskiej

08. Osiedle Racławicka

arterii miejskiej – ul. Marszałkowskiej. Projektanci podkreślali respektowanie tradycyjnego układu urbanistycznego miasta w kompozycji zespołu, w tym głównie Osi Stanisławowskiej. Ulica Marszałkowska – główna oś szkieletu, została poszerzona jednostronnie na odcinku do placu Konstytucji, na południe od niego zachowała dawną szerokość, utrzymano ukształtowanie placu Zbawiciela, stojący przy nim kościół i kilka kamienic. Wytyczenie placu Konstytucji spowodowało przerwanie historycznego przebiegu ulic Koszykowej i Pięknej. z południowego narożnika placu Konstytucji wyprowadzono nową arterię – obecną ul. Waryńskiego, która miała pełnić funkcję osi poprzecznej w stosunku do Osi Stanisławowskiej. Przestrzeń miejska zorganizowana została według socrealistycznej idei, miała więc przekazywać komunikat o potędze nowego ustroju – stąd imponująca skala wnętrz urbanistycznych MDM-u. Główne cechy zabudowy to reprezentacyjny charakter, wielkomiejski szyk, bogate wykończenie i dekoracje elewacji. Zastosowano kamienne okładziny, rzeźby, mozaiki, płaskorzeźby, metaloplastykę, co stanowiło realizację obowiązującej wówczas zasady syntezy sztuk. W partery wprowadzono ciągi podcieni, nad parterami przestronne tarasy, starannie zaprojektowano posadzki, oświetlenie uliczne (kandelabry). W kompozycję zespołu włączona została zieleń, jednak z uwagi na ścisłe centrum miasta – w znacznie mniejszym zakresie niż w innych zespołach

Jeszcze jeden przykład układu osiowego to zespół przy placu Gen. Józefa Hallera. Zaprojektowany został on jako część osiedla Praga II – stanowiącego kolejny etap socrealistycznej zabudowy prawobrzeżnej Warszawy. Należy podkreślić, iż jest to przykład zespołu powstałego na terenach w większości niezainwestowanych. Istniejący zespół to częściowa realizacja projektu zaplanowanego na pięciohektarowej powierzchni. Czytelna oś główna (prostopadła do Wisły) to wydłużony plac, podkreślony zakomponowaną zielenią parkową. Ma ona swą kontynuację w ulicy wychodzącej z placu. Pozostałe osie przebiegają prostopadle do osi głównej. W zespole występuje zabudowa o zróżnicowanej skali, w zależności od jej lokalizacji. Monumentalne bloki, o wysokości do 7 kondygnacji, umieszczono przy głównych osiach, bloki wewnątrzosiedlowe czterokondygnacyjne – mają bardziej kameralny charakter. Budynki narożne placu zaakcentowane zostały poprzez wycofanie dwóch górnych pięter i słupy podpierające masywne zadaszenie tak ukształtowanych loggi. Wewnętrzne podwórka przeznaczono na zakomponowane zieleńce.

Układy geometryczne

Pierwszym przykładem tego typu kompozycyjnego jest Zespół u zbiegu al. Niepodległości i ul. Odyńca. Układ zamknięty jest w obrysie prostopadłościennym i zachowuje symetrię względem wewnętrznej osi, równoległej do al. Niepodległości. Ponownie mamy tu do czynienia z połączeniem zabudowy o charakterze monumentalnym – jako pierzeje uliczne al. Niepodległości, ul. Odyńca i częściowo ul. Fryderyka Joliot-Curie, oraz bardziej kameralnej, w historyzującym stylu narodowym – wewnątrz kwartału. Zabudowę obrzeżną wyróżnia silna artykulacja pionowa, bloki wewnętrzne otrzymały horyzontalne proporcje i strome dachy. Zróżnicowano stylistykę oraz gabaryty zabudowy. Wewnętrzne dziedzińce, o kameralnym cha-

09. Zespół Nowy Świat Wschód

10. Zespół Nowy Świat Zachód

rakterze, zagospodarowano jako zieleńce, pomiędzy blokami zewnętrznymi wprowadzono łączniki o obniżonych modułach charakterystyczne dla architektury Socrealizmu.

Następny przykład układu geometrycznego to zespół przy alei Wyzwolenia. Stanowi on centralną część osiedla »Latawiec«, realizowanego z zamiarem przestrzennego odtworzenia i architektonicznego wzmocnienia początkowego odcinka historycznego układu urbanistycznego Osi Stanisławowskiej. Osiedle jest ściśle powiązane z układem MDM-u – aleja Wyzwolenia łączy plac Zbawiciela z placem na Rozdrożu. Plan otrzymał formę ośmiobocznego, wydłużonego placu, otoczonego zwartą zabudową. Jest to układ geometryczny z utrzymanymi jednocześnie zasadami osiowości i symetrii. Symetryczne szpalery drzew podkreślają osiowy charakter kompozycji. Wprowadzono tu wyższą zabudowę, podkreślającą śródmiejski charakter i rangę ulicy. Architektura pod wyraźnymi wpływami francuskimi z epoki przełomu renesansu i baroku: widzimy strome dachy, lukarny, portfenetry. Jest to fragment miasta o wyraźnie paryskim klimacie, w socrealistycznym ujęciu.

Przykładem układu geometrycznego jest także Zespół przy ul. Nowolipki, ze skwerem Tekli Bądarzewskiej. Jest to długi, trzypiętrowy gmach ze zlokalizowanym pośrodku okrągłym dziedzińcem, otwartym w stronę projektowanego placu (dzisiejszego skweru) oraz dwoma wewnętrznymi dziedzińcami bocznymi. Okrągły dziedziniec od strony zachodniej otwiera się arkadowym przejściem na oś ul. Dzielnej, która w kierunku wschodnim ma swą kontynuację w parku Krasińskich, aż do kościoła Dominikanów. Nowe założenie zostało więc ściśle powiązane z istniejącym układem urbanistycznym. Wysokość i zasada ukształtowania budynku nawiązują do pobliskiego Pałacu Mostowskich. Na etapie projektowania zespołu na placu przed nim miała powstać stacja metra, stąd pusta przestrzeń, która obecnie może być postrzegana jako nieuzasadniona. Integralnie zakomponowano zieleń na dziedzińcach wewnętrznych. Architektura ma czytelne odniesienia do wzorców klasycystycznych: widzimy parę portyków kolumnowych, arkadowe przejście, boniowany parter, gzymsy, attykę.

Układy liniowe

Ten rodzaj kompozycji zastosowano w projekcie Osiedla Racławicka, w dzielnicy Mokotów. Zespół zakomponowany został wzdłuż ul. Racławickiej. Projektu nie zrealizowano w pełni – zespół miał sięgać do ul. Puławskiej. Reprezentuje on zabudowę typu redanowego, z otwartymi ku ulicy dziedzińcami, z zakom-

11. Zespół Nowy Świat Zachód

12. Zespół przy ul. Nowolipie

ponowaną zielenią. Układ składa się z ciągu zespołów przerywanych prostopadłymi ulicami, z których każdy zakomponowany został osiowo i symetrycznie. W stylistyce budynków widoczna jest inspiracja formami barokowymi. Budynki posiadają wysokie dachy, narożne belwederki, lukarny, pomiędzy blokami zastosowano prześwitowe łączniki, całość ma kameralny, »małomiasteczkowy« charakter.

Inny przykład układu liniowego to Zespół Nowy Świat Wschód (odcinek od ul. Foksal do ul. Ordynackiej). Zabudowę zespołu zrealizowano na zapleczu pierzei ul. Nowy Świat, na terenie ograniczonym istniejącą lub rekonstruowaną zabudową. z pierzeją Nowego Światu została ona kompozycyjnie powiązana. Budynki powstały na miejscu gęstej tkanki zabudowy oficynowej. Trzy nowo wzniesione oficyny połączono arkadowymi przejściami z nowymi blokami. W ten sposób wytworzyły się wewnętrzne dziedzińce, przeznaczone na zakomponowaną zieleń. Zespół tworzą czterokondygnacyjne, wolno stojące budynki. Wyróżniają się ciepłym odcieniem elewacji, licowanej cegiełką wytwarzaną ze zmielonego gruzu. Zespół projektowany był jako śródmiejski pasaż, obecnie jednak nie odgrywa roli reprezentacyjnego wnętrza miejskiego.

Układy łączące cechy kompozycyjne wyżej omówionych układów

Przykładem takiego układu jest zespół Nowy Świat Zachód. Miał on być symetrycznym odzwierciedleniem pasażu wschodniego. Projekt jednak ewoluował. Nowo wytyczona ul. Kubusia Puchatka była częścią osi urbanistycznej zarysowanej w kompozycji zespołu Gmachów Ministerstwa Skarbu. Zakładano, iż będzie to pasaż pieszy w otoczeniu zieleni. Planowano jego przedłużenie do Al. Jerozolimskich, poprzez załamanie osi i przedłużenie jej w kierunku wschodnim, wzdłuż ul. Tuwima. Na zamknięciu osi ul. Kubusia Puchatka stanął budynek z trzydziestometrową wieżą zegarową, nawiązującą do formy miejskiego ratusza oraz korespondującą z wieżami kościoła Świętego Krzyża. Plac przed »ratuszem« otoczono zwartą zabudową. Zabudowa otrzymała historyzujący charakter. Budynki w pierzei ul. Wareckiej nawiązują swym rokokowym charakterem do pałacyku Sanguszków, przy ul. Nowy Świat 51, z którym zostały połączone nowo wzniesionym skrzydłem. Oprawa ul. Tuwima

to przelotowe, arkadowe podcienia w przyziemiach oraz wysokie dachy. Zabudowa przy ul. Baczyńskiego, należącej do zespołu, również otrzymała strome dachy i typowo socrealistyczny taras nad parterem, rozciągający się pomiędzy ryzalitami bocznymi na całą długość pierzei. Zespół wyróżnia się kameralnym charakterem wnętrz, malowniczością oraz »ludzką« skalą zabudowy.

Innym przykładem złożonego układu kompozycyjnego jest zespół przy ul. Nowolipie, w głębi zabudowy kwartału ulic: Nowolipie, Andersa, al. Solidarności, al. Jana Pawła. Oś założenia zamknięta została zabytkowym budynkiem dawnego pałacyku Działyńskich. Kompozycja zespołu przywołuje skojarzenie ze zminiaturyzowanym, watykańskim założeniem placu św. Piotra – trapezowy dziedziniec przed pałacem ujmują dwa bloki zabudowy, biegnące w stronę eliptycznego placyku. Od północy placyk obudowany jest wklęsłą elewacją frontową budynku. Za nim oś biegnie przez wydłużony dziedziniec, prostopadły do ul. Nowolipki. Budynki otrzymały wyraźnie socrealistyczny kostium stylowy. Ostatnia kondygnacja posiada dekorację sgraffito, bloki rozbito obniżonymi modułami klatek schodowych, przy placu wprowadzono łukową kolumnadę. Kompozycji urbanistycznej towarzyszą układy zieleni.

Kurzfassung

Der Sozialistische Realismus war Doktrin und kreative Praxis in Literatur, Kunst, Film und in Musik, wie er in der UdSSR zu Beginn der 30er Jahre eingeführt wurde.

Bolesław Bierut rief den Sozialistischen Realismus für Polen auf der Konferenz der Polnischen Vereinigten Arbeiterpartei im Juli 1949 aus. Bieruts Sechsjahresplan aus dem Jahr 1950 zum Wiederaufbau Warschaus stellte das visionäre Abbild einer Stadt des Sozialistischen Realismus dar; einer Stadt, die nicht nur nach den Kriegszerstörungen wieder aufgebaut, sondern grundsätzlich umgebaut werden sollte.

Der bis heute vorhandene Grundtorso der Stadt entstand gerade in den Jahren des Sozialistischen Realismus (1947–1955). Ein großer Teil der städtebaulichen Anlagen aus dieser Zeit, insbesondere jene, die sich einem erweiterten Denkmalkontext verpflichtet fühlen, besitzt unbestreitbare städtebauliche und architektonische Vorzüge. Sowohl in den städtebaulichen als auch in den architektonischen Konzepten dominieren Symmetrie und Axialität. Die verwendeten Proportionen richten sich nach der historischen Bebauung; die städtischen Wohnkomplexe sind von einer dem Menschen angenehmen Größe; Gebäudehöhe, -breite und -tiefe finden sich in einem gesunden Verhältnis. Gleichzeitig vergrößerte man den Maßstab für die städtebaulichen Anlagen – großzügige Plätze, breite Alleen (barockartige Prinzipien), viel Licht und Grün sowie weite und luftige Räume. Diese städtebauliche Ordnung ist ein unbestreitbarer Wert.

Die vorgestellten Beispiele stellen die für Warschau typischsten städtebaulichen Lösungen jener Periode dar. Alle stützen sich mehr oder weniger auf barocke städtebauliche Kompositionen. Axialität und Symmetrie in der Komposition, Vergrößerung des Details und sein ideologisierender Charakter, sorgfältig entworfene, in die Bebauung integrierte Grünanlagen bilden ihre gemeinsamen Merkmale.

Die Ähnlichkeiten resultieren vor allem aus den im sozialistischen Realismus geltenden Entwurfsprinzipien. Abweichungen entstehen sowohl durch die Lage (vide Nowy Świat Ost, Nowy Świat West, ul. Andersa) als auch durch programmatische Konzepte der Entwicklung einzelner Regionen und Stadtteile. Die grundlegenden Unterschiede liegen in der Komposition einzelner Anlagen sowie in der angewandten Architektur, die entweder monumental angelegt wurde oder an den historischen Nationalstil anknüpft.

Einige der dargestellten Anlagen wurden auf unbebauten Flächen geplant und errichtet, andere wiederum wurden in die verbliebene Vorkriegsstruktur der Stadt eingepasst.

Der Beitrag unterscheidet städtebauliche Anlagen in vier Typen:

- Axiale Anlagen (ul. Andersa, MDM, Plac Generała Hallera).
- Geometrische Anlagen (Al. Niepodległości – Ecke: Odyńca, Al. Wyzwolenia, ul. Nowolipki – Grünanlage Tekla Bądarzewska).
- Lineare Anlagen (ul. Racławicka, Nowy Świat Ost).
- Mischtypen (Nowy Świat West, Anlage Nowolipie).

Abstract

Socialist Realism (socrealism) – a doctrine and creative practice in literature, art, film, music introduced in the USSR at the beginning of the 1930s.

Bolesław Bierut proclaimed socialist realism in Poland at the Polish United Workers' Party (PZPR) Conference in July 1949. His six-year plan of the restoration of Warsaw from 1950 was an illustrated vision of a socialist realism city. The city which was not only rebuilt after the war damage but also, first of all, remodeled to a large extent.

The existing skeleton of the city originated in the period of socialist realism (1947-1955). A considerable part of the urban complexes of that period, especially the ones fitted in a wider monumental context, have undisputable town-planning and architectonic qualities. The dominant features are symmetry and axiality – both in town-planning and architectural complexes. Apart from the proportions referring to the historical structures, human scale of cozy residential developments and adequate proportion of the height of the buildings to their width. After the monumental rescaling of the urban complexes – large squares, wide alleys (baroque-type complexes) a lot of light and greenery, spaces allowing breathing. The urban layout has an unquestioned quality.

The examples presented show town-planning solutions most characteristic for that period. All of them are based to some extent on Baroque urban compositions. The most characteristic common features are axiality and symmetry of composition, rescaling of the detail and its ideologizing character, carefully arranged green areas, inherently related to the buildings.

The similarities result, first of all, from the composition principles and differences imposed by socialist realism from both the location (vide Nowy Świat Wschód, Nowy Świat Zachód, Andersa Street) and programme assumptions adopted for the development of the particular districts and regions of the city. Basically, the essential differences lie in: either a compositional layout of the particular complexes or the application of the architecture of a monumental character or related to historical national styles.

Some of the presented complexes were designed and erected on unbuilt areas and other ones were integrated into the remnants of the pre-war city structure.

For the purpose of this paper the complexes were divided into four types:

- axial (Andersa Street, MDM, Generała Hallera Square)
- geometric (Niepodległości Alley – Odyńca Corner, Wyzwolenia Alley, Nowolipki Street, Tekli Bondarzewskiej square)
- linear (Racławicka Street, Nowy Świat Wschód)
- others, combining these features (Nowy Świat Zachód, Nowolipie complex).

Zwischen Erinnerung und Vergessen – der Stadtteil Muranów

Między pamięcią a zapomnieniem – dzielnica Muranów

Between Memory and Forgetting – the Muranów District

Paulina Świątek

Na zakończenie epilogu przewodnika po nieistniejącym mieście Barbary Engelking i Jacka Leociaka, stanowiącego nieocenione źródło informacji na temat historycznych losów getta warszawskiego, padają sugestywne słowa opisujące obecny status owego obszaru:

»Miejsce po getcie jest puste – chociaż zabudowane, jest ogołocone i martwe – chociaż wre tam życie. Miejsce ocalało, lecz zostało niejako wydrążone, pozbawione treści, wnętrza. Getto, które tutaj było, uległo zagładzie, ale owo »tutaj« pozostało, zasłonięte jednak obecnością dzisiejszego Muranowa. Zostały ramy, które mieszczą w sobie już inną rzeczywistość, pozostał punkt topograficzny, kartograficzna abstrakcja«.

Teren pozostały po zburzonym obszarze getta, poddany przez badaczy procesowi »odzyskiwania« pamięci, to przestrzeń interpretowana jako substancja materialna, która uległa zagładzie. Obszar zniszczonej przestrzeni został »zasłonięty« obecnością na nowo wykreowanej dzielnicy mieszkaniowej Muranowa.

Za moment przełomowy w kształtowaniu się obszaru dzielnicy żydowskiej przyjmuje się wprowadzenie w życie zarządzenia z 16 marca 1809 r., które to nakazywało ludności żydowskiej opuszczenie przeludnionych centralnych rejonów miasta z powodu zagrożenia pożarowego i epidemiologicznego[2]. Dokument określał granice zakazu lokowania się w ścisłym centrum miasta, nie precyzował natomiast rejonów osadnictwa. Kolejne lata to okres formowania się tzw. dzielnicy północnej, od zachodu ograniczonej ul. Dziką, od północy ulicami Stawki i Muranowską oraz placem Muranowskim, od wschodu ul. Zakroczymską, od południa zamkniętej ulicami Świętojerską i Nowolipki. W roku 1921 zamieszkiwało ją dwie trzecie populacji żydowskiej Warszawy. W dwudziestoleciu międzywojennym był to obszar o najwyższej gęstości zaludnienia w mieście. Wśród zwolenników sanacji przestrzeni miejskiej Warszawy zabudowa dzielnicy stanowiła ucieleśnienie krytykowanego typu XIX-wiecznej kamienicy czynszowej z oficynami i podwórkami – studniami, która w żaden sposób nie mogła zaoferować swoim mieszkańcom zdrowych i higienicznych warunków życia, zgodnych z modernistycznymi ideałami[3].

Przewaga liczby ludności żydowskiej na terenie dzielnicy północnej wpłynęła na decyzję o utworzeniu tu w październiku 1940 r. przez okupacyjne władze hitlerowskie otoczonego murem, zamkniętego terenu getta. Obszar stopniowo zmniejszany po licznych wywózkach do obozów zagłady, został ostatecznie zlikwidowany po upadku powstania w getcie w 1943 r. Ostateczna eksterminacja ludności i burzenie zabudowy odbyło się pod kierunkiem generała SS Jürgena Stroopa. W zaplanowanym, sukcesywnym niszczeniu terenów getta w grę wchodził nie tylko fizyczny akt destrukcji budynków, ale przede wszystkim zamierzona próba wymazania pamięci zbiorowości poprzez zlikwidowanie jej nośnika w postaci obszaru urbanistycznego[4]. Celowe unicestwienie getta miało na celu zatarcie śladów jego istnienia. Zagładzie uległa ludność i zasiedlana przez nią dzielnica.

W połowie roku 1945 na terenie Warszawy według różnych szacunków zalegało od 20 do 25 mln m³ gruzu, z czego 1 125 000 m³ w obrębie dawnego getta[5]. Całkowicie zrujnowany obszar pokrywały zwały gruzu sięgające czterech metrów powyżej poziomu ulicy. Powojenna rzeczywistość unicestwionego miasta stanowiła szczególnego rodzaju nowe otwarcie. *Czas zatrzymany w punkcie zero* – tytuł artykułu recenzującego wystawę fotografii ukazujących widoki zrujnowanego pejzażu Warszawy[6], trafnie oddaje status przestrzeni zburzonego getta. W przestrzeni kulturowej ruina, tradycyjny emblemat przemijania, ujawnia działanie mechanizmów wyobraźni i pamięci: jest czymś, czego właściwie już nie ma, ale co może jednocześnie trwale upamiętniać. Ambiwalencja statusu ontologicznego ruiny opiera się na podwójności jej znaczenia: wytworu i destruktu. Ruina, będąc nową całością, jest jednocześnie fragmentem dawnej. Fragmentaryczny charakter ruiny akcentuje cielesne i antropomorficzne pierwiastki architektury[7]. Choć pejzaż miejski nie jest ciałem, to ruiny budowli są prawie tak wymowne, jak leżące na ulicy zwłoki[8]. Szczególnego rodzaju organiczną metaforę możemy odnaleźć w relacjach z doświadczenia przestrzeni zrujnowanego terenu dawnego getta. Teofil Konar we wspomnieniach z powrotu na ulicę swojego dzieciństwa pisał: »Dookoła ruiny, gruz, popiół, zgliszcza, zniszczenie, unicestwienie. Teraźniejszość nie istnieje. Wokół śmiertelna cisza. Ani jednego domu, żadnego śladu życia. Wąskim przejściem, zapadającym się co chwila w doły i bagna, w których stoi woda, czerwona od cegieł lub krwi, idę dalej. Góry cegieł po obu stronach. Tu gdzieś był mój dom, ulica mojego dzieciństwa. A teraz naokoło cegły, cegły, cegły, a pod cegłami ...«.[9]

01. Nowolipki 11, docieplenie z zatarciem artykulacji elewacji

02. Nowolipki 10, odnowiona elewacja

Gruzowisko przywodziło na myśl traumę minionych wydarzeń, stanowiąc jednocześnie nowe otwarcie, szczególnie dla urbanistów. W pierwszych latach odbudowy jednym z najczęściej poruszanych problemów w środowisku architektów był zalegający na ulicach gruz. Przestrzeń wymagała uporządkowania, wszechobecny gruz dawał możliwość odzyskania części materiału budowlanego. Ze względów oszczędnościowych poszukiwano sposobów jego zagospodarowania. Liczne artykuły prasowe donosiły o postępach w pracach nad wykorzystaniem materiałów gruzowych do budowy. W świadomości ludności gruz hamował postępy w odbudowie, należało go jak najszybciej usunąć bądź wykorzystać w jak największym stopniu jako możliwe źródło budulca[10]. Już od 1945 r. działała specjalna komisja do opracowywania sposobu wykorzystania materiałów z rozbiórek, odbywały się konferencje na temat technik usuwania zalegającego gruzu. Przewidywano ponowne użycie surowców takich, jak: cegły, belki stalowe, żelazo, płytki ceramiczne, kafle, stopnie, dachówki, materiały okładzinowe, blacha, kamienie brukowe i chodniki. Dyskutowano nad przetworzeniem i ewentualnym usunięciem gruzu. z drugiej jednak strony architektów zajmowała również kwestia pozostawienia gruzu na miejscu i wykorzystania go do ukształtowania terenu. Dyskutowano nad możliwościami wznoszenia fundamentów na wzniesieniach gruzowych[11]. Na łamach drugiego numeru »Skarpy warszawskiej« z 1945 r. ukazało się studium śródmiejskiej dzielnicy biurowo-handlowej projektu Macieja Nowickiego, z funkcjonalnym rozdzieleniem ruchu pieszego od kołowego, wykorzystujące tarasowe ukształtowanie terenu. W 1946 r. opracowano wytyczne polityki gruzowej Biura Odbudowy Stolicy. Akt odgruzowywania zyskał wymiar ideologiczny. Na wystawie prezentującej osiągnięcia BOS-u zaprezentowano propagandowe plakaty eksponujące sukcesy polityki gruzowej. Problem z gruzem nabierał szczególnego wyrazu na terenie po dawnym getcie.

Józef Sigalin, jeden z założycieli Biura Odbudowy Stolicy, odnosząc się do obszaru Muranowa, opisywał to, co było niewyobrażalne:

»Plan inwentaryzacyjny stanu zniszczeń, najwcześniej zaplanowanych w Warszawie, bo już od maja 1943 roku, zniszczeń jedynych, które zdołano doprowadzić w stu procentach do stanu gruzowiska – jest przerażający. Dziś jeszcze przy ich opisywaniu drży ręka. I nurtuje uzasadniona obawa, że coś się źle określi, źle nazwie, jako że obraz przedwojennego Muranowa zatarł się już w pamięci«.[12]

Najbardziej zniszczony obszar miasta w obrębie dawnego getta stanowił jednocześnie przestrzeń o największym potencjale projektowym. Podjęcie decyzji o zagospodarowaniu terenu wymagało przede wszystkim określenia funkcji, jaką owa przestrzeń miała pełnić w nowej rzeczywistości Warszawy. Położenie obszaru w rejonie śródmiejskim decydowało o jego roli w kreacji obrazu przyszłego miasta. Rozważano stworzenie w tym miejscu dzielnicy handlowej bądź wielkiego śródmiejskiego parku[13]. Ostatecznie jednak zaakceptowano projekt nowej dzielnicy mieszkaniowej, rozwiązujący choć po części jeden z podstawowych kłopotów powojennego miasta – głód mieszkaniowy. Muranów, obok Mokotowa, w założeniach określany był jako szczególnego typu śródmiejska dzielnica o funkcji mieszkalnej, przeznaczona dla pracowników związanych poprzez miejsce pracy z okolicami centrum miasta. Przypuszczano, że będą się tu lokować ludzie młodzi, wyjątkowo aktywni, nie obarczeni liczną rodziną. Liczono się ze zjawiskiem stałej migracji ludności do dalej położonych dzielnic typowo mieszkaniowych. Ze względu na konieczność skupienia dużej liczby mieszkańców na stosunkowo mało rozległym terenie przewidywano zabudowę około sześciokondygnacyjną, dzięki czemu możliwe było stworzenie obficie wyposażonych w zieleń szerokich odstępów między budynkami[14]. Układ urbanistyczny terenu miał być realizacją postulatu o rozluźnieniu zabudowy miasta. Planowano stworzyć przestrzeń mieszkalną będącą przeciwieństwem wyglądu dawnej dzielnicy północnej, oferującą mieszkańcom higieniczne warunki bytowania i zaspokojenie podstawowych potrzeb życiowych: dostęp do światła, świeżego powietrza i zieleni. Pomysły dotyczące zabudowy terenu powstały bardzo szybko. Na łamach pierwszego numeru »Architektury« z roku 1947 omówiona została niezrealizowana szkicowa koncepcja dzielnicy autorstwa Wacława Kłyszewskiego, Jerzego Mokrzyńskiego i Eugeniusza Wierzbickiego. Kolejny projekt przygotowała w 1948 r. I Pracownia Architektoniczna ZOR kierowana przez Bohdana Lacherta. Bohdan Lachert, architekt wywodzący się ze środowiska awangardy architektonicznej, absolwent Politechniki Warszawskiej, asystent Rudolfa Świerczyńskiego i Tadeusza Tołwińskiego, członek grupy Praesens, w latach 1926–39 ścisły współpracownik Józefa Szanajcy, był współautorem wielu przedwojennych funkcjonalistycznych projektów o nowatorskich formach[15]. W powojennej Warszawie, podobnie jak wielu architektom jego pokolenia, przyszło mu zmierzyć się z wyjątkową rzeczywistością odbudowy miasta, dającą możliwość kreowania przestrzeni na niespotykaną dotąd skalę. W praktyce projektowej oznaczało to również konieczność przedefiniowania własnej postawy artystycznej i statusu osoby architekta w okresie kształtowania się nowych struktur ustrojowych. W wywiadzie z 1946 r. dla »Kuriera codziennego« na temat odbudowy Warszawy Lachert odniósł się do podstawowych problemów, z jakimi ówcześnie musieli zmierzyć się urbaniści. Podkreślił możliwość stworzenia nowego oblicza dynamicznego miasta przyszłości o nowoczesnej, rozwiniętej komunikacji. Akcentował konieczność umieszczenia w przestrzeni terenów zielonych otaczających dzielnice o zróżnicowanych funkcjach. Warszawa przyszłości miała być miastem drapaczy chmur i wielopoziomowych, bezkolizyjnych skrzyżowań. W wizji nowej rzeczywistości obszary zabytkowe stanowiły wyizolowane zespoły nie utrudniające rozwoju miasta. Zajmując stanowisko wobec architektury z przełomu XIX i XX w., Lachert prezentował powszechny w środowisku pogląd o znikomej wartości artystycznej i zabytkowej przedwojennej zabudowy większej części Śródmieścia. Architekt podniósł kwestię plastycznych wartości użytego materiału i konstrukcji, które to miały stanowić o wyrazie przyszłych form architektonicznych:

»Efekty przestrzenne będzie się uzyskiwało, nie jak dawniej, przez tanie chwyty dekorowania fasad, ale przez harmonię plastyczną wątku budowlanego (cegły, betonu) i systemu konstrukcyjnego. Architektura zwiąże organicznie elementy konkretnych potrzeb życiowych przyszłego mieszkańca budynku, nowoczesne zdobycze inżynierii i abstrakcyjne wartości artystyczne«.[16]

W ankiecie dla pisma »Głos plastyków« z września 1948 r. Lachert wypowiedział się w sprawie ukształtowania terenu wokół nowo powstałego pomnika Bohaterów Getta:

»Nastrój grozy wielkiego mauzoleum, postawionego wśród cmentarzyska gruzów przesiąkniętego krwią narodu żydowskiego, winien pozostać, gdy dokoła powstanie nowe życie. Pomnik ustawiony na miejscu, z którego usunięto rumowisko – wyrasta niejako z terenu akcji zbrojnej getta, z terenu dawnego, minionego życia. Odgruzowane ulice Muranowa stanowią wąwozy wśród zwałów gruzu, zalegającego dziś wyrównaną mniej więcej warstwą dwumetrowej grubości. Gruzy te, w możliwie największej ilości, powinny pozostać na miejscu, upamiętnić dni grozy i walki, stanowić grunt, na którym wzniesione będzie nowe miasto, nowe życie«.[17]

Nowa rzeczywistość powstająca na gruzach nie mogła zaistnieć w oderwaniu od pamięci traumatycznych wydarzeń wojennych. Gruzy pozostające na miejscu stanowiłyby w tym kontekście przestrzenny znak pamięci o tragedii getta. Koronny argument o zbyt wysokich kosztach akcji oczyszczania oka-

03. Główne wejście na teren Muranowa

zał się decydujący dla rozwiązania kwestii gruzu na Muranowie Południowym. Wydaje się, że możliwość pozostawienia go na miejscu jako świadectwa historii miejsca nie była dla architekta jedyną motywacją w tym kontekście. Fascynującą i zarazem inspirującą perspektywą było wykorzystanie gruzowiska jako czynnika urbanistycznego do stworzenia nowego, odmiennego na tle miasta kształtu przestrzeni. Co więcej, gruz w projekcie służył również jako surowiec do wyrobu gruzobetonowych pustaków, z których miały zostać wzniesione domy. Ekonomia rozwiązania nie była jedyną motywacją dla spożytkowania gruzu zalegającego na terenie dzielnicy. W projekcie kluczowym elementem wyrazu artystycznego było wykorzystanie plastycznych właściwości materiału użytego do konstrukcji domów. Rezygnacja z tynków miała ujawnić materialne i wizualne cechy rdzawoczerwonej cegły, z której na miejscu wykonywano pustaki wykorzystywane do budowy. W spisanej po latach historii powstania osiedla na Muranowie[18] Lachert akcentował symboliczny charakter zabudowy osiedla, podkreślony chropowatą, czerwonawą powierzchnią ścian budynków:
»Pierwotna koncepcja Muranowa to osiedla wznoszone na usypisku gruzowym składające się z domów wybudowanych z gruzów. Brak cegły został zastąpiony produkcją prefabrykatów gruzowych stanowiących wątek ścian i detali architektonicznych. Zewnętrzna nieotynkowana powierzchnia miała nadawać specyficzne piętno niepowtarzalnych uwarunkowań pierwszych lat odbudowy. »Piękne będzie to nasze największe robotnicze osiedle… budowane z czerwonych gruzów, jak z krwi Warszawy…« tak rzekł Szczepan Partyka, jeden z czołowych przodowników młodzieżowych Muranowa i Warszawy – lakonicznie wypowiedział to, co stanowiło intencję autora i miało być spostrzegane przez perceptorów postaci przestrzennej południowych osiedli Muranowa«.[19]

Decyzją Naczelnej Rady Odbudowy Warszawy z grudnia 1948 r. zatwierdzono koncepcję budowy Muranowa na wzniesieniu gruzowym. Postawa wobec problemu zalegającego na Muranowie gruzu uległa zasadniczej zmianie – na łamach prasy przestano forsować ideologiczny wymiar wspólnej pracy przy odgruzowywaniu obszaru. Na pierwszy plan wysunięto ekonomiczny aspekt kosztownej i długotrwałej akcji oczyszczenia terenu i możliwość zagospodarowania gruzu w dwojaki sposób: jako materiału służącego do ukształtowania terenu oraz jako podstawowego budulca[20]. Nowy projekt samowystarczalnej jednostki osiedlowej opierał się na zespole budynków umieszczonych na tarasowo ukształtowanym terenie, co możliwe było dzięki wyrównaniu hałd gruzu i utworzeniu spadków w stronę ulic. Zabudowę usytuowano względem reszty miasta na okołodwumetrowym wzniesieniu. Przestrzenie zieleni miały otaczać niewysokie bloki mieszkalne oraz obiekty użyteczności publicznej: przedszkola, żłobki, domy kultury. Jako dominujący akcent zabudowy planowano czterokondygnacyjne galeriowce i klatkowce sytuowane w luźnej zabudowie. Ich uzupełnienie stanowiły trójkondygnacyjne punktowce z górnym oświetleniem klatki schodowej. Lachert w artykule z maja, opublikowanym jeszcze przed Krajową Partyjną Naradą Architektów w czerwcu 1949 r., wyraźnie podkreślił wymiar upamiętnienia zawarty w swoim projekcie. Architekt planował funkcjonalne, modernistyczne osiedle, które stanowiłoby upamiętnienie zniszczonej i odrodzonej dzielnicy. Problem zalegającego gruzu, jedynego śladu po zburzonej zabudowie, został wpisany w projekt przestrzenny, podkreślając jeszcze dobitniej symboliczny charakter miasta odradzającego się z popiołów. Ze względów historycznych, ale i ekonomicznych zaakceptowany pomysł stał się podłożem dla tworzenia nowej plastyki. Ukształtowanie różnicy poziomów przez parterową obudowę

04. Przykład dekoracji sgraffitowej na terenie osiedla

i tarasowe skarpy pokryte zielenią zastępowało ogrodzenie terenów kolonijnych. Podwyższenie uformowane z zalegającego gruzu w tym kontekście spełniało funkcję cokołu tradycyjnie pojmowanej rzeźby, pełniącego ważną funkcję w strukturze semantycznej pomnika – elementu pośredniego pomiędzy miejscem a tym, co dany pomnik reprezentuje[21]. Idea miała wyrażać się w sugestywnej barwie i surowej formie nieotynkowanych elewacji.

Budowę rozpoczęto od strony trasy W-Z. Wkrótce jednak okazało się, że powstające osiedle nie spełniało wymogów władz. W świetle teorii miasta socjalistycznego najważniejszym efektem planowego procesu odbudowy Warszawy było nadanie jej wyrazu ideologicznego. Wbrew oczekiwaniom projekt nie zawierał w sobie odpowiedniego ładunku treściowego. Kształt Muranowa odbiegał od doktrynalnego wzorca. Początkowo jego głównym eksponowanym walorem ideowym była szybkość realizacji inwestycji[22], której aspekt propagandowy skrzętnie wykorzystywano. Powstawanie tzw. szybkościowców symbolizujących technologiczne zaawansowanie epoki było wówczas szeroko nagłaśniane na łamach »Stolicy« w systematycznych sprawozdaniach z postępów w budowie. Pierwsze osiedle z elementów prefabrykowanych i gruzobetonu powstające w systemie potokowym, opartym na wzorcach radzieckich, świadczyło o nowoczesności państwa. Zarzut zbyt mało reprezentacyjnych form architektonicznych elewacji wzdłuż trasy W-Z padł na łamach albumowej publikacji – *Sześcioletniego planu odbudowy Warszawy*[23]. Fotografię fragmentu osiedla na wysokości gmachu sądów na Lesznie zestawiono z bardziej reprezentacyjną rysunkową wizją tego rejonu wzbogaconego o monumentalną fontannę, balustradową oprawę tarasu oraz o wydatne gzymsy wieńczące budynki. Korekta pierwotnego projektu osiedla polegała na dogęszczeniu zabudowy oraz wprowadzeniu detalu architektonicznego: boniowań, gzymsów, ozdobnych łuków, kolumnad, geometrycznych dekoracji sgraffitowych. W referacie z lutego 1950 r., składając samokrytykę, Lachert stwierdził, że obecny wygląd osiedla nie spełnia zamierzonego efektu kolorystycznego i materiałowo-jakościowego[24]. Przedstawił nowe cele przyświecające projektowi: złączenie Muranowa z całą Warszawą oraz stworzenie poprzez formy budynków swoistych monumentalnych kulis dla tras W-Z i N-S. Dzięki opracowaniu reprezentacyjnego wejścia na teren osiedla z tarasem przeciętym schodami, powtarzającego klasycyzujące formy dolnej kondygnacji rekonstruowanego Pałacu Mostowskich[25], projekt miał nabrać osiowego charakteru. W dolnej partii tarasu planowano urządzenie kina, kawiarni oraz restauracji. Decyzją NROW z listopada 1950 r. zarządzono pokrycie wszystkich elewacji budynków muranowskich jasnymi, »właściwymi dla budownictwa warszawskiego« tynkami[26]. Tynkowanie elewacji miało rozwiązać techniczny problem związany z ociepleniem budynków, niedostatecznym po dogęszczeniu zabudowy[27]. Jednocześnie eliminowało to podkreślany na łamach prasy koszarowy, ponury, monotonny wygląd budynków. Wydaje się, że architektowi zależało na zachowaniu choć w minimalnym stopniu efektu wyeksponowania plastycznych wartości elewacji zamierzonego w pierwotnym projekcie. W piśmie do Ministerstwa Budownictwa Miast i Osiedli z czerwca 1951 r., dotyczącym ustalenia kompetencji autorskich przy robotach wykończeniowych, Lachert nalegał na zastosowanie spoinowania tynków zamiast pokrycia elewacji tynkiem gładkim[28]. Rozbieżności na linii projektant–władza doszły ponownie do głosu w roku 1953, kiedy to Lachert polemizował z Sigalinem, ówczesnym Naczelnym Architektem Warszawy, na temat dekoracji, którą planowano jako część kompozycji łuku stanowiącego monumentalne wejście na teren osiedla. Dwa kartusze z datami budowy miały flankować napis »Muranów« wykonany techniką sgraffita. W odpowiedzi na interwencję Lacherta w sprawie nakazu zmiany koncepcji Sigalin podkreślił niesłuszność umieszczenia na łuku napisu, który akcentowałby odrębność dzielnicy[29]. Polemika ta wydaje się być szczególnie interesująca w kontekście wcześniejszych obaw Sigalina o właściwe »określenie« miejsca, wyrażonych podczas inwentaryzacji stanu zniszczeń dzielnicy. Obszar getta odizolowany w czasie okupacji hitlerowskiej, zlikwidowany w 1943 r., w nowej rzeczywistości nie mógł ulec wyodrębnieniu. Jednym z jasno określonych celów odbudowy Muranowa było zespolenie nowo wykreowanej przestrzeni z miastem.

W końcowej fazie budowy osiedla zrezygnowano z budowy na gruzie, argumentując to trudnościami technicznymi i dotychczasowymi doświadczeniami na placu budowy. Budowa Muranowa Południowego trwała jeszcze do roku 1955, kiedy to prowadzono ostatnie prace wykończeniowe elewacji.

Analizując przykład powojennej zabudowy terenu pozostałego po zlikwidowanym getcie, stykamy się z problemem architektury miejskiej jako składnika pamięci zbiorowej, poddawanej procesowi wymazywania, odzyskiwania i konstruowania na nowo. Powojenna rzeczywistość nowego otwarcia w miejscu traumy stworzyła możliwość kreacji przestrzeni, która miała stanowić zaprzeczenie wizerunku przedwojennej dzielnicy północnej. Czynniki ekonomiczne, historyczne oraz potencjał plastyczny miejsca miały wpływ na koncepcję budowy na gruzach i z gruzów zburzonej dzielnicy. Plany zabudowy od początku zakładały wykreowanie nowej przestrzeni, odmiennej od krytykowanej przez urbanistów modernizmu XIX-wiecznej struktury miasta. Jednym z celów budowy nowej dzielnicy było złączenie z miastem terenów Muranowa, przed wojną obcego kulturowo mieszkańcom zza »niewidzialnej granicy«, w czasie wojny odseparowanego realnym murem. W pierwotnym założeniu dzielnica – pomnik miała spełniać funkcję upamiętniającą traumę wojennych wydarzeń. Głównym elementem wyrazu przestrzennego monumentu, wyniesionego ponad poziom miasta poprzez cokół gruzowego usypiska, miała być nietynkowana, surowa powierzchnia elewacji symbolizujących »krew zniszczonego miasta«. Na ostateczny kształt nowo wybudowanej dzielnicy miał wpływ swego rodzaju kompromis między architektem a władzą, z jednej strony ujednolicającą kształt obrazu architektonicznego miasta, z drugiej strony – sankcjonującą, co i w jaki sposób mogło podlegać upamiętnieniu. Wyparcie traumatycznych wydarzeń ze świadomości zbiorowej i zatarcie pamięci dzielnicy północnej odbyć się miało poprzez kreację zupełnie nowej rzeczywistości.

Zespół budowlany osiedla Muranów Południowy, ujęty w ewidencji zabytków, ze względu na wyjątkowe ukształtowanie terenu, formy architektoniczne będące świadectwem przełomowego momentu przyjmowania doktryny Socrealizmu oraz wartości niematerialne miejsca pamięci, stanowi jedyny w swoim rodzaju obszar na terenie Warszawy. Ochronie konserwatorskiej powinien podlegać układ przestrzenny założenia z licznymi osiami widokowo-kompozycyjnymi, urozmaiconymi prześwitami bramnymi oraz tarasowe ukształtowanie terenu. Szczególnie ważne wydaje się uniknięcie dogęszczania kameralnej w charakterze zabudowy poprzez nowe inwestycje na tym obszarze. Istotnym problemem konserwatorskim jest postępująca na osiedlu termomodernizacja budynków, wprowadzająca chaos kolorystyczny, często zacierająca artykulację elewacji. Ochronie konserwatorskiej powinien podlegać bogaty detal architektoniczny: balustrady balkonów, barwne sgraffita, gzymsy, ozdobne płyciny, balustradowe oprawy tarasów. Należy również zwrócić uwagę na pierwotne formy stolarki okiennej, stanowiącej o wyrazie architektonicznym prostych w formie, niemal pozbawionych detalu punktowców.

Kurzfassung

Das Wohnquartier Muranów Süd (Muranów Południowy) entstand in den Jahren 1949–56 an Stelle des im Oktober 1940 durch die Besatzungsmacht des Hitlerregimes eingerichteten jüdischen Ghettos und zwar gerade in der Zeit, als die Doktrin des sozialistischen Realismus verpflichtend war. Die Analyse der Nachkriegsbebauung anstelle des liquidierten Ghettos rührt an Probleme städtischer Architektur als Träger des kollektiven Gedächtnisses, das dem Prozess von Auslöschung, Rückbesinnung und Neuanfang unterliegt. Der Nachkriegswunsch eines Neubeginns am Ort des Traumas verlangte einen Stadtraum, der eine Negation des nördlichen Stadtteils aus Vorkriegszeiten darstellen sollte. Wirtschaftliche und historische Komponenten sowie das Relief dieses Ortes führten zu einem Konzept, den Wiederaufbau auf den Trümmern und unter Verwendung von Trümmer des zerstörten Viertels vorzunehmen. Die Bebauungspläne sahen von vorn herein die Schaffung eines neuen Raumes vor, fern von der von modernen Stadtplanern kritisierten Stadtstruktur aus dem 19. Jahrhundert. Eines der Bebauungsziele des neuen Stadtteils lag in der Anbindung von Muranów an die Warschauer Kernstadt. Muranów war vor dem Krieg für die Bewohner jenseits der »unsichtbaren Grenze« kulturell fremd und während des Krieges sogar durch eine reale Mauer abgetrennt. In der ursprünglichen Konzeption sollte das Denkmalsviertel an das Trauma der Kriegsereignisse erinnern. Gestalterisches Kennzeichen des räumlichen Denkmals, das sich auf dem Trümmersockel der Stadt erhob, sollten unverputzte, rohe Fassadenoberflächen sein, die »das Blut der zerstörten Stadt« symbolisieren konnten. Die endgültige Gestalt des neu errichteten Viertels war Ergebnis eines Kompromisses zwischen den Architekten und der Verwaltung, die einerseits die architektonische Gestalt der Stadt vereinheitlichen wollte und andererseits sanktionierte, was Gegenstand des Gedenkens sein sollte und auf welche Weise. Die traumatischen Ereignisse sollten aus dem kollektiven Gedächtnis verdrängt und die Erinnerung an das nördliche Stadtviertel ausgelöscht werden, indem eine völlig neue Wirklichkeit geschaffen wurde. Die Korrektur des Ursprungsprojektes bestand vor allem darin, dass der Raum einen stärkeren axialen Charakter erhielt, die Fassaden verputzt wurden und reiche Architekturdetails zur Anwendung kamen. Das Viertel Muranów Południowy wurde unter Denkmalschutz gestellt und in die kommunale Denkmalliste aufgenommen. Die denkmalpflegerische Problematik besteht in dieser Gegend vor allem in der Erhaltung der mannigfaltigen, terrassenförmigen Geländegestaltung, der räumlichen Aufteilung des Viertels sowie in der Erhaltung der Architekturdetails angesichts der fortschreitenden Maßnahmen zur Wärmedämmung an den Fassaden der Häuser.

Abstract

The Muranów Południowy [South Muranów] residential district was developed in the years 1949-56 on the site of the Jewish ghetto established by the Nazi authorities in October 1940. This residential estate was created in a specific moment of adopting the socialist realism doctrine. Analyzing the example of the post-war development of the area after the ghetto was liquidated, we meet the issue of the urban architecture as an element of the collective memory subjected to the process of blotting out, recovering and reconstructing. The post-war reality of a new opening in the place of trauma enabled the creation of the space, which was to constitute contradiction to the pre-war image of the north district. Economic and historical factors as well as the vivid potential of this site influenced the concept of building on the ruins and from the ruins of the destroyed district. The development plans, from the very beginning, assumed the creation of a new space, different from the nineteenth-century city structure criticized by the modernist urban planners. One of the goals of building this new development was incorporating Muranów in the city, a culturally alien area to the inhabitants from beyond the »invisible border« before the war and during the war separated by a real wall. In the original plan the district-monument was to commemorate the trauma of the war events. The main element of the spatial expression of the monument, elevated above the city level by the pedestal made of the debris, was to be an unplastered, coarse surface of facades symbolizing the »blood of the destroyed city«. The final form of the new residential estate was influenced by some kind of a compromise between the architect and the authority, which on one hand unified the architectonic appearance of the city and on the other hand sanctioned what and how sites could be commemorated. Superseding traumatic events from the collective consciousness and blotting out the memory of the north district was to be done through creating an entirely new reality. The correction of the original project consisted in the first place of giving the space a more axial character, introducing plastered elevations and ample detailing.

The housing building complex of South Muranów is now under conservators' protection as it was entered in the register of monuments. The conservators' activities in this area include preservation of the diversified terraced landform, spatial layout of the complex and the architectonic detail, especially standing face to face with the growing thermomodernization of the buildings.

Przypisy

1. W artykule wykorzystane zostały fragmenty pracy magisterskiej autorki, napisanej pod kierunkiem prof. dr. hab. Waldemara Baraniewskiego, IHS UW.

2. Cyt. za: B. Engelking, J. Leociak, *Getto warszawskie – przewodnik po nieistniejącym mieście*, Warszawa 2001, s. 766.

3. W prasie pojawiały się artykuły krytykujące zabudowę i wygląd ulic, podkreślające odrębność tej części miasta: *Dwa miasta w Warszawie. z wędrówki po dzielnicy żydowskiej*, »Dzień«, nr 231, 1909, s. 1–2; *Dzielnica tandetnych kamienic*, »Kurier Warszawski«, nr 101–103, 1925, s. 17; *Na froncie walki o piękno Stolicy*, »Gazeta Polska«, nr 160, 1930, s. 8; *Potworności na frontach kamienic nalewkowskich*, »Polska Zbrojna, nr 105, 1936, s. 6; *Szpetne punkty Stolicy*, »Kurier Warszawski«, nr 291, 1937, s. 6; *Walka z brzydotą*, »Kurier Warszawski«, nr 144, 1934, s. 6.

4. R. Bevan, *The destruction of memory. Architecture at war*, Chicago 2007.

5. M. Getter, *Straty ludzkie i materialne w powstaniu warszawskim*, Warszawa 2004.

6. B. Kosińska, *Czas zatrzymany w punkcie zero*, »Fotografia«, nr 16, 1979, s. 10–13.

7. G. Królikiewicz, *Ruina. Horyzont znaczeń*, w: *Terytorium ruin. Ruina jako obraz i temat romantyczny*, Kraków 1993, s. 9–17.

8. S. Sontag, *Widok cudzego cierpienia*, Kraków 2010, s. 14.

9. Cyt. za: T. Konar, *Walizka Pana Liwy*, Warszawa 2007, s. 99.

10. E. Olszewski, *Konkurs na zużytkowanie gruzu*, »Skarpa Warszawska«, nr 2, 1945; *Sto projektów zużytkowania gruzu*, »Życie Warszawy«, nr 175, 1945; *Dławi nas gruz! Nierozwiązany problem utrudnia odbudowę*, »Expres wieczorny«, nr 4, 1946; *Cenny budulec na ulicach Warszawy*, »Głos Ludu«, nr 258, 1946; *Taniej, szybciej, sprawniej. Zwiększyć sieć kolejek wywożących gruz*, »Życie Warszawy«, nr 13, 1946; *Gruz ze stolicy będzie zużyty*, »Kurier Codzienny«, nr 22, 1947.

11. Sprawozdanie z prac komisji do opracowania sposobu wykorzystania materiałów z rozbiórek, 12.06.1945 r., Archiwum Sigalina, APW, sygn. 65.

12. Cyt. za: J. Sigalin, *z archiwum architekta*, t. I, Warszawa 1986, s. 94.

13. S. Ossowski, *Odbudowa Stolicy w świetle zagadnień społecznych*, w: *Pamięć warszawskiej odbudowy 1945-1949*, red. J. Górski, Warszawa 1972, s. 303.

14. J. Sigalin, *op. cit.*, s. 83.

15. I. Wisłocka, *Awangardowa architektura polska 1918–1939*, Warszawa 1968, s. 139-146.

16. Cyt. za: *Najpilniejsze zagadnienia odbudowy*, »Kurier codzienny«, nr 86, 1946, s. 6.

17. Cyt. za: J. Górski, *Warszawa w latach 1944-49. Odbudowa*, Warszawa 1988, s. 422–23.

18. Maszynopis Bohdana Lacherta *Historia powstania osiedli Muranowa Południowego*, opatrzony datą lipiec 1976 r., obszernie cytuje Piotr Matywiecki w publikacji: *Kamień graniczny*, Warszawa 1994.

19. *Ibidem*, s. 494.

20. *Zagadnienie wykorzystania gruzu na terenie Muranowa*, »Inżynieria i budownictwo«, nr 5, 1948, s. 209–14; *z bezużytecznego gruzu powstają piękne domy mieszkalne*, »Polska zbrojna«, nr 233, 1949.

21. R. Krauss, *Sculpture in expanded field*, »October«, t. VIII, 1979, s. 33.

22. D. Jędrzejczak, *Tworzenie nowej przestrzeni Warszawy*, w: *Geografia humanistyczna miasta*, Warszawa 2004, s. 292.

23. B. Bierut, *Sześcioletni plan odbudowy Warszawy*, Warszawa 1950, b.s.; układ typograficzny, relacja tekst-obraz oraz retoryka publikacji stanowi osobny problem badawczy.

24. B. Lachert, *Muranów – wielkie piękne zadanie*, Zbiór rękopisów i maszynopisów dotyczących Muranowa, Biblioteka Muzeum Architektury we Wrocławiu, b.s.

25. 1948–51, Zygmunt Stępiński, uproszczenia motywowane brakiem dostatecznej dokumentacji ikonograficznej i projektowej.

26. Protokół z posiedzenia Prezydium Naczelnej Rady Odbudowy Warszawy w dniu 09.11.1950 r., Archiwum Sigalina, APW, sygn. 217.

27. Wywiad z Bohdanem Lachertem dla Polskiego Radia, 21.01.1984 r., Zbiór Nagrań Dźwiękowych, NAC, sygn. 6209.

28. Ministerstwo Budownictwa Miast i Osiedli, Budowa Osiedla Muranów, protokoły, plan robót, korespondencja, AAN, sygn. 201.

29. Naczelny Architekt m. st. Warszawy, Muranów – korespondencja, APW, sygn. 38.

Die Konstanty-Ildefons-Gałczyński-Straße und der östlich an Nowy Świat angrenzende Stadtbezirk von Zygmunt Stępiński

Ulica Konstantego Ildefonsa Gałczyńskiego oraz wschodnie zaplecze Nowego Światu projektu Zygmunta Stępińskiego

Konstantego Ildefonsa Gałczyńskiego Street and the East End of Nowy Świat Designed by Zygmunt Stępiński

Katarzyna Rogalska

Dzieło odbudowy miasta podjęto natychmiast po wyzwoleniu Warszawy w styczniu 1945 r. Zapadły dwie decyzje: rząd podjął uchwałę o uznaniu Warszawy za stolicę państwa oraz powołano Biuro Organizacji Odbudowy miasta stołecznego Warszawy pod kierownictwem Jana Zachwatowicza. 14 lutego 1945 r. Krajowa Rada Narodowa powołała Biuro Odbudowy Stolicy (dalej: BOS) z inż. arch. Romanem Piotrowskim na czele. Dwa wydane wówczas dekrety miały zasadnicze znaczenie dla prac urbanistycznych i architektonicznych, stawiały one sprawę odbudowy Warszawy jako jedno z naczelnych zadań państwa. Podstawowym aktem prawnym, umożliwiającym działalność urbanistyczną przy odbudowie miasta, stał się dekret rządowy z października 1945 r. o komunalizacji gruntów na obszarze Warszawy. Na jego mocy na własność miasta przeszła całość terenów położonych w granicach administracyjnych Warszawy z roku 1945 (takich samych jak w roku 1939)[1]. Drugim dokumentem był dekret o odbudowie miasta stołecznego Warszawy (Ustawa o odbudowie Warszawy i utworzeniu Naczelnej Rady Odbudowy miasta stołecznego Warszawy przy Prezesie Rady Ministrów. Dz. U. nr 62, poz. 268).

Przed urbanistami stanęła perspektywa wzniesienia nowego miasta. Dla Warszawy pierwszy okres odbudowy obejmował lata 1945–1947. Wyznaczono trzyletni plan odbudowy (1947–1949), następnie *Sześcioletni plan odbudowy Warszawy* (referat pod tym tytułem wygłosił Bolesław Bierut 3 lipca 1949 r. na Konferencji Warszawskiej PZPR, referat ten stał się w pewnym sensie dokumentem zapoczątkowującym oficjalnie okres realizmu socjalistycznego w architekturze Polski, który obowiązywał do 1956 r.)[2]. Warszawa miała zostać stolicą państwa socjalistycznego. »Nowa Warszawa nie może być powtórzeniem dawnej, nie może być poprawionym jedynie powtórzeniem przedwojennego zbiorowiska prywatnych interesów kapitalistycznego społeczeństwa. (Bierut). […] Nowa Warszawa, stolica państwa socjalistycznego, musi otrzymać swój piękny wyraz, znamionujący nową epokę prawdziwego humanizmu – epokę praw człowieka pracy. Dlatego w planie 6-cio letnim przewidziane jest rozpoczęcie na wielką skalę nowego ukształtowania śródmieścia«[3]. Główny nacisk położono na sprawy mieszkaniowe, na rozbudowę przemysłu oraz na reprezentacyjne ukształtowanie architektonicznego wyglądu śródmieścia. W kwietniu 1948 r.

01. Zaplecze Nowego Światu, 1949 r.

02. Ciąg pieszy Nowy Świat Wschód, widok ogólny. Zaplecze Nowego Światu w 1955 r. Wizja przyszłości wg projektu i w rysunku Zygmunta Stępińskiego, 1950 r.

przez dekret rządowy zatwierdzony przez Sejm powołano do życia instytucję państwową, spełniającą funkcję inwestora, Zakład Osiedli Robotniczych (dalej: ZOR), który to inicjował budowę pierwszych osiedli mieszkaniowych, realizował państwowe budownictwo mieszkaniowe o charakterze miejskim na terenie całego kraju (Dz. U. nr 24, poz. 166). Polityczne i ekonomiczne założenia, do których należy dodać tezy realizmu socjalistycznego wpłynęły na sformułowanie wytycznych rozwoju Warszawy i Warszawskiego Zespołu Miejskiego.

Równolegle z pracami budowlanymi przy odbudowie na całym ciągu Nowego Światu sporządzono dalsze projekty tego rejonu miasta. Ulica Nowy Świat wraz z otaczającymi ją »zabytkami« była pierwszą po wojnie całkowicie odbudowaną ulicą Warszawy[4]. Przekazano, w bardzo uproszczonej wersji, przyszłym pokoleniom obraz ulicy w szacie sprzed 150–200 lat. Zastosowano się do prawideł »urbanistyki zabytkowej«, tj. przebiegu linii zabudowy ul. Nowy Świat wraz z wlotami ulic poprzecznych. Domy odbudowano tylko do wysokości trzech kondygnacji. Poszukiwanie sytuacji pierwotnej, która tutaj została wypowiedziana w sposób historyzujący, a zarazem modernistyczny, czyli taki sposób myślenia, jakiego Stępiński nauczył się przed wojną na Wydziale Architektury Politechniki Warszawskiej (dalej: WAPW). Nowy Świat mimo tego, że nawiązywał sentymentalnie do pewnych odniesień historycznych, był w gruncie rzeczy modernistyczną kreacją odbudowy.

Zagadnienie uporządkowania zapleczy Nowego Światu łączyło się ściśle z wykończeniem osi Krakowskie Przedmieście – Belweder oraz z przebudową ul. Świętokrzyskiej. Zaprojektowano, jako ciągi piesze, wschodnie i zachodnie zaplecza Nowego Światu. Wschodnie zaplecze Nowego Światu zostało usytuowane pomiędzy ulicami: Ordynacką, Kopernika, Foksal i Nowym Światem. Zachodnie zaplecze obejmowało obszar pomiędzy Świętokrzyską a Warecką, gdzie powstała nowa uliczka Kubusia Puchatka. Całość obu zapleczy Nowego Światu miało uzupełniać kino po stronie wschodniej oraz kawiarnia »Nowy Świat« po stronie zachodniej.

Jedna z niezwykle śmiałych koncepcji przebudowy Nowego Światu i przyległych terenów, tzn. utworzenia dwu nowych ulic na zapleczu wschodnim i zachodnim Nowego Światu, została zamieszczona w prasie warszawskiej już w 1935 r.: […] »Architekt [Juliusz] Nagórski znalazł rozwiązanie. Proponuje on mianowicie wybudowanie, równolegle do Nowego Światu, po obu stronach dwu nowych ulic. […] Projekt przewiduje rozwiązanie bardzo proste. Trzeba tylko zburzyć wszystkie małe, niskie oficyny znajdujące się tuż za frontami domów przy Nowym Świecie. Uzyskane w ten sposób dwa pasy, szerokości ok. dwudziestukilku metrów każdy, będą stanowiły grunt pod przyszłe ulice. […] Nawpół zburzone domy będą odbudowane wg historycznych wzorów, każdy z nich otrzyma dwa fronty, będzie doprowadzony do gabarytu na wysokości trzech do czterech pięter i tak uzyskamy dawny Nowy Świat. […] Ruch kołowy znajdzie doskonałe rozwiązanie. Będzie się bowiem mógł odbywać okrężnie dokoła pałacu Staszica, podobnie, jak na placu Opery w Paryżu, oraz jednostronnie na każdej z nowych dwu ulic«[5]. Różnicą było planowanie budowy, w 1935 r. wielopiętrowych domów czynszowych na zapleczu ul. Nowy Świat. To uległo zmianie, po wojnie zaplanowano budownictwo o charakterze mieszkalno-usługowym o gabarycie nie wyższym niż zabytkowe budynki frontowe. Ulice równoległe do Nowego Światu w projekcie Nagórskiego miały mieć charakter pieszo-jezdny, natomiast po wojnie ograniczono się jedynie do traktów pieszych.

Odbudowywane i budowane nowe domy przy Nowym Świecie po II wojnie światowej były zazwyczaj pozbawione oficyn, które często zachowały się lepiej od budynków frontowych. Chodziło o »rozluźnienie« zabudowy, ale także o przygotowa-

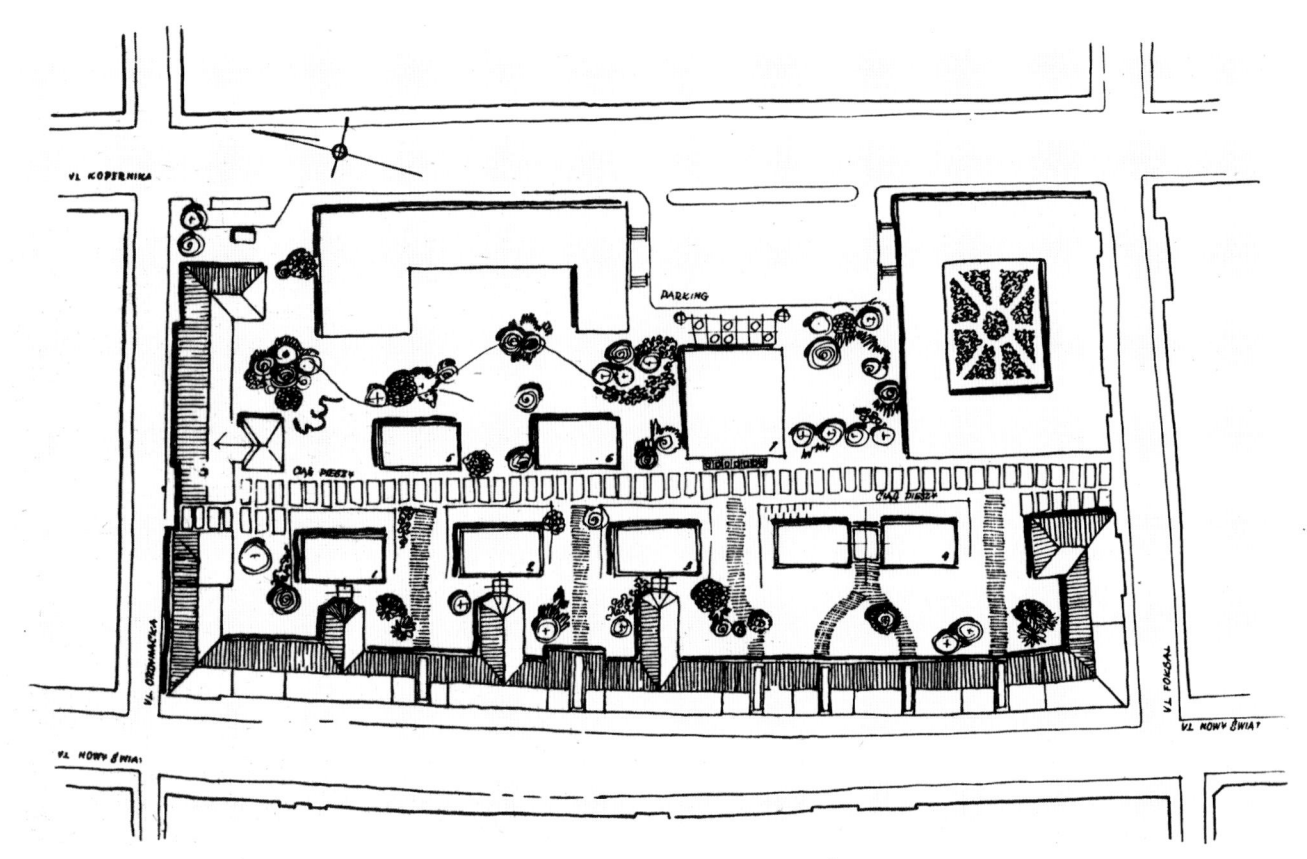

03. Sytuacja osiedla Nowy Świat Wschód między ulicami Ordynacką, Kopernika, Foksal i Nowym Światem. Projekt arch. Zygmunt Stępiński

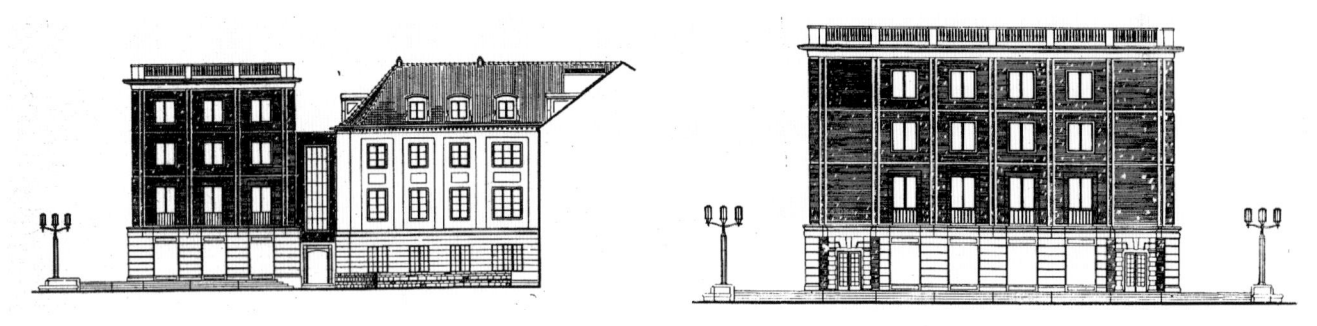

04. Powiązanie nowej architektury ze starą. Elewacja frontowa jednego z bloków przy ciągu pieszym Nowy Świat Wschód

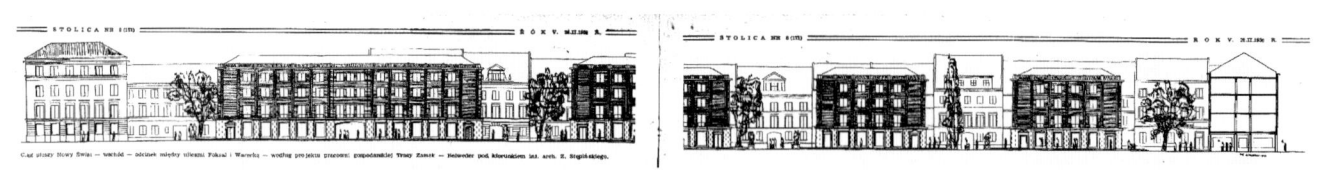

05. Sytuacja ciągu pieszego Nowy Świat Wschód. Odcinek między ulicami Foksal i Ordynacką. Projekt arch. Zygmunt Stępiński

nie, oczyszczenie zaplecza dla przeprowadzenia dwu nowych ulic-pasaży[6]. Nawiązano do koncepcji częściowo po wojnie, oczywiście w bardzo zmodyfikowanej wersji. Powstały dwa osiedla, jedno zlokalizowano po stronie wschodniej Nowego Światu, drugie po stronie zachodniej.

W pierwszym etapie sporządzono plan zagospodarowania terenu pomiędzy ulicami Foksal a Świętokrzyską (zaplecze wschodnie Nowego Światu, 1949 r.), ostatecznie zrealizowano krótszy etap, tylko do ul. Ordynackiej (część tę określa się mianem ul. Gałczyńskiego). Ulica ta stanowi do pewnego stopnia wyodrębnioną dzielnicę. W roku 1950 Stefan Rassalski napisał w następujący sposób: »Teren ten przeznaczony zostaje na zabudowę mieszkalną o architekturze dostosowanej swym charakterem do architektury nowoświeckiej. Budynki tam stojące otoczone zostaną obszernymi przestrzeniami zieleni, podobnie, jak to obserwujemy w nowych dzielnicach mieszkalnych. Nigdy koło samochodu nie dotknie tam ziemi, będzie to bowiem wyłącznie ciąg pieszy«[7].

Osiedle powstało na miejscu rozebranych po 1945 r. oficyn dawnych kamienic stojących wzdłuż ul. Nowy Świat, na jego wschodnim zapleczu, na miejscu po nasypach gruzu pozostałego ze zniszczonych budynków. Równocześnie z prowadzeniem prac po tej stronie Nowego Światu opracowano również starannie tylne elewacje kamienic zlokalizowanych przy Nowym Świecie. Elewacje te, kiedyś przysłonięte przez oficyny, w nowych warunkach zostały udostępnione do oglądu ogółu, były widoczne pomiędzy nowymi domami powstającymi wówczas na wschodnim zapleczu. Po wschodniej stronie ocalały dwie oficyny, należące dawniej do kamienic frontowych nr 44 i 46[8].

Pod koniec odbudowy ul. Nowy Świat powstała ul. Konstantego Ildefonsa Gałczyńskiego [Gałczyńskiego 8–12, 3–7], którą zlokalizowano na wschodnim zapleczu Nowego Światu[9]. Po obu stronach nowej ulicy o charakterze pieszo-jezdnym zaprojektowano budynki mieszkalne z parterami przeznaczonymi na sklepy, punkty usługowe i lokale gastronomiczne. Wschodnie zaplecze Nowego Światu, nazywane również najmniejszym osiedlem Śródmieścia (6 wolno stojących bloków o czterech kondygnacjach każdy, o łącznej kubaturze około 40 tys. m³)[10], czy też osiedlem Nowy Świat Wschód miało odciążyć Nowy Świat, powstało jako szerokie przejście piesze pomiędzy ulicami Ordynacką a Foksal. Na ciąg pieszy po wschodniej stronie Nowego Światu możemy dostać się każdą z bram kamienic zlokalizowanych po parzystej stronie Nowego Światu. Tu za grubymi murami budynków Nowego Światu znajduje się opisywane osiedle, ciche, spokojne, położone w centrum miasta, ale jednocześnie oddalone od wielkomiejskich tłumów. Osiedle tworzy pewnego rodzaju prywatną, intymną atmosferę, gdzie wyczuwalny jest spokój i ciepło rodzinne[11].

Między nowymi budynkami usytuowano trzy dziedzińce, do których miała zostać wprowadzona zieleń łącznie z dekoracyjnym detalem architektonicznym. Przestronne zazielenione dziedzińce miały zająć miejsce przedwojennych wąskich i długich parceli z mieszczącymi się wewnątrz podwórzami[12]. Odżyła tu dawna tradycja pięknych ogrodów, jakie ciągnęły się po obu stronach traktu. Osiedle tworzy wspólną kompozycję urbanistyczno-ogrodową łącznie z tylnymi elewacjami nowoświeckimi oraz przejściami na Nowy Świat.

Omawiane zaplecze ograniczone jest ulicami: Ordynacką, Kopernika, Foksal i Nowym Światem. Powstała nowa architektura ładu, tworząca rytm powtarzalnych budynków, które dyskretnie wiążą się z architekturą Nowego Światu, lecz nie są równocześnie kopią czy rekonstrukcją. Założenie osiowe z równoległymi ciągami komunikacyjnymi (ulica przejezdna i wewnętrzny ciąg pieszy), domy wolno stojące o harmonijnych elewacjach i płaskich dachach, wokół których biegnie balustrada z tralek prefabrykowanych, będąca zarazem elementem dekoracyjnym, jak i parawanem zasłaniającym kominy zlokalizowane na dachach. Skromny pseudohistoryczny detal rzeźbiarski (klasycyzujące szyszki na narożach gzymsów koronujących). Elewacje budynków przy ul. Gałczyńskiego pokryte zostały prefabrykowaną cegłą licówką wykonaną na budowie z mielonej cegły pochodzącej z rozbiórek, okna w opaskach ciągnionych z tynku szlachetnego, parter tworzący partię cokołową w boniach z terrazytu. Osiedle zostało zaprojektowane kompleksowo, łącznie z zielonymi dziedzińcami, powstać miał nowoczesny detal architektoniczno-dekoracyjny (rzeźby, ławy wypoczynkowe), oświetlenie (latarnie, kandelabry), ogrodzenia, chodnik w układzie rysunkowym układanym z różnokolo-

06. Pracownia »Nowy Świat« Miastoprojekt Stolica. Narada w pracowni, ul. Chocimska 33 m. 11. Na zdjęciu (od lewej): Zbigniew Kłopotowski, Zygmunt Stępiński, Wojciech Kubicki, Andrzej Milewski

07. Architekt Zygmunt Stępiński (1908-1982), projektant generalny całości kompozycji osiedla Nowy Świat Wschód w pracowni na ulicy Skolimowskiej w 1946 r.

rowych kamieni. Jest to swoisty łącznik pomiędzy przeszłością a przyszłością, tak można by scharakteryzować oba pasaże Nowego Światu: wschodni i zachodni. Jeżeli znajdziemy się wśród architektury i założeń urbanistycznych, które projektował Stępiński, »kiedy jesteśmy w jego »królestwie« – ogarnia nas klimat tradycji historycznej, lecz jednocześnie znajdujemy się już w Warszawie przyszłości, w formach nowych«[13]. Osiedle zaprojektowane jako miejsce kameralne, otoczone zielenią i nastrojem spokoju, miejsca pożądane przez mieszkańców. Położone w centrum miasta, ale jednocześnie oddzielone od hałasu wielkomiejskiej metropolii.

Ulica Gałczyńskiego i wschodni ciąg pieszy Nowego Światu zostały zrealizowane w ramach Planu sześcioletniego w latach 1949–1956 (projekt powstał w 1949 r.). Inwestorem był Centralny Zarząd Budowy Miast i Osiedli ZOR. U podstaw jego działalności leżało stworzenie silnej służby inwestorskiej, która miała zapewnić planową odbudowę i rozbudowę Warszawy. Program budownictwa mieszkaniowego ZOR nie ograniczał się jedynie do dostarczenia mieszkańcom samych mieszkań. Chodziło również o dostarczenie na te tereny urządzeń socjalno-usługowych, o tym programie szeroko informował normatyw urbanistyczny. Dlatego też na osiedlach ZOR-u zaczęły powstawać szkoły, przedszkola, żłobki, sklepy, przychodnie służby zdrowia, pralnie, domy społeczne, place zabaw i zielone dziedzińce przeznaczone do odpoczynku i rozrywki zamieszkującej tam ludności[14]. Była to wygoda i uzupełnienie budownictwa mieszkaniowego. Osiedla ZOR-u miały poprawić sytuację mieszkaniową klasy robotniczej, która po 1945 r. zamieszkała licznie w Śródmieściu i w centrum Warszawy. Plany zagospodarowania osiedli i zespołów mieszkaniowych, ich układ przestrzenny i zaplanowany wcześniej program miały stworzyć mieszkańcom odpowiednie warunki higieniczne. Dlatego też dążono do zaprojektowania rekreacyjnych terenów zielonych, do powstania dróg przeznaczonych wyłącznie dla ruchu pieszego, do odcięcia się od hałasu i innych uciążliwych czynników. Równocześnie ZOR dysponowało zespołem doświadczonych urbanistów, architektów, inżynierów i ekonomistów, co pozwalało w dogodnym tempie realizować wytyczne partii i rządu. Na osiedlu powstały mieszkania: jednoizbowe, półtoraizbowe, dwuipółizbowe, trzyipółizbowe. ZOR realizował proces budownictwa społecznego w nowych warunkach gospodarczo-społeczno-politycznych[15].

Projekt powstał w urbanistycznej pracowni gospodarskiej Trasy Belweder-Zamek[16], w Pracowni »Nowy Świat« Miastoprojekt Stolica[17]. Autorem generalnym całości kompozycji był Zygmunt Władysław Stępiński[18] (30.10.1908 Warszawa – 17.08.1982 Warszawa; inż. arch., dyplom WAPW 1933 r.). Przy projekcie współpracowali architekci: Grzegorz Hipolit Chruścielewski[19] (ur. 13.08.1922 Warszawa; inż. arch., dyplom WAPW 1951 rok), Stanisław Wojciech Kubicki[20] (ur. 21.01.1924 Warszawa; inż. arch., dyplom WAPW 1952 r.), Zbigniew Kłopotowski[21] (ur. 23.11.1922 Płońsk; inż. arch., dyplom WAPW 1952 r.), Andrzej Milewski[22] (ur. 6.09.1921 Warszawa; inż. arch., dyplom WAPW 1952 r.). Architekci, którzy pracowali pod kierunkiem głównego projektanta Stępińskiego, byli wówczas jeszcze studentami WAPW. Osoby te po zakończeniu wojny zgłosiły się do pracy przy odbudowie stolicy i weszły w skład pracowni architektonicznej »Nowy Świat«. Dzielili oni swój czas pomiędzy studia i pracę zawodową przy odbudowie i budowie nowej Warszawy. Była to więc praca zespołowa, i jak pisał Stępiński: […] »zespół to grono dobrych fachowców. To również gromada ludzi ożywionych jedną myślą architektoniczną. Zespół – to jednomyślność«[23].

Wykonawcą prac budowlanych po stronie wschodniej Nowego Świata było Zjednoczenie Budownictwa Miejskiego Warszawa (ZBMW-4, ul. Świętokrzyska 32)[24]. Spośród załóg, które pracowały na osiedlu, na specjalne wyróżnienie zasłużył wówczas brygadzista – cieśla Stanisław Aniszewski (wyrabiał przeciętnie 154% normy), zwycięzca we współzawodnictwie o tytuł najlepszego w zawodzie. Następny to brygadzista murarski Stefan Mrówka (152% normy)[25].

Stępiński tak mówił o pracowni i pracy architekta: »Pracownia architektoniczna powinna mieć jak najmniej wspólnego z biurem, powinna być laboratorium twórczym – w jak najszerszym tego słowa znaczeniu. Praca architekta jest pracą par excellence humanistyczną. Architekt sięga na półkę biblioteki nie tylko wówczas, kiedy potrzebuje materiału ściśle dokumentacyjnego. Kartki książek zawierających opisy i ilustracje dzieł zrealizowanych w przeszłości, są natchnieniem dla twórcy, pragnącego w swojej pracy dla dnia dzisiejszego i przyszłości zawrzeć postępowe treści czasów minionych, podbudowujących kulturę naszej współczesności. Tu nie chodzi tylko o rekonstrukcje, o odtworzenie form przeszłych – tu chodzi o zapłodnienie myśli twórczej, która nie powstaje z niczego. […] Zaprojektowanie budowy nie jest czymś oderwanym, zarys architektoniczny gmachu nie stanowi wartości samej w sobie. Jest on czymś powiązanym z całym zespołem budowli sąsiednich, z dzielnicą, z otoczeniem, trzeba go czuć i rozumieć jako część większej całości. Detal architektoniczny podobnie łączy się z całością budowli, musi stanowić wartość plastyczną, skomponowaną z pełnym obrazem budowli i całego otoczenia architektonicznego. Kompozycja całości i szczegółów jest dziełem polotu i żmudnej pracy, dziełem talentu indywidualnego, skonfrontowanego z widzeniem, wyczuciem i krytyką zespołu. Czegokolwiek udało się nam dokonać, to poprzez te dwa czynniki. Humanizm i współdziałanie zespołowe«[26].

W czerwcu 1950 r. zaczęto prowadzić prace na wschodnim zapleczu Nowego Światu[27]. Już w 1951 r., pomiędzy ulicami Foksal a Ordynacką, oddano do użytku cztery budynki mieszkaniowe, łącznie 210 izb; w tym czasie piąty budynek znajdował się w budowie[28]. Praca przy budowie osiedla, jak na warunki panujące ówcześnie, posuwała się dość wolno. Jak podają archiwalia, np. w terminie od 01.01.1953 do 30.11.1953 w ramach działalności inwestycyjnej DBOR w Warszawie planowano, aby na terenie Nowego Światu Wschód powstało 671 izb, a czego wykonać udało się tylko 56,5%, czyli 379 izb[29]. W roku 1953 było już oddanych do użytku i zamieszkanych 5 domów, ostatni 6 został zrealizowany nieco później, z uwagi na konieczność wyburzenia oficyny.

Zaplecza Nowego Światu już w trakcie budowy były często i głośno komentowane, np. w roku 1950 podczas Pierwszego Pokazu Twórczości Architektonicznej Biur Projektowych Warszawy pasaże Nowego Światu otrzymały następującą opinię: »[…] Architektura zachodniej i wschodniej partii mieszkaniowej Nowego Światu przy ogólnej poprawności wykazuje braki w rozwiązaniu detalu. Część wschodnia jest korzystniejsza w rozwiązaniu sytuacyjnym«[30]. Jan Minorski w 1950 r. wygłosił następujące opinie na temat zaplecza Nowego Światu: »[…] jako żywą działalność budowlaną odczuwa się projekty rozbudowy Nowego Światu. Jedynie żal wzbudza zamknięcie nowej uliczki, schowanej na zapleczu Nowego Światu, gdyż posiada ona charakter, jaki powinien być udostępniony publiczności. […] Zaplecze Nowego Światu – to dalszy rozwój języka, sięganie do większej skali«[31]. Ta mała śródmiejska dzielnica została rozplanowana w sposób bardzo humanitarny. W czasopismach z lat pięćdziesiątych XX w. pojawiały się recenzje, że

08. Bloki oraz dziedziniec osiedla Nowy Świat Wschód

09. Współczesny wygląd Wschodniego Zaplecza Nowego Światu. Widok jednego z bloków mieszkalnych

»w dzielnicy tej zasada socjalistycznej urbanistyki przekreśliła tu i naprawiła błędy odwiecznej antyhumanitarnej i antyspołecznej kapitalistycznej zabudowy. Gdyby 10 lat temu powiedzieć komu, że na tym odcinku zatęchłych podwórek i oficyn można stworzyć dzielnicę powietrza i zieleni, gdyby publicznie wystąpić z takim projektem, to chyba tylko po to, aby się narazić na pośmiewisko«[32].

Musimy pamiętać, że architektura w czasach Planu sześcioletniego »miała urzeczywistniać ideę stalinowskiej troski o człowieka«: Architektura miała być narodowa w formie, socjalistyczna w treści. Wschodni pasaż Nowego Światu zaliczany jest do projektów urbanistyki socrealistycznej, jest jednocześnie urbanistyką o wyjątkowych wartościach artystycznych. Jest to równoczesne powiązanie architektury zabytkowej z nową architekturą osiedlową, neoromantyczny zespół, który łączy cechy osiedla wielkomiejskiego z »miastem-ogrodem«. Powiązano tu nową architekturę ze »starą« o walorach historycznych, uszanowano gabaryt budynków zlokalizowanych przy Nowym Świecie, odczuwamy wpływ i nawiązanie do klasycyzmu. Jednocześnie zaplecze mieszkalne świadczy o możliwościach architektonicznych ówczesnego ustroju politycznego. W argumentacji powyższej architektury wysuwa się na plan pierwszy różne kryteria: wartość estetyczną, artystyczną, wartość dawności oraz wartości funkcjonalne, czyli przydatności dla mieszkańca, który obcuje z danym budynkiem na co dzień[33]. Wszystkie te kryteria wypadają tu pozytywnie. Architektura w sposób realistyczny miała dopasować się i podporządkować treściom socjalistycznym. Był to system socjalistycznego planowania urbanistycznego i architektonicznego. Negowano dekoracyjne style, takie jak: secesja, eklektyzm, także te bardziej proste, jak modernizm, konstruktywizm. Style te określano mianem burżuazyjnych, kosmopolitycznych. Nowa, prosta architektura miała być bardziej przystępna i zrozumiała dla szerokich mas robotniczych.

W budynkach zlokalizowanych na wschodnim zapleczu Nowego Światu możemy zauważyć uporządkowanie poszczególnych elementów kompozycji, czystość bryły, poprawne proporcje, jasność tektoniki, oszczędność w stosowaniu środków wyrazu plastycznego oraz poszanowanie tradycji. Cechy te dają widzowi przyjemność z oglądania i podziwiania brył architektonicznych. Jest to czytelne, logiczne budownictwo skrojone na miarę człowieka. Przebywając na wschodnim zapleczu Nowego Światu można poczuć się jak na podmiejskim osiedlu, aż trudno uwierzyć, iż w niedalekiej odległości znajduje się Nowy Świat. Stworzono tu zabudowę nowoczesną, uwzględniającą wszelkie możliwe potrzeby, przy równoczesnym poszanowaniu autentycznej substancji oraz zabytkowej zabudowy zlokalizowanej przy ul. Nowy Świat. Powstałe nowe domy na wschodnim zapleczu Nowego Światu swoimi podziałami nawiązują do fasady domu przy Krakowskim Przedmieściu 17 (projektu Franciszka M. Lanciego), natomiast Krzysztof Stefański dostrzegł inspirację Petit Trianon w Paryżu[34].

W skład osiedla Nowy Świat Wschód wchodziło też wolno stojące, nieistniejące już dziś, kino »Skarpa« zlokalizowane przy ul. Kopernika 5/7/9 w Warszawie. Projekt kina powstał w 1953 r. (Pracownia gospodarska BOS »Trasy Belweder-Zamek«, biuro Miastoprojekt Warszawa Śródmieście), realizacja przypadła na lata 1956–1960. Kubatura budynku wynosiła 16 500 m^3, 962 miejsca na widowni (parter i balkon). Kino zaprojektowano łącznie z wnętrzami, otoczeniem oraz małymi formami architektonicznymi. Obiekt został rozwiązany jako całość, współgrała tu zarówno szata architektoniczna, jak i jego indywidualne wnętrze. Budynek posiadał schron T.O.P.L.

Było to duże, nowoczesne oraz luksusowe kino, dobrze wpisujące się w układ przestrzenny wschodniego zaplecza Nowego Światu. Kino »Skarpa« to jeden z przykładów środkowoeuropejskiej redakcji architektury nowoczesnej lat 50–60. XX wieku[35]. Doskonale rozplanowany budynek, wykonany według ówczesnych najnowszych wymogów techniki widowiskowej. W projekcie kina Stępiński odszedł już od »zabytkowej stylistyki«, był to zarazem jeden z pierwszych przykładów architektury prefabrykowanej, przykład dobrej architektury z nurtu późnego modernizmu. Głównym projektantem był Zygmunt Stępiński przy współpracy architekta Andrzeja Milewskiego, konstrukcja inż. Ryszard Piekarski, wnętrze Zbigniew Detyniecki, mozaiki na słupach artystka plastyk Krystyna Kozłowska.

Kino »Skarpa« stanowiło ostatni element nowego ukształtowania terenów na wschodnim zapleczu Nowego Światu. Spełniało ono swoją funkcję do końca lat dziewięćdziesiątych XX w.

Całkowicie przebudowane ze zmianą funkcji w latach 2002–2003, poddane zostało gruntownemu remontowi z zatraceniem cech pierwotnych. Kino »Skarpa« definitywnie przestało istnieć w lutym 2008 r., mimo protestów varsavianistów i Stowarzyszenia Architektów Polskich[36]. Zostało zburzone, a plac wykorzystano pod budowę apartamentowca firmy Juvenes. Jeden z neonów trafił do Muzeum Sztuki Nowoczesnej w Warszawie i stał się zaczątkiem przyszłej kolekcji[37].

W całym założeniu osiedla wykorzystano prawa jedności kompozycyjnej. Stępiński podjął tu trud odniesienia się do dziedzictwa narodowego, wzbogacając projekt o nowe zagadnienia i rozwiązania projektowe. Główny projektant miał pomysł zintegrowania Warszawy, dlatego też często projektował osiedla, które swoimi założeniami nawiązywały do małych jurydyk, klimatu architektury małego miasteczka, do historycznych układów przestrzennych, małych ośrodków miejskich połączonych z zielenią, i to mu się bardzo dobrze udawało (np. Mariensztat, pasaż Nowy Świat Zachód i Nowy Świat Wschód). Stępiński wierny był w swojej pracy ciągłości tradycji, ciągłości miejsca, było to czytelne w jego projektowaniu architektonicznym i urbanistycznym.

Osiedle powinno pozostać w stanie niezmienionym. Niewskazane są przebudowy, nadbudowy czy też termomodernizacja, czyli zakładanie ociepleń na elewacje domów tego typu. Zatraciłoby to formę, kształt i wizualną stronę obiektów. Błędem są również nieskoordynowane i samowolne wymiany stolarki okiennej, która po takim zabiegu nie jest już jednolita w ramach tego samego budynku czy też całego osiedla. Zwrócić należy też uwagę na niekontrolowany rozrost drzew, które przysłaniają architekturę. Każdy nieprzemyślany do końca proces przekształcenia architektury czy też całego założenia urbanistycznego zmienia bezpowrotnie wygląd części miasta, przekształca jego krajobraz kulturowy. Pasaż wschodni warty jest poszanowania oraz otoczenia go ochroną i opieką konserwatorską.

W tym kierunku poczyniono już pierwsze kroki, a mianowicie Osiedle Nowy Świat Wschód, podobnie jak Nowy Świat Zachód, znalazło się w 2003 r. na *Liście Obiektów Architektury XX wieku z lat 1945–1989* stworzonej przez środowisko architektów Oddziału Warszawskiego SARP, które określają tożsamość miasta i stolicy[30]. Jak wyżej wspomniano, na liście znalazł się Nowy Świat Wschód – 6 budynków i kino »Skarpa«. Osiedle zostało ocenione bardzo wysoko, dostało punktację we wszystkich przyjętych 8 kryteriach oceny: kryterium nowatorstwa, kryterium kontekstu, kryterium tradycji miejsca, kryterium symbolu, kryterium uznania współczesnych, kryterium próby czasu, kryterium artystyczne, kryterium unikalności.

Pasaże Nowego Światu należą niewątpliwie do dziedzictwa architektoniczno-urbanistycznego Warszawy, to także »piękne ślady PRL-u« (»Rzeczpospolita«, 2000 r.), które świadczą o ciągłości rozwoju miasta stołecznego Warszawy. Obydwa pasaże Nowego Świata to jedne z lepszych kolonii mieszkaniowych w Warszawie pod względem architektury, urbanistyki, skali, klimatu. Architektura socrealistyczna warta jest uwagi, jest świadectwem swoich czasów. Budynki te opowiadają nam o przeszłości, o historii i ustroju politycznym. Warto zwrócić na nie uwagę oraz otoczyć je opieką konserwatorską, a najlepsze z nich wpisać do rejestru zabytków. Musimy pamiętać, że budownictwo mieszkaniowe wywiera bardzo mocny, często decydujący wpływ na kształtowanie się wizerunku tkanki miejskiej. Osiedla i dzielnice miasta ilustrują przemiany myśli urbanistycznej i społecznej.

10. Współczesny wygląd Wschodniego Zaplecza Nowego Światu. Powiązanie nowej architektury ze starą

Kurzfassung

Dort, wo nach 1945 die in östlicher Richtung gelegenen Hinterhäuser ehemaliger Gebäude der Straße Nowy Świat abgerissen worden waren, entstand ein neues Wohngebiet. Beiderseits entlang der neuen Gałczyński-Straße plante und baute man Wohngebäude mit Geschäften und Dienstleistungseinrichtungen im Erdgeschoss. Das östlich hinter Nowy Świat gelegene Quartier gilt als das kleinste der Stadtmitte (Śródmieście). Nowy Świat Ost genanntes Quartier besteht aus sechs viergeschossigen Blocks mit einer Gesamtkubatur von ca. 40.000 m³. Mit seiner Errichtung sollte Nowy Świat entlastet werden.

Der Entwurf entstand in dem Büro für Stadtplanung, das für die Trasse Belweder–Königsschloss zuständig war, im Büro »Nowy Świat« von Miastoprojekt Stolica [Stadtprojekt Hauptstadt]. Als leitender Architekt des Gesamtentwurfs gilt Ing.

Arch. Zygmunt Stępiński. Mitgearbeitet haben die Architekten Grzegorz Chruścielewski, Stanisław Wojciech Kubicki, Zbigniew Kłopotowski und Andrzej Milewski.

Die Gałczyński-Straße und der östliche Fußgängerbereich von Nowy Świat sind in den Jahren 1949–1956, im Rahmen des Sechsjahresplans, erbaut worden, wobei der Entwurf im Jahr 1949 entstand. Als Investor trat die Zentrale Bauverwaltung für Städte und Siedlungen (ZOR) auf, Auftragnehmer war die Stadtbauvereinigung Warschau (ZBMW-4).

Das Gebiet wird durch folgende Straßen umschlossen: Ordynacka, Kopernika, Foksal und Nowy Świat. Hier entstand eine architektonische Neurordnung, die dem Rhythmus sich wiederholender Häuser folgt, die sich geschickt in die Architektur von Nowy Świat einfügen, jedoch keine Rekonstruktionen sind. Die Anlage ist axial angelegt, bestehend aus freistehenden Häusern mit harmonischen Fassaden und Flachdächern, umlaufenden Balustraden aus vorgefertigten Elementen und abgerundet durch zurückhaltende, pseudohistorische Reliefdetails.

Die Fassaden wurden mit Verblendziegeln belegt, die Fensterverkleidungen sind in Edelputz, die Sockelpartie des Erdgeschosses in Bossentechnik ausgeführt. Die Siedlung wurde als Gesamtanlage geplant, einschließlich grüner Innenhöfe. Entstehen sollten moderne architektonisch-dekorative Details (Skulpturen, Bänke) einschließlich Beleuchtungselementen und Einfriedungen. Konzipiert war die Siedlung als ein ruhiger, von Grünanlagen umgebener Raum, wie er von den Bewohnern begehrt wird. Im Stadtzentrum gelegen, gleichzeitig abgeschieden vom Lärm der großstädtischen Metropole. Zum Komplex gehörte einst auch das in der Kopernikus-Straße gelegene Kino »Skarpa« (1956-1960; abgerissen im Jahr 2008), das samt Interieur und Umgebung entworfen wurde. Es bildete das letzte Teilstück bei der Neugestaltung des Gebiets östlich von Nowy Świat.

Die Siedlung gehört zu den Städtebauprojekten des sozialistischen Realismus. Hier finden wir eine Verknüpfung zwischen historischer und neuer Siedlungsarchitektur, eine neoromantische Anlage, die Großstadtsiedlung und Gartenstadt miteinander verbindet.

Der Maßstab der benachbarten Gebäude von Nowy Świat wurde respektiert, überall spürbar sind Einfluss und Inspiration des Klassizismus; man findet Anspielungen an kleinstädtische Architekturräume und historische Raumordnungen.

Die Siedlung sollte in diesem Zustand unverändert bleiben. Umbauten, Überbauung oder Thermomodernisierung, also das Anbringen einer außen liegenden Wärmedämmung, ist an diesen Fassaden unangebracht. Dadurch würden Form, Gestalt und die visuelle Unversehrtheit der Gebäude verloren gehen. Ein unkoordinierter und willkürlicher Austausch der Holzfenster, wonach es entweder am Gebäude selber oder innerhalb der Siedlungsstraßen keine Einheitlichkeit mehr gäbe, wäre ein grober Fehler. Geachtet werden muss auch auf den unkontrollierten Aufwuchs des Baumbestandes und Büschen, die den Blick auf die Architektur versperren bzw. nicht der historischen Grünplanung entsprechen. Jeder undurchdachte Eingriff in die Architektur oder die städtebauliche Anlage wird unwiderruflich die äußere Erscheinung des Stadtteils verändern und das erhaltungswürdige Quartier verändern. Die Ostpassage verdient besondere Aufmerksamkeit und Zuwendung von Denkmalschutz und Denkmalpflege.

Abstract

This housing estate was developed on the site of the outbuildings (demolished after 1945) of the old tenement houses located along Nowy Świat Street [New World Street], on its east end. New apartment buildings with first floors assigned for shops and service points were designed along both sides of the new Gałczyńskiego Street. The east end of Nowy Świat is also referred to as the smallest city quarter of Śródmieście [Centre of the Town] (6 four-floor buildings of a total capacity of around 40 thousand m^3) or Nowy Świat Wschód [New World East] and it was to relieve Nowy Świat.

The design came into existence in the urban planning studio of Belweder-Zamek Route, in »Nowy Świat« Miastoprojekt Stolica studio. Zygmunt Stępiński, architect, supervised the overall composition. The architects Grzegorz Chruścielewski, Stanisław Wojciech Kubicki, Zbigniew Kłopotowski and Andrzej Milewski contributed to this project. The Gałczyńskiego Street and the east footpath of Nowy Świat were realized within the Six-Year Plan in the years 1949-1956 (the design was made in 1949). The Central Administration for the City and ZOR Development Constructions was the investor, and the Warsaw Association of Municipal Building (ZBMW-4) was the constructor.

The area is limited by the streets: Ordynacka, Kopernika, Foksal and Nowy Świat. It is a new architecture of order, forming a rhythm of repeatable buildings, which are discretely connected with the architecture of Nowy Świat, but which, at the same time, are not reconstructions. Axial order, free standing buildings of harmonious elevations and flat roofs with a balustrade of prefabricated balusters around, a modest pseudo-historical detail. The building elevations were covered with a prefabricated facing brick, the windows in stucco trims, a rusticated ground floor constituting the pedestal part. The city quarter was designed as a whole, including the green courtyards, a modern architectonic and decorative detail (sculptures, benches), lighting, fencing were also meant to appear. The development was designed as a cozy place, surrounded by green areas and serenity, the place desired by its inhabitants. The place was located in the centre of the city but at the same time separated from the noise of the metropolitan city. The quarter also included the »Skarpa« cinema situated in Kopernika Street (1956-1960; pulled down in 2008), designed together with its interior and surroundings. It was the last fragment of the new land formation on the east end of Nowy Świat.

The city quarter belongs to the projects of the socialist-realism urban planning. It is a simultaneous combination of monumental and new housing estate architecture, a neo-romantic complex, which combines an urban housing estate with a garden city. The overall dimensions of the buildings situated in Nowy Świat were taken into account, we feel the influence and inspiration of classicism, reference to small small town architecture climate, to historical spatial layouts.

The development should be left unchanged. Reconstructions, superstructures or putting insulations on the elevations on these types of the buildings are inadvisable. This would lead to the loss of the form, shape and the visual aspect of the buildings. An uncoordinated and lawless replacement of the windows, which disturbs uniformity within the same building or even the whole development, is also a mistake. Our attention should be also drawn to an uncontrolled growth of trees which obscure the architecture. Any inconsiderate process of transforming architecture or the town-planning changes irretrievably the appearance of the part of the city, transforms its cultural landscape. The east passage is worthy of respect, protection and conservator's care.

Przypisy

1. A. Ciborowski, *Warszawa. O zniszczeniu i odbudowie miasta*, Warszawa 1969, s. 142–146; Katalog Zabytków Sztuki w Polsce (dalej: KZSzP), t. XI, *Miasto Warszawa, część 1, Stare Miasto*, pod red. J. Z. Łozińskiego, A. Rottermunda, Warszawa 1993, s. 98.

2. *Program śródmieścia stołecznego. Opracowanie Biura Urbanistycznego Warszawy*, luty-kwiecień 1951 rok [w:] Ministerstwo Budowy Miast i Osiedli (dalej: MBMiO), Archiwum Akt Nowych (dalej: AAN), sygn. 194, s. 6; J. Sigalin, *Warszawa 1944–1980. z archiwum architekta*, tom 2, Warszawa 1986, s. 401–402; *Sześcioletni Plan odbudowy Warszawy*, ze wstępem Bolesława Bieruta, Warszawa 1950.

3. MBMiO, AAN, sygn. 194, s. 6.

4. Z. Stępiński, *Odbudowa Nowego Świata*, »Biuletyn Historii Sztuki i Kultury« 1947, nr 1–2, s. 59–73; E. Goldzamt, *Architektura zespołów śródmiejskich i problemy dziedzictwa*, Warszawa 1956, s. 428–431.

5. *Trzy »Nowe Światy« w Warszawie. Rewolucyjny plan przebudowy głównej arterji stolicy*, »Ilustrowany Kurier Codzienny«, nr 31, 31.01.1935, s. 6.

6. J. Zieliński, *Ulica Nowy Świat*, Warszawa 1998, s. 119.

7. S. Rassalski, *Ulica Nowy Świat i jego wschodnie zaplecze*, »Stolica« 1950, nr 8, s. 4.

8. J. Zieliński, *op. cit.*, s. 120.

9. W Gabinecie Planów i Rysunków Architektonicznych Muzeum Historycznego miasta stołecznego Warszawy przechowywane są rysunki i fotografie wschodniego zaplecza Nowego Światu: Teczka: Z. Stępiński, Nowy Świat – strona parzysta, nr 36-38-40-50; proj. i rys. arch. Zygmunt Stępiński. Gab. Planów 6474-6480, 6493-6495, 6688-6690, 7338; 27.01.1950; rysunki na kalkach, tusz, ołówek; skala 1:50, skala 1:100; wymiary rysunków od wys. 27 cm, szer. 37,5 cm – do wys. 53 cm, szer. 82 cm. Przekazała Krystyna Stępińska.

10. *Na zapleczu Nowego Światu oddano do użytku pierwsze domy osiedla mieszkaniowego*, »Stolica« 1952, nr 6, s. 3; (Leś.), *Najmniejsze osiedle Śródmieścia*, »Stolica« 1953, nr 20, s. 6.

11. H. P., *Reportaż niemodny*, »Stolica« 1956, nr 28, s. 2–3.

12. *»Nowy« Nowy Świat, rozmowa »Stolicy« z gospodarzem dzielnicy zabytkowej »Nowy Świat-Krakowskie Przedmieście« inż. arch. Z. Stępińskim*, »Stolica« 1948, nr 31, s. 7.

13. J. Styczeń, *Na zapleczach Nowego Świata*, »Stolica« 1954, nr 43, s. 8.

14. *Sześcioletni Plan odbudowy Warszawy*, *op. cit.*, s. 181-182; *Warszawskie osiedla ZOR*, Warszawa 1968, s. 5–6, 16.

15. *Warszawskie osiedla ZOR*, *op. cit.*

16. S. Rassalski, *op. cit.*, s. 5.

17. M. S., *w pracowni inż. arch. Zygmunta Stępińskiego*, »Stolica« 1953, nr 20, s. 6.

18. Kwestionariusz, Zygmunt Stępiński 1945-1949. BOS, Archiwum Państwowe m.st. Warszawy (dalej: APW), sygn. 1697; Życiorys Zygmunta Stępińskiego (strony 1–3). Rękopisy-akcesja 011965. Zbiory specjalne Biblioteki Narodowej (dalej: BN), s. 1–29; Stępiński Zygmunt. Materiały biograficzne – życiorysy, odpisy dyplomów, umowy o pracę, 1934–1981. Rękopisy-akcesja 012423. Zbiory specjalne BN; S. Konarski, Stępiński Zygmunt Władysław, Polski Słownik Biograficzny, Warszawa–Kraków 2005, zeszyt 179, s. 528–531.

19. *Chruścielewski Grzegorz Hipolit*, sygn. 21883, teczka akt osobowych Politechniki Warszawskiej (dalej: PW), Dział Ewidencji Studentów, Sekretariat Szkoły; *Chruścielewski Grzegorz* (1945), BOS, APW, sygn. 409.

20. *Kubicki Stanisław Wojciech*, sygn. 23666, teczka akt osobowych PW, Dział Ewidencji Studentów, Sekretariat Szkoły.

21. *Kłopotowski Zbigniew*, sygn. 23531, teczka akt osobowych PW, Dział Ewidencji Studentów, Sekretariat Szkoły.

22. *Milewski Andrzej*, sygn. 23667, teczka akt osobowych PW, Dział Ewidencji Studentów, Sekretariat Szkoły.

23. M. S., *op. cit.*

24. *Plan inwestycyjny na 1953 r.* [w:] *Wykazanie planu przez Centralny Zarząd Budownictwa Miast i Osiedli »ZOR« w 1953 roku Projekty zarządzeń, protokoły, plany, sprawozdania, wykazy, zestawienia, notatki, korespondencja*, 1953 rok [w:] MBMiO, AAN, sygn. 151, s. 509.

25. *Na zapleczu Nowego Światu oddano …*, *op. cit.*, s. 3.

26. M. S., *op. cit.*, s. 6.

27. *Na zapleczu Nowego Światu oddano …*, *op. cit.*, s. 3.

28. *Ibidem*.

29. *Przebudowa centrum Warszawy. Protokoły, sprawozdania, zestawienia, notatki, korespondencja, plany techniczne. Sekretariat Podsekretarza Stanu A. Wolskiego*, 1953 r., [w:] MBMiO, AAN, sygn. 196, s. 6.

30. *Pokaz prac biur projektowych Warszawy. Twórczość architektoniczna biur projektowych Warszawy w świetle oceny Kolegium Opiniodawczego S.A.R.P. i rad technicznych biur projektowych. (Referat wygłoszony na pokazie przez Stefana Tworkowskiego, przewodniczącego Kolegium Opiniodawczego)*, »Architektura« 1950, nr 7/8, s. 199.

31. J. Minorski, *Analiza obecnego etapu rozwoju twórczości architektów Warszawy na tle współczesnych zadań architektury. Referat opracowany przez Jana Minorskiego i wygłoszony na Pokazie Prac Biur Projektowych*, »Architektura« 1950, nr 7/8, s. 231.

32. S. Rassalski, *op. cit.*, s. 5.

33. K. Mordyński, *Marzenie o idealnym mieście – Warszawa socrealistyczna*, »Spotkania z Zabytkami« 2006, nr 9, s. 3–8.

34. K. Stefański, *Architektura polska 1949-1956*, »Kwartalnik Architektury i Urbanistyki«, 1982, nr 1–2, s. 78.

35. M. Leśniakowska, *Architektura w Warszawie, lata 1945-1965*, Warszawa 2003, s. 74.

36. mpw, *Zaczęło się wyburzanie kina Skarpa*, »Gazeta Wyborcza« (»Gazeta Stołeczna«) 18.02.2008.

37. J. S. Majewski, *Dawne kino Skarpa już bez neonu*, »Gazeta Wyborcza« (»Gazeta Stołeczna«) 23.01.2008.

38. Oddział Warszawski SARP, marzec 2003. Źródło: Internet: http://warszawa.sarp.org.pl/pokaz.php?id=1632.

Wohnungsbau des Sozialistischen Realismus

Architektura mieszkaniowa okresu Socrealizmu

Housing Construction of Socialist Realism

Krzysztof Charewicz

II wojna światowa, a zwłaszcza wybuch Powstania Warszawskiego w roku 1944, przyniosły Warszawie ogromne zniszczenie jej zabudowy, wynoszące w niektórych fragmentach miasta blisko 90%. Wobec ogromu tych zniszczeń, poza odbudową infrastruktury potrzebnej dla sprawnego funkcjonowania stolicy jako administracyjnego centrum kraju, konieczne było zapewnienie odpowiednich warunków mieszkaniowych dla tych wszystkich, którzy stracili dach nad głową lub wracali do Warszawy po jej wyzwoleniu. Zniszczenia tak znacznych obszarów stolicy, w wyniku których miasto przedwojenne przestało właściwie istnieć, dało okazję do jego zaplanowania od podstaw. Jak w przypadku wielu innych miast, które doświadczyły w swojej historii podobnie tragicznych okoliczności, działania te pojęto pod hasłami uporządkowania funkcjonalnego i przestrzennego Warszawy oraz likwidacji jej przedwojennych zaniedbań.

Należy zauważyć, że jeszcze przed oficjalnym wprowadzeniem w życie w doktryny Socrealizmu w roku 1949 rozpoczęto wielką akcję tzw. porządkowania zabudowy Śródmieścia oraz sąsiednich dzielnic, poprzez wyburzenia ogromnych obszarów zniszczonej zabudowy, zwłaszcza niecenionych XIX-wiecznych obiektów, pomimo iż wiele z nich nadawało się do odbudowy. Na tych gruzach kreślono nowe, szerokie arterie i zabudowę o formach często wywodzących się z idei awangardowej architektury i urbanistyki europejskiej lat trzydziestych. Nawet po roku 1949, a więc w czasie obwiązywania nowej doktryny, kończono realizację obiektów we wspomnianej stylistyce, jak Centralny Dom Towarowy, krytykowany już w tym czasie za swój zbyt kosmopolityczny charakter, czy Dom Partii, którego architekturę »wzbogacono« o ideologiczne »aplikacje«, anektując go dla nowej ideologii. W duchu idei międzywojennych powstawały też pod koniec lat czterdziestych pierwsze osiedla mieszkaniowe, jak Praga i czy Koło, które realizowały społeczne postulaty nowoczesnej architektury i urbanistyki. Założenia te swobodnie rozplanowano wśród terenów zielonych, nadając

01. MDM, Plac Zbawiciela

niewielkie gabaryty zabudowie. Jednak w krótkim czasie zostały one dogęszczone obiektami o rozmiarach często nie przewidzianych w pierwotnych projektach. Wyjątkowo na tym tle, zapewne ze względu na lokalizację w sąsiedztwie historycznej zabudowy Starego Miasta, prezentowało się osiedle Mariensztat, o formach neohistorycznych, przywodzące na myśl małe, prowincjonalne miasteczko.

W lipcu 1949 r. premier Bolesław Bierut przedstawił założenia tzw. Planu sześcioletniego, w którym m.in. nakreślił wizję socjalistycznej Warszawy. W dokumencie tym główny nacisk położono na rozwój przemysłu oraz »nowe ukształtowanie Śródmieścia« Warszawy w oparciu o podziemne uzbrojenie terenu. Przewidywano też »wprowadzenie robotników do Śródmieścia« i dzielnic ościennych, w przeciwieństwie do ustroju kapitalistycznego, w którym grupa ta była spychana na przedmieścia. Planowano też, że nowe osiedla mieszkaniowe, powiązane funkcjonalnie i komunikacyjnie między sobą, stanowić będą wraz ze Śródmieściem wspólny organizm miejski. Przewidywano odbudowę najważniejszych zespołów i obiektów zabytkowych. W roku 1951 powołano w Warszawie stanowisko Naczelnego Architekta Miasta oraz powołano Komisję Urbanistyczno-Architektoniczną m. st. Warszawy. Realizacja zadań zakresu budownictwa należała od roku 1949 do Ministerstwa Budownictwa, a latach 1951–56 do Ministerstwa Budowy Miast i Osiedli. W tym też czasie ustalono przepisy określające normatywy urbanistyczne do projektowania miast i osiedli, a także tryb zatwierdzania projektów urbanistycznych i architektonicznych oraz regulujące organizację terenowej służby architektoniczno-budowlanej. Pod koniec roku 1948 zlikwidowano prywatne pracownie architektoniczne i powołano do życia Państwowe Biura Projektowe (»Miastoprojekty«, w tym »Miastoprojekt – Stolica«). Dla budownictwa mieszkaniowego w Warszawie najważniejszym wydarzeniem było powołanie w kwietniu 1948 r. Zakładu Osiedli Robotniczych (ZOR), jako generalnego inwestora społecznego, realizującego w imieniu państwa zadania z zakresu masowego mieszkalnictwa w stolicy. Pomimo późniejszych przekształceń organizacyjnych i włączenia ZOR w struktury Stołecznego Zarządu Rozbudowy Miasta, jego nazwa utrwaliła się w powszechnej świadomości. Według danych z roku 1968, a więc w dwudziestą rocznicę powstania ZOR, osiedla zorowskie zamieszkiwało ok. 40% warszawiaków (ponad pół miliona mieszkańców).

03. Osiedle Muranów

02. MDM, zabudowa podcieniowa

04. Osiedle Muranów, detal balkonu

Charakter i forma architektoniczna zabudowy mieszkaniowej powstającej w tym okresie w Warszawie była zróżnicowana ze względu na jej lokalizację i znaczenie w kształtowaniu poszczególnych fragmentów tkanki miejskiej, a także skalę. Jednakże główne założenia, w oparciu o które wznoszone były te zespoły, pozostawały w zasadzie takie same i stanowiły połączenie idei wywodzących się z różnych czasowo etapów kształtowania nowożytnego miasta. z jednej strony, swoją monumentalną, obrzeżną zabudową zespoły te stanowiły oprawę wielkomiejskich założeń urbanistycznych, kontynuując model rozwoju miasta XIX-wiecznego, z drugiej zaś, w swojej wewnętrznej, rozluźnionej kompozycji przestrzennej, z dbałością o zapewnienie odpowiedniej ilości światła słonecznego i terenów zielonych oraz niezbędnych usług, spełniały postulaty nowoczesnych idei międzywojennych.

Odnośnie do źródeł inspiracji dla przyjętych rozwiązań architektonicznych, nie tylko w kontekście zespołów mieszkaniowych, powszechne przekonanie o ich pochodzeniu ze Związku Radzieckiego nie wydaje się do końca uzasadnione przy dokładniejszym zapoznaniu się z tą problematyką. Analiza zarówno istniejących obiektów, jak pozostałych jedynie w fazie projektu wskazuje, że prócz wspomnianych inspiracji ze wschodu, wynikających w naturalny sposób z narzucenia całej ideologii, sięgano też do polskiej tradycji architektonicznej, jak i do spuścizny ogólnoeuropejskiej. Warto też zauważyć, że już w okresie międzywojennym, po odzyskaniu przez Polskę niepodległości w roku 1918, obecna była idea poszukiwania formy »stylu narodowego« w polskiej architekturze, jako materialnego nośnika odrodzonej państwowości. Stąd też dla wielu obiektów powstałych w okresie Socrealizmu, nie tylko w Warszawie, możemy odnaleźć inspiracje odwołujące się do tendencji panujących w polskiej architekturze w latach dwudziestych i trzydziestych. W tym kontekście watro rozpocząć przegląd realizacji mieszkaniowych tego okresu od problemu odbudowy warszawskich zabytków ze zniszczeń wojennych. Ogólnie znany jest bowiem fakt, iż ich odtwarzanie nie było zabiegiem czysto konserwatorskim, które rozpatrywać można jedynie w kontekście ówcześnie obowiązującej teorii konserwacji zabytków, lecz nosiło znamiona kreacji idei przywrócenia utraconych wartości i poczucia kontynuacji oraz zakorzenienia w historii. Odbudowa trzech osiedli ZOR, jak je oficjalnie określano, czyli Starego Miasta, Nowego Miasta i ul. Nowy Świat, przebiegła w zasadzie podobnie. Pewne prace porządkowe czy projektowe do wykonania na tych obszarach rozpoczęto jeszcze przed II wojną światową lub zaplanowano do wykonania w późniejszym czasie. Pomimo deklarowanego oficjalnie pietyzmu w rekonstrukcji tych zespołów zabytkowych poszczególne obiekty odtwarzano bardziej lub mniej wiernie, zwracając szczególną uwagę na podniesienie walorów użytkowych poszczególnych lokali mieszkalnych, nawet kosztem znacznego przekształcenia »zabytku«. W wielu jednak przypadkach decydowano się na wzniesienie zupełnie nowych obiektów w miejsce tych, któ-

05. Osiedle Muranów, zabudowa podcieniowa

06. Osiedle Praga II

re swoją przedwojenną stylistyką nie odpowiadały kreowanej wizji tych zespołów. W kontekście interesującej nas problematyki należy stwierdzić, że za »odpowiednią« dla wyrażenia owej wizji uznano architekturę głównie XVIII-wiecznego klasycyzmu o późnobarokowym odcieniu, z czasów ostatniego polskiego króla Stanisława Augusta oraz epoki późniejszej, to jest okresu Królestwa Polskiego (1815–1830) i modnego dla tego czasu styl empire, wskazując te okresy jako czas największych osiągnięć w architekturze i urbanistyce Warszawy. Preferencje te ujawniły się również w poszukiwaniu odpowiedniej formy dla nowo projektowanych obiektów, w tym również większych zespołów mieszkaniowych, ponieważ uznano, że sięgnięcie do tej lokalnej tradycji będzie właściwym sposobem realizacji hasła o architekturze »narodowej w formie«.

Jednakże w przypadku realizacji najważniejszego dla omawianego okresu osiedla ZOR, jakim była Marszałkowska Dzielnica Mieszkaniowa, nie sięgnięto do wspomnianych źródeł, a do modelu architektury późniejszej, XIX-wiecznej. Osiedle to, zapewne znane już Państwu, podaje się jako przykład najpełniejszej realizacji idei architektury socrealistycznej. Marszałkowska Dzielnica Mieszkaniowa to właściwie trzy, różniące się nieco zespoły, oznaczone kolejnymi numerami I, II i III. Nazwa »dzielnica«, podkreślająca wyjątkowość tego zespołu w momencie jego powstawania, z dzisiejszej perspektywy straciła nieco na swojej ostrości, tak silnie bowiem zespół ten ukształtował w sensie urbanistycznym znaczną część Śródmieścia stolicy, jednolicie wpisując się skalę wcześniejszej zabudowy. Założenie to zrealizowano w formie obrzeżnej, monumentalnej zabudowy, tworzącej pierzeje uliczne, wznosząc głównie budynki od sześciu do ośmiu kondygnacji, zespolone niższymi łącznikami, w których znalazły się okazałe prześwity, prowadzące do wnętrz kwartałów. Partery części z tych obiektów poprzedzono podcieniami, których kolumnady wspierały znajdujące się powyżej tarasy. W formie budynków nawiązano do modelu wielkomiejskiej, bogatej kamienicy mieszczańskiej, z wysoką, często na dwie kondygnacje, dolną częścią handlowo-usługową. Choć w sensie formalnym zabudowa ta odwoływała się do modelu ukształtowanego w wieku XIX, to jako bezpośrednią inspirację dla tego typu zabudowy wskazywano kamienicę Raczyńskich przy pl. Małachowskiego, autorstwa Jana Heuricha, z roku 1910, która nota bene wzorowana była na budynkach

07. Osiedle Praga II

Architektura mieszkaniowa okresu Socrealizmu | Krzysztof Charewicz

08. Osiedle Saska Kępa

Petersburga. W części MDM–u obejmującej rejon placu Konstytucji i ulicy Marszałkowskiej, zrealizowano postulowany przez Socrealizm całościowy program artystyczny, pokrywając fragmenty ich elewacji płaskorzeźbami, mozaikami, sgraffitami, okładzinami ceramicznymi i kamiennymi w różnym gatunku; powtórzono też ze wspomnianej kamienicy Raczyńskich empirowy motyw wieńców. Staranną oprawę wnętrz otrzymały też lokale użytkowe w parterach. W tym kontekście wyróżnia się monumentalny budynek przy ul. Koszykowej 31/37, który otrzymał inny wystrój elewacji. Jego horyzontalną bryłę, zwieńczoną trzema grupami rzeźbiarskimi, podkreślono użyciem zróżnicowanych materiałów, jak brunatna cegła gruzocementowa stanowiąca oblicówkę głównych powierzchni elewacji, rustykowany piaskowiec w kondygnacji parteru, wapienne obramienia okienne czy partie tynkowane. Mieszkania w tej części MDM-u, z racji prestiżowej lokalizacji przeznaczone dla najbardziej zasłużonych przodowników pracy, były najczęściej trzypokojowe i miały wysoki standard wykończenia, a także wyposażone były w nowoczesne instalacje i urządzenia.

Z kolei zabudowę dalszego fragmentu MDM-u, wokół placu Zbawiciela, zrealizowano tylko częściowo, z włączeniem ocalałych kamienic. Mimo iż budynkom nadano wysokość sześciu kondygnacji, z racji niewielkiej skali placu uzyskano bardziej kameralny charakter, w porównaniu z sąsiednimi fragmentami osiedla. Efekt ten osiągnięto m.in. poprzez wprowadzenie obiegającej okrągły plac kolumnady, ujmującej dwie dolne kondygnacje budynków, przywołującej na myśl założenia urbanistyczne doby baroku, na co zapewne wpływ miał również fakt, iż plac ten wykreślono jeszcze w XVIII w.

Z kolei w formach architektonicznych osiedla »Latawiec« (MDM III) doszukuje się wpływów zabudowy przy paryskim Place de Vosges, z przełomu renesansu i baroku. Formy te wykorzystano tu w większej skali, w formie sześciokondygnacyjnych budynków, zwieńczonych wysokimi, ceramicznymi dachami z lukarnami. Monotonii w zabudowie uniknięto, rozbijając ją na wyodrębnione segmenty, przeprute miejscowo potężnymi bramami w formie serliany. Elewacje otrzymały wykończenie z naturalnej cegły, skontrastowanej z partiami tynkowanymi. W budynku tym zaprojektowano mieszkania dwu- i trzypokojowe.

Z innych monumentalnych przykładów mieszkaniowej zabudowy śródmiejskiej wymienić można oprawę obecnej al. Andersa, wytyczoną na przedłużeniu ul. Marszałkowskiej i MDM-u. Roboty rozpoczęto w roku 1952, a na przełomie lat 1955–56 ukończonych było ok. 50% budynków, jednak bez tynków i wystroju elewacji. Wzniesiono monumentalne, czterokondygnacyjne obiekty, o nieco monotonnym charakterze, urozmaicone kolumnadami i przelotowymi bramami. Najbardziej interesująco pod względem rzutu ukształtowany został budynek nr 15, o elewacji frontowej ujmującej okrągły dziedziniec. Można tu doszukiwać się inspiracji angielskim neoklasycyzmem, natomiast sposób ukształtowania elewacji odwołuje się do twórczości Antonio Corazziego, włoskiego architekta czynnego w I połowie XIX w. w Warszawie.

Kolejne znaczące obiekty powstały przy skrzyżowaniu tak zwanej trasy W-Z, obecnie al. Jana Pawła II z jej główną przecznicą, obecną al. Solidarności. Oba bliźniacze budynki wzniesiono w typie kamienicy z handlowym parterem, na rzutach z zaokrąglonymi narożnikami. W ich architekturze dopatruje się naśladownictwa moskiewskich kreacji w duchu Iwana Żółtowskiego. Nieco dalej w kierunku południowym, po obu stronach poszerzonej arterii wzniesiono kolejne budynki stanowiące według badaczy przykład interpretacji późnoklasycystycznej kamienicy w sposób typowy dla architektury ZSRR. Za tymi monumentalnymi fasadami ulokowano mieszkania o powierzchni ok. 40–50 m².

Jednym z najbardziej konsekwentnie zrealizowanych założeń mieszkaniowych tego czasu była Dzielnica Mieszkaniowa Muranów, powstająca od roku 1949 do lat sześćdziesiątych. W omawianym okresie wzniesiono Osiedle Muranów Południowy. Jego zabudowa powstała na terenie dawnego getta, całkowicie zrównanego z ziemią w czasie wojny, z którego zachowały się jedynie dwa kościoły. Postanowiono zrezygnować z dokładnego oczyszczenia terenu i wykorzystać warstwę zalegającego gruzu o wysokości sięgającej 8 m, którą planowano uformować jako skarpy stanowiące podbudowę dla projektowanych budynków, przy czym już w toku robót, po wybudowaniu części obiektów stwierdzono, iż rozwiązanie to nie stwarza wystarczająco stabilnych warunków gruntowych i ostatecznie zaczęto usuwać pozostałe fragmenty gruzowiska. Osiedle zaprojektowano docelowo dla 40 000 mieszkańców. Wykorzystano siatkę ulic i uzbrojenie terenu. Przewidziano także remont zachowanych obiektów zabytkowych, a także odbudowę kilku istniejących wcześniej. Budynkom tym podporządkowano układ urbanistyczny i gabaryty powstającej nowej zabudowy mieszkaniowej. Ogólnie w zespole tym przewidziano rozluźnioną zabudowę cztero- i pięciokondygnacyjną. Wzdłuż ważniejszych arterii komunikacyjnych zaprojektowano zabudowę obrzeżną, tzw. galeriowce i klatkowce, stanowiące naturalną barierę dla obiektów wewnątrz kwartałów, na które składały się niewielkie zespoły kameralnych bloków mieszkalnych, tzw. punktowców. Infrastrukturę osiedla dopełniały przedszkola i żłobki. W węzłowych punktach osiedla powstać miały ośmiokondygnacyjne budynki, z których jednak ostatecznie zrezygnowano. W powstających budynkach standardowo zaleźć się miały trzynastometrowe kawalerki, dwuizbowe lokale po 30 m², trójizbowe o powierzchni 40 m² oraz czteroizbowe, pięćdziesięciometrowe.

Na przykładzie tego osiedla zaobserwować można, jak ówczesne możliwości materiałowe i techniczne, a także przebieg procesu budowlanego wpływały na ostateczny wygląd i formę architektoniczną poszczególnych obiektów. Pierwotnie projektowano dla nich proste, nietynkowane elewacje, wykonane z cegły gruzobetonowej, uzyskanej z przetworzenia zalegającego gruzu. Ramy okienne i inne detale architektoniczne wykonano jako elementy prefabrykowane. Jasnopopielaty odcień tych detali zestawiono z różową barwą cegły. Jednak w roku 1951 postanowiono je otynkować, ze względu na niezbyt staranne wykonanie, będące często efektem krótkiego czasu, w jakim obiekty te budowano, w ramach pokazowych akcji bicia »rekordów« w liczbie i terminach zakończonych inwestycji. Z tego względu budynki te często nazywano »szybkościowcami«. Po ich otynkowaniu budynkom dodawano boniowane partery, gzymsy, sgrafittowe fryzy oraz inne elementy podziałów, wywodzące się ze sztafażu architektury klasycznej. Należy też zauważyć, że poszczególne obiekty powstające na terenie Muranowa projektowane były indywidualnie i wykonywane metodami tradycyjnymi. Wciąż jednak poszukiwano rozwiązań pozwalających na przyspieszenie procesu budowlanego poprzez stosowanie projektów typowych, a także prefabrykację coraz większych elementów składowych budynków. Początkowo powtarzano układy mieszkań oraz całe sekwencje mieszkalne, ostatecznie jednak zaczęto stosować tzw. typizację lokalną, polegającą na wielokrotnym powtarzaniu kilku indywidualnie zaprojektowanych budynków dla danego osiedla,

09. Zabudowa alei Niepodległości

10. Zabudowa Trasy W-Z

dostosowanych do warunków terenowych i wymagań inwestora oraz wykonawcy.

Sytuację taką zaobserwować możemy właśnie na kolejnym znaczącym osiedlu zrealizowanym w tym czasie w Warszawie. Mowa tu o osiedlu Praga II, powstającym w prawobrzeżnej części miasta, które ze względu na swoją skalę zwane było »praskim MDM-em«. W przeciwieństwie do kameralnego zespołu osiedla »Praga I«, zrealizowanego w jego pobliżu pod koniec lat czterdziestych w duchu architektury międzywojennej, nowe założenie otrzymało dużo większą skalę i rozmach. Jego układ przestrzenny oparty został na osi wschód–zachód, na której w znacznej części wytyczono prostokątny, mocno wydłużony plac, obecnie Generała Hallera. Tu również, podobnie jak na Muranowie, zabudowa obrzeżna placu i głównych ulic obejmowała bardziej kameralne i luźniej zabudowane wnętrza kwartałów. Uzyskano tu jednak większy monumentalizm, ponieważ zabudowa w rejonie placu Hallera miała siedem i osiem kondygnacji, a zrealizowana została w typie kamienicy, znanym z Marszałkowskiej Dzielnicy Mieszkaniowej, z okazałymi parterami użytkowymi o znacznej powierzchni. Również i tutaj ostateczny wyraz architektoniczny poszczególnych obiektów zespołu jest wynikiem zmienionej lub niepełnej realizacji pierwotnych projektów, trudności finansowych, a także zmiany doktryny estetycznej w trakcie trwania tej inwestycji. Jak donosiła ówczesna prasa, jeszcze w roku 1957 część obiektów nie posiadała tynków. Ostatecznie elewacje najważniejszych obiektów, skupionych w okolicach placu Hallera, wykończono prawie w całości okładziną z piaskowca w różnym kolorze. Pozostałe budynki otrzymały taką okładzinę jedynie częściowo lub zostały tylko otynkowane, jednak często z użyciem tynków szlachetnych. Większość budynków na terenie osiedla była indywidualnie projektowana, jednak właśnie na tym osiedlu, w roku 1955, postawiono pierwszy, całkowicie prefabrykowany budynek w Warszawie. Co ciekawe, wyraz stylowy budynku odwoływał się wciąż do tradycyjnej architektury, poprzez wprowadzenie poziomych podziałów, a także gzymsu koronującego, a efekt ten został jeszcze wzmocniony poprzez ostateczne otynkowanie budynku, z zasłonięciem na jego elewacjach miejsc łączenia poszczególnych prefabrykowanych elementów. Blok ten powtórzono wielokrotnie na terenie Warszawy, m.in. na skromniejszym w skali osiedlu Saska Kępa I, gdzie pozostałe budynki otrzymały staranne wykończenie elewacji z nietynkowanej cegły czy z nieobrobionego wapienia.

Z pozostałych, ważniejszych zespołów mieszkaniowych, powtarzających typowy układ z wyższą zabudową obrzeżną, odcinającą zielone wnętrza z rozluźnioną zabudową, warto jeszcze wymienić osiedle Bielany I, którego charakterystycznym fragmentem jest monumentalna, cztero- i pięciokondygnacyjna oprawa szerokich arterii komunikacyjnych, rozplanowanych jeszcze w okresie dwudziestolecia międzywojennego, czy osiedle Ochota I i II, którego siedmiokondygnacyjna zabudowa, stanowiąca częściowo uzupełnienie przedwojennej pierzei ulicznej, powtarza znany już typ kamienicy z handlowo-usługową kondygnacją parteru i wystrojem elewacji z okładziną kamienną, pokrywającą znaczną część jej powierzchni. Podobna zabudowa powstała na Mokotowie przy ulicy Czerniakowskiej i Gagarina, gdzie pięciokondygnacyjne budynki w typie okazałych kamienic nakryto wspólnym, wysokim ceramicznym dachem. Inne sześciokondygnacyjne kamienice wyrosły w tej samej dzielnicy, jako monumentalna oprawa alei Niepodległości. Na osiedlach tych, podobnie jak w zespołach Młynów I i II na terenie dzielnicy Wola, wybudowano też szereg obiektów o uproszczonych formach. Budynkom tym, w formie najczęściej czterokondygnacyjnych bloków typu galeriowego i klatkowego, nadano skromny kostium z akcentami w postaci wielkich bram, arkadowych parterów, dzielonych słupami loggii, choć np. budynki przy ulicach Płockiej i Wolskiej zwieńczone zostały renesansowymi attykami. Budynki te były przeważnie tynkowane, czasami z użyciem szlachetnych tynków barwionych w masie, chociaż zdarzało się też użycie szarej w kolorze cegły wapienno-piaskowej. Podobnie wykończono elewacje budynków osiedla Grochów II po drugiej stronie Wisły, których dzisiaj właściwie już nie da się obejrzeć w oryginalnym stanie ze względu na ich masową »styropianizację«.

Warto również wspomnieć o zespołach o znacznie mniejszej skali i kameralnym charakterze. Są to kolejne osiedla ZOR – Nowy Świat Zachód i Nowy Świat Wschód. Pomysł pieszych pasaży na tyłach tej historycznej warszawskiej ulicy pojawił się już z roku 1935, jednak został zrealizowany dopiero po II wojnie światowej. Dla osiedla Nowy Świat Zachód rolę pasażu spełniać miała ul. Kubusia Puchatka, założona równocześnie na osi monumentalnego budynku Ministerstwa Finansów po stronie północnej. Trójkondygnacyjna zabudowa ulicy, z parterami ukrytymi w filarowych podcieniach otrzymała formę przywołującą na myśl kameralną architekturę pałacową, szczególnie ze względu na charakterystyczne łamane dachy skrajnych, pawilonowych partii. Czytelne są tu też nawiązania do sąsiedniego, rokokowego pałacyku przy ul. Nowy Świat 51. Zamknięcie osi ul. Kubusia Puchatka stanowi czworoboczny i wyższy o jedną kondygnację budynek, zwieńczony wieżą zegarową, sprawiający wrażenie »ratusza«, dominującego w zabudowie tego wykreowanego »miasteczka«. W stosunku do projektu znacznie uproszczono detale wykończenia elewacji, które ostatecznie wykończono dopiero w roku 1956.

Inaczej ukształtowano zabudowę osiedla Nowy Świat Wschód, w której rolę pasażu pełniła ul. Gałczyńskiego. Powstały tu czterokondygnacyjne budynki, w większości wolno stojące, nakryte spłaszczonymi dachami ukrytymi za attykami, z handlowymi parterami. Ich elewacje oblicowane zostały cegłą gruzobetonową skontrastowaną z powierzchnią krytą beżowym tynkiem terrazytowym. Podziałami elewacji budynki nawiązywać miały do fasady XVIII-wiecznego domu Krakowskie Przedmieście 17, projektu Franciszka M. Lanciego. Pasaż otrzymał także kamienne ławki i oświetlenie, a docelowo planowano też wystrój rzeźbiarski.

Innym przykładem skromniejszego w skali zespołu mieszkaniowego może być zabudowa osiedla Sielce w dzielnicy Mokotów, gdzie czterokondygnacyjne budynki zwieńczone zostały wielospadowymi ceramicznymi dachami, a między budynkami urządzono tereny zielone. Podobny charakter nadano osiedlu Mokotów Racławicka, gdzie trój- i czterokondygnacyjne budynki powiązano łącznikami, akcentując wyższe narożne partie. Natomiast przy ul. Wyspiańskiego na Żoliborzu próbowano nawiązać w formie do historycznej zabudowy tego przedwojennego osiedla ukształtowanego w »stylu dworkowym«. W efekcie powstała zwarta, trójkondygnacyjnej zabudowa, z malowniczymi mansardowymi dachami.

Architektura okresu Socrealizmu, z racji czasu, jaki upłynął od zakończenia tej epoki, stanowi przedmiot zainteresowania zarówno naukowców, jak i osób zajmujących się problematyką ochrony zabytków, czego wyrazem jest m.in. odbywający się »Dialog konserwatorski«. W Polsce materialne dziedzictwo tego okresu wydaje się być wciąż niezbyt rozpoznane i docenione ze względu na ciążące na nim ideologiczne odium. Odrzucając jednak ten polityczny kontekst, dostrzec można pozytywne strony owego »niechcianego dziedzictwa«. Pomijając kwestię zasadności wyburzeń zabudowy historycznej, prowadzonych przy okazji realizacji wielu ówczesnych inwestycji, stwierdzić można, że powstanie w Warszawie w latach 1949–56 zabudowy mieszkaniowej w formie tak znaczących założeń urbanistyczno-architektonicznych przyczyniło się do ukształtowania nowego wizerunku stolicy. Jakkolwiek będziemy oceniać wartość artystyczną tej architektury, faktem jest, że zespoły te wpisały się już w krajobraz kulturowy Warszawy, doceniane nie tylko przez znawców architektury, ale również przez ich mieszkańców za solidność wykonania, pomimo nie zawsze komfortowych warunków mieszkaniowych za pałacowymi fasadami. W przypadku skromniejszych założeń zaletą jest ich ludzka skala i kameralność. Szczególnym atutem tych osiedli są również tereny zielone wypełniające ich wnętrza, zaplanowane z odpowiednim oddechem i równocześnie uporządkowane przestrzennie. Stąd, nie tylko z punku widzenia konserwatorskiego, ale także z uwagi na tożsamość Warszawy, niezbędna wydaje się możliwie najpełniejsza ochrona tej zabudowy, która w tak bardzo jednoznaczny i rozpoznawalny sposób zdefiniowała wizualny charakter miasta.

Kurzfassung

Der Vortrag wird eine Übersicht über die architektonischen Formen des Wohnungsbaus in Warschau in den Jahren von 1949 bis 1956 präsentieren.

Angesichts der gewaltigen Ausmaße der Zerstörungen während des Zweiten Weltkrieges war es notwendig, Wohnstätten für die Bevölkerung zu sichern, die nach der Befreiung in die Hauptstadt zurückströmte. Dies fand zum Teil durch Wiederaufbau und Ergänzung des erhaltenen Stadtgewebes statt. Hauptsächlich wurden aber, um die Nachfrage zu stillen, neue Wohnsiedlungen im Zusammenhang mit breit angelegten städtebaulichen Maßnahmen entworfen. Diese Ensembles entstanden zum Teil in Anknüpfung an die wohnungsbaugenossenschaftlichen Wohnsiedlungen der Vorkriegszeit, wie die Warschauer Wohnungsgenossenschaft (WSM) oder die Gesellschaft für Arbeitersiedlungen (TOR). Während aber diese Siedlungen aus der Zwischenkriegszeit ein Programm zur Verbesserung der Lebensbedingungen der ärmeren Gesellschaftsschichten realisierten, waren die nun entstehenden Ensembles Ausdruck eines anderen ideellen Programms, das vor allem die Rolle der sich herausbildenden neuen Gesellschaft sowie die Bedeutung der äußeren architektonischen Form in diesem Prozess betonte.

Zweifellos war die Gründung des Betriebs für Arbeitersiedlungen (ZOR) im Jahre 1948 eines der wichtigsten Ereignisse, die

Einfluss auf das beschriebene Phänomen hatten, als diejenige Hauptinstitution, die im Namen des Staates die Aufgaben hinsichtlich des Massenwohnungsbauwesens in der Hauptstadt realisierte.

Die architektonischen Lösungen der zu jener Zeit in Warschau entstehenden Wohnungsbebauung waren trotz der offiziell geltenden Doktrin einer Kunst, die »*national in der Form und sozialistisch im Inhalt*« sein sollte, differenziert hinsichtlich ihrer Lokalisierung und ihrer Bedeutung für die Gestaltung des städtischen Gewebes oder für die Stadtplanung, ihrer funktionellen Voraussetzungen und ihrer Größe.

Abstract

The presentation will focus on the review of architectonic forms of the residential buildings erected in Warsaw in the years 1949–1956.

Facing the enormity of destruction of the Second World War, it was essential to provide the people coming in great number to the capital after liberation with living space. This was done partly by restoration and supplementation of the preserved urban tissue; however, in order to meet the demand, new housing estates were designed within the urban activities carried out on a large scale. These estates came into being partly in relation to the pre-war housing cooperatives, such as the Warsaw Housing Cooperative (WSM) or the Association of Working-Class Housing Estates (TOR). However, the housing estates from the period of the 1920s carried into effect the program of the improvement of living conditions of the poorer classes of society, and the estates built in the index period already reflected a different ideological program, stressing the role of the new society to be formed and the significance of the architectonic form in this process. Undoubtedly, one of the most important events, which influenced the phenomenon discussed, was establishing, in 1948, the Workers' Housing Development Administration (ZOR) as the head institution carrying out, on behalf of the state, the tasks related to mass housing in the capital. Architectural solutions of the housing development in Warsaw at that time, in spite of the officially binding art doctrine »national in form and socialistic in content«, varied due to the location and relevance in creating an urban tissue or in city planning, functional aims and scale.

Palastanlagen in der Praxis des sozrealistischen Städtebaus.
Schutz – Ablehnung – Schöpfung

Założenia pałacowe w praktyce socrealistycznej urbanistyki.
Ochrona – negacja – kreacja

Palaces in Socialist Realist Urban Planning.
Protection – Denial – Creation

Marek Barański

The historic plan of Warsaw is an example of a town plan which had been formed since the 17th century by the location of numerous palatial estates along main routes leading to the Old Town. That plan continued to function until the Second World War; however some estates were partitioned and sold off to make way to the development of new tenement housing. Noblemen palaces, being representative of Polish baroque and classicist architecture were important historical landmarks. Unfortunately in September 1939 most of them were bombed and destroyed and only the few that escaped demolition were used by German invaders. Before the liberation of Warsaw in January 1945, the destruction of the city reached its peak and took a toll in further damage to some of the remaining palaces, which were totally destroyed. After the liberation, thanks to the initiative of Professor Jan Zachwatowicz, the ruined historic palaces were listed as historic landmarks and incorporated into the Warsaw heritage zone. The communist rulers of that time faced a political dilemma of protecting relics of the Polish gentry, whom the new regime dispossessed, evicted from their estates and excluded from the process of building the socialist society. One of the contemplated solutions to the question of ruined palaces was to restore and convert them into headquarters of various public institutions. The concept of demolition, however justifiable, didn't seem to be appropriate in an almost totally destroyed city and idea of a more efficient use of large parcels of land in the city center for a new housing developments, however attractive, was not politically useful. The post-war reconstruction and restoration of ruined monuments had been a leading political idea in communist Poland, but the noblemen palaces of the past era were always a thorn in doctrine of the orthodox communist rulers, maybe due to the spirit of the destroyed Polish nobility still present in the magnificence and awe they exuded. On the other hand restored palaces were perceived as a perfect expression of the continuity of power by the new class of usurpers.

In the memoirs of the chief architect of the rebuilding of Warsaw, Jozef Sigalin, there is a mention of an interesting discussion which took place at the meeting in the Warsaw City Council's Department of Historic Architecture on 15 January 1946. Jerzy Hryniewiecki, an architect, later a professor, strongly pointed

01. Warsaw, Garden of the Czapski Place adopted for a parking lot

02. Pruszcz Gdański, Town Hall

out that »ministerial offices in old feudal palaces would have atmosphere contrary to what is expected. A Ministry in a palace assumes a character of a feudal, exclusive institution. An introduction of the palatial tradition to new ministerial offices could be seriously dangerous.« In reference to the location of such offices in the historic quarter of Warsaw he said: »… We would have a serious problem whether to treat the location of these ministries as temporary until other public institutions move in, or let the historic zone [of Warsaw] turn into the governmental district.« (Sigalin, vol. 1, p. 245) These honest and innocent observations of a young socialist were only partly taken into consideration and some palaces were turned into headquarters of ministries and others into public and educational offices. In fact, he strongly underlined a main, but not generally expressed concept, that a new political power should have an even stronger image to compensate for its deficiency in the content.

In a post-war reality, a creation of a new socialistic society had been initiated not by gradual development and reforms of the old system, but by its destruction and radical change. The communist regime in Warsaw took advantage of Bierut's decree that formalized the repossession of private property and historic monuments. Houses and palaces remained in possession of the state until today, as the process of re-privatization and return of these properties to their previous owners began only few years ago. Generally, bigger palaces became seats of governmental buildings, leaving smaller and less important ones to public or municipal institutions. These later fell prey to neglect and destruction and yielded to new development projects. Few of the palaces were governmental or municipal property before war, like the Primate Palace. These buildings were restored and adapted to new use. The Wilanów Palace, being a royal residence and one of the most precious ones, became a state museum.

Historic manors taken into possession by the state were adapted for various ministries offices or public institutions, but with a slightly different approach. Historic palace estate comprised a main residence, annex buildings and a large garden, all surrounded by walls or fences. According to a new social concept in urban design the historic fences and walls were removed and gardens incorporated into municipal green spaces open to the public. Such practice served a purpose in a political agenda to erase the historic plan of the city and form a new one, where boundaries of private properties were no longer legible. In the minutes of the Board meeting of the Supreme Council of War-

03. Warsaw, the Ministry of Finance

saw Rebuilding of 3 April 1950 we can read »… Incorporate to the Saxon Garden an area to the North of the present garden.« (Sigalin, vol. 2, p. 404) Abbreviated to »an area« was the garden of the Zamoyski Palace, which was converted into a municipal institution. The same thing also happened to many other palaces. Another Zamoyski's Palace at Foksal Street lost its garden in that manner to the Na Skarpie walking trail. The garden of the Krasinski Palace had its historic fence removed which led to its amalgamation with the adjoining garden that remained after the demolition of the neighboring ruins. Such decisions have considerably changed the shape of historic plan of the city. The ruined Branicki palace at Frascati Street was demolished because of its younger age and its garden was incorporated into the new Park of Culture. A curious situation happened with the Czapski Palace. Its buildings were converted into the Academy of Fine Arts, but the garden was simply left as a common green space, which later was turned into a lane and parking lots of the Hotel Victoria. An extreme situation occurred in relation to the former garden of the Primate Palace, where a new house was constructed for meritorious activists and artists. The tragedy of Warsaw palace gardens in Warsaw, the capital of socialistic Poland, became a symbolic victory of a new system that denounced private property and what follows, the fences and boundary walls. But this approach was not applied to palaces which were adapted for governmental in-

04. Warsaw, the Axis of the Nowy Świat West Housing Estate

05. Warsaw, Design of the Ministry of Agriculture

06. Warsaw, the Ministry of Agriculture

stitutions. In these cases the communist regime managed not only a restoration of new ministry buildings, but their fences and boundary walls got special guards. This protected up to the 21st century not only historic buildings, but also boundary walls and historic plots. Unfortunately, this happened only to some historic buildings. Most of the historic palaces became exposed to public view and lost their previous privacy when gardens became common greens. In these new recreation areas the remaining old trees reassembled the previous character of the lost estate gardens.

In Warsaw, apart from the adaptive reuse of historic palaces, there were attempts to adopt palatial architecture to new buildings. The Stephan Batory Lyceum was designed in the form of a baroque palace with annex buildings arranged around a court. Its architect Tadeusz Tołwiński, contributed in such a way to a national style, very popular in Polish architecture in the 1920s. After the Second World War a palace became a preferred architectural form which was freely used by Polish Communists for political reasons. The form of a palace was a perfect solution for governmental buildings, which communicated clearly the new social order backed by well established symbols from the past era. Since 1949 in Warsaw one can find some good examples of »governmental palaces«, being megalomaniac replicas of historic prototypes where baroque axiality focusing on the central building was meant to induce respect to the official representatives of the proletariat. Therefore a new semiotic landscape was created in a modern socialistic town. In the opinion of various historians the architecture of a »Socialist Realism« period in Poland became a mixture of different trends, where most of architects drew from historic forms, including the baroque palace. (Majewski, p. 115–128; Baraniewski, p. 236–237; Stefański, p. 41–47, 85–100; Jaroszewski, p. 91–93; Zieliński, p.425–230). Generally, architectural designs were strongly influenced by committees controlled by communist orthodox. Under such circumstances the final results of such a design process were far from perfect. An important principle of Socialist Realism in architecture – the socialist content and national form – especially in Poland were interpreted in individual way, showing richness of historic influence. In 1949 at the Conference of Architects, Moscow-educated Edmund Goldzamt, the guru of the new socialistic architecture, presented a set of ideological expectations in architectural design. Among them there were references to building of monumental spatial complexes in a baroque style. »Large architectural complexes are created by powerful state that is governed by a united and forward moving class… Whereas small scale of architectural complexes in historic Poland were rooted in contemporary situation, not because of so called democracy, but due to the reactionary class system, where landlords – a destructive to the country and nation class was motivated only by an idea of selfish interest and presence… Our people´s democracy marching towards socialism is obliged to build under the proletariat´s control a new mighty and spatial complexes, reflecting a great potential of planned economy, showing an unprecedented in history power and social solidarity of socialistic state. To achieve this we will use a sympathetic and beloved forms of the historic Polish architecture of the 16th, 17th, and 18th century, but the tradition of a small scale should be rejected, as introduced by the reactionary class of landlords«. (Goldzamt, p. 37–37) In the following chapter of this ideological expose he offers more practical advice: »Under the circumstances, while we are still far from creating a new architectural compound, which would best reflect the essence of our socialist era – revolutionary is, for that matter, the use of formal elements forged by our great Polish humanistic architecture for expressing the ideology of our state, for expressing the new socialistic humanism. Whereas holding tightly onto the sterile and nihilistic constructivist architecture in the name of its alleged novelty and ultra revolutionism would nowadays characterize a reactionist position, a position objectively fostering emptiness of thought and folklore in our culture«. (Goldzamt, p. 39) According to this idea, any columned portico, roof with decorative attic, or tympanum over window set on a big building of historic spatial form was creative and therefore politically accepted. Best examples of new architectural trend were admired and awarded on annual architectural conferences. New town hall building in Pruszcz Gdański, the 1951 winner, was officially announced with such comment: »The design of the edifice is a result of a conscious answer to the socialist realistic demands supported by an advanced historic analysis of the regional architecture elaborated by a team of architects from Gdańsk. The IV Collegium positively evaluated the conformity of form with the ideological content, and this finding was confirmed in public discussion.« (Garliński, p. 8) The only adverse remarks referred to in a adequate lighting of corridors and inner hall. The opinion of architects from Bydgoszcz and Poznan, who criticized the unnecessarily large size of the edifice in relation to the regional needs, was not supported by other architects, who pointed out to the need of the local government building to dominate the surroundings. The word »edifice«, of more general meaning was used there, however its architectural form comes closer to a »palace«. The linguistic problem is worthy of comment. The beloved word »palace« used freely, i.e. »palace of culture«, »palace of sport« or »palace of the youth«, had little to do with traditional palaces. The semiotic interpretation of both the form and the expression was used to upgrade the character of a building.

The list of »governmental palaces« designed for Warsaw is rather big, but only some of them were ever built. It is necessary to mention one of the best examples, the edifice of the Ministry of Finance, designed in 1949 by architects Stanisław Bieńkuński and Stanisław Rychłowski. This large and impressive building is designed in harmony with neighboring architecture and its most intriguing feature is that its axis is aligned with the axis of a housing estate designed on the opposite site. The Nowy Świat West Housing Estate was designed by architect Zygmunt Stępiński, as interpretation of a historic district of a XVIII c. Warsaw – a »iuridica«, a small suburb town organized along

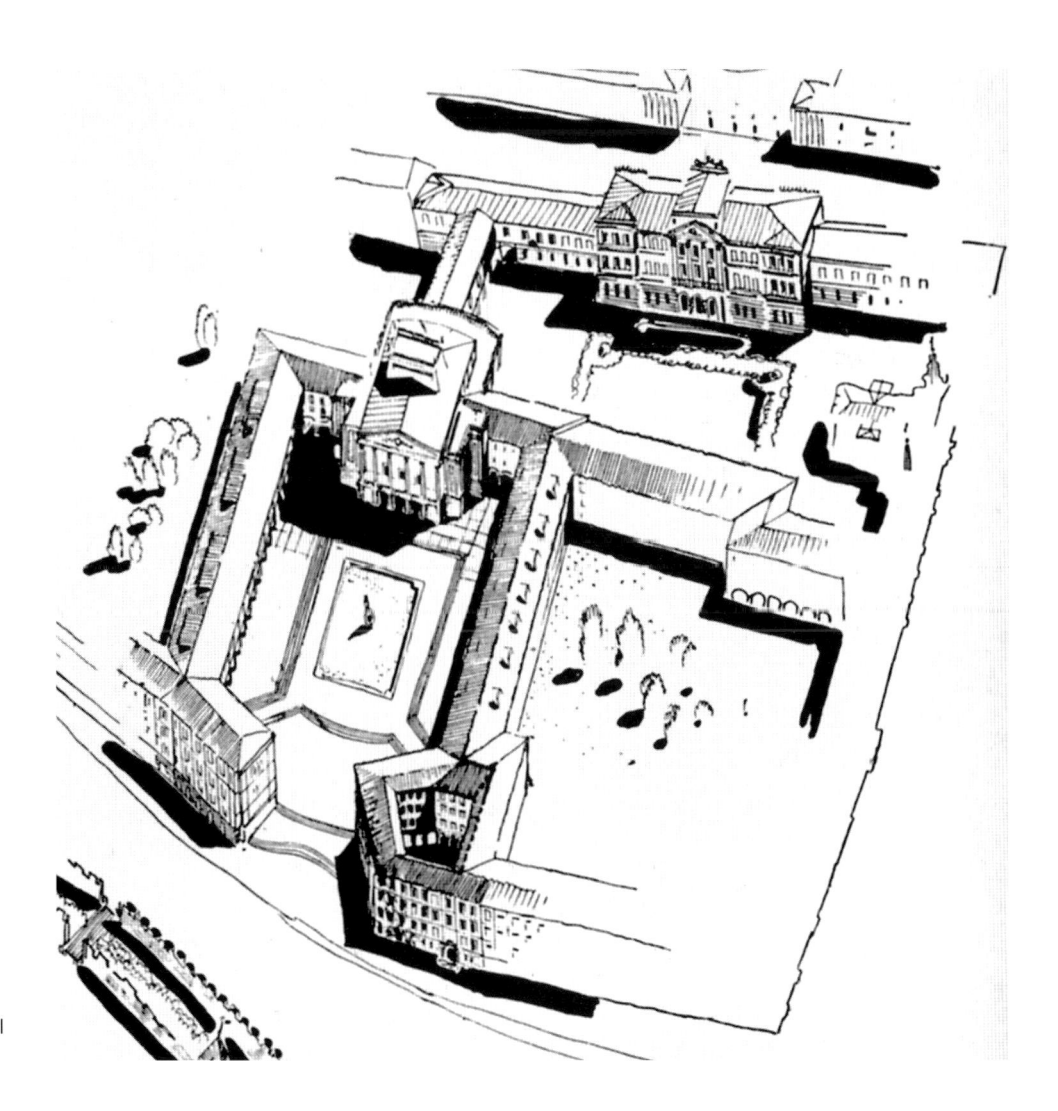

07. Design of the State High School of Theatre

a street, with a dominant of a local town hall and a palace of a landlord, who established this urban development. Here, in a Soc Realistic Warsaw at the Nowy Swiat West the high tower of the town hall terminates a great axis of the Ministry building. Such a solution created a semiotic interpretation of a well balanced partnership, between the dominant and mighty ministry and people organized in a commune represented by the town council. This master design, which united two adverse architectural complexes, deserves attention. Until now, historians of architecture presented both designs separately; therefore its spatial concept was underrated. (Zieliński, p. 114–116, 164–167; Leśniakowska, p. 28, 37; Stefański, p. 77–78, 86) In comparison with the pompous MDM Housing Estate and the Constitution Square (called an iconic project of Socialist Realism architecture) the Nowy Swiat West and the Ministry of Finance appears the superior interpretation of the ideological slogan "socialistic content with national form«. It is worth of mention that the MDM and the Constitution Square received very bad reviews from the architects of the day and only the communist propaganda called the project a spectacular achievement, which was due to the fact that in a ruined Warsaw there was no other place where masses of people could meet the party leaders. (Garliński, p. 6, 9; Włodarczyk, p. 82–95) The situation radically changed when the Palace of Culture and Science with the spacious Defilad Square was built in 1956.

The Ministry of Agriculture built in the 1950s is another Soc Realistic edifice, which complies with the preferred palace model. The building was designed by a team of architects, Jan Grabowski, Jan Knothe, and Stanisław Jankowski. Initially the concept proposed to construct a large modernist colonnaded portico, but it was changed in accordance with the ideological directives to abandon cosmopolitan forms in favor of national themes, to resemble the famous Saxon Palace colonnade set on a semi-circular base. As a result of this, the building has lost its previous lightness, because portico proportions had not been appropriately adjusted. Apart from this formal deficiency, the complex also has a fault in its urban setting. Originally, it was designed to face the so-called »Ministry Axis«, but the Ministry of Agriculture edifice was the last governmental complex constructed in the Soc Realistic period, in Wspólna Street, as other plans were later abandoned. Today this huge complex facer residential tenement buildings on the opposite side of Wspólna Street.

In the historic center of Warsaw at the Miodowa – Podwale Streets quarter, another palace complex was designed for the State Higher School of Theater. Unfortunately, out of the original proposal only the main building was constructed and thus the original objective of the designers (architects Wojciech Onitsch, Marian Sulikowski, Andrzej Uniejewski), to fill a gap in the row of palaces situated in this quarter, was never achieved. The building of the Ministry of Public Security in Puławska Street, built in 1955 according to the design of J. Beill, also complies with the palatial model. The colonnaded portico, side wings enclosing the court at the front, decorative elements and tympanums over the windows, as well as the high roof, legitimized the design in the eyes of the political decision makers of the time. Unfortunately, the front facade is now obstructed from public view by the overgrown trees.

The building of the Soviet Embassy constructed in 1956 according to the design of Soviet architects, Alexander Velikanov and Igor Rozyn, is another compliant example of palace estates in Warsaw. Both architects worked with a team of builders of the spectacular Palace of Culture and Science; therefore they were well acquainted with the political demand to decorate buildings with Polish national motifs, as they were used in the Palace of Culture and Science. The architects abandoned the decorative style of the Soviet Soc Realism with ideological symbols in favor of classical details. Subsequently the building of the Soviet Embassy resembles an English palace and its setting close to the Belweder Palace in the historic zone gives it more prominence and undeserved attention. In the opinion of numerous tourists visiting Warsaw, the Soviet-Russian Embassy building is recognized as another historic monument of the town.

Apart from the already constructed palace buildings in Warsaw, there is the »never built« category of designs in the short Soc-Realism era in Poland. Among them is the proposal for the »Service to Poland« Training Center at Gocław in the form of a baroque estate with rich architectural decoration to the main building (architects Wacław Kłyszewski, Jerzy Mokrzyński, Eugeniusz Wierzbicki). Another unbuilt design is a building of a State Hydro-Meteorological Institute at Bielany, proposed as a neoclassical palace (architect Borys Zinserling). Fortunately, two palace-like buildings of the Polish Army Theatre designed by a team of architects Romuald Gutt and Halina Erentz Skibniewska, on the Saxon axis in the historic zone and on the site of the demolished Jazdów Castle, were also never constructed. These buildings would have further obliterated the existing historic planning foundations of Warsaw. It is also worth mentioning a sketchy proposal of a new Town Hall of Warsaw, being composed as a mixture of the town hall of Pruszcz Gdański building with a front elevation similar to the monumental Ministry of Agriculture.

While presenting the new »historical« architecture in Warsaw, one must mention the reconstruction of the Royal Castle, where two different approaches were under lively discussion for almost the whole Soc Realistic period. The so-called »conservators« group varied in approach with the »progressive« faction of architects in relation to the way of reconstruction of the monument completely destroyed by the German invaders. (Majewski, p. 169–192) The »conservators« demanded a strict reconstruction of the original building with its faithfully recreated interiors dedicated to the historic museum. The »progressive« architects represented a more flexible approach, allowing a free interpretation of historic forms. They were open to the option of converting the Castle into the Prime Minister's headquarters. Years of debates led both groups to finally agreeing to a close to original, but not necessarily one hundred percent

08. Warsaw, Design of the »Service of Poland« Training Center at Gocławek

09. Concept idea of Warsaw's Town Hall building

genuine reconstruction of the original form. The difference remained in the approach to the content. For the opportunist architects it was the political pragmatism and for the orthodox conservator the national heritage. Thanks to such a lengthy debate on the Soc Realistic principles, both the future resident of the Royal Castle and his »personal mentor« from Moscow managed to die before the problem was solved.

The idea of the historic palace form was frequently used as an answer to the ideological demand to create new architecture, »socialist in content and national in form«, and this we can name a »creative« approach. There were also other views of the treatment of historic palatial complexes in Warsaw: the »protective« and the »negation« – a pragmatic one. The protective approach found its use in the occupation of selected historic buildings by the state government institutions, and the »pragmatic« view was manifested where only the main building was used and the rest of the palatial complex, including the historic gardens, fences and annex buildings, was neglected according to the political agenda.

Despite the considerable body of knowledge on the history of Soc Realistic architecture in Poland, the general public remains oblivious to the role of national content in architecture of that period. Bad connotations associated with the communist era and the mistreatment of historical buildings in that time have caused some general reluctance toward that period within the society and now it seems that raising public awareness of the roots and the ideological background of these Soc Realistic buildings might help the idea of protecting those monuments. This can be achieved through various educational programs and information plaques displayed in public spaces. Inclusion of these buildings in the already present Town Information System seems to be a good idea. In the case of the new spatial complexes, protective measures should be directed to take control over the neglected green areas, including the proliferation of trees over the building facades, as well as various structures, like advertisement boards, that interfere with important vistas and compositional axes of building complexes. These buildings should fall under the control of the historic monument conservation body after being listed as important historical items in the National Register of Heritage Items. The preservation measures should not only apply to the new Soc Realistic palaces, but also be directed toward the incorporated restitution programs in the case of historic manors which lost their inseparable gardens to public open spaces. It is imperative that the new private owners follow the directives and orders of the Chief Warsaw Monument Preservation Officer and all protection initiatives should receive public support.

Kurzfassung

Der Grundsatz »sozialistischer Inhalt, nationale Form« definiert die ideellen Grundlagen des sozialistischen Realismus. In der Praxis bezog sich das auf die formale Nutzung der historischen Formen in der Dekoration, aber auch auf die bewusste Adaptation barocker oder klassizistischer Palastanlagen als Vorbild für Regierungsbauten. Die in jener Zeit entstandenen Gebäude wie das Finanzministerium, das Ministerium für Landwirtschaft, das Ministerium für öffentliche Sicherheit, die Staatliche Theaterhochschule sowie die Botschaft der UdSSR, aber auch die nicht realisierten Entwürfe wie die beiden Theater der Polnischen Armee und das Schulungszentrum »Dienst für Polen« gelten als Beweis für ein architektonisches Gestaltungskonzept, das sich bewusst historischer Muster bediente. Das ideologisch gestützte Baukonzept für staatliche Institutionen wurde von der Umgestaltung vorhandener, historischer Paläste in Regierungsgebäude begleitet. Hier stellen wir jedoch unterschiedliche Herangehensweisen an die in öffentliche Institutionen umgewandelten Palastanlagen fest: Die historischen Paläste wurden zweckdienlich von Zaunanlagen und Wirtschaftsgebäuden befreit und ihre Gärten den städtischen Grünanlagen zugeschlagen. Diese politisch motivierten Maßnahmen sollten die historische Verwurzelung der ehemals aristokratischen Paläste verwischen.

Nach dem Niedergang des sozialistischen Systems sollten Schritte zur Übertragung der enteigneten Paläste an ihre ursprünglichen Besitzer unternommen werden, die mit einer Reparatur der erlittenen Zerstörungen einhergehen müssten. Die in der öffentlichen Wahrnehmung als größenwahnsinnig und wertlos kritisierte Architektur des sozialistischen Realismus enthält jedoch auch viele originelle und beachtenswerte Ansätze. Hierzu gehören die Rückkehr zu nationalen Formen bei der kreativen Planung von Palastanlagen, wie schon zu Beginn des 20. Jahrhunderts geschehen, sowie zu der Entwicklungsrichtung in der Architektur vom Ende des 19. Jahrhunderts, als das Modell des für den polnischen Landadel typischen Herrenhauses kopiert wurde. Durch das verabschiedete Denkmalschutzprogramm können wichtige Beispiele der Architektur des sozialistischen Realismus unter Schutz gestellt werden. Im Zusammenhang damit müssen Vorschriften bezüglich der Grünanlagen, Werbetafeln und Kioske eingeführt werden, die bislang, stets willkürlich eingeführt, mit der räumlichen Form der architektonischen Anlagen kollidieren.

Durch die begonnenen Aufklärungsmaßnahmen können die ideellen Gestaltungsgrundlagen für diese Art von Objekten besser vermittelt werden.

Streszczenie

Ideowe założenia Socrealizmu w architekturze kierowały się naczelnym stwierdzeniem »socjalistyczna treść, narodowa forma«. W praktyce odnosiło się to w dekoracji do formalnego czerpania z form historycznych, jak również do świadomej adaptacji założeń pałacowych okresu baroku i klasycyzmu jako wzoru dla budynków rządowych. Powstałe w tym okresie obiekty – Ministerstwo Finansów, Ministerstwo Rolnictwa, Ministerstwo Bezpieczeństwa Publicznego, Państwowa Wyższa Szkoła Teatralna, Ambasada ZSRR, a także niezrealizowane projekty – oba teatry Wojska Polskiego, ośrodek szkoleniowy »Służba Polsce«, potwierdzają, iż istniała linia twórczości architektonicznej świadomie korzystająca z historycznych wzorów. Ideowo podparta koncepcja budowy dla instytucji rządowych tego rodzaju budynków współgrała z adaptowaniem historycznych pałaców na obiekty rządowe. Jednak tutaj zauważamy rozbieżność w podejściu do zespołów pałacowych dla instytucji publicznych, które praktycznie pozbawione są ogrodzeń, oficyn, a pałacowe ogrody zostają wchłonięte do zieleni miejskiej. Takie politycznie motywowane działanie służyć miało zatarciu historycznego osadzenia pałaców dawnej magnaterii.

Po upadku systemu socjalistycznego winny zostać podjęte kroki, by przejęte pałace zwrócić poprzednim właścicielom, co wiązać powinno się również z naprawą dokonanych zniszczeń. Architektura okresu socrealistycznego, w krytyce społecznej megalomańska i bezwartościowa, posiada jednak wątki oryginalne i godne zauważenia. Takim właśnie interesującym aspektem jest kreatywne projektowanie założeń pałacowych, które stało się kontynuacją linii powrotu do form narodowych, tak jak to miało miejsce na początku XX w., oraz linii rozwoju architektury końca XIX w., w której powielany był model dworu szlacheckiego. Przyjęcie programu działań konserwatorskich pozwoli na objęcie ochroną ważnych przykładów tego rodzaju socrealistycznej architektury – należałoby uporządkować zieleń, tablice reklamowe, kioski kolidujące z przestrzenną formą założeń architektonicznych. Podjęte działania edukacyjne pozwoliłyby lepiej zaprezentować ideowe koncepcje, które legły u podstawy tworzenia tego rodzaju obiektów.

Bibliography

Baraniewski Waldemar, Ideologia w architekturze Warszawy okresu realizmu socjalistycznego, [in:] *Rocznik Historii Sztuki*, 1996

Bierut Bolesław, Sześcioletni plan odbudowy Warszawy, Warszawa 1950

Garliński Bohdan, Architektura Polska 1950–1951, Warszawa 1953

Goldzamt Edmund, Zagadnienia realizmu socjalistycznego w architekturze [in:] Minorski Jerzy (ed.), *O polską architekturę socjalistyczną*, Warszawa 1950

Jaroszewski Tadeusz S., Od klasycyzmu do nowoczesności, Warszawa 1996

Leśniakowska Marta, Architektura w Warszawie, lata 1945–1965, Warszawa 2003

Majewski Piotr, Ideologia i konserwacja. Architektura zabytkowa w Polsce w czasach Socrealizmu, Warszawa 2009

Sigalin Józef, Warszawa 1944–1980. z archiwum architekta, vol. I–IV, Warszawa 1986

Stefański Krzysztof, Architektura Polska 1949–1956, [in:] *Kwartalnik Architektury i Urbanistyki*, 1–2/1982

Włodarczyk Wojciech, Socjalizm, sztuka polska 1950–1954, Kraków 1991

Zieliński Jarosław, Realizm socjalistyczny w Warszawie. Urbanistyka i architektura 1949–1956. Warszawa 2009

Innenarchitektur des Sozialistischen Realismus

Wnętrza okresu Socrealizmu

Interiors of Socialist Realism

Dominika Szewczykiewicz

Lata pomiędzy 1949 a 1956 rokiem przyjmuje się jako czas trwania w Polsce Socrealizmu. Okres zaledwie siedmiu lat, czas wzmożonej aktywności przy odbudowie stolicy i moment, w którym narzucona została idea sztuki socjalistycznej w treści i narodowej w formie. Socrealizm niósł ze sobą określone treści, których wizualizację wyobrażano sobie najchętniej w swoistym eklektyzmie stylowym, najczęściej poprzez dominację form klasycznych.

Krótki czas obowiązywania doktryny i charakteryzujące ją niedopowiedzenie wpływały na różnorodny charakter form zewnętrznych, ale także wnętrz nowo powstałych budynków. Formy architektoniczne nowych obiektów, tworzone przez architektów aktywnych twórczo przed II wojną światową, wywiedzione były niejednokrotnie z ducha modernizmu. W latach 1948–51 przy ul. Nowy Świat 6/12 wybudowany został zgodnie z projektem Wacława Kłyszewskiego, Jerzego Mokrzyńskiego i Eugeniusza Wierzbickiego budynek będący siedzibą Komitetu Centralnego Polskiej Zjednoczonej Partii Robotniczej, zwany Domem Partii (zdj. 01). Obiekt, w założeniu realizacja namacalnego symbolu władzy, uznawany jest często za wczesny przykład realizmu socjalistycznego, choć architektura budynku nie wynikała wprost z jego założeń, ale wyrastała z architektury modernistycznej. W architekturze gmachu dochodzi do ciekawego połączenia modernistycznych form z historyzującym detalem, w zastosowaniu którego odnajdujemy element stylu socrealistycznego. Budynek jako główna siedzi-

01. Dom Partii, hall

ba partii został wykończony z dbałością o szczegóły, z wykorzystaniem najlepszych jakościowo materiałów i przy udziale polskich rzemieślników, którzy zdobyli wykształcenie zawodowe jeszcze przed wojną. W pomieszczeniach gmachu znalazło się miejsce dla kamiennych posadzek, kamiennych okładzin schodów i ścian, stropów wykończonych stiukową dekoracją, mosiężnych detali balustrad, okuć i uchwytów drzwiowych. Zaprojektowano balustrady klatek schodowych wykonane z oksydowanych żelaznych prętów ozdobionych tłoczonymi elementami z blachy żelaznej miedziowanej, ręcznie kute kraty osłonowe, fornirowaną stolarkę drzwiową (zdj. 02, 03, 04). W budynku zachował się ponadto wystrój sal konferencyjnych wraz z oryginalnym umeblowaniem[1].

W 1952 r. przy ul. Wspólnej 62 powstał gmach, zaprojektowany przez Marka Leykama, będący biurowcem prezydium rządu i stanowiący jedną z ciekawszych realizacji okresu Socrealizmu w Warszawie. Bryłę budynku, którą dopełniają detale architektoniczne, jak gzymsy działowe, ławy podokienne, boniowanie, porównuje się do włoskich miejskich pałaców renesansowych. Wnętrze – rotunda z obiegającymi ją galeriami, przywodzi na myśl wczesnochrześcijańskie świątynie albo renesansowe krużganki (zdj. 05). Uwagę zwraca również ozdobny fryz biegnący pomiędzy nimi oraz betonowa, płaska kopuła z okrągłymi świetlikami. Marek Leykam projektując budynek, korzystał z nowoczesnych rozwiązań konstrukcyjnych i w niezwykle zręczny sposób łączył je z autorsko przetwo-

03. Dom Partii, posadzka

04. Dom Partii, mebel

rzonymi historycznymi detalami. Można przyjąć, że elementy wystroju wnętrza, poprzez nawiązanie do stylistyki dawnych epok, stanowią wspólną płaszczyznę, na której w niewielkim, choć dostrzegalnym stopniu spotykają się tendencje nowoczesnej architektury zachodniej z doktryną socrealistyczną. Wnętrze budynku stanowi ciekawą ilustrację twórczego podejścia architekta do historycznych form i detalu architektonicznego, których powrotu do architektury domagali się przecież ideolodzy obowiązującej wówczas doktryny. Jednakże ogólny wyraz tej architektury, zrealizowanej w czasie wdrażania w życie jedynie słusznych wówczas postulatów sztuki socrealistycznej, daleki jest od typowych i zalecanych w tym czasie rozwiązań.

W jednym z ważniejszych polskich pism poświęconych budownictwu, w czasopiśmie »Architektura«, w 1950 r. ukazał się następujący tekst: »strona estetyczna budowli jest jednym z elementów nadbudowy ideologicznej. Architektura przemawia językiem powszechnie zrozumiałym, wywodzącym się ze

02. Dom Partii, hall

05. Biurowiec Prezydium Rządu, foyer

06. Pałac Kultury i Nauki, wnętrza

źródeł tradycji rodzimej. Liczy się z nawykami i upodobaniami ludności kraju, wyrażającymi się w rozwoju historycznym sztuki ludowej i narodowej«[2].

Modelowy przykład warszawskiej architektury socrealistycznej, potraktowany jako narzędzie propagandy, realizujący w pełni ów postulat, stanowi Pałac Kultury i Nauki. Obiekt ten, powstały z inicjatywy Stalina jako dar Związku Radzieckiego dla Polski, wybudowany został według projektu Lwa Rudniewa i jego zespołu w latach 1952–1955. Budowla do dnia dzisiejszego budzi zainteresowanie zarówno swym ogromem, jak i konsekwencją w podejściu do wystroju wnętrz. Ich monumentalny styl i charakter utrzymany w historyzująco-eklektycznej konwencji określano jako czerpiący z najcenniejszych tradycji architektonicznych, ironicznie nazywano »stalinowskim empirem«[3]. Wystrój pałacu stanowi przykład znakomitego rzemiosła, które zostało w pełni wykorzystane dla stworzenia dzieła totalnego w swej formie. Do jego wykreowania posłużyły znakomite gatunki drewna, z których wykonano stolarkę okienną i drzwiową, stropy, okładziny schodów, wzorzyste podłogi. Z różnorodnych kamieni, w tym marmuru, granitu i bazaltu, zostały wykonane posadzki, okładziny filarów i wnętrz klatek schodowych. Dekoracją sztukatorską pokryto płaszczyzny sufitów, kapiteli, zrealizowano w niej fryzy obiegające wnętrza. Poszczególne sale pałacu zdobią kryształowe i kute żyrandole oraz kinkiety, plafoniery i modułowe świetliki sufitowe z aluminiowych, mosiądzowanych ram z wypełnieniem z matowego szkła. Całości dopełniają elementy metalowe, ozdobne kraty, osłony do grzejników (zdj. 06, 07).

Architekt Jan Minorski, jeden z głównych ideologów Socrealizmu w Polsce, w 1949 r. napisał: »Skończyło się bezdroże ideowe architektury polskiej. (…) Trzeba nawiązać do wartości posiadanych w skarbcu spuścizny architektonicznej epok ubiegłych (…). Trzeba się znowu uczyć gramatyki architektury, jako wielkiej sztuki społecznej, a gramatykę tę dać może tylko klasyka grecko-rzymska i spuścizna narodowa«[4]. W związku z brakiem konkretnej wykładni doktryny Socrealizmu dawała ona twórcom możliwość różnorakich odniesień, a tym samym realizacji niekoniecznie słusznych ideowo. W grupie budynków powstałych w Warszawie pomiędzy 1949 a 1956 r. Pałac Kultury i Nauki stanowi kompletne pod względem formy architektonicznej, jak również wystroju wnętrz, świadectwo stylistycznych tendencji obowiązujących w czasie jego powstania.

Dwa pozostałe, przedstawione powyżej budynki, choć powstały w czasie obowiązywania doktryny socrealistycznej – co znamienne jako siedziby władz państwowych, nie stanowią wzorcowych jej realizacji. Ich autorzy to ludzie twórczo niezależni, a ich realizacje przesycone zostały formami architektury modernistycznej. To, że mówimy o tych budynkach w kontekście Socrealizmu, wynika niewątpliwie z czasu realizacji, ale też pewnego rysu nadanego im między innymi poprzez sposób wykończenia wnętrz.

07. Pałac Kultury i Nauki, drzwi

Kurzfassung

Die Jahre zwischen 1949 und 1956 gelten als derjenige Zeitraum, in dem in Polen der Sozialistische Realismus herrschte: eine Zeitspanne von nur sieben Jahren mit einer verstärkten Aktivität beim Wiederaufbau der Hauptstadt, und der Moment, in dem der Kunst die Idee aufgezwungen wurde, national in der Form und sozialistisch im Inhalt zu sein. Der Sozialistische Realismus brachte bestimmte Inhalte mit sich, deren Visualisierung man sich am liebsten in einem eigenartigen stilistischen Eklektizismus vorstellte, meistens mit der Dominanz klassischer Formen verbunden. Doch da die Doktrin des Sozialistischen Realismus recht unkonkret war, ermöglichte sie vielfältige Bezugnahmen und auch Realisierungen, in denen man Elemente entdecken kann, die ideell nicht unbedingt einwandfrei waren.

Die kurze Zeit, in der diese Doktrin gültig war, und die für sie charakteristische Unklarheit beeinflussten den unterschiedlichen Charakter der Gebäude, die in der im Wiederaufbau begriffenen Stadt entstanden. Man kann sagen, dass es das architektonische Detail, das auf den Fassaden auftauchte, sowie die Art der Gestaltung der Innenräume waren, die den Gebäuden ihren sozialistisch-realistischen Zug gaben und erlaubten, sie in der Gruppe von Realisierungen unterzubringen, die einen Dialog mit der dominierenden Tendenz aufnahmen.

Das Gebäude wurde nicht zum ersten Mal in der Geschichte als Propagandainstrument behandelt, als Legitimierung der Macht und deren greifbares Symbol, das als solches Bewunderung und Respekt erwecken sollte. Die architektonischen Formen der neuentstehenden Objekte, geschaffen von Architekten, die vor dem Krieg kreativ tätig waren, wurden oft aus dem Geiste der Moderne hergeleitet. Deshalb hatte der Sozialistische Realismus oft nur die eine Chance – im Detail zur Sprache zu kommen, im architektonischen Dekor, in der Ausstattung der Innenräume. Er wurde zu einer Art Kostüm, das der Architektur aufgezwungen wurde, um ihr den angestrebten Charakter zu verleihen.

Ziel des Vortrags ist die Präsentation einiger der repräsentativsten Innenräume jener Zeit und deren charakteristischer Details, sowie der Versuch, Bezüge und Analogien für sie aufzuzeigen, beispielsweise in den Vorkriegsforderungen der Zusammenarbeit von Architekten und Künstlern.

Präsentiert werden die Innenräume des am häufigsten als Paradebeispiel für die sozialistisch-realistische Architektur genannten Kultur- und Wissenschaftspalastes, realisiert in den Jahren 1952–1955 nach einem Entwurf von Lew Rudnew. Darüber hinaus Innenräume von Gebäuden, die im Zusammenhang mit ihrer Funktion und den Intentionen, die ihre Entstehung begleiteten, keinen Zweifel hinsichtlich ihres stilistischen Ausdrucks erwecken sollten, und doch häufig ihre Wurzeln im Geiste der Moderne hatten, wie das Haus der Partei, das in den Jahren 1948–1952 nach einem Entwurf von Wacław Kłyszewski, Jerzy Mokrzyński und Eugeniusz Wierzbicki entstand, oder das Bürohaus des Regierungspräsidiums aus dem Jahre 1952 nach einem Entwurf von Marek Leykam, sowie der Ausbau des Sejm-Gebäudes der Republik Polen, geleitet von Bohdan Pniewski in den Jahren 1949–1952.

Abstract

The years between 1949 and 1956 are considered to be the dates of socialist realism in Poland. It was the period of only seven years, the time of intensified reconstruction works in the capital and the moment in which the idea of the art socialistic in content and national in form was imposed. Socialist realism carried definite messages, the visualization of which was expressed most willingly in a particular style of eclecticism, most often through domination of classical forms. However, non-concreteness of the socialist realism doctrine provided possibilities for varied references resulting in realizations including the elements which were not always ideologically correct.

The short period of time when the doctrine was obligatory and its characteristic understatements influenced the diverse character of the buildings' landscaping in the restored city. It can be claimed that it was an architectonic detail appearing on the façade and the way of modeling the interiors that added a socialist realism touch to the buildings and made it possible to place them in the group of realizations entering upon a dialogue with the dominant tendency.

Not for the first time in history architecture was treated as a propaganda tool, the legitimization of authority and its tangible symbol, and as such it should inspire admiration and respect. The architectonic forms of the newly built objects, created by the architects active before the Second World War, often originated from the spirit of modernism. Therefore, socialist realism had a chance to present itself most often through detail, architectonic decoration, and interior design, and became a kind of a costume imposed on architecture to give it the required character.

The presentation aims to introduce a few most representative interiors and characteristic details of that time and indicate their references and analogies, at least in the pre-war postulates of cooperation between architects and artists.

Przypisy

1 Andrzej Skolimowski, *Dom Partii. Historia gmachu KC PZPR w Warszawie*, Warszawa 2011, s. 77–78.

2 Eugeniusz Olszewski, Stefan Tworkowski, *Piękno w architekturze*, »Architekt« 1950, nr 1.

3 Irena Huml, *Pałac w guście epoki*, »Renowacje i zabytki«, 2005 r, nr 3, s. 113.

4 Jan Minorski, *Po krajowej naradzie partyjnej architektów*, »Stolica« 1949, nr 28, s. 4.

Folklore und Lyrik im Dekor des Sozialistischen Realismus
Liryzm i ludowość w dekoracjach socrealistycznych
Lyricism and Folklore in Socialist Realism Decorations

Urszula Zielińska-Meissner

Omijanie doktryny i znajdowanie bezpiecznych motywów tematycznych i formalnych zrodziło wiele nurtów w sztuce czasów Socrealizmu. Ludowość pojmowana była w dwojaki sposób, co zresztą wynika ze znaczenia tego słowa w języku polskim. *Ludowość* jako spuścizna ludności o korzeniach chłopskich, czyli *folklor*, i ludowość jako dziedzictwo *ludu pracującego miast*, czyli w ogólności robotników. W niniejszym omówieniu odniosę się do pierwszego znaczenia. Z czasem słowa *ludowy* zaczęto używać zamiennie ze słowem *rodzimy*, a to już istotnie rozszerzało zakres. Możliwe było wówczas odnoszenie się do tradycji szlacheckiej, wojskowej, a nawet królewskiej, o ile dotyczyła ona dawnych czasów.

Jeszcze wiele lat po epoce Socrealizmu, jesienią 1978 r. w Galerii Sztuki Współczesnej »Zachęta« w Warszawie zorganizowano wystawę pod wymownym tytułem *Kultura ludowa. Kultura Narodowa*, w której udowadniano, że kultura ludowa była głównym nośnikiem narodowych wartości. W 1950 r. Ministerstwo Kultury i Sztuki powołało do życia Centralę Przemysłu Ludowego i Artystycznego – »Cepelia«, wspierając tym samym sztukę ludową i jej twórców. Tymczasem równolegle działała założona w 1926 r. spółdzielnia rękodzielnicza Ład, kontynuując najlepsze tradycje sztuki zdobniczej, niekoniecznie ludowej, co miało swoje bezpośrednie przełożenie w rzemiośle artystycznym – w projektowaniu mebli, a zwłaszcza tkanin (il. 01.). Sztuka ludowa w wydaniu muzyczno-tanecznym zespołu »Mazowsze« weszła również w do filmu do propagandowej komedii »Przygoda na Mariensztacie« (1954).

Bezpieczne było także odnoszenie się do wierzeń, legend i podań, zwłaszcza gdy dekoracje miały ozdabiać architekturę zabytkową. Uzasadnione było także znajdowanie tematów literackich, a od nich był już jeden krok do poezji, czyli poetyckości, czyli liryzmu.

Ludowość była bardzo wdzięcznym tematem, do którego zwrócono się zresztą nie po raz pierwszy w polskiej sztuce. Wystarczy przypomnieć lata dwudzieste i trzydzieste XX w., a wcześniej poszukiwanie stylu narodowego w ostatnich latach XIX w. W sztuce socrealistycznej obie strony – zleceniodawca i artyści – mogli się bezpiecznie odwołać do sukcesów polskiej sztuki ludowej sprzed wojny, uwieńczonych złotym medalem na Wystawie Paryskiej w roku 1925 przyznanym polskiemu pawilonowi z kapliczką Jana Szczepkowskiego (il. 02). Było to powodem do dumy i przepustką do większej swobody artystycznej, zwłaszcza w rzemiośle artystycznym.

W latach pięćdziesiątych wielu artystów wykształconych przed wojną w duchu art-decowskich syntez formalnych i tematycznych powróciło do swego stylu. Jan Ślusarczyk jest autorem

01. Próbki tkanin żakardowych, Helena Bukowska-Szlekys, wczesne lata pięćdziesiąte XX w.

02. Wnętrze kapliczki Jana Szczepkowskiego z pawilonu polskiego na Wystawie Światowej w Paryżu w 1925 r.

płaskorzeźb nad głównym wejściem do Ministerstwa Skarbu. Na jednej z trzech płycin (taniec, praca, hodowla) przedstawiony jest taniec ludowy.

Do tematów ludowych bardzo wyraźnie nawiązują mozaiki zdobiące cztery narożne fragmenty sufitów podcieni na MDM. Cztery pory roku w niemal klasycznym ujęciu zajęć czy prac polowych – wiosna, co prawda z postaciami z pochodu pierwszomajowego, ale pełna radości i koloru, lato z wieńcem dożynkowym, jesień może najbardziej doktrynalna tematycznie (zdawanie sprawozdania z pracy) i zima z narciarzami i pochwałą sportów zimowych.

Okazywanie uczuć tzw. zwyczajnych ludzi, ich nastrojów, subtelności ich wzajemnych relacji odnosiło się wszak do pojęcia zadowolenia czy nawet szczęścia z powodu życia w nowej socjalistycznej rzeczywistości. Takie mogło być wyjaśnienie, ale w praktyce ludzie po prostu cieszyli tym, że wojna się skończyła, że byli młodzi, kochali się, żenili i mieli dzieci.

W Warszawie w dekoracjach architektonicznych doby Socrealizmu wątki te można odnaleźć wielokrotnie. Bywa, że ludowość idzie w parze z liryzmem.

Wątek liryczny odnajdujemy niemal we wszystkich rodzajach sztuki zdobniczej. W rzeźbie najlepiej sprawdzał się w małych realizacjach – takich jak fontanna, rzeźba ogrodowa czy też wolno stojąca, zdobiąca osiedle mieszkaniowe. Przykładem niech będą tu – fontanna J. Jarnuszkiewicza na Rynku Mariensztackim czy postacie dziewcząt – z książką, z gołębiem, z kurą (il. 03). W wielu odnajdujemy cechy portretowe, jak na twarzach małych chłopców, niewielkich rzeźbach zdobiących misę ogrodową przy gmachu Sejmu (il. 04).

Szczególne miejsce zajmują malowidła i sgraffita z elewacji kamienic na Starym, a zwłaszcza na Nowym Mieście. Na kamienicy przy ul. Kościelnej 14–16 koncert muzykantów i śpiewaków z różnych epok, a tuż obok rybacy chwytają do sieci warszawską syrenę. Na Mostowej 8 młodzieniec przy blasku księżyca śpiewa swej ukochanej serenadę. Na kamienicy przy Mostowej 2 suszą się sieci rybackie i pluskają ryby, a po przeciwnej stronie matki bawią się z dziećmi na huśtawce, młodzi tańczą, a gimnastycy zmagają się w szlachetnej sportowej rywalizacji. Na uwagę zasługuje także sgraffitowy (utrzymany w trzech kolorach) fryz zdobiący ściany budynku przedszkola na Freta 20 oraz na Szerokim Dunaju polichromia przedstawiająca młodych ludzi rozprawiających ze sobą po grze w piłkę, czytających sobie wzajemnie czy po prostu puszczających latawce. Staromiejskie polichromie były częstym tematem ówczesnej prasy. Na łamach tygodnika »Stolica« regularnie zamieszczane były relacje ze spotkań z mieszkańcami (organizowanymi przy pomocy działających wówczas tzw. komitetów blokowych), wywiady z malarzami, rzeźbiarzami, z profesorami Akademii Sztuk Pięknych. Zastanawiano się nad współpracą plastyków z architektami, rozważano udział koloru w architekturze. Bardzo wiele miejsca tym rozważaniom poświęcił Prof. Bogdan Urbanowicz. Wedle »purystów« kolor miał podkreślać konstrukcję architektoniczną, tymczasem sami malarze traktując elewacje kamienic jak płótno malarskie, oczywiście z uwzględnieniem okien i drzwi, zaprzeczali takie-

03. Dziewczyna z kurą, róg ulicy Mariensztat i Bocznej, Barbara Brożyna, 1949

04. Rzeźba ogrodowa, teren Sejmu, ul. Wiejska 2/4/6, po 1955

Czasem jednak kontekst, w jakim artysta umieszcza dziecko w socrealistycznej kompozycji, zahacza o surrealizm, bo co robi mała dziewczynka z pieskiem w pochodzie pierwszomajowym (il. 05) czy nagi chłopiec na ramionach kobiety w tyle pochodu, jak to zostało pokazane na płaskorzeźbie budynku na rogu placu Konstytucji 5 i późniejszej ul. Waryńskiego.

O liryzmie można wreszcie mówić w kompozycjach przedstawiających ptaki, zwierzęta i rośliny. Jest ich trochę na Starym Mieście czy na płycinach będących fragmentami elewacji gmachu Sejmu, czy w wystroju Teatru Komedia na Żoliborzu.

Interesującym przykładem sięgnięcia po tematy zwierzęce i roślinne były kafle służące do wykładania ścian sklepów. Jednym z nielicznych już niestety przykładów jest wystrój baru mlecznego »Barbakan« na Nowym Mieście, gdzie na ścianach znalazły się, udające holenderskie, kafelki ceramiczne z gospo-

05. Pochód pierwszomajowy, płaskorzeźba na rogu ul. Waryńskiego i pl. Konstytucji 5 (MDM), 1952

06. Zegar na Rynku na Mariensztacie, J. S. Sokołowski i Z. Czarnocka-Kowalska, 1949

mu rozumieniu barwy. Jednym z atutów dekoracji malarskiej czy mozaikowej była ich taniość w porównaniu z realizacjami rzeźbiarskimi, choć niestety stroną negatywną była słabsza jakość używanych materiałów. W efekcie powstawały bardzo oryginalne realizacje, które zwłaszcza z perspektywy czasu, w bardzo prosty, niemal rozbrajający sposób udowadniają wyższość wolnego ducha twórczego nad doktryną.

Jednym z motywów »wytrychów« w dekoracjach socrealistycznych był już wcześniej przytaczany motyw dziecka. Jeśli jest ono z innymi dziećmi, w zabawie, z matką, z nauczycielką, wszystko wydaje się logiczne, tak jak dzieci przedstawione na płycinie budynku przedszkola na Mariensztacie, autorstwa Jerzego Jarnuszkiewicza. Tu wszystko jest uzasadnione, choć w swoim czasie kompozycja była krytykowana za błędy stylistyczne i zbyt mały realizm. Nie budzi zdziwienia mały chłopiec przy postaci młodej dziewczyny (autorstwa Piotra Kanna) w wieńcu na głowie, rzeźbie zdobiącej filar między oknami wystawowymi sklepu (niestety od niedawna już nie istniejącej kwiaciarni) na ul. Świętojańskiej na Starym Mieście, choć nie wiadomo, czy mała kielnia w jego ręku to narzędzie ogrodnicze czy żart.

07. Malowidło na ścianie kawiarni »Lajkonik«, pl. Trzech Krzyży 16, Jerzy Zaruba, 1955

darskimi zwierzętami. Niestety nie istnieje już sklep mięsny na Piwnej z niemal identycznymi kaflami ani bar owocowy na MDM, gdzie również ściany wyłożone były zdobionymi kaflami, ceramicznymi. Taka aranżacja ścian w lokalach gastronomicznych miała również swe mocne uzasadnienie ze względu na łatwość utrzymania czystości.

Poetyckości nie sposób nie zauważyć w drobnych realizacjach – takich jak wyposażenia sklepów. Niestety całkowicie niemal został zniszczony wystrój sklepu rybnego na pl. Zbawiciela, z mozaikami autorstwa Jerzego Gepperta czy sklepu owocowego z fryzem w Alejach Jerozolimskich. Istnieją na szczęście do dziś płyciny w jednym z kiosków przy ul. Bednarskiej na Mariensztacie przedstawiające budynek dworca kolejowego i dorożki zajeżdżające przed nim z pośpiechem, istnieją (choć przesłonięte rurami) mozaiki autorstwa Hanny Żuławskiej w barze »Złota Kurka« na Marszałkowskiej przy pl. Konstytucji, istnieje i wybija godziny zegar na Rynku na Mariensztacie – piękna kompozycja z personifikacją nocy i dnia, autorstwa Jana Seweryna Sokołowskiego i Zofii Czarnockiej-Kowalskiej (il. 06).

Obok liryzmu w niektórych realizacjach pojawia się też i humor, a nawet cięty dowcip. Trzeba tu przywołać kameralne realizacje wystroju niektórych warszawskich kawiarni, takich jak »Lajkonik« czy »Antyczna«. W pierwszej ściany niedużego wnętrza pokryte zostały malunkami i rysunkami znanych ówczesnych ilustratorów, rysowników, karykaturzystów i malarzy, pośród których znalazły się takie nazwiska, jak Eryk Lipiński, Jerzy Flisak, Henryk Tomaszewski, Hanna Gosławska (Ha-Ga) czy żyjący do dziś w Paryżu Wojciech Fangor (il. 07).

Przez ostatnie 15 lat malowidła pozostawały zakryte karton-gipsowymi ścianami. Właśnie teraz trwają prace konserwatorskie zmierzające do przywrócenia stanu pierwotnego tego unikalnego już wnętrza. W »Antycznej« ręką Jerzego Srokowskiego, znanego wówczas ilustratora i rysownika, autora scenografii do legendarnego »Kabaretu Starszych Panów«, zostały opowiedziane historie z mitów antycznych. Autor pozwolił sobie na tak nieortodoksyjne i frywolne tematy jak Leda z łabędziem, co jednak surowość obyczajowa ówczesnej cenzury zdołała przełknąć.

Niemal surrealistyczny humor odnajdujemy w polichromii Nowego Miasta. Oto warszawski sprzedawca baloników oferuje swój towar egipskiej elegantce (il. 08) – czyżby dalekie echa Zjazdu Młodzieży w Warszawie w 1955 r.?

Pośród wątków nieortodoksyjnych w stylu socrealistycznym znalazł się też wątek religijny. Pragnę tu wspomnieć o polichromii wnętrza kościoła w Starej Miłosnej, której autorami byli Wincenty Kilian i Zygmunt Wieniawa-Markiewicz (il. 09). Na ścianie prezbiterium pośród wielu postaci adorujących Chrystusa są też przedstawieni robotnicy, pełni skupienia i modlitwy, w roboczych ubraniach z narzędziami pracy w dłoniach.

Na zakończenie tego krótkiego przeglądu parę słów na temat stanu zachowania owych dekoracji i sugestie co do działań na przyszłość. Po pierwsze, obiekty sztuki socrealistycznej zbyt późno zaczęto chronić prawem. Po drugie, bardzo trud-

08. Egipska elegantka i sprzedawca baloników, polichromia, Rynek Nowego Miasta 27, Z. Artymowski i J. Węgrzynowska, 1956

09. Fragment polichromii wnętrza kościoła w Starej Miłosnej; ks. Wincenty Kilian i Zygmunt Wieniawa-Markiewicz

no jest chronić fragment w obiekcie nie wpisanym do rejestru (np. wnętrze sklepu czy fragment ściany). Po trzecie, taniość materiałów i pośpieszność wykonania – tzw. ekspresowe terminy i socjalistyczne współzawodnictwo pracy nie przyczyniały się do trwałości tych realizacji. Dotyczy to zwłaszcza malowideł na Nowym i Starym Mieście. Odpadające tynki, problem z ciekącymi dachami i rynnami, a także taniość materiałów, z jakich malowidła zostały wykonane, wołają o natychmiastową pomoc. Sprawy mają się nieco lepiej, jeśli chodzi o rzeźbę i mozaikę, chociaż niestety wiele z nich uległo zniszczeniu. Nie przetrwała mozaika zdobiąca podłogę fontanny w ogrodach prezydenckiego pałacu na Krakowskim Przedmieściu. Tutaj jednak nie tyle chodziło o nietrwałość materiału, gdyż mozaika została wykonana z fragmentów kolorowych marmurów, ale o wadliwą konstrukcję mechanizmu wodnego fontanny, umieszczonego pod jej podłogą.

W ostatnich latach na szczęście zmienił się stosunek do sztuki lat pięćdziesiątych. Obok socrealistycznej doktryny dostrzega się oryginalność projektów i rozmaitość inspiracji. Ludowość i liryzm są tylko jednymi z wielu, i są tylko starym jak świat potwierdzeniem tezy, że nawet w bardzo sztywnych ramach ideowo-formalnych jest możliwy wyłom dla wolnej myśli, ducha i talentu twórczego.

Przekazywanie na wszelkie sposoby informacji dotyczącej omawianych obiektów, jak również zwracanie uwagi na ich inny, nie tylko socjalistyczny aspekt może zmienić podejście do tego niezbyt powszechnie, choć ze zrozumiałych powodów, akceptowanego rozdziału powojennej sztuki polskiej.

Kurzfassung

Die sozialistische Kunstdoktrin lautete: »National in der Form und sozialistisch im Inhalt«. *National* wird hier nicht als *heimatliche* Kunst verstanden, mit der jahrhundertelangen kulturellen, religiösen und brauchtümlichen Tradition aller gesellschaftlichen Schichten. *Nationale* Kunst heißt hier bäuerliche Kunst. Noch viele Jahre nach der Epoche des Sozialistischen Realismus, im Herbst 1978, wurde zum 60. Jahrestag der Unabhängigkeit Polens in der Warschauer Galerie »Zachęta« eine

Ausstellung unter dem vielsagenden Titel »Volkskultur. Nationalkultur« organisiert, in der man zu beweisen suchte, dass die Volkskultur der Hauptträger nationaler Werte gewesen sei. 1950 rief das Ministerium für Kultur und Kunst die Zentrale der Volks- und Kunstindustrie (Cepelia) ins Leben, womit es zugleich die Volkskunst und ihre Künstler unterstützte. Die Volkskunst in der Musik- und Tanzversion des Ensembles *Mazowsze* gelangte mit der Propagandakomödie *Przygoda na Mariensztacie (Abenteuer in Mariensztat)* (1954) sogar in den Film. In der sozialistisch-realistischen Kunst konnten sich beide Seiten – der Auftraggeber und die Künstler – auch gefahrlos auf die Erfolge der polnischen Volkskunst aus der Vorkriegszeit berufen, die mit der Goldmedaille bei der Pariser Ausstellung 1925 gekrönt wurde (Kapelle von Jan Szczepkowski). Das war zugleich ein Grund für Stolz und der Passierschein zu größerer künstlerischer Freiheit (insbesondere beim Kunsthandwerk). Beim Thema der Darstellung menschlicher Emotionen oder subtilerer und komplizierterer Gefühle als des Kampfes um ein besseres Morgen in der Version des Arbeiter-und-Bauern-Bündnisses, bezogen sich die Künstler auf den Alltag und gaben ihren Werken oft einen lyrischen Unterton.

In Warschau kann man diese Motive häufig im architektonischen Dekor der sozialistisch-realistischen Ära finden. Es kommt vor, dass das Volkstümliche mit Lyrismus einhergeht. Als Beispiele dienen hier die stimmungsvollen, beinahe poetischen, aber auch humorvollen Szenen in den Verzierungen altstädtischer und neustädtischer Häuser (Freta 20; Rynek Nowego Miasta, 17, 27; Mostowa 8; Szeroki Dunaj 3), in den Mosaiken in der MDM (Marszałkowska-Wohnviertel), in den Sgraffiti in Mariensztat sowie in freistehenden Skulpturen und Reliefs, die einen integralen Teil der Verzierung neuer Wohnsiedlungen wie Mariensztat oder Muranów darstellen.

Lyrismus und Volkstümlichkeit in der Kunst des Sozialistischen Realismus bestätigen die These, dass sogar in einem so steifen ideellen und formellen Rahmen ein Durchbruch für freie Gedanken, kreativen Geist und Talent möglich ist.

Abstract

The socialist realism art doctrine was socialistic in content and national in form. Here, national is not understood as native art with many hundred years' old tradition of each social class, their culture, religion, customs. Here, national art means peasants' art. Many years after the end of the socialist realism epoch, in the fall of 1979, on the 60th anniversary of regaining independence by Poland, an exhibition under the meaningful title »Folk Culture. National Culture« was organized in the gallery »Zachęta in Warsaw«, which was to prove that the folk culture was the main carrier of national values. In 1950 the Ministry of Culture and Art brought into being the Center of Folk and Artistic Industry »Cepelia« to promote folk art and its creators. Folk art in its musical and dancing form by the folk group »Mazowsze« also appeared in film – a propaganda comedy »Przygoda na Mariensztacie« (Adventure in Marienstadt, 1954). In socialist realism art both parties – commissioner and artists – could safely refer to the pre-war successes of Polish folk art, crowned with a gold medal at the Paris Exposition of 1925 (Jan Szczepkowiski's Nativity Shrine). It was the reason to be proud and served as a pass to a greater artistic freedom (especially in craftwork). In order to show human emotions and feelings more subtle and complex than the struggle for a better tomorrow according to the worker-peasant alliance, artists referred to commonplaceness, often tinting it with lyricism.

This trend can often be found in the architectonic decorations of the socialist realism time in Warsaw. It happens that folklore and lyricism go together. The examples are romantic, almost poetic but also humorous scenes in the decorations of the apartment houses in the New and Old Towns (Freta 20; Rynek Nowego Miasta, 17, 27; Mostowa 8; Szeroki Dunaj 3), mosaics in MDM, sgraffitos in Marienstadt, free-standing sculptures and reliefs which constitute an integral part of decoration of new housing estates such as Marienstadt or Muranów.

Folklore and lyricism in the socialist realism art confirm the thesis that a breach for free thought, spirit and creative talent is possible even in very rigid ideological and formal frames.

Bibliografia

Wczoraj i dziś Starego Miasta, »Stolica« nr 11, 1951.

S. Rassalski: *Mozaiki warszawskie*, »Stolica« X, 1952.

S. Rassalski: *Sgraffito i mozaika*, »Stolica« nr 23, 1953.

Forma i detal, »Stolica« nr 27, 1953.

Rzeźby dla otoczenia Pałacu Kultury, »Stolica« nr 17, 1955.

Dookoła kolorów , »Stolica« nr 27, 1956.

M. Kuzma: *Nowomiejskie nowości*, »Stolica« nr 30, 1956.

J. Szczepińska, *Jan Szczepkowski*, Warszawa 1957.

Joanna Kania, *Powojenne polichromie Starego i Nowego Miasta w Warszawie*, katalog wystawy »Powinność i bunt«, ASP, Warszawa 2004.

Renowacje i zabytki, Nr 3, 2005 (50 lat Pałacu Kultury i Nauki w Warszawie).

II.

Sozialistischer Realismus, Nationale Tradition, Sozialistische Moderne – Bau- und Gartendenkmale der Hauptstadt der DDR

Socrealizm, tradycja narodowa, socjalistyczny modernizm – zabytki architektury i sztuki ogrodowej w stolicy NRD

Socialist Realism, National Tradition, Socialist Modernism – Architectural and Landscape Heritage of the Capital of the GDR

Auferstanden aus Ruinen – Leitprojekte der Nationalen Tradition im Wiederaufbau ostdeutscher Städte

Powstały z ruin – wiodące projekty tradycji narodowej w odbudowie miast wschodnioniemieckich

Arisen from Ruins – National Tradition Flagship Projects in the Reconstruction of East German Cities

Sigrid Brandt

Städtebauliche Leitprojekte

Noch gegen Ende des 19. Jahrhunderts waren es vor allem Denkmalbauten, an denen sich die Frage nach den nationalen, nach deutschen Traditionen entzündete. Die Geschichte des Völkerschlachtdenkmals in Leipzig ist geeignet, schlaglichtartig die Wege zu veranschaulichen, die ein Denkmal von seinem sinngebenden Ereignis nationaler Geschichte bis zum schließlich vollendeten Werk genommen hat. Bruno Schmitz, der Hauptmeister des Denkmalbaus in der Zeit nach der Gründung des Deutschen Reiches, zeichnete nach langen, über das Jahrhundert reichenden Phasen der Planungen und Entwürfe (Friedrich Weinbrenner hatte bereits 1814 einen geliefert) für eine großräumige Denkmalanlage verantwortlich, die nun vor allem eins auszeichnete: die außerordentliche, die machtberedte Geste.[1]

Die zeitlich parallelen städtebaulichen Entwürfe für den Berliner Spreebogen aus dem Wettbewerb von 1910 lieferten einen ebenso kaiserzeitlichen Beitrag zur Frage des Deutschen auf einem Feld, das bis dahin noch kaum im Blickpunkt des nationalen Interesses gestanden hatte, dem Städtebau: In prächtiger, imperialer Geste sollte ein Deutsches Forum entstehen, dem Albert Erich Brinckmann mit der Würdigung barocker Stadtbaukunst das städtebauliche Vokabular lieferte und das von Werner Hegemann mit dem Gedanken der »Monumentalstadt« unterstützt wurde. Die Visionen brachte der Erste Weltkrieg zu Fall, auch solche, die mit Hochhäusern als Platz-Dominante arbeiteten (Abb. 01).

01. Wettbewerb Groß-Berlin, 1910, Vorschlag zur Umgestaltung des Königsplatzes von Joseph Brix und Felix Genzmer

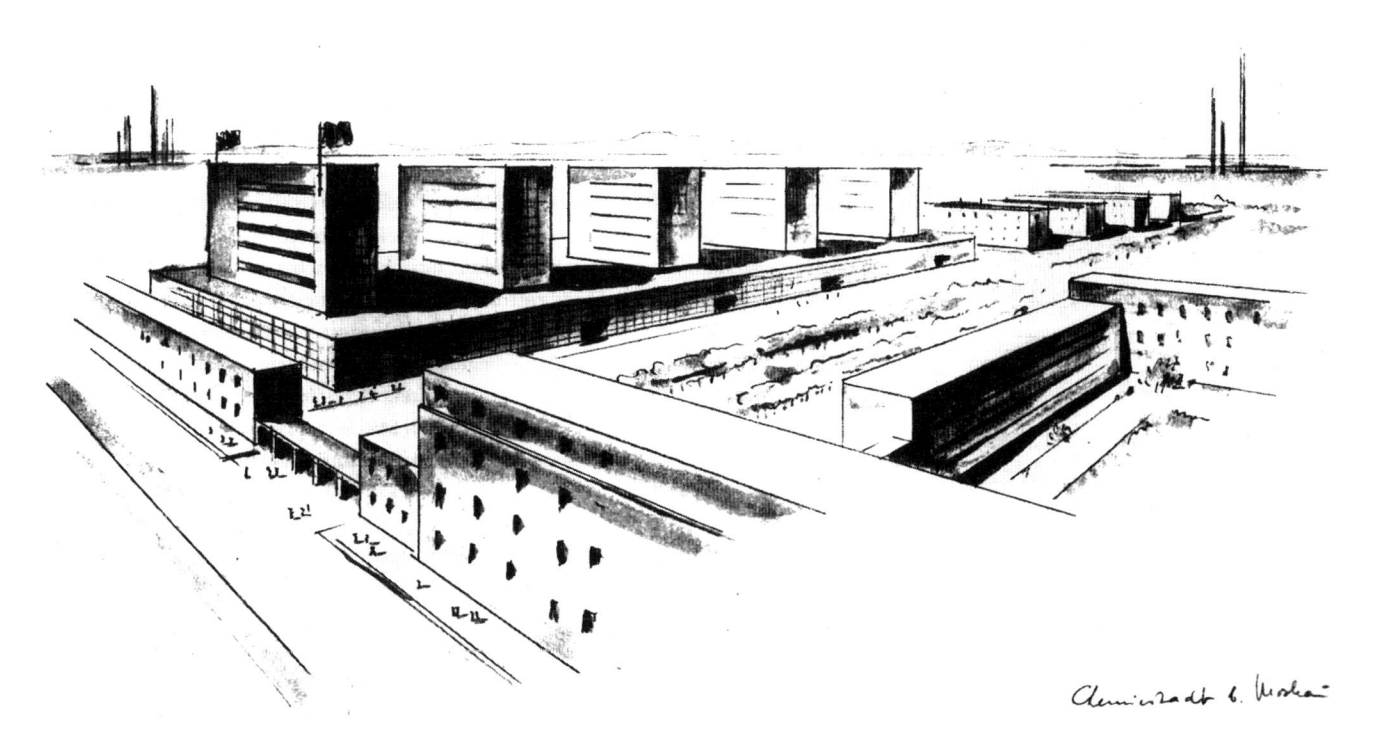

02. Entwurf für eine Chemiestadt bei Moskau, Fritz Jaspert 1932

03. Moskau, Manegeplatz nach der Umgestaltung 1938, rechts das Hotel »Moskau«

04. Entwurf für die Bebauung Friedrichshain, Hans Mucke und Edmund Collein 1946

Der Historiker Hagen Schulze hat darauf hingewiesen, dass die Weimarer Republik nicht vermochte, Symbole zu entwickeln, die die Ideen der liberalen parlamentarischen Demokratie im Denken der Bevölkerung emotional entzündet und gestützt hätten. »Daß die Weimarer Demokraten als Erben der spätbürgerlichen Aufklärung des neunzehnten Jahrhunderts geglaubt haben, die gefährdete Demokratie könne, ja müsse sogar ohne sinngebende expressive Symbole, ohne den Appell an die Gefühle bestehen, dürfte einen schwer im einzelnen zu bestimmenden, aber doch wesentlichen Grund ihrer Schwäche ausgemacht haben.«[2]

Wie sich nach dem Ersten Weltkrieg zwei völlig verschiedene Gesellschaftssysteme in ihren architektonischen Vorstellungen sehen wollten, wird gegen Ende des Jahrzehnts von einer Zäsur bestimmt, die nicht auf politischem, sondern wirtschaftlichem Gebiet liegt: der Schwarze Freitag im Herbst 1929 bedeutete das Ende aller ungebremsten Fortschrittsutopien. Nach dem kurzen Versuch, einen neuen Staat mit einer auch neuen, im Sinne der Zeit modernen Architektur zu präsentieren, schwenkt die Sowjetunion in diesem globalen Klima der Unsicherheit 1930 auf eine Architektur der nationalen Traditionen ein.

Die Enttäuschung über das abrupte Ende nicht nur in avantgardistischen Architektenkreisen war gewaltig. Den Weg in die nationalen Traditionen, wie ihn die Sowjetunion seit 1930 einschlug, kommentierte jedoch Hannes Meyer, selbst euphorisch zu Beginn der 1930er Jahre in Moskau tätig und seit 1936 zurück in der Schweiz: Er traf den Kern dieser Neuorientierung. An Carola Bloch-Pjotrkawska, Frau von Ernst Bloch, schreibt er 1937: »Ich bin, wie sie sicher wissen, völlig einverstanden mit der ›nationalen schwenkung‹, welche die architektur […] drüben nehmen muß. Das ist einfach eine politische notwendigkeit in einer welt, in der die ›nationalen belange‹ zur rüstung der kulturellen verteidigung geworden sind.«[3] In Russland waren die Bau-Ideen der Deutschen beargwöhnt und nicht zuletzt die kühle Formgebung der geplanten Städte als »fremd« abgelehnt worden (Abb. 02).

Architektur und Städtebau: das war nun zu einer Frage des politischen Überlebens geworden, und wie ein anderer, monu-

05. Dresden, Entwurf Wiederaufbau, Hanns Hopp 1945

mentaler, am Historischen orientierter Städtebau zu bewerkstelligen sei, das konnte man bei anderen Deutschen lernen. 1935 wurde »Platz und Monument«, die wirkmächtige Schrift Albert Erich Brinckmanns von 1908 – er war bis 1935 an der Friedrich-Wilhelms-Universität Berlin tätig –, ins Russische übersetzt (Abb. 03).[4]

Lange wurde die Idee zu einer Architektur der nationalen Traditionen in der jungen DDR vor allem dem Import aus der Sowjetunion zugeschrieben. Besonders die Reise einer Delegation deutscher Architekten nach Moskau im April und Mai 1950, in deren Ergebnis die Formulierung der 16 Grundsätze des Städtebaus stand, schien geeignet, die besondere Einflussnahme der Besatzungsmacht deutlich zu machen. Mit dem sowjetischen Interesse an Brinckmanns Schrift erscheint das Leitbild der schönen und vor allem monumentalen deutschen Stadt jedoch gewissermaßen als Re-Import ureigenster, seinerzeit reformerischer Ideen nach der Jahrhundertwende.

Stalins nationales Denken gründete dabei prinzipiell auf einer politischen Erfahrung der Zeit nach dem Ersten Weltkrieg. Den damaligen Hoffnungen zum Trotz war eine sozialistische Revolution in größerem Umfang nicht zu erwarten gewesen. Mit der neuen, keineswegs internationalen Formel: durch Nationalismus zum Sozialismus, konnte die sowjetische Politik auf die Gründung der Nationalstaaten in Europa nach 1918 reagieren. Der Kampf gegen Hitlerdeutschland, in Anspielung auf den Krieg gegen Napoleon der »Große Vaterländische Krieg« genannt, wurde nicht mehr im Sinne eines internationalen Antifaschismus gekämpft, sondern um Heimat und Vaterland. Dass man sich nach dem Krieg trotz der Verheerungen des Nationalsozialismus von nationalen Ideen auch als Besatzungsmacht im besetzten Deutschland nicht verabschiedete, blieb politisches Kalkül.

06. Rostock, Lange Straße, Blick vom Turm der Marienkirche, nach Nordwesten, Aufnahme um 1967

In den städtebaulichen Vorstellungen wurden nun Entwürfe, die sich an Ideen der internationalen Zwischenkriegsmoderne anlehnten, zunehmend zurückgedrängt (Abb. 04).
Der Wettbewerb zur Berliner Stalinallee 1951 sollte zum Signal werden und wurde, wie auch spätere städtebauliche und ar-

07. Singakademie, nach dem Wiederaufbau, Aufnahme um 1947

chitektonische Fragen, mit großem publizistischem Aufwand begleitet. Der preisgekrönte Entwurf lieferte weiträumige Plätze und platzartige Aufweitungen an einer großstädtisch gedachten Achse, die ihre neuen Dimensionen nicht zuletzt den Überlegungen zu Fließ- und Standdemonstrationszügen verdankte.

Der unter dem unmittelbaren Eindruck des Kriegsendes entstandene Entwurf von Hans Hopp ist Dresden erspart geblieben (Abb. 05). Er hätte lediglich Ruinenreste übrig gelassen und die Stadt mit einer rasterförmigen Wohnbebauung überzogen. Hier begann – wie in den anderen Aufbaustädten Rostock, Magdeburg und Leipzig – 1953 der Aufbau des zentralen Platzes nach Entwürfen von Johannes Rascher. Noch vier Jahre später, 1957, ist die Innenstadt bis auf diesen Beginn weithin ein wüster Ort. Der in Hopps Planungen völlig ignorierte Altmarkt wurde in seiner Lage nun akzeptiert, jedoch beträchtlich erweitert. Zum städtebaulichen und architektonischen Programm gehörte ein Hochhaus an dessen nördlicher Seite, das nie gebaut und später durch den Kulturpalast ersetzt wurde.

Die Messestadt Leipzig, von Zerstörungen seit 1943 schwer gezeichnet, gehörte nach Dresden zu den besonders förderungswürdigen Städten der gerade gegründeten DDR. In den unmittelbaren Nachkriegsjahren hatte sich hier eine pragmatisch am innerstädtischen Messebetrieb orientierte Wiederherstellung der zerstörten Altstadt durchgesetzt, der weiträumig zerstörte Augustusplatz war geeignet, die späteren Anforderungen an einen zentralen Platz zu erfüllen. Die wichtigste städtebauliche Aufgabe im Sinne der 16 Grundsätze fand sich im Ausbau des Promenadenrings, in der Bebauung des Roßplatzes südlich der Altstadt: Auch dieser war schwer zerstört worden. Der Grundsteinlegung vom August 1953 ging wie in Berlin, Dresden und Rostock ein städtebaulicher Wettbewerb voran, den das Kollektiv Rudolf Rohrer für sich entschied. Dabei wurde das erhalten gebliebene Europahochhaus von 1929 in die Neubebauung eingebunden. Charakteristisch sind die weit von der Straße zurückversetzten Wohnhäuser, blockhaft geschlossen, die hier dem Schwung des Promenadenrings folgen. Ebenso charakteristisch auch für die anderen Städte sind Läden in der Erdgeschosszone, darüber befindliche Wohnungen – und, dass das Ensemble Torso blieb. Der Richtungswechsel in Städtebau und Architektur der DDR Mitte der 1950er Jahre hat nicht zuletzt dazu geführt, die Bautätigkeit an die Ränder der Städte zu ziehen und deren innere Räume sich selbst zu überlassen.

Im 1942 schwer zerstörten Rostock wurde der Grundstein zum »Nationalen Aufbauwerk« im Januar 1953 gelegt. Die städtebauliche Idee ist ganz unmittelbar aus der Berliner Magistrale abgeleitet: ein breiter Straßenzug mit platzartigen Erweiterungen, wobei die bestehenden Parzellen vollständig überformt werden, zielt auf einen repräsentativen Stadtumbau. Auch hier wird neben der Überschreibung der bestehenden Parzellen ein historischer Platz, der Neue Markt, den neuen städtebaulichen Dimensionen angepasst. Die verbliebenen Häuser an der Nordseite wurden abgerissen, um den Markt direkt an die monumental geplante Lange Straße anbinden zu können (Abb. 06).

Für die städtebaulichen Leitbilder der frühen 1950er-Jahre müsste über diese Beispiele hinaus auf Magdeburg hingewiesen werden. Die zu 80 % in Trümmern liegende Stadt erhielt einen neuen zentralen Platz, der »Weiträumigkeit und Großzügigkeit als Wesensmerkmal sozialistischen Stadtzentrums« zeigen sollte.[5] Ebenso darf Neubrandenburg nicht unerwähnt bleiben, das mit moderaten Änderungen auf dem alten Stadtgrundriss aufgebaut wurde.

Architektonische Leitprojekte

Als architektonisches Leitprojekt schlechthin der Nachkriegsdiskussion um den Weg der deutschen Architektur in der jungen DDR wird heute vor allem ein Bau angesehen: das Hochhaus an der Weberwiese von Hermann Henselmann. Nach großen Auseinandersetzungen zustande gekommen, stellte es die Weichen für das Bauen in den kommenden Jahren.[6]

Vor dem Hintergrund der städtebaulichen Diskussionen liegt der eigentliche Leitbau der nationalen Traditionen jedoch an anderer, sehr prominenter Stelle: Unter den Linden. Die sowjetische Botschaft wurde bereits im April 1948 entworfen – lange also bevor mit den 16 Grundsätzen des Städtebaus die zukünf-

08. Dresden, Altmarkt, Blick auf die Westseite, 1956

09. Staatsoper Berlin, Großer Saal in der Neufassung von Richard Paulick, 2008

tige und, wie sich herausstellte, kaum mehr als ein halbes Jahrzehnt währende, Leitvorstellung des Bauens in der jungen DDR fixiert wurde. Ein ebenfalls sehr früher Leitbau steht an nicht weniger prominenter Stelle: nördlich der Schinkelschen Wache Unter den Linden. Die im Krieg zerstörte Singakademie wurde unmittelbar auf Veranlassung der Sowjetischen Militäradministration 1947 als Teil des angrenzenden Palais am Festungsgraben, nun Haus der Kultur der Sowjetunion, wiedererrichtet (Abb. 07). Gemeinsam mit der sowjetischen Botschaft war dies ein erstes Richtungszeichen im Sinne einer Hinwendung zum fortschrittlichen kulturellen Erbe, dessen Pflege man sich auf die Fahnen schrieb, das sich jedoch nicht innerhalb kurzer Zeit durchsetzen ließ. Ebenso wenig klar und zielstrebig war, das wird gern und schnell übersehen, die Entwicklung in den westlichen Besatzungszonen, auch hier bedurfte es einiger Zeit, bis sich das Anknüpfen an die Zwischenkriegsmoderne als neuer »Stil« etablieren konnte.[7]

Am Schluss der Architektur der nationalen Traditionen steht die Leipziger Oper von Kunz Nierade – ein Anachronismus nun, der aus der vollzogenen Wende im Bauwesen in zurückhaltend-feierlicher Schlichtheit hervorragt.

Architektur der nationalen Traditionen – das bedeutete auch die Suche nach lokalen Bezugspunkten. In Berlin sollte es vor allem die klassizistische Tradition sein, die von Richard Paulick, Hermann Henselmann und Karl Souradny im architektonischen Detail »schöpferisch weiterentwickelt« wurde. Fensterspiegel, Mäanderbänder und Kapitellformen sind dabei in ganz eigenwilliger Weise frei entwickelt, sie bleiben in einem historischen Kontext, gleichwohl abstrakt und ohne dass sie auf ein konkretes Vorbild verweisen würden. In Dresden stand erwartungsgemäß die barocke Tradition der Stadt im Vordergrund. Die Aufnahme mit dem Blick auf die Westseite des Altmarktes, der Festschrift der Stadt zum 750-jährigen Jubiläum entnommen, lässt sich den beziehungsreichen Blick auf den schlichten Dachreiter – an etwa dieser Stelle stand das alte Rathaus aus der Mitte des 18. Jahrhunderts – nicht entgehen (Abb. 08).

In Leipzig galt es, an die Tradition der Bürgerhausarchitektur anzuknüpfen: Über den bestimmenden Arkadenzonen der Erdgeschosse wurden den Wohnhäusern mehrgeschossige Erker vorgelagert, im ersten Obergeschoss erhielten die Fenster gesprengte Giebel. In Rostock schließlich stand nach anfänglich klassizistischem Vokabular die norddeutsche Backsteingotik als regionaler Bezugspunkt im Vordergrund. Auch in kleineren Städten – Frankfurt/Oder, Zerbst oder Calbe – wirkte die verbindliche Orientierung, wenngleich sie in oft sehr viel zurückhaltenderer Form umgesetzt wurde.

Ein ganz eigenes Kapitel, dem nachzugehen sich an dieser Stelle verbietet, ist der Wiederaufbau zerstörter historischer Gebäude, vor allem, aber nicht nur in Berlin. Oper, Kronprinzenpalais, Prinzessinnenpalais, Deutsches Historisches Museum, Altes Museum, Schinkels Wache, die Hedwigskathedrale, in Dresden die Sempergalerie – dies wurde als Kulturaufbau, als Friedenskampf in einer Zeit höchster politischer Anspannung verstanden. Der Wiederaufbau der zerstörten Staatsoper gründete dabei ebenfalls auf grundsätzlichen städtebaulichen Überlegungen, hier vor allem der Korrektur jüngster Veränderungen, die das Forum Fridericianum – Richard Paulick nennt es in seinen Überlegungen »Neues Forum« oder auch »Berliner Forum« – beeinträchtigt hatten. Das Projekt war ein vor allem deutschlandpolitisches, das nur vor dem Hintergrund der angestrebten Einheit der beiden deutschen Staaten gesehen werden kann. Das Opernhaus war noch vor den Opernhäusern in Wien und Hamburg fertiggestellt, die Eröffnung mit Wagners »Meistersingern« am 4. September 1955 wurde u. a. von Radio Moskau, BBC London, von Radiostationen in Paris, Warschau, Budapest und Prag direkt übertragen.

Für den Ausbau des Großen Saales in historischen Formen hatten sich nicht zuletzt Erich Kleiber und Walter Felsenstein ausgesprochen. Paulick reduzierte den Langhansschen vierrangigen Innenraum zugunsten des Entwurfs von Knobelsdorff mit drei Rängen und entwarf im Detail eine Architektur, die geschickt und zurückhaltend historisierend mit architektonischen Motiven des Vorbilds arbeitete (Abb. 09). Dieser Innenraum, der im Wesentlichen unverändert erhalten war, ist seit Kurzem zerstört. Der Grund dafür ist die für einen barocken Opernraum charakteristische kurze Nachhallzeit. Daniel Barenboim hätte gern statt der 1,3 Sekunden einen Nachhall von 1,7. Dafür wird, nach mehreren Wettbewerbsentwürfen und langen Diskussionen, die Decke um vier Meter angehoben. Längere Nachhallzeiten sind gut, um die Klangmassen Richard Wagners unterzubringen. Man darf gespannt sein auf 2014 – das Wagner-Jubiläum liegt dann bereits ein Jahr zurück – und darauf, ob die gewünschte akustische Ertüchtigung des Raumes auch tatsächlich Realität geworden ist. Die erst gut einhundert Jahre alte Wissenschaft von der Akustik lehrt vor allem eins: Bei aller noch so verfeinerten Rechentechnik und noch so gewissenhafter Modellerprobung – man sehe nur auf die nachträglichen Einbauten in Scharouns Philharmonie seinerzeit – ist ein gut klingender Raum noch immer ein Glücksfall.[8]

Streszczenie

Za wiodący projekt w dyskusji powojennej nad drogą architektury niemieckiej w młodej NRD uznana być może niezaprzeczalnie tylko jedna budowla: wieżowiec przy Weberwiese autorstwa Hermanna Henselmanna. Powstały po wielkich konfrontacjach, ustanowił on kierunki budownictwa na kolejne lata. Ostatnim wykonanym obiektem tej tak zwanej architektury tradycji narodowych jest Opera Lipska autorstwa Kunza Nierade – anachronizm wyróżniający się wstrzemięźliwie uroczystą prostotą z dokonanego zwrotu w budownictwie. W ciągu kilku dzielących je lat miał miejsce początek tak kosztownych, jak prestiżowych przedsięwzięć: Lange Straße w Rostocku, Roßplatz w Lipsku, plac Centralny w Magdeburgu, Stary Rynek w Dreźnie. Ostatnie dwa stanowiły najnowsze z tych inwestycji, kamienie węgielne położono dopiero 10 maja 1953 r. w Magdeburgu i 31 maja 1953 r. w Dreźnie. Odbudowa Neubrandenburga czy też mały projekt Wilhelm-Staab-Straße w Poczdamie również zasługują na wspomnienie. Do kontekstu tego należy również krytyczna odbudowa zniszczonych historycznych budynków na ulicy Unter den Linden jak i drezdeńskiej Semper-Galerie. Jak konfliktowe nie byłyby spory o zasadnicze pozycje aż po szczegóły wykonania w poszczególnych przypadkach, wszystkie projekty podlegały Szesnastu Zasadom Urbanistyki wyrażonych w potrójnie stopniowanym akordzie: wyraz znajdować miały »ustrój społeczny Niemieckiej Republiki Demokratycznej, następnie postępowe tradycje narodu niemieckiego i w końcu odbudowa całych Niemiec«.

Przez długi czas ideę tradycji narodowej w młodej NRD przypisywano importowi ze Związku Radzieckiego. Z najnowszych badań, zwłaszcza tych prowadzonych przez Ulricha Reinischa, wiemy również o wielkiej uwadze, jaką darzono niemiecką historię urbanistyki po stronie radzieckiej już w latach trzydziestych XX w. i która teraz trafiła jako reimport do kraju swego pochodzenia. Już na początku lat dziewięćdziesiątych Simone Hain wskazywała z drugiej strony na wzmiankowane zmiany kursu w CIAM, w których żądano większych związków z przeszłością. Jeżeli dodatkowo uwzględnimy, że również dyskusja w zachodnioniemieckiej architekturze nie przebiegała wcale tak monolitycznie pod znakiem modernizmu, jak mogłoby się czasem wydawać, to kwestia tradycji narodowych na początku lat pięćdziesiątych nie jest wyłącznie kwestią wschodnioniemiecką, lecz zasadniczo ogólnoniemiecką. Zaprzężone do polityki wielkich mocarstw wątki tematyczne przebiegają to tu, to tam, nie zważając na granice systemów.

Abstract

There is only one building that can be seen as the epitome of flagship projects in the post-war discussion about the course of German architecture in the young GDR, and that is Hermann Henselmann's Weberwiese high-rise. Constructed after major debates, it set the course for the building work of the following years. Kunz Nierade's Leipziger Opera is the final chord of this architecture in the national tradition; it is an anachronism that stands out in its reserved and measured simplicity from the change that has taken place in architecture.

The intervening years saw the beginning of complex and prestigious projects: the Lange Straße in Rostock, the Roßplatz in Leipzig, the Zentrale Platz in Magdeburg, and the Altmarkt in Dresden. The last two of these projects were also the most recent, the cornerstones not being laid before 10 May 1953 in Magdeburg, and May 31 of the same year in Dresden.

The rebuilding of Neubrandenburg or the small project for the Wilhelm-Staab-Straße in Potsdam can also be called to mind. The critical rebuilding of the devastated Unter den Linden structures falls in the same context, as does that of the Semper-Galerie in Dresden. However vehement the struggle to determine the fundamental positions – even down to details in implementation – may have been, all the projects subscribed to the sixteen principles of town planning, which open with a rising programmatic triple chord: intending to express »the social system of the German Democratic Republic, followed by the progressive traditions of the German people and at last the reconstruction of the whole of Germany.«

For a long time it was held that the concept of architecture in the national tradition had been imported – predominantly from the Soviet Union. The latest research, particularly that of Ulrich Reinisch, shows with what attention the Soviet side was already following the historiography of German urban planning in the early 1930s, which was now reaching its land of origin as a re-import. Simone Hain, on the other hand, had already noted in the early 1990s the calls in the CIAM for changes of direction demanding more connection to the past. Accepting that the West German architecture debate was not so monolithically influenced by modern architecture as may sometimes appear, and how intensively the German architectural debates of the time related to one another, in the early 1950s the question of the national tradition, of a German architecture, was not only an East German, but basically a German question. Roped into the Great Powers' policies, professional connections ran in all directions and took no account of the systems' borders.

Anmerkungen

1 Vgl. dazu: Karl-Heinz Hüter, Architektur in Berlin 1900–1933, Dresden 1988, S. 46 f.

2 Zitiert nach: Christian Welzbacher, Die Staatsarchitektur der Weimarer Republik, Berlin 2006, S. 9 f.

3 Werner Durth u. a., Ostkreuz, Personen, Pläne, Perspektiven (Architektur und Städtebau der DDR, Bd. 1), Frankfurt am Main / New York 1998, S. 41.

4 Vgl. dazu: Ulrich Reinisch, Brinckmanns »Platz und Monument« von 1908 und die ideale Stadtform des Sozialismus. Forschung und Lehre zur ›Stadtbaukunst‹ an der Friedrich-Wilhelms- und Humboldt-Universität, in: In der Mitte Berlins. 200 Jahre Kunstgeschichte an der Humboldt-Universität, Berlin 2010, S. 257–272.

5 Hans Berger, Magdeburg. Klassenkampf der Dominanten. In: Neue Städte aus Ruinen. Deutscher Städtebau der Nachkriegszeit, hrsg. v. Klaus von Beyme u. a., München 1992, S. 307.

6 Noch vor dem Hochhaus an der Weberwiese entstand die Deutsche Sporthalle von Richard Paulick, die heute aus dem Bewusstsein nicht zuletzt deshalb geschwunden ist, da sie aufgrund massiver Bauschäden – für den in nur 148 Tagen entstandenen Bau hatte man zu viel improvisieren müssen – zwanzig Jahre später abgerissen wurde.

7 Vgl. dazu: Architektenstreit. Wiederaufbau zwischen Kontinuität und Neubeginn, hrsg. v. Susanne Anna, Düsseldorf 2009.

8 Vgl. dazu: Rhythmus. Harmonie. Proportion. Zum Verhältnis von Architektur und Musik, hrsg. v. Sigrid Brandt und Andrea Gottdang, Worms 2012, insbesondere den Artikel von Sabine von Fischer: Konzerträume, ›von Gesang imprägniert‹? Kontroversen um die Verwissenschaftlichung der Töne im 20. Jahrhundert, S. 117–122.

Schaufenster des Ostens – Schaufenster des Westens. Berlins Nachkriegserbe

Witryna Wschodu – witryna Zachodu. Powojenne dziedzictwo Berlina

Showcase of the East – Showcase of the West. Berlin's Post-War Heritage

Jörg Haspel

»Berlin ist viele Städte«, so hat es der frühere Berliner Senatsbaudirektor Hans Düttmann einmal formuliert. Diese Feststellung gilt nicht nur für die 1920 nach Groß-Berlin eingemeindeten sechs Städte und 59 Dörfer sowie 27 Güter der Region, sondern diese Feststellung schließt auch den Charakter Berlins als geteilte Doppelstadt mit ein.

Berliner Denkmaltopographie – ein dualistisches Nachkriegserbe?

Berlin verdankt seine städtebauliche und architektonische Physiognomie nicht zuletzt den Ergebnissen des Wiederaufbaus und des Neuaufbaus nach 1945. Das gilt sowohl für das historische Zentrum der Stadt, als auch für großflächige Wiederaufbaugebiete oder neue Wohnsiedlungsareale. In der Denkmalliste von Berlin, wo etwa 8.000 Denkmalpositionen verzeichnet sind, spiegelt sich dieser prägende Charakter der Nachkriegsbautätigkeit für das Stadtbild ebenfalls wieder. Zwar stammen nicht einmal zehn Prozent aller eingetragenen Denkmale von Berlin aus den Jahren nach 1945, dennoch bildet die Denkmaltopographie den widersprüchlichen Doppelcharakter ab, den Berlin im Kalten Krieg als Zentrum der Systemkonkurrenz und der Ost-West-Spannungen annahm. Die Spaltung Deutschlands durch den Eisernen Vorhang hat gewissermaßen »Zwei deutsche Architekturen 1949–1989«, so ein Ausstellungstitel nach der Wiedervereinigung, hervorgebracht. Berlin, im Brennpunkt des Ost-West-Gegensatzes gelegen, hat als einzige Stadt in der Welt an diesen zwei Architekturen teil, den Bauten der sogenannten Nationalen Tradition und des Sozialistischen Realismus, aber auch der Ost-Moderne oder der sozialistischen Moderne im ehemaligen sowjetischen Sektor ebenso wie an

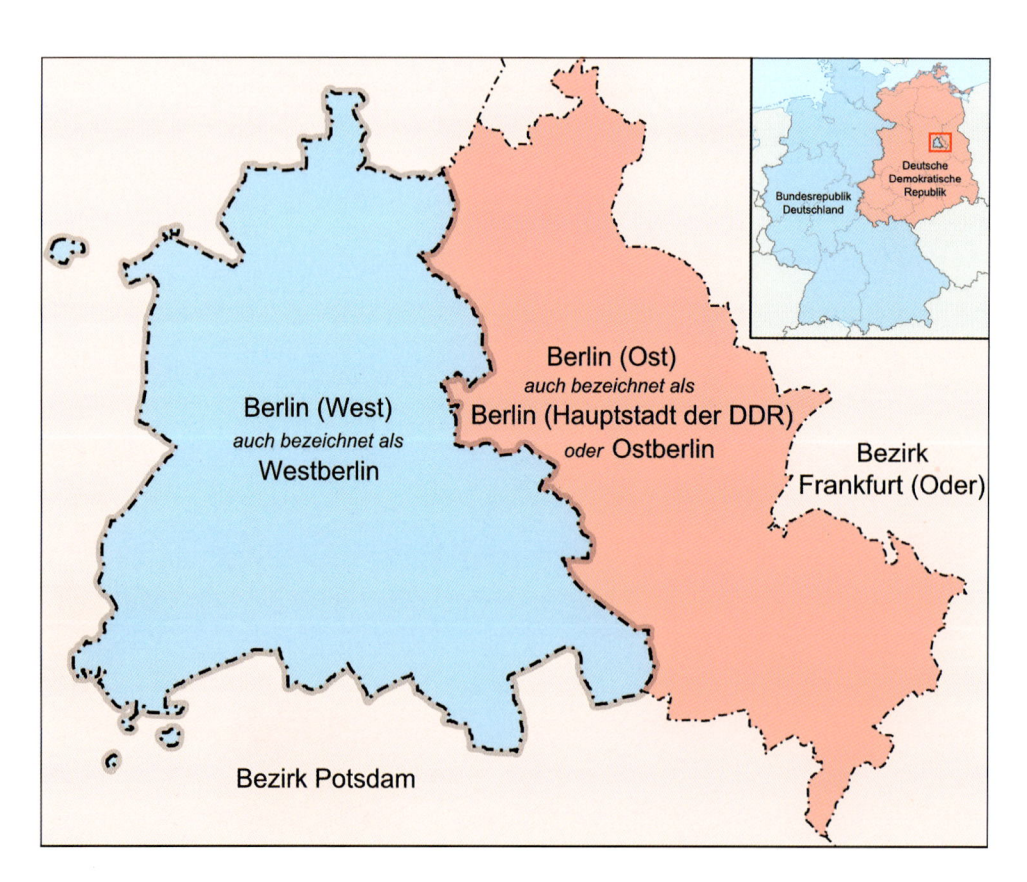

01. Berlinkarte nach 1949 mit den drei Westsektoren und dem sowjetischen Sektor im Osten

den Bauten der West-Moderne oder Nachkriegsmoderne der westlichen Welt. Das Denkmalprofil der Stadt spiegelt diesen Ost-West-Gegensatz gelegentlich sinnfällig wider, etwa im Vergleich der sowjetischen Ehrenmale und Soldatenfriedhöfe mit Soldatenfriedhöfen der West-Alliierten; der Industrie- und Handelskammer der DDR mit der Industrie- und Handelskammer von West-Berlin; der Magistralenbebauung entlang der Karl-Marx-Allee (früher Stalinallee) und dem frei in der Stadtlandschaft komponierten Hansaviertel; dem Rondell mit Kreisverkehr und Wasserspiel am Strausberger Platz in Friedrichshain und am Ernst-Reuter-Platz in Charlottenburg; der Lichtspielhausarchitektur und den Premierenkinos vom »Zoopalast« im Westen und vom »Kino International« im Osten; dem »Café Kranzler« am Kurfürstendamm und dem »Café Moskau« an der Karl-Marx-Allee; den Bürohausscheiben des Telefunkenhochhauses und des Hauses des Lehrers oder der westlichen Kongresshalle mit ihrer sattelförmigen Dachkonstruktion im Tiergarten und der östlichen Kongresshalle am Alexanderplatz mit der überwölbenden Schalenkuppel.

Sozialistischer Realismus – ein sowjetisches Erbe?

Die Architektur des Sozialistischen Realismus, wie sie im Ostblock nach dem Vorbild der Sowjetunion anzutreffen ist, hat auch in Berlin ihren Niederschlag gefunden. Besonders ein-

02. Sowjetisches Ehrenmal im Treptower Park (Jakob Belopolski u. a., 1947–48)

03. Lageplan Karl Marx-Allee (früher Stalinallee) mit den drei Ausbaustufen 1949–51, 1951–54 und 1959–1965

Schaufenster des Ostens – Schaufenster des Westens. Berlins Nachkriegserbe | Jörg Haspel

04. Karl-Marx-Allee (früher Stalinallee), Laubenganghaus der »Wohnzelle Friedrichshain« (1949–51, Kollektiv Ludmilla Herzenstein)

05. Karl-Marx-Allee (früher Stalinallee) im Jahr 1953

drücklich sind die großen Sowjetischen Ehrenmale (Treptow, Tiergarten und Pankow), aber auch die Sowjetische Botschaft Unter den Linden. In Analogie zu dem Ausstellungstitel »Geschenke der Amerikaner – das Architekturerbe der Alliierten-Präsenz in West-Berlin« könnte man in diesem Fällen von »Geschenken der Sowjets« und einem »Architekturerbe der Alliierten-Präsenz in Ost-Berlin« sprechen, wenn nicht sogar von »gebauten Geschenken Josef Stalins« in Berlin.

Nationale Tradition – ein fortschrittliches regionales Erbe?

Mit dem städtebaulichen und architektonischen Leitbild der »Nationalen Traditionen«, wie sie seit 1950 in der DDR und Ost-Berlin proklamiert wurde, konnte die Bau- und Architekturpolitik im sozialistischen Teil Deutschlands sich zunächst aber einmal wenigstens rhetorisch gegen den Vorwurf der kulturellen Russifizierung oder Sowjetisierung wappnen. Zugleich ließ sich damit der Anspruch verbinden, nationale und regionale

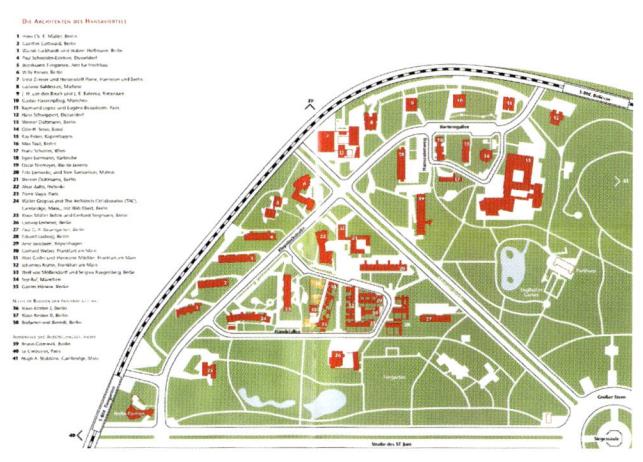

07. Lageplan Hansaviertel und Architekten der Interbau 1957

Architekturtraditionen gegen eine internationale Nivellierung oder gar Amerikanisierung deutscher Nachkriegsstadtbilder zu behaupten. Die Abkehr von Formen der Zwischenkriegsmoderne, wie sie die ersten Wohnhäuser der späten 1940er Jahre an der früheren Stalinallee (heute Karl-Marx-Allee) in Friedrichshain noch zeigen, etwa an den Laubenganghäusern und den dahinter gelegenen Zeilenbauten der sogenannten »Wohnzelle Friedrichshain«, hin zur Reaktivierung eines klassizistischen Formenapparats und Dekors beim »Hochhaus an der Weberwiese«, das als Leitbau der Nationalen Tradition in die Architekturgeschichte der DDR Eingang fand, markiert diesen Umbruch. Auch die Kuppeltürme am Frankfurter Tor, die als Zwillingstürme den östlichen Auftakt in die erste sozialistische Magistrale auf deutschem Boden markieren und das Motiv der Doppeltürme des barockklassizistischen Deutschen und Französischen Doms auf dem Gendarmenmarkt zitieren, nahmen gezielt auf Schlüsselzeugnisse eines als fortschrittlich bewerteten preußischen Architekturerbes Bezug.

Bau und Gegenbau – städtebauliche Antwort und Erbe der Westmoderne

Die Planung einer Internationalen Bauausstellung (Interbau 57) im Westteil von Berlin und die Fertigstellung des Hansaviertels verstanden sich von Beginn an als städtebauliche und architektonische Gegendemonstration des Westens gegen den stark beachteten Wiederaufbau im Ostteil der Stadt und die Maximen des Sozialistischen Realismus bzw. der Nationalen Tradition. Die Einbeziehung zahlloser höchst prominenter Architekten aus Westdeutschland und Westeuropa, ja sogar aus Übersee – darunter Le Corbusier, Alvar Aalto, Walter Gropius oder Oscar Niemeyer – symbolisierte wirkungsvoll die Einbindung der westlichen (amerikanischen, britischen und französischen) Sektoren der Stadt in die westliche Welt und leistete zugleich einen eindrucksvollen Beitrag zur Modernisierung und Verständigung Westberlins und Westdeutschlands mit der Kultur der ehemaligen Feindstaaten im Westen. Amerikahaus, Marschallhaus, Henry-Ford-Bau, Amerika-Gedenkbibliothek,

06. Kandelaber Karl-Marx-Allee (früher Stalinallee)

08. Kongresshalle Alexanderplatz (heute Berliner Congress Center – BBC) und »Haus des Lehrers« in Ostberlin (Hermann Henselmann, 1961–64)

09. Kino International und das frühere Hotel Berolina (Josef Kaiser, Günter Kunert, 1961–63) an der Kreuzung Schillingstraße und Karl-Marx-Allee (früher Stalinallee), um 1994

10. »Denkmal des polnischen Soldaten und deutschen Antifaschisten« (Pomnik Żołnierza Polskiego i Niemieckiego Antyfaszysty) im Volkspark Friedrichshain (Bildhauer Tadeusz Lodzian, Zofia Wolska, Arnd Wittig und Günter Mertel, 1972), 1994

11. Denkmalgeschütztes Relikt der Berliner Mauer an der Niederkirchnerstraße – ein Denkmal des Real-Sozialismus

Denkmalkarte Berlin

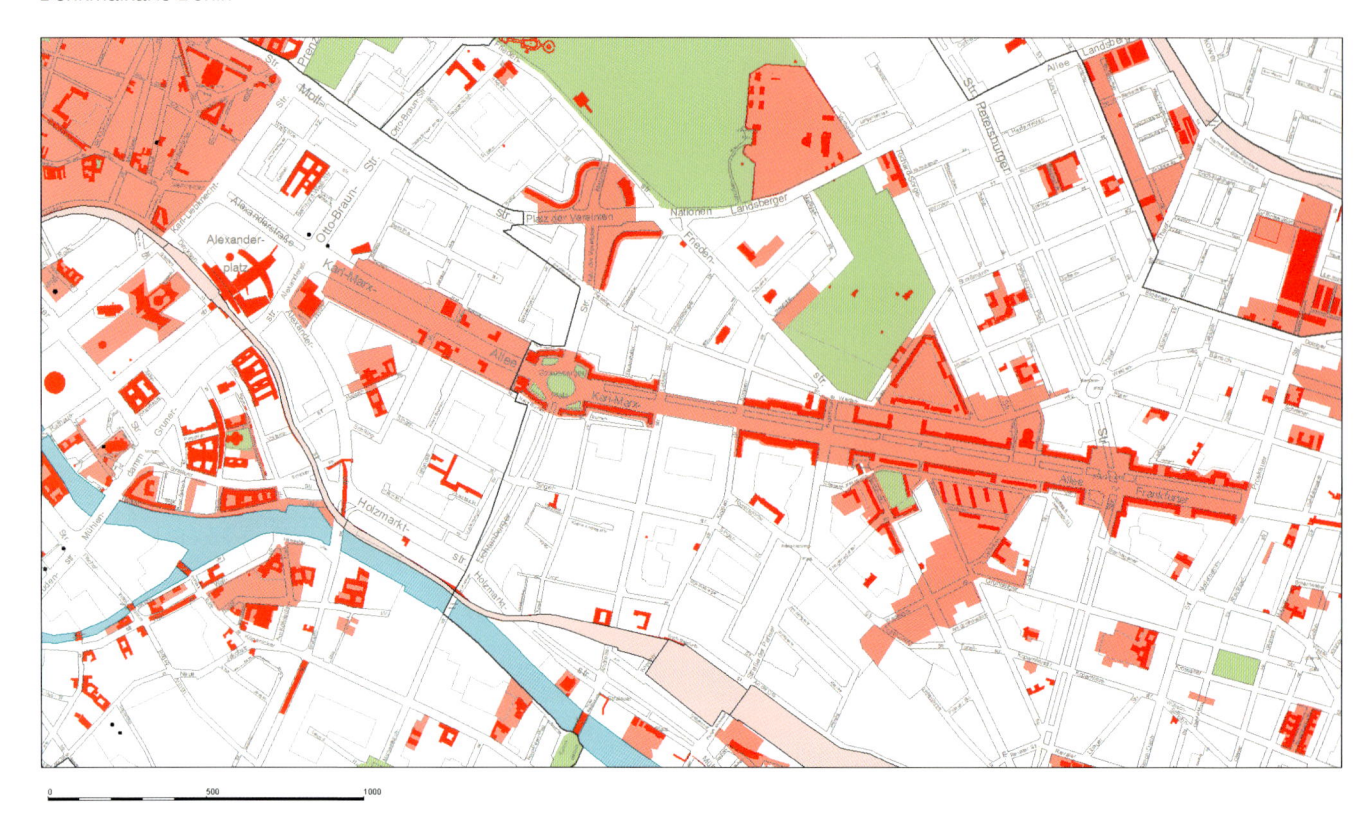

12. Ausschnitt aus der Denkmalkarte Berlin: Denkmalbereiche Karl-Marx-Allee (früher Stalinallee) zwischen Alexander Platz und Proskauer Straße

aber auch die Kongresshalle im Tiergarten oder das Studentendorf Schlachtensee entstanden in den 1950er Jahren auch als baupolitische Antworten der amerikanischen Schutzmacht und als moderne Gegenbauten zu den propagandistisch instrumentalisierten Schlüsselbauten in der sozialistischen Teilstadt von Berlin. Das Kulturforum mit der Philharmonie von Hans Scharoun und mit der Neuen Nationalgalerie von Mies van der Rohe in einer Gruppe von frei in die Stadt-Landschaft komponierten modernen Solitärbauten repräsentiert auch städtebaulich eine radikale Alternative zu dem traditionell orientierten urbanen Wiederaufbaukonzept der DDR.

Sozialistische Moderne bzw. Ostmoderne – Erbe einer industriellen Baukultur

Die Industrialisierung des Bauwesens und präfabrizierte Typenbauten sowie die Durchsetzung eines neuen architektonischen und urbanistischen Leitbildes der Ost-Moderne nahmen ihren Ausgang von Pilotprojekten in stalinistischer Tradition, etwa die klassizistisch dekorierten Plattenbauversuchshäuser in Treptow. Zur Hauptachse und zum Zentrum eines im Sinne der sozialistischen Nachkriegsmoderne neu gestalteten Stadtquartiers entwickelte sich der Ausbau des 2. Bauabschnitts der Stalinallee (seit 1961 Karl-Marx-Allee) und die Umgestaltung rund um den Alexanderplatz, mit dem »Turm der Signale« genannten Fernsehturm als Stadtkrone. Die Bebauung am Leninplatz (heute Platz der Vereinten Nationen), die heute ebenso wie die Bauabschnitte der 1950er und 60er Jahre der Karl-Marx-Allee unter Denkmalschutz steht und in Abstimmung mit den Denkmalbehörden saniert ist, markiert auf dem Gebiet des innerstädtischen Wohnungsbaus eine zweite Entwicklungsstufe der Plattenbauweise und den Übergang von einer orthogonal angelegten Grunddisposition zu geschwungenen Grundformen und freieren städtebaulichen Kompositionen.

Architektonisches Erbe des realexistierenden Sozialismus

Auch das Staatsratsgebäude der DDR auf der Spreeinsel oder die polnische Botschaft Unter den Linden, die in den 1960er Jahren vis-à-vis der Sowjetbotschaft in modernen Formen des International Style entstand, dokumentiert gerade in dieser räumlichen und stilistischen Gegenüberstellung eindrucksvoll die Neuausrichtung der sozialistischen Architekturpolitik nach dem Bau der Berliner Mauer 1961. Die ebenfalls präfabrizierten Betonelemente der erhalten gebliebenen und denkmalgeschützten Reste der Berliner Mauer, aber auch der Zollabfertigungs- und Ausreisepavillon des »Tränenpalastes« am Bahnhof Friedrichstraße repräsentieren gewissermaßen zwei charakteristische Bedeutungsfacetten der modernen DDR-Architektur: die Ästhetik und den Anschluss der DDR bzw. der sozialistischen Moderne an internationale Planungs- und Fertigungsstandards ebenso wie ein eindrucksvolles Bauzeug-

Denkmalkarte Berlin

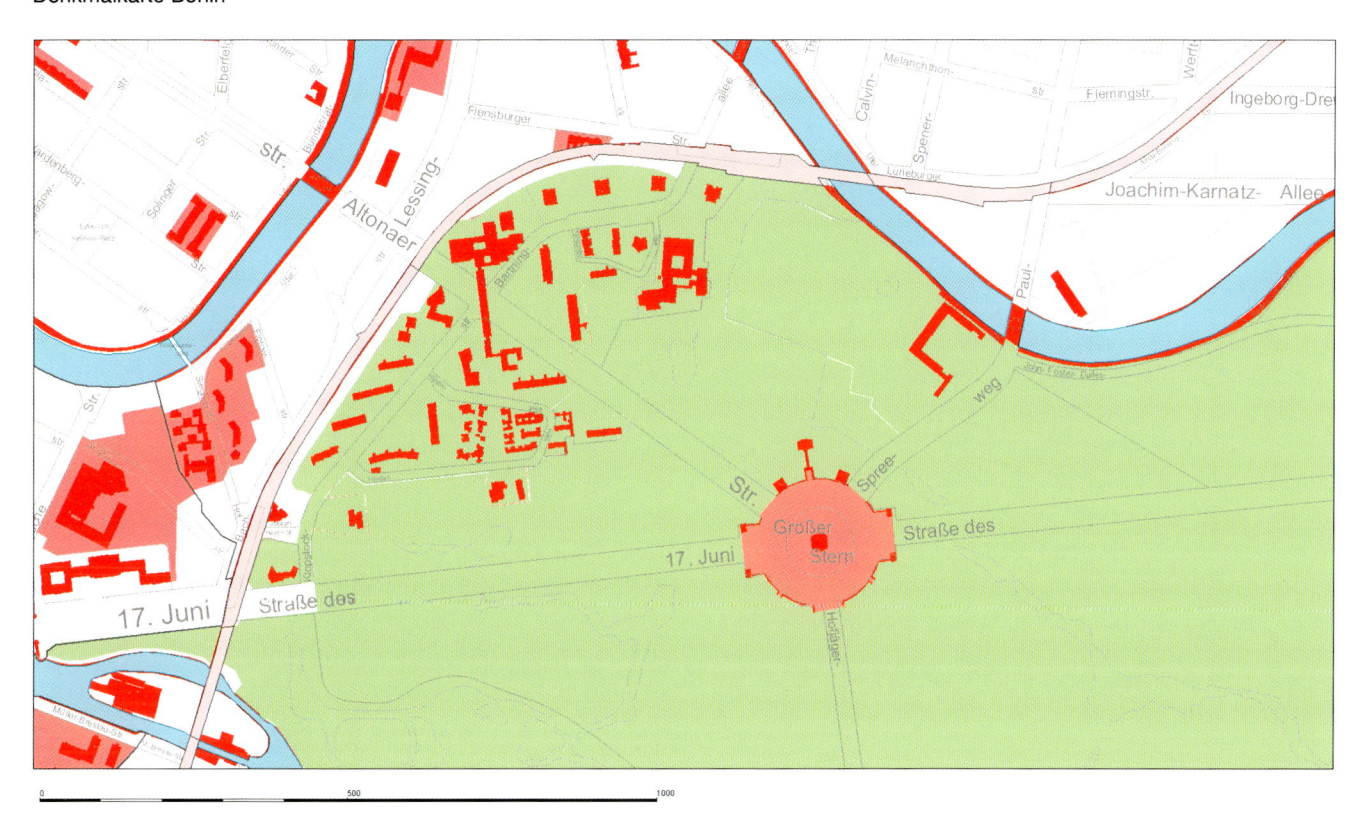

13. Ausschnitt aus der Denkmalkarte Berlin: Denkmalbereiche Hansaviertel mit Gartendenkmal Tiergarten

nis der Verfolgung und Unterdrückung im realexistierenden Sozialismus – sie stehen aus beiden Gründen unter Denkmalschutz.

Gefährdetes Berliner Nachkriegserbe?

Dem rasanten Prozess der Neustrukturierung Berlins nach dem Mauerfall 1990, der forcierten Hauptstadtentwicklung und wirtschaftlichen Neustrukturierung, aber auch dem Vereinigungsprozess der Stadt sind markante Bau- und Bildwerke zum Opfer gefallen, etwa das Lenin-Denkmal, das Außenministerium der DDR, das Berolina-Hotel an der Karl-Marx-Allee oder das »Ahornblatt« genannte Speiselokal auf der Fischerinsel und der »Palast der Republik« im Ostteil der Stadt. Mit dem Verlust der Westberliner Börse und des Vereinshauses der Kaufleute und Industriellen in Charlottenburg, dem Abriss des BEWAG-Erweiterungsbaus von Paul Baumgarten am Shell-Haus in Tiergarten oder sogar Abbrüchen der St.-Raffael-Kirche und der Kirche St. Johannis Capistran sieht die Verlustbilanz im Westteil der Stadt nicht unbedingt besser aus. Auch sind Denkmalgefährdungen weiterhin in Ost wie in West zu verzeichnen. Sie werden sich nur dann mit Erfolg abwenden lassen, wenn es gelingt, Öffentlichkeit und Politik von der Schutzwürdigkeit der Bauten zu überzeugen. Das gilt nicht nur für die lokale Stadtöffentlichkeit, sondern diese Aufklärungs- und Überzeugungsarbeit sehe ich auch als eine gemeinsame Aufgabe des Denkmaldialogs Berlin–Warschau an.

Streszczenie

Pod koniec II wojny światowej duże obszary Berlina legły w gruzach. Odbudowa miasta, podzielonego przez aliantów na cztery sektory okupacyjne, od podziału w 1948 r. oraz powstania Republiki Federalnej Niemiec i Niemieckiej Republiki Demokratycznej w 1949 r., stała pod znakiem zimnej wojny i konkurencji pomiędzy dwoma systemami politycznymi, Związkiem Radzieckim i mocarstwami zachodnimi. Urbanistyka i architektura służyły – podobnie Wschodowi, jak i Zachodowi – jako budowlana witryna polityczna, mająca na celu pokazanie równoważności, względnie przewagi własnego systemu zarówno mieszkańcom, jak i odwiedzającym miasto. Powojenne dziedzictwo urbanistyczne i architektoniczne Berlina odzwierciedla opozycję Wschód–Zachód, ale również rozwój polityki architektonicznej NRD w latach przed i po budowie muru berlińskiego (1961). Żadne inne miasto na świecie nie reprezentuje współistnienia i konfliktu zarówno zdominowanych przez Związek Radziecki wyobrażeń na Wschodzie, jak i wzorców zachodnich z porównywalną siłą i jasnością, jak powojenne dziedzictwo Berlina. Stalinowska doktryna architektury realizmu socjalistycznego wkroczyła do Berlina wraz z budową monumentalnych pomników chwały radzieckiej i cmentarzy żołnierzy radzieckich (Tiergarten, Treptower Park, Schönhölzer Heide itd.) oraz nowym budynkiem ambasady ZSSR (1949–1951). Na przykładzie Karl-Marx-Allee (aleja Karola Marksa; do 1961 r. Stalinallee, aleja Stalina) zrozumieć można zmiany kursu politycznego w dziedzinie architektury we wczesnej NRD oraz wzajemne oddziaływanie pomiędzy Wschodem a Zachodem: od form modernizmu międzywojennego w późnych latach czterdziestych, poprzez wzorzec zorientowanej na regionalny klasycyzm berliński »tradycji narodowej« wczesnych lat pięćdziesiątych, aż po estetykę budownictwa uprzemysłowionego w formach *International Style* po budowie muru berlińskiego w 1961 r. Rozbudowa KarlMarx-Allee, która rozpoczęła się pod koniec lat pięćdziesiątych, reprezentuje odejście NRD od stalinowskiej doktryny architektonicznej socrealizmu lub też »tradycji narodowej«, ale także nowy wzorzec uprzemysłowienia budownictwa. Dom Nauczyciela i Hala Kongresowa na Alexanderplatz oraz dokończenie wieży telewizyjnej na 20-lecie istnienia NRD w 1969 r. stanowią ukoronowanie magistrali socjalistycznej w stolicy NRD oraz przykład socmodernizmu, który poruszył uwagę międzynarodową.

Wraz z planowaniem Międzynarodowej Wystawy Budowlanej (Interbau) w 1957 r. oraz na nowo budowanej, bardzo zniszczonej podczas wojny, dzielnicy Hansaviertel na obrzeżach Tiergartenu, Zachód zareagował na wzbudzającą duże zainteresowanie budowę i rozbudowę alei Karola Marksa. W miejsce ścisłej zabudowy kamienic z lat osiemdziesiątych XIX w. powstała luźniejsza i gęsto przeplatana zielenią zabudowa mieszkaniowa, stanowiąca mieszankę różnych punktowych wieżowców, plastrów bloków mieszkalnych i rozmaitych typów domów jednorodzinnych, którą można było rozumieć jednocześnie jako radykalne odrzucenie monumentalnej osi ulicznej oraz historyzującej dekoracji pałaców mieszkalnych dla robotników przy alei Karola Marksa. Listę 57 architektów, którzy wzięli udział w wystawie Interbau, czyta się jak *Who is Who* europejskiego modernizmu powojennego. Można ją rozumieć jako architektoniczny znak pojednania i intergracji Republiki Federalnej Niemiec oraz Berlina Zachodniego z Europą Zachodnią. Wyjątkowe budynki, takie jak amerykański wkład w wystawę Interbau, Hala Kongresowa (Hugh Stubbins) oraz Unite d'habitation – Type Berlin (Jednostka mieszkaniowa) Le Corbusiera, czy też udział Oscara Niemeyera, Alvara Aalto, Arne Jacobsena oraz Waltera Gropiusa podkreślały w efektowny sposób kosmopolityczny charakter wystawy budowlanej, którą Berlin Zachodni po cezurze reżimu nazistowskiego ponownie dołączył do współczesności.

Abstract

After the Second World War came to an end large parts of Berlin were extensive areas of rubble-strewn shambles. Rebuilding the city, which was divided between the occupying powers, was dominated by the cold war and rivalry between the Soviet and Western systems following the division of the city and the establishment of the Federal Republic of Germany in 1948, and the German Democratic Republic in 1949. Both East and West exploited urban development and architecture as showcases of building policy in which they could display the equality and/or superiority of their particular system to both the city's inhabitants and its visitors. Berlin's post-war urban planning and architectural heritage reflects the East/West polarity, as well as the development of architectural policy in the German Democratic Republic before and after the erection of the Berlin Wall (1961). There is no other city in the world where the post-war heritage so clearly reflects, in so small an area, the coexistence and the competition of Soviet-dominated ideas in the East, and western models in the West.

Socialist realism, the Stalinist doctrine of architecture, arrived in Berlin with the construction of the monumental Soviet war memorials and cemeteries such as those in Tiergarten, Treptower Park, or Schönhölzer Heide and the rebuilding of the Embassy of the USSR (1949-1951). It is possible to follow the changes of direction taken by building policy in the early days of the German Democratic Republic and the interaction between East and West on the example offered by Karl-Marx-Allee (until 1961 Stalinallee): from the forms of interwar modernism in the late 1940s via the ideal of a national tradition modeled after the Berlin classicism, during the early 1950s all the way to the aesthetics of industrialized building and construction following the forms of International Style subsequent to the erection of the Berlin Wall (1961). The continuation of construction on Karl-Marx-Allee which had begun in the late 1950s was representative of the GDR's rejection of the Stalinist architectural doctrine under socialist realism, and/or the National Tradition, and formed the new ideal of industrial methods in the construction industry. The Haus des Lehrers and Kongresshalle buildings on Alexanderplatz and the completion of the TV tower to celebrate the 20th anniversary of the GDR in 1969 mark the completion of the GDR capital's »socialist axis« and are internationally recognized examples of the eastern modernist style.

The West responded to the much-acclaimed restoration and development of Karl-Marx-Allee by planning the 1957 Interbau international building exhibition and rebuilding the severely war-ravaged Hansaviertel area bordering West Berlin's Tiergarten. Instead of remodelling a quarter of densely arranged Gründerzeit apartment buildings it created a loosely-structured residential area with extensive green areas, a mixture of solitary non-uniform tower blocks, long medium rise blocks, and a variety of single-family housing types that could be understood as both a radical rejection of the monumental street axis and the historic ornamentation style of the workers' palaces on Karl-Marx-Allee. The list of the architects who contributed to the Interbau 57 is like a who's who of European post-war modern architecture, and can also be understood as an architectural landmark of reconciliation and a sign of the integration of West Berlin and the Federal Republic in the West. Special buildings such as Hugh Stubbins' Kongresshalle, the American contribution to the Interbau, or Le Corbusier's »Unité d'habitation – Type Berlin«, or the involvement of Oscar Niemeyer, Alvar Aalto, Arne Jacobsen, and Walter Gropius all emphasized the cosmopolitan character of the building exhibition with which West Berlin rejoined modernism after the interruption caused by the period of Nazi rule.

Russische Friedhöfe und Sowjetische Ehrenmale als Gartendenkmale – ein gemeinsames grünes Erbe?

Rosyjskie cmentarze i pomniki chwały radzieckiej jako zabytki sztuki ogrodowej – wspólne zielone dziedzictwo?

Russian Cemeteries and Soviet War Memorials as Garden Monuments – a Shared Green Heritage?

Klaus von Krosigk

Die drei großen Sowjetischen Ehrenmale im Tiergarten, Treptow und in der Schönholzer Heide gehören längst und unbestritten zum Denkmalbestand Berlins. Auch im Vergleich zur Vielzahl kleinerer Denkmäler, vornehmlich in den neuen Bundesländern der Bundesrepublik Deutschland, muss man den genannten drei Berliner Ehrenmalen mit einem gewissen Recht eine durchaus nationale Bedeutung beimessen. Grundlage für den langfristigen Erhalt und Unterhalt ist daher nicht nur das gültige Berliner Denkmalschutzgesetz vom 7. Mai 1995, sondern auch der Deutsch-sowjetische Nachbarschaftsvertrag vom 9. November 1990 und das »Gesetz über die Erhaltung der Gräber der Opfer von Krieg und Gewaltherrschaft« aus dem Jahr 1965. Berlin ist daher seit der Ende 1990 erfolgten Übernahme der Ehrenmale bemüht, gemeinsam mit dem Bund im Rahmen eines langfristigen, aktuell in Schönholz sich noch in der Umsetzung befindlichen, Restaurierungsprogramms alle drei Sowjetischen Ehrenmale zu sanieren und restaurieren.

Es muss Aufgabe der Denkmalpflege sein, die Ehrenmale und damit ihr Anliegen weiterhin für jedermann zu vermitteln, d. h. auch über geeignete Information vor Ort, aber auch im Rahmen von museumspädagogischen Aktivitäten die im Kern zeitlose Botschaft der Ehrenmale für zukünftige Generationen zu vermitteln.

Das Treptower Ehrenmal

Das Treptower Ehrenmal, als größtes der drei Ehrenmale, ist Teil des nach dem Bezirk Treptow benannten Volksparks, der 1876 bis 1888 angelegt wurde, als letzter der drei nach den Entwürfen des Lenné-Schülers Gustav Meyer konzipierten großen Berliner Volksparke. Meyer, der 1870 erster Stadtgartendirektor Berlins wurde, hatte schon 1864 einen ersten, jedoch nicht ausgeführten Entwurf erarbeitet, der dann jedoch – mit gewissen

01. Luftbild des Sowjetischen Ehrenmals im Volkspark Treptow

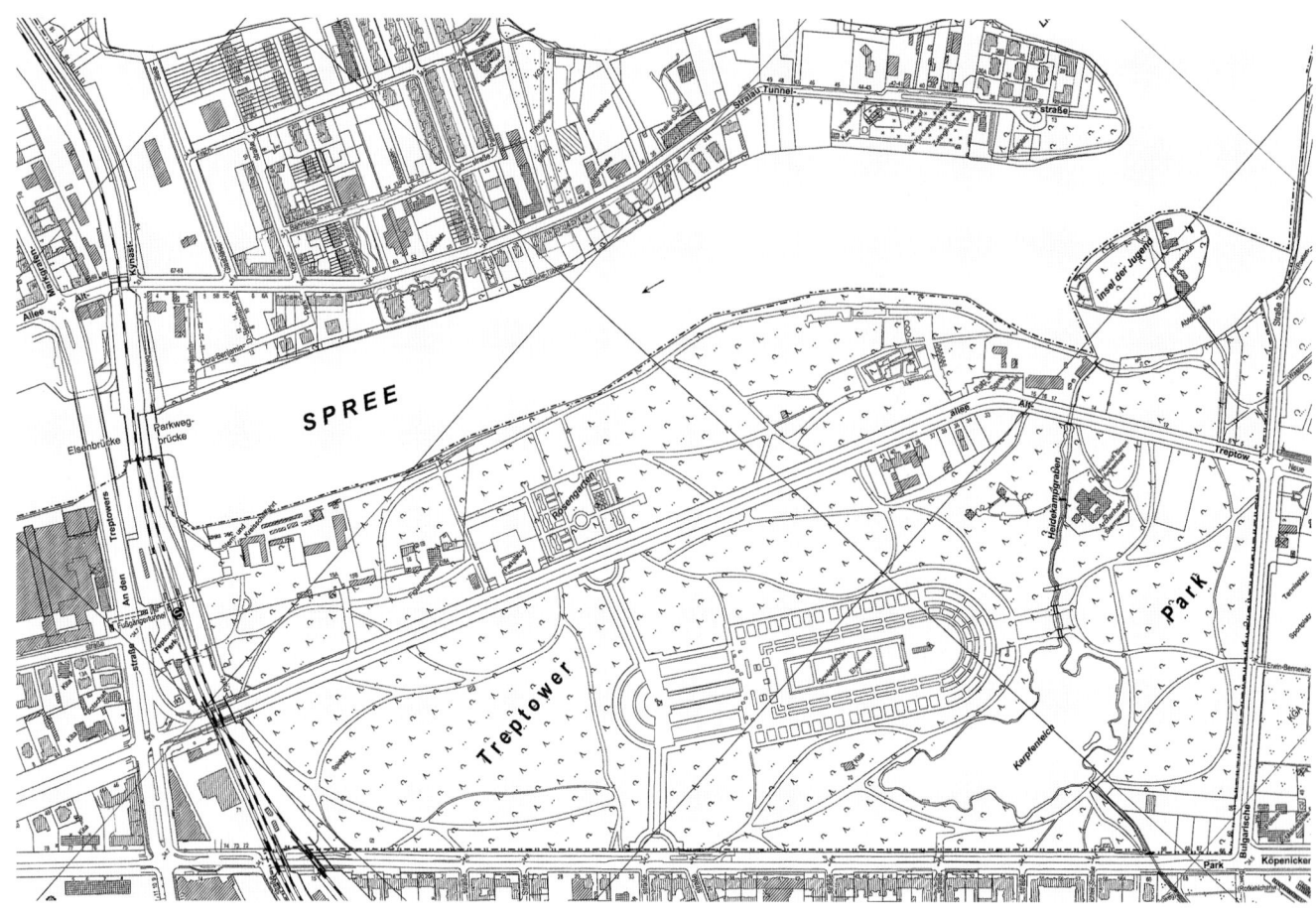

02. Volkspark Treptow, Lageplan des Sowjetischen Ehrenmals

Änderungen – 1874 dem Magistrat von Berlin erneut und diesmal zustimmend vorgelegt wurde.

Die im Rahmen der Erarbeitung eines Parkpflegewerks zum Treptower Park in den 1990er-Jahren erstellte Dokumentation hat nochmals mit Nachdruck unterstrichen, dass, nachdem der Friedrichshain und der Humboldthain durch Kriegs- und Nachkriegseinwirkungen nachhaltig verändert wurden, dem in weiten Bereichen noch immer in seiner originalen Substanz erhaltenen Treptower Volkspark eine ganz herausragende Denkmalqualität zugebilligt werden muss. Wichtige konstitutive Elemente des geradezu als Schulbeispiel der landschaftlichen Parkgestaltung der Lenné-Meyerschen Schule – entsprechend der Grammatik seines 1860 erstmals erschienenen »Lehrbuchs der schönen Gartenkunst« – anzusprechenden Treptower Parks sind noch immer vorhanden. Soweit dies nicht schon mit großem Engagement in der Vergangenheit durch das ehemalige Institut für Denkmalpflege der DDR, Abteilung Historische Garten- und Parkanlagen, geschehen ist, werden die großen Parkwiesen, die sehr wichtige Wegeführung, das Raumgefüge insgesamt und damit auch die Gehölzbestände einschließlich des Karpfenteichs schrittweise wieder herausgearbeitet, instand gesetzt bzw. regeneriert.

Das eigentliche Herzstück des Treptower Volksparks, das als Spielwiese angelegte große Hippodrom, Teil des für Erholung, Spiel und Sport gedachten Volksparks, ist jedoch nicht mehr in seiner ursprünglichen Zweckbestimmung erlebbar. Hier ist als neue Denkmalschicht nach dem Zweiten Weltkrieg, in Verbindung mit dem Sowjetischen Ehrenmal, ein Friedhof für etwa 5000 sowjetische Militärangehörige angelegt worden. Nachdem das Tiergartener Ehrenmal als erstes in Berlin schon im Herbst 1945 seiner Zweckbestimmung übergeben worden war, schrieb im Jahre 1946 der Militärrat der Gruppe der sowjetischen Besatzungstruppen in Deutschland einen künstlerischen Wettbewerb zur Errichtung eines Entwurfs für eine monumentale Grabstätte zu Ehren der beim Sturm auf Berlin gefallenen Soldaten aus.

Von insgesamt 52 eingereichten Entwurfsarbeiten wurde die Arbeit eines Kollektivs, bestehend aus dem Bildhauer J. W. Wutschetitsch, dem Architekten J. B. Belopolski, der Ingenieurin S. S. Walerius und dem Kunstmaler A. Gorpenko, ausgewählt und zur Ausführung bestimmt. Unter Vergrößerung des Hippodroms entstand auf einer Gesamtfläche von ca. 10 Hektar in den Jahren 1946 bis 1949 das beeindruckende Ehrenmal. Noch immer wird etwas von der »erhabenen Idee« vermittelt, die in der Ausführung weniger vom Gedanken des militärischen Sieges, als von der Befreiung Deutschlands vom Hitlerfaschismus – durch das zerbrochene Hakenkreuz zu Füßen der Soldaten symbolisiert – geleitet worden ist.

Sowohl von der zentralen »Parkachse« der platanengesäumten Puschkinallee, als auch von der Straße am Treptower

Park her erreicht man durch zwei steinerne Triumphbögen den südwestlich gelegenen Eingangsbereich mit der im Zentrum angeordneten Granitfigur der »Mutter Heimat«. Von hier aus erschließt sich die ganze Achse der Anlage: im Vordergrund die pappel- und birkengesäumte sogenannte Prozessionsstraße, im Mittelpunkt auf dem 3500 m² großen zentralen Bauwerk die beiden spiegelbildlich angeordneten Fahnenmonumente – mit rötlichem Granit verkleidete, stilisierte, gesenkte Fahnen darstellend – und im Hintergrund als Abschluss- und Höhepunkt der bronzene Sowjetsoldat. Auf einem 9 m hohen, begrünten Kurgan befindet sich ein mausoleumsartiger, überkuppelter Rundbau mit der 11,6 m hohen Soldaten-Bronzefigur – in seinen Händen ein gerettetes deutsches Kind.

Zwischen dem stilisierten Fahnenmotiv und dem Kurgan erstreckt sich die eigentliche Begräbnisstätte, im Zentrum aus fünf ornamentalen, mit Hecken gerahmten Rasenparterres bestehend, als einzige Dekoration jeweils im Zentrum bronzene Lorbeerkränze aufweisend. Zu den seitlichen Baumwänden hin begleiten diese »Rasenfelder« auf beiden Seiten 5 Kalksteinkenotaphe mit Reliefszenen zum Gedächtnis des »Großen Vaterländischen Krieges«. Zu den wesentlichen freiraumplanerischen Maßnahmen gehörten einerseits umfangreiche Gehölzpflanzungen und sonstige landschaftsgärtnerische Arbeiten, aber auch Wegebauarbeiten beträchtlichen Ausmaßes. Hier ist vor allem auf das wertvolle Schmuckpflaster hinzuweisen, dessen Ornamente und stilisierte florale Elemente um die großen Rasenparterres, in der Erstpflanzung noch aus

03. Volkspark Treptow, Abschluss- und Höhepunkt der Ehrenmalachse – der bronzene Sowjetsoldat

04. Grabfelder des Ehrenmals im Treptower Volkspark

rotem Sandstein aus dem Elbtal, Bernburger Kalkstein und Blaubasalt, herkömmlich per Hand gepflastert wurden. Offensichtlich ist bei der in den Jahren 1968 bis 1974 durchgeführten ersten grundlegenden Instandsetzung von der aufwendigen Handpflasterung in eine serielle Gehweg-Platten-Bauweise gewechselt worden, in der Literatur sehr vereinfachend als »neue Fertigungsmethode« bezeichnet.

Unter weitgehender Beibehaltung der das große Oval rahmenden Platanenwand hatten die unter Leitung des Gartenbauingenieurs Heinz Müller von der Firma L. Späth eingebrachten zusätzlichen Bäume die Aufgabe, bestimmte Raumeindrücke, vor allem aber Empfindungen der Besucher, nicht zuletzt auch die der Vielzahl russischer Bürger, anzusprechen. So sollte die zusätzlich geplante Pappelreihe aus 200 Pyramidenpappeln im Verbund mit den streng gefassten Rasenflächen dem Anstieg des Weges zu den im Zentrum stehenden 14 Meter hohen Fahnenpylonen »ein Rhythmus des Marsches und der Feierlichkeit« schaffen. Die begleitenden Trauerbirken mit ihren zu Boden geneigten Zweigen unterstreichen den Ernst der Anlage, wobei die zwei großen, zum Parterre hin stehenden Sandbirken aus Russland, aus dem Smolensker Gebiet herangeschafft, den Besucher ans »ferne heimatliche Sowjetland« erinnern sollten.

Die ehemals um die Statue der »Mutter Heimat« gepflanzten Blautannen und Fichten waren ebenfalls Verweise auf russische und damit heimatliche Vegetationsbilder. Eingefasst ist das gesamte Ehrenmal im Übrigen mit einem 900 Meter langen und drei Meter hohen Bronzegitter. Die Verwaltung und Unterhaltung des Ehrenmals lagen, wie auch die der beiden anderen großen sowjetischen Ehrenmale Tiergarten und Schönholz, seit dem 2. September 1949 in den Händen des damaligen Magistrats der »Hauptstadt der DDR«, der jeweils auch für die notwendigen Reparaturen und Instandsetzungen verantwortlich zeichnete. Dass Sanierungsarbeiten schon wenige Jahre nach Errichtung des Ehrenmals erforderlich waren, wird aus der Tatsache deutlich, dass schon 1951 erste Überholungen an den Sarkophagen notwendig wurden. Unzureichende Abdichtungen hatten die mit Zement verfüllten Sarkophage durch eindringendes Wasser in Verbindung mit Frost im Laufe der Zeit bersten lassen. Bei der Anfang der 80er Jahre durchgeführten »Rekonstruktion« sorgte man für ausreichenden Schutz gegen eindringendes Wasser und zusätzlich angebrachte Lüftungsschlitze für die erforderliche Trocknung. Interessant ist in diesem Zusammenhang nicht nur der Hinweis, dass zu den Maßnahmen von Anfang an das Einverständnis der sowjetischen Dienststellen eingeholt wurde, sondern dass schon 1951 die sogenannte Kontroll-Kommission, unter Hinweis auf die Unterhaltung und Pflege des Ehrenmals durch den Magistrat bzw. das Stadtgartenamt als Rechtsträger, anführte, dass Berlin befugt sei, alle Maßnahmen, die für erforderlich gehalten würden und fachlich verantwortbar seien, ohne Weiteres durchführen könne, denn »wen wollen Sie fragen, wenn wir nicht mehr hier wären, aber schützen Sie bitte das Ehrenmal gut«.

Im Gegensatz zu den gravierenden Mängeln bei den eigentlichen Baulichkeiten waren die Freiflächen jedoch nicht unmittelbar gefährdet. Alle Wegebaumaterialien, d. h. das noch von Hand gesetzte Granitmosaik, auch das Anfang der 1970er Jahre eingebrachte, auf Betonfertigtafeln montierte Schmuckmosaik, aber auch die polygonal verlegten Natursteinplattenflächen befinden sich in einem durchaus akzeptablen Zustand, auch wenn Teile ausgebrochen sind und manche Platten nicht mehr in der Horizontale liegen. Hier gilt es lediglich, in den nächsten Jahren kleine Gefahrenquellen und ästhetisch unbefriedigende Ausbesserungen durch Ortbeton zu sanieren. Auch der Vegetationsbestand ist insgesamt als gut zu bezeichnen, sowohl die die »Prozessionsstraße« rahmenden markanten Hängebirken, als auch der Zustand und die Vitalität der Platanen. Nicht zuletzt bei den Pappeln muss jedoch in den nächsten Jahren energisch das Totholz entfernt werden. Auch wird man die gesamte Be- und Entwässerung erneuern müssen. Nicht zuletzt die heißen Sommerwochen in den letzten Jahren hatten wegen der desolaten Frischwasserversorgung teilweise ein völliges Verbrennen und Braunwerden der sonst grünen Rasenflächen zur Folge.

Das Sowjetische Ehrenmal im Tiergarten

Der östliche Tiergarten, d. h. der der Stadt Berlin am nächsten gelegene Teil von Berlins größter und ältester Parkanlage, war seit der Mitte des 18. Jahrhunderts das bevorzugte Ziel gestalterischer Bemühungen. Im Zusammenhang mit der umfangreichen Um- und Neugestaltung unter Georg Wenzeslaus von Knobelsdorff nach dem Ende des Ersten Schlesischen Krieges werden nach 1741 vor allem zwei Bereiche in Angriff genommen: das Umfeld des Großen Sterns und die nächste Umgebung des Brandenburger Tores. Dort ließ der Architekt König Friedrichs II. Knobelsdorff außer dem Venusbassin Labyrinthe

05. Kranzträger am Sowjetischen Ehrenmal in Treptow

06. Großer Tiergarten, Kolonnade des Sowjetischen Ehrenmals

07. Großer Tiergarten, eins der Geschütze, deren Salven das Ende des Krieges verkündet haben sollen, im Hintergrund einer der sowjetischen Panzer, die den Eingangsbereich des Ehrenmals zur Straße des 17. Juni flankieren

und Salons im vorhandenen Baumbestand des Tiergartens anlegen, vor allem aber eine Vielzahl größerer und kleinerer Alleen. Erstmalig ist auf den Karten jener Zeit auch eine deutlich formulierte Wegeverbindung vom südlichen Rand des Tiergartens über die Charlottenburger Chaussee zum damaligen Exerzierplatz, dem heutigen Platz der Republik, festzustellen. Wir können diesen baumbestandenen, den ganzen Tiergarten querenden Weg durchaus als Vorläufer der späteren Siegesallee ansprechen. Auf allen späteren Plänen des Tiergartens ist sie im Übrigen beibehalten worden, auch P. J. Lenné hat diese »Kleine Querallee« genannte Verbindung in seine umfassenden Umgestaltungen des Tiergartens in den 30er Jahren des 19. Jahrhunderts aufgenommen, zumal der östliche Tiergarten ohnehin kaum verlandschaftet wurde, sondern seine spätbarocken Züge weitgehend beibehielt. Zum Ende des 19. Jahrhunderts begannen intensive gestalterische Bemühungen im Bereich des späteren Sowjetischen Ehrenmals, wie das im Schnittpunkt der Charlottenburger Chaussee und der Siegessäule gedachte, jedoch nicht verwirklichte Denkmalprojekt für Kaiser Wilhelm I. von 1889, aber auch realisierte Projekte, wie der Königsplatz und die von 1898 bis 1901 mit Statuen geschmückte Siegesallee. Die gigantomanischen Pläne des Dritten Reichs sahen für diesen Bereich den Endpunkt der Nord-Süd-Achse vor der geplanten »Großen Halle des Volkes« vor. Der Bombenhagel des Zweiten Weltkrieges bereitete diesen Plänen, aber auch ersten Realisierungen, wie z. B. der vollstän-

08. Volkspark Schönholzer Heide, Blick auf die Hauptachse des Sowjetischen Ehrenmals mit der Statue der »Mutter Heimat«

digen Translozierung der 32 Denkmalsgruppen der Siegesallee zur Großen Sternallee, sehr bald ein Ende und verwandelte zugleich den gesamten Tiergarten in eine fast baumlose Ackerfläche.

Unweit des Brandenburger Tors und des Reichstags, direkt an der noch immer bestehenden Ost-West-Achse gelegen, kam der Errichtung des ersten Sowjetischen Ehrenmals – zugleich zur Aufnahme der sterblichen Überreste von 2500 gefallenen Soldaten vorgesehen – in der ehemaligen Siegesallee eine hohe symbolische Bedeutung zu. Ganz bewusst im Zentrum der Reichshauptstadt und an geschichtlich besonders behafteter Stelle, wünschte der Kriegsrat der Sowjetischen Truppen in Deutschland die Errichtung eines Ehrenmals für die beim Sturm auf Berlin gefallenen Soldaten. Der schon im Mai 1945 gefasste Entschluss hatte zur Folge, dass der Bildhauer Lew E. Kerbel von Marschall Georgi K. Schukow mit dem Entwurf des ersten sowjetischen Siegerdenkmals nach Beendigung des Zweiten Weltkriegs beauftragt wurde. In einem Arbeitskollektiv mit dem Bildhauer Wladimir E. Zijal und dem Architekten Nikolai W. Sergijewski wurden die Entwürfe für das 6 ha große Areal ausgearbeitet und schon im Frühsommer mit der Ausführung begonnen, sodass nach einer extrem kurzen Erbauungszeit am 11. November 1945 das Ehrenmal, errichtet aus den Mauern der Neuen Reichskanzlei, eingeweiht werde konnte.

Der eigentliche bauliche Kern der Anlage gliedert sich in drei Bereiche, in einen unmittelbar zur Straße des 17. Juni gelegenen Eingangsbereich, zu dessen Hauptausstattungsstücken zwei sowjetische Panzer des Typs T-34 gehören, sowie zwei auf markanten Podesten stehende Geschütze, deren Salven das Ende des Krieges verkündet haben sollen. Vorbei an zwei Steinsarkophagen, mit denen man der als »Helden der Sowjetunion« geltenden Offiziere gedachte, nähert man sich dem zweiten Teil, dem eigentlichen Mittelpunkt des Ehrenmals, bestehend aus einer Kolonnadenarchitektur, deren Pfeiler die verschiedenen Waffengattungen der Roten Armee symbolisieren, und dem an höchster Stelle errichteten Rotarmisten aus Bronze. Von der Straße aus nicht sichtbar, schließt sich, wiederum tiefer gelegen und durch große Heckenwände geschützt, der dritte Bereich, das zur historischen Zeltenallee gelegene Areal der beiden Heckengärten und der Wachhäuser, an.

Im Gegensatz zu Treptow und Schönholz zeichnet sich das Tiergarten-Ehrenmal weder durch einen Tiefenzug, noch einen in sich abgeschlossenen Raumeindruck aus, sondern folgt im Grunde herkömmlicher Denkmalspräsentation, wie sie beispielsweise in den ebenfalls konkav geschwungenen und mit zentral angeordneter Mittelfigur vorbildhaft gestalteten Exedren der Siegesallee – wenn auch in sehr viel kleinerem Maßstab ausgeführt – vorgegeben war. Erheblichen Anteil an der Gestaltung der Freiflächen hatte offensichtlich Georg Béla Pniower, der nach 10-jährigem Berufsverbot während der Nazi-Diktatur schon wenige Wochen nach Beendigung des Krieges mehrere Aufträge der Alliierten erhielt, so u. a. für das Quartier Napoléon in Wedding oder die Gärten der sowjetischen Militäradministration in Karlshorst. Den Auftrag der amerikanischen Streitkräfte für die Umgestaltung des Kleistparks am Sitz des Alliierten Kontrollrats in Schöneberg erhielt er unmittelbar nach Kriegsende. Wir müssen im Übrigen davon ausgehen, dass der undatierte, im Plan-Archiv der Bibliothek des Instituts für Landschafts- und Freiraumgestaltung der TU Berlin aufbewahrte, vermutlich schon im Mai '45 angefertigte Entwurf Pniowers zu einer Gartenanlage am »Ehrenmal der Roten Armee Berlin-Tiergarten« in vielen Bereichen Grundlage für die spätere Ausführung war. Kennzeichnend für die ganze Anlage sind eine strenge Axialität und eine fein abgestufte Höhenentwicklung mit einer deutlich ausgebildeten Schauseite zur Straße des 17. Juni hin. Die auch in Pniowers Entwurf gewichtigen, streng formalen Beetanlagen wurden sowohl als ornamentale Teppichbeete, als auch mit Taxus und Buchsus gerahmte *tapis verts* angelegt. In den ersten Jahren überwog ohnehin ein starker Nadelholzanteil, insbesondere in den locker gestellten Baumpflanzungen der seitlich gelegenen Rasenflächen. Sie unterstrichen den Ernst der Anlage, waren aber wohl auch Verweis auf östliche Vegetationsbilder.

Von den Sondergärten sind die ehemals zum Platz der Republik, d. h. nördlich der Wachhäuser angelegten Bereiche längst einer schlichten Wiesenfläche gewichen. Erhalten haben sich hingegen zwei Heckengärten mit Brunnenanlage, deren Fontänen »Sinnbilder der Tränen der Frauen der Völker der damaligen UdSSR um ihre Gefallenen« (W. Gottschalk) symbolisieren. Überliefert ist, dass es Überlegungen gab, zusätzlich zwei weitere Denkmalsgruppen mit jeweils drei Figuren aufzustellen, sowie weitere Plastiken. Gottschalk vermutet im Übrigen, dass man sie anstelle der Panzer und Geschütze aufstellen wollte, Belege hierfür habe ich nicht gefunden.

In den letzten Jahren sind nicht nur die gesamte Entwässerung, sondern auch abschnittsweise alle Wege erneuert worden. Erste und vorrangige Maßnahmen waren jedoch die Sanierung der beiden Wachhäuser, die inzwischen abgeschlossen werden konnte, und der Beginn der Erhaltungsmaßnahmen im eigentlichen Ehrenmal.

Das sowjetische Ehrenmal im Volkspark Schönholzer Heide

Auch das im nördlichen Teil des Volksparks Schönholzer Heide 1947 bis 1949 angelegte Ehrenmal ist Teil einer älteren Grünanlage. So wie der Treptower Park war auch die Schönholzer Heide schon im 19. Jahrhundert ein beliebtes Ausflugsziel, vor allem für die Pankower Bevölkerung. Außer der eigentlichen Grünanlage gab es auch hier größere gastronomische Einrichtungen sowie einen Lunapark mit entsprechend vielfältigen Kirmesbuden und Karussells – von den Berlinern liebevoll Traumland genannt –, aber auch Spiel- und Sportplätze gehören ebenfalls seit dem 19. Jahrhundert traditionell zum Volkspark Schönholzer Heide.

Während der Nazizeit wurde die Anlage in ein großes Zwangsarbeiterlager umgewandelt, von dessen Existenz es jedoch so gut wie keine Spuren mehr gibt. Auf der Suche nach einem geeigneten Bereich für die Anlage einer Begräbnis- und Erinnerungsstätte für die etwa 13.200 im Kampf um die Befreiung Berlins gefallenen Offiziere und Soldaten wählte man den Parkteil aus, der während des Zweiten Weltkrieges von alliierten Bomben – deren eigentliches Ziel die nahe gelegenen Flugzeug-Motorenwerke »Argus« waren – nahezu vollständig zerstört worden war.

Erste Vorbereitungsarbeiten wurden durch sowjetische Soldaten ausgeführt, die eine Vielzahl von Baumstubben rodeten, das erforderliche ebene Relief herstellten, vor allem aber auch die Zufahrtsstraße und Anschlussgleise zur nahe gelegenen Eisenbahnlinie herstellten. Schon sehr bald wurden jedoch auch deutsche Firmen und Arbeitskräfte herangezogen, so die bekannte Hoch- und Tiefbaufirma Grün & Bilfinger, aber auch weitere Berliner Baubetriebe, u. a. die Firma Stuna, Stuck- und Naturstein. Insgesamt waren mehr als 200 Bildhauer, Steinmetze und Arbeiter damit beschäftigt, mehrere tausend Kubikmeter Granit und Marmor zu bearbeiten. Die ersten Steinlieferungen beschaffte man sich noch aus den Sälen der Reichskanzlei, größere Mengen außerdem aus öffentlichen Gebäuden und Villen, vor allem aber aus dem schon genannten großen Steinlager östlich der Oder.

Für die zahlreichen Metallgussteile wurde neben der traditionsreichen Eisengießerei in Lauchhammer auch hier die renommierte Berliner Metallgießerei Noack beauftragt. Verantwortlich für den Entwurf zeichnete wiederum ein sowjetisches Architekten-Kollektiv, bestehend aus Konstantin A. Solowjew, M. Belarenzew sowie dem Bildhauer Iwan G. Perschudtschew. Für die Bauausführung zeichneten die Bauingenieure Hauptmann M. G. Usmann und der deutsche Fritz Großhoff vom Berliner Betrieb Stuck- und Naturstein verantwortlich.

Die langgestreckt-rechteckige Anlage, ganz in den vorhandenen Altbaumbestand eingestellt und durch eine Doppelreihe von Linden raumkünstlerisch gefasst, wird durch eine umlaufende 560 m lange, mit bulgarischem Kalkstein verkleidete Nischenmauer gerahmt, die an der Eingangssituation, von der Germanenstraße her, durch die Zugangsallee den Blick in die ganze Tiefe der Anlage auf den zentralen Obelisk und die davor stehende Skulptur »Mutter Erde« hat.

Jedoch erst bei einem abschnittsweisen Durchschreiten der Anlage erfährt man die Qualität des raumkünstlerischen Konzepts und die gestalterischen Details. Der relativ enge Alleeraum mündet in einer Art Ehrenhof, von dem aus man die beiden bronzenen Hauptreliefs an den Eingangspylonen – die kämpfenden und die trauernden Helden des Sowjetlandes darstellend – betrachten kann. Zugleich unterstreichen zwei Rasenparterres mit eingelassenen formalen Blumenbeeten und ein aufwendiges ornamentales Schmuckpflaster die be-

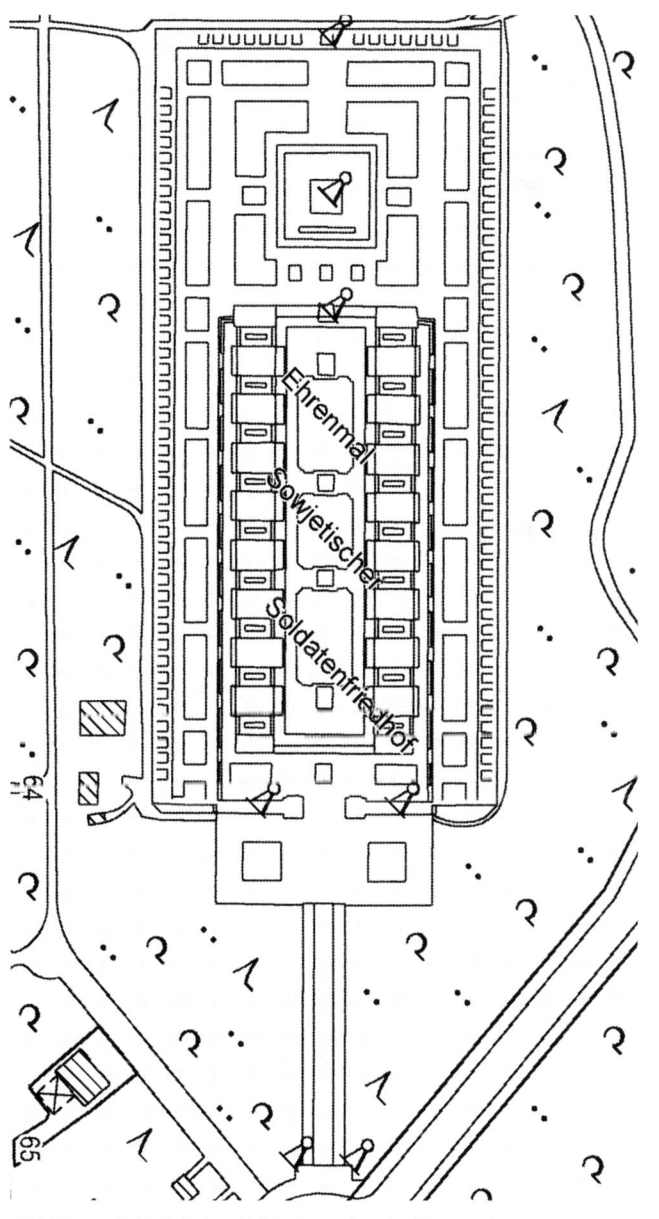

09. Volkspark Schönholzer Heide, Lageplan des Ehrenmals

10. Volkspark Schönholzer Heide, das Relieftor des Ehrenmals

sondere gestalterische Qualität des zur inneren und natürlich auch äußeren Sammlung gedachten Vor- und Ehrenhofes.

Hat man den von den Pylonen flankierten Eingangsbereich durchschritten, kann die eigentliche Gedenkstätte vollständig überblickt werden: Die seitlich zu Füßen der Linden liegenden, mit Rasen abgedeckten Grabkammern und den dazwischen angeordneten Blumenbeeten, aber auch die im Zentrum vertieft liegenden drei monumentalen Rasenparterres mit ihren eckbetonenden Strauchpflanzungen. Getrennt von der eigentlichen Grabanlage, erhebt sich in einem Sonderbereich das Zentrum der Gedenkstätte, der massive, 33,5 m hohe Obelisk aus hellgrauem Syenit. In seinem von Pfeilern flankierten Sockel aus schwarzen Porphyrquadern befindet sich die überkuppelte Ehrenhalle.

Die schon erwähnte »Mutter Erde«, vom Bildhauer Perschudtschew geschaffen, betrauert, vergleichbar einer Pietà, ihren

11. Volkspark Schönholzer Heide, Gedenktafeln mit den Namen der gefallenen russischen Soldaten

mit der Fahne des Sieges bedeckten Sohn und damit symbolisch die hier bestatteten russischen Soldaten. Mit einer Größe von 30 000 m² umfasst die gestaltete Fläche zwar nur ein Drittel des Treptower Ehrenmals, beeindruckt jedoch durch seine klare raumkünstlerische Konzeption und den besonders überzeugenden, strengen Rhythmus der Anlage, wodurch letztlich »die künstlerische Schwäche der bildhauerischen Arbeiten im zeittypischen stalinistischen Sozialistischen Realismus« gemildert wird, wie Wolfgang Gottschalk zu Recht unterstreicht.

Auch das Schönholzer Ehrenmal macht, wie die beiden anderen großen Ehrenmale, äußerlich einen durchaus intakten und gepflegten Eindruck, ist es doch auch schon unter der Verantwortung des Ostberliner Magistrats, in dessen Verfügung das Ehrenmal am 2. November 1949 überging, in den Jahren 1968 bis 1974 einer ersten Grundinstandsetzung unterzogen worden. Eine nach der Wende 1992 im Auftrag der Gartendenkmalpflege durchgeführte erste Begutachtung hat jedoch auch hier eine Fülle von Problemen und ungeahnten Schäden zutage treten lassen, die eine schrittweise Sanierung in den letzten zehn Jahren unumgänglich gemacht haben und kurz vor dem Abschluss stehen. In einem vergleichsweise guten und gepflegten Zustand befinden sich hingegen die Alleen und der sonstige Vegetationsbestand. Hier gilt es lediglich, durch gezielte Pflegemaßnahmen einen gartenkünstlerisch gewollten Leitzustand zu erhalten bzw. langfristig zu sichern.

Streszczenie

Trzy wielkie pomniki chwały Armii Radzieckiej w Berlinie: w Tiergarten, Treptow i Schönholzer Heide od dawna i bez wątpienia należą do zabytków Berlina. Również w porównaniu z wieloma mniejszymi rosyjskimi pomnikami chwały w Berlinie, np. pomnikiem znajdującym się na obrzeżach parku pałacowego w Buch na północy miasta, przede wszystkim jednak z pomnikami znajdującymi się w nowych krajach związkowych, wymienionym trzem pomnikom z pewnym uzasadnieniem przypisać należy znaczenie ogólnonarodowe. Stąd podstawę dla ich długookresowego zachowania i konserwacji stanowi nie tylko obowiązująca berlińska ustawa o ochronie zabytków z dnia 7 maja 1995 r., ale również niemiecko-radziecki traktat o dobrym sąsiedztwie z dnia 9 listopada 1990 r. oraz ustawa o zachowaniu grobów ofiar wojny i dyktatury z 1965 r.

Dlatego też Berlin od momentu przejęcia powyższych pomników chwały radzieckiej pod koniec 1990 r., wspólnie z Federalnym Ministerstwem Spraw Wewnętrznych stara się nie tylko o opracowanie długofalowej koncepcji konserwacji, ale również o finansowe zabezpieczenie przebiegu prac poprzez możliwie szczegółowe opracowanie kosztów ramowych. Dzięki pierwszym funduszom z Bonn w latach dziewięćdziesiątych XX w. możliwe stało się zlecenie nie tylko najpilniejszych pierwszych ekspertyz dotyczących szkód budowlanych, lecz również przeprowadzenie podstawowych, najpilniejszych prac budowlanych i zabezpieczających. Należało w pierwszej linii odremontować zagrożone części budowli, przez co udało się nie tylko powstrzymać widoczne wszędzie procesy zniszczenia, ale również sprostać wymaganiom bezpieczeństwa ruchu drogowego, nie dopuszczając do ich zamknięcia, którego się obawiano.

Na szczęście w ten sposób w ciągu ostatnich 15 lat udało się przeprowadzić obszerne prace remontowe i konserwacyjne pomników chwały radzieckiej w Tiergarten i Treptow. W Schönholz prace te jeszcze trwają.

Poza tym do zadań państwowego konserwatora zabytków nadal należy przekazywanie wszystkim dostępnej wiedzy o pomnikach i ich intencji, poprzez odpowiednią informację na miejscu, ale również w ramach działalności pedagogiki muzealnej, przekazującej ponadczasowe przesłanie pomników przyszłym pokoleniom.

Abstract

There can be no disputing the fact that Berlin's three large Soviet war memorials in Tiergarten, Treptow, and the Schönholzer Heide Park, have long been reckoned – rightly – to belong to Berlin's heritage of memorials. In comparison with the large number of smaller Russian war memorials such as that adjoining the Schlosspark in Buch at the northern edge of Berlin, or those in the new German *Länder*, these three really must be accorded a certain national significance. Their long-term preservation and maintenance are therefore not only anchored in Berlin's Memorial Conservation Law of 7 May 1995, but also in the German-Soviet Good Neighborhood Treaty of 9 November 1990, and the 1965 law for the preservation of the graves of the victims of war and tyranny.

Since assuming responsibility for the war memorials at the end of 1990, Berlin has therefore taken steps in conjunction with the Federal Ministry of the Interior to ensure not only the development of an effective long-term plan for their refurbishment, but also to arrive at a financially secure level of works based on a budget which is as detailed as possible. The first installments paid by the Bonn government in the 1990s allowed both the commissioning of the first assessments of structural damage and the implementation of initial repair work. First and foremost the structures at risk required repair, not only to arrest the process of dilapidation that was visible everywhere, but to ensure that the requirements for safe access to the memorials could be met, and so avoid the necessity of their closure that was feared at the time. Happily it has been possible to complete extensive repair and restoration work to the Russian war memorials in Tiergarten and Treptow during the past fifteen years, while the work in Schönholz is still in progress. Furthermore, it must be recognized that one of the tasks of national heritage conservation is to inform the general public of the war memorials and their message by means of suitable information on site, and to inform future generations through educational outreach activities of what is, at heart, a timeless message.

Bauwerke der Hauptstadt der DDR. Hermann Henselmann und andere

Budowle w stolicy NRD. Hermann Henselmann i inni

Buildings of the Capital of the GDR. Hermann Henselmann and Others

Christina Czymay

Einführung

Nicht wenige der den jungen Staat der DDR repräsentierenden Gebäude, in der Stilistik der Nationalen Traditionen der 1950er Jahre, sind als Baudenkmale bis heute erhalten. Repräsentativ geschmückte Bauten dieses Baustils waren für staatstragende Funktionen errichtet worden.

Der Bezug zum Klassizismus zeigt sich nicht unbedingt in einer symmetrischen Anlage, dafür aber in einer klaren Formensprache, die auf quasi alle Bauaufgaben gelegt wurde und hinter der die eigentliche Funktion zurücktritt. Diese Formensprache lässt den Baukörper in monumentalen Dimensionen erscheinen, immer verbunden mit weiten, gestalteten Freiflächen, die den Gesamtblick auf das Bauwerk durch einen gehörigen Abstand ermöglichen.

Diese hauptstädtische Architektur der Vergangenheit wurde in einem Maßstab errichtet, der den Bürger als Untergeordneten und, durch die fußläufig ermüdenden Dimensionen, ihn in seiner Kleinheit zeigt. Dazu gehören auch Magistralen und Boulevards mit breiten Verkehrswegen beidseitig oder zwischen Alleen, weil sie als militärisch wichtige Aufmarschstraßen benutzt werden können. Entlang dieser wichtigen Hauptstraßen finden sich durch Dekor geschmückte Bauten in ausgewogenen Proportionen. Die Architektur in den dahinter befindlichen Bereichen wurde wesentlich sparsamer gestaltet. Bauwerke, mit denen für die Hauptstadt der DDR in Bild und Film geworben wurde, haben früh die Aufmerksamkeit der postmodernen Architektenkollegen auf sich gezogen und gelten als eigenständiges Charakteristikum der sozialistischen Architekturentwicklung in der DDR. Als ihr Hauptarchitekt gilt Hermann Henselmann.

Nicht zuletzt auch durch die Gründung und die Öffentlichkeitsarbeit der Hermann-Henselmann-Stiftung ist dieser besonders im Gedächtnis geblieben. Viele andere im sogenannten Ent-

01. Staatsratsgebäude der DDR in Berlin, 1964–1967, unter Verwendung des Portals IV des Berliner Stadtschlosses von 1706–1713

wurfskollektiv arbeitende Kollegen sind in der Erinnerungsskala weit nach hinten gerückt.

Dies ist kein Phänomen der jüngsten Vergangenheit. Mit herausragenden Bauten verbindet sich zumeist der Name des die künstlerische, stadtbildprägende Erscheinung gebenden, leitenden Architekten.

Berlin zur Stunde null

Die deutschen Nachkriegsarchitekten fanden zahlreiche, gerade im Innenstadtbereich verwüstete Städte vor.[1] Viele, die schon in den letzten Kriegsjahren an Wiederaufbauplanungen gearbeitet hatten, sollten nun zwar unter politischem Druck, aber ohne stilistische Kursänderung großflächige Planungen verwirklichen.[2] Die Chance, in den zerstörten Gebieten großflächige Verkehrskonzepte zu verwirklichen, war verlockend, und einmalig die Gelegenheit, sich gleichzeitig von »unglücklich empfundener Stadtentwicklung der sogenannten Gründerzeit« zu befreien. In den deutschen Zeitschriften »Baumeister« und »Baukunst und Werkraum« bleiben auch nach dem Krieg die gegensätzlichen Strömungen von national getragener Staatsarchitektur und Neues Bauen deutlich, werden aber auch architektonische und städtebauliche Entwicklungen im Ausland publiziert.

In der nach Beendigung des Zweiten Weltkrieges in vier Besatzungszonen aufgeteilten ehemaligen Reichshauptstadt Berlin versuchte man mit dem sogenannten Kollektivplan zum Wiederaufbau, der unter Hans Scharouns[3] Leitung erarbeitet und 1946 der Öffentlichkeit vorgestellt wurde, übergreifende Planungen der Architektur und des Städtebaus zu entwickeln. Ziel war es, Berlin von einer kompakten Großstadt in durchgrünte, überschaubare Einheiten zu verwandeln. Als Erstes galt es die Innenstadtbereiche von Trümmern zu räumen und Wohnraum für die ausgebombte Bevölkerung und die vielen Heimkehrer zu schaffen. Mit dem 1. Gesetz zum sozialen Wohnungsbau 1949 waren Anweisungen zum sparsamen, rationell auf das Notwendigste reduzierten Wiederaufbau gegeben.[4]

Ich möchte nun der Frage nachgehen, wo, also in welchen Stadtbezirken von Berlin, Zentren mit Hauptstadtfunktionen geschaffen wurden.

02. Umgang in der Kongresshalle am Alexanderplatz nach der Renovierung 2003 als BCC

03. Kongresshalle und »Haus des Lehrers« mit 125 m langem und 8 m hohem Fries aus Keramik, farbigem Glas und Aluminium von Walter Womacka, 1964

04. Torhäuser zum Präsidialamt und Inneren Schlosspark Niederschönhausen, 1951

Berlin-Mitte

Das historische Zentrum der einstigen Reichshauptstadt sollte auch in der Hauptstadt der DDR wichtige Repräsentationsbauten erhalten und behalten.

Das Staatsratsgebäude, 1962–64 von Roland Korn, Hans-Erich Bogatzky und Klaus Pätzmann gebaut, das Ministerium für Auswärtige Angelegenheiten, 1964–67 von Josef Kaiser, Herbert Aust, Gerhard Lehmann und Lothar Kwasnitza, verschiedene Botschaftsgebäude, wie der Neubau der Botschaft der damaligen Union der Sozialistischen Sowjetrepubliken, dieser 1949–53 von Anatoli Stryshewski und Kollektiv Lebedinskij, Sichert und Skujin errichtet und mit Erweiterungsbau bis zur Glinkastraße von 1963 erhalten, wurden als Neubauten in staatstragenden Funktionen stilistisch unterschiedlich entworfen und gebaut. Ein besonderes Augenmerk wurde auf die künstlerische Gestaltung, Materialwahl und Ausstattung gerichtet.

Mit Gründung der DDR hatte man parallel zum Wohnungsneubau den Wiederaufbau kunsthistorisch wertvoller, zum Teil stark kriegsbeschädigter Kulturbauten vorangetrieben. Besonders im Gedächtnis geblieben ist in diesem Zusammenhang Richard Paulick, unter dessen Leitung, in Zusammenarbeit mit Kurt Hemmerling, die Deutsche Staatsoper rekonstruierend im Stile der Nationalen Traditionen 1950–55 wiederaufgebaut wurde. Paulick war nicht nur für den Wiederaufbau der Oper zuständig, sondern insgesamt für die städtebauliche Rekonstruktion des »Berliner Forums«, wie das »Forum Fridericianum« in der DDR genannt wurde.[5]

1962–63 erfolgte vom Kollektiv Richard Paulick und K. Kroll der Wiederaufbau des Prinzessinnenpalais[6] als Operncafé. Am Wiederaufbau des kriegszerstörten Kronprinzenpalais[7] als Gästehaus des Magistrats von Groß-Berlin, »Palais Unter den Linden« waren 1968–69 das Kollektiv Richard Paulick und Werner Prendel beteiligt. Dieses wurde 1972 mit einem Restauranttrakt, der sogenannten Schinkelklause, dessen Portal mit Terrakottaplatten der 1962 abgebrochenen Bauakademie versehen wurde, erweitert.

Staatsoper, Komische Oper, Theater wie das Berliner Ensemble und die Volksbühne, später auch das Schauspielhaus auf dem Gendarmenmarkt wurden mit neuen Entwürfen in Anbindung an die kulturellen Traditionen aufwendig wiederhergestellt und restauriert. In dem als Kultur- und Kunststadt begriffenen Berlin sollten die nationalen Traditionen fortgeführt werden.

Neben diesen historischen Kulturbauten wurden neue Gebäude in moderner Formensprache errichtet. Die Stadtbibliothek in der Breiten Straße, unweit des kurz zuvor abgerissenen Stadtschlosses, ist ein solches Beispiel. Sie wurde 1964–66 durch das Kollektiv Heinz Mehlan als Stahlskelettbau mit einer zur Straße vollkommen durchfensterten Front zwischen den Stahlbetondecken errichtet. Die mittig versetzten Eingänge gehen ebenfalls über die gesamte Erdgeschosshöhe. Der Haupteingang besteht aus 117 Stahltafeln von Fritz Kühn mit Variationen des Buchstabens »A«.

Für das seinerzeit sehr moderne Bauwerk des 1965–69 errichteten Fernseh- und UKW-Turms zeichneten viele Architekten und Ingenieure verantwortlich. Für diese stehen Namen wie Hermann Henselmann, Günter Franke, Fritz Dieter, Werner Ahrend für die Konstruktion, Walter Herzog und Herbert Aust für die Umbauung von 1969–72. Zu dieser Anlage gehört die von ebenfalls mehren Kollektiven geschaffene Grün- und Freifläche zwischen Fernsehturm und Spree: von Hubert Matthes, Eberhard Horn, Rolf Rühle; Wasserspiele von Gottfried Funeck und Werner Stockmann. Sie wurde unter Einbeziehung der Marienkirche und des vom Schlossplatz versetzten Neptunbrunnens auf historischen Hausfundamenten der ältesten Häuser der Stadt errichtet und bildet einen wesentlichen Abschnitt der städtebaulichen Hauptstadtplanung der DDR, die von der Karl-Marx-Allee über den Alexanderplatz, die ehemalige Schlossinsel und die Straße Unter den Linden bis zum Brandenburger Tor führte. Der Fernsehturm war in diesem Zusammenhang nicht nur als Funktionsbau für den Fernseh- und Rundfunkempfang konzipiert, sondern auch als ein nach Ost und West weithin sichtbares Wahrzeichen der Stadt.

In den 1960er und 1970er Jahren wurde dieser hauptstädtische Bereich im historischen Zentrum der Stadt mit Einkaufszentren wie der Markthalle, den Rathauspassagen oder dem Warenhaus am Alexanderplatz, mit Restaurants, Großhotels, internationalen Kultureinrichtungen und einem innerstädtischen Wohngebiet mit über 1300 Wohnungen ergänzt.

Ein weiteres modernes Gebäude, für das Hermann Henselmann als leitender Architekt zeichnete, ist die Kongresshalle an der Ostseite des Alexanderplatzes. Sie bildet zusammen mit dem als Kultur-, Bildungs- und Informationszentrum errichteten »Haus des Lehrers« eine durch Hoch- und Flachbau kontrastierende Gebäudegruppe. Die Gebäude wurden 1961–64 durch das Kollektiv Henselmann, Bernhard Geyer und Jörg Streitparth errichtet. An der Gestaltung des 12-geschossigen Stahlbetonskelettbaus mit Glas-Aluminium-Vorhangfassade waren bekannte Künstler wie der Maler und Bildhauer Walter Womacka mit einem 125 Meter langen Bildfries aus Glas-, Emaille-, Keramik- und Metallelementen und die Keramikerin Hedwig Bollhagen mit einem genrehaften Keramik-Wandbild im Restaurant des Hochhauses beteiligt. Die zweigeschossige Ausstellungshalle wurde als Kuppelbau in Stahlbeton-Schalenbauweise errichtet.

Die weiteren Zentren administrativer oder kultureller Repräsentanz, aber auch der von Forschung und Industrie entstanden an Orten der Geschichte, in direkter Fortführung (Adlershof) oder bewusster Uminterpretation (Niederschönhausen).

Berlin-Pankow

Berlin-Pankow sollte nach dem Zweiten Weltkrieg das erste, wichtigste Zentrum für die Staatsführung der DDR werden, da Pankow im Gegensatz zum Stadtzentrum kaum Kriegszerstörungen aufwies. Am 21. April 1945 wurde bereits der Bezirk Pankow von Berlin von der 3. Stoßarmee der 1. Belorussischen Front besetzt und einzelne Häuser nahe dem Schloss Niederschönhausen beschlagnahmt.[8] Am 15. Mai 1945 wurde das Einfamilienhausgebiet zwischen Tschaikowskistraße und Grabbeallee, der heutige Majakowskiring, zum Sperrgebiet erklärt.

Hohe Parteifunktionäre der KPD und SPD wohnten hier in beschlagnahmten Einfamilienhäusern bis zu dem 1961 erfolgten Umzug nach Wandlitz.

Herrschaftsbauten der Vergangenheit waren im Zweiten Weltkrieg fast sämtlich, teil- oder stark zerstört worden. Die Königsschlösser in Stadtmitte, Charlottenburg oder Potsdam standen nicht als neu zu besetzende Staatsbauten zur Verfügung. Das einzige fast unversehrt gebliebene Hohenzollernschloss befand sich in Niederschönhausen, fast im Zentrum des Bezirks Pankow. Dieses Schloss sollte mit Gründung der DDR am 7. Oktober 1949 Amtssitz des ersten und einzigen Präsidenten der DDR, Wilhelm Pieck, bis zu dessen Tod 1960, werden. Auch dieser Akt kann als einer der nationalen Traditionen gewertet werden.

05. Erich-Weinert-Siedlung, Straße 201, zweigeschossiges Einfamilienhaus für einen Juristen, 1951

06. Erich-Weinert-Siedlung, zweigeschossiger Typenbau eines Einfamilienhauses für einen Historiker, 1951

In der unmittelbaren Nachkriegszeit wurden Sicherungsmaßnahmen um das als »Städtchen« bezeichnete Sperrgebiet durchgeführt sowie ein Innerer Schlossparkbereich umfriedet. Eine durch Postengang gesicherte hohe Umfassungsmauer mit Tor- und Wachhäusern entstand an den ausführenden Straßen. Die Bauten von Willi Wendt sowie die Zaunfeld- und Gittergestaltungen von Fritz Kühn sind in noch in der konservativen Formensprache der 1930er Jahre gehalten. Neue Gebäude für das Präsidialamt wurden 1951 unter dem Chefarchitekten Hanns Hopp durch die Meisterwerkstatt II der Deutschen Bauakademie errichtet. Sie zeigen die Nähe zum Klassizismus, respektieren das Barockschloss in Formensprache und

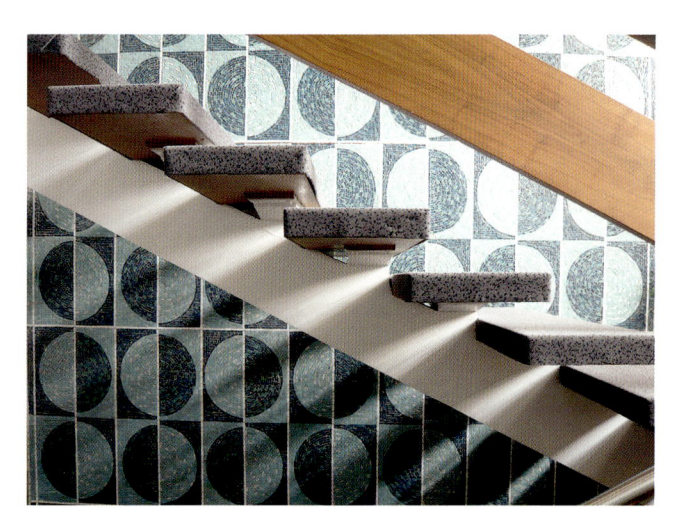

07. IHB Botschafts- und Residenzgebäude in der Tschaikowskistraße, ab Mitte der 1970er-ahre, elegante Einholmtreppe vor Wandmosaik

08. IHB Botschafts- und Residenzgebäude in der Tschaikowskistraße, umlaufende Loggia im ersten Hauptgeschoss mit Strukturwänden aus Betonstein

Baukörperausweisung und sind in ihrer wohldurchdachten Gestaltung doch als moderne Bauten der Nationalen Traditionen erkennbar. Rechts und links der verlängerten Ossietzkystraße entstanden die Präsidialkanzlei sowie das Verwaltungsgebäude mit Kasino, weiterhin ein Wirtschaftshof mit Kesselhaus. Durch neue Torhäuser in klassizistischer Formensprache wurde dieser Bereich in den »Inneren Schlosspark« einbezogen. 1955–56 wurde im nordwestlichen Bereich, nahe der Dietzgenstraße ein Gebäudekomplex für die Fahrbereitschaft errichtet. Dem Beschluss der Nutzung des Schlosses als Gästehaus der Regierung folgten 1965 Instandsetzungs- und Umbauarbeiten. Der Gartenarchitekt Reinhold Lingner gestaltete ab 1951 den Schlossgarten im eingefriedeten Bereich neu.

Im Zusammenhang mit der neuen Nutzung von Schloss und Schlossgelände als Gästehaus des Ministerrates entstand 1965–67 ein Appartementgebäude am Eingang der Tschaikowskistraße außerhalb des Schlossgeländes. Der kubische Baukörper wurde von Walter Schmidt vom Entwurfsbüro 110 »Dynamo« entworfen. Mit der Fassadengestaltung war Fritz Kühn beauftragt worden, für die Wandgestaltung zeichnete Walter Womacka.[9]

In erhöhter Lage und eher störend in den Schlossparkbereich eingreifend thront und demonstriert der gehobene Hotelbau seinen Gästen, den Regierungsoberhäuptern, ihren Beratern und wichtigsten Fachleuten, die DDR als modernen Staat. In konstruktiver Hinsicht war das Appartementhaus einer der ersten Bauten, die in Stahlbeton-Skelettbauweise des Typs »SK Berlin« errichtet worden waren.[10] Das Appartementhaus besteht aus einem viergeschossigen Hoteltrakt, dessen großzügiger Empfangs- und Restaurantbereich den größten Teil des Erdgeschosses einnimmt, und aus einem im Nordosten rechtwinklig anschließenden eingeschossigen Küchentrakt von 1981–82. Derzeit wird das Gebäude zu einem hochwertigen Büro- und Wohnobjekt umgebaut. Es ist beabsichtigt, den repräsentativen Erdgeschossbereich und das Treppenhaus wiederherzustellen.

Die Pläne für den Außenbereich des Gästehauses der Regierung lieferte 1965 ein Schüler von Reinhold Lingner, der Gartenarchitekt Karl Kirschner, der gleichzeitig die Instandsetzung des inneren Schlossparks plante.[11] Einen wichtigen Bestandteil bildet die großzügige Vorfahrt im Westen der Anlage mit dem aus kreisförmigen Elementen strukturierten, rasterartigen Vorplatz an der Eingangsseite. An der entgegengesetzten, zum Barockschloss gewandten Ostfassade befindet sich eine mit dieser verbundene, umlaufende Metallpergola sowie ein Terrassengarten. Südlich schließt ein landschaftlich gestalteter Parkbereich an.

Das Schloss in Niederschönhausen symbolisiert in mehreren Phasen seiner Geschichte einen politischen Ort von nationaler Tragweite. Es war Austragungsort national bedeutender politischer Gespräche. So ermöglichten im Jahre 1700 die geheimen Verhandlungen zur Erhebung des Kurfürsten Friedrich III., des Herzogs von Preußen, die Krönung zum König Friedrich I. »in Preußen« am 18. Januar 1701 in Königsberg. Etwa 250 Jahre später war es eingebunden in den Versuch des Aufbaus einer neuen Gesellschaftsordnung. Schloss und Park wurden für den obersten Staatspräsidenten der DDR hergerichtet. Nach dem Tod von Wilhelm Pieck fand hier am 12. September 1960 die konstituierende Sitzung des Staatsrates der DDR unter Vorsitz von Walter Ulbricht statt. Nun diente das Schloss Niederschönhausen zunächst bis zur Fertigstellung des Staatsratsgebäudes 1964 als Sitz des anstelle des Präsidentenamtes neu geschaffenen Staatsrates der DDR. Bis 1989 war es Gästehaus für hochrangige Staatsgäste. Im Jahre 1990 fanden in dem zum Ensemble gehörenden Präsidialamtsgebäude die Zwei-plus-Vier-Gespräche zur Deutschen Einheit statt. Wie die 1945 im Schloss Cecilienhof durchgeführten sogenannten Potsdamer Gespräche, wirken die im Schloss Schönhausen abgehaltenen bis heute auf unsere gesellschaftlichen Verhältnisse.

Am 22. Juni 1990 trafen sich hier die Außenminister der alliierten Schutzmächte und der beiden deutschen Staaten, um über die Bedingungen der Wiedervereinigung zu verhandeln. Der Stadtbezirk Pankow ist also ein Ort weitreichender Traditionen, in gesellschaftspolitischer Hinsicht, aber auch auf künstlerischem Gebiet. Bedeutende Persönlichkeiten ihrer Zeit nahmen hier ihren Hauptwohnsitz oder ihre Sommerresidenz. Der Staat der DDR griff diese Traditionen auf.

Um Künstler, Naturwissenschaftler und andere Vertreter der Intelligenz für den Aufbau der sozialistischen Gesellschaft zu gewinnen und im Land zu halten, wurde 1949 eine republikweite Kampagne, »Eigenheime für die Schaffende Intelligenz« als Einzel- und Doppelhäuser, aber auch Mehrfamilienhäuser und nur wenige Siedlungsanlagen in den Großstädten wie Berlin, Leipzig, Dresden und Jena, gestartet. In der Hauptstadt Berlin sollten 100 in geschlossenen Siedlungen gruppierte Eigenheime entstehen. Realisiert wurden insgesamt 94 Häuser in Pankow und Grünau.

Eine dieser Siedlungen befindet sich nördlich des Heinrich-Mann-Platzes und beidseitig der neuangelegten Straße 201. Sie wurde 1950–51 nach einem städtebaulichen Gesamtplan vom damaligen Leiter der Abteilung Hochbau des Instituts für Städtebau und Hochbau am Ministerium für Aufbau, Hanns Hopp, errichtet.

Vier unterschiedliche Haustypen und Sonderbauten von Atelierhäusern wurden durch unterschiedliche Architekten entwickelt. Die streng kalkulierten, zum Teil mit Trümmersteinen von den Einzelbauherren errichteten ein- und zweigeschossigen Wohnhäuser sind zumeist in einer eher traditionell konservativen Formensprache, als verputzte Mauerwerksbauten mit ausgebautem Satteldach, ausgeführt worden. Die zum Teil unterschiedlichen Fensterformate und -anordnungen, leichte Fassadenrücksprünge, Hauseingangsüberdachungen durch eine gerade Stahlbetonplatte auf zwei Rohrstützen geben dem Entwurf eine Nüchternheit und Sachlichkeit.

Von höherem künstlerischen Niveau waren die staatstragenden Botschafts- und Residenzgebäude, die auch als Typenbauten entwickelt worden waren. Der Abschluss des Grundlagenvertrages zwischen der DDR und der BRD im Jahre 1972, dem

09. Rundfunkzentrum Nalepastraße, 1951–1956, Großer Sendesaal

10. Rundfunkzentrum Nalepastraße, 1951–1956, Blick vom Garten der Sendesäle zum Kantinengebäude, Verwaltungsturm und Verbindungsbrücke

zahlreiche Länder mit der Anerkennung der DDR als eigenständiger Staat folgten, brachte einen erhöhten Bedarf an Bauten für Fremde Missionen mit sich. Pläne für einen Typenbau »Pankow I« waren bereits 1966–67 durch den Architekten Eckart Schmidt, im Auftrag des 1961[12] gegründeten »Dienstleistungsamtes für Ausländische Vertretungen in der DDR«, einer dem Ministerium für Auswärtige Angelegenheiten[13] nachgeordneten Einrichtung, als Stahlbetonskelett-Montagebauten[14] entwickelt worden. Schmidt hatte einen modifizierbaren Bautyp eines freistehenden, würfelförmigen Baukörpers aus zwei Wohn- und Arbeitsachsen mit einem dazwischengeschobenen Korridor- und Treppenhausbereich entworfen. Die breite Mittelachse des Treppenhauses ist gegenüber den Wohnkuben zurückgesetzt. Die die gesamte Breite einnehmenden Fenster sind mittig als Tür, in den beiden Obergeschossen zu einem Balkon öffnend, ausgebildet. Der Charakter der Botschafts- und Residenzanlagen mit ihren Häusern und Einfriedungen, den dazugehörigen Garagen, den gestalteten Grünflächen mit Fahnenmasten vor und den weitläufigen Rasen hinter dem Haus ist nach wie vor in einer hohen städtebaulichen Geschlossenheit und Qualität erhalten.

Ein anderer Bautyp eines Botschafts- und Residenzgebäudes wurde ab 1972 vom VE Bau- und Montagekombinat Ingenieurhochbau Berlin (IHB) unter Leitung des Architekten Horst Bauer entworfen. Gegenüber etwa 130 Bauten für Fremde Missionen, wurde dieser größere und aufwendigere Bautyp nur etwa sieben Mal gebaut.

Alle diese Botschaftsgebäude sind im Bezirk Pankow erhalten geblieben. Die IHB Botschaftsbauten wurden in drei Typen entwickelt und wie ihr kleinerer Vorgänger Pankow I–III, ebenfalls in Stahlbetonskelett-Montagebauweise errichtet. Zur Anlage gehören neben dem Wohnhaus mit Tiefgarage die Einfriedung, Fahnenmaste im Vorgarten, eine sparsame Gartengestaltung und große Rasenflächen. Zwei Gebäude des IHB-Bautyps, zu denen auch die heutige Polnische Akademie der Wissenschaften am Majakowskiring 74 zählt, sind bereits in größerem Maßstab verändert worden.

In der Tschaikowskistraße, die in Verlängerung der Schlossachse angelegt wurde, befindet sich eine gut überlieferte Botschaftsanlage für vier Staaten, die durch eine Privatstraße und zusätzliche Parkflächen erschlossen wird. Es sind rechteckige Baukörper mit Flachdach, mit drei Hauptgeschossen und einem Untergeschoss als Garage und Wirtschaftsbereich. Zur Gartenseite wurde das Gebäude Nummer 47 um einen eingeschossigen Baukörper mit Versammlungssaal erweitert. Dieser, vom Korridor- und Treppenhaus nur durch verglaste Wände getrennt, bildete im darüberliegenden Geschoss eine große Terrasse. Ein anderer, größerer Bautyp erhielt einen zweigeschossigen Anbau. Die Eingangs- und die gegenüberliegende Gartenseite ist mit durchgehenden großen Fenstern und davor befindlichen Loggien ausgestattet. Baukünstlerischer Schmuck in geometrischen Formen befindet sich als Wandmosaiken an den Treppenhauswänden und außen als vorgeblendete Strukturwände aus Betonstein am ersten Hauptgeschoss.

Durch die bestehende Einfachheit des Baukörpers, dessen Modernität und Funktionalität und die großzügige, einheitliche Freiflächengestaltung können die Botschafts- und Residenzgebäude in die Architekturgeschichte der Nachkriegsmoderne eingeordnet werden.

Franz Ehrlich in Pankow-Wilhelmsruh und Berlin-Treptow

Schon zu seinen Lebzeiten war der Architekt Franz Ehrlich nicht unumstritten, einerseits wegen des Funktionalismus und Formalismus seiner Architektur, andererseits war seine kritische Einstellung zum Bauwesen in der DDR bekannt. Er war Kommunist und KZ-Häftling in Buchenwald gewesen, hatte sich aktiv an den Wiederaufbauplanungen und Städtebaudiskussionen beteiligt. Er strebte neben der Beachtung von wirtschaftlichen Aspekten des Bauens künstlerische Freiheit und Berücksichtigung von sozialen Belangen an. In den ersten Nachkriegsjahren war er als Leiter des Referats Wiederaufbau und als freier Architekt in Dresden tätig.

Von 1950 bis 1952 war Ehrlich Technischer Direktor der Vereinigung Volkseigener Betriebe, Industrieentwurf Berlin.[15] In dieser Zeit entstand unter anderem im Bezirk Pankow unter seiner Leitung die Turbinenbauhalle[16] für den Volkseigenen Betrieb Bergmann-Borsig in Wilhelmsruh. Diese Großhalle wurde 1950–52 als Stahlskelettbau mit geschweißten Zweigelenkrahmen, eine Bauweise, die in Europa erst ab 1950 einsetzte,[17] als hochmoderner Industriebau errichtet. Er ist ein Gemeinschaftswerk, an dem neben Reinhold Rossig und Horst Schoebel[17] vermutlich auch Franz Ehrlich beteiligt war.

Franz Ehrlich entwarf in enger Zusammenarbeit mit Institutsdirektoren Nutzarchitektur für Industrie und Wissenschaft. Dabei konnte er seine an funktionalen Parametern ausgerichteten Architekturentwürfe verwirklichen.

Ab 1951 entstanden Pläne für Aufnahme- und Studiogebäude des Rundfunks durch Franz Ehrlich, Horst von Papen, Schwenke und Poetsch.[18] 1953 übernahm Franz Ehrlich als Leitender Architekt und Beauftragter des Staatlichen Rundfunkkomitees den Bau des Rundfunkzentrums der DDR in der Nalepastraße. Die Architekten hatten mit unterschiedlichen Zwängen der nicht funktionierenden Planwirtschaft und Materialknappheit zu kämpfen. Beim Neubau der Aufnahme- und Studiogebäude des Staatlichen Rundfunkkomitees in Ostberlin wurde um 1952 der Satz geprägt: »Der Architekt gestaltet nicht mit dem Bleistift, sondern mit Geld.«[19]

Als Leitender Architekt des Kollektivs wird Franz Ehrlich auch beim Bau des Fernsehzentrums Adlershof in der Rudower Chaussee von 1956–57 genannt. Seit einiger Zeit wird Wolfgang Wunsch als einziger, da auf der Planzeichnung unterzeichnender, Architekt genannt.[20]

Franz Ehrlich, der Architekt, Designer, Maler, bewegte sich zwischen architektonischem Anspruch, der Umsetzung moderner Kunstauffassungen des Bauhauses und den gesellschaftspolitisch begründeten nationalformalistischen Zwängen der sogenannten KuLiNaTra (Kurt Liebknechts Nationale Traditionen).[21]

Die Bauten von Franz Ehrlich eignen sich gut zur Veranschaulichung der Architekturentwicklung in der DDR. Wenige Gebäude von ihm sind in Berlin erhalten. Dazu zählt auch ein Institutsgebäude für Schlaftherapie von 1956–57 im Bezirk Pankow, Ortsteil Buch. Der Entwurf für ein Institut für kortikoviszerale Pathologie und Therapie entstand in Zusammenarbeit mit dem leitenden Professor Dr. Rudolf Baumann.

Streszczenie

Nie ma nic zaskakującego w tym, że w stolicy takiej jak Berlin, której rozwój architektoniczny ukształtowali, i na który wpłynęli (lub wpływają) władcy, polityczne kierownictwa urzędów lub potężni przedstawiciele gospodarki, również podczas dziesięcioleci próby budowania społeczeństwa socjalistycznego powstały wspaniałe budowle.

Do dziś zachowało się sporo zabytkowych budynków reprezentujących młode państwo NRD, w stylistyce »tradycji narodowych« lat pięćdziesiątych XX w.

Spośród architektów wyróżniających się z ówczesnego kolektywu w pamięci pozostał szczególnie Hermann Henselmann, w dużej mierze dzięki utworzonej Fundacji Hermanna Henselmanna. Budynki związane z jego nazwiskiem znajdują się w najważniejszych miejscach w centrum wschodniego Berlina. Już wcześniej przyciągały uwagę postmodernistycznych kolegów-architektów i uważane są za obiekty niezależne, charakterystyczne dla socjalistycznego rozwoju architektury w NRD. Natomiast wielu innych architektów pracujących w tak zwanym kolektywie projektującym, przesunęło się w skali pamięci na dalsze miejsca. Niniejsze przykłady, zbliżone do rozwoju architektury europejskiej, dają się przypisać poszczególnym architektom dzięki swemu charakterystycznemu stylowi artystycznemu.

Chciałabym zwrócić Państwa uwagę na inne budowle stołeczne, które w swej liczebności, ale i koncentracji różnią się od budynków stawianych w stolicach dawnych okręgów NRD, jak również w ośrodkach przemysłowych, takich jak Lipsk i Jena.

Moja teza brzmi: podczas gdy budowle powstałe na terytorium dawnej NRD, co prawda zracjonalizowane poprzez poważny udział prefabrykatów, są definiowane terytorialnie przez swe »tradycje narodowe«, to w sztuce architektonicznej stolicy NRD rozpoznać można raczej wpływy europejskie.

Abstract

It is in no way surprising that in a capital city like Berlin (where development has been, and continues to be, shaped and/or influenced by those currently ruling the state, by the political leaders of government bodies, or by captains of industry) buildings of outstanding quality were constructed during decades of attempts to develop a socialist society.

More than a few of the buildings which represented the young state of the GDR, constructed in the 1950s style of a national tradition, still survive as architectural monuments.

Of those who belonged to the collective of excellent architects, the memory of Hermann Henselman, which has been promoted by the work of the Hermann Henselman Foundation, has retained particular prominence. There are buildings with which he was connected on important sites in the city centre of East Berlin; they rapidly attracted the attention of fellow post-modern architects and are seen as having an independent character within the development of the GDR's socialist architecture.

However, awareness of the memory of many other fellow architects who worked in what was known as the design collective has greatly diminished. The artistic imprint on subsequent works which approach the level of development of European architecture can confidently be assigned to certain individual architects.

I would like to direct your attention to other buildings in the capital, which differ in their number and concentration as much from those in the GDR's regional capitals as they do from those in economic centers such as Leipzig or Jena.

My thesis is this: while the buildings constructed in the rest of the GDR, although streamlined because they were prefabricated, are territorially characterized by their specific »national traditions«, the architecture of the capital of the GDR reveals, rather, European influences.

Anmerkungen

1 Karte der Kriegszerstörungen in den deutschen Städten. In: Werner Durth, Niels Gutschow, Architektur und Städtebau der fünfziger Jahre. Schriftenreihe des Deutschen Nationalkomitees für Denkmalschutz, Band 33, 1987, S. 22.

2 Siehe Christoph Hackelsberger, Die aufgeschobene Moderne. Ein Versuch zur Einordnung der Architektur der Fünfziger Jahre. Deutscher Kunstverlag, Berlin 1985, S. 22–27.

3 Hans Scharoun wurde Direktor des 1947 an der Berliner Akademie der Wissenschaften gegründeten Instituts für Bauwesen (IfB), das seinen Sitz bis zur Auflösung zum 31.12.1950 in der Hannoverschen Straße 30 in Berlin-Mitte hatte. Siehe: Butter + Hartung, Ostmoderne. Architektur in Berlin 1945–1965. Berlin 2004, S. 34–37.

4 Ch. Hackelsberger, S. 25, 32, 33.

5 Denkmaltopographie Bundesrepublik Deutschland. Denkmale in Berlin. Ortsteil Mitte, S. 167.

6 Unter den Linden 5, Prinzessinnenpalais, 1733 von Friedrich Wilhelm Diterichs, Umbau 1810–11 von Heinrich Gentz, Neuaufbau 1963–64 von Richard Paulick; Garten, seit 1733, 1868 von Emil Sello, 1963 verändert (D) (*siehe Ensemble* Unter den Linden 2–15 …), Bebelplatz, Oberwallstraße 1–2, (MIT/MITTE-D).

7 Unter den Linden 3, Kronprinzenpalais, 1732–33 von Philipp Gerlach, Umbau 1856–57 von Heinrich Strack, Neuaufbau 1968–69 von Richard Paulick; Gartenanlage, 1969–70 von W. Hinkefuß (D) (*siehe Ensemble* Unter den Linden 2–15 …), Niederlagstraße, Oberwallstraße, (MIT/MITTE-D).

8 Hans-Michael Schulze, In den Wohnzimmern der Macht. Das Geheimnis des Pankower »Städtchen«, Berlin Edition 2001, S. 26.

9 Butter + Hartung, Vertiefende Bestandsdokumentation Gästehaus der Regierung der DDR. Schloss Niederschönhausen. Appartementhaus; 20. Dezember 2005, S. 4–5.

10 Ebenda, S. 31.

11 Gabriele Schulz, Erläuterungen zum Denkmalwert des Gartendenkmals Tschaikowskistr. 3, 26.2.2008.

12 Nils Ballhausen, Typ Pankow. Standardisierte Wohn- und Dienstgebäude. In: Bauwelt 14. 2001, S. 14–17.

13 Bettine Volk, Typ Pankow: Wiederverwendungsprojekt Botschaft. Diplomarbeit an der FHT Zürich 2004, S. 18.

14 Manuskript: Uwe Licht und Jessica Hänsel, Ehemalige Botschaften Tschaikowskistraße 45, 47, 49, 51, Berlin-Pankow. raumwandler.de, März, April 2011.

15 Aufstellung der Hauptwerke von Franz Ehrlich von Lutz Schöbe, Stiftung Bauhaus Dessau. In: Franz Ehrlich. Ein Bauhäusler in Widerstand und Konzentrationslager. Hrsg. Volkhard Knigge und Harry Stein, Stiftung Gedenkstätten Buchenwald und Mittelbau-Dora, Weimar 2009, S. 168–169.

16 Information von Prof. Cengiz Dicleli, Institut für Angewandte Forschung, Hochschule Konstanz HTWG.

17 Bei Butter + Hartung, Ostmoderne, S. 50, werden nur Reinhold Rossig und Horst Schoebel genannt.

18 Butter + Hartung, Ostmoderne, S. 50, werden Franz Ehrlich, Horst von Papen, Schwenke und Poetsch genannt.

19 Zitat Franz Ehrlich aus: Deutsche Architektur, 9/1956, Aufnahme- und Studiogebäude des Staatlichen Rundfunkkomitees, S. 400.

20 Butter+ Hartung, Ostmoderne, S. 28–30.

21 Christina Czymay: Die Franz-Volhard-Klinik, ein bedeutender Klinikbau der fünfziger Jahre. In: Stalinistische Architektur unter Denkmalschutz?, ICOMOS – Hefte des Deutschen Nationalkomitees XX, München 1996, S. 49–52.

Die politische Topographie Ost-Berlins.
Botschaftsbauten zwischen Repräsentation und Typisierung

Polityczna topografia Berlina Wschodniego.
Budynki ambasad pomiędzy reprezentacją a typologizacją

Political Topography of East Berlin.
Embassy Buildings between Representation and Typification

Antje Graumann

Ein Botschaftsgebäude hat die Aufgabe, das Selbstverständnis eines Staates in die Sprache der Architektur zu übersetzen. Ein Botschafter agiert in Vertretung seines Staatsoberhaupts auf einem Gebiet, das hoheitlich zwar dem Gastgeberland unterstellt ist, jedoch besonderen völkerrechtlichen Schutz genießt. Die Selbstdarstellung eines Landes in einem anderen Land ist eng mit der Wahl seines Botschaftsstandorts und des ausführenden Architekten verknüpft.[1] Eine ganz andere Auffassung der Bauaufgabe Botschaft zeigte sich in der DDR, wo eine ganze Reihe diplomatischer Vertretungen in typisierten, identischen Gebäuden untergebracht wurden. Dabei entstand ein neues eigenständiges Botschaftsviertel im Berliner Stadtbezirk Pankow, das noch heute in seinen städtebaulichen Zusammenhängen erhalten ist.

Zu Beginn des 19. Jahrhunderts konzentrierte sich die politische Verwaltung Preußens im Stadtschloss und dessen direkter Umgebung.[2] Mit dem Ausbau des diplomatischen Verwaltungsapparats wurden zunehmend eigene Gebäude nötig, die sich in der Friedrichstadt, vorzugsweise in der Wilhelmstraße und Leipziger Straße oder Unter den Linden ansiedelten.

Im Unterschied zum Gesandten, der seinen Staat am Hofe eines Herrscher vertrat, fungierte ein Botschafter als persönlicher Stellvertreter des Monarchen, dass heißt, der Repräsentationsanspruch, den eine standesgemäße Niederlassung zu erfüllen hatte, musste dem des Monarchen selbst gleichkommen. Das Berufsbild des Diplomaten, der als ständiger hauptamtlicher Vertreter der politischen Interessen seines Landes wirkt, entstand im frühen 19. Jahrhundert. Nach Gründung des Deutschen Reichs 1871 waren alle europäischen Staaten in Berlin vertreten, von denen jedoch nur acht Botschaften unterhielten, darunter Frankreich, Großbritannien, Russland und die Vereinigten Staaten von Amerika. Sie alle waren in re-

01. Botschaft Japans, 1938–42, Architekt: Ludwig Moshammer

02. Botschaft Italiens, 1940–41, Architekt: Friedrich Hetzelt

präsentativen Stadtpalais untergebracht, welche der Bedeutsamkeit ihrer Gegenwart im Preußischen Kaiserreich Ausdruck verleihen sollten.

Der Botschafter des russischen Zarenreichs residierte seit 1831 Unter den Linden. Die Republik Frankreich erwarb ihr Haus am Pariser Platz 1860 als Botschaftssitz. Großbritannien folgte 1884 mit dem Erwerb des Palais Strousberg in der Wilhelmstraße, das als neu errichtetes Stadtpalais eines Industriellen allem nötigen Repräsentationsbedarf entgegenkam. Die USA kauften ihr Gebäude am Pariser Platz erst 1931 und nutzten es danach nur für zwei Jahre, bis zur Machtübernahme der Nationalsozialisten 1933. Heute residieren alle vier Staaten wieder an ihren historischen Adressen.

Eine Gestaltung der diplomatischen Residenzen, die auf landesspezifische (Architektur-)Merkmale verwies, war nicht üblich, vielmehr galt ein international lesbarer Standard der Repräsentation, der Aufschluss über Stellung und Rang der zwischenstaatlichen Beziehung gab.

Nachdem die Immobilienpreise in der Friedrichstadt stark angestiegen waren, folgte ab 1865 der Spreebogen in der Nähe des Reichstags (Alsenviertel) als bevorzugtes Botschaftsquartier. Von den dort ansässigen Landesvertretungen ist einzig die Schweizerische Botschaft seit 1918 durchgehend am Platz geblieben. Auch siedelten sich in der Villensiedlung des Tiergartenviertels am südlichen Rand des Großen Tiergartens nach 1918 vermehrt die kleineren Gesandtschaften an, für die eine Anmietung von Stadtpalais in der Friedrichstadt zu kostspielig wurde. Bis 1939 entwickelte sich das Gebiet zu einem »diplomatischen Viertel«, das ab 1937 in Albert Speers Neuplanung Berlins als Reichshauptstadt »Germania« einbezogen wurde.[3] Auf den Planungsarealen Lichtensteinallee und Stülerstraße plante die Reichsbaudirektion Neubauten für Vertretungen Dänemarks, Italiens, Japans, Jugoslawiens, Norwegens, Schwedens und Spaniens, die vor Ausbruch des Zweiten Weltkrieges nicht sämtlich zur Ausführung kamen. Beispielhaft für diese Epoche des Botschaftsbaus in Berlin sind die Botschaften von Japan[4] und Italien[5] (Abb. 01, 02), die erstmals speziell für den Zweck der Landesvertretung geplant waren. Ein landestypischer Charakter der Bauten sollte über die architektonische Detailgestaltung vermittelt werden, jedoch kommt darin weniger das Selbstverständnis der Länder als vielmehr die Projektion der Bauherren zum Ausdruck. Die beiden Gebäude wurden nach dem Krieg wieder aufgebaut und stehen heute unter Denkmalschutz.

Im geteilten Deutschland entwickelten sich die internationalen Beziehungen und damit auch der Botschaftsbau höchst unterschiedlich. Während der freiheitlich orientierte Westteil aufgrund der Hallstein-Doktrin[6] von 1955 die alleinige außenpolitische Vertretung Deutschlands beanspruchte und 1949 Bonn zu seiner Hauptstadt erklärte, blieb der DDR, die Ost-Berlin als Hauptstadt beibehielt, nur der diplomatische Kontakt zu ebenfalls sozialistischen Staaten. Bad Godesberg bei Bonn, das von Kriegszerstörungen verschont geblieben war und über zahlreiche herrschaftliche Gründerzeitvillen verfügte, entwickelte sich zur Diplomatenstadt Westdeutschlands.

Erste Botschaftsneubauten in der DDR

Im kriegszerstörten Ost-Berlin bildeten sich drei Stadtgebiete zu Zentren der Diplomatie heraus. Dies waren der bereits erwähnte historische Standort in Berlin-Mitte Unter den Linden/Wilhelmstraße, daneben die Treskowallee in Karlshorst und Pankow/Niederschönhausen – als Wohnsitz der Politprominenz der DDR. Der Bebauungsplan von 1960/61 für das Zentrum Ost-Berlins sah Unter den Linden die Wiederherstellung der historischen Architektur mit einer Baulückenschließung durch moderne Gebäude vor. Der Standort sollte als Zentrum für Wirtschaft und Politik entwickelt werden.[7]

Die seit dem 19. Jahrhundert dort ansässige Botschaft des russischen Zarenreichs, nun der Sowjetunion, blieb an ihrer historischen Adresse Unter den Linden und wurde 1949–52 als erstes Bauwerk des sozialistischen Klassizismus stalinistischer Prägung wieder aufgebaut. (Abb. 03a und 03b) Nach Entwürfen der Architekten Anatoli Strishewski und Fritz Bornemann entstand ein dreimal so großes Bauwerk wie vor dem Krieg, das im herrschaftlichen Gestus Motive russischer und sowjetischer Architektur vereint. Der symmetrisch angelegte Bau beinhaltet reich ausgestaltete Festsäle, wie den Kuppelsaal, den Wappensaal und den Spiegelsaal. Die Fassade des Gebäudes ist mit Werkstein und Granit verkleidet, wobei die Türen durch Vergoldungen akzentuiert sind. Die Sowjetische Botschaft kommt der originären Aufgabe eines Botschaftsgebäudes – das Selbstbild eines Landes architektonisch zu materialisieren – von allen in der DDR errichteten Botschaftsgebäuden am meisten nach. Die historisierende Monumentalarchitektur importiert den Stil Moskauer Bauwerke der 1930er Jahre nach Berlin – genannt sei hier die als »Sieben Schwestern« bekannte Hochhausgruppe – und versinnbildlicht durch ausladende, raumgreifende Bauformen die politische Dominanz, die »der große Bruder« gegenüber der DDR zum Ausdruck brachte. Für die Sowjetische Botschaft wurde auch eine Abweichung vom Linden-Statut, das die historisch überlieferte, geschlossene Baufront zur Straßenseite sowie die Traufhöhe schützen sollte, geduldet. Heute genießt das Bauwerk selbst Denkmalschutz. Gegenüber der Sowjetbotschaft bezogen die Botschaften der Volksrepubliken Polen[8] und Ungarn[9] zwei Neubauten, deren Entwürfe im Stil der internationalen Moderne von Architekten-

03a. Botschaft der Russischen Föderation, 1949–52 (ehemals Botschaft der UdSSR)

03b. Kuppelsaal der ehemaligen Sowjetbotschaft Unter den Linden mit Kreml-Darstellung im großen Glasfenster (1949–51)

kollektiven der DDR stammten[10] (Abb. 04). Die Gebäude wurden als Stahlbetonskelettbauten in Montagebauweise unter Verwendung industriell vorfabrizierter Bauteile realisiert. Ihre Fassaden in Glas und Aluminium standen zueinander in Bezug. Den Eingangsbereich der Polnischen Botschaft schmückt eine Metallarbeit des Künstlers Fritz Kühn, die stilisierte Lindenblätter zeigt und so auf den Standort Unter den Linden Bezug nimmt. Die Botschaftsfunktion war an den Fassaden nicht ablesbar. Die Bauten standen für die Abkehr vom Monumentalismus in der sozialistischen Architektur der 1950er Jahre, wie er in der Sowjetbotschaft und in der Karl-Marx-Allee zum Ausdruck kam, und zeigten selbstbewusst die Leistungsfähigkeit des Bauwesens der DDR. Beiden Bauten sind Teil des Denkmalensembles Dorotheenstadt.

Typisierter Botschaftsbau – die Typenserie Pankow

Berlin-Pankow kann als eigentliches Botschaftsviertel der DDR gelten, denn in diesem Stadtbezirk wurden etwa 150 Grundstücke von diplomatischen Einrichtungen genutzt.

Es entstanden ganze Botschaftskolonien, die aus identisch gestalteten Bauten errichtet wurden. Hier sind vor allem die Komplexe Esplanade/Stavangerstraße mit 21 Bauten (Abb. 05), Arnold-Zweig-Straße mit acht Bauten und Tschaikowskistraße mit vier Bauten zu nennen. Daneben wurden 80 Residenzgebäude als schlichte Einfamilienhäuser ebenfalls nach Typenentwurf gebaut.

Seit ihrer Gründung am 7. Oktober 1949 war die DDR international nur von den zwölf sozialistischen Staaten als eigener souveräner Staat anerkannt. Bis Ende der 1960er Jahre hatte sie nur zu wenigen nichtsozialistischen Staaten diplomatische Beziehungen aufnehmen können. Die DDR war folglich weltpolitisch isoliert. Entsprechend begrenzt blieb die Nachfrage nach geeigneten Immobilien zum Zweck der Einrichtung von diplomatischen Vertretungen.[11]

Erst 1972 wurde diese Situation durch den sogenannten »Grundlagenvertrag«[12] zwischen BRD und DDR beendet. Die Vereinbarung »*gutnachbarlicher Beziehungen auf gleichberechtigter Basis*«[13] eröffnete der DDR die Möglichkeit zur Aufnahme außenpolitischer Beziehungen zu Ländern ihrer Wahl. Bis 1989 stieg die Zahl der in Ost-Berlin ansässigen diplomatischen Vertretungen auf 74 an. Diese Neuerung mündete in einen bislang in der DDR ungekanntem Bedarf an Gebäuden zur Unterbringung ausländischer Vertretungen, die in kurzer Zeit bereitzustellen waren.

Das *Dienstleistungsamt für Ausländische Vertretungen* (DAV) organisierte als nachgeordnetes Organ des Ministeriums für Auswärtige Angelegenheiten die gesamte Infrastruktur für den Botschaftsbetrieb in der DDR.[14] Da ausländische Staaten in der DDR kein Grund- oder Immobilieneigentum erwerben konnten, unterstand dem DAV eine eigene Bauabteilung.[15]

Die durch die DDR errichteten Botschaftsbauten veranschaulichen, welch geringes Maß an individueller Repräsentation die DDR den zu erwartenden Staaten zuzugestehen bereit war. Ein kostenökonomisch ausgerichtetes Botschaftsbauprogramm wies den Gastländern Objekte in Typenbauweise zu, die teils in direkter Nachbarschaft zueinander in regelrechten Botschaftskomplexen zusammengefasst wurden. Dabei diente lediglich das jeweilige Staatswappen auf der dafür vorgesehenen Fläche über dem Eingang der Gebäude zur Identifikation des Gaststaates. Diese Bauweise steht der individuell-repräsentativ ausgerichteten Bauaufgabe Botschaft diametral entgegen und impliziert den Versuch, in sozialistisch gleichmachendem Ges-

04. Polnische Botschaft (Ambasada Polska) Unter den Linden (Emil Leybold, Christina Seyfarth, 1962–64) – ein Denkmal der Ostmoderne bzw. der Sozialistischen Moderne nach dem Bau der Berliner Mauer (1961)

05. Botschaftskomplex Esplanade/Stavangerstraße

tus die Selbstdarstellung der Gastländer zu untergraben. Die Reglementierung der baulichen Gestaltungsfreiheit seitens der DDR erwuchs aus einem Zwiespalt der Interessen: Einerseits sollten ausländische Vertretungen in der DDR heimisch und diplomatische Kontakte damit gefestigt werden, andererseits bestand ein Vorbehalt gegenüber der freien Repräsentation einer nicht sozialistischen Gesellschaft, und nicht zuletzt forderten ökonomische Zwänge eine kostenbewusste Baupolitik. Dennoch war die Kontrolle von politischer Repräsentation durch Architektur der DDR finanzielle Aufwendungen wert, wäre doch eine Projektierung der Gebäude durch die Gaststaaten selbst für die DDR wesentlich kostengünstiger gewesen. Ähnlich dem Botschaftsbauprogramm des Dritten Reichs, das die Reichsbaudirektion für die Gaststaaten plante, um diese ins eigene Stadt- und Weltbild zu inkorporieren,[16] ignorierte auch die DDR jeden mit Individualität verbundenen Wunsch zur Selbstdarstellung.

Typ Pankow I

Der erste Botschaftsneubau der späteren Pankow-Reihe präsentiert sich als klassischer Villentypus (Abb. 06). Der kubische Baukörper des zweigeschossigen Gebäudes wird von einem Souterrain getragen und ist mit einem Flachdach abgeschlossen. Die Fassade ist spiegelsymmetrisch aufgebaut. Die seitlichen Bautrakte flankieren den mittig positionierten, prominenten Eingangsbereich. Die begrenzenden Wände der Seitentrakte sind mit rotem Spaltklinker verblendet, sie erfüllen die optische und statische Funktion, die Bauteile voneinander zu trennen. Eine Freitreppe führt ins erhöhte Erdgeschoss, dem analog zum Aufbau einer Villa die Funktion der Beletage zugeordnet ist. Der Eingangsbereich ist baldachinartig von einem kleinen Balkon überfangen, was die herausgehobene Empfangssituation unterstreicht. Die Freitreppe zum Eingangsbereich ist als Zitat traditioneller Herrschaftsbauten zu verstehen, deren erhabene Eingangssituation eine respekt-

volle Annäherung gebot. In der Außenpolitik spielen Protokoll und Etikette im Begrüßungszeremoniell ebenfalls eine Rolle, worauf die Eingangsgestaltung am Typ Pankow I Bezug nimmt. Der Bau verbindet die Funktionen einer Residenz mit denen einer Kanzlei, wobei die offiziellen Räumlichkeiten, wie Büros, Tagungszimmer und ein Festsaal im erhabenen Erdgeschoss angeordnet sind, während die Wohnräume des Botschafters im Obergeschoss liegen.

Das Gebäude ist traditionell aufgemauert. Die Deckenkonstruktion ist das einzige konstruktive Element aus industrieller Vorfertigung. Sie beeinflusst die Gestaltung des gesamten Gebäudes dennoch maßgeblich, da die Breite der beiden Bautrakte von den Maßen dieses Normbauteils vorgegeben wird. Der hier beschriebene Bau entstand 1966/67 nach den Entwürfen des Architekten Eckart Schmidt, der zu dieser Zeit als Mitarbeiter von Hermann Henselmann bei dem Projektierungsbetrieb VEB Berlin Projekt tätig war. Das bauliche Gestalten in Klinker und Beton entsprach nach Schmidt dem architektonischen Trend der 1960er Jahre.[17] Die Entwürfe zu den Botschaften stellen diese zeitgenössischen Bezüge unverkennbar her. Die Beauftragung eines Architekten aus dem Umkreis Hermann Henselmanns, der im Bereich Sonderbauten führend war, spricht für das Vorhaben, den Residenzen eine anspruchsvolle architektonische Gestaltung zuteilwerden zu lassen.

Typ Pankow I ist individuell nach den Anforderungen der Bauaufgabe Botschaft/Residenz für die ständige Vertretung Jugoslawiens projektiert.[18] Zu seiner Planungs- und Errichtungszeit war eine Serienproduktion politisch noch nicht angezeigt.[19] Für die erste Realisierung des Baus, der späterhin Ausgangspunkt einer Typenreihe werden sollte, war ein Grundstück am Heinrich-Mann-Platz Nr. 15–19 im Stadtteil Pankow vorgesehen. Nahezu zeitgleich arbeitete Schmidt weitere fünf Variationen des Gebäudes aus.[20] Diese basieren auf dem Ursprungsentwurf, sind jedoch individuell an die Standortbedingungen angepasst. Die Umsetzung dieser Planungen erfolgte 1967–1969 auf unweit entfernten Grundstücken in Niederschönhausen und Pankow. Die Neubauten sind in ihren Dimensionen an der bereits bestehenden Baubauung von zumeist größeren, freistehenden Einfamilienhäusern orientiert. Die Residenzen

06. Typ Pankow I, Mühlenstraße, 1965–67

07a. Typ Pankow II, Waldstraße, 1972

07b. Typ Pankow II, Mosaiksteinfeld und Ziergitter zur Individualisierung des Baus

Typ Pankow II

Der nach Zustandekommen des Grundlagenvertrages bevorstehende, stark erhöhte Bedarf an Botschaftsgebäuden verlangte eine Rationalisierung im Planungs- und Bauablauf. Auf der Grundlage der Planung von Eckart Schmidt erfolgte eine Standardisierung der Entwürfe, wobei weniger Wert auf die individuelle Ausformung von Baudetails gelegt wurde, was zu einer Reduktion baulich nicht unbedingt notwendiger Gestaltungselemente führte (Abb. 07a und 07b).

Trotz vieler Einsparungen vermittelt die Anordnung der Bauvolumina einen ausgewogenen Gesamteindruck. Der gesamte Baukörper wird »angehoben« und verfügt nun über drei Vollgeschosse. Die Kubatur des Gebäudes ist in zwei Hälften gegliedert und in der Mitte durch den Erschließungsbereich verbunden, was ein harmonisches 3:3-Verhältnis von horizontaler und vertikaler Ausrichtung hervorbringt. Die Fassade präsentiert sich ornamentlos in klarer orthogonaler Gliederung. Um die Gefahr der Monotonie abzuwenden, wurden im Traufbereich und an den Brüstungen der Fenster des Mitteltraktes sowie in vertikal verlaufenden Bändern an den Seitenfassaden farbige Mosaiksteinfelder angebracht, die im Farbton von Gebäude zu Gebäude variierten. Diese sind an den Gebäuden in der Ibsen- und Stavangerstraße, Arnold-Zweig-Straße sowie Waldstraße noch original erhalten.

Das nun ebenerdig begehbare Erdgeschoss verlegte den Eingang der Botschaft direkt auf die Ebene der Hauswirtschaftsräume, was einer standesgemäßen Empfangssituation sehr zum Nachteil gereichte.

Die repräsentativen Räume lagen im ersten Geschoss, die Wohnräume des Botschafters blieben dem obersten Geschoss zugeordnet.

Die konstruktiven Mittel blieben weitgehend die gleichen wie bei der Reihe Pankow I, da sich eine auf Herstellung durch traditionelle Gewerke angelegte Grundkonstruktion nur bedingt an eine industrielle Fertigung anpassen ließ. Eine komplette Umsetzung der Typenreihe Pankow II durch industriell vorgefertigte Bauteile konnte in der Kürze der zur Verfügung stehenden Zeit technisch nicht bewältigt werden.[22] Daher kann beim Bau der Botschaftsserie Pankow noch kaum von industrieller Bauproduktion gesprochen werden. Die Ursprungsplanung – Typ Pankow I – wurde in das Verfahren der Typenprojektierung übertragen, die derzeit als fortschrittlichste Bauweise angesehen wurde.

wurden als Solitäre mit eigenem Garten in die vorstädtische Bebauungsstruktur eingefügt.

Die mehrheitlich traditionell-handwerkliche Bauweise und die Ausstattung mit hochwertigen Baudetails sprachen gegen eine auf serielle Vervielfältigung angelegte Produktion. Gerade die kleine Stückzahl der Bauten ermöglichte eine besonders sorgsame Auswahl der Materialien. Die originale Klinkerverkleidung ist nur noch bei wenigen Bauten erhalten.[21]

Typ Pankow III

Den im selben Zeitraum wie Pankow II geplanten Typ Pankow III charakterisiert im Wesentlichen nur ein Unterschied zu seinem Vorgängerbau. Die beiden parallel liegenden Trakte des Baus wurden hier jeweils in gegenläufiger Richtung gesteckt. Das DAV erkannte bereits im Planungsprozess die geringe Möglichkeit zur optischen Unterscheidung der Bauten.

08a. Typ IHB I, Tschaikowskistraße

08b. Typ IHB I Gartenseite, Majakowskiring, heute Polnische Akademie der Wissenschaften

Die einerseits baulich erwünschte Egalisierung der Repräsentationsansprüche der Gaststaaten hat ihre Kehrseite in der von dem radikal auf Typisierung ausgerichteten Bauwesen der DDR hervorgebrachten Einheitsbauform, die auch auf Seiten der Planer kritisch aufgenommen wurde. Sie war zwar letztlich das Produkt aller Bestrebungen, konnte aber ästhetisch ihre Schöpfer nicht immer befriedigen.

Typ IHB I–III

Parallel zu den Planungen der Typen Pankow II und III wurde das Kollektiv des Volkseigenen Bau- und Montagekombinats Ingenieurhochbau Berlin (IHB) unter Leitung von Horst Bauer beauftragt, ebenfalls Entwürfe für Botschaften in Typenbauweise auszuarbeiten. Diese stellen eine eigenständige Entwicklungslinie dar und sind strukturell nicht mit den Typenbauten der Pankow-Serie verwandt. Die IHB-Entwürfe basieren auf dem Sortiment von Fertigteilen für den Typenbau. Sie wurden an sieben Standorten in Berlin-Pankow in Stahlbetonskelett-Montagebauweise ausgeführt[23] (Abb. 08a und 08b).

In der Anwendung des Baukastensystems (Montagebauweise aus getypten Fertigteilen) lag nach Maßgabe der Funktionäre des DDR-Bauwesens das bis dato fortschrittlichste und meistgepriesene Bauverfahren. In Projektierungsarbeit mit dem Planungsmittel Baukastensystem gelangen in den 1960er bis 1970er Jahren gestalterisch anspruchsvolle Typenbauwerke, wofür Typ IHB ein anschauliches Beispiel bietet.

Der dreigeschossige Bau mit Flachdach über einem Souterrain bildet die Grundeinheit (IHB I), an welche die jeweils zweigeschossigen Erweiterungseinheiten angefügt werden können. Die Fassade ist durch das Stützraster vertikal in zwei Hälften geteilt und wird von den schwebend wirkenden Obergeschossen dominiert, welche weit über das zurückgesetzte, erhöhte Erdgeschoss hervorkragen. In den Obergeschossen erstrecken sich zwei Loggien über die gesamte Fassadenbreite.

Vor der linken Fassadenhälfte führt eine Treppe zum Erdgeschoss hinauf, wodurch – wie bei Typ Pankow I – eine repräsentative Empfangssituation geschaffen wird. Die zweigeschossigen Anbauten, die je nach Anzahl den Typ IHB II oder IHB III ergaben, führen die Fassadengestaltung der Grundeinheit fort. Im Inneren der Erweiterungsbauten waren großflächige Büroräume für Kanzlei und Verwaltung vorgesehen.

Die Montagebauweise ist an den Fassaden der Bauten deutlich ablesbar. Die zwischen den Elementen entstehenden Fugen erzeugen eine dezente Binnengliederung der Fassaden und werden selbstbewusst als Zeichen der Modernität und Fortschrittlichkeit dieser Architektur zu Schau gestellt.

Typ Gera und Magdeburg

Die letzten direkt mit dem Botschaftsbau in Pankow in Verbindung stehenden Typenbauten sind die als reine Residenzen entworfenen Typen Gera und Magdeburg.

Um die Belastung der Planung und Ausführung, die das Botschaftsbauprogramm aufgrund seines knapp bemessenen

09. Residenz Typ Gera, Kuckhoffstraße

10. Residenz Typ Magdeburg, Rudolf-Ditzen-Straße

Zeitrahmens mit sich brachte, besser zu verteilen, wurden auch Baubetriebe anderer Bezirke zu Projektierung und Errichtung einzelner Gebäudetypen in Berlin-Pankow herangezogen.

So plante die Projektierungsabteilung in Jena, welche zum Wohnungsbaukombinat Gera gehörte, einen zweigeschossigen Kubus, der eine über Eck eingetiefte Eingangssituation als charakteristisches Merkmal aufweist (Abb. 09).

In Magdeburg wurde ein eingeschossiger Bau mit Flachdach entworfen, dessen zwei Flügel im rechten Winkel zueinander stehen (Abb. 10). In diesem Winkel befindet sich rückseitig auf erhöhtem Terrain eine Terrasse. Die in traditioneller Mauerwerksbauweise ausgeführte Residenz ist über Straßenniveau auf einem Souterrain errichtet, wo Kellerräume und Garage Platz finden. Der weiß gefasste Glattputz des Sockelgeschosses wird in einem schmalen Putzband im Bereich der Attika wiederholt, was den Bungalow-artigen, horizontalen Charakter des Baus betont.

Die heutige Situation der Botschaftsbauten in Pankow

Viele der Typen-Botschaften haben bis heute ihre Funktion als diplomatische Vertretung verloren. Nach der Aufgabe ihrer ursprünglichen Nutzung unterlagen die Typenbauten durch Privatisierung und Umnutzung einem hohen Veränderungsdruck, da sich diese Immobilien in zentrumsnaher und doch ruhiger grüner Lage großer Beliebtheit erfreuten. Ihre aus der klassischen Moderne entlehnte Formensprache sowie ihre Funktionalität entsprechen dem Komfort der zeitgenössischen Townhouses. Einzelne Gebäude wurden im Detail stark überformt (Abb. 11). Die bis heute vorgenommenen Eingriffe in die Bausubstanz der Gebäude changierten von kleineren Modernisierungen bis zum Abriss dreier Objekte in der Esplanade, deren Grundstücke an einen Investor vergeben wurden.[24]

Davon abgesehen sind vor allem die Botschaftskomplexe Esplanade und Arnold-Zweig-Straße in ihrer stadträumlichen Gliederung noch nahezu zusammenhängend erhalten.

Da keines der typisierten Botschaftsgebäude in Berlin-Pankow bislang inventarisiert ist, gibt es kaum Möglichkeiten, die in einzelnen Gebäuden nahezu vollständig erhaltene originale Substanz vor Überbauung zu schützen. Eine Eintragung in die Denkmalliste wäre in erster Linie durch geschichtliche und städtebauliche Aspekte zu begründen; entstanden die Bauten doch als Resultat politischer Verhandlungen zwischen der BRD und der DDR, die die Bestätigung der Souveränität der DDR zum Ergebnis hatten. Nur auf dieser Grundlage konnte das in der deutschen Geschichte einmalige Botschaftsbauprogramm, das deutlich die baukünstlerische Handschrift der DDR trägt, realisiert werden.

Solche Botschaftskomplexe bestehend aus Typenbotschaften sind als politische Geste des Gastgeberstaates DDR, seine Gaststaaten in genormten, identisch ausgeführten Botschaftsgebäuden residieren zu lassen und somit deren Repräsentationsambitionen durch eigene zu ersetzen, im gesamten Bundesgebiet einmalig. Die Hintergründe der Entstehung dieses Botschaftsbauprogramms als Architekturkonzept eines sozialistischen Gesellschaftsverständnisses stellen zweifellos ein Charakteristikum der DDR als abgeschlossener geschichtlicher

11. Typ Pankow II mit Geschosserweiterung, Esplanade

Epoche dar, wie sie in der Inventarisierungspraxis als Datierungsgrundlage der Denkmalwürdigkeit gefordert wird.

Über die Möglichkeit einer Unterschutzstellung nach dem Berliner Denkmalrecht hinaus gäbe es zur Bewahrung des Bebauungscharakters dieser Botschaftsgebiete das Instrument der Erhaltungssatzung nach § 172 Baugesetzbuch, besonderes Städtebaurecht. Diese Erhaltungssatzungen können von Gemeinden zum Erhalt der städtebaulichen Eigenart eines Gebiets auch im Hinblick auf seine Gestaltung erlassen werden. Die Satzung ermöglicht die detaillierte Aufnahme von Schutzgütern, die die örtliche Bausituation konkret über die Festlegung der Bauabstände bis hin zur Materialität der Fassadengestaltung erfassen kann.

Im Geltungsbereich einer solchen Satzung gelten diese Festlegungen bei Anträgen zu baulichen Änderungen als verbindliche Richtlinien.

Zusammenfassung

Im 19. Jahrhundert bedurfte die Architektur einer Botschaft keiner landesspezifischen Erkennungsmerkmale, repräsentative Bestandsgebäude reichten für eine diplomatische Nutzung aus, diese wurden gegebenenfalls durch einen Umbau in ihrer Repräsentationsfunktion aufgewertet.

Erst ab den 1930er Jahren finden sich Botschaftsneubauten, die speziell für eine diplomatische Nutzung errichtet wurden. Doch auch hier war es nicht das Selbstbild der betreffenden Länder, das Eingang in die architektonische Planung fand, allein landestypischer Bauschmuck sollte als Reminiszenz an die Kultur des Gastlandes dienen. Nach der Teilung Deutschlands in Ost und West trennte sich die Entwicklung der Bauaufgabe Botschaft. War in der Bundesrepublik Deutschland das individuelle Bauen möglich, so unterstand sämtliche Bauproduktion in der DDR staatlich gelenkter Baupolitik. Die DDR konzipierte die Typenserie der Botschaftsbauten in Berlin-Pankow als Repräsentationsobjekt der eigenen Architekturauffassung. Die Botschaftsgebäude wurden zu Objekten der ideologischen und kulturellen Selbstdarstellung der DDR, die die industrielle Typenbauweise als architektonische Versinnbildlichung des Fortschritts interpretierte. Im Interesse, ihre wirtschaftliche und kulturelle Leistungsfähigkeit zu betonen, wurden die Bauten im Trend der internationalen Architekturentwicklung entworfen. So finden sich an den Bauten zahlreiche formale Zitate der klassischen Moderne, welche die Bauten als sozialistische Erben (nachkriegs)modernen Formenguts ausweisen. Die DDR stellte sich – im Gewand einer scheinbaren Dienstleistung – somit architektonisch in ihrem Gesellschaftsverständnis dar.

Der geschichtlich, aber auch baukünstlerisch-städtebaulich zu begründende Denkmalwert der Botschaftsbauten würde auf der Berliner Denkmalliste ein Kapitel international verwobener DDR-Geschichte abbilden, wie sie im gesamten Bundesgebiet keine Entsprechung hat.

Streszczenie

Większość historycznych budynków ambasad i rezydencji jest skupiona wzdłuż reprezentacyjnych bulwarów lub alei, takich jak Pariser Platz koło Bramy Brandenburskiej lub Tiergartenstraße graniczącej z najsłynniejszym ogrodem miejskim.

Równocześnie znajdują się w Berlinie także dzielnice ambasad zbudowane od podstaw i składające się z typowych budynków powstałych w procesie przemysłowym.

Referat skupia się na rozbieżnościach pomiędzy twierdzeniem, że budynek ambasady jest z jednej strony reprezentacyjny, a z drugiej strony, że jest z góry określonym typem budownictwa dla użytku służby dyplomatycznej.

Wraz z odbudową ambasady radzieckiej w latach 1949–51 w stylu socklasycystycznym sowieci wzmocnili swoją hegemonię nad tym sektorem. Ambasada jest usytuowana jako sztandarowy budynek architektury stalinowskiej w centrum Berlina, przy najbardziej reprezentacyjnym bulwarze Unter den Linden. Tylko najbliższe »braterskie kraje socjalistyczne« NRD mogły budować swoje ambasady w centrum Berlina Wschodniego.

Po utworzeniu NRD w roku 1949 tylko niektóre kraje uznawały to państwo za suwerenne. Sytuacja uległa zmianie po roku 1972, kiedy to NRD podpisała umowę normującą swoje stosunki z Niemcami Zachodnimi. Liczba stosunków dyplomatycznych utrzymywanych przez NRD zaczęła się zwiększać. Doprowadziło to do zapotrzebowania na ulokowanie w budynkach wielu spodziewanych misji. Rozwiązaniem tego problemu miała być zabudowa składająca się z identycznych budynków, które zostały wzniesione na strzeżonych terenach Berlina-Pankow – uprzedniej siedziby administracji rządowej NRD. Referat przedstawia politykę NRD lekceważenia woli indywidualnej reprezentacji za pomocą architektonicznych środków wyrazu. Niemniej jednak budynki ambasad i rezydencje zaprojektowane przez NRD-owskich architektów celem ulokowania misji dyplomatycznych zostały starannie zaprojektowane zgodnie z międzynarodowymi trendami w projektowaniu architektonicznym. Ich kształt i materiały łączą je z tradycją modernizmu. Obecnie reprezentują one okres powojennego modernizmu w NRD, który uległ wielu przemianom od upadku administracji NRD w roku 1989 i obecnie jest zagrożony konwersją.

Abstract

Most of Berlin´s historical embassy and residency buildings cluster alongside representative boulevards or park lanes such as Pariser Platz next to the Brandenburg Gate or Tiergartenstraße bordering Berlin´s most famous public garden.

But Berlin also features embassy districts that were built from scratch and consist entirely of typed buildings produced in an industrial process.

This paper will focus on the discrepancy of the claim for representation in embassy building on the one hand and pre-shaped housing concepts for diplomats on the other.

By rebuilding the Soviet embassy in 1949–51 in the style of Socialist-Classicism, the Soviets strengthened their hegemony over their sector. The embassy is placed as a flagship building of Stalinist architecture in the city centre of Berlin, at the most representative boulevard Unter den Linden.

Only the closest »Socialist brother states« of the GDR were allowed to have their embassies built in the city centre of East Berlin.

After the formation of the GDR in 1949 only few countries recognised it as a sovereign state. After 1972 this situation changed when the GDR signed a contract defining its relation to West Germany. The number of international relations held by the GDR began to increase. This led to a demand for adequate accommodation of the numerousy expected missions. The solution to this problem was found in developing a housing scheme consisting of identically constructed buildings. Those buildings were erected in gated neighbourhoods in Berlin-Pankow – the former place of residence of the GDR administration. The paper will examine this policy of the GDR to neglect the desire of individual representation by means of architecture.

Nevertheless, the embassy buildings and residencies designed by GDR architects to accommodate diplomatic missions were carefully drafted according to international developments in architectural design. Their shape and materials connect them to the modernist tradition. Today, they represent the period of the post-war modernism in the GDR that has undergone many changes in use since the collapse of the GDR administration in 1989 and is presently in danger of conversion.

Anmerkungen

1 Die Produktion von Länderbildern mit den repräsentativen Mitteln des Botschaftsbaus wurde in der Forschung bereits thematisiert. Vgl. Fleischmann, Katharina: Botschaften mit Botschaften. Zur Produktion von Länderbildern durch Berliner Botschaftsbauten. Ein Beitrag zu einer neuen Länderkunde. Dissertation. Freie Universität Berlin 2005, S. 6.

2 Die historische Entwicklung traditioneller Botschaftsquartiere in Berlin hat Hans-Dieter Nägelke untersucht. Vgl. Nägelke, Hans-Dieter: Botschaften und Gesandtschaften 1871–1945. In: Englert, Kerstin/Tietz, Jürgen: Botschaften in Berlin, Berlin 2003. S. 11 ff.

3 Zuvor war eine Planung zur konzentrierten Ansiedlung diplomatischer Vertretungen in Stadtrandlage angedacht, die ein einheitlich gestaltetes Botschaftsviertel am Grunewaldsee/Clayallee mit einer gewissen Typisierung der Einzelbauten vorsah. Vgl. Nägelke, 2003, S. 11 ff.

4 Bauzeit: 1938–42, Architekt: Ludwig Moshammer.

5 Bauzeit: 1940–41, Architekt: Friedrich Hetzelt.

6 Die Anerkennung der DDR wurde von der BRD mit der Beendigung von diplomatischen Beziehungen zum anerkennenden Land sanktioniert.

7 Petsch, Martin: Botschaften in der DDR. Städtebau und Architektur. In: Englert, Kerstin/Tietz, Jürgen (Hg.): Botschaften in Berlin, Berlin 2003, S. 42–56.

8 Unter den Linden 70–72, Architekten: Kollektiv Emila Leiboldt und Christian Seyfarth, 1963/64.

9 Unter den Linden 76/Ecke Wilhelmstraße, Architekten: Kollektiv Karl-Ernst Swora und Rainer Hanslik in Zusammenarbeit mit den ungarischen Architekten Endre Koltai und László Kovázy, 1965/66. Ungarn ließ sein Botschaftsgebäude 1999 abreißen und realisierte an gleicher Stelle einen Neubau des Architekten Ádám Sylvester.

10 Nur drei sozialistische Länder – die Tschechoslowakei, Nordkorea und Bulgarien – errichteten eigene Neubauten; eigene Architekten wurden nur von der Sowjetunion und der Tschechoslowakei beauftragt.

11 Diese Gesandtschaften wurden bis 1953 zumeist außerhalb des kriegszerstörten Zentrums in Altbauten untergebracht.

12 *Vertrag über die Grundlagen der Beziehungen zwischen der Bundesrepublik Deutschland und der Deutschen Demokratischen Republik*, Dezember 1972, beinhaltet zehn Artikel zum Ausbau der Beziehungen zwischen den beiden deutschen Staaten im Zuge der internationalen Entspannungspolitik. Vgl. Weber, Hermann: DDR. Grundriss der Geschichte 1945–1990, Hannover 1991, S. 148 und Staritz, Dietrich: Geschichte der DDR. Frankfurt a. M. 1996, S. 266 ff.

13 Münch, Ingo von (Hg.): Dokumente des geteilten Deutschland. Quellentexte zur Rechtslage des deutschen Reiches, der Bundesrepublik Deutschland und der Deutschen Demokratischen Republik. Seit 1968, Stuttgart 1974, S. 303.

14 Vgl. Ballhausen, Nils: Typ Pankow. Standardisierte Wohn- und Dienstgebäude. In: Bauwelt, Jg. 92, 2001, H. 14, S. 15.

15 Die Bauabteilung des DAV gliederte sich in die Bereiche des Investauftraggebers (plant Neubauten), der Territorialverwaltung (Pankow, Mitte und Karlshorst) sowie der technischen Verwaltung und Objekterhaltung.

16 Vgl. Nägelke, 2003, S. 13 ff.

17 Gespräch mit Eckart Schmidt am 21.04.08. Die gestalterische Verwendung dieser Materialien assoziiert die Entwürfe Mies van der Rohes zum Landhaus in Backstein zwischen 1923 und 1924. Mies van der Rohe nutzte bei der Errichtung der Häuser Esters und Lange in Krefeld 1927–30 Klinker als strukturbestimmendes Verblendmaterial für die gesamte Fläche der Fassade.

18 Die Bezeichnung *Pankow I* war nicht der Arbeitstitel dieser Projektreihe. Die Benennung der Typenreihe nach ihrem Standort Pankow erfolgte erst später. Gespräch mit E. Schmidt am 21.04.08.

19 Die mehrfache Errichtung dieses Baus noch vor 1970 ist auf die ökonomische Grundausrichtung des Bauwesens der DDR zurückzuführen, in dem oftmals *Wiederverwendungsprojekte* geplant wurden. Dabei handelt es sich laut Definition um ein »Individuelles Projekt eines Gebäudes oder einer Anlage, das für wiederholte Verwendung vorgesehen oder dafür empfohlen wird«. Termini, die bei der Typenprojektierung Verwendung finden. In: 2. Internationale Tagung für Typenprojektierung 1958, S. 57, Punkt 5.12.

20 Diese Gebäude wurden an der Mühlenstraße in Pankow errichtet und den ersten nichtsozialistischen Staaten vermietet, die die DDR anerkannt hatten, namentlich Kambodscha, Südjemen und Ägypten. Vgl. Englert/Tietz (Hg.) 2003, S. 282.

21 In originaler Farbgebung zeigen sich noch die Bauten in der Hermann-Hesse-Straße 55 (heute Kindergarten) und in der Mühlenstraße/Benjamin-Vogelsdorf-Straße (Kindergarten sowie Kambodschanische Botschaft).

22 Wenn aus dem zur Verfügung stehenden Fertigteilsortiment keine passenden Elemente gewählt werden konnten, blieb keine andere Möglichkeit, als traditionell handwerklich vorzugehen, da der Planungs- und Herstellungszeitraum neuer Fertigteil-Elemente die eingeplanten Bauzeiten (und -kosten) erheblich überschritt.

23 Diese geringe Stückzahl liegt in den hohen Kostenaufwendungen für den Typ IHB begründet.

24 Im Dezember 2003 wurden die ehemaligen Botschaftsgebäude Esplanade 7–11 abgerissen, um auf den Grundstücken einen Discount Supermarkt zu errichten. Quelle: Gespräch mit Eckart Schmidt am 21.04.08.

Planungsinstrumente des städtebaulichen Denkmalschutzes –
das Beispiel Karl-Marx-Alle, 2. Bauabschnitt

Instrumenty planistyczne ochrony zabytków urbanistycznych
na przykładzie II odcinka budowy Karl-Marx-Alle

Planning Instruments for Urban Heritage Preservation – the example of Karl-Marx-Allee, Building Phase 2

Kristina Laduch

More than 20 years after the fall of the Berlin Wall and the political and social transformation in Germany, there is increasing interest in the protection and preservation of the socialist-realist architectural heritage. Berlin owns several examples of social-realist planning. For example, the inner-city planning for the capital city of the German Democratic Republic (GDR) and several housing estates are living manifestations of the planning cultures in the post-war period.

The most prominent post war housing estate of East Berlin is the Karl-Marx-Allee (called Stalinallee from 1949–1961). Construction work of the socialist boulevard started in the late 1940s in the East Berlin district Friedrichshain and continued in the 1950s in the style of Social Realism (also called Socialist Classicism or National Tradition). In the 1960s the avenue was expanded towards the Alexanderplatz in the Mitte district according to industrial construction methods (prefabricated slab constructions) and using modern design elements of the international style. The second building phase in Berlin Mitte was developed as the first socialist housing complex in the GDR in the years from 1960 to 1963.

Karl-Marx-Allee, Building Section II – a Brief Profile

The housing complex Karl-Marx-Allee, Phase 2 is located in the eastern center of Berlin in the district of Mitte. It is adjacent to the Alexanderplatz, the main retail center and an important interchange for public transportation (street cars, subways, commuter trains and regional railways). The housing complex is divided by the Karl-Marx-Allee in two parts, which lie to the north and south of the main primary street. It connects the older 1st building phase, which lies somewhat farther east in Friedrichshain and was constructed in the years from 1952 to 1958, with the socialist city center of Berlin.

Main facts regarding the housing complex today are:
- total area of approximately 69 hectares
- 4,900 housing units (apartments)
- approximately 9,380 inhabitants/residents (approximately 10% younger than 18 years and 36% over 65 years old)

01. Streetside structures along the Karl-Marx-Allee

The housing complex is an attractive residential area, for the most part with rent control. The majority of the residential structures are owned by housing cooperatives and a communal housing corporation (WBM).

As noted above, the complex has an excellent location and very good traffic access. At the same time, the large traffic corridors (streets) – Karl-Marx-Allee and Holzmarktstraße – separate both the complex itself, dividing it into two sections, as well as the complex from the neighboring areas.

Historical Background

Due to its proximity to the city center of Berlin, the area of today's Karl-Marx-Allee, Phase 2 was heavily destroyed during the final days of World War II. The city ground plan of the area of the housing complex was totally different before the war from the situation today.

Following the widespread destruction of Berlin's city center in the last days of World War II and the founding of the two German states in 1949, the first impulses for the development of this section of the city were provided by the housing programs of the GDR.

In 1958 an urban design competition was held in which a number of international teams participated. The winning design proposal was by the Collective Collein and Dutschke.

Their design proposal foresaw an orthogonal layout with open blocks and various building ensembles. The complex was to be defined by a 10- to 11-story perimeter with further 8- to 10-story slab buildings arranged within the complex. Furthermore, there was foreseen a »fill-in« with 5-story apartment houses. The social infrastructure – primarily kindergartens and schools – was conceived as 1- to 3-story structures. Special structures, for example a row of pavilions and a film theater along the Karl-Marx-Allee but also the district city hall and administration (formerly the Hotel Berolina), occupy special positions and a central role within the composition of the design scheme.

Historical relics, such as the pre-war buildings in the Magazinstraße and the Berolinastraße/corner Karl-Marx-Allee were integrated into the overall complex.

The housing complex Karl-Marx-Allee, Phase 2 was complex in the true sense of the word: complex because it strove to provide not just housing, but also the amenities of modern society: social infrastructure, retail offerings, cultural locations (film theater) and even a representative political/administrative place, the city hall of the district of Mitte.

The orthogonal layout permitted as well the development of generous green and open spaces as an integral component of the design.

Changes since the Fall of the Iron Curtain 1989/90

Since the fall of the Berlin Wall in 1989, the housing complex has undergone a variety of changes. The Karl-Marx-Allee itself has relinquished its role as marching and demonstration grounds and is now usually perceived as an over-dimensional traffic space.

Since 1990 the buildings themselves have been subject to changes of differing degree. For example, practically all of the buildings have undergone renovation. In some cases, the original tile facades – one of the main characteristics of the housing complex – have been replaced by insulation and stucco/plaster facades. In other cases, the tile facades have been retained under a new insulated tile facade. In few cases only the grouting has been renewed.

Within the housing complex, there has been a reorganization of property ownership. Of course some of the housing cooperatives (*Wohnungsbaugenossenschaften*) existed already before 1990. Much of the housing stock was transferred to the newly founded communal housing corporation, *Wohnungsbaugesellschaft Mitte (WBM)*. In the delineation of the property lines, there sometimes resulted properties with very little area and with complicated traffic access, such as the properties along the eastern side of the Schillingstraße.

In addition, the housing complex is in the meantime characterized by functional deficiencies, in particular in local retail offer-

02a. Density of the urban tissue, 1940

02b. Density of the urban tissue, 2011

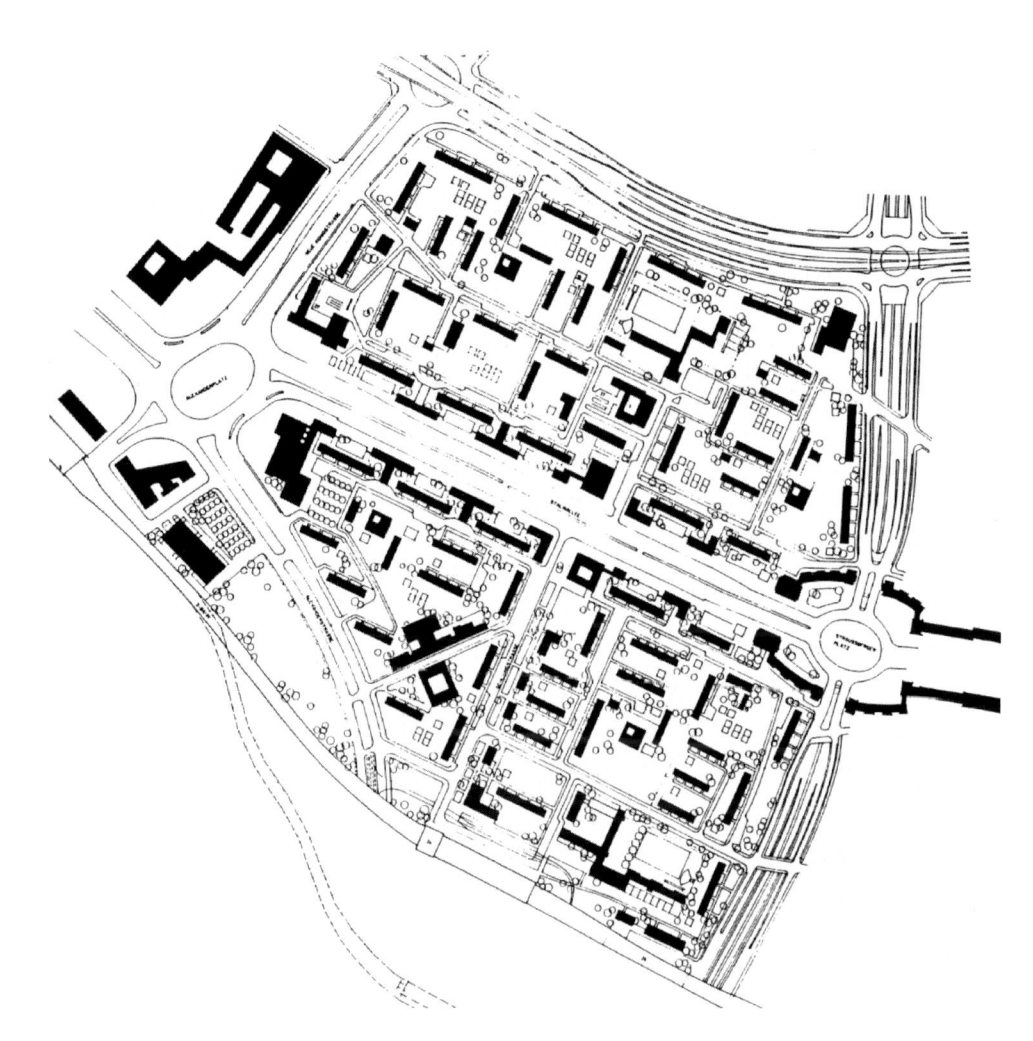

03. Urban design competition from 1959, site plan

ings. The pavilions along Schillingstraße, the main shopping axis besides the Karl-Marx Allee itself, have proven to be inadequate for large stores. In addition, the modest buying power of the local residents tends to be exerted outside the housing complex, in such neighboring retail areas as Alexanderplatz.

Finally it is important to note the demographic changes in the housing complex. The residents tend to be older; some of them still the original first renters. There is a corresponding lack of children and young people: the group of residents younger than 18 years is approximately 10% of the total resident population. Recently, though, there is some indication that young families have begun to move into the housing complex.

So it is possible to summarize the current situation as follows:
- A general stabilization of the housing complex has occurred.
- It has been possible to preserve – and renovate/modernize – the housing stock (the buildings themselves).
- The social infrastructure (kindergartens, schools) has been secured and partially converted to other uses.
- The complex remains a popular and attractive housing estate in an excellent inner-city location.
- The reorganization of property ownership including privatization of apartments has taken place and led to some problems regarding new building proposals.
- And finally, functional deficiencies, particularly in the retail and service offerings remain and pose a problem from the standpoint of city planners.

One of the major, if not the major plan on the municipal level in the period since 1990 was the Planwerk Innenstadt, an informal yet controversially debated planning scheme. It was drafted in 1999 by the Senate Building Director and the Senate Administration for Urban Development and decreed by the Senate and the parliament of Berlin (Abgeordnetenhaus).

The Planwerk aimed at an urban reconstruction based on the city's ground plan and property parcel structure from the time before the Second World War. While this could actually be helpful for the purposes of preservation in some areas of the city, the Planwerk practically completely disregarded the particular history and importance of the housing complex Karl-Marx-Allee, Phase 2. If it had been implemented here, then the characteristic urban design of the complex would have been transformed, perhaps even erased.

The Planwerk Innenstadt was issued by the political bodies of the Federal State of Berlin, but it always was criticized and controversial on the local and municipal level of the Mitte district of Berlin.

Lageplan
M 1 : 2.000
Quelle: ALK © GeoBasis-DE/SenStadt III (2010)

**Workshop
Karl-Marx-Allee II.BA
Berlin-Mitte**

Mai 2011
bearbeitet von:

STADT • LAND • FLUSS
Büro für Städtebau und Stadtplanung, Berlin

BEZIRKSAMT MITTE VON BERLIN

04. Site plan, inventory

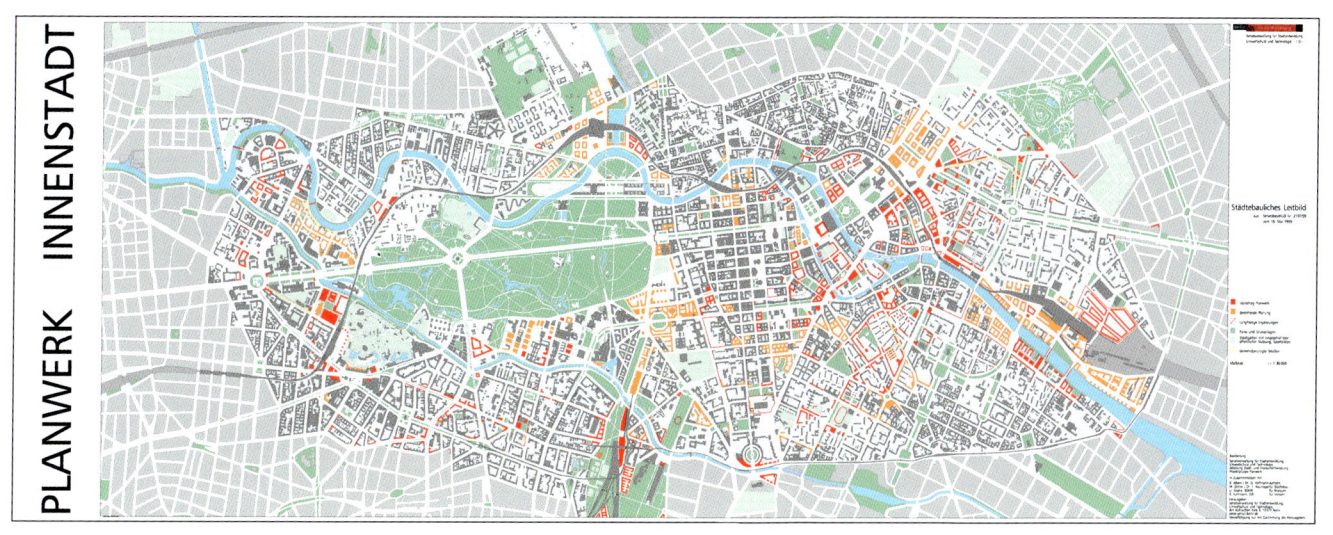

05. Planwerk Innenstadt

Problems and Challenges Today – External and Internal Pressure

In January 2011, the Senate Administration completed an updated a version of the planning scheme called Planwerk Innere Stadt. This new Planwerk strives to provide a development image for the entire inner city, defined as the area within the railway ring. The new plan foresees less intervention in post-war structures, such as complex Karl-Marx-Allee, Phase 2.

Despite the recent downturn in the real estate market, the housing complex has been eyed up by old housing cooperatives and corporations as well as market newcomers. Spurred by the inner-city location and the proximity to Alexanderplatz and to the new retail development »Alexa«, these actors perceive an opportunity to densify the existing housing complex and to achieve a profit in doing so.

Project proposals that were examined in the past months range from 2-story row houses to monolithic 8-story condominium projects. Until now, the public administration has been successful in not issuing building permits for such projects. But the pressure remains quite high.

In view of these problems, the responsible planners are faced with the issue of appropriate planning instruments and must provide a planning response.

After the *Wende* in Berlin, much of the attention was drawn to new building projects, for example in the Friedrichstraße and on Potsdamer Platz and Leipziger Platz. But there were also urban historians and historic preservation experts who focused

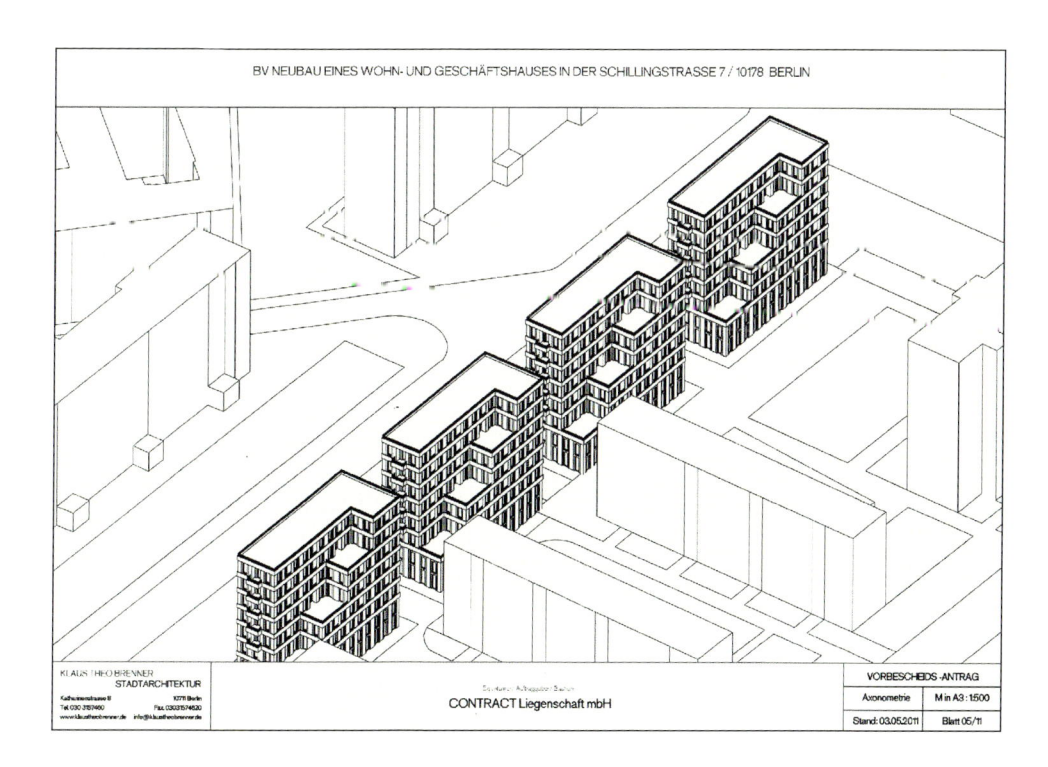

06. Designs for an apartment and office building in the Schillingstraße 7

07. Joint planning workshop on 1 June 2011: the two administrative levels – the local district of Mitte and the Senate Administration for Urban Development

on the various valuable buildings and urban structures in the eastern part of the city. In the 1990s the street Karl-Marx-Allee and the immediately adjacent spaces were listed as historic landmarks (*Denkmalschutz*). In addition to the street space, the protection included the residential high-rises immediately adjacent to the avenue and one- and two-story pavilions along the Karl-Marx-Allee. In addition to this section of the Karl-Marx-Allee, individual buildings and building ensembles were placed under historic preservation, such as the Berlin Congress Hall and the House of the Teacher (by Hermann Henselmann 1962–1964) and the Television Tower at Alexanderplatz.

The District Administration of Mitte ratified a preservation statute (*Erhaltungsverordnung*) for the housing complex Karl-Marx-Allee, Phase 2 in August 1998. The preservation order is in accordance with § 172 paragraph 1, sentence 1, number 1 of the Federal Building Law (BauGB). The preservation statute is

08. Planning for the Schillingstraße and the Karl-Marx-Allee

II. Socialist Realism, National Tradition, Socialist Modernism – Architectural and Landscape Heritage of the Capital of the GDR

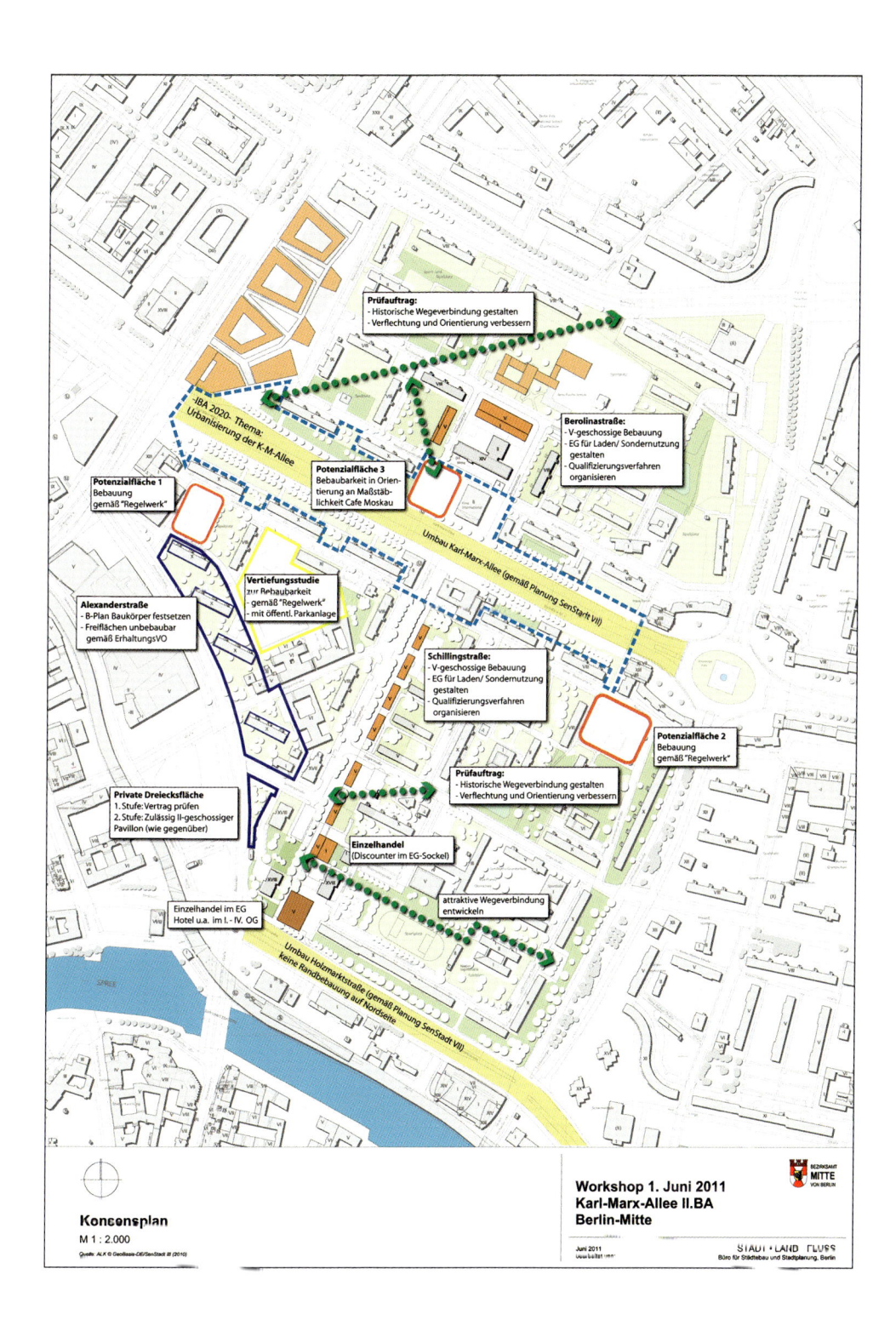

09. Draft masterplan

based on the specific urban design characteristics of the socialist housing complex. The ordinance does not include the buildings on the southern edge of the housing complex which were erected after the original complex.

With the implementation of the preservation ordinance, it is possible for the District Planning Department to defer building permit applications. This is important also for future efforts towards preservation.

Most recently the district of Mitte has gone even further and initiated statutory planning for the housing complex Karl-Marx-Allee, Phase 2. For practical purposes the complex was divided into two areas, north and south of the Karl-Marx-Allee, each with their respective plan (1–82 and 1–83). But the objectives of these local development plans (Bebauungsplan) remain the same:
- Securing of the characteristic urban design.
- Stabilization of the inner-city housing complex as an important area of residential use.

In order to attain a joint understanding of the planning objectives among the two administrative levels in Berlin – the local district of Mitte and the Senate Administration for Urban Development on the state level – a joint planning workshop was organized, which took place on 1 June 2011. This all-day event was conducted »closed shop«, that is to say only among participants from the two planning administrations as well as a few external experts. It was important to involve not only the people working on the everyday level of planning but also the major decision-makers in both administrations. This cross-departmental cooperation was essential to the success of the workshop.

The initial objective was to reach a common understanding of the importance of Karl-Marx-Allee, Phase 2 as the first modern housing complex in the GDR. Furthermore, it was necessary to draw attention to the inherent qualities of the complex which stem directly from the urban design.

It was then an aim to gain consensus on the planning objectives for the housing complex. To this end a draft of planning guidelines was proposed. In test design studies for specific areas, the possibilities for future construction were examined, taking into consideration the respective local conditions.

Finally, comprehensive discussions in the workshop focused on the appropriate instruments for ensuring the planning objectives. The participants strove to achieve consensus in order to relieve the development pressure noted above and to facilitate the coordination between the two planning administration levels.

Although the planning workshop focused on three specific areas of emphasis, the case study for the Schillingstraße in the southern section of the housing complex can serve as a representative example.

A preferential design scheme with the following components was developed:
1. New housing with 5-story row buildings along the eastern side of the Schillingstraße (promenade).
2. Ground floors on grade, that is to say on street level for possible retail use with a building depth of max. 16 m.
3. Clarification of parking in further studies.
4. Inclusion of two retail locations:
    – a full range grocery on Holzmarktstraße.
    – a discount grocery in the middle section of Schillingstraße.

Draft Masterplan – An Ancillary Legal Instrument of Urban Heritage Protection

The planning workshop agreed on a draft masterplan. The contents of this plan can be summarized as follows:
– Preferential design proposals for two important specific sites: Schillingstraße and Berolinastraße.
– Delineation of potential sites for new construction.
– Preservation of the green spaces in the context of the slab buildings along the Alexanderstraße.
– Identification of sites for further in-depth studies, e. g. for a new pavilion next to the film theater or for new housing on the site of the police parking lot, Magazinstraße.
– Long-term option for additional housing construction in the context of the 5-story apartment houses.

– Improvement of the orientation of historical (pedestrian) connections.
– The draft masterplan is to serve as the basis for the draft of the local development plans.

Other results of the workshop are planning guidelines which are to serve as an orientation for future constructions within the housing complex. These guidelines have been developed from the existing structure of the complex and conceived in the sense of a »self-similar transformation« (Bormann & Koch). The guidelines foresee:
1. Respect for the open orthogonal structure.
2. Orientation on the existing urban design components, which are:
    Slab   eight to eleven stories.
    Row (building) five stories.
    Point   either pavillions, one to three stories or high-rise buildings, 14 to 18 stories.
    Special types: kindergartens, schools, retail facilities but also the film theater »International«, one to three stories; exception: city hall, city administration with town council with 11 stories.
3. No additions onto existing slab or row buildings which means no closed corners or angle structures, and no closed blocks.
4. Uniform five stories for new construction.

Based on the results of the workshop and further consultations within the Planning Department, the local development office is working on two plans, one for the northern and one for the southern section of the housing complex (B–Plan I–82; I–83). An important part of the development plan is the verbal argumentation for the plan's specifications. Here it will be possible to draw upon the results of the workshop and the preservation statute.

In addition to the general objectives mentioned above, the local development plans will have further objectives, such as:
– Protection of open and green spaces from build-up (securing of the urban design image and the physical character of the complex; stabilization of the micro-climate).
– Limited new densification in accordance with the overall urban design structure.
– Consideration of the relationships to the historical city ground plan within the scope of the landscape planning.
– Stabilization and strengthening of the Schillingstraße as a local retail location.

The participants of the planning workshop agreed that the consensus achieved between the district and state administrations regarding the general objectives will form the basis for all further planning.

One of the most important measures appears to be the upgrading, strengthening and supplementing of the existing

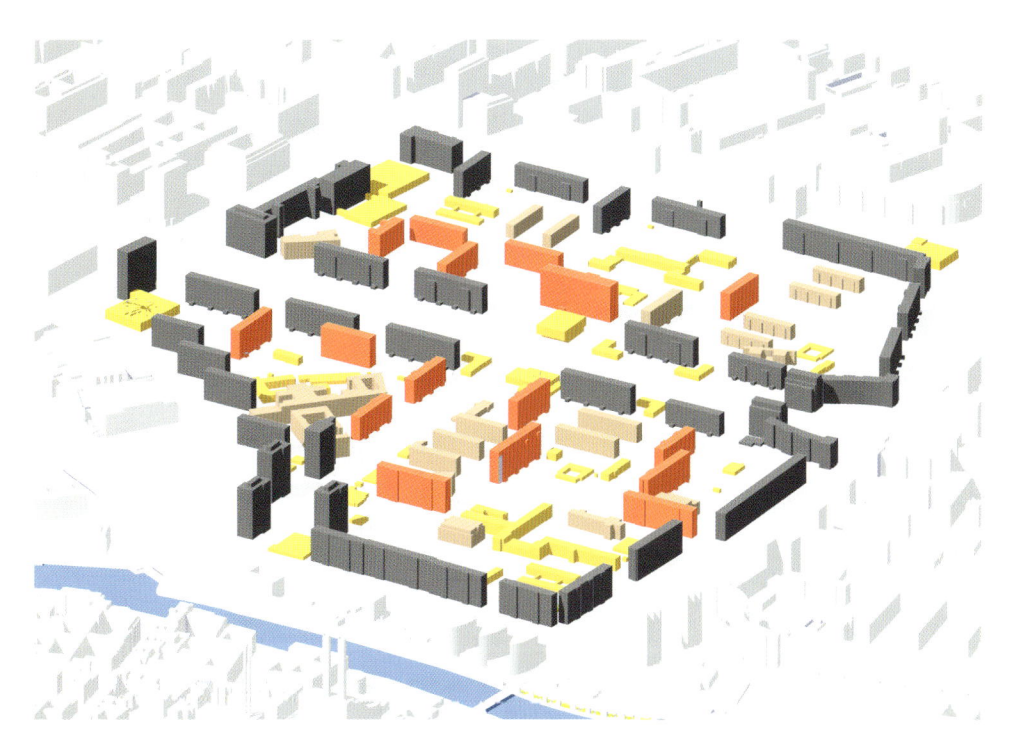

10. Urban design components, building heights

11. Urban design components, functional structure

12. Ortophoto of the area

instruments of protection. This can include, among others, a more limited interpretation of the ordinance, including a valuation of the green spaces as an integral component of the housing complex. The possible extension of the preservation ordinance to include the southern edge of the housing complex is also to be examined.

Furthermore, the preservation state permits implementing further planning instruments, e.g. the deferral of building permit applications (*Zurückstellen*) and a moratorium on alteration of existing buildings and on new construction (*Veränderungssperre*).

Finally, the listing of historical properties (individual buildings and building groups) is to be examined.

Outlook

Since the urban design workshop was conducted only among members of the planning administrations, one of the next steps is to present the workshop results to the housing cooperatives and corporations as well as to other property owners. Some of these actors are the same ones who have applied for building permits in the past which were contrary to recent planning objectives. It will be essential to gain their understanding for the quality of the housing complex as a whole and for specific sites as well.

Furthermore, the new planning would be presented to the residents of the housing complex. In order to ensure the success of our planning goals, it will be, as always, necessary to gain the support of the residents.

In addition to these consultations in-depth design studies for specific properties identified as potential building sites within the housing complex are needed. Drawing upon the experience of the workshop, various urban design schemes and a closer look at the green and open spaces within the housing complex can be useful. Referring to original design schemes and taking into consideration the existing vegetation, a concept for the green spaces will aim at their preservation as an important component of the quality of the overall housing complex.

Beyond these practical investigations the district administration has to complete a study of the demographic and social situation in the housing complex. A change of generation is expected as many of the current residents pass away and are succeeded by younger residents, both so-called urban professionals as well as families attracted to the amenities offered by the housing complex (kindergarten, schools).

Karl-Marx-Allee, building section II is one of the most interesting areas of socialist-realist urban planning in Germany. This post-war residential area can only be preserved, if it can be modernized to full contemporary requirements of accommodation.

Kurzfassung

In Deutschland besteht ein zunehmendes Interesse am Erhalt des gebauten Erbes des Sozialistischen Realismus. Die innerstädtischen Planungen im – bis zur Wiedervereinigung als Hauptstadt der DDR fungierenden – Osten Berlins sind Zeitzeugen der Stadtplanung der Nachkriegsepoche, deren prominentestes Beispiel die Karl-Marx-Allee (ehemals Stalinallee) ist. Die Ende der 1940er Jahre im östlichen Bezirk Friedrichshain modern begonnene Baumaßnahme wurde in den 1950er Jahren im Stil des Sozialistischen Realismus und nach dem Berliner Mauerbau 1961 in den 1960er Jahren in industriell vorgefertigter Bauweise in Richtung Westen bzw. Bezirk Mitte/Alexanderplatz fortgesetzt (2. Bauabschnitt).

Erste Impulse für das weitestgehend kriegszerstörte Gebiet gaben wohnungswirtschaftliche Programme der DDR, denen Ende der 1950er ein städtebaulicher Wettbewerb folgte, dessen Siegerentwurf unterschiedlich gruppierte und im Kernbereich die Straßenflucht flankierende, bis zu zehn Geschosse hohe Zeilenbebauung vorsah und fortan die Grundlage für den weiteren Ausbau des Baugebiets darstellte. Die Umbrüche in den Jahren 1989/90 führten zu einer Neuordnung der Eigentumsverhältnisse. Obwohl dies in Bezug auf Sanierung und Weiterplanung des Gebietes zu Problemen führte, gelang es, die Substanz zu erhalten. Die unmittelbar an die Ost-West-Magistrale grenzenden Wohnblöcke und Verkaufspavillons stehen als Teil des Denkmalbereichs Karl-Marx-Allee unter Schutz. Die soziale Infrastruktur ist gegeben, allerdings treten Mangelerscheinungen, insbesondere im Bereich des Einzelhandels, auf, der in der historisch dafür vorgesehenen Querachse der Schillerstraße nicht ausreichend Platz findet. Insgesamt ist mittlerweile eine allgemeine Stabilisierung der Wohnanlage aufgetreten, nicht zuletzt aufgrund ihrer guten innerstädtischen Lage.

Einen sehr gegensätzlichen städtebaulichen Ansatz verfolgt das seit 1995 vorangetriebene Planwerk Innenstadt, ein wichtiges Planungsinstrument auf Senatsebene, das insbesondere auf Bezirksebene in Berlin-Mitte sehr kontrovers und kritisch diskutiert wurde. Es sieht einen Stadtumbau vor und bezieht sich im Sinne einer »Kritischen Rekonstruktion« auf den Stadtgrundriss der Vorkriegszeit, wurde aber so 1999 durch Abgeordnetenhaus (Parlament) und Senat (Regierung) des Landes Berlin beschlossen. Anfang 2011 erarbeitete die Senatsverwaltung für Stadtentwicklung eine Aktualisierung der Planungen, die weniger Eingriffe in die Nachkriegsbebauungen vorsieht, so auch für den 2. Bauabschnitt der Karl-Marx-Allee, der zudem durch eine bereits 1998 vom Bezirk aufgestellte Erhaltungssatzung in seinem städtebaulichen Charakter erhalten bleiben soll. Der Druck zu einer Verdichtung des Gebiets ist jedoch groß, entsprechenden Bauanträgen von Wohnungsgesellschaften wurde bisher jedoch die Genehmigung versagt. Um Transparenz und Verständnis der Planungsziele zu gewährleisten, fand im Juli 2011 ein Workshop unter Teilnahme der kommunalen (Bezirk Mitte) und staatlichen Ebene (Senatsverwaltung für Stadtentwicklung) statt, in dessen Rahmen der Entwurf eines Masterplans beschlossen wurde. Die Ergebnisse dieses Workshops und die gegenwärtigen Planungsziele sollen in einem nächsten Schritt den Wohnungsgenossenschaften und Eigentümern präsentiert werden. Besonders die Unterstützung der Bewohner ist zwingend notwendig, um den Erfolg der Planungsziele zu gewährleisten und somit den mittlerweile schon historischen Charakter der Anlage einschließlich der konstituierenden Freiräume aus den 1960er Jahren zu erhalten.

Streszczenie

W Niemczech mamy do czynienia z rosnącym zainteresowaniem utrzymaniem dziedzictwa architektonicznego realizmu socjalistycznego. Układ przestrzenny śródmieścia wschodniej części Berlina, funkcjonującej do chwili zjednoczenia Niemiec jako stolica NRD, jest świadkiem epoki urbanistyki okresu powojennego, której najdonioślejszym przykładem jest aleja Karola Marksa – Karl-Marx-Allee. Rozpoczęta pod koniec lat czterdziestych inwestycja objęła obszar od dzielnicy Friedrichshain do Alexanderplatz w Śródmieściu – Mitte. W latach pięćdziesiątych realizowano na wschodnim odcinku obiekty w stylu realizmu socjalistycznego, a w latach sześćdziesiątych, na odcinku zachodnim w technologii elementów prefabrykowanych (II odcinek budowy).

Pierwsze impulsy dla tego w znacznym stopniu zniszczonego działaniami wojennymi obszaru popłynęły z programów mieszkaniowych NRD, których konsekwencją był ogłoszony pod koniec lat pięćdziesiątych konkurs urbanistyczny. Zwycięski projekt przewidywał pogrupowaną w różny sposób, liczącą do dziesięciu kondygnacji szeregową zabudowę flankującą w obszarze centrum przebieg ulicy i stanowił odtąd podstawę dalszej modernizacji obszaru. Na przełomie lat 1989 i 90 doszło do nowego uporządkowania stosunków własnościowych. Chociaż prowadziło to do problemów w odniesieniu do prac remontowych i dalszego planowania terenu, udało się zachować istniejącą substancję. Infrastruktura społeczna istnieje, występują jednak pewne deficyty, zwłaszcza w obszarze handlu detalicznego, który nie znajduje wystarczająco dużo miejsca na przewidzianej w tym celu osi Schillerstraße. W międzyczasie sytuacja osiedla mieszkaniowego ustabilizowała się, chociażby ze względu na jego śródmiejskie położenie.

Przeciwne cele urbanistyczne przyświecają realizowanemu od 1990 r. Planowi Śródmieścia [Planwerk Innenstadt], będącemu ważnym instrumentem planowania na szczeblu samorządowym, nad którym prowadzone były kontrowersyjne i krytyczne dyskusje. Przewidziana tu przebudowa miasta odnosi się do planu miasta sprzed wojny i została przyjęta przez krajowy parlament Berlina – Abgeordnetenhaus, a także Senat. Na początku 2011 r. Administracja Senatu opracowała aktualizację planów, która przewiduje mniejszą ingerencję w zabudowę powojenną, a więc również w II odcinek budowy Karl-Marx-Allee, który również ma zostać zachowany w swym charakterze urbanistycznym dzięki sporządzonemu w 1998 r. statutowi zachowania. Naciski na zagęszczenie tego obszaru są jednak duże, wnioski o wydanie pozwoleń na budowę składane przez stare i nowe spółdzielnie mieszkaniowe spotykały się dotąd jednak z odmową. W celu zapewnienia przejrzystości i zrozumiałości celów planistycznych odbyły się w lipcu 2011 r. warsztaty z udziałem szczebla samorządowego (dzielnica Mitte) i krajowego (Administracja Senatu ds. Rozwoju Miasta), w ramach których uchwalony został projekt masterplanu. Rezultaty tychże warsztatów i aktualne cele planistyczne mają w następnym etapie być zaprezentowane spółdzielniom mieszkaniowym i właścicielom. Konieczne jest szczególnie wsparcie ze strony mieszkańców, aby możliwe było zapewnienie powodzenia realizacji celów planistycznych, a tym samym utrzymanie pierwotnego charakteru tego założenia architektonicznego.

Bibliography

Tilo Köhler: Unser die Straße – Unser der Sieg. Die Stalinallee. Berlin 1993

Verfallen und vergessen oder aufgehoben und geschützt? Architektur und Städtebau der DDR (Schriftenreihe des Deutschen Nationalkomitees für Denkmalschutz, vol. 51). Bonn/Bühl 1995

Landesdenkmalamt Berlin (ed.): Denkmale in Berlin – Bezirk Friedrichshain. (Denkmaltopographie Bundesrepublik Deutschland). Berlin 1996

Stalinistische Architektur unter Denkmalschutz? Eine Tagung des Deutschen Nationalkomitees von ICOMOS und der Senatsverwaltung für Stadtentwicklung und Umweltschutz in der Architektenkammer Berlin 6.–9. IX. 1995, (ICOMOS-Journal of the German National Committee, vol. XX), München 1996

Helmut Engel/Wolfgang Ribbe (eds.): Karl-Marx-Allee in Berlin. Die Wandlung der sozialistischen Magistrale zur Hauptstraße des Ostens (Publikationen der Historischen Kommission zu Berlin) Berlin 1996

Herbert Nicolaus, Alexander Obeth: Die Stalinallee. Geschichte einer Deutschen Straße. Berlin 1997

Jörg Haspel, Hendrik Schnedler: Denkmale der Hauptstadt der DDR. Zur Nachkriegsarchitektur im ehemaligen Ostteil von Berlin, in: Thomas Beutelschmidt und Julia M. Novak: Ein Palast und seine Republik. Ort – Architektur – Programm. Berlin 2001, pp. 22–33

Jörg Haspel: Die Platte als Baudenkmal – Bewertungs- und Sanierungsprobleme an Berliner Beispielen, in: Günter Peters (ed.): Geschichte und Zukunft des industriellen Bauens. Tagungsmaterialien. Tag der Regional- und Heimatgeschichte Marzahn-Hellersdorf 2001, Berlin 2002, pp. 67–91

Landesdenkmalamt Berlin (ed.): Denkmale in Berlin – Ortsteil Mitte (Denkmaltopographie Bundesrepublik Deutschland), Petersberg 2003

Wolfgang Ribbe (ed.): Die Karl-Marx-Allee zwischen Strausberger Platz und Alex (Berlin-Forschungen der Historischen Kommission zu Berlin, vol. VI), Berlin 2005

Landesdenkmalamt Berlin (ed.): Das Berliner Erbe der Nachkriegszeit. Tag des offenen Denkmals in Berlin (Programmheft), Berlin 2007

Thomas Michael Krüger: Architekturführer Karl-Marx-Allee Berlin. Berlin 2008

1960 plus – ein ausgeschlagenes Erbe? (Schriftenreihe des Deutschen Nationalkomitees für Denkmalschutz, vol. 73) Bonn/Baden-Baden 2008

Zabytki Drugiej Połowy XX Wieku – Waloryzacja, Ochrona, Konserwacja. Das Erbe der Nachkriegszeit erhalten und erneuern – Denkmale der Moderne und Gegenmoderne. Architecture of the Second Half of the 20th Century – Studies and Protection, hg. von ICOMOS Polen, ICOMOS Deutschland und Krajowy Ośrodek Badań I Dokumentacji Zabytków, Warszawa/Berlin 2010

Denkmaldialog Warszawa – Berlin. Exkursion zum Nachkriegserbe in Berlin

Dialog o zabytkach Warszawa – Berlin. Wycieczka do obiektów powojennego dziedzictwa w Berlinie

Heritage Dialogue Warsaw – Berlin. Excursion to Post-War Heritage Sites in Berlin

Bernadeta Schäfer, Christian Steinmeier

Einen vertiefenden und zum Meinungsaustausch anregenden Schlusspunkt des Expertentreffens bildete die Fachexkursion am 13. September 2011. Die Route führte vom Osten in den Westen Berlins und präsentierte ein breites Spektrum hervorragender Berliner Bauzeugnisse einschließlich Gartendenkmalen, städtebaulich bedeutenden Anlagen sowie Einzelobjekten aus den späten 1940er bis 1960er Jahren. Die Exkursion bot Gelegenheiten für Gespräche im kleineren Rahmen, auch mit Verantwortlichen vor Ort und in Verbindung mit Innenbesichtigungen. Thematisiert wurden die Probleme der Erhaltung und der Sanierung, der Diskussionsbedarf zwischen Nutzern und Konservatoren sowie die zeitgemäßen technischen Anforderungen an denkmalgeschützte Gebäude und Objekte. An konkreten Beispielen konnten auch Möglichkeiten und Grenzen der Restaurierung und der Nachnutzung diskutiert werden.

Den Auftakt bildete die monumentale Anlage des Sowjetischen Ehrenmals im Treptower Park. Der rund zehn Hektar große Ehrenfriedhof wurde für die gefallenen Rotarmisten des »Großen Vaterländischen Krieges« der Jahre 1941–1945 errichtet. Das sowjetische »Schöpferkollektiv« um J. S. Belopolski, J. W. Wutschetitsch, A. A. Gorpenko und S. S. Walerius entwarf die axiale, in den Jahren 1946–1949 errichtete Anlage, die sich zwischen der Statue der »Mutter Heimat« am Vorplatz im Nordwesten und dem erhöhten Standbild des heldenhaften Sowjetsoldaten im Südosten spannt. Eine umfangreiche Sanierung der Anlage erfolgte nach 2000.

Der Austausch unter den Exkursionsteilnehmern gestaltete sich schon an dieser ersten Station vielschichtig: Im Angesicht der »größten Sammlung architektonisch umgesetzter Stalinzitate außerhalb der Sowjetunion« stellte sich die Frage, ob die Denkmalkunst mehr der Befreiung vom Hitlerfaschismus gewidmet sei oder mehr auf die Propaganda für den militärischen Triumph der Sowjets und Stalins Sieg abzielen sollte. Auch die historische Erfahrung Polens im Zweiten Weltkrieg, dem zweimal (aus östlicher und westlicher Richtung) Unrecht widerfahren war, wurde zum Thema. Die Besonderheit der mehrfachen Unterschutzstellung der Anlage durch das Denkmalschutzgesetz, den Deutsch-Sowjetischen bzw. Deutsch-Russischen Nachbarschaftsvertrag und das Gesetz zur Erhaltung der

01. Volkspark Treptow, die Hauptachse des Sowjetischen Ehrenmals

02. Das Frankfurter Tor, Blick vom Osten. Die von Hermann Henselmann entworfenen Kuppeltürme (1955–59) an der Kreuzung Frankfurter Tor/Karl-Marx-Allee (früher Stalinallee) erinnern an die barockklassizistischen Türme des Deutschen und Französischen Domes auf dem Berliner Gendarmenmarkt

Gräber der Opfer von Krieg und Gewaltherrschaft erläuterte Dr. von Krosigk. Weitere Angaben zur Ausführung der Anlage und Herkunft der verarbeiteten Baumaterialien (Granit aus NS-Steindepots und partiell aus der Reichskanzlei) sowie zur Restaurierung und Sanierung der Monumentalanlage unterstrichen den Ausnahmecharakter dieser nach 1945 aus einer Pferderennbahn im Treptower Park hervorgegangenen Anlage. Die zweite Station, die in den Bezirken Mitte und Friedrichshain-Kreuzberg gelegene, über zwei Kilometer lange Karl-Marx-Allee, bietet mit ihren beiden Bauabschnitten einen einzigartigen Überblick über die politisch gesteuerten architektonischen Wenden und Strömungen der Nachkriegszeit in der Hauptstadt der DDR. Die älteste Nachkriegsbebauung der Allee bildet die sogenannte Wohnzelle Friedrichshain. Anfang der 1950er-Jahre nach dem Entwurf von H. Scharoun, H. Klatt, L. Herzenstein und K. Brockschmidt errichtet, sind acht mehrgeschossige Wohnbauten in Zeilenbauweise als die einzigen der ursprünglich geplanten Nachbarschaftseinheiten – Wohnzelle genannt – realisiert worden. Nach dem architekturpolitischen Schwenk zum »Sozialistischen Realismus« wurde die Bebauung scharf kritisiert und die Laubengangfront zur damaligen Stalinallee durch Bepflanzung mit Pappeln verdeckt. Der erste Bauabschnitt der Karl-Marx-Allee erstreckt sich zwischen dem Frankfurter Tor im Osten und dem Strausberger Platz im Westen. Die monumentale Bebauung entstand in den Jahren 1950–1962. Als Vorbilder für die 1960 nach Entwurf von H. Henselmann errichteten Zwillingstürme des Frankfurter Tores dienten die Kuppeltürme des Deutschen und des Französischen Domes auf dem Gendarmenmarkt. Die Allee wurde zum großzügigen Boulevard verbreitert und die sieben bis neungeschossigen Bauten im stalinistisch-neoklassizistischen Stil errichtet. In den unteren ein oder zwei Geschossen befinden sich Läden und Gaststätten, in den Obergeschossen geräumige Wohnungen. Der ovale Strausberger Platz wurde Anfang der 1950er Jahre nach Entwürfen des Kollektivs H. Henselmann in Anlehnung an den Kaluga-Tor-Platz in Moskau angelegt, der Ringbrunnen (1967) stammt von Fritz Kühn.

Vor Ort wurde die in den 1990er Jahren erfolgte Sanierung der über weite Strecken abgängigen Keramikfliesenfassade diskutiert: Eine auf die Originalfassade aufgebrachte Wärmedämmung mit einer Nachbildung der ursprünglichen Fassade, die auch aus energetischen und wirtschaftlichen Gründen sinnvoll erschien, im Detail allerdings vom überlieferten Erscheinungsbild der typischen Fassaden abweicht.

Der zweite Bauabschnitt der Karl-Marx-Allee, stadteinwärts zwischen Strausberger Platz und Alexanderplatz gelegen, bezeugt die Wendung der DDR-Architektur zur internationalen Moderne. Die sich gegenüberliegenden Solitäre des »Café Moskau« (1964, Entwurf J. Kaiser und H. Bauer) und des Kino »International« (1961–1963, Entwurf J. Kaiser und H. Aust), die leider nur von außen besichtigt werden konnten, gehören zu den besten Beispielen der Ostmoderne der frühen 1960er Jahre. Als Versorgungs- und Kulturbauten ergänzten sie das städtische Umfeld der von den Kollektiven W. Dutschke, E. Collein (Städtebau) und J. Kaiser (Architektur) entworfenen Wohnkomplexe. Beide Gebäude sollten die Fortschrittlichkeit des

03. Strausberger Platz, der Brunnen von Fritz Kühn (1967). Die von Hermann Henselmann Anfang der 1950er-Jahre entworfene Bebauung am ovalen Strausberger Platz erinnert an den Kalugatorplatz am Leninprospekt in Moskau aus den 1940er Jahren

sozialistischen Systems ausdrücken, maßgeblich unterstrichen durch die moderne Architektursprache.
Der Ortstermin bot Anlass, die schwierige Frage der Nachnutzung solcher stark ideologisch gefärbter Baudenkmale zu diskutieren. Sowohl das Kino »International« als auch das »Café Moskau« können heute glücklicherweise im Sinne ihrer alten Funktion betrieben werden und stehen für das Publikum wieder oder noch offen, gerade so wie es die gestalterische Aussagekraft der Bauwerke suggeriert. So blieb das Kino »International« – trotz des allenthalben zu beobachtenden »Ki-

04. Kino International

Denkmaldialog Warszawa – Berlin. Exkursion zum Nachkriegserbe in Berlin | Bernadeta Schäfer, Christian Steinmeier

05. Café Moskau

no-Sterbens«, dem auch das »Kosmos« an der Allee in Friedrichshain zum Opfer fiel – für die interessierte Bevölkerung erfahrbar und dient weiterhin, wie zu DDR-Zeiten, als Premierenkino. Auch das »Café Moskau« wird wieder als Veranstaltungsort bespielt und macht sich als »event location« seit der kürzlich erfolgreich abgeschlossenen Sanierung wieder einen Namen. Das besondere Interesse weckte Bert Hellers Mosaik »Aus dem Leben der Völker der Sowjetunion«, das an der Eingangsfront des Cafés die verordnete Weltanschauung einer untergegangenen Epoche kunstvoll verdeutlicht.

Ihren beeindruckenden Abschluss findet die Karl-Marx-Allee am Alexanderplatz mit dem Ensemble des Haus des Lehrers und der Kongresshalle, wo die Exkursion erneut Halt machte. Der Gebäudekomplex wurde in den Jahren 1961–64 nach Entwurf von H. Henselmann, B. Geyer und J. Streitparth errichtet. Das Haus des Lehrers beherbergte ein Kultur-, Bildungs- und Informationszentrum für Lehrer und Eltern, pädagogische Zentralbibliothek, Café und Restaurant. Mit dem monumentalen, umlaufenden Wandmosaik »Unser Leben« von W. Womacka wurde ein positives Selbstbild der sozialistischen Gesellschaft vermittelt. Die Kongresshalle mit einem Kuppelsaal für 1000 Personen, mehreren kleinen Sälen und Versammlungsräumen sowie einem Imbiss schließt sich an das markante Hochhaus an. In den Jahren 2005–2008 erfolgten die Sanierung und Entkernung des Haus des Lehrers, das in ein Bürohaus umgenutzt wurde, sowie die vorbildliche Restaurierung der Kongresshalle. Das ehemalige Haus des Lehrers dient heute als Verwaltungsbau und weicht so in weiten Teilen von seiner ursprünglichen, eher öffentlichen Nutzung ab. Im Unterschied hierzu erhielt die Kongresshalle nach dem Erwerb durch die Berliner Congress Center GmbH (bcc) wieder ihre ursprüngliche Funktion als Tagungsstandort mit zentraler Lage. Die beiden einstmals inhaltlich enger verknüpften Gebäude konnten somit erhalten und denkmalgerecht saniert werden, die städtebauliche Verbindung blieb ebenfalls bestehen. Die Nutzung wird dem Denkmalwert hier in hohem Maße gerecht. Auch in westlicher Richtung zum Alexanderplatz ist die direkte Umgebung des Ensembles durch Baudenkmale oder Gebäude von hohem denkmalpflegerischen Stellenwert geprägt. Darunter befinden sich das Alexander- und Berolinahaus von Peter Behrens, beide saniert, der Bahnhof Alexanderplatz und der allgegenwärtige Fernsehturm, um die wichtigsten Beispiele zu nennen. In diesem Zuge berichtete Prof. Haspel über die Überlegungen, den Denkmalbereich Karl-Marx-Allee um die in südöstlicher Richtung an das Haus des Lehrers und die Kongresshalle anschließenden Plattenbauten zu erweitern, deren zurückgestaffelte Stirnseiten den Schwung der Alexanderstraße wirkungsvoll flankieren.

Unweit der Kongresshalle liegt am Schlossplatz das ehemalige Staatsratsgebäude der DDR, der erste Regierungsneubau im Ost-Berlin der Nachkriegszeit. Das Gebäude wurde 1962–

06. Der vorbildlich restaurierte Kuppelsaal der Kongresshalle

07. Das Foyer der Polnischen Botschaft

1964 nach dem Entwurf des Architektenkollektivs um R. Korn errichtet. In ihrer Gliederung und Gestaltung ist die Fassade des Staatsratsgebäudes dem Portal IV des 1950/51 zerstörten Stadtschlosses untergeordnet. Als eine Art Spolie wurde der sogenannte Liebknecht-Balkon, von dem Karl Liebknecht im November 1918 die Sozialistische Republik ausgerufen hatte, in die Fassade des modernen Baus als Eingang integriert. Die Entwürfe zur Innenraumgestaltung stammen vom Kollektiv um H.-E. Bogatzky und B. Hess; Kunstwerke von W. Womacka und F. Kühn zieren die Räume. Besonders eindrucksvoll präsentiert sich im Foyer des Gebäudes das großformatige Fensterbild »Aus der Geschichte der Arbeiterbewegung« nach einem Entwurf von W. Womacka. Um 2000 wurde das ehemalige Staatsratsgebäude sorgfältig saniert und zu einer privaten Wirtschaftshochschule umgebaut.

Der Wandel der Nutzung des Gebäudes, das einst dem höchsten politischen Gremium eines sozialistischen Staates als Sitz diente, heute aber als Ausbildungsstelle für künftige Führungskräfte der freien Marktwirtschaft genutzt wird und dazwischen als provisorisches Bundeskanzleramt fungierte, lieferte reichlich Diskussionsstoff. Die gelungene Adressbildung und Identifikation der Managerschule mit einem Objekt, dessen neue Funktion von außen nicht ersichtlich ist, wurde positiv hervorgehoben, zumal bei der Sanierung und Umnutzung auch auf die Ablesbarkeit der Geschichte im Inneren großer Wert gelegt wurde. Halböffentliche Räume und größere Konferenzräume behielten ihre ursprüngliche Gestalt und sogar künstlerische Ausstattung, was nicht zuletzt bei dem als Mosaik erhaltenen Hoheitszeichen der DDR in einem der Hörsäle besondere Aufmerksamkeit erregte.

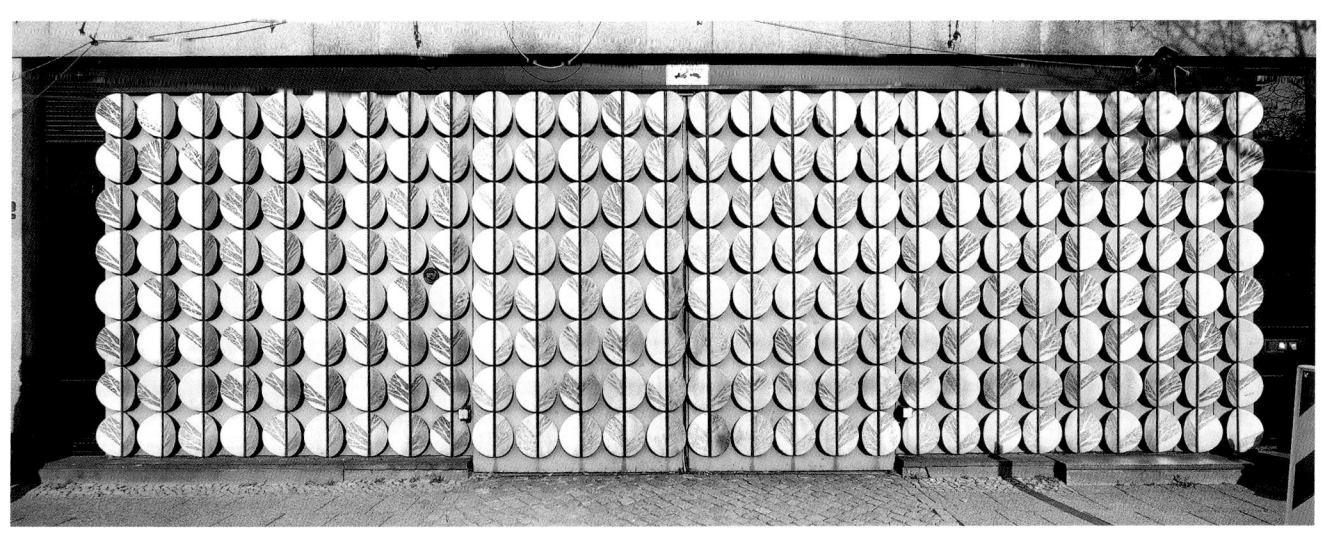

08. Polnische Botschaft Unter den Linden, das Lindenblatt-Portal von Fritz Kühn

09. Luftbild des Hansaviertels um 1957

Von dem Neubau des Staatsrats waren es nur wenige Schritte zum wiederaufgebauten, Bebelforum bzw. Friedrichsforum genannten Ensemble am Opernplatz. Die sogenannte »Kommode«, der erste selbstständige Bibliotheksbau Berlins, wurde 1775–80 von G. F. Boumann nach Plänen von G. C. Unger errichtet. Im Zweiten Weltkrieg zerstört, entstand die Alte Bibliothek in den Jahren 1963–69 unter Leitung von W. Kötteritzsch neu. Die Platzfassade des bis auf Umfassungsmauern abgebrannten Gebäudes wurde nach historischem Vorbild rekonstruiert, das Innere entstand neu, entsprechend der Nutzung als Universitätsgebäude. Besonderes Interesse der Gäste erweckte das Fensterbild im Lesesaal der Juristischen Fakultät der Humboldt-Universität, welches W. I. Lenin zeigt, der die Bibliothek der juristischen Fakultät im Jahr 1895 nutzte und infolgedessen zum Namensgeber des Lenin-Lesesaals des wieder aufgebauten Gebäudes wurde.

Unter den Linden liegen sich gegenüber die Botschaften der Russischen Föderation und der Republik Polen. Die heutige Botschaft der Russischen Föderation wurde in den Jahren 1949–1952 nach dem Entwurf des Kollektivs Strishewski, Lebe-

10. Kongresshalle Tiergarten (heute Haus der Kulturen der Welt) – eines der »Geschenke der Amerikaner« in Westberlin (Arch. Hugh Stubbins, 1955–57)

dinski, Sichert und Skujin errichtet. Das Gebäude entstand auf dem Grundstück, das bis 1942 die von E. Knoblauch erbaute Russische Botschaft einnahm. In der Gestaltung der monumentalen Architektur verschmolzen Motive altrussischer und sowjetischer Architektur im Sinne der stalinistischen Doktrin vom Sozialistischen Realismus – es handelt sich hier neben den Sowjetischen Ehrenmälern sozusagen um das erste Bauwerk des Sozialistischen Realismus in Berlin. Die Polnische Botschaft entstand 1964 nach dem Entwurf des Architektenkollektivs unter E. Leybold und C. Seyfarth als Stahlskelettbau mit vorgehängter Metall-/Glasfassade, deren ausgezeichneter Schmuck (das Lindenblatt-Portal) von F. Kühn stammt. Die Polnische Botschaft bildet gewissermaßen ein Gegenstück im Sinne der Ostmoderne bzw. der Sozialistischen Moderne zu der vis-à-vis liegenden Sowjetischen Botschaft. Die Bestrebungen einer Überplanung des polnischen Botschaftsgrundstückes dauern seit den 1990er Jahren an. Eine Sanierung des denkmalgeschützten Gebäudes scheint nach den positiven Erfahrungen mit dem modernisierten und umgenutzten Staatsratsgebäude oder der Kongresshalle nicht unrealistisch. Im Laufe der wechselhaften Planungsgeschichte seit dem Mauerfall lag bereits eine Abrissgenehmigung vor, deren Gültigkeit jedoch erloschen ist. Eine auch aus Sicht der Stadtbildpflege unverständliche Verhüllung der Hauptfassade aus Anlass der gegenwärtigen EU-Ratspräsidentschaft Polens verwehrte den Blick auf das ursprünglich als »Angebots-Botschaft« errichtete Gebäude.

Die Besichtigung des Hansaviertels und des Hauses der Kulturen der Welt, beides »architektonische Antworten« Westberlins auf die städtebaulichen und architektonischen Entwicklungen im Osten der Stadt, rundeten das Exkursionsprogramm ab. Das Hansaviertel entstand in den Jahren 1956–1960, im Rahmen der Bauausstellung »Interbau 57«. Das neu errichtete Stadtquartier wurde anstelle eines während des Zweiten Weltkriegs stark zerstörten Wohngebietes erbaut. Namhafte Architekten der westlichen Welt beteiligten sich als Entwerfer von Punkt- und Scheibenhäusern, von Zeilenbauten, Mehr- und Einfamilienhäusern, die in eine begrünte Landschaft eingebettet wurden. Kirchen und Dienstleistungsgebäude ergänzten das Wohnumfeld. 1959–1960 entstand auf dem östlich anschließenden Gelände die Akademie der Künste. Ähnlich wie die Karl-Marx-Allee steht auch im Westen das gesamte Quartier des Hansaviertels einschließlich der prägenden Grundflächen als Denkmalbereich unter Schutz.

Im Gespräch wurde die sehr vielschichtige Aufgabe der Oberflächenerhaltung aller Bestandteile des Ensembles Hansaviertels deutlich, die sich oftmals von Bauteil zu Bauteil unterscheiden und zeittypische Mittel der Fassadengestaltung wie komplexe Sichtbeton- und Waschbetonlösungen einschließen. Die Besichtigung des Hauses der Kulturen der Welt, des Westberliner Pendants zur Kongresshalle am Alexanderplatz, bildete den Schlusspunkt der Stippvisite im Tiergarten. Das als Kongresshalle 1957 nach Entwürfen von H. Stubbins errichtete Gebäude erhielt unter einem sattelförmigen Hängedach eine außergewöhnliche Gestaltung und eine prominente, vom Osten der geteilten Stadt gut sichtbare Lage am Spreeufer. Das »Geschenk der USA« zur »Interbau 57« beinhaltet im Erdgeschoss Konferenz-, Ausstellungs- und Gastronomiebereiche; das Auditorium bietet Platz für 1250 Zuschauer. Die 1980 eingestürzte, charakteristische Dachkonstruktion wurde wiedererrichtet, in den Jahren 2006–2007 erfolgte eine umfangreiche Sanierung des Objektes. Ähnlich wie die als Gegenbau interpretierbare Betonkuppelkonstruktion der Kongresshalle am Alex im Osten präsentiert sich auch die Westberliner Kon-

11. Teilnehmer der Fachexkursion am 13.09.2011 auf den Stufen des Sowjetischen Ehrenmals in Treptow

gresshalle nach der erfolgreichen Sanierung als herausragendes Berliner Architekturdenkmal der deutsch-deutschen Nachkriegsgeschichte, das über den Umbruch der 1990er Jahre hinweg seine angestammte Nutzung beibehalten hat.

Ihren Abschluss und Höhepunkt fand die Exkursion mit dem Besuch des Neuen Museums auf der Museumsinsel, die seit 1999 dem Weltkulturerbe der UNESCO angehört. Das von Friedrich August Stüler zwischen 1843 und 1855 errichtete Gebäude wurde im Zweiten Weltkrieg stark zerstört und fristete in der Nachkriegszeit ein Schicksal als Ruine. Der letztendlich von David Chipperfield durchgeführte und 2009 vollendete Wiederaufbau ist ein Musterbeispiel für eine gelungene Restaurierung, die den denkmalpflegerischen Anforderungen an dieser sehr sensiblen Stelle in hohem Maße gerecht wird.

Streszczenie

Zakończenie spotkania ekspertów, które odbyło się w ramach Dialogu Konserwatorskiego Warszawa-Berlin we wrześniu 2011 r. stanowił objazd połączony ze zwiedzaniem wybitnych przykładów architektury powojennego Berlina, ze szczególnym uwzględnieniem wschodniej części miasta. Zaprezentowane i omówione zostały na konkretnych przykładach problemy odnawiania i ponownego wykorzystania zabytkowych obiektów powstałych po II wojnie światowej. Rola samego miasta – jako głównego miejsca konfrontacji Wschód–Zachód, rywalizacji na polu architektury pomiędzy wschodnim i zachodnim Berlinem, pozwoliła na przeprowadzenie analizy porównawczej.

W ramach wycieczki zostały najpierw zaprezentowane obiekty na wschodzie miasta: Sowiecki Pomnik w Parku Treptowskim (1946–1949 według projektu kolektywu autorskiego J. S. Belopolski, J. W. Wutschetitsch, A. A. Gorpenko i S. S. Walerius), tak zwana komórka mieszkalna Friedrichshain (początek lat pięćdziesiątych według projektu H. Scharouna, H. Klatta, L. Herzensteina i K. Brockschmidta), aleja Karla Marxa (pierwszy odcinek 1950–1962, projekty kolektywu H. Henselmanna; drugi odcinek z początku lat sześćdziesiątych, projekty kolektywów W. Dutschke, E. Collein i J. Kaiser), Dom Nauczyciela i Hala Kongresowa (1961–1964 według projektu H. Henselmanna, B. Geyera i J. Streitpartha, monumentalna mozaika ścienna W. Womacki), budynek Rady Państwa (1962–1964 według projektu J. Kaisera i R. Korna, wnętrza autorstwa H.-E. Bogatzkiego i B. Hessa, dzieła i plastyki W. Womacki, F. Kühna), Stara Biblioteka (zbudowana 1775–80 przez G. F. Boumanna według planów G. C. Ungera, po zniszczeniach wojennych odbudowana w latach 1963–69 przez W. Kötteritzscha) oraz ambasady Rosyjskiej Federacji (1949–1952 według projektu kolektywu A. J. Stryshewski, Lebedinskij, Sichert i F. Skujin) oraz Rzeczypospolitej Polskiej (1964 według projektu kolektywu pod kierunkiem E. Leybolda i C. Seyfartha).

Wycieczka została zamknięta zwiedzaniem zachodnioberlińskiego odpowiednika alei Karola Marxa oraz Hali Kongresowej przy Alexanderplatz: w ramach Międzynarodowej Wystawy Budowlanej »Interbau 1957« w latach 1956–1960 wybudowanej dzielnicy mieszkaniowej Hansaviertel oraz Domu Kultur Świata (byłej Hali Kongresowej, w roku 1957 według projektu H. Stubbinsa wybudowanego »prezentu USA« na Wystawę Budowlaną).

Abstract

The experts' meeting closed with a city tour to visit important post-war Berlin art and buildings – particularly those in East Berlin – during which the problems of rebuilding/restoration and continuity of use were discussed on the basis of specific examples. Because of Berlin's role as the main theatre of East-West confrontation and as the architectural showcase of the rivalry between the systems, it is possible to make a comparative analysis.

In the course of the excursion significant structures in the east part of Berlin were presented: the Soviet memorial in Treptower Park (1946–1949, design by the »creators' collective« of J. S. Belopolski, J. W. Wutschetitsch, A. A. Gorpenko and S. S. Walerius); the Wohnzelle Friedrichshain (early 1950s, design by H. Scharoun, H. Klatt, L. Herzenstein, K. Brockschmidt); Karl-Marx-Allee (first construction phase 1950–62, design by the collective led by H. Henselmann; second construction phase in the early 1960s, design by the W. Dutschke, E. Collein, and J. Kaiser collectives); the Haus des Lehrers and the Kongresshalle (1961–64 design by H. Henselmann, B. Geyer and J. Streitparth, monumental mosaic mural by W. Womacka); the Staatsratsgebäude (1962–64, design by J. Kaiser and R. Korn, interior design by H.-E. Bogatzky and B. Hess, art works by W. Womacka, F. Kühn et al.); the Alte Bibliothek, (built 1775–80 by G. F. Boumann to plans by G. C. Unger, rebuilt 1963-69 by W. Kötteritzsch after war damage); and the embassies of the Russian Federation (1949–1952, design by the collective of A. J. Stryshewski, Lebedinskij, Sichert and F. Skujin) and of the Republic of Poland (1964, design by the architects' collective led by E. Leybold and C. Seyfarth).

The excursion came to an end with a visit to West Berlin's counterpart to Karl-Marx-Allee and the Alexanderplatz Kongresshalle: the Hansaviertel urban area that was rebuilt in the period from 1956 to 1960 as part of the Interbau 57 building exhibition, and the Haus der Kulturen der Welt (the former Kongresshalle, built in 1957 to designs by H. Stubbins as the »USA's gift« to the Interbau 57 exhibition).

III.

Das architektonische und städtebauliche Erbe des Sozialistischen Realismus – Fallstudien aus Polen

Architektoniczne i urbanistyczne dziedzictwo Socrealizmu – przykłady z Polski

The Architectural and Urban Heritage of Socialist Realism – Case Studies from Poland

Die städtebauliche Anlage von Nowa Huta – Probleme des Denkmalschutzes

Urbanistyka Nowej Huty – Problem konserwatorski

The Urban Plan of Nowa Huta – Problems of Preservation

Waldemar Komorowski

Na jesiennej sesji ICOMOS w Lipsku zaprezentowaliśmy z kolegą Zbigniewem Beiersdorfem architekturę i urbanistykę Nowej Huty lat pięćdziesiątych XX w., sygnalizując podstawowe zagadnienia z zakresu ochrony jej dziedzictwa kulturowego[1]. W niniejszym artykule kwestia ta zostanie potraktowana szerzej w związku z pracami nad miejscowym planem zagospodarowania przestrzennego, przygotowywanym przez agendy miejskie[2]. Założenia planu obejmują kwestie odpowiadające zagadnieniom, które uwzględnia program seminarium.
Na wstępie skrócona historia Nowej Huty lat pięćdziesiątych[3].

Etap pierwszy (1949–1950)

Najstarsze osiedla (il. 02), położone w południowo-wschodniej części Nowej Huty, budowano od połowy 1949 r. Powstawały jedno- i dwupiętrowe budynki z wysokimi dachami, w układach rozproszonych, rytmicznie uszeregowanych. Kameralne zespoły, otoczone obszernymi terenami zielonymi, nawiązują do tradycji modernistycznych osiedli pracowniczych miast przemysłowych Polski międzywojennej, dopatrzyć się też w nich można wpływów anglosaskiej idei miast-ogrodów i niemieckich kolonii pracowniczych z przełomu wieków XIX i XX.

01. Nowa Huta w widoku od południowego zachodu. Pośrodku plac Centralny z przebiegającą u jego podstawy aleją Jana Pawła II. Poniżej Nowohuckie Centrum Kultury (po lewej) i osiedle Centrum E (przy prawej krawędzi fotografii). Aleja Solidarności (biegnąca skosem ku górze) prowadzi do kombinatu metalurgicznego

02. Południowo-wschodnia część Nowej Huty, stan w końcu lat pięćdziesiątych. Na pierwszym planie osiedle Wandy oraz cmentarz parafialny dawnej wsi Mogiła, powyżej osiedle Willowe (z pierwszym placem publicznym Nowej Huty), dalej osiedla Hutnicze (po lewej) i Stalowe (po prawej), za nim Szkolne

Etap drugi (1950–1956)

Arbitralnie narzucona, intensywnie lansowana od połowy 1949 r. doktryna realizmu socjalistycznego, wymusiła porzucenie koncepcji miasta-ogrodu. Zmieniły się też priorytety w zakresie budownictwa mieszkaniowego, dążono do zagęszczenia zabudowy z powodu modyfikacji programu nowego miasta, które miało obsługiwać większy, niż pierwotnie planowano kombinat metalurgiczny. W 1952 r. odbył się pierwszy publiczny pokaz makiety nowego miasta (il. 03, 04). Plac Centralny i przyległe osiedla Centrum zrealizowano w latach 1952–1956.

Zespół Tadeusza Ptaszyckiego stworzył dzieło spełniające wymogi doktryny, według której centrum socjalistycznego miasta miało stanowić oprawę manifestacji poparcia ludu dla władzy. Uczyniono to jednak środkami zgoła niespodziewanymi, sięgając nie do modelowych przykładów radzieckich (które zresztą też odnoszą się do zachodniej Europy poprzez doświadczenia rosyjskiego klasycyzmu), ale wprost do wzorów zachodnioeuropejskich. Twórcy miasta, ograniczeni sztywnymi nakazami, wypływającymi z ideologicznych pryncypiów, wybrali rozwiązania możliwie najlepsze, zbliżając się do dawno zakorzenionej europejskiej tradycji miast »idealnych«. Urbani-

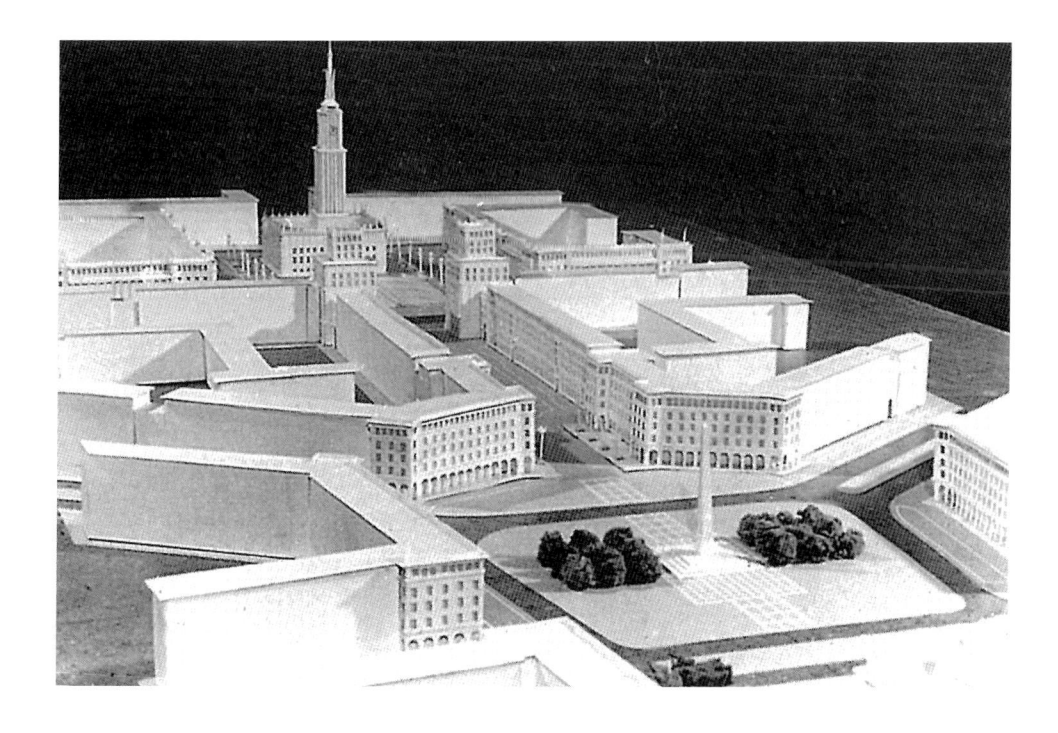

03. Makieta śródmiejskiej części Nowej Huty (1951) w widoku od południowego zachodu. Na pierwszym planie plac Centralny, w głębi ratusz

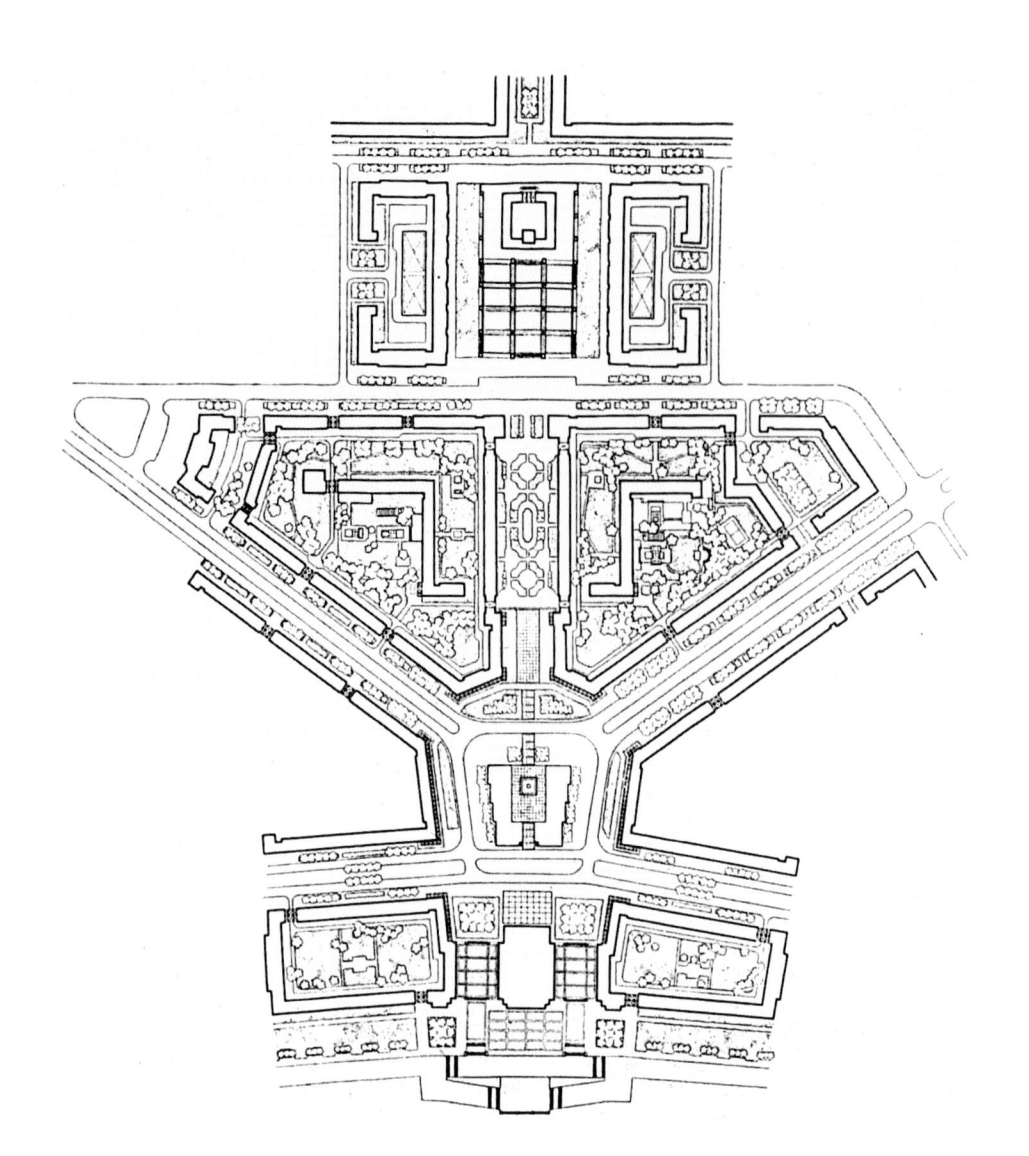

04. Plan sytuacyjny śródmiejskiej części Nowej Huty. Wersja prezentowana na wystawie w 1952 r., autorstwa Tadeusza Ptaszyckiego, Bolesława Skrzybalskiego, Adama Fołtyna, Janusza Ingardena, Stanisława Juchnowicza i Tadeusza Rembiesy

styczny układ Nowej Huty to kreacja w pełni autonomiczna, wprawdzie inspirowana tradycją, lecz twórczo przetwarzająca klasyczne pierwowzory. To samo tyczy się architektury (il. 05).

Etap trzeci (od 1956 r.)

Wydarzenia roku 1956 odzwierciedliły się niemal natychmiast w budownictwie Nowej Huty. Demonstracyjnie zerwano z zasadą ściśle symetrycznego kształtowania założeń urbanistycznych oraz przestrzegania harmonii elementów horyzontalnych i wertykalnych. Nowy plac Ratuszowy miał otrzymać asymetrycznie w stosunku do alei Róż ukształtowaną zabudowę. Do urbanistyki wróciły tendencje »dezurbanizacyjne«; już w 1956 r. powstały projekty tzw. bloku szwedzkiego oraz osiedli położonych na zachód od placu Centralnego (il. 06), które zerwały z zabudową obrzeżną, z zamkniętymi wnętrzami urbanistycznymi, na korzyść założeń swobodnych, kształtowanych według ówczesnych światowych tendencji. Wciąż jednak wpisywały się w urbanistyczny ruszt miasta z pierwszej połowy lat pięćdziesiątych. Architektura też była już »nowa«.

05. Północna pierzeja placu Centralnego, stan przed usunięciem latarni. Zabudowa wzniesiona według projektu Janusza Ingardena pod kierunkiem Tadeusza Ptaszyckiego

We wszystkich trzech okresach stosowano nowoczesną metodę urbanistyczną, kryjąc ją z konieczności za przeciwnymi jej sloganami ideologicznymi, a także przez krótki czas pod historycznym kostiumem formalnym.

Zarzucenie koncepcji urbanistycznej z okresu realizmu socjalistycznego spowodowało, że Nowa Huta nie została zrealizowana w »idealnej«, zaprojektowanej przez zespół Tadeusza Ptaszyckiego postaci – nie wzniesiono domu kultury na południowym zamknięciu placu Centralnego, obelisku w jego środku, ratusza w połowie alei Róż i otaczających go budynków urzędowych. Brak domu kultury spowodował nieuzasadnioną wyrwę w pierzejach placu, a odstąpienie od budowy obelisku i ratusza zwichnęło równowagę między horyzontalnymi i wertykalnymi elementami całej kompozycji urbanistycznej. Konsekwencją było również zaniechanie realizacji typowych dla urbanistyki realizmu socjalistycznego zamknięć perspektywicznych. Z czasem proces odchodzenia od pierwotnej koncepcji nie tylko się pogłębiał, ale coraz częściej przynosił realizacje stanowiące jej zaprzeczenie.

Do czasu objęcia ochroną konserwatorską w roku 2004 zmiany na terenie historycznego układu urbanistycznego miały zdecydowanie negatywny charakter. Zacierały lub wręcz niwelowały jego wartość, nie dodając istotnych nowych walorów, współbrzmiących harmonijnie z zastanym dziedzictwem. Wynikało to zarówno z ignorancji i braku wiedzy, jak i świadomych działań podejmowanych dla »uwspółcześnienia« niechcianego spadku po jednoznacznie negatywnie ocenianej epoce historycznej. Brutalne przebudowy niszczyły sylwetki poszczególnych obiektów, a nowe inwestycje arogancko wchodziły w konflikt z harmonijną przestrzenią. Największą szkodę urbanistycznej koncepcji Ptaszyckiego przyniosła realizacja położonego w bezpośrednim sąsiedztwie placu Centralnego agresywnego w formie sporego zespołu mieszkaniowego (1987–1994). W tej sytuacji – co dość niespodziewane – pozytywnie wpisały

06. Plan Nowej Huty z roku 1959. Osiedla sektora D (Handlowe, Spółdzielcze i Kolorowe) w trakcie realizacji. Zaznaczono projektowany i niezrealizowany budynek kina w formie rotundy w osiedlu Szklane Domy

07. Pasaż w zachodniej części osiedla Stalowego, z lokalnym ciągiem komunikacyjnym prowadzącym z ul. Orkana

się w neobarokowe założenie urbanistyczne obiekty sakralne, programowo nie brane pod uwagę w planach z początku lat pięćdziesiątych – dwie świątynie katolickie usytuowane w węzłowych punktach miasta. Obydwie są nie tylko lokalnymi dominantami spinającymi kompozycje przylegających osiedli i zamykającymi perspektywy widokowe, ale stanowią też stosowny kontrapunkt dla otaczającej zabudowy z lat pięćdziesiątych.

Decyzją konserwatora z roku 2004 przedmiotem ochrony stało się »rozplanowanie ulic, placów, zieleńców, usytuowanie, bryły i gabaryty budowli, wystrój wnętrz architektoniczno-krajobrazowych, zieleń komponowana«[4]. Inwestycje powodujące dewastację pejzażu kulturowego zostały wstrzymane. Nadal jednak trwa proces naturalnej destrukcji, także skutkiem zaniechań lub zaniedbań, jak w przypadku istotnego składnika przestrzeni miejskiej, jakim jest zieleń (il. 09). Zaniedbana – zarówno komponowana, jak i sadzona spontanicznie i bez uzgodnień – wprowadza chaos w zagospodarowaniu tak skwerów publicznych, jak wnętrz osiedlowych, szkodząc percepcji urbanistyki i niejednokrotnie stanowiąc zagrożenie dla higieny zamieszkania. Żywioł zapanował na klasyczną powściągliwością, niemal jak w ruskinowskiej koncepcji romantyzmu.

Z tak zaprezentowaną spuścizną przychodzi się zmagać, by utrzymać jej walory, a pozbyć się wad. Trzeba mieć jednocześnie na uwadze fakt, że miejski organizm żyje i ewoluuje, i nie może stać się wyłącznie skansenem. Potrzebuje zmian, których ramy należy nakreślić, jeżeli chcemy przestrzegać reżimów ochrony konserwatorskiej. Autor niniejszych słów proponuje następujące przedsięwzięcia, grupując je według zakresu rzeczowego.

A. Granice przekształcania układu urbanistycznego

Układ urbanistyczny Nowej Huty jest dziełem zamkniętym, choć nieskończonym. Przez pojęcie »zamknięty« należy rozumieć kreację, która nie powinna być dopełniana, gdyż w zachowanej postaci stanowi świadectwo minionej epoki stylowej, rządzącej się innymi niż obowiązujące dziś zasadami. Niezależnie od oceny estetycznej (niekiedy także etycznej) winna być szanowana jako wartość historyczna. Z tych właśnie względów chroni ją zapis prawny, w zasadzie niedopuszczający większych zmian. Ochronie podlega zarówno układ miasta, jak i urbanistyczne rozwiązania poszczególnych jego części składowych, czyli osiedli. Możliwe są jednak ograniczone działania mające na celu przywrócenie wartości zagubionych lub zniweczonych, ewentualnie niezrealizowanych w ponad półwiecznym okresie istnienia miasta (ale zaznaczam, w skali niewielkiej). W zakresie kompozycji urbanistycznej kwestią nadrzędną jest utrzymanie *status quo*, z możliwością dopuszczenia takich zmian, które nie przeczą założeniom projektowym.

Głównym wyznacznikiem symetrycznych układów barokowych, stanowiących podstawę kompozycji Nowej Huty, jest system osi kompozycyjnych i widokowych, według których porządkowano zabudowę. Żadna z tych osi, a jest ich w Hucie bardzo wiele (il. 07), nie może być przerywana lub zasłaniana obiektami architektonicznymi (nawet tzw. małą architekturą) albo zielenią.

B. Dopuszczalny zakres zmian funkcjonalnych oraz określenie kierunków zmian w sposobie wykorzystania i organizacji przestrzeni publicznych

Program funkcjonalny zrealizowany w latach pięćdziesiątych nie zmienił się istotnie w sześćdziesięcioletnim okresie istnienia Nowej Huty. Dzielnica (a w rzeczywistości niemal odrębne miasto) nadal spełnia zadanie, jakie jej przypisano – monumentalnego zespołu mieszkaniowego. Z punktu widzenia ochrony konserwatorskiej to stan jak najbardziej pożądany, ponieważ przeważająca część budynków jest wykorzystywana zgodnie z ich pierwotną funkcją, co w zasadzie zapewnia właściwą eksploatację. Standard zamieszkania może być zmieniony przez modernizację wnętrz budynków, o ile nie znajdzie odbicia w ich zewnętrznym kształcie.

Placowi Centralnemu (il. 05) należy nadać pierwotnie planowany charakter reprezentacyjnej przestrzeni miejskiej (można użyć określenia *agora* lub *forum*). Związana z tym miejscem funkcja komunikacyjna, która obecnie przeważa, winna być radykalnie uszczuplona lub tak przekształcona, by nie wchodziła w kolizję z zalecanym głównym sposobem użytkowania – głównego placu miejskiego o ruchu niemal wyłącznie pieszym. Stąd też następna propozycja: urządzenia głównej, środkowej przestrzeni placu jako obszernego *plateau* o trwałej nawierzchni (w miejsce obecnego gazonu), nawiązująca do autorskiej koncepcji z pierwszej połowy lat pięćdziesiątych (il. 02, 03). Zalecane jest wprowadzenie kondygnacji podziemnej dla rozdzielenia komunikacji pieszej i kołowej, co już zresztą było wielokrotnie rozważane.

Dopełnieniem placu pod względem funkcjonalnym powinien być pierwszy odcinek alei Róż, z tym że należy przeprowadzić korektę polegającą na przywróceniu pierwotnego rozarium usytuowanego pośrodku jego płyty (il. 04) oraz wprowadzeniu sklepów w miejscu mieszkań na parterach budynków.

Aleje wybiegające z placu Centralnego winny utrzymać charakter reprezentacyjnych promenad. Pożądana jest zmiana funkcji parterów przylegających do nich budynków, teraz w znacznej mierze użytkowanych jako mieszkania.

Poza placem Centralnym i pierwszym odcinkiem alei Róż winny istnieć lokalne przestrzenie o charakterze reprezentacyjnym. W Nowej Hucie są one z reguły związane ze skrzyżowaniami arterii komunikacyjnych. O ich urządzeniu poprzez odpowiednie zakomponowanie zieleni kilka słów w dalszej części. Konieczne jest też nowe urządzenie przestrzeni przed dawnymi kinami, teatrem i kościołami.

08. Makieta zabudowy tworzącej oprawę placu na skrzyżowaniu alei Andersa i Przyjaźni, połowa lat pięćdziesiątych. We wschodniej części placu wysoki budynek stanowiący lokalną dominantę

09. Kościół pod wezwaniem Matki Boskiej Częstochowskiej (realizacja od 1982 r., Krzysztof Dyja i Andrzej Nasfeter) w osiedlu Szklane Domy. Widok ze skrzyżowania alei Solidarności z ulicą Struga. Kościół poprzedzony przerośniętą zielenią i prowizoryczną zabudową barakową, zaburzającą kompozycję placu

C. Możliwości przekształcania zabudowy

Zgodnie z decyzją konserwatorską z 2004 r. ochronie podlegają »usytuowanie, bryły i gabaryty budowli«. Oznacza to, że bez ważnych i uzasadnionych przyczyn nie można zmieniać zewnętrznej postaci obiektów architektonicznych. Niemal wszystkie obiekty Nowej Huty przetrwały w pierwotnym kształcie. Brak większych potrzeb inwestycyjnych spowodował, że substancja budowlana miasta oraz jego układ urbanistyczny pozostały nienaruszone. Natomiast liczne, choć drobne zmiany przyniósł żywiołowy proces adaptacji strychów na mieszkania, toczący się bez nadzoru konserwatorskiego na przestrzeni niemal dwóch dekad ubiegłego stulecia. Nie tylko nie uwzględniały one kontekstu urbanistycznego i architektonicznego, ale były wykonywane bez uwzględnienia jakichkolwiek kryteriów estetycznych. Realizacja doprowadziła do istotnego zniekształcenia sylwety budynków i zakłóciła ład kompozycyjny wielu wnętrz urbanistycznych, zwłaszcza w osiedlach z domami o stromych dachach.

O ile opisane, stosunkowo drobne przekształcenia mogą być usunięte lub przynajmniej częściowo skorygowane, to zagrożenie dla historycznej substancji Nowej Huty stanowi coraz większy nacisk na przebudowę i powiększanie obiektów. Ostatnie realizacje nie stanowią dobrego przykładu. W myśl zapisu prawnego mają to być sytuacje wyjątkowe, a owe wyjątki muszą mieć uzasadnienie. Przekształcenia winny być prowadzone na podstawie o wytycznych wynikających ze studiów z zakresu ochrony krajobrazu kulturowego i walorów architektonicznych obiektu. Jednym z najważniejszych przedsięwzięć będzie likwidacja (lub przynajmniej korekta) kilku starszych obiektów stanowiących agresywne naruszenia układu urbanistycznego. Zabudowa po południowej stronie placu Centralnego winna być istotnie przekształcona dla stępienia agresywnego charakteru. Doraźnie można ją przysłonić szybko rosnącą zielenią wysoką.

D. Zasady wprowadzania nowych form architektonicznych

Nowa Huta jako niedokończone dzieło urbanistyczne może być uzupełniana (w rozumieniu kubatury, nie formy) o elementy projektowane, lecz nie zrealizowane przed rokiem 1956 (ewentualnie związane z ostatnim etapem jej rozwoju, przed rokiem 1960). Znów zaznaczam, że są to sytuacje wyjątkowe. Ewentualne nowe obiekty muszą być bezwarunkowo wpisane w układ urbanistyczny i przynajmniej nie powodować jego zakłócenia. Zaleca się, by dopełniały brakujące jego fragmenty. Każdą z nowych realizacji należy traktować indywidualnie, przyjmując jednak a priori założenie, że nie powinny one dominować w otoczeniu o charakterze historycznym. Wysokość nowych budowli nie może przekraczać wysokości budynków w najbliższym sąsiedztwie, musi też być dostosowana do sylwety osiedla, w którym budynek miałby być wzniesiony. Zaleca się nawiązywanie do niezrealizowanych projektów. Nowe obiekty muszą być podporządkowane pierwotnemu założeniu, jakkolwiek nie powinny naśladować form historycznych, choć dopuszczalny jest pastisz.

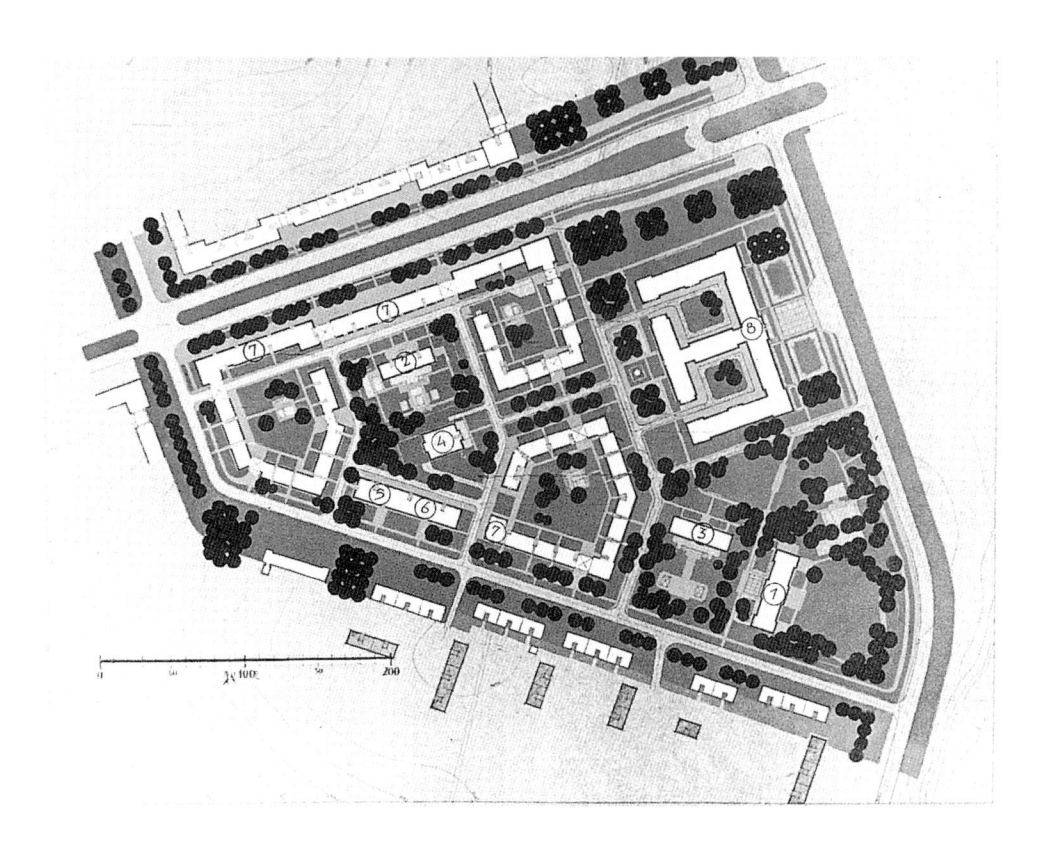

10. Osiedle Stalowe, projekt
Stanisława Juchnowicza z roku 1953

E. Zasady odnowy terenów zielonych

Zespoły zielone w mieście zbudowanym według kanonów urbanistyki nowożytnej z definicji podporządkowywano prawidłom, jakie rządzą kreacjami tego typu. Nie mogą więc dominować nad architekturą i tworzonymi przez nią wnętrzami urbanistycznymi (il. 09). Wręcz przeciwnie, winny ją podkreślać. Podstawą wszelkich prac przy zieleni powinna być jej inwentaryzacja oraz waloryzacja. Zapewne niektóre z drzew można utrzymać, wymaga to jednak decyzji podejmowanych na podstawie planu rewaloryzacji. Wszystkie drzewa zakłócające kompozycję urbanistyczną (zwłaszcza drugiego etapu budowy miasta) winny być usunięte lub przycięte, o ile nie przekroczyły granicy ochrony jednostkowej. Dotyczy to zarówno założeń zielonych związanych z głównymi ciągami komunikacyjnymi (szpalery i tereny parkowe), jak i wnętrz osiedli. Konieczne są nowe dosadzenia dla uzupełnienia braków w pierwotnym układzie. Częściowej lub całkowitej przebudowie winna być poddana zieleń w kilku głównych wnętrzach publicznych, z reguły związanych ze skrzyżowaniami arterii komunikacyjnych. W miejscu szablonowych szpalerów winny powstać indywidualnie zakomponowane ogrody. Korony drzew winny być permanentnie poddawane zabiegom formującym ich kształt. Zaleca się, by w urządzaniu zieleni stosowano zasady typowe dla lat pięćdziesiątych i sześćdziesiątych XX w. (il. 10).

W związku z zielenią pozostaje kwestia uporządkowania sposobu parkowania. Wobec znacznego wzrostu ruchu samochodowego i liczby użytkowników samochodów, czego nie przewidywali w takim zakresie twórcy pierwotnego projektu zagospodarowania przestrzennego, dopuszcza się częściowe wykorzystanie obecnych terenów zielonych na miejsca parkingowe. Będzie to część szerszego programu mającego na celu rozwiązanie powszechnie występującego na terenie Nowej Huty problemu niedozwolonego parkowania na trawnikach.

Ze względu na homogeniczność (jednorodność) koncepcji urbanistycznej lat pięćdziesiątych wszystkie przedsięwzięcia zarówno w skali całej Nowej Huty, jak i poszczególnych jej części, winny być zawsze podejmowane z myślą o całości tym bardziej jeżeli będą realizowane etapowo.

Kurzfassung

Der Beitrag besteht aus zwei Teilen – der kürzeren Einleitung mit einem Abriss der Geschichte von Nowa Huta in den 50er-Jahren und dem Hauptteil, in dem die Ansichten des Autors zum Schutz dieses Denkmalbereichs vorgestellt werden.

Die vor dem Jahr 2004, als die Anlage unter Denkmalschutz gestellt wurde, erfolgten Veränderungen an der historischen städtebaulichen Anlage hatten einen ausgesprochen negativen Charakter. Sie verwischten oder nivellierten gar ihren Wert, ohne dass neue wesentliche Werte entstanden wären, die sich mit dem hinterlassenen Erbe harmonisch hätten verbinden lassen. Das war das Ergebnis von Unkenntnis sowie von gezielten Maßnahmen zur »Modernisierung« des ungeliebten Erbes einer eindeutig negativ bewerteten Geschichtsepoche. Mit der Entscheidung des Denkmalschutzes im Jahr 2004 wurden »die Planung von Straßen, Plätzen, Grünanlagen sowie die Lage der Gebäude, die Kubatur und der Maßstab der Anlagen, aber auch die Ausstattung mit landschaftsarchitektonischen Frei-räumen und die Grünflächenplanung« unter Schutz gestellt. Investitionen, die zu einer Zerstörung des Denkmalschutzgebiets führen könnten, wurden gestoppt. Der Prozess einer schleichenden Verwüstung durch Unterlassungen und Verwahrlosungen, wie das am Beispiel einer wesentlichen Stadtraumkomponente, dem Stadtgrün, sichtbar ist, dauert jedoch noch an.

Zum Schutz der historischen Kulturlandschaft schlägt der Beitrag eine Reihe von Maßnahmen in fünf Punkten vor:

A. Grenzen für die Umgestaltung der städtebaulichen Anlagen
B. Zulässiger Umfang von Funktionsänderungen und Definition des Nutzungs- und der Organisationswandels im öffentlichen Raum
C. Umgestaltungsmöglichkeiten für die Bausubstanz
D. Grundsätze für die Einführung neuer architektonischer Formen
E. Grundsätze für die Erneuerung von Grünflächen

Die städtebauliche Anlage von Nowa Huta stellt ein abgeschlossenes, jedoch unvollendetes Werk dar. Als »abgeschlossen« gilt ein Werk, das nicht mehr ergänzt werden muss, weil es in der erhaltenen Form ein Zeugnis einer vergangenen Stilepoche darstellt, in der andere als die heute gültigen Regeln galten. Unabhängig von der ästhetischen (manchmal auch ethischen) Beurteilung ist sie als historischer Wert zu achten. Aus diesem Grunde steht sie unter dem Schutz des Gesetzes, wodurch im Prinzip einschneidende Veränderungen nicht zulässig sind.

Abstract

The paper consists of two parts – a short introductory part presenting the history of Nowa Huta of the 1950s, and the main one – including the author's views on the preservation of its cultural landscape.

The changes in the area of historical urban layout had been of a definitely negative character before this area became protected by conservators in 2004. They effaced or even leveled its value without adding any significant new qualities, which would harmonize with the existing heritage. This resulted both from ignorance and lack of knowledge and conscious activities undertaken to »modernize« an unwanted legacy of the explicitly negatively estimated historical period. Following the conservator's decision (2004), »the layouts of the streets, squares, green areas, location, mass and overall dimensions of the buildings, design of architectonic and landscape interiors, arrangement of green spaces« became the subjects of protection. The investments causing devastation of the cultural landscape were discontinued. However, the process of natural destruction is still in progress, which is also due to relinquishment or negligence, like in the case of the green areas, which are significant elements of the urban space.

To preserve the historical cultural landscape, the author suggests a series of undertakings, put into five points:

A. Limits of the urban layout transformations.
B. Allowable range of functional changes and defining change directions in the ways of using and organizing public spaces.
C. Possibilities of the development transformation.
D. Principles of introducing new architectonic forms.
E. Principles of the green areas' restoration.

The urban layout of Nowa Huta is a closed although unfinished work. The term »closed« should be understood as a creation which should not be supplemented as in its preserved form it serves as a testimony of the past style epoch, governed by different from the presently obeyed principle. Regardless of the aesthetic (sometimes also ethic) evaluation, it should be respected as a historical value. That is why it is protected by law, which basically does not allow any bigger changes.

Przypisy

1 Zbigniew Beiersdorf, Waldemar Komorowski, Nowa Huta lat pięćdziesiątych. Dziedzictwo – zagrożenia i perspektywy, [w:] Zabytki drugiej połowy XX wieku – waloryzacja, ochrona, konserwacja, pod red. Bogusława Szmygina i Jörga Haspela, Warszawa-Berlin 2000, s. 17–28.

2 Autor niniejszego artykułu przygotował studium z zakresu ochrony krajobrazu kulturowego o nazwie »Konsultacje problemowe dotyczące niezbędnego zakresu regulacji do sporządzanego miejscowego planu zagospodarowania przestrzennego obszaru »Centrum Nowej Huty«. Studium powstało na zlecenie Biura Planowania Przestrzennego Urzędu Miasta Krakowa.

3 Rozwiniętą wersję zawiera artykuł wspomniany w przypisie 1.

4 Decyzja Małopolskiego Wojewódzkiego Konserwatora Zabytków w Krakowie z dnia 30.12.2004 (nr rejestru zabytków nieruchomych A–1132) odnosi się do »układu urbanistycznego dzielnicy Nowa Huta w Krakowie, jako reprezentatywnego przykładu urbanistyki socrealizmu w Polsce«.

Das denkmalgeschützte Zentrum von Nowa Huta – Schutz und Modernisierung

Zabytkowe centrum Nowej Huty – ochrona a modernizacja

The Listed Centre of Nowa Huta – Protection and Modernization

Halina Rojkowska-Tasak
Wojciech Ciepiela

Założenie urbanistyczne Nowej Huty z lat 1949–60 zaprojektowane zostało przez zespół pod kierownictwem Tadeusza Ptaszyckiego jako zaplecze dla strategicznego kombinatu metalurgicznego i sztandarowe miasto socjalistyczne. Ośrodkiem kompozycji, z którego promieniście rozchodzą się główne aleje, jest plac Centralny z reprezentacyjną zabudową. Osią symetrii jest aleja Róż biegnąca od placu w kierunku zbliżonym do północnego. Miasto nie wiąże się z zabudową przemysłową, choć pozostaje w bliskim jej sąsiedztwie. Dwa bliźniacze gmachy centrum administracyjnego huty zamykają perspektywę alei Solidarności. Każde z osiedli jest samowystarczalne pod względem podstawowych wymogów życia codziennego; sklepy umieszczone są w parterach budynków mieszkalnych, żłobki i przedszkola znajdują się wewnątrz zabudowy obrzeżnej. Szkoły obsługują dwa lub trzy osiedla.

Architektura Nowej Huty jest różnorodna, co wiąże się ze zróżnicowanym charakterem poszczególnych osiedli. Osiedla fazy pierwszej (z okresu sprzed socrealizmu) mają zabudowę rozproszoną, tworzą ją kilkurodzinne domy (projektu F. Adamskiego) w otoczeniu ogrodowym, rozmieszczone symetrycznie. Elewacje tych budynków są bezstylowe, o ich wyrazie architektonicznym decydują proporcje bryły, kształt i dyspozycja otworów, a także forma spadzistego, krytego czerwoną dachówką dachu. Architektura budynków fazy pierwszej nawiązuje do tradycji osiedli przyfabrycznych okresu międzywojennego w Centralnym Okręgu Przemysłowym (np. osiedla Na Skarpie, Wandy, Willowe).

Obraz Nowej Huty tworzy architektura socrealistyczna wypełniająca środkową, główną część kompozycji urbanistycznej. Cechuje ją monumentalizm, fasadowość, detal nawiązujący do

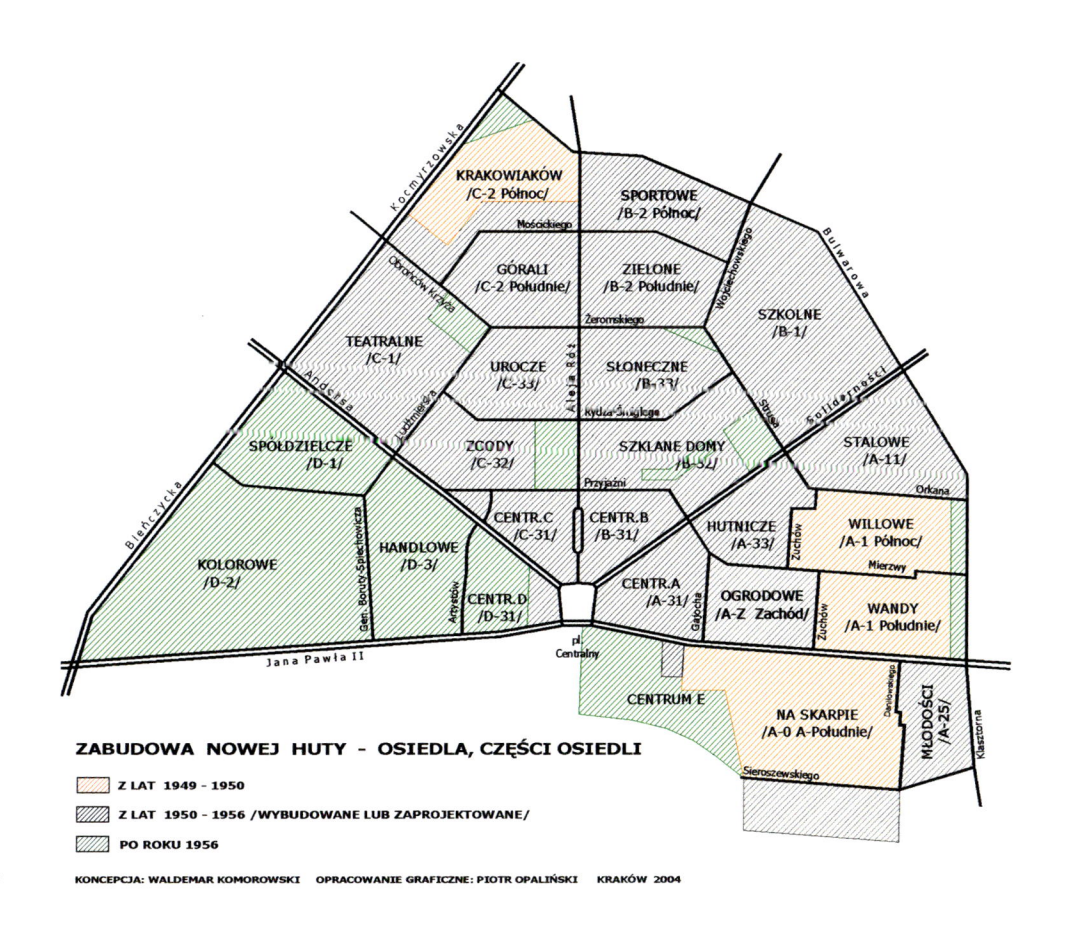

01. Rozwój zabudowy Nowej Huty

02. Plac Centralny otoczony reprezentacyjnymi budynkami (1950–56), będący również ważnym węzłem komunikacyjnym

architektury historycznej, wyraźne oddzielenie ulicy od podworców. (Centrum A, B, C, D, proj. T. Ptaszycki i J. Ingarden) oraz osiedli z początku socrealizmu (Górali, Krakowiaków, Szkolne, Stalowe, Teatralne). W dwóch pierwszych fazach, mimo różnic stylowych, czytelna jest silna inspiracja modernizmem, odróżniająca architekturę Nowej Huty od innych realizacji tego czasu. W 1956 r. przerwano realizację Nowej Huty i odstąpiono od wzniesienia wielu gmachów monumentalnych: ratusza z wysoką wieżą, domu kultury po południowej stronie placu Centralnego i obelisku na tym placu.

Obiekty realizowane w tym czasie o charakterze funkcjonalnym skupione są w południowo-zachodniej części Nowej Huty (Centrum D, Handlowe, Kolorowe, Spółdzielcze). Pierwszy z nich, tzw. blok szwedzki na Osiedlu Szklane Domy, stał się ważnym symbolem przemian.

Stosunki wysokościowe zabudowy są ściśle związane z charakterem poszczególnych osiedli i ich rolą w zespole miasta. Najwyższe, sześcio- i pięciopiętrowe budynki, znajdują się przy placu Centralnym (osiedla Centrum A, Centrum B, Centrum C, Centrum D) i alejach Andersa i Solidarności. W miarę oddalania się od centrum budynki są coraz niższe, aż do jednopiętrowych, zlokalizowanych w osiedlach peryferyjnych, które wieńcem otaczają rdzeń miasta. Wyjątkiem są dwa osiedla od strony zakładu przemysłowego (oś. Szkolne i Stalowe, proj. S. Juchnowicz), tworzące tzw. Bramę Nowej Huty, znajdujące się w połowie alei Solidarności, arterii prowadzącej z huty do miasta, opisywanej w założeniach ideowych jako »oś pracy«.

W 2004 r. układ urbanistyczny Nowej Huty z lat pięćdziesiątych XX w. wpisany został do rejestru zabytków, a tym samym objęty ochroną wynikającą z Ustawy o ochronie i opiece nad zabytkami. Ochroną objęto »rozplanowanie ulic, placów, zieleńców, usytuowanie, bryły i gabaryty budowli, wystrój wnętrz architektoniczno-krajobrazowych, zieleń komponowaną«. Z inicjatywy radnych miasta Krakowa podjęto działania o uznanie zabytkowego centrum Nowej Huty za pomnik historii. W 2009 r. opracowano wymaganą dokumentację i w 2010 r. skierowano wniosek do Ministra Kultury i Dziedzictwa Narodowego. Starania te zobowiązują do utrzymania substancji i charakteru tej części Krakowa.

Działania ochronne na tym terenie prowadzone były już wcześniej, od początku lat dziewięćdziesiątych XX w. Wówczas w Wydziale Ochrony Zabytków Urzędu Miasta Krakowa kierowanym przez Miejskiego Konserwatora Zabytków wykonano szereg studiów z wytycznymi konserwatorskimi do kształtowania przestrzeni i zabudowy. Wytyczne te miały na celu powstrzymanie degradacji spowodowanej niekontrolowanymi pracami budowlanymi w latach siedemdziesiątych i osiemdziesiątych XX w. Dostrzegano walory artystyczne tego założenia i broniono go przed zniekształceniami, jakie mógł spotęgować wolny rynek i brak świadomości tych wartości. Określono zasady zagospodarowania poddaszy, przełączek czy niektórych sieni przy placu Centralnym[1]. Dla placu Centralnego jako najważniejszej przestrzeni wykonano odrębne szczegółowe opracowanie[2]. Wykonano też inwentaryzację nawierzchni ulic i placów, a także podjęto próbę uregulowania wolno stojących pawilonów i stoisk handlowych przy głównych arteriach oraz wyglądu placów targowych. Opracowano studium wnętrz użyteczności publicznej: sklepów, instytucji kultury, restauracji zaprojektowanych indywidualnie przez wybitnych projektantów[3]. Niestety część tego wyposażenia uległa rozproszeniu, zniszczeniu, a to, co pozostało, bywa obecnie zakrywane współczesnymi aranżacjami przy zmianie funkcji lokali. Dla obszaru wpisanego do rejestru zabytków w 2004 r. opracowane zostało studium kolorystyczne z podziałem na poszczególne osiedla[4]. Oprócz wskazania kompozycji kolorystycznej, studium to zawiera także wytyczne do konserwacji detalu architektonicznego i wystroju elewacji (balustrady, kraty), a także do kształtu i pokrycia dachu oraz do witryn, stolarki drzwiowej i okiennej. Zabytkowa część Nowej Huty objęta jest Lokalnym Programem Rewitalizacji przyjętym uchwałą Rady Miasta Krakowa

Nr LIII/674/08 z dnia 08.10.2008, w którym głównymi celami są m.in. zachowanie i rewitalizacja budynków i obiektów o walorach historycznych, kulturowych, architektonicznych i urbanistycznych oraz podniesienie walorów przestrzeni publicznej dla mieszkańców i turystów. Projekt flagowy tego programu obejmuje działania rewitalizacyjne w obszarze placu Centralnego, alei Róż – środkowej osi układu oraz w obszarze niezabudowanym Łąk Nowohuckich położonych po południowej stronie założenia urbanistycznego, a stanowiących częściowo użytek ekologiczny.

W 2011 r. przystąpiono do opracowywania Miejscowego Planu Zagospodarowania Przestrzennego Centrum Nowej Huty (Uchwała Nr VIII/64/11 Rady Miasta Krakowa z dnia 16 lutego 2011 r.). Plan ten o charakterze ochronnym nie obejmuje kombinatu ani budynków administracyjnych. Ma on na celu zachowanie cech stylowych układu i zabudowy oraz przywrócenie zniszczonych elementów i utraconych walorów szczególnie przestrzeni publicznych. »Ma określić zasady zagospodarowania przestrzennego uwzględniające zasady ochrony wartości kulturowych, pozwolić na skuteczne działania rewitalizacyjne, oraz umożliwić rozwój tej części miasta jako centrum miejskiego, pełniącego różnorodne funkcje publiczne i komercyjne«.

W zabytkowym centrum Nowej Huty własność terenu: ulice, place, tereny zielone oraz większość obiektów użyteczności publicznej, jak szkoły, przedszkola, domy kultury, teatr, kino, należą do Gminy Miejskiej Kraków. Poszczególne bloki objęte ewidencją zabytków należą do wspólnot mieszkaniowych, ale lokale użytkowe mieszczące się w parterach są też własnością gminy. Własność osób prawnych i fizycznych jest niewielka. Jednolita struktura własnościowa powinna ułatwić gospodarowanie przestrzenią i właściwe utrzymanie przestrzeni publicznych, a przede wszystkim zarządzanie zasobami na terenie objętym ochroną konserwatorską.

Układ urbanistyczny miasta zasadniczo się nie zmienia. Miejsce dla nowych inwestycji pozostaje w miejscach niezrealizowanych projektów w południowo-zachodniej partii miasta. W partii południowej na otwartych terenach zabudowa jest trudna do realizacji ze względu na wartości przyrodnicze i protest społeczny. Możliwe jest tam tylko rekreacyjno-edukacyjne zagospodarowanie terenu małą architekturą z pozostawieniem dalekich widoków.

Wypełnieniem każdego układu urbanistycznego są budynki, a ich architektura świadczy o charakterze i poziomie artystycznym całego założenia. Ochrona poszczególnych budynków zachowująca ich różnorodność i charakter, w połączeniu z konieczną modernizacją jest kluczowym zadaniem konserwatorskim. Najczęściej bieżącym remontom i modernizacjom podlegają budynki mieszkalne. Duża rotacja występuje wśród najemców lokali użytkowych, a każda zmiana łączy się z remontem wnętrza.

Nowym problemem jest termomodernizacja pogrubiająca ściany, zakrywająca detal architektoniczny i zmieniająca proporcje i wygląd budowli, niszcząca elewacje przez elementy mocujące. Termomodernizacja jest coraz bardziej popularna i dofinansowywana z budżetu państwa na mocy ustawy o wspieraniu termomodernizacji i remontów z 21.11.2008 r. Wspólnoty mieszkaniowe coraz częściej podejmują te inwestycje. Zadaniem konserwatora jest ochrona wartości stylowej obiektów i zgoda na te działania, które jej nie niszczą. Ocieplenia dopuszcza się na elewacjach o skromnym detalu z nakazem jego powtórzenia, po uprzednim wykonaniu inwentaryzacji. Dotyczy to najstarszych osiedli Nowej Huty z lat 1949–50 (osiedla Willowe, Wandy, Na Skarpie). Wyklucza się ocieplanie fasad z detalem kamiennym przy placu Centralnym oraz elewacji o bogatym wystroju, np. balkonów w formie portyków (Osiedle Centrum A), czy dekoracji tralkowych. Są budynki, w któ-

03. Wnętrze osiedla Centrum (1950–56) przy placu Centralnym

rych dopuszcza się tylko częściowe docieplenie np. gładkich ścian szczytowych (osiedla Kolorowe, Spółdzielcze, Handlowe). Częściowym rozwiązaniem byłoby stosowanie zewnętrznych malarskich powłok termicznych, ale technologia ta pozostaje wciąż droższa od tradycyjnych materiałów termoizolacyjnych. Kolorystyka budynków łączy się ściśle z fazami rozwojowymi Nowej Huty. W każdej fazie stosowano te same kolory, ale w innym układzie i natężeniu: popielaty, ciemnoseledynowy, jasnougrowy i różowy. Bloki w osiedlu malowane były przemiennie – każdy w innym kolorze lub grupowo – jednym kolorem wyodrębniano zespoły obiektów skupionych wokół lokalnego wnętrza osiedlowego. Część budynków najstarszych osiedli otrzymała wyprawę z tynku szlachetnego w partiach cokołowych oraz na obramieniach witryn, imitującą kamienne okładziny jak w budownictwie lat trzydziestych XX w. Bloki były malowane lub tynkowane tynkiem barwionym w masie. Na większości osiedli zastosowano fakturalne i walorowe zróżnicowanie poszczególnych kondygnacji. Obiekty pierwszej fazy stylowej (1949–1950) malowane były w jednym kolorze, z reguły w jasnych odcieniach, z dodatkowym użyciem bieli do podkreślenia niektórych elementów architektonicznych. Budynki II fazy – okres socrealizmu (1950 do 1956) mają z zasady zgaszone tonacje barwne. Istotną zmianą było wprowadzenie wielobarwności w jednym budynku (elewacje dwu-, a nawet trójkolorowe). Elementy architektoniczne, w tym obramienia okien, powlekano farbami innego koloru niż biel. Kolory budynków trzeciej fazy stylowej (po 1956) są o wiele mocniejsze niż w fazie pierwszej i drugiej. Zawsze obowiązywała zasada malowania stolarki okiennej (w tym również drzwi balkonowych) na biało, drzwi wejściowych w kolorze popielatym (jasnoszarym), a witryn sklepowych na czarno. W fazie pierwszej i drugiej balustrady balkonowe malowano w kolorze ciemnozielonym, kraty chroniące okna parteru w kolorze popielatym. Później gama zwiększyła się m.in. o czerń.

Stan zachowania tynków jest zróżnicowany i zależy od jakości użytego materiału. Przez dziesiątki lat pyły emitowane w dużej ilości przez kombinat metalurgiczny osadzały się na ścianach budynków, a kwaśne deszcze wnikały w głąb tynków. Mimo to na elewacjach większości budynków kolory są zachowane pod grubą warstwą brudu tworzącą patynę zmieniającą pierwotny kolor.

Przy odnawianiu elewacji budynków powraca się do stanu pierwotnej kompozycji kolorystycznej osiedla oraz poszczególnych budynków. Zasada ta nie może być łamana, gdyż każdorazowa zmiana koloru pociąga za sobą konieczność korekt w całym osiedlu, czasem także w osiedlach sąsiednich. W wypadku trudności w rozpoznaniu koloru pierwotnego stosuje się kolor zachowany na budynkach podobnych. Przed doborem farby zaleca się odczyszczenie fragmentu elewacji i wykonanie prób kolorystycznych. Do malowania stosuje się farby krzemianowe. Te same zasady kolorystyczne stosowane są również na ścianach ocieplanych.

Niekorzystny efekt daje malowanie współczesnymi farbami elewacji pokrytych tynkami szlachetnymi i fakturowanymi, a także detali wykonanych z lastriko, gdyż zaciera to ich właściwy wyraz. Tynki takie powinny być w miarę możliwości czyszczone, co dało dobry efekt na partiach elewacji Teatru Ludowego, odnowionych w 2009 r. Kolejny pozytywny efekt dała próba czyszczenia elewacji bloku na Osiedlu Hutniczym zbudowanym z modułów stanowiących prototyp wielkiej pły-

04. Osiedle Centrum B, blok (po 1956), przywracanie pierwotnej wielobarwnej kolorystyki elewacji

ty. Moduły te z wyprawą posiadającą dodatek miki tworzą na elewacjach płaskie bonie. Chcąc zachować efekt plastyczny wyprawy tynkowej wykluczono malowanie farbą. Elewacje pozostałych bloków zbudowanych w tej technologii zostaną również oczyszczone. Nie zawsze jednak czyszczenie daje pożądany rezultat, gdyż silnie zabrudzone partie związane z wierzchnią warstwą tynku tworzą plamy. Wspólnoty mieszkaniowe finansujące remonty często nie godzą się na tę technologię. Innym problemem trudnym do opanowania jest samowolne malowanie na różne kolory, celem odświeżenia, parterów z lokalami usługowymi.

Zaskakujący efekt dały badania kolorów ugrowej elewacji frontowej bloku na Osiedlu Centrum B 8 położonego w eksponowanej lokalizacji po przeciwnej stronie Parku Szwedzkiego. Budynek o konstrukcji szkieletowej, powstały w ostatniej fazie budowy Nowej Huty po 1956 r., okazał się być budynkiem wielobarwnym o pastelowej kolorystyce nałożonej jako ostatnia warstwa tynku barwionego w masie. Elementy konstrukcyjne pomalowane były na kolor biały, płaszczyzny wokół okien na kolor seledynowy, a wnęki loggii na kolor żółty. Czyszczenie tynków nie dało rezultatów ze względu na silne zabrudzenie. Kompozycja kolorystyczna została przywrócona przez malowanie i jest dobrym przykładem postępowania dla sąsiednich budynków zbudowanych w tej samej fazie, a szczególnie dla tzw. Bloku Szwedzkiego, obecnie zdegradowanego, a wyróżniającego się kiedyś bogatą kolorystyką. Dla jego projektantów (M. J. Ingardenowie) inspiracją były osiągnięcia architektury szwedzkiej. Przywrócenie kolorystyki bloku nr 8 na Osiedlu Centrum B zmieniło ogólnie panujące przekonanie o monochromatycznych, »szarych« blokach w socjalistycznej Nowej Hucie.

Z wystrojem elewacji silnie związana jest stolarka drzwiowa i okienna oraz ślusarka witryn lokali użytkowych. Ślusarka lokali użytkowych w Nowej Hucie była dosyć prosta i powtarzalna o prostych profilach, z wyjątkiem placu Centralnego, gdzie detal projektowany był indywidualnie. Otwory posiadały duże przeszklenia, drzwi niewielką płycinę u dołu. Malowana była pierwotnie na kolor popielaty, później na czarny. Większą różnorodność form posiadały kraty, niekiedy prezentujące wysoki poziom wzornictwa.

Do celów miejscowego planu zagospodarowania przestrzennego wykonano inwentaryzację zachowanych zabytkowych witryn i krat. Spustoszenie w tym zasobie, szczególnie drzwi, dokonało się w momencie łatwej dostępności na rynku ślusarki aluminiowej i obramień z PCV w latach dziewięćdziesiątych XX w. Zniekształcone witryny docelowo powinny zostać doprowadzone do pierwotnego wyglądu. Obecnie ślusarka podlega ochronie i konserwacji i odtwarzana jest tylko w przypadku destrukcji ze szczególnym naciskiem na powtórzenie materiału i proporcji cienkich profili.

W przypadku zniszczonych drewnianych drzwi wejściowych do klatek schodowych dopuszczalna jest ich wymiana pod warunkiem rekonstrukcji formy. W niektórych osiedlach charakterystyczny wygląd witryn i wejść do klatek schodowych

05. Osiedle Centrum C, budynek NOT, ozdobne kraty w oknach

podkreślają wkomponowane luksfery. Część z nich uległa zniekształceniu przez zastąpienie luksferów ściankami z powodu braku na rynku elementów odpowiednich wymiarów. Rekonstrukcja tych przeszkleń czeka na rozwiązanie.

W przypadku okien zaleca się ich wymianę na drewniane, z dopuszczeniem konstrukcji jednoramowej z termicznym zestawem szyb, również pod warunkiem rekonstrukcji formy.

Znaczącym elementem zdobniczym są kraty osłaniające otwory wejściowe i okienne. W typowych lokalach handlowych wzory krat i żaluzji są powtarzalne. W budynkach użyteczności publicznej stanowią ich indywidualny wystrój, często z wplecionym motywem tematycznym jak np. w budynku poczty – trąbką pocztową. Detale te przez różnokolorowe, dowolne malowanie utraciły wyrazistość, do której należy powrócić, nadając im pierwotny czarny lub szary kolor.

Obiekty budowane pierwotnie jako żłobki, przedszkola, szkoły, kina po roku 2000 utraciły swoje przeznaczenie po zmianach ustrojowo-ekonomicznych i zostały sprzedane, jak kina »Świt« i »Światowid«. Przedszkola oraz wiele lokali sklepowych zajęły banki. Każda nowa funkcja jest w jakimś stopniu niszcząca, gdyż wprowadza większe lub mniejsze zmiany w obiekcie i trwale go przekształca. Największe straty są w wystroju wnętrz projektowanym indywidualnie dla konkretnego użytkownika. Przy prywatyzacji sklepów wyposażenie sprzedawane było najemcom i do dzisiaj tylko w dwóch sklepach jest ono prawie kompletne (Cepelia, sklep muzyczny). Banki wprowadzają swój wystrój przesłaniający zazwyczaj dekoracje z epoki socrealizmu. W kinie »Świt« od czasu jego zamknięcia mieszczą się degradujące ten obiekt hurtownie i sklepy. Przedszkole na Osiedlu Stalowym 17 zostało znacznie rozbudowane na potrzeby dydaktyczne Akademii Pedagogicznej. Jedynie w kinie »Światowid« zakupionym przez gminę na cele muzealne kontynuowana będzie działalność kulturalna.

Gmina jest inwestorem remontów ulic i placów. Pogodzenie utrzymania pierwotnych nawierzchni z współczesnymi wymogami stanowi poważny problem. Autorskie projekty nawierzchni ulegając ciągłym remontom, zostały przekształcone. Chcąc przywrócić walory układu urbanistycznego Nowej Huty, zmierza się do przywrócenia oryginalnych materiałów w miarę możliwości, a przede wszystkim do uzupełnienia i odtworzenia dekoracyjnych kompozycji reprezentacyjnych placów miasta. Zastosowanie kostki granitowej (przykrytej obecnie asfaltem) na dwujezdniowych alejach wybiegających z placu Centralnego czy na głównych skrzyżowaniach stanowi problem, gdyż nasili to jeszcze istniejący hałas powodowany dużym ruchem kołowym. Całkowity powrót do stanu projektowanego wymagałby zmiany organizacji ruchu i jego ograniczenia na obszarze ochrony konserwatorskiej. Zachowanie i przywrócenie pierwotnych nawierzchni jest możliwe na uliczkach międzyosiedlowych wyłożonych klinkierem lub płytami lanego betonu, z dylatacjami z asfaltu i na ciągach komunikacji pieszej. Chodniki oddzielone z zasady od jezdni szerokimi pasami zieleni wykonywano z czworo- i pięciokątnych płyt betonowych (z gruboziarnistego betonu, z wyraźnie widocznymi ciemnymi ziarnami, o wymiarach 30×30 cm). Miejsca reprezentacyjne akcentowano geometrycznymi wzorami najczęściej z klinkieru. Najbogatsze rozwiązania zachowane częściowo do dzisiaj posiada plac Centralny oraz związany z nim pierwszy odcinek alei Róż z prostymi wzorami liniowymi na jezdniach i dywanowymi, geometrycznymi motywami na chodnikach. Do ich wykonania wykorzystano kostki granitowe, bazaltowe i porfirowe, cegły klinkierowe oraz płyty betonowe. Na początku alei Róż rozszerzającym się na kształt placu z rabatami róż w 1973 r. postawiono pomnik Lenina, usunięty w 1989 r., a plac wyłożono płytami. Obecny wygląd jest efektem prac z przełomu XX i XXI w., a wnętrze umożliwiające organizowanie imprez wykorzystywane jest częściowo jako parking. Końcowy odcinek jest niezagospodarowany. Cała aleja Róż wymaga nowej aranżacji. Środek placu Centralnego niezrealizowany w projektowanej wersji, porośnięty trawą i obsadzony drzewami, odzyskał charakter centralnego wnętrza w 2004 r. z deptakiem i małą architekturą. Postawienie na nim dominanty, pierwotnie planowanej, wzmocniłoby jego centralne znaczenie. Przekształcenia, jakim ulegały te wnętrza, należy w pewnym stopniu usankcjonować, a zmiany powinny iść w kierunku twórczego nawiązywania do stanu pierwotnego.

Z kompozycją urbanistyczną Nowej Huty łączy się problem parkowania. W osiedlach istnieje dziewięć parkingów podziemnych z czasu zakładania miasta. Nie zaspokajają one w żaden sposób obecnych potrzeb. W okresie powstawania socjalistycznego miasta samochody nie były osiągalne dla robotników i projektanci nie przeznaczyli dużej przestrzeni pod parkowanie. Jednak z biegiem lat i wzrostem zamożności mieszkańców problem miejsc parkingowych narastał. Docelowo budowa nowych, dużych parkingów podziemnych jest najlepszym rozwiązaniem dla zwiększającej się liczby samochodów. Problem parkowania rozwiązywany jest aktualnie kosztem zieleni podwórzy wewnątrzosiedlowych oraz zawężania ciągów zieleni wzdłuż ulic, na których realizowane są zatoki parkingowe. Projekty w znacznej mierze sankcjonują miejsca zniszczonej już zieleni przez wynikające z konieczności samowolne parkowanie samochodów. Miejsca parkingowe projektuje się często w formie parkingów zielonych, z zastosowaniem współczesnych materiałów betonowych przy zachowaniu zieleni wzdłuż ścian bloków. Nadal nie zaspokaja to rosnących potrzeb i grozi likwidacją terenów zielonych w osiedlach, co prowadzi do zmiany pierwotnej kompozycji urbanistycznej. Kompozycję tę zakłócają również kioski handlowe o zróżnicowanym, często nieestetycznym wyglądzie, szczególnie te zlokalizowane na głównych arteriach i placach. Ich liczba powinna ulec redukcji, a forma zdecydowanej poprawie przez ujednolicenie i dostosowanie do otaczającej architektury.

Część poruszonych problemów na bieżąco reguluje ustawa o ochronie i opiece nad zabytkami, w działaniu długofalowym odnosi się do nich lokalny program rewitalizacji, ale w szerokim zakresie może je ująć i wskazać rozwiązania dobrze opracowany i uwzględniający uwarunkowania konserwatorskie miejscowy plan zagospodarowania przestrzennego.

Kurzfassung

Die städtebaulichen Anlage von Nowa Huta entstand in den Jahren 1949–1960. Ihre Architektur ist wegen der unterschiedlichen Bauabschnitte recht vielfältig, was wiederum ein differenziertes Herangehen im Denkmalschutz erfordert. Die Schlüsselaufgabe besteht im Schutz der Gesamtanlage, verbunden mit der Notwendigkeit zur Modernisierung. Für die Gebäude heißt das, dass Grundsätze festzulegen sind, nach denen Wärmedämmung, Farbgestaltung der Fassaden, Tischler- und Schlosserarbeiten an Fenstern und Türen, Gestaltung von Architekturdetails, Ziergittern und die Erhaltung des Interieurs erfolgen sollten. Wärmeschutz wird im ältesten Bestand an Fassaden mit einfacher Detailgestaltung zugelassen, wobei die Auflagen besagen, dass diese vorher inventarisierten Details wiederherzustellen sind. Bei der Erneuerung der Gebäudefassaden sollen die ursprünglichen Farben wieder hervortreten, deshalb werden Teile der Fassaden freigelegt und Farbproben genommen. Für Malerarbeiten kommen Silikatfarben zum Einsatz. Mit Edel- und Strukturputz versehene Fassaden sowie Terrazzodetails sollten im Rahmen der vorhandenen Möglichkeiten gereinigt werden.

Die durchgeführten Versuche haben ein positives Ergebnis gebracht und die bewährten Grundsätze sollen weiter Anwendung finden. Fenster und Türen aus Holz sowie Schaufenster der Gewerbeobjekte werden durchgängig gegen Standardprodukte aus PVC oder Aluminium ausgetauscht. Gegenwärtig ist Austausch alt gegen neu daran gebunden, dass Form und Material beibehalten werden, aber Verbundscheiben und die notwendigen Verstärkungen eingebaut werden können. Bei den sog. Sekundärelementen, mit denen Originalteile bereits falsch ersetzt wurden, soll die ursprüngliche Form wiederhergestellt werden. Einige Objekte, die ursprünglich als Kinderkrippen, Kindergärten, Schulen und Kinos errichtet worden waren, wurden nach 2000 nicht mehr ihrer Bestimmung entsprechend genutzt, sondern verkauft. In viele Geschäftslokale zogen z. B. Banken ein. Jede neue Funktion zerstört im gewissen Umfang das Vorhergehende, wobei die größten Verluste bei der künstlerischen Ausstattung individuell geplanter Innenräume entstanden. Oft wird sie mit temporären Arrangements verhüllt und die passende mobile Einrichtung, als Eigentum des Nutzers, gegen eine neue ausgetauscht.

Bei der Reparatur von Straßen und Plätzen tritt die Gemeinde als Investor auf. Durch ständige Reparaturen sind die ursprünglichen Straßenoberflächen verändert worden. Um den originalen Hauptstraßen und Plätzen ihren ursprünglichen Wert zurückzugeben, werden im Rahmen der Möglichkeiten Originalmaterialien verwendet, aber vor allem dekorative Oberflächenelemente wieder eingesetzt.

Eine völlige Rückkehr zum alten Planungszustand hätte einschränkende Änderungen der Verkehrsorganisation zur Folge. Dies ist lediglich auf den Straßen innerhalb der Wohngebiete möglich. Für außerordentlich gelungene Lösungen stehen der Zentralplatz (Plac Centralny) und der mit ihm verbundene erste Abschnitt der Rosenallee (Aleja Róż).

Abstract

The urban complexes of Nowa Huta came into existence in the years 1949–60. Their architecture is diversified, conditioned by the construction stages, which is connected with the necessity of different approaches on the part of conservators. The protection of the complex in combination with the required modernization is a key task for conservators. In relation to buildings this comes down to defining the principles for thermo-modernization, elevation painting, window and door woodwork and metal-work, architectonic detail, ornamental lattices and maintaining the interior design. Insulation is permitted in older developments, on elevations with modest detailing with the requirement of its reproduction, after the cataloguing has been completed. When renovating the building elevation, the original color composition is restored with the recommendation of refurbishing a part of the elevation and performing color tests. Silicate paints are used for painting. The elevations covered with stucco and textured plaster and terrazzo details should, if possible, be cleaned. The attempts made gave positive results and this principle will be employed. The window and door woodwork and metal-work of non-residential shop windows are usually replaced with standard PCV or aluminum frames. Presently, the damaged elements may be replaced on condition that the form and materials are reproduced with the possibility of fitting in double glazing and indispensable reinforcements, and in the case of secondary elements the original form is restored. The buildings built as nurseries, kindergartens, schools, cinemas lost their original use and were sold after 2000; many former shops were occupied, for example, by banks. Each new function is, to some extent, destructive and the biggest losses occurred in the artistic interior designs, which were designed individually. They are often covered with temporary arrangements and the movable furnishings, owned by the users, are being replaced.

The commune invests in the repairs of the streets and squares. Individual designs of the surfaces were transformed due to constant repairs. To restore the qualities of the main streets and squares, original materials are used where possible, but first of all decorative surface compositions are restored. A complete reversion to the designed condition would require a change in the traffic organization and its limitations. Plac Centralny [Central Square] and the adjoining first section of Aleja Róż [Rose Alley] have the richest solutions. The transformations of the interiors, which took place over the years, should be sanctioned to some extent and the changes may refer creatively to the original condition.

The urban composition of Nowa Huta is connected with the issue of parking space. There are nine underground car parks dating back to the time of founding the city, which do not serve present needs. Ultimately, the best solution is to continue building new big underground car parks. Presently, the problem with parking is solved at the cost of the green areas of the housing complex courtyards and narrowing the green pathways along the streets, which leads, however, to the change of the original urban composition.

The issues discussed, despite observing the law on protection and care of monuments, require regulation with well-written provisions of the local land management plan, which has been developed since 2011.

Przypisy

1 Komorowski Waldemar, Grochowska Ewa, *Nowa Huta – Studium urbanistyczno-konserwatorskie. Uwagi o przekształceniach urbanistycznych i architektonicznych*, mps. Kraków 1992; t. I – Wiadomości ogólne. Strychy, stan istniejący i możliwości przekształceń; t. II – Pasaże, stan istniejący i możliwości przekształceń; t. III – Nawierzchnie, inwentaryzacja zasobu.

2 Komorowski Waldemar, *Plac Centralny w Nowej Hucie, studium konserwatorskie*, mps. Kraków 1996.

3 tenże, *Wnętrza użyteczności publicznej Nowej Huty czasów realizmu socjalistycznego (1949-1956). Ewidencja i wytyczne konserwatorskie*, mps. Kraków 2001.

4 tenże, *Kolory Nowej Huty. Studium kolorystyki obiektów architektonicznych w najstarszej partii Nowej Huty z lat 1949–1960 objętej wpisem do rejestru zabytków*, mps. Kraków 2004.

Der Sozialistische Realismus im Stadtzentrum von Kattowitz.
Der Wettbewerb von 1947 und die Konzepte der fünfziger Jahre des 20. Jahrhunderts

**Socrealizm w śródmieściu Katowic.
Wokół konkursu z 1947 r. oraz koncepcje z lat pięćdziesiątych XX w.**

Socialist Realism in Downtown Katowice.
The 1947 Competition and Concepts of the 1950s

Aneta Borowik

W okresie międzywojennym katowicki rynek był niewielkim placem miejskim, z promieniście wychodzącymi od niego ulicami. Pełnił funkcje handlowe i stanowił główny węzeł komunikacyjny miasta oraz regionu. Na zabudowę przyrynkową składały się eklektyczne kamienice oraz wczesnomodernistyczny teatr, projektu kolońskiego architekta Carla Moritza. Po stronie północnej i północno-zachodniej znajdowały się obszary przemysłowe, rzeka Rawa oraz wielki staw, a na południe przebiegała linia kolejowa.

Katowice w międzywojniu z prowincjonalnego ośrodka pruskiego przekształciły się w stolicę autonomicznego województwa. Rozwój śródmieścia utrudniały czynniki geologiczne, związane z eksploatacją górniczą, wodne oraz jego ograniczenie od południa linią kolejową. W takim stanie rzeczy główny ośrodek władzy – reprezentacyjne forum utworzono w znacznym oddaleniu od centralnego placu miasta, na południe od linii kolejowej.

Zniszczenie przez pożar w 1945 r. południowej pierzei rynku spowodowało konieczność natychmiastowych działań. Już na przełomie 1946 i 47 roku rozpisano konkurs na regulację placu centralnego w Katowicach[1]. W tym okresie nadal istniał rozdźwięk między handlowym rynkiem a głównym ośrodkiem

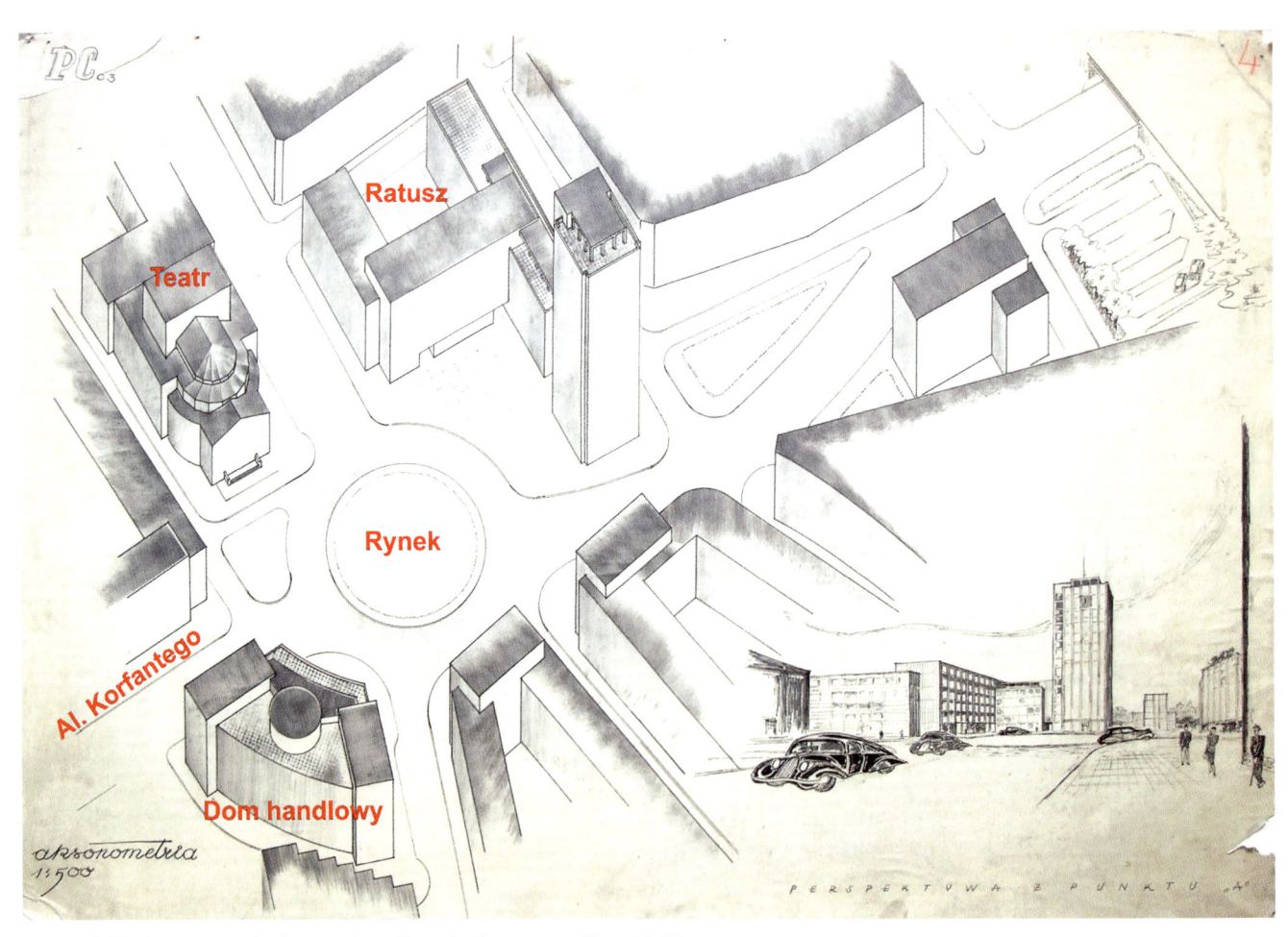

01. Projekt konkursowy przebudowy rynku w Katowicach oznaczony literami »PC«

02. Projekt konkursowy przebudowy rynku w Katowicach oznaczony cyfrą »4«

władzy, która ulokowała się w reprezentacyjnych gmachach dawnego Urzędu Wojewódzkiego. Czynniki przedwojenne, do których doszedł brak planu rozwoju Górnośląskiego Okręgu Przemysłowego, planu ogólnego miasta oraz niedobór środków finansowych spowodowały, że prace przy rynku nie rozpoczęły się do końca lat pięćdziesiątych XX w. Jednak okres pomiędzy 1945 a 1958 r. obfitował w konkursy i koncepcje projektowe. Stały się one w dużej mierze podstawą do wykonanych w latach sześćdziesiątych i siedemdziesiątych XX w. przekształceń śródmieścia Katowic.

Ważną rolę w tym procesie odegrał wspomniany konkurs na regulację placu centralnego w Katowicach z przełomu 1946 i 47 roku[2]. Pokazuje on również trwanie tradycji modernistycznej przerwanej przez II wojnę światową oraz aktywność przedwojennego środowiska modernistów. Wszystkie zachowane szkice zakładają olbrzymią skalę wyburzeń w celu rozwiązania istniejących problemów komunikacyjnych. Eliminacja eklektycznej zabudowy wiązała się również z likwidacją śladów niemieckości oraz chęcią nadania rynkowi bardziej monumentalnego charakteru. Kilka projektów konkursowych, w tym zwycięski szkic Juliana Duchowicza i Mariana Śramkiewicza, podkreślało oś północ–południe, łącząc kompozycyjnie rynek z al. Korfantego[3]. To rozwiązanie stało się podstawą socrealistycznych koncepcji z pierwszej połowy lat pięćdziesiątych XX w. oraz zostało – z pewnymi modyfikacjami – ostatecznie zrealizowane.

Projekt oznaczony literami »PC« to kontynuacja najlepszych tradycji międzywojennego modernizmu (il. 01). Z właściwą tej epoce śmiałością ingerował w istniejącą tkankę miasta, pozostawiając teatr z istniejącej zabudowy przyrynkowej. Dominantą miał się stać funkcjonalistyczny ratusz. W miejscu pierzei północnej lokowano dom towarowy oraz poszerzano al. Korfantego. Poprzez powyższe zmiany miano usprawnić komunikację na terenie śródmieścia, tworząc szeroką pn.-pd. arterię. Podobieństwo formy biurowca z 1934 r. autorstwa Tadeusza Łobosa oraz ratusza pozwala przypisać właśnie jemu anonimowy projekt.

03. Projekt konkursowy przebudowy rynku w Katowicach oznaczony nr »2« oraz niebieskimi literami »R.R.«

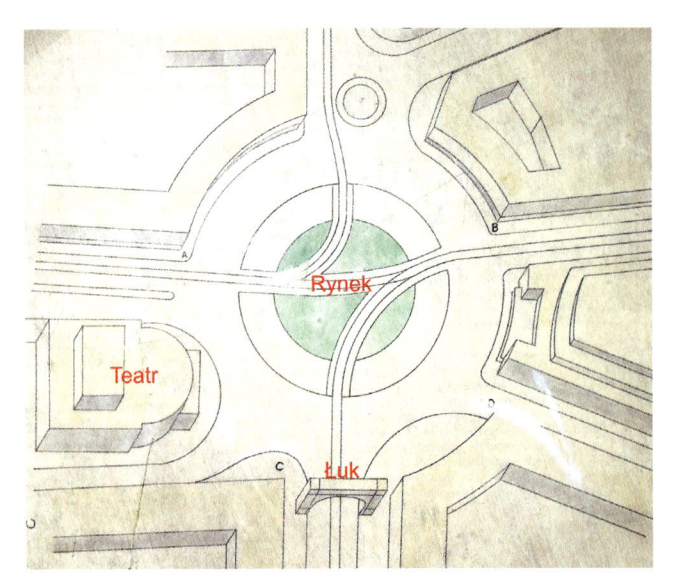

04. Projekt konkursowy przebudowy rynku w Katowicach oznaczony nr »10«

W kolejnej koncepcji z 1947 r. oznaczonej numerem »4« stworzono szeroką pn.-pd. oś komunikacyjną, w którą został włączony rynek (il. 02). Ruch kołowy i szynowy miał przebiegać w podziemnym tunelu. Dominantą urbanistyczną była wieża funkcjonalistycznego ratusza.

W projekcie nr »2« z niebieskimi literami »R.R.« założono izolację rynku od ruchu kołowego i szynowego poprzez wzniesienie wysokiej, założonej po łuku budowli (il. 03). Koncepcja jest bardzo modernistyczna, wprowadza wysoką zabudowę do Śródmieścia, a w bryłach pojawiają się podcięcia – jeden z pięciu punktów architektury nowoczesnej Le Corbusiera.

W szkicu nr 10 ponownie zakłada się szerokie otwarcie al. Korfantego, akcentując je łukiem triumfalnym, częstym motywem architektury socrealistycznej (il. 04).

Inne rozwiązanie zaproponował autor projektu opatrzonego datą 2 grudnia 1946 r. Zachował się do niego opis. Ogromna skala wyburzeń pozwoliła na stworzenie wielkiego placu z głównymi akcentami: teatrem oraz ratuszem zamykającym oś od południa. Również tutaj poszerzano al. Korfantego, akcentując ją pomnikiem Nowego Grunwaldu lub Powstańca. Z opisu przebija »tradycjonalistyczne« podejście. Podcienia i attyki miały naśladować dawne budownictwo Śląska i Zagłębia Dąbrowskiego. Poprzez dobudowę kolumnowego portyku nadawano bardziej »polski« charakter teatrowi. Autor położył nacisk na znaczenie Katowic jako centrum Zagłębia Węglowego oraz na wzorcową rolę urbanistyki Katowic. Z opisu przebija socjalistyczna retoryka: »Stoimy u progu nowej wielkiej epoki i potrzebny jest pewien gest dla tej perspektywy jaką ukazuje nasze jutro. Za nasze jutro my jesteśmy odpowiedzialni, a jutro będą liczyć się tylko fakty«[4].

Lata pięćdziesiąte XX w. przyniosły kontynuację koncepcji przebudowy rynku, jednak funkcjonalizm rozwiązań zastąpiła niezbędna w okresie socrealizmu reprezentacja, a stylistyka historyzmu wyparła powojenny modernizm. Celem była rozbudowa śródmieścia do skali stolicy województwa i Zagłębia Górnośląskiego. Centrum miało się stać głównym akcentem urbanistycznym Katowic spinającym rozproszone dzielnice, z bardzo rozbudowanym programem funkcjonalnym. W epoce socrealizmu, po 1949 r., zintensyfikowano prace nad nową koncepcją socjalistycznego miasta, które nabrały tempa po 9 marca 1953 r. Zmieniono wówczas nazwę Katowic na Stalinogród. Miasto stało się symbolem czci oddawanej Stalinowi, jednak forma jego śródmieścia z chaotyczną i postkapitalistyczną zabudową nie zgadzała się z nową funkcją.

Tekst Jerzego Gottfrieda zawiera informacje o celach ówczesnej urbanistyki na Śląsku. Postulował m.in. wyeliminowanie odrębności dzielnicowych, likwidację klasowego podziału miasta i jego »kosmopolitycznej i pesymistycznej architektury«, wprowadzenie ładu przestrzennego oraz czytelnych układów komunikacyjnych. Nowe, socjalistyczne miasto miało być wyrazem troski o człowieka pracy i dawać mu dobre warunki bytowania. Postulowano również, by nowe formy wyrastały z tradycji sztuki narodowej oraz ściśle wiązały się z krajobrazem[5].

Podobnie jak projekty z 1947 r., socrealistyczne koncepcje urbanistyczne śródmieścia Katowic zakładały połączenie rynku z al. Korfantego oraz stworzenie z nich głównej arterii miasta. Miała ona służyć przede wszystkim reprezentacji jako tło dla socjalistycznych pochodów i manifestacji. Bogaty program

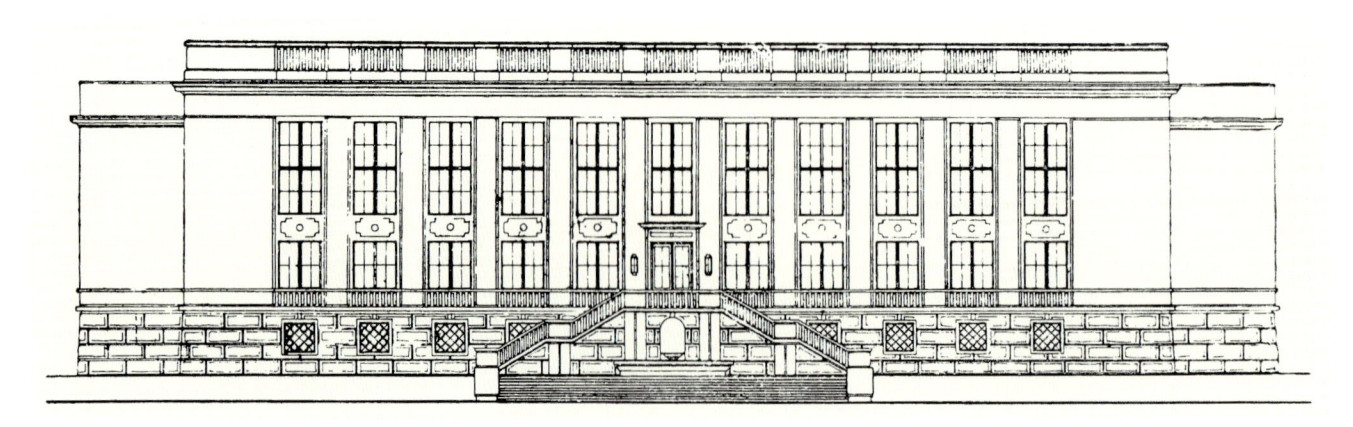

05. Projekt Biblioteki Śląskiej, T. Łobos, ok. 1954 r.

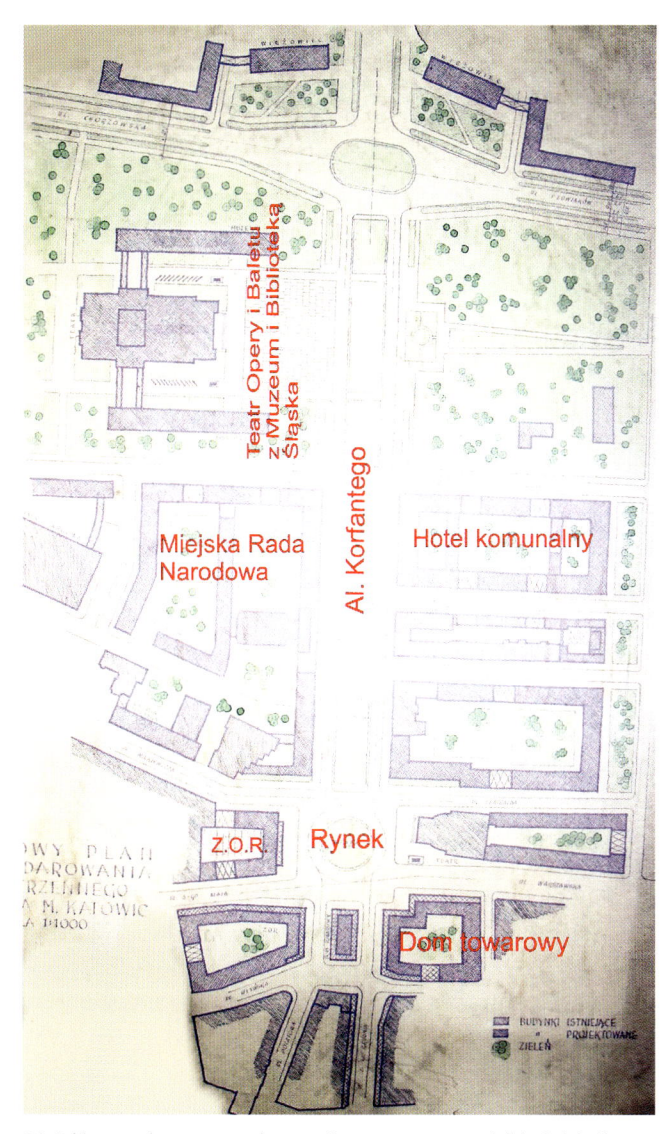

06. Szkicowy plan zagospodarowania przestrzennego śródmieścia Katowic, T. Łobos, lipiec 1951 r.

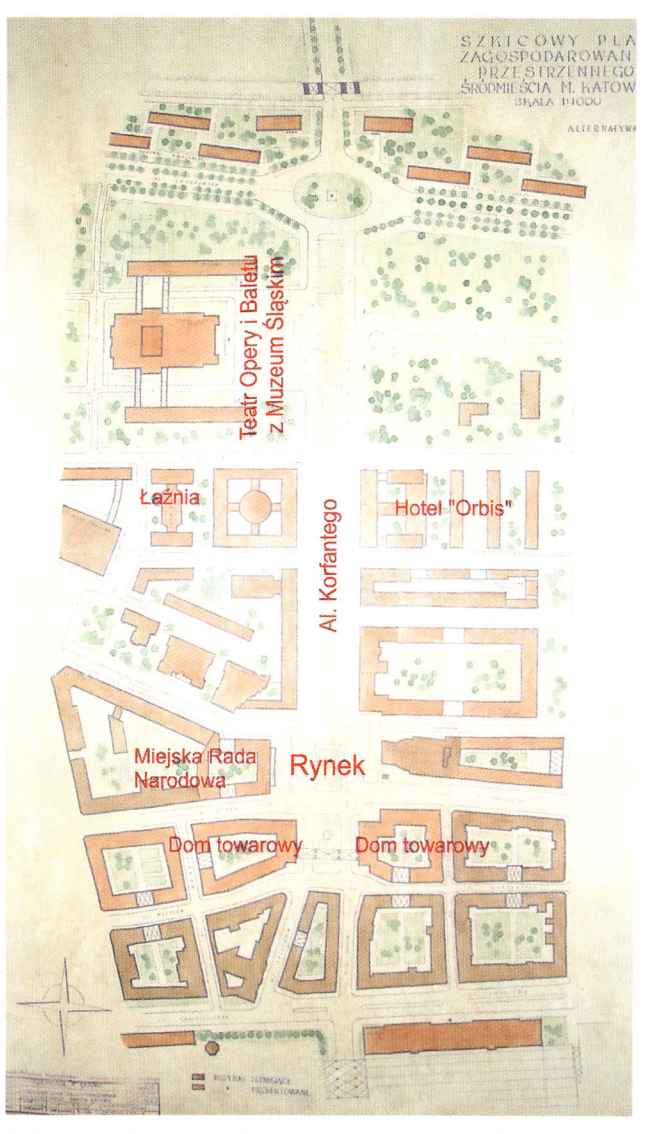

07. Szkicowy plan zagospodarowania przestrzennego śródmieścia Katowic, T. Łobos, sierpień 1951 r.

funkcjonalny był związany z władzą, kulturą oraz handlem. Uzupełniały go kwartały mieszkaniowe ZOR-u. Realizował więc postulat dostarczania zdobyczy socjalizmu obywatelowi PR-u. Projekty z lat pięćdziesiątych XX w. zakładały wyburzenia oraz przekształcenia XIX-wiecznej architektury, traktowanej jako obce dziedzictwo. Miały ją zastąpić monumentalne budynki o historyzującym charakterze, takie jak Biblioteka Śląska zaprojektowana ok. 1954 r. przez Tadeusza Łobosa (il. 05).

Najwcześniejsze zachowane koncepcje urbanistyczne tego rodzaju pochodzą z lipca 1951 r. (il. 06)[6]. Wykonał je wspomniany Tadeusz Łobos pracujący w »Miastoprojekcie Południe«. Urbanista oparł się na wcześniejszych koncepcjach łączących w jedną monumentalną oś rynek oraz al. Kofantego. Planował wyburzenia zabudowy przyrynkowej, pozostałości budynków fabrycznych przy al. Korfantego z zachowaniem nielicznych kwartałów starszej zabudowy. Rynek miał się stać ośrodkiem kulturalno-mieszkalno-handlowym. Zachodnią część al. Korfantego zabudowywano monumentalnymi gmachami: Miejskiej Rady Narodowej, Teatrem Opery i Baletu z Biblioteką i Muzeum Śląskim. Po stronie wschodniej lokowano hotel komunalny. Łobos starał się wprowadzić symetrię, z główną osią urbanistyczną wyznaczoną przez przebieg al. Korfantego. Zaprojektowano ją jako dwujezdniową z pasem zieleni pośrodku, miejscem manifestacji i pochodów. Druga alternatywa wykonana w sierpniu 1951 r. w ogólnym zarysie powtarzała poprzedni układ, ale siedzibę władzy miejskiej lokowano przy rynku (il. 07). Planowano wyburzenie bardzo »niemieckiej« w charakterze łaźni oraz wzniesienie nowej, tuż obok wolno stojącej biblioteki.

Koncepcji tworzonych od początku lat pięćdziesiątych XX w. w »Miastoprojekcie« nie realizowano m.in. z powodu braku planu regulacyjnego Górnośląskiego Okręgu Przemysłowego. Wykonano go dopiero w latach 1953-1955, co umożliwiło podjęcie dalszych działań. W 1954 r. rozpisano kolejny konkurs na projekt śródmieścia Stalinogrodu. Jego wyniki oraz liczne dyskusje spowodowały ostateczne uzgodnienie poglądu na

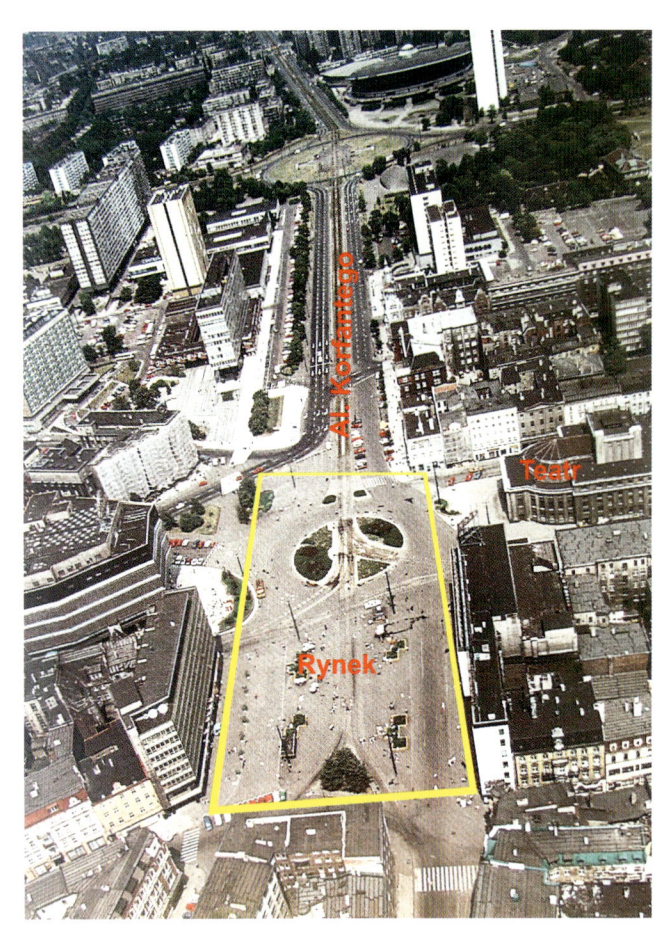

08. Śródmieście Katowic

lokalizację przyszłego centrum na północ od rynku. Wspólnym mianownikiem wszystkich opracowań było poszerzenie al. Korfantego oraz akcentowanie jej przełamania przez monumentalne dominanty urbanistyczne – początkowo Teatr Opery i Baletu, zamiast którego ostatecznie zrealizowano halę widowiskowo-sportową (tzw. Spodek). Wyniki konkursu z 1954 r. oraz koncepcje »Miastoprojektu« stały się podstawą do planu zabudowy śródmieścia Katowic Zygmunta Winnickiego oraz Marii i Andrzeja Wilczyńskich. We współczesnym komentarzu napisano: »Centrum socjalistycznego Stalinogrodu skupiać się będzie wokół znacznie poszerzonego rynku. Ostanie się przy nim tylko obecny gmach teatru, reszta budynków, stanowiąca dziedzictwo epoki kapitalistycznej, ustąpi miejsca wielkim, nowoczesnym obiektom administracyjnym, handlowym i kulturalnym«[7]. Plan zakładał ogromny rozmach. Powtórzono program funkcjonalny znany z projektów Łobosa, dodając teatr, rozgłośnię radiową, filharmonię, muzeum oraz drugi hotel. Istotnym elementem kompozycyjnym miał być pomnik Józefa Stalina. Realizacja projektów napotkała trudności związane z sytuacją geologiczną terenu, tj. uzgodnieniami z resortem górnictwa oraz koniecznością daleko posuniętych wyburzeń. Dopiero w 1959 r. Egzekutywa KW PZPR podjęła odpowiednią uchwałę, a w 1962 r. zatwierdzono projekt przebudowy śródmieścia i uruchomiono niezbędne środki finansowe. Ostateczny kształt centrum Katowic powstał ze skojarzenia koncepcji dwóch zespołów architektów: Lipowczana, Szarego, Woźniaka, Majerskiego oraz Duchowicza. Zrealizowano pierwszy etap – dokonano niezbędnych wyburzeń, tworząc pełną rozmachu socrealistyczną przestrzeń. Jednak w międzyczasie zakończył się socrealizm, a niepewny geologicznie teren spowodował rezygnację z zabudowy obrzeżnej na rzecz izolowanych zespołów. Pierwsze budynki nowego śródmieścia zaprojektowano ok. 1958 r., a ukończono pomiędzy 1962 a 65 (il. 08). Stanęły przy rynku oraz po wschodniej stronie al. Korfantego. Były to: Spółdzielczy Dom Handlowy PSS »Zenit« Juranda Jareckiego i Mieczysława Króla, »Dom Prasy« Mariana Śramkiewicza, budynek mieszkalno-usługowy »Delikatesy« Mariana Skałkowskiego, hotel komunalny »Katowice« Tadeusza Łobosa. Pierwszym nowym budynkiem po stronie zachodniej był gmach administracyjno-usługowy »Separator« projektu Stanisława Kwaśniewicza połączony z zespołem pawilonów handlowych. W 1963 r. rozpisano kolejny konkurs, który miał określić urbanistykę oraz architekturę terenów na zachód od al. Korfantego. Zwyciężyła koncepcja Mieczysława Króla. Architekt przewidział handlowo-usługowy pasaż z niskimi pawilonami handlowymi, biurowcami, BWA oraz mieszkaniówką (il. 09)[8]. Przyjęto ciekawą metodologię: szczegółowo opracowano projekt urbanistyczny, ale forma architektoniczna budynków pochodziła od różnych autorów. Dzięki temu współczesne założenie Śródmieścia Katowic cechuje indywidualizm oraz różnorodność. W ramach tej koncepcji powstały budynki zaprojektowane ok. 1965 r., wznoszone do ok. 1970 r. Były to: »Ślizgowiec« oraz Pawilon BWA Stanisława Kwaśniewicza, Pawilon Handlowo-Gastronomiczny »Centrum« oraz Pałac Ślubów projektu Mieczysława Króla, a także »Superjednostka«, największy tego typu gmach w Polsce, również tego architekta. Zabudowę przyrynkową uzupełniono w 1975 r. Spółdzielczym Domem Handlowym »Skarbek« Juranda Jareckiego.

Prace z omawianego dziesięciolecia wykonywano w dużym tempie. Wspomniane projekty powstały w jednym miejscu »Miastoprojekcie« Katowice, posiadają jednak bardzo zróżnicowany wyraz. Z funkcjonalistycznych oraz socrealistycznych koncepcji lat czterdziestych i pięćdziesiątych XX w. pozostała główna idea: stworzenie monumentalnej osi urbanistycznej o szerokości 75 m – al. Korfantego oraz połączenie jej na całej szerokości z rynkiem. W dużej mierze został zachowany socrealistyczny układ funkcjonalny. Powstały obiekty kulturalne, mieszkaniowe, usługowe, handlowe oraz hotele. Zmieniła się jednak forma architektoniczna gmachów. Stworzono dzieła o wybitnych walorach plastycznych, monumentalne, jednak bez odniesień do przeszłości. Cechowała je nowoczesność rozwiązań technicznych, np. ściany kurtynowe czy technologie ślizgowe.

Współcześnie katowicki rynek utracił swą pierwotną miastotwórczą funkcję, stając się węzłem przesiadkowym komunikacji miejskiej. Splendor budynków z lat sześćdziesiątych XX w. pokrył brud oraz reklamy. Ten stan rzeczy miał zmienić konkurs z 2006 r. Laureaci »Konior Studio« chcą przywrócić rynkowi jego pierwotne rozmiary, zamykając główną oś urbanistyczną, czyli al. Korfantego. Proponują jej zwężenie, wprowadzając od zachodu dodatkowy ciąg wysokiej biurowo-handlowej zabudowy. Istniejące gmachy mają zostać wyburzone lub całkowicie przebudowane, czego przykładem mogą być »Dom Prasy« czy »Separator«. W komentarzu Tomasz Konior określa postsocrealistyczną przestrzeń jako pustą i pozbawioną znaczeń, taką, która nikogo nie przyciąga i nikomu nie służy, a jego marzeniem jest stworzenie z niej swoistego »salonu miasta«[9]. Zagadnienie śródmieścia Katowic wykracza poza kwestię ochrony urbanistyki socrealistycznej, wiąże się bowiem z zachowaniem wartościowych, późnomodernistycznych obiektów. Na omawianym obszarze widoczne są następujące problemy konserwatorskie:

1. Socrealistyczny układ urbanistyczny bez dopełnienia architekturą z epoki realizmu socjalistycznego.
2. Wartościowe obiekty późnomodernistyczne eksponowane w ramach ww. układu urbanistycznego.
3. Brak akceptowanej przez społeczeństwo i wypełnionej znaczeniami przestrzeni publicznej (rynku).

09. Zabudowa zachodniej części śródmieścia Katowic

Punkty pierwszy i trzeci stoją w stosunku do siebie w opozycji – kreacja bardziej intymnej przestrzeni miejskiej jest możliwa jedynie przez modyfikację istniejącego układu urbanistycznego. Należałoby to jednak zrobić w taki sposób, aby nie zamykać całkowicie otwarcia widokowego z rynku na al. Korfantego, ponieważ stanowi ono istotę socrealistycznej kreacji. Powrót do koncepcji budowli-bramy zaproponowanej w jednym z anonimowych projektów z 1947 r. mógłby być alternatywą dla rozwiązania tego zagadnienia. Nawiązując do punktu drugiego, to kwestia współistnienia socrealizmu i modernizmu, tak przed-, jak i powojennego, jest istotnym problemem. Heroiczny okres socrealizmu w sztuce trwał od 1949 do 1958 r. Został narzucony odgórnie, a jego twórcami stali się przede wszystkim moderniści[10]. Na kilka lat przerwał dość konsekwentną linię rozwojową modernizmu. Jego nagłe pojawienie się i zanik spowodowały tworzenie hybryd, w których na konstruktywistyczny kościec budowli nakładano historyzujące motywy. Z drugiej strony kończone po 1958 r. socrealistyczne koncepcje urbanistów zabudowywano, często bardzo indywidualnie potraktowanymi późnomodernistycznymi kreacjami.

Architekturę powojenną, w tym późnomodernistyczną należy – po odpowiedniej waloryzacji – chronić. Można się oprzeć na zasadach wartościowania sformułowanych przez Komisję ds. Kultury warszawskiego oddziału SARP-u pod przewodnictwem Jolanty Przygońskiej[11]. Są to kryteria: nowatorstwa, kontekstu, tradycji miejsca, symbolu, uznania współczesnych, próby czasu, walorów artystycznych oraz unikalności. Architektura śródmiejska Katowic spełnia niemal wszystkie te wymogi, najsłabiej wypadając w punktach »próby czasu« oraz »uznania współczesnych«. Jest to spowodowane przede wszystkim bardzo niewielką świadomością ogółu społeczeństwa dotyczącą walorów artystycznych, estetycznych i funkcjonalnych architektury współczesnej. Brakuje opracowań naukowych i popularnych.

Wartościowe obiekty są zdegradowane i bardzo zaniedbane. Wielkogabarytowe bryły, przebudowane i przemalowane, często zatraciły swoje pierwotne walory architektoniczne i estetyczne. Są wykorzystywane jako stelaże pod reklamy, co stanowi swoiste *signum temporis*.

Zniszczenie omawianego układu urbanistycznego, w tym zakładane zwężenie głównej arterii – al. Korfantego, doprowadzi do zepchnięcia do drugiej linii budynków doskonale wkomponowanych w cały układ, stanowiących jego wyraziste dominanty urbanistyczne. Wśród nich można wymienić gmachy: dawnego »Separatora«, »Ślizgowca«, »Delikatesów« oraz hotelu »Katowice«. Ich monumentalne, prostopadłościenne formy są zrównoważone przez horyzontalne bryły pawilonów handlowych. Obecnie (lipiec 2011 r.) trwa rozbiórka dwóch obiektów: »Centrum« oraz Pałacu Ślubów. Pozostałe zachowane pawilony (przy dawnym »Separatorze« oraz Biuro Wystaw Artystycznych) odznaczają się wysokimi walorami artystycznymi oraz estetycznymi. Wspomniane budowle stanowią wypełnienie socrealistycznego układu. Należy je konserwować oraz chronić. W wielu wypadkach autorzy projektów żyją i nadal tworzą. Ich pamięć i materiały archiwalne oraz ikonograficzne pozwoliłyby na rekonstrukcję pierwotnego wyrazu artystycznego i estetycznego wspomnianych obiektów. Przykładowo: zdjęcie domu towarowego »Zenit« z lat sześćdziesiątych XX w. pokazuje budynek o doskonale rozwiązanej bryle, przemyślanej kolorystyce biało-czarnych elewacji oraz wysokiej kulturze dekoracji plastycznej (mozaika, okładzina, wystrój wnętrz) (il. 10). »Zenit« *Anno Domini* 2011 to częściowo pokryte reklamami, ugrowe pudełko ze zdewastowanym układem pierwotnie przeszklonego parteru. Każda z wcześniej wspomnianych budowli wymaga indywidualnego podejścia oraz odrębnego programu konserwatorskiego. Objęcie ochroną konserwatorską pozwoliłoby na ich zachowanie oraz rewaloryzację.

10. Dom towarowy »Zenit« w Katowicach, proj. J. Jarecki, M. Król, proj. 1958 r., ukoń. 1962 r.

Spuścizna socrealizmu nadal budzi olbrzymie emocje. Czy nie należy jej zaliczyć – według nomenklatury używanej przez prof. Jacka Purchlę – do »dziedzictwa totalitaryzmu i nienawiści«?[12] Ochrona konserwatorska pojedynczych obiektów z tej epoki jest faktem. Również socrealistyczne układy urbanistyczne podlegają ochronie, czego przykładem mogą być Nowa Huta czy Nowe Tychy. Jak się wydaje, należy również wziąć pod uwagę ochronę hybrydowych zespołów, złożonych z socrealistycznych układów przestrzennych zrealizowanych często w niepełnej formie przy pomocy późnomodernistycznej architektury. Co więcej, tendencje końca lat pięćdziesiątych i sześćdziesiątych XX w.: dążenie do asymetrii i dezurbanizacji, bardzo często rozsadzają od wewnątrz ramy, w których zostały osadzone. Mimo tego swoistego *coincidentia oppositorum* należy każdy tego rodzaju przypadek rozpatrywać indywidualnie. W śródmieściu Katowic nadrzędną wartością jest forma oraz kontekst urbanistyczny wspomnianych budynków i – jak się wydaje – one stanowią uzasadnienie dla zachowania socrealistycznej, w gruncie rzeczy mało akceptowanej przez większość katowiczan przestrzeni.

Wśród postulatów konserwatorskich dotyczących układu urbanistycznego oraz architektury śródmieścia Katowic powinny się znaleźć:

- Zachowanie pierwotnego układu urbanistycznego z lat pięćdziesiątych i sześćdziesiątych XX w. oraz towarzyszącej mu architektury z lat sześćdziesiątych i siedemdziesiątych XX w. [Spółdzielczy Dom Handlowy PSS »Zenit«, »Dom Prasy«, budynek mieszkalno-usługowy »Delikatesy«, hotel komunalny »Katowice«, gmach administracyjno-usługowy »Separator«, budynek Biura Wystaw Artystycznych].
- Rewaloryzacja istniejącej architektury z lat sześćdziesiątych i siedemdziesiątych XX w.
- Objęcie wartościowych obiektów ochroną konserwatorską.
- Możliwość rozbudowy obiektów, z zachowaniem pierwotnych walorów kompozycyjnych i materiałowych oraz wartościowych elementów dekoracji rzeźbiarskiej i plastycznej.
- Wprowadzenie w układ urbanistyczny śródmieścia zaprojektowanej w przemyślany sposób zieleni »oswajającej« przestrzeń.
- Ewentualne dopuszczenie zmian w układzie urbanistycznym śródmieścia – np. zwężenie al. Korfantego czy zagęszczenie zabudowy na zachód od niej w taki sposób, by nie obniżyć wartości kompozycyjnych i estetycznych istniejących budynków.

Socrealistyczno-późnomodernistyczne dziedzictwo śródmieścia Katowic nie istnieje w powszechnej świadomości. To, co stanowi o jego wartości, jest mało czytelne. Sytuacja urbanistyczna śródmieścia Katowic jest wyjątkowa. Ciekawy, socrealistyczny układ został wypełniony późnomodernistyczną treścią. Współcześnie ogromnym problemem jest ochrona obu tych elementów. Tak duża rozrzutność przestrzeni w centrum miasta nie ma racji bytu. Nadal nie posiadamy narzędzi dla ochrony dzieł architektury współczesnej. Wyburzony w 2011 r. katowicki dworzec jest tego najlepszym przykładem. Oba elementy – architektura i urbanistyka najprawdopodobniej nie wytrzymają próby czasu. Znikną lub zostaną podporządkowane współczesnym, kosmopolitycznym formom. Nowa tożsamość, którą pragną wykreować władze miejskie, tak jak w wielu przypadkach w historii Katowic, będzie startem z punktu zerowego[13]. Nie poszanowanie dla dziedzictwa, ale jego likwidacja pozwoli na osiągnięcie metropolitarnego efektu.

Kurzfassung

Oberschlesien ist eine für die Forscher des Städtebaus und der Architektur des 20. Jahrhunderts und auch der Epoche des Sozialistischen Realismus sehr interessante Region. Hier befinden sich die für Polen zweitwichtigste auf der »grünen Wiese« errichtete Stadt Nowe Tychy und der unlängst in die Liste der Denkmale aufgenommene, von Zbigniew Rzepecki entworfene sozrealistische Kulturpalast des Reviers (Pałac Kultury Zagłębia) in Dąbrowa Górnicza. In dem Beitrag werden zwei Probleme angesprochen. Erstens geht es um die Entwürfe, die im Wettbewerb des Jahres 1947 für die Umgestaltung des Marktplatzes in Kattowitz eingereicht, aber nicht realisiert wurden. Eine Analyse der vorwiegend anonymen Konzeptionen zeigt auf eine vortreffliche Art und Weise die Auseinandersetzung zwischen der Nachkriegsmoderne und den neuen heranreifenden Tendenzen des Sozialistischen Realismus.

Das zweite Thema betrifft die im Jahr 1951 bei »Stadtprojekt Kattowitz« entstandenen Entwürfe, in denen eine umfassende Umgestaltung der Stadtmitte im Geiste des Sozialistischen Realismus unter Errichtung monumentaler Bauten für das Opern- und Balletttheater, das Museum und die Schlesische Bibliothek verfolgt wurde. Die in den 60er-Jahren des 20. Jahrhunderts realisierte städtebauliche Hauptachse, die derzeitige Korfanty-Allee [al. Korfantego] stellt zu einem erheblichen Teil die Umsetzung des Konzeptes des Sozialistischen Realismus in seinem vollen Ausmaß dar. Das ursprüngliche funktionale Programm wurde jedoch reduziert und die äußere Form der Gebäude ohne historisierende Beziehungen gestaltet. Der Markt (Rynek) und die Korfanty Straße sind das Werk der bedeutendsten Architekten jener Zeit: Jurand Jarecki, Mieczysław Król, Marian Skałkowski, Stanisław Kwaśniewicz und Marian Śramkiewicz. Die monumentale Straße, von den Stadtplanern der 50er-Jahre des 20. Jahrhunderts noch als Ort von Paraden und Kundgebungen angelegt, erfuhr ihre Umsetzung erst durch Stadtplaner der nachfolgenden Generation. Nicht jedem sind ihre sozialistisch-realistischen Wurzeln bewusst.

Die breite Öffnung des Marktplatzes (Rynek) von Kattowitz in Richtung der beschriebenen Achse ist gegenwärtig ein kontroverses Thema. Ihre Veränderung ist nur eine Frage der Zeit. Es tauchen Entwürfe seitens teilweise sehr renommierter Architekten auf, welche rigoros mit der früheren städtebaulichen Idee brechen. In den Debatten geht es nicht immer nur darum, dem Marktplatz von Kattowitz einen intimeren Charakter zurückzugeben. Die sozrealistische räumliche »Verschwendendung« steht im Widerspruch zur merkantilen Herangehensweise an den städtischen Raum, wo jeder Quadratmeter als potenzielle Einnahmequelle der Stadt gilt. Angesichts dessen scheint es, dass die wertvollen urbanen Innenräume des Marktplatzes von Kattowitz und der Korfanty-Straße nicht erhalten werden können.

Abstract

Upper Silesia is a very interesting area for investigators of 20th century urban planning and architecture, also including socialist realism. It is here that the second city in respect of significance that ›grew out of the root‹ – Nowe Tychy is located. It is also here that we find a socialist realism Palace of Zagłębie Culture in Dąbrowa Górnicza designed by Zbigniew Rzepecki and recently entered in the register of monuments. This paper deals with two issues. One of them refers to unrealized contest projects for the modification of the market in Katowice from 1947. The analysis of these often anonymous concepts excellently presents the clash between post-war modernistic traditions and new socialist realism tendencies. The other issue refers to the project from 1951 in »Miastoprojekt Katowice« *[Katowice City Project]*, which assumed the transformation of a huge part of the centre of the city of Katowice in the socialist realism style, including the construction of monumental buildings of the Opera and Ballet Theatre, the Museum and the Silesian Library. The main urban axis of Katowice – present Korfantego Avenue, realized in the 1960s, constitutes, to a large extent, complete realization of the socialist realism complex. However, the original functional program was reduced and the external form of the buildings assumed the forms bereft of references to historicism. The market and Korfantego Avenue were built by the most eminent architects of that period: Jurand Jarecki, Mieczysław Król, Marian Skałkowski, Stanisław Kwaśniewicz and Marian Šramkiewicz. The monumental street, meant as the place of parades and demonstrations by the urban planners of the 1950s, was realized by the urban planners of the next generation. Not everybody is aware of its socialist realism roots.

The wide opening of the Katowice Market onto the a forementioned axis raises many controversies nowadays. Its modification has been an issue for a few years. New projects, often by very experienced architects, merciless in relation to the original concepts of the urban planners, emerge. Unfortunately, the discussion is not only about restoring the more intimate character of the Katowice Market. Socialist realism »extravagance« clashes with the mercantile approach to the urban space, where each square meter means a potential profit for the city. Therefore, it appears that nothing will protect the valuable urban interiors of the Katowice Market and Korfantego Avenue.

Przypisy

1 *Kronika*, »Architektura« 1947, nr 2, s. 60. Projekty są przechowywane w Archiwum Urzędu Miasta Katowice. Pragnę podziękować pani dyrektor dr Urszuli Zgorzelskiej oraz pani Darii za pomoc i okazaną życzliwość.

2 Zob. również: A. Borowik, *Laboratorium myśli architektonicznej. Projekty konkursowe przebudowy rynku w Katowicach z 1947 r.*, »Archivolta« 2010, nr. 4, s. 88–90.

3 M. Skałkowski, *Śródmieście Katowic*, [w:] *SARP 1925–1995. 70 lat działalności organizacji architektonicznych na Górnym Śląsku, Katowice 1998*, s. 155; J. Gottfried, *Lata 1945–1955. Tworzenie podstaw planowania przestrzennego,* [w:] *SARP 1925–1995. 70 lat działalności organizacji architektonicznych na Górnym Śląsku*, Katowice 1998, s. 129.

4 Projekt konkursowy z datą 2 grudnia 1946 r. Archiwum Urzędu Miasta Katowice.

5 J. Gottfried, *Główne problemy architektoniczne Śląska*, »Architektura« 1954, nr 2, s. 29–30.

6 Projekty autorstwa T. Łobosa są przechowywane w Archiwum Urzędu Miasta Katowice.

7 J. Moskal, W. Janota, *Bogucice, Załęże et nova villa Katowice*, Katowice 1993, s. 52.

8 Tamże, s. 338.

9 Wywiad M. Szpaka z T. Koniorem z 2006 r. na stronie internetowej www.ultramaryna.pl (dostęp z 12.07.2011 r.).

10 Profesor Stanisław Juchnowicz, projektant Nowej Huty, podczas krakowskiej części seminarium pt. »Urbanistyka socrealizmu jako przedmiot ochrony konserwatorskiej« wspomniał o niechęci ówczesnych architektów do symetrii, narzuconej przez oficjalną doktrynę.

11 Źródło informacji: www.warszawa.sarp.org.pl (dostęp: 14.07.2011 r.).

12 J. Purchla, *Dziedzictwo a transformacja. Kilka uwag na marginesie jubileuszu 30-lecia wpisania Krakowa na Listę Światowego Dziedzictwa Kultury UNESCO*, [w:] *30 lat na Liście UNESCO*, Kraków 2008, s. 39.

13 Zob. E. Chojecka, *Specyfika środowiska architektonicznego Katowic: od Alexisa Langera do Juranda Jareckiego*, [w:] *Katowice. W 136. rocznicę uzyskania praw miejskich*, red. A. Barciak, Katowice 2002, s. 201–206.

Sozrealistische städtebauliche Räume in Łódź. Charakteristika und Werte

Łódzkie przestrzenie socrealistyczne. Cechy i wartości

Socialist Realism Urban Spaces in Łódź. Characteristics and Values

Aleksandra Sumorok

Wstęp[1]

Problem ochrony powojennego dziedzictwa, w tym wypadku okresu realizmu socjalistycznego, przywoływany jest na niwie naukowej coraz częściej, ulegając pogłębieniu oraz swoistej aktualizacji[2]. Mimo coraz większej liczby badań prowadzonych równolegle w różnych środowiskach naukowych wciąż brakuje jeszcze całościowego obrazu architektury i urbanistyki polskiej lat 1949–1956[3]. Wydaje się także, że podejmowane chętniej, częściej i bardziej konsekwentnie akcje edukacyjne (wielopłaszczyznowe), artystyczne promujące zbudowane dziedzictwo powojenne mają wciąż zbyt nikłe przełożenie praktyczne na konkretne działania zmierzające do ochrony obiektu przed całkowitą destrukcją lub pomysłową »modernizacją«[4]. Znaczącą zaś przeszkodę stojącą na drodze do realizacji tego założenia stanowi brak wiedzy oraz świadomości wartości dziedzictwa powojennego, niestety nie tylko wśród użytkowników przestrzeni miejskiej, ale też i czasami decydentów oraz samych środowisk tzw. fachowych. Kolejny problem wiąże się z emocjonalnym nastawieniem do architektury z lat 1949–1956, nad którą ciąży mimo ponad pięćdziesięciolet-niego dystansu czasowego bagaż negatywnych konotacji[5]. A chronić należy z całą powagą i znajomością historii, także tej niechcianej, a zaistniałej (przecież wartość historyczna to jedno z ważniejszych kryteriów oceny). Dodać można, że jeszcze w latach czterdziestych nikt nie cenił zespołów XIX-wiecznych, tak jak Łódź uznawano po II wojnie światowej za miasto bez wyrazu i przeszłości, tak współcześnie nie widzi się w niej architektury socrealizmu i powojennego modernizmu.

Na socrealistyczne dziedzictwo składać się będą, co oczywiste, nie tylko »pomnikowe«, monumentalne obiekty, o których jako o »reprezentantach« stylu najwięcej się mówi i dyskutuje, ale także zespoły i całe układy urbanistyczne. Struktury przestrzenne, także socrealistyczne, stanowią podstawowy »budulec« i spoiwo miasta, nie tylko element jego wizualnej historii, ale także czynnik odpowiedzialny za jego spójność, logikę, charakter wpływający na pozytywną percepcję całości. Urbanistykę socrealistyczną należy traktować jako jedną z ważnych, znaczących koncepcji XX w., głos (choć oczywiście upolityczniony, o podtekście ideologicznym, co też należy akcentować) w dyskusji o mieście, swoistą odpowiedź na awangardową myśl przestrzenną. Stanowi ona zapis dobrej dla miasta, nie rozbija-

01. Stary Rynek, widok współczesny

02. Blok przy ul. Podrzecznej

jącej jego ciągłości oraz – co dla wielu może wydawać się paradoksem w czasach ograniczenia swobód – humanistycznej teorii budowy miasta[6]. Pamiętać też należy, że w okresie realizmu socjalistycznego urbanistyka zajmowała wyjątkową pozycję. Przypisano jej nadrzędną względem obiektu funkcję, ogromny nacisk kładąc na jej zdolności do organizacji nie tylko okalającej człowieka przestrzeni, ale i wpływania na jego życie.

Za bezprecedensowy przykład urbanistyki socrealistycznej w skali Polski, ale też i międzynarodowej uznać należy oczywiście Nową Hutę. Nie tylko w Nowej Hucie odnajdziemy jednak przykłady wartościowych układów i zespołów urbanistycznych z tego okresu. Ciekawym »przypadkiem« staną się miasta niezniszczone i jedynie »rekonstruowane«, przeobrażane w okresie 1949–1956. Za dobry przykład posłużyć może tutaj Łódź, gdzie socrealistyczne koncepcje urbanistyczne mimo fragmentarycznej realizacji są czytelne w miejskiej przestrzeni do dziś i stanowią jej integralną część, choć nie zawsze uświadomioną. Do czynienia będziemy mieć ze strukturami przestrzennymi w skali makro i mikro, z układami wielkoprzestrzennymi, jak i małymi zespołami, najczęściej mieszkaniowymi, oraz elementami krystalizującymi przestrzeń (centrum, dominanta, ulica, plac, ale i detal, elewacja frontowa, mała architektura, zieleń) wypełniającymi »duży« układ, tworzącymi szeroko rozumianą przestrzeni codziennej egzystencji[7].

Po dokonaniu analizy funkcjonalnej, oceny wartości historycznych i artystycznych na podstawie wypracowanych już kryteriów okaże się, że mamy do czynienia z ważnymi dla miasta, jego tożsamości, ale też i panoramy zespołami. Strukturami trwałymi, funkcjonalnymi, silnie współcześnie osadzonymi w miejskim pejzażu, które przetrwały próbę czasu i stanowią ponadto zapis już historycznej koncepcji i idei (także politycznej). Klika zespołów posiada znaczenie nie tylko lokalne, ale także sytuować je można w kontekście większym, krajowym[8]. Stanowią dokument powojennej myśli planistycznej, ważnego dorobku intelektualnego rozwijającego idee przedwojenne. Łódzkie zespoły i układy dobrze obrazują też zróżnicowanie w projektowaniu miast lat 1949–1956 w Polsce. Bo mimo wielu cech wspólnych (określonych przez doktrynę) mamy też znaczące różnice (z uwagi na odmienną genezę powstania, drogi urbanizacji, historię powojenną – inaczej kształtowana będzie Warszawa, inaczej Nowa Huta, Gdańsk czy Katowice).

W poszukiwaniu ładu. Łódzka urbanistyka socrealistyczna, między planem a realizacją

Łódź, w 1945 r. ponad półmilionowe miasto, mimo prac planistycznych podjętych w latach międzywojennych borykała się, m.in. z uwagi na genezę swojego powstania – żywiołowy rozwój, z szeregiem problemów urbanistycznych i nie osiągnęła skończonego stanu zagospodarowania, nawet w strefie śródmiejskiej. Choć miasto nie zostało zniszczone przez wojnę, kwalifikowało się do przeprowadzenia szybkiej przebudowy. Konieczność dokonania zmian w układzie i charakterze zabudowy wymuszały także od dawna wyczekiwane przekształcenia funkcjonalne Łodzi dokonane w okresie powojennym[9]. W przeciągu kilku zaledwie lat miasto stało się ośrodkiem nie tylko przemysłowym i administracyjnym, ale także naukowo-kulturalnym[10].

W okresie realizmu socjalistycznego powstały w Biurze Planowania Miasta dwie ogólne koncepcje zagospodarowania przestrzennego, plan syntetyczny (1949 r.) i plan perspektywiczny wstępny (1954 r.) przewidziane dla ok. 800 000 mieszkańców, oraz szereg szczegółowych planów dotyczących fragmentów miasta, tj. miasteczka uniwersyteckiego i dzielnic przemysłowych. Choć opracowane na różnych etapach socrealizmu, plany te wykazywały wiele cech wspólnych. Stanowiły konglomerat pomysłów międzywojennych, okupacyjnych i nowych. Ten czytelny element kontynuacji w dużym stopniu zawdzięczać można urbanistom: C. Jaworskiemu i Z. Wysznackiemu, którzy uczestniczyli w procesie kształtowania miejskiej przestrzeni od lat międzywojennych[11].

Swoista ciągłość projektowa warunkowana była nie tylko gospodarczo czy politycznie, uzasadniona znaczną bezwładnością planów urbanistycznych czy żywotnością myślenia modernistycznego, ale przede wszystkim racjonalnością oraz optymalnością pewnych rozwiązań przestrzennych. Okazuje się bowiem, że wiele pomysłów przebudowy struktury przestrzennej nabrało uniwersalnego charakteru i wiązało się z tymi samymi (współcześnie niekiedy nierozwiązanymi) problemami planistycznymi[12].

Obydwa plany z lat pięćdziesiątych starały się traktować miasto jako zwarty, jednolity organizm. Dążyły, choć na różne sposoby, do integracji dopiero co przyłączonych terenów, nadania większej wyrazistości centrum, do krystalizacji przestrzeni poprzez wprowadzenie dominant i do zaprowadzenia pożądanej »metropolitalności«. Zakładano przeniesienie części zakładów przemysłowych z centrum do specjalnie wydzielonych dzielnic magazynowo-przemysłowych usytuowanych z dala od centrum, przy kolei obwodowej, na Żabieńcu i Dąbrowie. Zespoły fabryczne pozostałe w śródmieściu planowano odizolować od pozostałej zabudowy za pomocą zieleni. Planowano zmianę południowego kierunku rozwojowego i rozwój dzielnic północnych, zwłaszcza Bałut. Koncepcje kreśliły z rozmachem również zmiany w układzie komunikacyjnym. Przewidywano bowiem dalekosiężne usprawnienie komunikacji poprzez m.in. wprowadzenie kolei średnicowej do wnętrza miasta z szeregiem dworców osobowych (z dw. Głównym na Bałutach, w rejonie ul. Wojska Polskiego) oraz arterii o znaczeniu krajowym i lokalnym na osi północ–południe oraz wschód–zachód, które stworzyłyby rodzaj obwodnicy miasta. Plany dotyczące rozwoju układu komunikacyjnego, kołowego i kolejowego wiązały się z chęcią wykorzystania dogodnego, centralnego położenia geograficznego miasta, które miało teoretycznie szansę, stać się ważnym węzłem tranzytowym łączącym Warszawę z Wrocławiem i Śląskiem. Wiele uwagi w planach poświęcono terenom społeczno--usługowym, zarówno centralnym, jak i lokalnym, oraz wytworzeniu nowej osi dynamiki miasta. Planowano znaczny rozwój infrastruktury społecznej: budowę szpitali, ośrodków zdrowia, szkół, przedszkoli, żłobków. Wiele uwagi poświęcano także stworzeniu przemyślanego układu zieleni, w postaci »szwów« i pierścieni izolacyjnych oddzielających śródmieście od pozostałych dzielnic oraz terenów przemysłowych.

Z uwagi na szereg czynników pragmatycznych, związanych przede wszystkim z gospodarką centralnie sterowaną, niezniszczona, »niestrategicznie« włókiennicza Łódź została niemal całkowicie pominięta na mapie inwestycyjnej Planu 6-letniego. Pozbawiona znaczących funduszy zrealizowała więc fragmentarycznie z rozmachem kreślone plany przekształceń przestrzennych.

Dziedzictwo socrealistycznej urbanistyki w Łodzi. Cechy i wartości przestrzeni fizycznej

Mimo że żaden z planów z okresu 1945–1956 nie został zrealizowany w pełni, to wytyczony w okresie socrealizmu układ urbanistyczny z osią poprzeczną w–z, system dróg wyloto-

03. Przystanek końcowy tramwajów podmiejskich

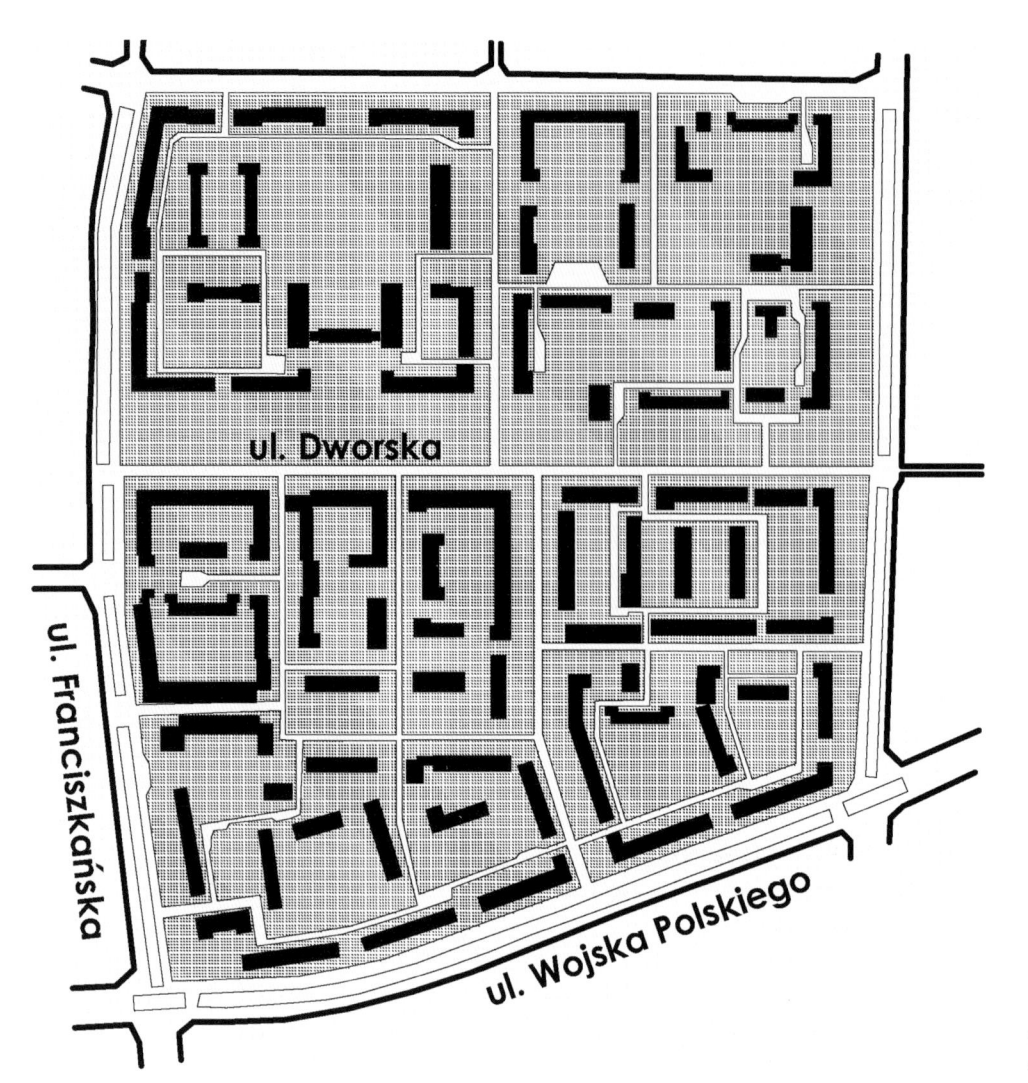

04. Schematyczny plan osiedla Bałuty I

wych, układ połączeń kolejowych, strefy administracyjnej oraz plan dzielnic wyższych uczelni (uniwersyteckiej w rejonie ulicy Pomorskiej i Politechniki przy ul. Żeromskiego) pozostawiły trwały ślad w strukturze miejskiej i wykorzystano je jako materiał do prac nad nowym obliczem Łodzi, zapisanym w kolejnych planach zagospodarowania przestrzennego, zwłaszcza tym zatwierdzonym w 1961 r.[13] Nastąpiło wówczas wypełnianie układu zaprojektowanego w okresie socrealizmu (choć jak sygnalizowałam, pomysły przekształceń nie były wtedy całkowicie nowe). Trwałe zmiany wprowadzone w okresie realizmu socjalistycznego, obejmowały powiększenie granic miasta, częściową eliminację zakładów przemysłowych w śródmieściu, utworzenie dzielnic przemysłowych – magazynowych. Wzniesiono fragmentarycznie dzielnicę Bałuty, zmieniając tym samym tradycyjny kierunek rozwojowy miasta z południowego na północny, dokonano regulacji ulic, rekonstrukcji placów. Założono plac Komuny Paryskiej, nadano dzięki budowie Teatru Wielkiego nowe oblicze placowi Dąbrowskiego. Przebito arterię północ–południe biegnącą ulicami Kościuszki i Zachodnią. Przedłużono aż do ul. Pabianickiej ul. Żeromskiego, poszerzono ul. Piłsudskiego (dawną Armii Czerwonej), wytyczono nową trasę warszawską prowadzącą wzdłuż dwujezdniowej ul. Stry-

kowskiej. Wiele zmian pozytywnych poczyniono w układzie zieleni oraz w dziedzinie infrastruktury społecznej.

Socrealizm wtopił się ze swoją zabudową i zespołami zabudowy w struktury istniejące, funkcjonujące, przez co często jest niedostrzegany. Wpisanie w kontekst miejski to cenna zaś wartość. Pomysły socrealistyczne nie negowały historycznego układu miasta, a stanowiły raczej jego rozwinięcie, przyczyniały się do zachowania spójności miejskiej tkanki. Stanowią ponadto ważne historyczne już dziedzictwo, fragment »wizulano-przestrzennej«, materialnej historii naszych dziejów, zapis stylu oraz idei związanej z teorią i praktyką budowy miast w XX w.

Cechy ogólne łódzkich socrealistycznych planów przestrzennych i zespołów to m.in. racjonalizm, nacisk na funkcjonalność, tworzenie struktur, na które składają się elementy identyfikujące, dominanty oraz całościowe, kompleksowe opracowanie wszystkich zagadnień – mieszkanie, komunikacja, rekreacja, zieleń, usługi. Dodatkowo ważne dla Łodzi stało się poszukiwanie »miasta«, miejskiego »spoiwa«, które słabe przed wojną po wojnie na chwilę zaistniało, a potem znów zaczęło umierać, jego integracja, funkcjonalne i strukturalne ożywianie poprzez wprowadzenie m.in. stref usługowych. Nacisk położono więc wówczas na wprowadzenie ładu przestrzennego (zwłaszcza stref dopiero przyłączonych) poprzez m.in. odwołanie do zasad symetrii. Socrealistyczne porządkowanie przestrzeni uznać można nie tyle za wykładnię ideową, ile za sprawdzony od wieków sposób na dobrą tkankę miejską przeciwdziałającą rozmywaniu idei miasta, nie uniformizującą, a wprowadzającą hierarchię jako antidotum na anonimowość i poczucie wyalienowania[14].

W poszukiwaniu centrum

W dziejach powojennego planowania miasta wielokrotnie powracało zagadnienie centrum, rozumiane jako miejsce nie tylko koncentracji usług, ale przede wszystkim przestrzeń wspólna, o znaczeniu integrującym, stanowiąca źródło identyfikacji i budująca miejską tożsamość. Łódź bowiem z uwagi na swój historyczny rozwój i charakterystyczny układ przestrzenny punktu kulminacyjnego w tradycyjnym rozumieniu nie posiadała. W kulturze europejskiej mamy zaś do czynienia z silnie zakorzenioną tradycją agory bazującą na archetypie środka[15]. Miasto pocięte szachownicą ulic nie funkcjonowało tak doskonale bez »rynku« jak dalekie amerykańskie wzorce[16].

W okresie socrealizmu, w zależności od planu, reprezentacyjne centrum administracyjno-kulturalno-usługowe, odpowiednie dla miasta niemal milionowego, zamierzano uformować w rejonie Dworca Fabrycznego, co było pomysłem i pokłosiem przedwojennych opracowań, ale także współczesnych koncepcji, oraz w oparciu o oś poprzeczną, wschód–zachód wytworzoną na linii ul. Głównej (późniejszej Armii Czerwonej, współcześnie nazwanej al. Piłsudskiego)[17]. W pobliżu nowej reprezentacyjnej osi znaleźć się miała tzw. dzielnica centralna, która obejmowałaby przestrzeń miejską w rejonie ul. Głównej – al. Stalina oraz środkowy odcinek ul. Piotrkowskiej i al. Kościuszki[18]. Poszerzono i zmodernizowano wówczas jedynie ul. Główną na odcinku od ul. Przędzalnianej do ul. Targowej. W kolejnych dekadach powracano do pomysłu opracowania trasy w–z oraz sfery centrum opartej na równoleżnikowo biegnącej arterii i centralnym rejonie ul. Piotrkowskiej z ulicami równoległymi (w minimalnie zmienionym zarysie pojawi się w koncepcji tzw. czerwonego kwadratu w zatwierdzonym w 1961 r. planie). Wypełnianie koncepcji szczególnie wyraźne stało się w latach siedemdziesiątych, gdy rozpoczęto jej realizację[19]. Dodać można jednak, że o ile oś socrealistyczna miała być osią reprezentacyjną, ale miejską z zabudową pierzejową, o tyle trasa modernistyczna rozbijała miejską ciągłość i miała amorficzny charakter.

Współcześnie zaś Nowe Centrum Łodzi, ogromna inwestycja, planowa jest w pobliżu terenów Dworca Fabrycznego, częściowo w budynkach dawnej, XIX-wiecznej elektrociepłowni, w ramach odzyskiwania dla miasta terenów przemysłowych. Pamiętać jednak warto, że kulminację w tym miejscu funkcji usługowo-administracyjno-kulturalnej przewidywano już w pierwszym socrealistycznym planie.

Przestrzenie wspólne i miejskie »agory«

Cały okres XX-wiecznego planowania przestrzennego Łodzi podporządkowany był chęci tworzenia przemyślanych, reprezentacyjnych, ale i żywych przestrzeni publicznych budujących emocjonalną więź z miastem[20]. Istniejące, nieliczne place miejskie miały charakter przede wszystkim handlowy. Socrealistyczne projekty zakładały zarówno ich rekonstrukcję, jak

05. Teatr Wielki i plac Dąbrowskiego po modernizacji

i organizację nowych założeń, przede wszystkim na linii północ–południe opartych na tradycyjnie najważniejszym trakcie komunikacyjnym prowadzącym wzdłuż ul. Piotrkowskiej, ale także na osi wschód–zachód[21].

Jednym z najciekawszych placów z okresu realizmu socjalistycznego w Łodzi pod względem wartości historycznej, rangi artystycznej oraz funkcjonalności (niestety obecnie wciąż potencjalnej) jest »nowy« Stary Rynek, miejsce atrakcyjne i bogate w znaczenia. Czworoboczne założenie z trzech stron zabudowano dwupiętrowymi domami – kamienicami z podcieniami w przyziemiu. Ich zwarta bryła flankowana płytkimi ryzalitami, przykryta dość wysokim czterospadowych dachem nawiązuje do architektury XVIII-wiecznej okolicznych miasteczek[22]. Plac stanowi »punkt kulminacyjny« socrealistycznego osiedla, tzw. staromiejskiego, i zlokalizowany został w jego południowo-zachodniej części[23]. Powstał w jednym z ważniejszych historycznie i kulturowo miejsc związanych z genezą miasta, historią Łodzi przemysłowej wielokulturowej (centrum żywej dzielnicy żydowskiej) oraz okupacyjnej (teren getta). Wartością założenia jest jego kameralna, nieprzeskalowana architektura, pozbawiona patosu czy monumentalności, kreująca przyjazną przestrzeń w »ludzkiej skali«. Dodatkowo na pozytywny odbiór placu wpływa mała architektura, murki, schodki, które porządkują jego przestrzeń, a także jego malownicze usytuowanie w sąsiedztwie dużego zielonego kompleksu, Parku Staromiejskiego. Plac, wpisany jedynie do gminnej ewidencji zabytków, ulega postępującej dewastacji i degradacji tym dziwniejszej i smutniejszej, że znajduje się w sąsiedztwie żywego centrum handlowo-usługowo-rekreacyjnego »Manufaktura«. Poza oczywistymi wartościami artystycznymi i historycznymi niesie za sobą znaczne możliwości funkcjonalne, które jednak nie są wykorzystywane. Plac, usytuowany na przedłużeniu ul. Piotrkowskiej, stanowić mógłby (i tak był pomyślany) z uwagi na korzystną lokalizację i dobrą architekturę jedno z północnych centrów miasta. Wymaga jednak modernizacji – obecnie w złym stanie technicznym znajduje się jego nawierzchnia, murki, domy, elewacje – prowadzonej jednak racjonalnie, a nie polegającej przykładowo na pomalowaniu jednego fragmentu pierzei na jaskrawy kolor. Z pewnością podniesienie rangi placu, wzrost atrakcyjności zarówno dla mieszkańca, jak i inwestora skutkujący przyciągnięciem ze znajdującego się nieopodal tzw. rynku Manufaktury ludzi i kapitału mogłyby nastąpić po przeprowadzeniu gruntownej modernizacji założenia, wzbogaceniu programu funkcjonalnego i oferty usługowej, zainicjowaniu większej liczby projektów kulturalnych (koncerty, wystawy). Sprawą dyskusyjną, do której co jakiś czas się powraca, pozostaje kwestia zabudowy otwartej dzisiaj na park pierzei południowej założenia. W pierwotnym, socrealistycznym projekcie stanąć miał tam budynek Archiwum Państwowego.

Ogromne znaczenie w miejskim układzie jako elementowi budującemu tożsamość Łodzi, organizującemu przestrzeń tej części ośrodka należy przypisać placowi Dąbrowskiego[24]. Ten ważny miejski plac, położony wyjątkowo w układzie miasta na osi wschód–zachód, uzyskał wyrazistość w okresie realizmu socjalistycznego dzięki usytuowaniu w pierzei północnej jednego z najwyższych, największych i najbardziej reprezentacyjnych wówczas miejskich obiektów, Teatru Wielkiego. Budynek Teatru (proj. J. Korski, W. Korski, R. Szymborski 1951 r.) stanowi wybitny przykład architektury socrealistycznej w Polsce, ważniejszy obiekt tej kategorii w Polsce. Plac zaś jako największa śródmiejska przestrzeń wielokrotnie służył, i służy współcześnie, jako miejsce koncertów, spotkań miejskich (np. miejskich sylwestrów). W 2009 r. dokonano modernizacji całości założenia, która polegała na usunięciu zieleni, »wybetonowaniu« płyty i wybudowaniu monumentalnej fontanny o miękkiej, organicznej formie zaburzającej oś widokową[25]. W rezultacie, choć sam plac się »oczyścił«, w jakimś sensie może i uporządkował, to poprzez pozbawienie go programu usługowego nie nastąpiło jego funkcjonalne ożywienie, a atmosferę wyludnienia pogłębia jeszcze wizualna pustka założenia (niemal całkowity brak małej architektury). Przykład ten dobrze pokazuje, że nie wystarczy tworzyć miejsc powierzchniowo »ładnych«, bo istnieje groźba powołania do życia przestrzeni jałowych.

Rozległy plac z promieniście rozchodzącymi się ulicami zorganizowano przy tzw. nowej trasie warszawskiej, w rejonie skrzyżowania ulic Pomorskiej, Strykowskiej, Uniwersyteckiej. Stanowić miał centralne założenie początkowo ośrodka akademickiego, następnie zaś osiedla mieszkaniowego. Zakładano zwartą, obrzeżną zabudowę złożoną z wysokich kamienic o charakterze mieszkalno-usługowym i kościoła. Zrealizowano, po 1956 r., monumentalną bryłę świątyni przykrytą wysoką kopułą, tworzącą silny znak plastyczny, dominantę urbanistyczną i architektoniczną tej części miasta (proj. J. Korski, W. Korski) oraz zabudowę mieszkaniową jednej z pierzei (proj. E. Orlik). Współcześnie trwa wypełnianie zabudowy tego placu, wzniesiono budynek Wydziału Prawa UŁ (tzw. Paragraf), w budowie zaś pozostaje obiekt biurowy bezpośrednio nawiązujący swoim ukształtowaniem (miękką, wygiętą linią) do historycznego kontekstu. Plac ten stanowić może przykład pozytywnej ewolucji układu, wypełnianego i uzupełnianego, choć po ponad pięćdziesięciu latach, ale z zachowaniem logiki pierwotnego projektu.

Drobne korekty w okresie realizmu socjalistycznego poczyniono na pl. Wolności (przebudowa wylotu do strony ul. Pomorskiej, wprowadzenie podcieni), pl. Reymonta (uporządkowanie, wzniesienie budynku narożnego), na pl. Niepodległości (zamysł budowy domu towarowego, wzniesionego w latach sześćdziesiątych w odmiennej formie architektonicznej).

Dzielnice wyższych uczelni

Ważną decyzją w dziedzinie ożywiania śródmieścia i zmiany jego charakteru była ta dotycząca lokalizacji na skraju strefy centrum tzw. dzielnic wyższych uczelni, na północy uniwersyteckiej, na południu politechnicznej.

Dzielnica uniwersytecka pomyślana została jako zespół śródmiejski o dogodnie rozwiązanej komunikacji, usytuowany w pobliżu Dworca Fabrycznego oraz kilku arterii o znaczeniu krajowym. Zasadniczą osią organizacyjną zespołu stać się miała ul. Narutowicza, główna arteria łącząca nowo projektowaną dzielnicę ze śródmieściem, która winna być odpowiednio zaakcentowana i połączona z ośrodkiem dzielnicy. Duże znaczenie przypisano również ul. Uniwersyteckiej, stanowiącej fragment trasy prowadzącej w kierunku Warszawy, ul. Pomorskiej i Sterlinga. Jako podstawowy gabaryt dla nowej dzielnicy przyjęto wysokość czterech kondygnacji. Rozpisano konkurs, jednak założenia nie zrealizowano. Powrócono do tej lokalizacji w latach sześćdziesiątych. W okresie socrealizmu zaczęto wznosić jedynie gmach Biblioteki Uniwersyteckiej. Niezależnie od planowanej dzielnicy uniwersyteckiej, jednak w jej bliskim sąsiedztwie, przy ul. Pomorskiej, rozpoczęto realizację miasteczka studenckiego[26].

Miasteczko politechniczne zlokalizowano przy poszerzonej ul. Żeromskiego, arterii, która miała zostać przebita aż do ul. Pabianickiej, co uczyniono w kolejnych dekadach. W okresie socrealizmu zabudowano kwartał, w którym usytuowano Gmach Chemii (przebudowana fabryka S. Rosenblatta), monumentalny Gmach »Włókna« oraz Instytut Włókien Sztucznych. Wzniesiono też dom akademicki. Dzielnicę sukcesywnie rozbudowywano w kolejnych dekadach.

Dominanty, wyraźniejsza artykulacja przestrzeni, lokalne identyfikacje

Trudno nie zgodzić się, że »każde miasto, tak jak każdy utwór przestrzenny powinno mieć elementy indywidualizujące jego oblicze«[27]. Wiele z łódzkich budynków krystalizujących i kierunkujących przestrzeń, pomyślanych jako istotne dominanty plastyczne, wysokościowe i urbanistyczne, powstało w okresie realizmu socjalistycznego. Wysoką rangę w kształtowaniu panoramy przestrzennej miasta uzyskały zwłaszcza: Teatr Wielki wraz z placem, biurowiec Centrali Tekstylnej (dziś tzw. Gmach Telewizji), budynek Hali Sportowej, dawny gmach Domu Partii (obecnie Budynek Sądów Rejonowych) czy Kościół św. Teresy. Współcześnie obiekty te stanowią jedne z najbardziej rozpoznawalnych budynków w mieście, wpływające na budowanie tożsamości miejskie symbole. Największe budynki wzniesione w okresie realizmu socjalistycznego w Łodzi, o wybitnych walorach artystycznych i historycznych, powinny być otoczone szczególną opieką jako reprezentatywne przykłady pozastołecznego stylu socrealistycznego[28]. Pozbawione zaś ochrony konserwatorskiej ulegają same lub wraz ze swoim otoczeniem znaczącym, niekorzystnym przekształceniom. Szczególnym zagrożeniem wydaje się obecnie zmiana kolorystyki elewacji na rażąco ahistoryczną (dokonana m.in. w gmachu Domu Partii, al. Kościuszki), zabudowa osi widokowych wykazująca niezrozumienie zasad pierwotnej koncepcji przestrzennej (modernizacja pl. Dąbrowskiego i fontanna przed Teatrem Wielkim), zmiany układu wnętrz (dokonane m.in. w dawnym Gmachu Domu Partii), niszczenie detalu (attyk, gzymsów, podziałów)

poprzez dokonywanie m.in. termomodernizacji (szpital im. W. Biegańskiego, ul. Kniaziewicza) czy całkowita przebudowa i zmiana wyglądu (Teatr Muzyczny, ul. Północna).

Zespoły mieszkaniowe

Zespoły i osiedla mieszkaniowe tworzą najliczniejszą grupę zarówno obiektów, jak i układów o wysokiej wartości, ważne świadectwo historii, które powinno zostać przekształcone w obszar chroniony. Stanowią wartościowe układy, wzbogacające pejzaż miasta i wpisujące się w jego kontekst przestrzenny. Nie niszczą, co ważne, logiki i ciągłości istniejącej struktury. Największy, najciekawszy i najbardziej reprezentatywny łódzki socrealistyczny zespół mieszkaniowy, opisywany na początku lat pięćdziesiątych na łamach krajowej prasy fachowej (»Architektura«, »Miasto«), powstał w rejonie dzielnicy Bałuty, która pomyślana została jako przedłużenie najważniejszej osi miasta, ul. Piotrkowskiej[29]. Przed wojną była to dość uboga, gęsto zabudowana część miasta z dominacją zabudowy niskiej i dwukondygnacyjnej, w dużej części drewnianej. Przekształcenia na tym terenie ułatwiać miały znaczne zniszczenia i dewastacja z okresu okupacji, kiedy obszar ten stanowił teren getta[30]. Ogólna powojenna koncepcja dzielnicy Bałuty opracowana została w warszawskiej pracowni ZOR przez zespół kierowany przez Ryszarda Karłowicza, uzupełniana następnie przez projektantów z łódzkiego »Miastoprojektu« pod kierunkiem B. Tatarkiewicza. Plan zakładał powstanie dzielnicy złożonej z sześciu osiedli, z własnymi centrami lokalnymi i dwoma o znaczeniu ogólnodzielnicowym, przeznaczonej dla 40 tysięcy mieszkańców[31].

Ogromną wagę przywiązywano do urbanistyki, która stanowić miała szkielet strukturalny, podstawę zespołu pomyślanego jako całość obdarzona wewnętrzną logiką, »architektura bowiem – jak podkreślano w tym czasie – zaczyna się od urbanistyki i urbanistyką jest warunkowana«[32]. Przez teren Bałut prowadzić miały dwie nowe, szerokie arterie o charakterze przelotowym dla kierunku północ–południe (zrealizowano jedną, ul. Zachodnią) oraz wschód–zachód (fragmentarycznie poszerzona ul. Wojska Polskiego) z wydzielonymi dwoma jezdniami oraz oddzielnym pasem torowiska dla tramwajów. Dodatkowo planowano budowę dworca kolejki średnicowej przy ul. Wojska Polskiego, szereg usprawnień drogowych i komunikacyjnych (uruchomiono linię tramwajów podmiejskich i zbudowano wyjątkowy w swej formie przystanek końcowy wpisany w grudniu 2010 r. do rejestru zabytków)[33]. Dążono do wytworzenia wrażenia ładu i skończoności poprzez geometryczny, uporządkowany układ ulic oraz urbanistyczne domknięcia.

Jako pierwsze z sześciu planowanych zespołów w sposób najpełniejszy, najbardziej zbliżony do pierwotnego projektu zrealizowane zostało osiedle Staromiejskie zgrupowane w pobliżu Starego Rynku. Osiedle zajmuje kwartał wyznaczony ulicami: Zachodnią, Franciszkańską, Wojska Polskiego i Północną. Specyficzną cechą zespołu jest jego niezbyt sztywny układ kompozycyjny unikający preferowanych przez doktrynę

06. Teatr Muzyczny przed przebudową, 2005 r.

całkowicie osiowych i symetrycznych rozwiązań. Swobodnie, »miękko« prowadzone ulice oraz swoista malowniczość założenia wynika z ukształtowania terenu osiedla znacząco determinującego wyraz plastyczny. Założenie usytuowane bowiem zostało na skarpie, w dolinie rzeki Łódki[34]. Silny wpływ na układ przestrzenny wywarł także postulat choć częściowego wpisania się w zastaną sieć uliczną. Nie znaczy to jednak, że nie dokonano korekty układu przestrzennego[35].

Drugi najpełniej zrealizowany zespół to Bałuty I usytuowany w kwartale ulic: Wojska Polskiego, Franciszkańska, Obrońców Westerplatte, Tokarzewskiego. Powstał blokowy kwartał osiedlowy wyznaczany przez pary równoległych oraz przecinających się ulic, przemyślana struktura przestrzenna wyposażona w niezbędną infrastrukturę społeczną, zaprojektowana jako zwarty, samowystarczalny organizm silnie powiązany z miastem. Mimo niepełnej realizacji, nieprzeprowadzenia planowanych wyburzeń skutkujących zaistnieniem silnych kontrastów zabudowy starej i nowej, mamy do czynienia z czytelnym i wyrazistym układem kompozycyjnym.

Nie ulega wątpliwości, że socrealistyczne Bałuty zmieniły obraz miasta i przedłużyły strefę zagospodarowaną w kierunku północnym, stanowiły koncepcję pomyślaną z największym rozmachem, najbardziej też reprezentatywną dla socrealizmu. Prezentują szeroko rozumiane walory historyczne, artystyczne i użytkowe. Ukazują wspaniałe zróżnicowanie stylistyk, materialny ślad łódzkiej historii (choć owa hybrydowość założenia dla wielu świadczy o klęsce doktryny), przestrzeń wielowymiarową, bogatą w znaczenia, »charakterną«, z którą chętnie wejdziemy w dialog.

Bałuckie osiedla z lat 1949–1956 kreują przyjazne, miejskie, nie zaś amorficzne środowisko mieszkaniowe ze sferą usługową, z żywymi parterami, z ulicą, ale też cichymi, zielonymi podwórkami. Ludzka skala całości założenia dodatkowo wpływa zaś na poczucie psychicznego komfortu. Tworzą one dobrą jakościowo, zróżnicowaną architekturę, o dobrych proporcjach, tradycyjnych podziałach elewacji i uproszczonym detalu. Oczywiście nie możemy zapominać także, że mamy do czynienia z zespołem nieukończonym, gdzie główne osie założenia urywają się, tj. ul. Obrońców Westerplatte czy ul. gen. Tokarzewskiego lub też jak Organizacji WIN natrafiają na swej drodze na przeszkody, np. poprzecznie stojący budynek. Jest to również zespół stanowiący wynik odgórnego planowania i zapis idei politycznej, któremu tym bardziej należy się ochrona.

Zasadniczy układ bałuckich zespołów zachował swój pierwotny charakter. Poszczególne fragmenty ulegają jednak degradacji, zniekształceniom, »modernizacji« (ahistoryczna kolorystyka elewacji, zniszczony po termomodernizacji detal) czy też prozaicznej dewastacji i śmierci technicznej (odpadający tynk, niszcząca mała architektura – murki, okładziny kamienne). Zagrożeniem dla całości układu mogą być również nieprzemyślane decyzje dotyczące dogęszczania zespołu.

W najgorszym stanie technicznym jest pierwszy i zarazem najciekawszy blok zespołu staromiejskiego, najbardziej też reprezentatywny dla socrealizmu, zlokalizowany przy ul. Podrzecznej 4/6. Rekonstrukcji i uzupełnień wymaga także zieleń osiedlowa.

Małe zespoły zabudowy blokowej

Jeden z ciekawych zespołów zlokalizowany poza strefą zurbanizowaną w południowej części miasta, w dolinie rzeki Ner to zespół »Odrzańska«[36]. Składa się z dziewięciu bloków tworzących zamknięty blok mieszkalny z zielonym dziedzińcem. Zwraca uwagę niewielka skala tych obiektów, które otrzymały

07. Teatr Muzyczny, ul. Północna, widok współczesny, po modernizacji

jedynie trzy kondygnacje, oraz kameralność całości założenia. Współcześnie zespół stanowi przykład częściowo przeprowadzonej modernizacji (uporządkowana zieleń, wymieniona nawierzchnia chodników, zachowane detale architektoniczne) nie niszczącej ani budynku, ani układu.

Całkowicie odmiennie prezentuje się dawne osiedle im. J. Marchlewskiego, malowniczo usytuowane w północno-wschodniej części miasta, na Stokach, w pobliżu dużego zespołu wzniesionego przez Niemców w czasie okupacji oraz mniejszego, Towarzystwa Osiedli Robotniczych (TOR), z czasów międzywojennych. Wzniesiono 206 parterowych domów trzech typów: wolno stojący jednorodzinny, dwurodzinny tzw. bliźniak oraz szeregowy. Szczególnie wartościowy jest jednak układ urbanistyczny. Mamy tu do czynienia z luźną, niską zabudową tonącą w zieleni. Ze względu na silne pofałdowanie terenu zrezygnowano ze sztywnej osiowej kompozycji, tworząc nieregularny układ oparty na sieci swobodnie poprowadzonych uliczek, którym nadano symptomatyczne, »górskie« nazwy: Skalna, Dolina Kościeliska, Dunajec, Saneczkowa. Niskie, małe domy o zwartej bryle przykryte dwuspadowym dachem ulegają bezplanowym przebudowom prowadzącym do zaniku pierwotnego charakteru i autentyczności historycznej.

Zieleń

Na zakończenie warto dodać, że ogromne znaczenie w planach zagospodarowania przypisano zieleni miejskiej, która stała się ważnym elementem całego układu urbanistycznego. Przewidywano stworzenie systemu zieleni poprzez adaptację istniejących założeń parkowych, tworzenie nowych i wiązanie ich w ciągi wnikające w dzielnice mieszkaniowe, strefy śródmiejskie gęsto zabudowane czy też tereny przemysłowe. Na granicy miasta adaptowano leśne kompleksy (las Łagiewnicki) na tereny rekreacyjne[37].

Za najważniejszy łódzki park okresu realizmu socjalistycznego, do którego władze i projektanci przywiązywali największą wagę, uznać można Park Staromiejski oddzielający nowo wznoszoną dzielnicę Bałuty od terenów śródmieścia[38]. Park Staromiejski założony został w latach 1951–53 według projektu K. Chrabelskiego w dolinie rzeki Łódki, w miejscu powstałego po wojnie pasa wyburzeń, niemal równocześnie z osiedlem staromiejskim[39]. Zintegrowany miał zostać ze znajdującym się nieco na wschód, ale też na linii rzeki, Parkiem Helenów. Ciekawe założenie przestrzenne, choć nie w pełni przeprowadzone, z szerokimi alejami, placami, niesie chociażby z uwagi na lokalizację ogromny potencjał funkcjonalny. Wymaga jednak rozwinięcia i uporządkowania zaniedbanej zieleni, wzbogacenia programu o elementy rozrywki i rekreacji. Na skraju założenia znajduje się wspominany już zabytkowy przystanek końcowy tramwajów podmiejskich, który po rewitalizacji stanowić mógłby wielką atrakcję przyciągającą mieszkańców.

Oswajanie miejskiej przestrzeni.
Wobec urbanistyki socrealistycznej w Łodzi

Miasto to złożona struktura wypełniona przestrzenią fizyczną będącą nośnikiem wartości kulturowych, emocjonalnych warunkujących percepcję miasta. Szeroko rozumiane dziedzictwo socrealizmu w Łodzi to dobra jakościowo struktura, pozytywnie zweryfikowana przez czas, spełniająca wiele z postulowanych w odniesieniu do dziedzictwa powojennego kryteriów oceny, która powinna podlegać ochronie[40]. Mamy do czynienia z wyrazistymi obiektami i całymi zespołami o znacznej randze artystycznej, które tworzą żywą przestrzeń, funkcjonującą od ponad pół wieku, budującą miejską tożsamość. Dla młodszego pokolenia to przestrzeń własna, zastana, identyfikująca, posiadająca znaki – symbole jak choćby Stary Rynek, dla starszego pokolenia zaś często niechciana, narzucona, »zła«. W przypadku Łodzi – młodego i specyficznego kulturowo organizmu, który w zasadzie tworzył się od podstaw w 1945 r., walka o zachowanie sfery materialnej, też socrealistycznej, to walka o ciągłość życia społecznego, zaś degradacja elementów istotnych dla pejzażu socrealistycznego przyczynia się do destrukcji i tak problematycznej tożsamości. Percepcja łódzkiej przestrzeni pozostaje nadal stereotypowa i ograniczona do hasła »Łódź XIX-wieczna«, co przekłada się na zadania ochrony i konserwacji, gdzie dominuje zasada »dawności«, przez co odnieść można wrażanie, że nawet najdrobniejszy obiekt XIX-wieczny stanie się ważniejszy od monumentalnych, reprezentatywnych dla stylu, spełniających kryteria artystyczne, historyczne i użytkowe cennych obiektów z lat 1949–1956. Istotna zaś wydaje się różnorodność, zrównoważony rozwój i naturalność, nie sztuczność, »skansenowść« tkanki miejskiej. Ignorowanie więc i zamykanie oczu na miasto powojenne z jego problemami, wadami, ale i z wielkim zaletami, nie rozwiązuje problemu i pozbawia je wartościowych obiektów oraz zespołów.

Za dobrze wróżące na przyszłość uznać chyba można działania związane z »oswajaniem« miasta i socrealizmu poprzez inicjatywy społeczne, gry miejskie (organizowane m.in. przez stowarzyszenie Miastograf w Łodzi)[41], skłaniające do myślenia o dziedzictwie historycznym, służące jego rewaloryzacji i nawiązaniu bliższej i lepszej relacji urbanistyki już dawnej – socrealistycznej, ze współczesną. Ta dobra przestrzeń fizyczna przekształcić się może w przestrzeń społeczną, żywą, pozytywną. Należy jednak w tym celu zmienić jej postrzeganie poprzez wieloetapowe, wielopoziomowe akcje edukacyjne skierowane do użytkowników, inwestorów, mieszkańców, czyli osób bezpośrednio obcujących z owym dziedzictwem. Diagnozy bowiem są, narzędzia ochrony często także, brak jednak woli i chęci. Uświadamiać zaś należy, że »sukces« miasta, także w wymiarze ekonomicznym, warunkowany jest w znacznym stopniu emocjami, miasto musi bowiem wyzwalać pozytywne odczucia, przez co przyciągać będzie ludzi, a pozbawione autentyczności i tożsamości takim się nie stanie.

Kurzfassung

Ein wirkungsvoller Schutz der städtebaulichen Komplexe des Sozialistischen Realismus geht einher mit der Wahrung der historischen Kontinuität, dem Aufbau einer Bindung an die Stadt und einer nachhaltigen Entwicklung - das wird am Beispiel der Stadt Łódź deutlich sichtbar. Unsere Erfahrung mit Räumen des Sozialistischen Realismus (u. a. aus ästhetischer, rechtlicher und emotionaler Sicht) sollte nicht zu vorschnellen Diagnosen, zur Suche nach schnellen und mitunter beliebigen Lösungen oder Sanierungswegen führen. Es ist vielmehr zu würdigen, dass städtebauliche Komplexe des Sozialistischen Realismus einen vitalen, seit einem halben Jahrhundert funktionierenden und Identität stiftenden Lebensraum bilden.

Die städtebaulichen Konzepte des Sozialistischen Realismus in Łódź sind, obwohl nur in Fragmenten umgesetzt, bis heute im Stadtraum deutlich sichtbar und sein integraler, wenn auch manchmal unbewusster Bestandteil. Sie sind Bestandteil der geschichtlichen Kontinuität. Wir haben es hier zu tun mit großräumigen Anlagen und mit kleinen Komplexen, vorwiegend Wohnanlagen, sowie mit große Anlagen ausfüllenden Kristallisationselementen (Zentrum, Dominante, Straße, Platz, aber auch Detail, Fassade, Kleinarchitektur, Grünanlage), die wiederum einen allgemein verstandenen Raum des täglichen Daseins schaffen. Nach einer funktionalen Analyse und der Bewertung historischer und künstlerischer Werte stellt sich heraus, dass es hier um für die Stadt, ihr Selbstverständnis und das Stadtpanorama wichtige Anlagen geht. Es handelt sich um feste funktionale und im Stadtbild verankerte Strukturen, die die Prüfung der Zeit bestanden haben und obendrein für eine bereits der Vergangenheit angehörende Konzeption und Idee stehen.

Einige städtebauliche Anlagen verfügen nicht nur über lokale Bedeutung, sondern können auch in einem größeren, gesamtpolnischen Zusammenhang bestehen. Sie sind ein Beleg für die Planungsideen der Nachkriegszeit, die eine Weiterentwicklung der Vorkriegsideen darstellen. Es entstanden Stadtstrukturen mit traditionell definierten Räumen (»korridorartige« Straßenbebauung, Plätze, breite Verkehrsarterien, aber auch kleine, städtische, mit Grün ausgefüllte Anlagen) und historisierender Architektur, die sich auf die Verbesserung der Funktionalität und der Lebensbedingungen ihrer Bewohner konzentrieren. Ausrichtung, Ordnung und Geometrie waren weniger eine ideologische Auslegung, sondern mehr eine seit Jahrhunderten bewährte Art, ein gutes und funktionsfähiges städtisches Gefüge zu schaffen. Davon zeugt auch die deutlich abzulesende Kontinuität, die im Städtebau ausgehend von der Zwischenkriegszeit über die Besatzungszeit und den Sozialistischen Realismus hinaus bis zur Postmoderne sichtbar ist.

Als vielversprechend für die Zukunft kann gelten, dass sich gesellschaftliche Initiativen und Stadtspiele (wie Duopolis, Miastograf in Łódź) die Stadt und den Sozialistischen Realismus zu eigen machen, zum Nachdenken über das historische Erbe anregen, zur Aufwertung und zu einer engeren bzw. besseren Beziehung zwischen den städtebaulichen Anlagen des Sozialistischen Realismus und der Gegenwart beitragen.

Abstract

Preservation of socialist realism compounds and layouts is connected with maintaining the cultural continuity, building bonds with the city, and ensuring a balanced development, which can be observed in the example of Łódź. However, the experience of the socialist realism space (e.g. with respect to aesthetics, law, emotions) does not incline to making prompt diagnoses, looking for instant and therefore flimsy solutions and revitalization ways. It should be remembered that socialist realism compounds constitute a living space functioning in the cities for over half a century and building their identity.

The socialist realism urban planning concepts of Łódź, in spite of the partial realization, have been noticeable in the urban space up till now and form an integral part, although not always realized. They are inscribed in the context of both the earlier and later history. We deal with spatial structures on macro and micro scales, with both large spatial layouts and small compounds, most often residential areas, and elements crystallizing the space (a centre, dominant, street, square but also a detail, façade, small architecture, green area) filling a »big« layout and forming a widely-understood space of everyday existence. Once the functional analysis is carried out, historical and artistic values are assessed based on established criteria. It turns out that we are dealing with the compounds significant for the city, its identity and also its outline. They are durable, functional structures deeply set in the present city view structures, which survived the test of time and which have also become a record of the already historical concept and idea (also political one). Some of the compounds are not only of a local significance but they can also be situated in a larger, national context. They constitute a document of post-war planning through developing pre-war ideas. The urban structures of a traditionally defined space (a 'corridor-type' development of the streets, squares, wide arteries, but also small cozy building compounds full of green) of a historicizing architecture concentrating on the improvement of functionality and living conditions of its inhabitants were developed. Arrangement, order, geometry were not so much an ideological interpretation as a time-sanctioned means for a good and functional urban tissue. This becomes evident in obvious continuation in urban planning since the interwar period (from the occupation throug socialist realism and up to the modernistic period). It turns out that many ideas for spatial structure reconstruction have become of a universal character and referred to the same (sometimes still unsolved) planning issues.

Also the activities connected with ›familiarizing‹ individuals with the city and socialist realism through social initiatives, city games (Duopolis, Miastograf in Łódź), inclining to thinking about the historical legacy and contributing to its revalorization and establishing a closer and better relationship between the older socialist realism and contemporary urban planning bode well for the future.

Przypisy

1 Celem artykułu jest wprowadzenie do problematyki ochrony łódzkich obiektów architektonicznych i zespołów urbanistycznych z lat 1949–1956. Z racji szkicowego charakteru wiele zjawisk zostało jedynie zasygnalizowanych i wymagałoby rozwinięcia. Nie opisuję również tutaj w sposób wyczerpujący zagadnień związanych z historią łódzkich przekształceń urbanistycznych, z rozmachem często kreślonych planów i utopijnych wizji. Szerzej problematykę historyczną ujmuję w książce poświęconej historii architektury i urbanistyki Łodzi tych lat. Por. A. Sumorok. *Architektura i urbanistyka Łodzi okresu realizmu socjalistycznego*, Warszawa 2010.

2 Problemom ochrony powojennego dziedzictwa poświęcona była m.in. konferencja w Gdyni, *II Międzynarodowa Konferencja Modernizm w Europie. Modernizm w Gdyni. Gdynia 24–29 września 2009*, Gdynia 2010; seminarium organizowane przez Wydział Architektury Politechniki Poznańskiej w 2008, por. H. Grzeszczuk-Brendel, G. Klause, G. Kodym-Kozaczko, P. Marciniak, *Prolegomena do ochrony obiektów architektonicznych i zespołów urbanistycznych Poznania XX wieku*, Poznań 2008 czy seminarium zorganizowane w Lipsku w 2010 przez ICOMOS i KOBiDZ, por. *Zabytki drugiej połowy XX wieku – waloryzacja, ochrona, konserwacja*, red. B. Szmygin, J. Haspel, Berlin–Warszawa 2010.

3 Ciekawe prace magisterskie, doktorskie o znaczeniu dokumentacyjnym, projekty wystawiennicze pogłębiające stan wiedzy o architekturze i urbanistyce powojennej, także socrealistycznej, powstają w środowisku warszawskim, wrocławskim, poznańskim, szczecińskim. Coraz więcej publikacji dotyczy nie tylko tych najbardziej znanych zespołów, ale także tych powstałych na »rubieżach«, poza strefą oddziaływania wielkich funduszy i doktrynalnych wskazań, chociażby w Lublinie czy Rzeszowie, małych miasteczek. Obraz architektoniczny wciąż jednak pełen jest »białych plam«, co utrudnia potencjalną ochronę i nie sprzyja dyskusjom o »ogólnym«, kierunkowym charakterze poczynań, ponieważ następuje groźba koncentracji na wspaniałym, arcyciekawym zagadnieniu historycznym, które jednak nie sprzyja szerszemu, ogólniejszemu oglądowi problematyki.

4 Istotny staje się tutaj jednak czynnik czasu, gdyż wartościowe obiekty i zespoły urbanistyczne ulegają (w świetle prawa, a i często jupiterów) dewastacji, bezplanowym przekształceniom. Najbardziej spektakularne ubytki to choćby warszawski Supersam czy katowicki dworzec, w Łodzi zaś Teatr Muzyczny.

5 Problem ten jest coraz częściej dostrzegany i diagnozowany. Por. J. Lewicki, *Ochrona architektury z 2 połowy XX wieku w Polsce*, w: *Zabytki drugiej połowy XX wieku – waloryzacja, ochrona, konserwacja*, s. 149–160; A. Sumorok, *(Nie)świadomość socrealizmu. Architektoniczne i historyczne dziedzictwo na przykładzie architektury Łodzi*, w: *idem*. Co ciekawe, podczas seminarium lipskiego w 2010 r. problem budził w środowisku niemieckim zdziwienie i niezrozumienie.

6 Urbanistyka tego okresu powróciła do tradycyjnego sposobu myślenia o przestrzeni, do ulicy, placu, dominanty, archetypu środka, centrum. Oczywiście, jak cały socrealizm, odwoływała się do istniejących, sprawdzonych teorii i co ciekawe, zarówno dawnych, jak i nowszych, chociażby częściowo modernistycznych (oficjalnie potępionych), tj. osiedle społeczne, jednostka sąsiedzka, stanowiła dość eklektyczny konglomerat różnych tradycji. Pamiętać jednak należy również o wymowie ideologicznej planowania przestrzennego tego czasu. Przed urbanistyką postanowiono bowiem zadanie stworzenia miasta socjalistycznego, które nie tylko wyraża treści takie, jak: praca, mieszkanie, wypoczynek, ale winno być nośnikiem treści politycznych i społecznych, ukazywać władzę ludu. Idealna, postulowana przestrzeń socjalistycznego miasta to przestrzeń monumentalna, przytłaczająca, przekraczająca skalę zastanego kontekstu, burząca, odpowiedzialna na dekompozycję układu zastanego, przestrzeń dla zbiorowości, a nie dla jednostki. W praktyce jednak mamy do czynienia z dobrym, tradycyjnym układem. Zaznaczyć można, że nieprzystawanie teorii do praktyki projektowej stanowi cechę immanentną tego okresu.

7 Elementy krystalizujące przestrzeń miasta za K. Wejchertem to: centrum, ulice, rejony, linie i pasma graniczne, dominanty układu przestrzennego, wybitne elementy krajobrazu, znaki szczególne, punkty węzłowe. Por. K. Wejchert, *Elementy kompozycji urbanistycznej*, Warszawa 1974.

8   Założenia analizowane w oparciu o wypracowane już kryteria dodatkowo różnić się będą w zależności od miasta skalą i rangą: lokalna, krajowa, międzynarodowa. Każdy z układów rozpatrywać winno się samodzielnie, jak i w związku z całością. I tak Nowa Huta stanie się zespołem wartościowym o znaczeniu międzynarodowym, podobnie zespół urbanistyczny MDM-u, może socrealistyczna część Nowych Tychów, mniejsze zespoły bądź te zrealizowane fragmentarycznie mają znaczenie lokalne i krajowe.

9   Choć »awans« miasta nastąpił w okresie międzywojennym i poczyniono wówczas wiele cennych przekształceń urbanistycznych, to szeregu decyzji jednak nie podjęto. Po wielu latach dyskusji i sporów udało się dopiero w 1935 r. doprowadzić do uchwalenia ogólnego planu zagospodarowania przestrzennego. Por. J. Olenderek, *Proces kształtowania przestrzeni Łodzi II Rzeczpospolitej a awans administracyjny miasta*, Łódź 2004.

10 W postulowanym wymiarze propagandowym sprawą kardynalną stało się, poprzez odpowiednią regulację układu przestrzennego, przekształcenie miasta złego, symbolu kapitalizmu, w miasto dobre, zdrowe, socjalistyczne, miasta przemysłowego w miasto kultury i nauki.

11 Dodać można, że dla wielu projektantów powrót do tradycyjnych sposobów myślenia o przestrzeni był zgodny z własnymi zapatrywaniami, stanowił bezpieczniejszą opcję od tej lansowanej przez awangardę (m.in. w Łodzi przez W. Strzemińskiego. Por. W. Strzemiński, *Łódź sfunkcjonalizowana*, Łódź 1947).

12 Podobieństwa rozwiązań dotyczyły zagadnień związanych m.in. z: określeniem terenów rozwojowych, przełamaniem pasmowego układu, zmniejszeniem uciążliwości przemysłu, zakładaniem stref przemysłowych; określeniem i wytworzeniem strefy »centrum« – np. w rejonie Dworca Fabrycznego; poszukiwaniem przestrzeni publicznych – place z dominantami plastycznymi i urbanistycznymi, np. pl. Dąbrowskiego z Teatrem Wielkim, rondo Solidarności – dziś dopiero »uzupełniane« pierzeje; usprawnieniem układu komunikacyjnego (kołowego, szynowego), wytworzeniem sieci obwodnic, arterii komunikacyjnych odciążających główną ulicę miasta pn–pd (ul. Zachodnia) czy w–z (al. Piłsudskiego); pozyskiwaniem terenów zielonych (szwy zielone – np. Park Staromiejski, parki, skwery, wewnątrzblokowe zieleńce); lepszym związaniem miasta z resztą kraju poprzez system komunikacji kołowej i kolejowej.

13 »Ogólny plan zagospodarowania przestrzennego m. Łodzi, plan kierunkowy« opracowany przez arch.: C. Jaworskiego, W. Balda, Z. Wysznackiego, E. Budlewskiego, H. Wachowiak.

14 Propagandowe slogany stanowiły werbalny sztafaż, pretekst do wprowadzenia zmian niezbędnych, od dawna wyczekiwanych. Dodać też należy, że w Łodzi tradycja geometrii i ładu związana z genezą ośrodka w konsekwencji żywiołowego rozwoju stopniowo traciła na znaczeniu.

15 Por. M. Eliade, *Sacrum, mit, historia. Wybór esejów*, Warszawa 1970.

16 Głęboko jednak chyba zakorzenioną potrzebę łodzian do posiadania przestrzeni wspólnej w formie tradycyjnej, w formie placu, odsłonił ogromny sukces »Manufaktury« i jej rynku, gdzie przebywają tłumy mieszkańców, nie tyle w celach *stricte* komercyjnych, ile kierowani potrzebą »bycia« w mieście.

17 Analogiczne do socrealistycznych projekty centrum administracyjno-kulturalnego opracowane zostały przez Niemców w okresie okupacji. Zakładały również wytworzenie nowej, reprezentacyjnej osi wschód–zachód o szerokich alejami oraz reprezentacyjnymi placami opartej na ulicach: Piłsudskiego i Mickiewicza (dawna Główna), jednak na zachód, nie zaś na wschód od ul. Piotrkowskiej, z centralnym punktem w rejonie parku im. J. Poniatowskiego. Por. T. Bolanowski, *Jaki miał być Litzmannstadt. Niemieckie wizje architektury i urbanistyki miasta z lat 1939–45*, »Kronika miasta Łodzi« 2005, nr 3, s. 189–199.

18 Plan z początku lat pięćdziesiątych przewidywał utworzenie szerokiej, centralnej arterii z pasem zieleni pośrodku, alei Stalina. Rozpięta miała być pomiędzy dwoma placami: placem Zwycięstwa oraz nowo projektowanym założeniem przy skrzyżowaniu z ul. Piotrkowską, przy którym skoncentrowałyby się najważniejsze rangą obiekty w mieście związane z władzą, administracją i kulturą: PRN, WPRN, Dom Kultury, Młodzieżowy Dom Kultury, liczne biurowce, kina, teatry. W następnym zaś etapie nowa oś miasta przebita miała zostać aż do Dworca Kaliskiego. Przekształcony w szerokie, rozległe założenie, z wolną przestrzenią miejską plac Zwycięstwa wypełniać miały obrzeżnie sytuowane monumentalne gmachy użyteczności publicznej o wyrównanym gabarycie oraz jeden wyższy obiekt z kolumnadą w podcieniu. »Ideologicznym« punktem kulminacyjnym nowego centrum Łodzi miał być jednak nowo projektowany prostokątny plac, na środku którego planowano wzniesienie wysokościowca w typie wieżowców radzieckich.

19 Poszerzono wówczas ul. Główną na odcinku »centralnym«, od ul. Kilińskiego do ul. Piotrkowskiej. Dokonano wówczas znacznych wyburzeń wartościowych obiektów. Nowo powstała ulica pozostała jednak w znacznym stopniu niezabudowana. Proces funkcjonalizowania tej osi, dalszego wypełniania, a raczej tworzenia jej tkanki rozpoczął się w latach dziewięćdziesiątych XX w. (rewitalizacja budynku fabrycznego, siedziby »Gazety Wyborczej«, modernizacja jednego z wieżowców, obecnie Urzędu Wojewódzkiego, budowa Galerii Łódzkiej, biurowca czy hoteli).

20 Por. R. Maga-Jagielnicka, *Place miejskie – zjawiska kulturowe kształtujące tożsamość przestrzeni*, w: *Fenomen Genius Loci. Tożsamość miejsca w kontekście historycznym i współczesnym*, red. B. Gutowski, Warszawa 2009.

21 Oś placów wiodła od północy przez Rynek Bałucki, Rynek Starego Miasta, należące do dzielnicy Bałuty, plac Wolności, plac Nowoprojektowany, z łódzkim Pałacem Nauki i Kultury, plac Reymonta oraz zamykający kompozycję od południa plac Niepodległości.

22 Autor koncepcji zabudowy placu R. Karłowicz deklarował inspiracje zabudową przyrynkową Sieradza i Piotrkowa. Por. R. Karłowicz, *Przebudowa dzielnicy Bałuty i Starego Miasta*, »Architektura« 1950, nr 1–2, s. 34–43. W związku z poszukiwaniem dla Łodzi »narodowej« formy zasygnalizować warto ciekawe zjawisko. Ponieważ Łódź określona została jako miasto bez wyrazu architektonicznego i bez przeszłości, uzyskała w kwestii nawiązań stylistycznych wolną rękę, zwłaszcza po chybionym, jak wówczas pisano, pomyśle czerpania z architektury okolicznych miasteczek. Dlatego też m.in. dominują w Łodzi obiekty o tak silnej tradycji i stylistyce modernistycznej.

23 Zaprojektowany został przez R. Karłowicza i W. Goławskiego, R. Karłowicz, *op. cit.*, s. 36.

24 Zamysł wytworzenia w miejscu rynku specjalizującego się w sprzedaży towarów pochodzących z mieszczącej się nieopodal cegielni reprezentacyjnego placu sięga czasów międzywojennych. Wzniesiono wówczas przy pierzei wschodniej według projektu J. Korskiego (Kabana) Gmach Sądu. Planowano zbudowanie także Urzędu Wojewódzkiego. Plac miał być dobrze skomunikowany z centrum dzięki zmodernizowanym ulicom i połączony systemem nowych reprezentacyjnych osi (m.in. ul. Sterlinga) z Dw. Fabrycznym. Do pomysłu tego powrócono po wojnie, kiedy wybrano lokalizację Teatru Narodowego. Sam plac, choć swoją koncepcję zawdzięcza przełomowi lat czterdziestych i pięćdziesiątych swój wyraz uzyskał w latach sześćdziesiątych, gdy oddano do użytku gmach teatralny (przedłużające się do niemal dekady okresy budowy łódzkich inwestycji nie stanowiły w mieście »mizerii« finansowej niczego nadzwyczajnego).

25 Nietrafiony projekt i niezbyt udana realizacja wzbudziła w Łodzi wiele kontrowersji i stanowiła przyczynek dla gorących dyskusji opisywanych na łamach prasy lokalnej. Por. m.in. A. Magnuszewska, *Łódź: co zrobić z taką fontanną?*, »Dziennik Łódzki« 2010-05-11.

26 W okresie realizmu socjalistycznego powstały domy akademickie (arch. J. Korski, K. Sprusiak) sytuowane obrzeżnie przy ul. Lumumby (wówczas Bystrzyckiej). Planowano poszerzenie ulicy i organizację przestrzenną przemyślanego zespołu wyposażonego w szereg obiektów usługowych, sportowych, kulturalnych. Założenie uzupełniane w kolejnych dekadach.

27 H. Buszko, *Miasto Katowice – metropolia Górnego Śląska. Głos w dyskusji na temat przeobrażenia jego oblicza*, w: *Miejska kompozycja wielkoprzestrzenna a przestrzenie publiczne w miastach*, red. S. Gzell, Warszawa 2007, s. 52.

28 Z wymienionych obiektów wpis do rejestru zabytków uzyskał jedynie Teatr Wielki (ale już w 1976 r.), Gmach dawnej Centrali Tekstylnej i Gmach Domu Partii uzyskały wpisy do gminnej ewidencji zabytków. Hala Sportowa i kościół św. Teresy wpisane zostały na listę współczesnych dóbr kultury.

29 Do priorytetowych działań w okresie realizmu socjalistycznego zapisanych w planie ogólnym zagospodarowania przestrzennego należało przedłużanie strefy »miejskiej« w kierunku północnym, zwłaszcza Bałut.

30 W planie okupacyjnym niemieckim również w tym miejscu uwzględniono reprezentacyjną dzielnicę mieszkaniową, por. T. Bolanowski, *Architektura poniemieckich zespołów mieszkaniowych z lat 1939–1945*, w: *Sztuka w Łodzi 2*. Materiały sesji naukowej zorganizowanej przez Łódzki Oddział Stowarzyszenia Historyków Sztuki w dniach 8–9 października 2001 roku, red. M. Wróblewska-Markiewicz, Łódź 2003, s. 135–142. W tym miejscu należy też podkreślić, że zniszczenia i dewastacje wojenne nie były tak znaczące, jakby chcieli decydenci, a teren wymagał i tak przeprowadzenia znacznych wyburzeń.

31 Po latach prof. R. Karłowicz wspominał w rozmowie, że »Stary Rynek miał stanowić element architektoniczny wzbogacający łódzką architekturę, bo w tej części Łodzi architektura była strasznie nędzna. Poza jednym pałacem Poznańskiego, tam były straszne rudery«.

32 S. Tworkowski, Z. Malicki *Architektura osiedli ZOR*, »Architektura« 1952, nr 10, s. 249.

33 Przystanek końcowy zaprojektowany został w 1951 r. przez W. Wiśniewskiego w formie długiej, 100-metrowej wiaty o miękko wygiętej linii dachu. Niezwykły obiekt o streamline'owej architekturze powstałej w okresie postulowanej dominacji form quasi-narodowych.

34 Wyznaczono trzy zasadnicze ciągi funkcjonalno-kompozycyjne, przy których planowano zgrupowanie usług oraz najważniejszych obiektów społecznych – ul. Zgierską przy Starym Rynku oraz ulice Bojowników Getta i Z. Pacanowskiej. Mimo niepełnej realizacji gmachów użyteczności publicznej założenie to pozostało w znacznym stopniu czytelne. Zgodnie z postulatami doktryny w najbardziej reprezentacyjny sposób ukształtowano zamknięcia układu, które zyskały bardziej monumentalne obiekty, tzw. śródmiejskie bloki mieszkalno-handlowe. Nacisk położono zwłaszcza na zachodnią oprawę przyulicznych bloków ul. Zachodniej, częściowo północną oraz południową (tam najciekawszy blok zespołu o bogatej plastycznej dekoracji, ul. Podrzeczna 2/4) zamkniętą Parkiem Staromiejskim. Kompozycyjnym punktem kulminacyjnym osiedla staromiejskiego stał się Stary Rynek.

35 Największe zmiany dotyczyły wytyczenia dwóch ulic na osi północ–południe, ulicy Z. Pacanowskiej oraz Sz. Harnama. Poważna modyfikacja dotyczyła także ulicy Wschodniej, która kończyła się teraz na Parku Staromiejskim i nie łączyła się z ul. Wolborską.

36 Nazwa zespołu nie jest nazwą w znaczeniu prawnym, administracyjnym, a nadana przeze mnie w celu porządkującym.

37 W latach 1949–1956 założono w Łodzi pięć nowych parków, kilka innych zmodernizowano, zorganizowano zaczątek ogrodu botanicznego oraz szereg skwerów i zieleńców. Wszystkie opracowania, poza konkursowymi, sporządzono w łódzkiej Pracowni Projektów Komunalnych. Ich autorem w większości był K. Chrabelski.

38 Ogromną wagę do stworzenia szwów zielonych oraz odcięcia za pomocą zieleni zabudowy nowej od starej przywiązywał autor koncepcji dzielnicy Bałuty, Ryszard Karłowicz, informacje uzyskane w trakcie wywiadu, maj 2006.

39 Por. *Parki Łodzi*, red. J. Mowszowicz, Łódź 1962.

40 Kryteria wyróżniające dobra kultury współczesnej opracowane przez warszawski oddział SARP-u i uzupełnione podczas seminarium poznańskiego: Kryterium nowatorstwa architektonicznych, przestrzennych i technicznych rozwiązań, Kryterium kontekstu na etapie tworzenia, jak i późniejszej lokalizacji, Kryterium tradycji miejsca, Kryterium symbolu, Kryterium uznania współczesnych, Kryterium próby czasu i zachowania walorów przestrzennych i estetycznych, Kryterium unikalności i kompletności, Kryterium konserwatorskiej autentyczności materii, Kryterium reprezentatywności.

41 W czerwcu 2011 r. Miastograf zainicjował we współpracy z autorką artykułu wystawę poświęconą łódzkiemu socrealizmowi, pt. *Poza planem*, połączoną z wykładem i spacerami po zabytkach socrealizmu w Łodzi.

Niederschlesische Arbeiterwohnsiedlungen. Charakteristik, Bedrohung und Potenzial – vier Beispiele

Dolnośląskie osiedla robotnicze. Charakterystyka, zagrożenia i potencjał na przykładzie czterech wybranych zespołów

Lower Silesian Working-Class Housing Complexes. Characteristics, Risk and Potential – four Examples

Szymon Brzezowski

Osiedla robotnicze stanowią interesujące tło dla coraz bardziej ożywionego dyskursu dotyczącego realizmu socjalistycznego w Polsce, w tym również architektury tego okresu, który skupia się jednakże póki co na realizacjach metropolitalnych. Tło zarówno historyczne – ukazujące specyfikę tego okresu z nieco odmiennej, oddalonej od głównego nurtu, perspektywy, jak i bieżące, przy próbach oceny aktualności architektury socrealizmu dzisiaj. Poniższy referat stanowi jedynie próbę nakreślenia ogólnej charakterystyki, oszacowania zagrożeń oraz zaproponowania kierunku działań mogących uchronić te niejednokrotnie unikatowe zespoły przed postępującą degradacją, jednakże przy jednoczesnym stawianiu pytania o ich wartość historyczną, artystyczną, społeczną i dalszą rolę.

Warto pamiętać, iż kilka z takich założeń powstało nawet pół dekady przed najbardziej znanymi, klasycznymi już dziś realizacjami w większych miastach. Jest to istotne, zarówno biorąc pod uwagę sytuację gospodarczą kraju – pamiętać należy, iż propagandowym priorytetem była odbudowa stolicy – jak i z punktu widzenia uwarunkowań politycznych panujących w sztuce, w tym w architekturze. Socrealizm w Polsce, jako obowiązująca metoda twórcza został legitymizowany w roku 1949, odezwą wieńczącą czerwcową Krajową Naradę Architektów Partyjnych i o kilka dni późniejszym wystąpieniem Bolesława Bieruta na posiedzeniu PZPR[1], zaś na reprezentatywne przykłady jego zastosowania trzeba było poczekać jeszcze dwa lata. Biorąc pod uwagę powyższe fakty, osiedla robotnicze stanowią pewien ewenement – były to zespoły o poważnej skali, często wielofunkcyjne, powstające jednakże na peryferiach i – pozornie – pozostające na marginesie zainteresowania. Sytuacja taka wynikała z konieczności szybkiego przywrócenia sprawności gospodarce – głównie strategicznym gałęziom przemysłu – w tym wypadku górnictwu, ale i przemysłowi papierniczemu. Do pierwszoplanowych inwestycji należały również zakłady wydobycia rud pierwiastków promieniotwórczych w Kowarach i Stroniu Śląskim, które pozyskiwały materiał głównie na potrzeby przemysłu nuklearnego ZSRR. Stwarzało to na pewno pożądany kontekst propagandowy, jeśli uwzględnić również fakt, iż tłem wydarzeń były – jak je w tym czasie określano – Ziemie Odzyskane. Osiedla te ustępują Nowej Hucie czy MDM-owi rozmachem, skalą, bogactwem detalu czy wręcz jakością zastosowanych materiałów i technologii,

niemniej stanowią interesujące dopełnienie obrazu krótkiego i niezwykle specyficznego momentu w polskiej architekturze, jakim było wprowadzenie realizmu socjalistycznego.

Wybrane przykłady – oprócz położenia geograficznego – łączy również cecha, która uwypukla pewien zakres zagadnień, do tej pory w badaniach nad architekturą i urbanistyką socrealistyczną traktowany dość pobieżnie. Osiedla te powstawały na terenach słabo zurbanizowanych, często trudno dostępnych, o ubogiej infrastrukturze[2], zaś próby wdrożenia zdyscyplinowanego charakteru urbanistycznego wraz z wielkomiejskimi cechami architektury stały często w jaskrawym kontraście ze skalą zabudowy istniejącej i surową przyrodą. Wyczuwalny jest dysonans pomiędzy programowym monumentalizmem i rygoryzmem rozwiązań urbanistycznych i architektonicznych realizmu socjalistycznego, w których zieleń ujmowana była w formy quasi-barokowe, a krajobrazem nieprzetworzonym. W tym sugestywnym kontekście warto zatem zwrócić uwagę na rolę zieleni i terenów zielonych w kształtowaniu zespołów i poszczególnych obiektów w architekturze omawianego okresu. Jest to zagadnienie wykraczające poza ramy niniejszego referatu, zasługujące na odrębną analizę, niemniej warto je mieć na uwadze.

Dobrymi przykładami ilustrującymi poruszaną problematykę mogą być cztery osiedla zlokalizowane w obrębie Kotliny Jeleniogórskiej na Dolnym Śląsku: osiedle pracowników zakładów celulozowych »Celwiskoza« w Jeleniej Górze, osiedle pracowników zakładów wydobycia wapienia w Wojcieszowie, osiedle pracowników zakładów wydobycia rud uranu w Kowarach oraz osiedle pracowników Fabryki Maszyn Papierniczych (FAMPa) w Cieplicach. Uznać je można za najbardziej reprezentatywne, choć uzupełnić mógłby je zespół budynków dla pracowników zakładów włókienniczych Orzeł w Mysłakowicach, osiedle robotnicze w Złotoryi i kilka pomniejszych realizacji. Są to kompleksy o różnej skali i charakterze – od miastotwórczego w swym założeniu zespołu w Kowarach, po kameralne osiedle FAMPa. Najbardziej interesującymi z punktu widzenia urbanistycznego są zespoły w Wojcieszowie i Kowarach. W przeciwieństwie do osiedli w Cieplicach i Jeleniej Górze, były one lokalizowane w mniejszych miejscowościach, co skutkowało słabszym wpływem zastanego kontekstu. Osiedle w Wojcieszowie zaprojektowane zostało w latach 1948–1949 przez Tadeusza Brzozę[3] przy współpracy m.in. Mariana Barskiego. W założeniu – choć wydaje się niedokończone i miejscami przypadkowe, o nie do końca czytelnej zasadzie kompozycyjnej – rozpoznać można pewną sekwencję przestrzenną, szczególnie w strefie wejściowej. Dostęp do osiedla aleją odchodzącą od drogi głównej flankowany jest przez dwa bliźniacze budynki dwukondygnacyjne, kryte wysokimi, stromymi dachami, charakterystycznymi zresztą dla wszystkich budynków osiedla. Wjazd prowadzi na wewnętrzny dziedziniec zagospodarowany obecnie w formie skweru, z drzewostanem, od strony południowej domknięty wyższym, czterokondygnacyjnym, dwuklatkowym, typowym dla osiedla budynkiem mieszkalnym (poszczególne budynki w obrębie założenia różnią się jedynie wystrojem elewacji) o niecodziennej dla socrealizmu, prostej, geometrycznej kompozycji elewacji. Od zachodu przestrzeń ograniczona jest bryłą kolejnego budynku mieszkalnego nieco zsuniętą z osi alei wjazdowej, jednakże posiadającą wystrój elewacyjny o typowo socrealistycznym rodowodzie. Pierzeja północna dziedzińca pozostaje niedomknięta – trudno ustalić, czy była to decyzja zamierzona, czy też założenie pozostało niedokończone. Do dziedzińca, który opisać można jako reprezentacyjny, od strony zachodniej przylega prostokątna w rzucie przestrzeń o charakterze placu wewnętrznego, przypuszczalnie pomyślanego jako centralny punkt życia społecznego, o czym świadczyć może czterokondygnacyjny budynek mieszkalny z lokalami usługowymi w parterze, tworzący północną pierzeję. Po stronie przeciwnej plac ograniczony jest kolejnym budynkiem typowym. Osiedle rozwija się w kierunku wschodnim wzdłuż osi wschód–zachód, wyznaczonej przez aleję wjazdową, oraz ku południu. Jego struktura, szczególnie na przedłużeniu osi wjazdowej, staje się bardziej swobodna, m.in. poprzez wprowadzenie budynków niższych, bardziej kameralnych, o wyjątkowo prostej jak na socrealizm, wręcz modernistycznej, kompozycji elewacji. Zorientowane są one pod kątem w stosunku do siatki, na której zaprojektowano całe założenie. W kierunku południowym od dziedzińca wejściowego odchodzi ulica, wzdłuż której ustawiono budynki typowe, wśród nich obiekt wzniesiony po stronie południowej – jako drugi w obrębie zespołu – posiada typowo socrealistyczny koncept elewacyjny. Nie w pełni powiodła się tutaj próba wprowadzenia miejskich założeń w dziewiczym terenie – przestrzeń cechuje brak ciągłości, ram przestrzennych i odpowiednich napięć pomiędzy poszczególnymi budynkami. Przy zastosowanej skali problematyczne staje się komponowanie zabudowy z powtarzalnych obiektów wolno stojących, które cechuje w odniesieniu do proporcji rzutów, przekrojów i elewacji podobieństwo do zwartej, gęstej tkanki pierzejowej. Miejskiemu charakterowi budynków i ich wystrojowi brakuje tym samym odpowiedniego kontekstu, przez co sprawiają nienaturalne wrażenie, zaś całe założenie staje się niespójne. Zachwiana wydaje się być proporcja gęstości substancji budowlanej i przestrzeni wolnej. Użyte środki, charakterystyczne dla struktury miejskiej, przy tym stopniu rozrzedzenia stwarzają wrażenie pustki i generują kłopoty z kształtowaniem przestrzeni pomiędzy poszczególnymi budynkami, którą trudno zdefiniować. O ile można przypisać funkcje i hierarchię strefie wejściowej, dziedzińcowi, placowi w obrębie osiedla, o tyle spora część terenu niezabudowanego pozostaje niezagospodarowana w wyniku braku pomysłu. W efekcie budynki o wielkomiejskich cechach stoją pośród łąk, nieużytków i innych, chaotycznie rozmieszczonych obiektów budowlanych – wiat, pawilonów, baraków. Trudno powiedzieć, czy jakakolwiek kontynuacja założenia byłaby w stanie je dopełnić i stworzyć odpowiednie ramy.

Ciekawą cechą zespołu jest występowanie w jego obrębie odmiennych podejść estetycznych do kształtowania elewacji – w tym odbiegającego od socrealistycznego kanonu geometryzmu, co świadczy o braku dogmatycznych odruchów zarówno w podejściu projektantów, jak i decydentów.

Założeniem podobnym, choć zaprojektowanym ze zdecydowanie większym rozmachem, wynikającym m.in. z aury propagandowej, było osiedle górnicze dla pracowników zakładów wydobycia rud uranu R-1 w Kowarach. Znaczenie propagandowe było podwójne – tak z racji strategicznego charakteru ośrodka przemysłowego, jak i dlatego, iż było to pierwsze – powstałe w latach 1948–52 – osiedle na terenach, które po wojnie znalazły się w granicach Polski.

Oprócz zabudowy mieszkaniowej, składającej się z kilku typów budynków o zróżnicowanej skali (podobnie jak w Wojcieszowie, część substancji osiedla stanowią budynki czterokondygnacyjne, o rzucie prostokątnym, kryte stromymi dachami kopertowymi – forma flagowa dla socrealizmu), w skład osiedla wchodził kompleks szkoły podstawowej oraz gmach domu kultury autorstwa Kazimierza Bieńkowskiego przy współpracy Pawła Jassema (autora całego osiedla) wraz zespołem – wyjątkowy ze względu na swój monumentalny charakter i stosunkowo bogaty wystrój zarówno zewnętrzny, jak i wewnętrzny. Osiedle zlokalizowano na wzgórzu, co z pewnością skutkowało trudnościami projektowymi i realizacyjnymi. Niemniej posiada ono bardziej czytelny charakter niż kompleks w Wojcieszowie. Zadecydowano m.in. o wprowadzeniu zabudowy pierzejowej po obwodzie zespołu, co pozwala zdefiniować pewne ramy przestrzenne założenia, choć w jego obrębie dominuje stosunkowo gęsta i regularna, niemniej wolno stojąca zabudowa. Podobnie jak w przypadku Wojcieszowa, problemem jest brak określonego charakteru przestrzeni niezabudowanej, tam, gdzie nie zyskała ona z góry narzuconej, często prozaicznej i pragmatycznej funkcji – chodnika, ulicy, strefy wejściowej, boiska etc. W tym wypadku osobliwe wrażenie robi gmach domu kultury. Wzniesiony na skraju osiedla, wyrasta na tle zbocza górskiego. Brak mu właściwej gmachom miejskim – skąd czerpie swą formę – oprawy, zarówno w postaci tkanki budowlanej, jak i odpowiednio zakomponowanej przestrzeni publicznej. W efekcie obiekt – choć najbardziej prestiżowy w formie i przeznaczeniu – wydaje się usytuowany przypadkowo, na peryferiach zespołu, niejako »na doczepkę«.

Wrażenie braku integralności jest jednakże w przypadku Kowar nieco mniej intensywne niż w Wojcieszowie. Na przykładzie stanu istniejącego można bowiem próbować dowieść zasadności stosowania komponowanej zieleni jako skutecznego spoiwa urbanistycznego. Regularny rytm szpalerów wzdłuż uliczek dojazdowych wprowadza wrażenie pewnej ciągłości i gęstości, nadając miejscu charakter kameralnego osiedla miejskiego, nie zaś osady. Są to nasadzenia stosunkowo nowe, trudno powiedzieć, czy takie rozwiązanie pojawiło się w projekcie oryginalnym, niemniej podwyższa ono z pewnością walory zespołu.

Dwa pozostałe osiedla – w Jeleniej Górze i Cieplicach – różnią się od omówionych już przykładów bliskością ukonstytuowanego organizmu miejskiego (oba znajdują się w obrębie protoaglomeracji Jeleniej Góry), oba też stanowią kontynuację i dopełnienie zastanych układów. W związku z powyższym cechuje je dużo większa regularność siatki ulic i kompozycji przestrzennej.

Osiedle pracowników »Celwiskozy« w rejonie ul. Morcinka i Malczewskiego rozwinęło się z regularnej tkanki istniejącego osiedla okazałych willi i wolno stojących reprezentacyjnych kamienic przyległego do ul. Wolności, jednej z głównych arterii Jeleniej Góry. W przeciwieństwie do Wojcieszowa i Kowar, większa część tworzącej je zabudowy to kameralne, jednoklatowe budynki dwukondygnacyjne, z poddaszami użytkowymi, kryte stromymi dachami. Skala obiektów i zdyscyplinowana kompozycja osiedla powodują wrażenie ciągłości i spójności z zabudową istniejącą, a jednoczesne wykorzystanie warunków terenowych – osiedle zlokalizowane jest na stoku – stwarza ciekawy klimat nieco zbliżony charakterem do założeń willowowych. Strukturę zabudowy uzupełniają trzy wyższe budynki wielorodzinne o opisywanej już, typowej dla socrealizmu formie, hotel robotniczy oraz zespół szkoły[4].

Problemem pozostaje przestrzeń półpubliczna. W przypadku osiedla willowego o podobnej skali teren wokół budynków zagospodarowany byłby przez poszczególnych właścicieli w obrębie podziałów własnościowych. Powstając przy obiektach wielorodzinnych, stawała się kolektywna, czyli w praktyce niczyja. Niska intensywność zabudowy sprzyja jednakże głębszej identyfikacji mieszkańców z otoczeniem oraz poczuciu przynależności. W wyniku tego można spostrzec miejscowe, spontaniczne anektowanie nieużytków w bezpośredniej bliskości budynków mieszkalnych i ich zagospodarowanie na przydomowe ogródki, co wpływa korzystnie na humanizację przestrzeni. Podobnie jak w Kowarach, próby wprowadzania zorganizowanej zieleni – często co prawda incydentalnej i dziś niepielęgnowanej w postaci szpalerów i żywopłotów wzdłuż ciągów komunikacyjnych, podnoszą walor przestrzeni publicznej.

Zbliżone charakterem, choć mniejsze skalą, jest osiedle pracowników FAMPy w Cieplicach, które stanowi kontynuację starszego, powstałego jeszcze przed wojną osiedla robotniczego w tym miejscu. Budynki z lat pięćdziesiątych, dwukondygnacyjne, podpiwniczone, z poddaszem w pierwotnym zamierzeniu nieużytkowym, kryte dachami kopertowymi, nawiązują gabarytami do zabudowy istniejącej, przez co część powojenna harmonijnie stapia się z kontekstem. Osiedle posiada regularny, prostokątny układ obwodowy, zorganizowany wokół wewnętrznej parceli, na której zlokalizowano osiem budynków i jest niejako zwrócone do wnętrza, co podkreśla jego kameralny charakter. Układ osiedla, jego wielkość i kompozycja oraz liczba mieszkańców warunkowana niską intensywnością, sprzyjają rozwojowi lokalnej społeczności. Jest to jedyne założenie wśród opisanych, gdzie obecnie zaobserwować można pozytywne objawy życia sąsiedzkiego.

Niewątpliwie jednym z podstawowych zagrożeń dla opisywanych zespołów jest powszechny w Polsce problem z rozumieniem i poszanowaniem przestrzeni. Ma na to wpływ stopień dojrzałości estetycznej i inteligencji kulturowej społeczeństwa, które po 20 latach od zmian ustrojowych dopiero osiąga poziom, jaki panuje w krajach o ugruntowanej tradycji odpowiedzialności za otoczenie. Problem ten dotyczy ogólnie polskiej przestrzeni, a w szczególności tego, co leży na styku sfery publicznej z własnością prywatną – nie tylko stosunku do obiektów socrealistycznych, choć w tym wypadku do głosu dochodzi dodatkowo niejednokrotnie negatywny sentyment oraz lekceważenie, wynikające z powierzchownej i często skażonej wiedzy na temat istoty realizmu socjalistycznego.

W ostatnich latach zainteresowanie zarówno specjalistów – historyków, historyków sztuki, architektów, jak i ogółu sztuką lat czterdziestych i pięćdziesiątych sprowokowało wielowymiarową dyskusję na temat osiągnięć tego okresu, przyczyniając się być może nie tyle do objęcia wielu z tych obiektów bezpośrednio legalną ochroną czy nawet programami badań, ale przynajmniej do odczarowania problematyki, na której do tej pory ciążyło odium uniemożliwiające rzetelną analizę. Na peryferiach jednakże, gdzie obiekty socrealistyczne pozostają anonimowe, ich istnienie i los bywają często niezauważone.

Dużą przeszkodą w przypadku wszelkich działań dotyczących obiektów powstałych w pierwszym piętnastoleciu po wojnie jest brak lub słaby dostęp do materiałów źródłowych, wynikający zazwyczaj z niedostatecznych procedur archiwizacyjnych. O ile w dużych ośrodkach miejskich dysponujących odpowiednimi instytucjami, procedurami i nakładami finansowymi możliwe jest odnalezienie przynajmniej części materiałów – ulokowanych niekiedy w różnych zasobach – o tyle w mniejszych ośrodkach bywa to niemożliwe[5]. Oprócz zaniedbań i problemów natury technicznej, przyczyną opisanego stanu rzeczy jest również wspomniana wyżej nonszalancja w traktowaniu architektury socrealistycznej, której odmawia się statusu »zabytkowej«, godnej poważnego traktowania, dodatkowo w świadomości wielu ludzi skażonej systemem, w jakim powstawała. Coraz trudniejsze jest również dotarcie do twórców i świadków powstawania obiektów z tego okresu. Wiele z obiektów tworzących opisane zespoły znajduje się obecnie w złym stanie lub też nie spełnia obowiązujących wymogów techniczno-użytkowych. Jednym z podstawowych problemów, z jakimi borykają się właściciele obiektów zabytkowych i z którym często nie są w stanie sobie skutecznie poradzić, jest poprawa parametrów cieplnych ścian zewnętrznych. W praktyce podczas procesu termomodernizacji zakrywa się często wszelkie elementy detalu architektonicznego kilku- lub kilkunastocentymetrową warstwą ocieplenia. Budynki tracą bezpowrotnie swój charakter. Spotkało to m.in. niektóre obiekty w obrębie jeleniogórskiego osiedla dla pracowników zakładów »Celwiskoza«, również obiekty w Wojcieszowie, gdzie w trakcie dociepliania zakryto gzymsy i opaski okienne i inne detale – elementy być może nie kunsztowne i same w sobie niezbyt wartościowe, jednakże urozmaicające elewacje i podkreślające proporcje brył.

Innym zjawiskiem, równie często następującym w wyniku termomodernizacji, jak i pojawiającym się niezależnie, jest spontaniczna zmiana kolorystyki i faktur elewacji. Jak większość tego typu działań w Polsce, odbywa się to w oparciu o arbitralne decyzje inwestora bądź wykonawcy, bez konsultacji ze specjalistami, czy to w zakresie estetyki rozwiązań, czy choćby zagadnień technicznych (sposób przygotowania podłoża, ewentualnie zastosowanie tynków renowacyjnych, wykorzystanie odpowiednich farb lub tynków barwionych etc.). W efekcie charakterystyczne faktury, jak terrabona, czy też powstałe w wyniku zastosowania tynków na bazie grubych kruszyw kryte są warstwami niskiej jakości farby bądź wypraw tynkarskich o typowej i monotonnej fakturze tzw. baranka czy kornika. Do tego dochodzi wymiana stolarki bez zwracania uwagi na kolorystykę czy zachowanie podziałów, co wpływa na odbiór proporcji budynków.

Tego typu działania prowadzone są często w sposób doraźny, bywa, że z pominięciem procedury administracyjnej oraz bez właściwej dokumentacji, nie wspominając o przygotowaniu inwentaryzacji stanu istniejącego, co pogłębia trudności w dotarciu do opracowań dokumentujących stan pierwotny.

W przypadku remontów elewacji niestety brak jest też odpowiedniej wiedzy przy odtwarzaniu kolorystyki. Niemal regułą jest nieprzeprowadzanie odpowiedniego rozpoznania i ignorowanie pierwotnych warstw malarskich. Zdarzają się też drastyczne odejścia od jakichkolwiek zasad kompozycji i kolorystyki. Pomiędzy pierwszą a drugą wizytą autora w Wojcieszowie, w przeciągu niespełna roku, pomalowano elewacje eksponowanych budynków strefy wejściowej osiedla w krzykliwe żółcie i zielenie, co zdegradowało nie tylko same budynki, ale ma też wpływ na odbiór całego fragmentu zespołu.

Nie ulega wątpliwości, iż elewacje, dachy i inne elementy wielu z omawianych obiektów wymagają gruntownego odnowienia ze względu na zużycie lub niską jakość materiałów użytych pierwotnie[6]. Jest to jednakże idealna szansa – niestety wielokrotnie skutecznie zaprzepaszczana – by wprowadzić rozwiązania korespondujące z charakterem architektury, wykorzystując przy tym technologie niedostępne ponad 60 lat temu.

Charakter wielu osiedli robotniczych, bez względu na czas ich powstania, wiąże się z zasadą powtarzalności, rygoru kompozycyjnego i ograniczonej, ściśle określonej w ramach przyjętego katalogu rozwiązań gamie środków architektonicznych. W przypadku osiedli modernistycznych i socrealistycznych różny jest być może język estetyczny i aura ideologiczna, niemniej te aspekty wydają się być dla obu nurtów wspólne i wyrastać z jednego pnia[7]. Ze względu na dyscyplinę kompozycyjną są to organizmy czułe na wszelkie zmiany, z drugiej zaś strony odmienne realia panujące w momencie ich powstawania generują dziś szereg problemów. Jednym z nich są obecne standardy mieszkaniowe związane z metrażem, dostępem do urządzeń sanitarnych, czystością powietrza etc. Aktualnie panujący charakter własności umożliwia większą swobodę w dysponowaniu poszczególnymi nieruchomościami. W efekcie część użytkowników, czy to lokatorów, czy zarządców, w mając na uwardze partykularny interes, podejmuje działania mające na celu polepszenie jakości lokali – np. powiększenia powierzchni. W wielu wypadkach brak jasnych regulacji w przypadku obiektów z tego okresu, przy zdecydowanie łagodniej funkcjonującym aparacie administracji budowlanej, umożliwia zmiany w postaci niekontrolowanej rozbudowy, nadbudowy, zmiany geometrii dachów i kompozycji elewacji, skutkujących naruszeniem integralności przestrzennej poszczególnych obiektów i całych założeń. Niejednokrotnie też odbywa się to w ramach samowoli[8], co wynika m.in. ze wspomnianego wcześniej braku zrozumienia dla zasad kompozycyjnych, wrażliwości estetycznej oraz partykularyzmu w traktowaniu przestrzeni. Przykładem mogą być często spotykane zmiany bryły w partii dachu. W obrębie osiedla FAMPy w Cieplicach; jego trzon stanowią skromne budynki o symetrycznej fasadzie, której główna oś z portykiem wejściowym akcentowana jest niewielką, prostą lukarną z naczółkiem w postaci tympanonu, powstają obecnie lukarnowe portfenetry. Lokalizowane bez relacji do istniejących podziałów, przeskalowane, z obcą ornamentyką (np. w obrębie balustrad) burzą zarówno kompozycję samej bryły, jak i naruszają w pewnym stopniu uporządkowany charakter osiedla.

Charakterystyczny dla wszystkich omawianych przykładów jest brak elementów zagospodarowania terenu i małej architektury oraz zachowania zasad w komponowaniu zieleni. Być może te aspekty nie były nigdy przedmiotem oryginalnych projektów, niemniej działania w zakresie ich uporządkowania, uzupełnienia i wzbogacenia miałyby korzystny wpływ nie tylko dla osiedli jako tworów architektonicznych i urbanistycznych, ale również – a może i przede wszystkim – dla kondycji lokalnych społeczności. W omawianych przykładach ewidentnie brakuje czytelnego pomysłu na przestrzeń wspólną – zarówno w odniesieniu do funkcji, jak i rozwiązań estetyczno-formalnych w zakresie nawierzchni, kompozycji zieleni, elementów małej architektury, takich jak ławki, stoliki, kosze na śmieci, etc. Wiele z założeń miałoby szansę ożyć i podnieść swą wartość, również w kontekście miejscowości, w których się znajdują, w wyniku odświeżających interwencji.

Odkrywanie i dbanie o spuściznę socrealistyczną mogłoby niekiedy przynieść korzyści miejscowościom, w których takie obiekty się znajdują, gdzie miałyby szansę wzbogacić ofertę turystyczną.

Niestety fundamentalna zmiana, jaka musi się dokonać, aby skuteczniej można było przeciwdziałać niszczeniu i umożliwić dalszy rozwój tych i wielu innych osiedli, nie ma natury tylko i wyłącznie legislacyjnej. Efektywność takich zmian wiąże się bowiem z wyżej wspomnianą dojrzałością społeczeństwa. Dotyczy to nie tylko właścicieli, ale również sprawnej administracji. Wiele mogłyby pomóc dobrze przygotowane plany miejscowe, uwzględniające, rozumiejące i w swych zapisach dbające o specyfikę omawianych założeń. W przeciwieństwie do działań konserwatorskich, takie opracowania umożliwiłyby nie tylko ochronę, ale również wskazywałyby kierunki rozwoju. Ratunkiem dla wielu z tych założeń jest bowiem nie tylko utrwalenie, ale również odnalezienie i rozwijanie ich roli w zmieniającym się kontekście przestrzennym i społecznym.

Kurzfassung

Arbeiterwohnsiedlungen machen einen interessanten Teil des Bauwesens des Sozialistischen Realismus aus. Am Beispiel von vier Siedlungen in Cieplice (Bad Warmbrunn), Jelenia Góra (Hirschberg), Kowary (Schmiedeberg) und Wojcieszów (Kauffung), die für die Arbeiter der nahe gelegenen Industriebetriebe gebaut wurden, illustriert der Beitrag den historischen Charakter der Anlagen, heute auftretende Probleme und Möglichkeiten zukünftiger Maßnahmen und Entwicklungen an.

Die Analyse umfasst einen kurzen historischen Abriss mit einer Beschreibung der städtebaulichen Komposition und der architektonischen Merkmale der einzelnen Objekte. Verwiesen wird auf die aus der geographischen Lage resultierenden Beziehungen zur Landschaft – die Siedlungen entstanden oft in unbesiedelten Gebirgsregionen – und auf die Rolle von Grünflächen. Es handelt sich um interessante Komplexe u. a. auch wegen ihrer Bauzeit – sie entstanden zeitgleich mit bekannteren Projekten des Sozialistischen Realismus.

Bedrohungen für viele Objekte des Sozialistischen Realismus, insbesondere für die in der Provinz, liegen im geringen gesellschaftlichen Bewusstsein für die Bedeutung des Sozialistischen Realismus und für den historischen und künstlerischen Wert der einzelnen Objekte. Dazu tragen häufig auch mangelnde Beachtung der Stadt- und Landesplanung und der bestehenden gesetzlichen Regelungen bei. Das führt nicht nur zur Vernachlässigung der Gebäude und der umgebenden Flächen, sondern auch zu schädlichen Eingriffen wie Änderungen der Fassaden, der Farbgebung und des äußeren Erscheinungsbildes.

Abstract

This paper presents an interesting motif in building of the socialist realism period – working-class housing complexes. The author, based on the example of four complexes in Cieplice, Jelenia Góra, Kowary and Wojcieszów, built for the employees of the nearby industrial enterprises, aims at illustrating their character, the problems that affect them, at the same time signaling the possibilities for further activities and development.

The analysis includes a short historical outline with the description of the urban composition and architectonic features of the particular objects. Attention is drawn to the relationship resulting from the geographic location between the complexes discussed and the landscape – they were often erected in a virgin mountainous area – and to the role of arranged greenery. These complexes are interesting due to, among others, their dating – they were erected quite early compared to the realization of the best-known socialist realism objects.

The risk for many socialist realism objects – especially for those located out of town – has its source, first of all, in a low social awareness related to the essence of socialist realism and the value of the particular objects. A frequent lack of respect for space and related regulations also contribute to this situation. This results not only in neglecting the objects and the surrounding areas but also in harmful activities such as changes to the elevation composition, color scheme and building form.

Przypisy

1. Bolesław Bierut już w wystąpieniu w 1947 r. wskazał wyraźne zalecenia dla kierunku rozwoju polskiej sztuki – w efekcie, ze względu na bardziej palące problemy, na wprowadzenie nowej metody ogłoszono 2-letnie moratorium.
2. Wojcieszów dopiero w 1973 r. uzyskał prawa miejskie, do tego czasu był osadą. Opisywane osiedle było projektowane dla 5000 mieszkańców. Obecnie populacja całego Wojcieszowa liczy ok. 4000 mieszkańców.
3. Tadeusz Brzoza był autorem m.in. projektu Domu Turysty w Zakopanem (1949–1952) oraz – wraz ze Zbigniewem Kupcem – współautorem m.in. jednej ze sztandarowych realizacji okresu realizmu socjalistycznego we Wrocławiu – Wydziałów Budownictwa Lądowego i Elektrycznego Politechniki.
4. Charakter okolicy został skutecznie naruszony wskutek wybudowania wysokich bloków mieszkalnych w latach późniejszych, pośrodku kwartału opisanej zabudowy.
5. W zasobach archiwalnych Jeleniej Góry zachowały się wyjątkowo ubogie materiały dotyczące osiedli FAMPy oraz Celwiskozy.
6. Analiza wielu z tych przykładów uświadamia wysoki – pomimo braków w zaopatrzeniu i niedostatków technologicznych – poziom rzemiosła budowniczych w porównaniu z paradoksalnymi ograniczeniami umiejętności dzisiejszych fachowców.
7. Wszak czołowy modernista zaangażowany w ideę osiedli robotniczych, Ernst May, realizował swe projekty w Związku Radzieckim w latach trzydziestych.
8. Warto zwrócić uwagę, iż jedynym skutecznym sposobem regulacji możliwości wprowadzania zmian jest obecnie ochrona konserwatorska w postaci wpisu do odpowiedniej ewidencji zabytków bądź wyrażona konkretnymi zapisami w planach miejscowych. Organ administracji architektoniczno-budowlanej wydając decyzję o pozwoleniu na budowę, nie ocenia rozwiązań budowlanych oraz estetycznych. Poprawa stanu rzeczy jest jednak niemożliwa bez wzrostu świadomości społecznej. Powszechność samowoli budowlanych zaś tłumaczyć można z jednej strony brakiem poszanowania dla prawa, ale i mocno zbiurokratyzowanymi procedurami oraz opieszałością urzędów.

IV.

Der architektonische Nachlass des Sozialismus in mittel- und osteuropäischen Städten

Architektoniczna spuścizna socjalizmu w miastach środkowej i Wschodniej Europy

The Architectural Legacy of Socialism in Central and Eastern European Cities

Von der Sowjetunion lernen, heißt siegen lernen?
Sowjetarchitektur in Mittel- und Osteuropa

Uczyć się od Związku Radzieckiego, to uczyć się zwyciężać?
Architektura radziecka w Europie Środkowej i Wschodniej

Learning from the Soviet Union Means Learning to be Victorious?
Soviet Architecture in Central and Eastern Europe

Dmitrij Chmelnizki

Nach seiner Eroberung Osteuropas 1945 begann Stalin nach seinem Gusto zu reformieren.

Neue prosowjetische Marionettenregierungen sollten lernen, wie man auf sowjetische Art und Weise organisierte Staaten regiert. Dabei musste unter anderem auch die sowjetische Architektur auf den europäischen Boden verpflanzt werden.

Die sowjetische Architektur hatte jedoch vor dem Krieg selbst eine fünfzehnjährige, 1929 begonnene Umwandlung erfahren.

Bis Ende der 1920er Jahre war die Architektur in der UdSSR ein Teil der europäischen Architektur gewesen. Die sowjetische Diktatur mit ihrer pathologischen sozial-wirtschaftlichen Struktur störte die freie Entwicklung der modernen Architektur, aber die künstlerische Freiheit blieb bis zu einem bestimmten Zeitpunkt außer Gefahr.

Die neue Wirtschaftspolitik Lenins, die 1921 deklariert wurde, löste das Verbot der privaten wirtschaftlichen Tätigkeiten in bestimmten Grenzen auf.

Für Architekten bedeutete das die Möglichkeit, wieder selbstständig zu arbeiten und private Aufträge zu bekommen. Aber solche Aufträge gab es wenig. Da die ganze Industrie nationalisiert worden war, wurde der Staat (in Form verschiedener Ämter und Trusts) zum Hauptbauherr für alle sowjetischen Architekten. Der sowjetische Staat war von vornherein an eine politische Diktatur mit expansionistischen Zielen. Deswegen war seine Hauptaufgabe, die Militärindustrie so schnell wie

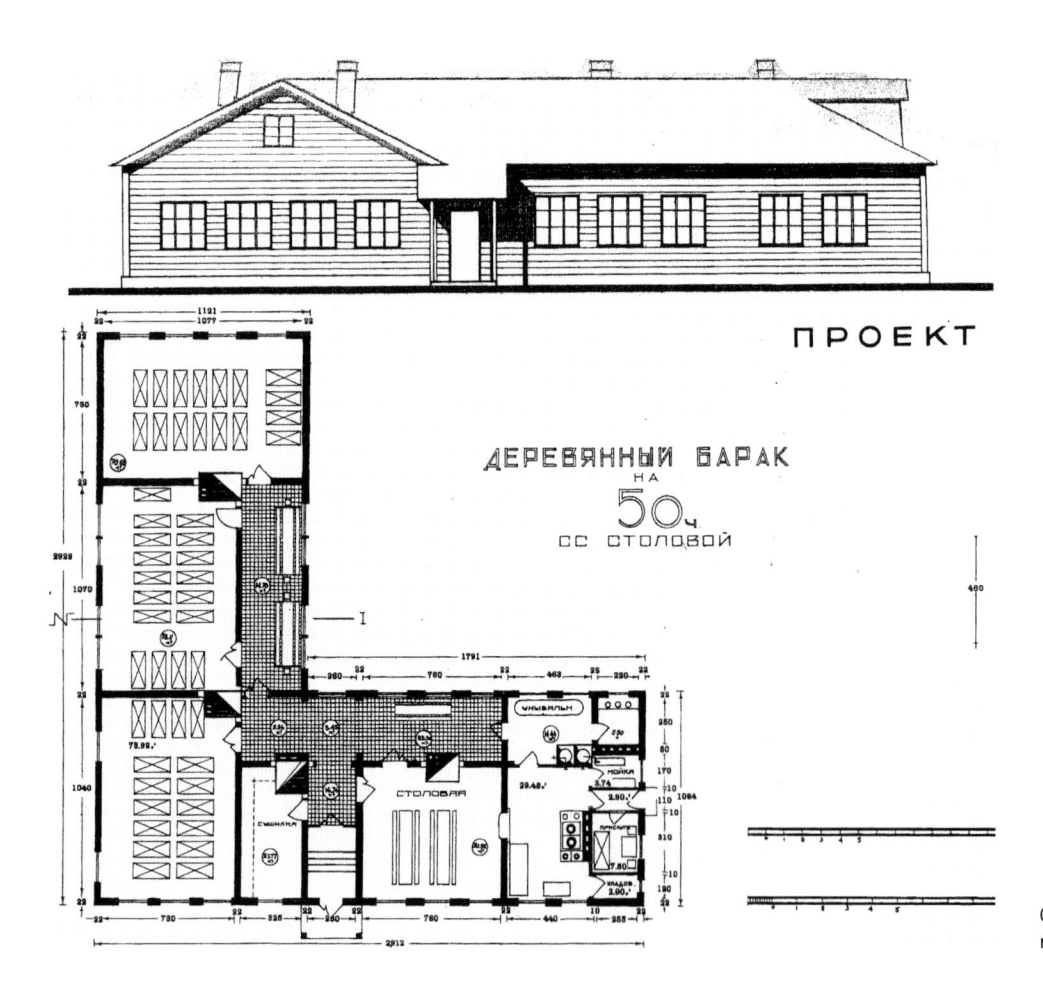

01. Baracken-Kaserne für 50 Bewohner. Entwurf

möglich zu entwickeln. Es gab so gut wie keine sozialen Programme, deswegen war der Umfang des Bauens, das soziale Bedeutung hatte, damals äußerst gering.

In den 1920er Jahren baute man sehr wenig Arbeiterwohnungen und Arbeitersiedlungen. Und diese Wohnungen waren meistens gemeinschaftliche Wohnungen, für mehrere Familien, mit gemeinsamen Sanitäranlagen und Küchen. In Entwürfen für große Industriebetriebe dieser Zeit wurden die Wohnräume verschiedener Typen vorgesehen – von Kasernen-Baracken bis zu den Einfamilienhäusern der Werkleitung (dabei auch Arbeiterwohnungen), aber die Finanzierung dieser Siedlungen war vom Anfang an nicht gesichert und keine von ihnen wurde später, während des Ersten Fünfjahresplan, in der geplanten Form realisiert. Die Zahl der Wohnhaustypen reduzierte sich praktisch bis zu gemeinsamen Baracken für Arbeiter und Einfamilienwohnungen für die dünne Schicht der leitenden Elite.

Diese Zeit der sogenannten »sowjetischen Avantgarde« war trotzdem die beste Zeit in der Geschichte der sowjetischen Architektur. Aus dieser Zeit blieb sehr wenig gute Architektur übrig, weil überhaupt wenig gebaut wurde. Diese Epoche aber gab uns die Mehrzahl der Entwürfe von mehren sehr guten, wenn auch nicht genialen Architekten, die nur damit weltberühmt geworden sind.

Das war nur deswegen möglich, weil damals in der UdSSR trotz des ideologischen Terrors kein künstlerischer Terror herrschte. Das Regime war für die totale künstlerische Zensur noch nicht reif.

Es gab keine einheitliche künstlerische Politik. Die Parteielite war in Geschmackssachen relativ unabhängig. Die modernen Architekten (Konstruktivisten) – wie auch Klassizisten und Eklektiker hatten innerhalb der Parteiführung eigene Gönner. Alle Architekten waren gezwungen (wie alle andere Sowjetbürger), politische Treue zu deklarieren, aber in den künstlerischen Fragen waren sie frei. Fast alle professionellen und theoretischen Probleme konnten offen diskutiert werden.

Man durfte sogar unabhängige künstlerische Vereinigungen gründen, obwohl sie offiziell anzumelden sehr schwierig war. Meistens arbeiteten Architekten in den staatlichen Planungsbüros, konnten aber auch private Aufträge annehmen und im eigenen Namen handeln.

Und noch eine sehr wichtige Frage. In den 1920er Jahren wurden sehr viele Architekturwettbewerbe ausgeschrieben. Und diese Wettbewerbe waren echt. Das bedeutet, dass bekannt war, wer der Auftraggeber war, und die Jury bestand aus bekannten Fachleuten (nicht nur aus Parteifunktionären wie später). Die Entscheidungen wurden nicht geheim und anonym getroffen, sie waren begründet und verbindlich, der erste

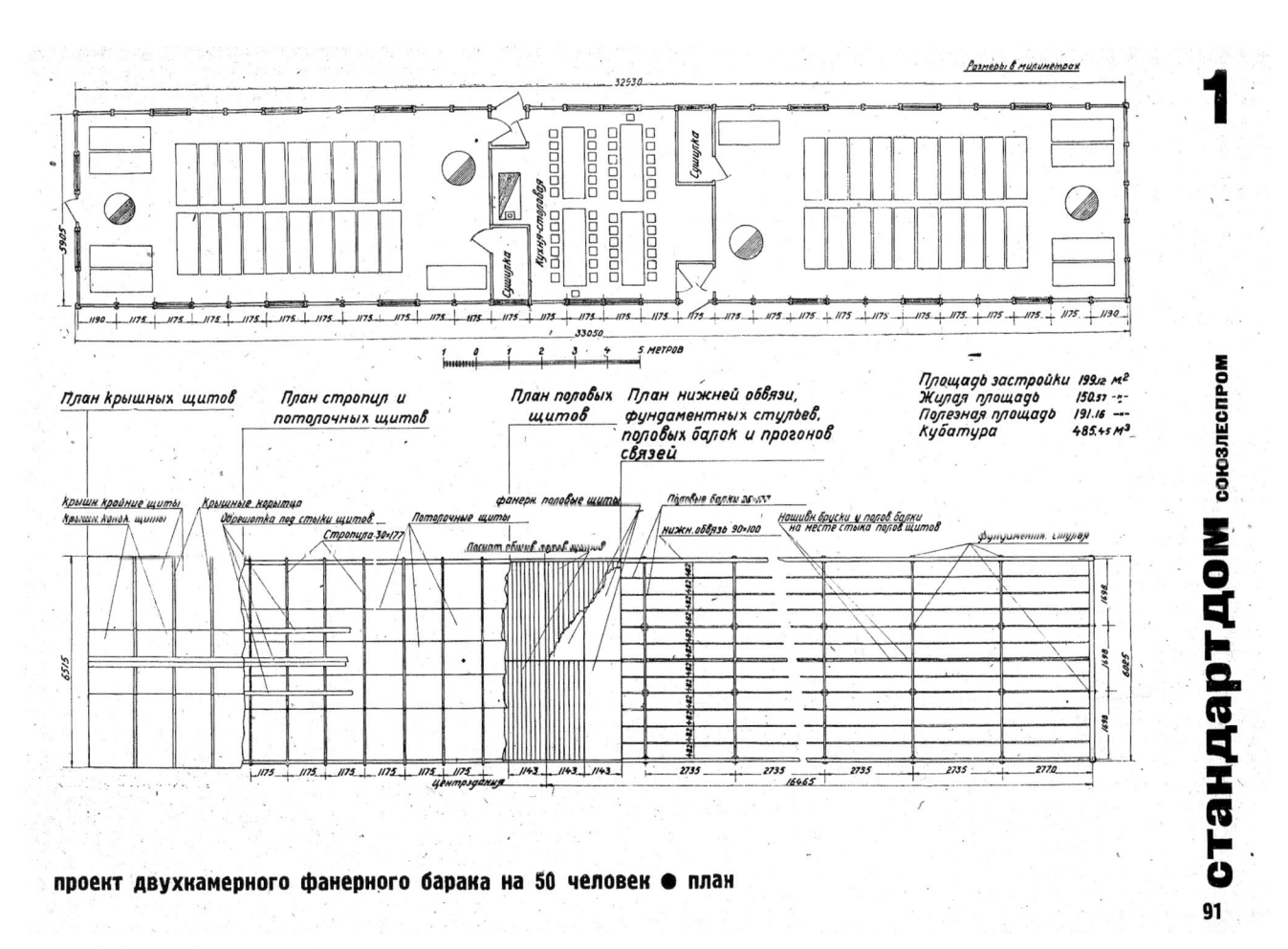

02. Baracke für 50 Arbeiter. Entwurf

Preisträger bekam normalerweise den Auftrag. Eigentlich, nur dank diesen Wettbewerben ist die sowjetische Architektur der Vorstalinzeit weltberühmt geworden.

Erst 1929, als Stalin an die absolute Macht gelangte, begann ihre Mutierung und Verwandlung in die stalinistische (totalitäre) Architektur.

Als Erstes kam es noch in den Jahren 1928–29 faktisch zu einem Verbot der Diskussion über Kunst.

Stalin hat die Gründung der sogenannten »proletarischen Vereinigungen« in allen Kulturbereichen initiiert, darunter auch die »Vereinigung der proletarischen Architekten« – VOPRA. Die Mitglieder von VOPRA vertraten keine eigene künstlerische Richtung, aber sie verstanden sich als Parteikomitee in der Architektur und wollten an die Macht.

In den theoretischen Kämpfen zwischen den Vereinigungen hatten alle Gegner jetzt nur ein Ziel – die anderen, vor allem aber die Parteiführung zu überzeugen, dass ihre Vereinigung marxistischer als alle anderen ist.

Seltene Versuche, über die wirklichen künstlerischen und theoretischen Probleme zu reden, wurden als antimarxistische und antiproletarische Äußerungen betrachtet. Auf die Beschuldigungen nicht zu reagieren und sich vor Vorwürfen nicht zu verteidigen war auch gefährlich, das konnte zur Verhaftung führen. Das war gerade die Zeit des allgemeinen politischen Terrors im Staat. In der Parteisprache hieß es »Die Verstärkung des Klassenkampfs«.

Im Jahr 1930 geschah die Liquidierung der beruflichen Freiheit – alle Architekten wurden gewaltsam in Staatsdiener umgewandelt. Private Architekturtätigkeit wurde verboten, alle Planungsarbeiten hat man an verschiede Planungsbüro und Institute verteilt, die bestimmten Ämtern untergeordnet wurden. Zwischen 1928 und 1932 hat man in der UdSSR alle unabhängigen gesellschaftlichen Organisationen aufgelöst, von Berufsverbänden (technische, medizinische, künstlerische) bis zu verschiedenen Interessenvereinen. Stattdessen wurden die von Staat und Partei kontrollierten quasigesellschaftlichen Unionen gegründet. Schon im Jahr 1932 existierte in der UdSSR das vom Staat unabhängige gesellschaftliche Leben nicht mehr. Im April 1932 verabschiedete das Zentralkomitee einen speziellen Erlass, nach dem alle alten künstlerischen Organisationen aufgelöst und durch entsprechende einheitliche Unionen ersetzt werden sollten.

Das bedeutete ein offizielles Verbot der individuellen künstlerischen Ansichten.

Seitdem gab es in der Sowjetunion keine überzeugenden Konstruktivisten, Rationalisten, Klassizisten mehr. Es gab nur sowjetische Architekten, die eine gemeinsame Vorstellung von Architektur hatten. Diese Vorstellung änderte sich ständig entsprechend den aktuellen Entscheidungen der Partei- und Regierungsorgane. Die Architektur im ganzen Land unterstand der ständigen Kontrolle der Union der sowjetischen Architekten, die die Rolle eines Zensuramtes spielte.

Dieser organisatorischen Reform folgte eine Reform des staatlichen Stiles.

Im Februar 1932 wurden die Preisträger im Wettbewerb für den Palast der Sowjets genannt. Die Entscheidung darüber traf ohne Zweifel Stalin persönlich.

Die höchsten Preise haben drei Entwürfe bekommen, alle mehr oder weniger eklektischer Art. Keiner der drei hatte etwas mit moderner Architektur zu tun. Die modernen Entwürfe mehrerer bekannter europäischer und sowjetischer Architekten (darunter die Entwürfe von Le Corbusier, Gropius u. a.) hat man außer Acht gelassen.

Das war ein eindeutiger Hinweis des Politbüros – moderne Architektur ist von diesem Moment an unerwünscht und de facto verboten. Gefragt ist nur die eklektische, historisch stilisierte Architektur mit prachtvoll dekorierten Fassaden.

Welcher Art? – Das wird im Laufe der Zeit geklärt.

So liquidierte Stalin die künstlerische Freiheit. Von nun an wurde vorgeschrieben, in dem Stil, der der Parteiführung gerade gefiel, zu projektieren.

Gleichzeitig hat man alle persönlichen Kontakte zwischen sowjetischen und westlichen Architekten abgebrochen. In den 1920er Jahren war die sowjetische Architektur ein Teil der Weltarchitektur. Seit 1932 waren die sowjetischen Architekten von der westlichen Welt durch den »Eisernen Vorhang« isoliert.

Dann begann der Prozess der Umschulung der Architekten. In Moskau hat man einen speziellen Ausschuss unter der Leitung

03. Lehmhütte. Magnitogorsk. 1930er Jahre

04. Sozgorod Kuznezkstroj. 1930er Jahre

IV. The Architectural Legacy of Socialism in Central and Eastern European Cities

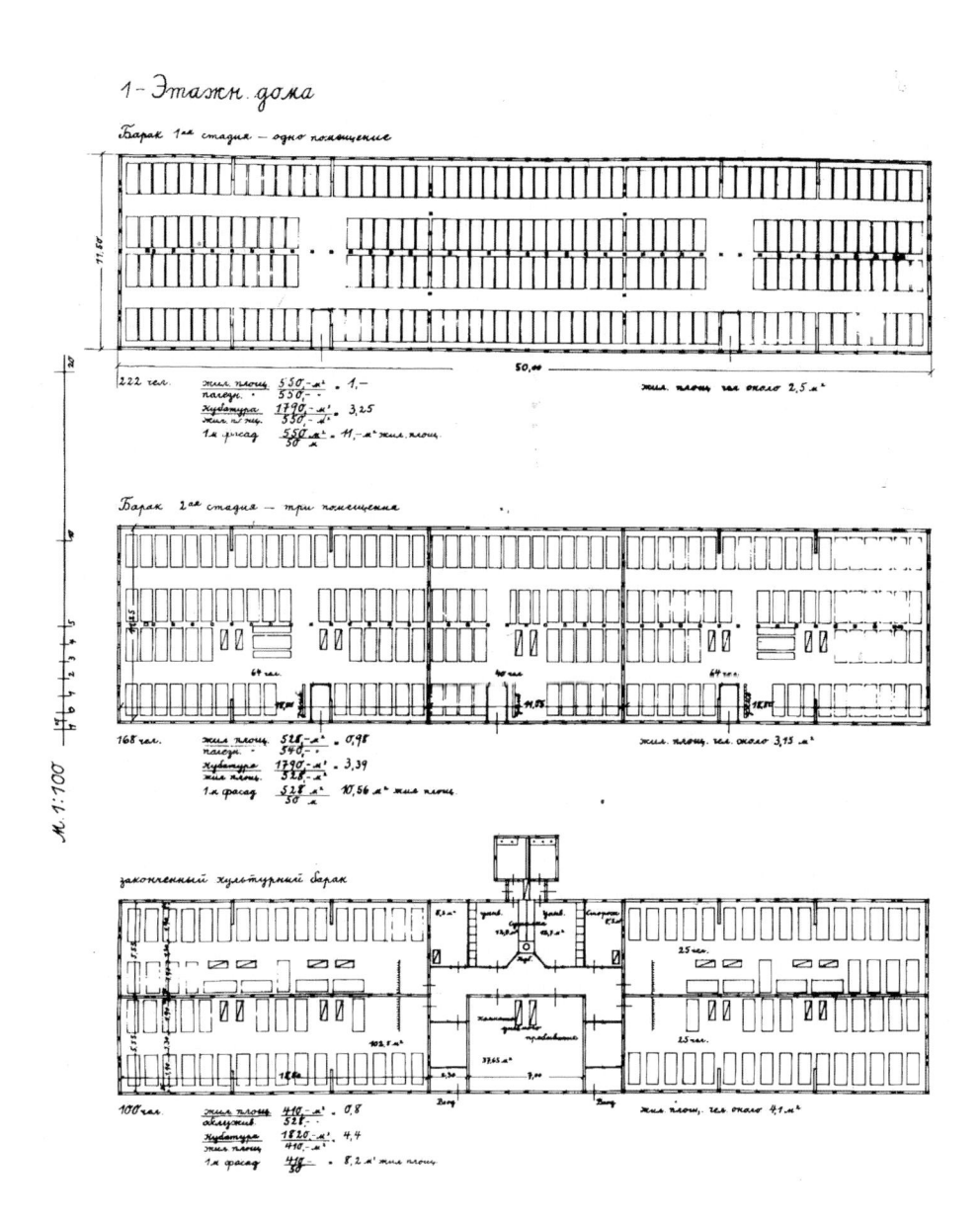

05. Entwurf einer »wachsenden Baracke«, Walter Schwagenscheidt, 1932

der Stalin nahestehenden Architekten – Schussew und Soltowski gegründet. Aufgabe des Ausschusses war es, alle wichtigen neuen Entwürfe (und einige schon bereits genehmigte) zu kontrollieren und überarbeiten zu lassen, sodass neue stilistischen Regeln berücksichtigt werden. Viele schon im Bau befindliche und sogar bereits fertiggestellte Bauten sollten dabei umgeplant und neu dekoriert werden.

Dann kam die Reform der Architektenausbildung. Nicht nur Architekturstudenten, auch diplomierte Architekten waren gezwungen, die Kunst der »Wiederbelebung des klassischen Erbes« neu zu lernen. Alle Architekten der UdSSR wurden zu Klassizisten. Die wenigen, die sich an die neue Situation nicht anpassen konnten oder nicht anpassen wollten, sind aus der Architektur verschwunden.

Nach der Liquidierung von NEP konnte Stalin alle Ressourcen des Landes in eigener Hand konzentrieren, um den Prozess anzufangen, der als »Industrialisierung der Wirtschaft« bezeichnet wurde. In Wirklichkeit war das der Prozess der totalen Militarisierung des Landes auf Kosten der Bevölkerung, deren Lebensstandard bis zum absoluten Minimum sank. Hauptaufgabe des ersten Fünfjahresplanes war der Aufbau der Militärindustrie, der es Stalin erlaubte, in den nächsten 10–12 Jahren die stärkste Armee in Europa aufzustellen.

Die ganze Arbeit in der UdSSR wurde zur Zwangsarbeit verschiedener Art, darunter Sklaverei in der Industrie (GULAG) und Leibeigentum in der Landwirtschaft (Kolchosen).

Wenn die Innenpolitik der Sowjetmacht in den 1920er Jahren nicht sozial war, dann wurde die stalinsche Innenpolitik in den 1930er Jahren antisozial. Ihr Ziel war es, die Lebensbedingungen des Volkes zu verschlechtern, um die Mitteln und Ressourcen für militärische Zwecke zu gewinnen.

Für die Architektur bedeutete das totale Veränderungen und Verzerrungen der professionellen Werte und Regeln.

Parallel dazu vollzog sich eine abrupte Veränderung der Architekturtypologie. Der Massenwohnungsbau in seiner zivilisierten Form wurde abrupt eingestellt. Der Begriff »Arbeiterwohnung« war schon 1929 ganz aus der Presse verschwunden. Als sowjetische Wohnarchitektur publizierte man nun nur noch

06. Wohnhaus des Rates der Volkskommissare in Moskau, Boris Iofan, 1930

teure und prunkvoll gestaltete Gebäude, die Häuser für die sowjetische Parteiführung.

Die künstlerische Arbeit der Architekten sollte sich auf die Projektierung von Ministerien, Theatern und palastähnlichen Parteiresidenzen konzentrieren.

Die stalinsche Architektur hatte keinen sozialen Inhalt mehr. Die wichtigste Aufgabe der Architektur – Lebensraum der Menschen zu entwickeln und zu verbessern – war der sowjetischen Architektur unter Stalin absolut fremd. Sie wurde feudal und erfüllte zwei Hauptaufgaben:

1. Sie bediente nur die engere obere Schicht der Bevölkerung mit komfortablen Wohnungen und notwendigen Einrichtungen
2. Sie dekorierte die zentralen Plätze und Straßen als monumentale zeremonielle Ensembles, die Staatsmacht symbolisieren sollten.

In den 1920er Jahren waren Einfamilienwohnungen für Arbeiter keine Realität, sondern ein ideologischer Traum der Architekten, wie auch aller anderen. Im Jahr 1929 aber verschwand aus dem Berufslexikon der sowjetischen Architekten der Begriff »Arbeiterwohnung« im Sinne »Einfamilienwohnung«.

Es wurde zunächst erklärt, dass die einzige richtige Form der Arbeiterwohnungen Kommunenhäuser mit gemeinsamen Toiletten, Duschen und Küchen sind. 1929–1930 hat man eine ganze Reihe von Architektur-Wettbewerben für Kommunenhäuser ausgeschrieben.

Aber schon im Sommer 1930 wurden alle Diskussionen über die sogenannten sozialistischen Städte und Massenwohnungen abgebrochen, weil es dabei es um die Arbeitersiedlungen mit Zentralheizung, Kanalisation, Sanitäranlagen und gemeinschaftlichen Räumen ging.

Die für den Aufbau der neuen Arbeitersiedlungen vorgesehene staatliche Finanzierung schloss das alles aus. Die Finanzierung reichte nur für gemeinsame Holzbaracken oder Lehmhütten ohne jegliche Einrichtungen. Mitte der 1920er Jahre betrug die Wohnfläche für eine Person in den sowjetischen Städten 5,5 m². Anfang der 1930er Jahre sank sie auf 3–3,5 m², in einigen neuen Industriestädten sogar auf 1,7–2 m² pro Person. Ende der 1930er Jahre betrug diese Fläche 3,5–4 m² pro Person und änderte sich bis Mitte der 1950er Jahre nicht mehr. Das war eine geplante Situation. Es gab bei Stalin keine Regierungspläne, die die Lösung des Problems der Wohnungsnot vorsehen würden.

Die Entwürfe der Massenwohnungen hat man nie mehr in der Architekturpresse veröffentlicht. Stattdessen waren die sowjetischen Architekturzeitschriften voll von den Abbildungen von pompösen und reich geschmückten Hochhäusern für Partei- und Staatsfunktionäre (2–4 % der Bevölkerung), die aber als »Wohnhäuser für alle« präsentiert wurden.

Architekturtypologie der stalinistischen Zeit war äußerst primitiv. Sie beinhaltete so gut wie keine gesellschaftliche Infrastruktur wie Kaufhäuser, Restaurants, Cafés, Schulen, Kindergärten usw.

Sogenannte »sozialistische Städte« bei Industriebetrieben sahen aus wie große und sehr primitive Barackensiedlungen ohne Komfort und ohne notwendigste Einrichtungen. Wenige Lebensmittelgeschäfte, Warenverteiler (Raspredeliteli) und Schulen befanden sich auch in den Baracken. In jeder Siedlung gab es öffentliche Bäder, da es in den Baracken keine Waschmöglichkeiten gab.

Bei jedem größeren Werk gab es auch eine kleine separate Siedlung mit ordentlichen und komfortablen Ein-, Zwei- und Mehrfamilienhäusern für leitende Ingenieure und Parteifunktionäre.

Die Rationierung der Wohnräume wie auch die Rationierung von Lebensmitteln, Kleidung, Schuhen und anderen Waren war streng hierarchisch und separat organisiert.

07. Wohnhaus in der Kotelnitscheskaja Ufe in Moskau, Entwurf Dmitrij Tschetschulin, 1948

In Zentren von Siedlungen und Städten befand sich normalerweise ein Paradeplatz mit den wichtigsten Gebäuden der Stadt – mit Gebäuden des Parteikomitees, des Sowjets, manchmal des Militär- oder OGPU- Stabs. Auf einem der zentralen Plätze sollte ein Theatergebäude, meistens in Form eines antiken Tempels, stehen. In den kleineren Siedlungen oder Städten – Haus oder Palast der Kultur. Diese Theater dienen als Symbole des Kulturlebens. Stalin liebte Theater, insbesondere Oper. Die Schauspieler gehörten zu den privilegierten Schichten der Bevölkerung. Aber vor allem dienten Theatersäle für politische Zwecke – für die Durchführung der Parteitagungen und Konferenzen.

Typologisch war die sowjetische Architektur der Stalinzeit feudal. Damit unterscheidet sie sich von der Architektur der europäischen Länder der 1920–50er Jahre, wo Massenwohnungsbau und moderner Städtebau zu den wichtigsten Aufgaben des Staats und entsprechend der Architektur gehörten. In der stalinistischen Architektur gab es solche Probleme gar nicht. Stalinistischer Städtebau war eine Kunst der Dekorierung der zentralen Plätze und Straßen. Die Stadt als Lebensraum von mehren Tausend oder Millionen von Menschen sollte im Bewusstsein der sowjetischen Architekten gar nicht existieren.

Die stalinistische Architektur weist eine Reihe immanenter Eigenschaften auf, die sie als totalitär und von normaler Architektur unterscheidet. Hierzu gehören:

1. Der staatliche Dienst aller Architekten.
2. Staatliche künstlerische Zensur.
3. Einführung eines einheitlichen staatlichen Stiles.
4. Verbot der persönlichen künstlerischen Ansichten.
5. Stark reduzierte Typologie der Architektur.
6. Verzicht auf die soziale Bedeutung der Architektur.
7. Harte hierarchische Rationierung der Architekturprodukte.
8. Die Vernachlässigung der funktionalen und praktischen Seiten der Gebäude zugunsten ihrer Verwendung als Straßendekorationen und Symbole der Staatsmacht.

Diese Architektur sollte nach 1945 in alle von der Roten Armee besetzten osteuropäischen Länder exportiert und dort eingepflanzt werden. Den osteuropäischen Architekten, die sich unglücklicherweise auf diesem Territorium befanden, stand es nun bevor, genau diese Architektur zu erlernen. Ein typisches Muster der Architektur dieser Art war Palast der Wissenschaft und Kultur, der im Zentrum Warschaus von sowjetischen Häftlingen in den 1950er Jahren aufgebaut wurde.

Streszczenie

Po podbiciu Europy Wschodniej w 1945 r. Stalin zaczął ją reformować według własnego gustu. Należało między innymi przenieść zdobycze architektury radzieckiej na ziemie europejskie. Architektura radziecka sama jednak przed wojną doświadczyła piętnastoletnich przeobrażeń, które rozpoczęły się w 1929 r. Do końca lat dwudziestych architektura w ZSSR stanowiła część architektury europejskiej. Dopiero gdy Stalin doszedł do władzy absolutnej, rozpoczęła się jej mutacja i przemiana w architekturę stalinowską.

Najpierw, już w latach 1928–29, doszło do rzeczywistego zakazu dyskusji o sztuce. Potem nastąpiła likwidacja wolności zawodowej – wszyscy architekci przekształceni zostali w urzędników państwowych. W końcu, w roku 1932, Stalin zlikwidował wolność artystyczną. Od tego momentu z góry narzucano projektowanie w tym stylu, który podobał się kierownictwu partii. Równolegle odbywała się nagła zmiana typologii architektury. Z dnia na dzień przerwano masowe budownictwo mieszkaniowe w jego dotychczas cywilizowanej formie. Pojęcie »mieszkanie robotnicze« już w 1929 r. całkowicie zniknęło z prasy. Jako przykład radzieckiej architektury mieszkaniowej prezentowano już tylko drogie i pełne przepychu budynki, będące domami radzieckiego kierownictwa partyjnego.

Praca artystyczna architektów miała skoncentrować się na ministerstwach, teatrach, i przypominających pałace rezydencjach partyjnych.

Architektów Europy Wschodniej, którym – nieszczęśliwie – przyszło projektować w tym czasie na jej terytorium, czekała teraz nauka nowej, socrealistycznej architektury.

Abstract

After conquering the East of Europe in 1945, Stalin began to reshape it as he thought best, with relish. This involved, among other things, transplanting Soviet architecture onto European soil.

Before the war Soviet architecture had itself, though, undergone a metamorphosis which had begun in 1929 and continued for fifteen years. Architecture in the Soviet Union had been part of European architecture until the end of the 1920s, and it was only after Stalin had achieved absolute power that it began to mutate and metamorphose into Stalinist architecture.

The first stage became apparent when any kind of discussion of art was effectively prohibited in 1928–29. This was followed by the liquidation of professional freedom, as all architects were compelled to become civil servants. Finally, in 1932, Stalin abolished artistic freedom. Thereafter, the compulsory style in which designs were to be made was the one that found favor in the leadership of the party.

At the same time there was an abrupt change in the type of architecture. There was a sudden stop to civilized large-scale housing construction. The term »working-class home« had already completely disappeared from the press in 1929. Now only those expensive and elaborately decorated buildings where the Soviet party leadership lived were publicized as examples of Soviet residential architecture.

Architects were to concentrate their artistic effort on plans for ministries, theatres, and palatial Party residences. It was just this kind of architecture that architects who had the misfortune to be in Eastern Europe at the time were about to learn.

Schutz des architektonischen Erbes der 1920er bis 1950er Jahre in Minsk. Gegenwärtige Situation

Ochrona dziedzictwa architektonicznego lat 1920–1950 w Mińsku. Stan obecny

Protection of Architectural Heritage of the 1920–1950s in Minsk. Current Situation

Eugenij Morozow

Kiedy mówimy o socjalistycznym realizmie w architekturze, to przede wszystkim wspominamy Moskwę jako centrum tego zjawiska. Jako najbardziej wyraziste przejawy tego stylu obowiązkowo wymieniamy także aleję Karola Marksa w Berlinie, Pałac Kultury i Nauki oraz Dzielnicę Marszałkowską w Warszawie. Wśród tych dużych i pięknych miast należy postawić także Mińsk. Unikalny jego charakter polega nie na wzniosłości zespołów paradnych. Bodajże trudno znaleźć miasto w Europie, które można byłoby porównać z Mińskiem pod względem tempa rozwoju w połowie XX w. W okresie pierwszych 20 lat władzy radzieckiej liczba mieszkańców Mińska zwiększyła się dwukrotnie i przed II wojną światową wynosiła 260 tys. osób, a w okresie następnych 25 lat zwiększyła się do 1 mln. Taki wzrost, oprócz prawidłowych procesów urbanizacji, uwarunkowany był racją ideologiczną: do 1939 r., kiedy Mińsk znajdował się w odległości mniejszej niż 40 km od granicy z państwami kapitalistycznymi, odgrywał on rolę forpoczty Związku Radzieckiego – miasta wzorowego społeczeństwa socjalistycznego. Po II wojnie światowej Mińsk był prawie zrujnowany, liczba mieszkańców zmniejszyła się do 60 tys. osób, odbudowa miasta miała naprawdę heroiczny charakter. Dzisiaj Mińsk jest wyrafinowanym wzorcem socjalistycznej urbanistyki, w którym dość dużą część stanowi spuścizna z okresu lat 1940–1950.

W okresie lat 1920 – początku 1930 władze radzieckie aktywnie rozwijały miasto. Zostały tu założone duże zespoły budynków Białoruskiego Uniwersytetu Państwowego, Politechniki, Narodowej Akademii Nauk, Pierwszego Szpitala Klinicznego, rozpoczęto budowę Biblioteki Narodowej, Teatru Opery i Baletu, klubów dla robotników oraz kin. Głównymi architektami miasta byli młodzi absolwenci WCHUTEINu- (WCHUTNMASu-) (Wyższe Warsztaty Techniczne i Artystyczne), którzy przynieśli ze sobą idee konstruktywizmu. Tutaj, w oddaleniu od dyskusji teoretycznych, w warunkach braku normalnej bazy budowlanej, akademicki konstruktywizm jeszcze bardziej stawał się uproszczonym oraz przybierał swoiste cechy minimalizmu. Większa część budynków, wybudowanych w stylu konstruktywizmu, została rekonstruowana oraz zdekorowana jeszcze

01. Dom Rządu 1929–1934. Architekt I. G. Langbard

02. Aleja Niepodległości. Widok na Główny Sklep Uniwersalny

w latach 1930–1950. Budowle szeregowe, które przetrwały do dnia dzisiejszego, ze względu na swój nadzwyczaj ascetyczny wygląd zewnętrzny, obecnie są postrzegane masowo jako coś szpetnego i znikają z oblicza ziemi w miarę pojawienia się popytu na grunty, na których się znajdują.

Brzmi zabawnie, ale Mińsk pełnoprawnie może pretendować do roli kolebki »stalinowskiego empire«. Właśnie tu w 1929 r. został wybrany w konkursie ogólnozwiązkowym, a później zrealizowany, projekt budynku Domu Rządu, w którym wyraźnie odczytuje się monumentalizm, oparty na symetrii i powrocie do proporcji klasycznych. Można to odbierać jako wielkie zwycięstwo kierunku neoklasycznego w architekturze radzieckiej, które zapoczątkowało pełną porażkę radzieckiego awangardyzmu w konkursie projektów Pałacu Sowietów w Moskwie. Architekt mińskiego Domu Rządu I. G. Langbard jeszcze przed rewolucją ukończył Akademię Sztuk Pięknych w Petersburgu, tam rozpoczął swoją działalność twórczą, dla której charakterystycznym było wystąpienie cech neoklasycyzmu. W architekturze mińskiego Domu Rządu autor potrafił najbardziej dokładnie uosobić obraz tworzonego w tym okresie aparatu administracyjnego, nadając budynkowi kształt stożkowaty, opracowując jego zewnętrzną formę za pomocą lakonicznych pionowych pilonów (il. 01). Według planu pierwotnego budynek powinien był mieć dziedziniec wewnętrzny, zamykany przez galerię-trybunę. W toku realizacji projektu zrezygnowano z galerii, zamiast której wzniesiono pomnik W. I. Lenina, dzięki czemu ogólna kompozycja budynku jeszcze bardziej przypominała pałac epoki klasycyzmu. Godnym uwagi jest to, że budynek, kiedyś największy w republice, nigdy nie był poddany rekonstrukcji. Na jego dachu powiewały się flagi Białorusi Radzieckiej, Niemiec faszystowskich w okresie okupacji, w latach dziewięćdziesiątych XX w. ozdabiało go godło i flaga niepodległej Białorusi oraz dzisiejsze symbole państwa.

Po zakończeniu II wojny światowej plan odbudowy Mińska opracowywała plejada architektów, z których większość była delegowana z Leningradu (Sankt Petersburga). Wynikiem ich pracy była zasadnicza rekonstrukcja miasta, w wyniku której powstał najbardziej harmonijny zespół architektury radzieckiej z okresu lat pięćdziesiątych – aleja Stalina (obecnie – aleja Niepodległości) (il. 02). Mińska aleja swoją skalą jest bliższa alei Newskiej w Sankt Petersburgu niż do ulicy Twierskiej (Gorkiego) w Moskwie. Elewację frontową budynków wykonano dość skrupulatnie – elementy mają sprawdzone proporcje. Trudno znaleźć wśród szeregowych zabudowań nawet dwa jednakowe domy – front każdego budynku ma indywidualne rozwiązanie. Jednocześnie powstaje całościowe wrażenie, dzięki któremu część centralna (pierwszy odcinek) prospektu jest postrzegana jako zakończony zespół architektoniczny, który przetrwał do dnia dzisiejszego praktycznie w pierwotnym wyglądzie.

Podczas powojennej rekonstrukcji Mińska architekci nie liczyli się z gruzami centralnej części miasta jako z pozostałością wartościową. Zgodnie z polityką państwową większość budynków sakralnych została zniesiona lub zasadniczo zrekonstruowana. Trasowanie centralnego prospektu bezlitośnie wyprostowano, w rezultacie czego w tym miejscu pozostały jedynie trzy budynki przedwojenne. Praktycznie wszystkie budynki, które spłonęły w pożarach, poddano rozbiórce, zamieniono je na nowe w stylu »stalinowskiego empire« lub zasadniczo przebudowane w tym stylu. Z jednej strony taka sytuacja powstała w związku z ogólną tendencją, która panowała w praktyce zawodowej architektów i projektantów, zaś z drugiej – w związku z nieobecnością elit narodowych, które mogłyby starać się o zachowanie spuścizny architektonicznej. Większość tutejszych elit została w latach trzydziestych faktycznie zniszczona podczas terroru stalinowskiego, a pozostała ucierpiała z przyczyny realnej lub wymyślonej współpracy z władzami okupacyjnymi.

Dzisiaj oficjalna ideologia białoruskiego państwa dostrzega w spuściźnie architektonicznej stylu »stalinowskiego empire« z lat pięćdziesiątych wysokie walory artystyczne. W państwowych mediach Mińsk nazywano »najpiękniejszym europejskim miastem«, mając na uwadze przede wszystkim główne place stolicy, Prospekt Niepodległości oraz inne zespoły reprezentacyjne »stalinowskiego empire«. Przy pomniku na placu Zwycięstwa co roku odbywa się uroczyste składanie wieńców, defilady i marsze. Wizerunek tego placu przedstawiono na kartach pocztowych. Plac został faktycznie symbolem Mińska.

03. Schemat centrum Mińska. Na czerwono zaznaczone budynki z lat 1920–1955 umieszczone na liście zabytków, na niebiesko – inne budynki z tego zakresu. Zaznaczone na różowo tereny wyróżnione jako zespoły realizmu socjalistycznego

Prawie połowa budynków, wizerunki których znajdują się na białoruskich banknotach, została wybudowana w połowie lat 1940–1950 z wykorzystaniem stylistyki »stalinowskiego empire«. Wśród nich należy wymienić budynek Akademii Nauk, Teatru Opery i Baletu, Galerii Sztuk, Banku Narodowego, Zespół Placu Zwycięstwa.

Większość budynków w centrum Mińska także została wzniesiona w latach pięćdziesiątych. Dzisiaj praktycznie wszystkie one znajdują się pod ochroną państwa (il. 03). Jednak należy zaznaczyć, że traktowanie tej spuścizny w najmniejszym stopniu nie odpowiada ogólnie przyjętym normom w zakresie ochrony i restauracji budynków. Powszechnie panuje tendencja »ulepszenia« wyglądu zewnętrznego budynków, dążenie do jaskrawych farb i uzupełniania drogimi materiałami oraz rzeźbę współczesną. Charakterystycznym przykładem tego może być rekonstrukcja Teatru Opery i Baletu, którą zakończono w 2009 r. (il. 04, 05). Oprócz zamiany zużytych konstrukcji i wyposażenia od nowa części scenicznej, rekonstrukcja dotknęła fasady i wnętrz budynku. Fasady zostały ozdobione współczesnymi rzeźbami z brązu. Jednym z argumentów na korzyść tych rzeźb była obecność kompozycji rzeźbiarskich w pierwotnych projektach architekta. Jednak te rzeźby, przedstawiające żołnierzy, robotników oraz kołchoźników, nigdy nie zostały zrealizowane, a ich tematyka nie odpowiada dzisiejszej kompozycji. Odnowione wnętrza teatru także nie odpowiadają pierwotnemu duchowi epoki, kiedy to powstał ten obiekt, przede wszystkim z przyczyny wykorzystania nowoczesnych materiałów wykończeniowych. W szczególności przykrą jest utrata kostki klinkierowej na placu przed teatrem – ostatniego wzorca autentycznego zagospodarowania terenu Mińska w latach trzydziestych.

04. Teatr Opery i Baletu. Widok przed rekonstrukcją

05. Teatr Opery i Baletu. Widok po rekonstrukcji

Nie da się zachować również zespołu części centralnej Prospektu Niepodległości. Projekty dwóch nowoczesnych hoteli »Kempiński« skończą ze staraniami historyków architektury skierowanymi na wpisanie go na listę Światowego Dziedzictwa UNESCO. Już trwa budowa obu hoteli. Dla wzniesienia jednego z hoteli, który będzie znajdował się w łęgu rzeki Świsłocz, bardzo blisko Prospektu Niepodległości, został prawie już zburzony zabytek architektury – budynek pierwszej stacji elektrycznej w Mińsku. Komitet ds. Ochrony Zabytków uciekł się do fortelu – fragmenty fasady budynku stacji elektrycznej zostaną usytuowane w innym miejscu w pobliżu miejsca pierwotnego, któremu zostanie nadany status zabytku zachowanego jedynie na papierze. Już nie mówimy o tym, że te nowoczesne budynki na zawsze zmienią jednolity charakter zespołu Prospektu Niepodległości w najbardziej kulminacyjnej jego części.

Wśród unikalnych obiektów spuścizny z lat 1920–1950 szczególną obawę wzbudza »zwykła« zabudowa osiedli mieszkaniowych wokół dużych zakładów przemysłowych, jak na przykład Mińskiej Fabryki Traktorów, Mińskiej Fabryki Samochodów oraz dziesiątek mniejszych zakładów. Do dzisiaj przetrwały nie tylko domy mieszkalne, lecz kluby dla robotników, polikliniki, biura przepustek w zakładach. W tych zabudowaniach architekci uosobili zasady estetyczne architektury, przy czym jednocześnie byli zmuszeni uwzględniać realia bazy budowlanej w tym okresie, stan gospodarki i warunki życia. Na początku wiele domów mieszkalnych nie miało kanalizacji, mieszkania ogrzewano piecami, a opałem było drewno. Na niektórych podwórzach nawet dzisiaj można znaleźć toalety i drwalnie. Dekorację szeregowych domów mieszkalnych wykonywano bardzo oszczędnie. Na fasadach budynków za pomocą zwykłego zdobnika wyróżniano pierwsze (parterowe) piętro, jeszcze jeden ozdobnik znajdował się pod dachem. Bardzo prosto urządzano portale wejściowe oraz okna. Budynki wznoszono z cegły, konstrukcje podłogowe oraz stropy międzypiętrowe wykonywano z drewna (il. 06).

Każde takie osiedle rozwijało się zgodnie ze swoim planem. W jego kompozycji dominowała główna oś, która łączyła zakład z dzielnicą. Przy tej alei sytuowano główne budynki, posiadające wystawny dekor, za nimi znajdowały się zwykłe zabudowania, baraki, indywidualne domy mieszkalne. Osobliwością takiego osiedla były także przestronne podwórza, gdzie rosło dużo drzew, krzewów i wysokich traw. Podwórza nigdy nie zagospodarowywano i mieszkańcy samodzielnie urządzali tu ogrody. Dzisiaj można tu spotkać jedynie gołębniki, których wcześniej było znacznie więcej. Takie dzielnice i dzisiaj zachowują swoją kameralność i zachwycają swoim zamkniętym światkiem. Tu za-

06. Dom przy ul. Stachanowskiej w osiedlu mieszkaniowym Mińskiej Fabryki Traktorów

chowało się wiele autentycznych elementów dekorowania: są to wazony, rzeźby przedstawiające pionierów, zwierzęta itd. Robotnicze osiedla najwyraźniej odtwarzają specyfikę historyczną okresu lat 1920–1950, jednakże ta część spuścizny także zanika. Urzędnicy nie dostrzegają wartości w ubogo dekorowanych niskich zabudowaniach. Referencje o zbadaniu i zachowaniu dzielnic kompleksowej zabudowy z okresu lat 1920–1950 znajdują się w załącznikach do Planu generalnego miasta Mińsk z 2010 r., jednakże nie są uwzględniane. Obecnie trwa proces zniesienia szeregowej zabudowy osiedla Fabryki Traktorów. W tym miejscu wprowadzona zostaje bardziej zwarta nowoczesna zabudowa, która zmienia oblicze architektoniczne osiedla. Dekorowane budynki, mieszczące się wzdłuż osi głównej osiedla, zostaną zachowane, jednak remont i modernizacja systemu ocieplania fasady powodują utratę autentycznych elementów i kolorystyki (il. 07).

07. Ocieplenie elewacji domów osiedla mieszkaniowego Mińskiej Fabryki Traktorów

Architektura socjalistycznego realizmu w Republice Białoruskiej jest oficjalnie uznawana za wartość kulturową, nadal pozostaje »przy życiu«, unowocześnia się i doskonali. W taki więc sposób »realizm stalinowski«, którego jednym z dogmatów była »siła żywotna«, udowodnił ją w praktyce. Obecni urzędnicy, odpowiedzialni za eksploatację budynków z okresu lat 1940–1950, traktują je nie jako eksponaty muzealne, wartościowe swoją autentycznością, a jako część swojej gospodarki, którą można przerabiać, zamieniać materiały, wzmacniając barwność i blask. Dążenie do ulepszenia powszechnie uznanych pomników i pozbycia się nieokazałych budynków jest dość popularne wśród mieszkańców, którzy są zainteresowani bezpłatnym remontem, jak również wśród inwestorów przejmujących pod budowę rentowne działki ziemi. Architekci i historycy nie mają wpływu na zaistniałą sytuację, do tego większość z nich zajmuje stanowiska w urzędach państwowych, w związku z czym bardzo łatwo poddają się presjom ze strony władz administracyjnych.

W ten sposób ochrona dziedzictwa urbanistycznego z okresu lat 1920–1950 nie realizuje się w pełnym wymiarze. W obecnej ideologii oficjalnej radziecka architektura »stalinowskiego realizmu« zajmuje honorowe miejsce, jednak jednocześnie niszczy się istotę tej pompatycznej architektury, wykonanej na niewysokim poziomie technicznym z tanich i nietrwałych materiałów. Reprezentacyjne zespoły centrum miasta są modernizowane drogą zamiany tynku na granit, rzeźb betonowych na rzeźby z brązu itd. Nadal trwa proces zanikania innych, nie prezentujących się dobrze budynków ulokowanych z dala od głównych ulic oraz w dzielnicach robotniczych. Argumenty w obronie autentycznej spuścizny jako ilustracji koncepcji urbanistycznych i ideologicznych w białoruskich warunkach są uznawane jedynie przez elity naukowe. Argumentem, zrozumiałym dla władz administracyjnych, może stać się propozycja wykorzystania tej spuścizny architektonicznej w celach turystycznych. W takim przypadku niezbędna będzie »muzeifikacja« najbardziej wartościowych i dobrze zachowanych fragmentów historii, przekształcenia ich w atrakcje turystyczne.

Kurzfassung

Es gibt wohl kaum eine europäische Hauptstadt, deren Expansionsrate in der Mitte des 20. Jahrhunderts mit derjenigen von Minsk vergleichbar wäre. Die Bevölkerung der Stadt verdoppelte sich in den ersten 20 Jahren der Sowjetregierung auf 260.000 Einwohner zu Beginn des Zweiten Weltkriegs und wuchs in den kommenden 25 Jahren auf eine Million an. Ein derartig rasantes Wachstum war nicht nur durch den natürlichen Urbanisierungsprozess, sondern ebenso durch ideologische Ursachen bedingt: Bis 1939, als sich Minsk nur 40 Kilometer von der Grenze zur kapitalistischen Welt entfernt befand, spielte die Stadt die Rolle des Vorpostens des Sozialismus. Nach dem Krieg war der Wiederaufbau der Stadt stark heroisch gefärbt. Das Ergebnis war eine grundlegende Umgestaltung, auch »Rekonstruktion« genannt, die der Stadt das harmonischste Ensemble sowjetischer Architektur der 1950er Jahre – die Stalinallee – bescherte, die heute den Namen »Allee der Unabhängigkeit« trägt.

In der offiziellen Ideologie des heutigen weißrussischen Staats finden die großen architektonischen Qualitäten und damit der Wert des Architekturerbes der in den 1950er-Jahren im Stile des »Stalinreichs« entstandenen Bauten Anerkennung. Praktisch sämtliche Gebäude im Stadtzentrum stehen unter Schutz. Die Haltung zur Restaurierung dieses Erbes steht indes alles andere als im Einklang mit den gemeinhin geltenden Maßstäben der Denkmalpflege. Zwar ist offensichtlich, dass die Sanierungsarbeiten darauf gerichtet sind, das Äußere der Gebäude zu »verbessern«, d. h. sie in helleren Farben zu streichen, wertvollere Baustoffe zu verwenden und zeitgemäße Strukturen zu schaffen. Paradoxerweise machen solche Aufwertungsmaßnahmen es jedoch unmöglich, das Ensemble des zentralen Teils der Allee der Unabhängigkeit zu erhalten. Die Projekte für zwei moderne Hotelkomplexe durchkreuzen die Bestrebungen der Architekturhistoriker zur Aufnahme des Ensembles in die Weltkulturerbeliste der UNESCO.

Neben einzigartigen Objekten aus dem Erbe der 1920er- bis 1950er-Jahre gibt die Entwicklung gewöhnlicher Bauten aus derselben Periode Anlass zur Sorge. Gerade die Alltagsarchitektur spiegelt umfassend spezifische Zeitumstände jener Jahre wider. Zumeist handelt es sich um die Wohnquartiere von Industriebetrieben. Darin finden sich zahlreiche authentische Dekorations- und Konstruktionselemente. Jeder dieser Bezirke entwickelte sich ausgehend von der kompositorischen Hauptachse, die das Werk mit der Wohnsiedlung verband. Diese Allee bestand aus aufwendig dekorierten Bauten, hinter denen sich gewöhnliche Wohnblocks, Baracken und einzeln stehende Häuser befinden. Dieses charakteristische Teilerbe verschwindet gegenwärtig ebenfalls. Die amtlichen Entscheidungsträger erkennen nicht den Wert der schlicht dekorierten Flachbauten. Zwar finden sich Empfehlungen zur Untersuchung und Erhaltung der Gesamtbebauung der 1920er- bis 1950er-Jahre im Generalplan 2010 der Stadt Minsk, doch werden diese aktuell nicht berücksichtigt.

Das städtebauliche Erbe der 1920er- bis 1950er Jahre wird somit nicht vollständig bewahrt, obwohl es in der offiziellen Diktion einen Ehrenplatz einnimmt. Der Wunsch, anerkannte Baudenkmale zu sanieren und gleichzeitig unrepräsentative Bauten verschwinden zu lassen, fällt auf fruchtbaren Boden bei Bewohnern, die nach ihrem Ermessen umbauen möchten, und bei Investoren, die profitable Entwicklungsgebiete erhalten. Die Argumente zum Schutz des authentischen Erbes zur Veranschaulichung architektonischer und ideologischer Konzepte in Weißrussland im mittleren Drittel des 20. Jahrhunderts finden nur in der wissenschaftlichen Gemeinde Gehör. Die Nutzung prominenter Baudenkmale als Touristenattraktion kann von der Stadtverwaltung nachvollziehbar als Argument ins Feld geführt werden. Dies wird erfordern, die wertvollsten und am besten erhaltenen Ausschnitte des denkmalwerten Baubestands in Museen und touristische Sehenswürdigkeiten zu verwandeln.

Abstract

Perhaps it is not easy to find a city among the European capitals where the rate of expansion could be compared to the one of Minsk in the middle of the 20th century. Over the first twenty years of the Soviet government the population of Minsk doubled and by the beginning of the World War II numbered 260,000 inhabitants, and over the next 25 years it reached 1 million inhabitants. Such a growth was entailed not only by the naturally determined process of urbanization, but by ideological reasons as well: until 1939, when Minsk was located less than 40 km from the border with capitalist world, it played the role of the outpost of socialism. After the war the restoration of the city was tinted with heroic coloring. The result was the fundamental reconstruction which endowed the city with the most harmonious ensemble of Soviet architecture of 1950s, Stalin Avenue, which is called Independence Avenue today.

The official ideology of the contemporary Belarusian state acknowledges the high artistic qualities and, therefore, the value of the architectural heritage of the 1950s built in the style of »Stalin Empire«. Virtually all buildings in the city center are under protection. At the same time the attitude towards the restoration of the heritage is far from the universally recognized standards. It is obvious that restoration works are aimed at »improving« the exterior of the buildings by painting them with brighter colors, and supplementing then with expensive materials and contemporary sculpture. It is a paradox, but it makes it impossible to preserve the ensemble of the central part of Independence Avenue. The projects of two contemporary hotel complexes negate the attempts of architectural historians to enter the ensemble on the UNESCO World Heritage list.

Along with unique objects of the 1920–1950s heritage, the ordinary development of the same period gives rise to concern. It is ordinary buildings that reflect the historical specificity of the 1920–1950s in full. Mostly these are residential areas of industrial factories. There remained a lot of authentic decoration elements and constructions. Each such district developed from the main compositional axis which connected the factory to the residential area. The alley was comprised of permanent buildings with pompous decorations, behind them there were ordinary buildings, barracks, and individual residential houses. This part of the heritage is disappearing now as well. Officials do not acknowledge the value of the poorly decorated low-rise constructions. Recommendations to study and preserve the areas of comprehensive development of the 1920–1950s are included in the master plan of the city of Minsk of 2010. But today they are not taken into account.

Thus, the urban architectural heritage of the 1920–1950s is not preserved in full, even though it takes a place of honor in the official ideology. The desire to improve the acknowledged monuments and get rid of unpresentable constructions is supported by the residents seeking free remodeling, and investors who get profitable plots of land for development. The arguments to support the protection of the authentic heritage as illustrating architectural and ideological concepts in Belarus are accepted only in the scientific community. Using the architectural heritage as a touristic site can be employed as an argument comprehensible to the city government. It will require converting the most valuable and well preserved fragments of the historical environment into museums and touristic places of interest.

Grünbereiche in städtebaulichen Komplexen der Ukraine als Gegenstand der Denkmalpflege

Tereny zielone w ukraińskich zespołach miejskich jako obiekty objęte ochroną dziedzictwa

Green Areas in Ukrainian Urban Complexes as Objects of Heritage Protection

Svitlana Smolenska

One of the fundamental principles of Socialist Realism in the 1930s–50s in Soviet architecture was the emphasis on the urban value of architectural objects, on designing each building in interrelation with the city environment, and on the development of classical town-planning methods. From the first years of the statement of the establishment of this new style, its orientation in the creation of large architectural ensembles had been defined. These principles are evident in the Palace of Councils in Moscow (1932–34) [1], its masterplan (Fig. 01) and in the governmental decree of 1935 on reforming the business of design in Moscow (at that time, architectural design departments in the Moscow district were replaced by »arterial road« departments; their management was entrusted to leading architects of the country) [2]. The ideological purpose was the glorification of the Soviet system – creating pompous, sometimes grandiose, complexes similar to the palatial ensembles of previous eras.

The necessity for large-scale urban reconstruction of the cities that had been destroyed during World War II promoted the development and embodiment of these principles in the 1940s–50s (Fig. 02). Architectural ensembles of highways, plazas, residential quarters, parks etc. were considered the greatest victory of Soviet town-planning in the 1950s [3]. It remains, I believe, the main achievement of Ukrainian Socialist Realism – one which should be preserved with the status of Heritage, for example, the residential quarter »Sotsgorod« in Zaporizhya; the ensemble of Kreschatik Street in Kyiv[1] (Fig. 03) etc.

Not only the buildings and their architecture, but also the adjacent areas: gardens, boulevards, »green pockets« etc. all played an important role in maintaining of the composition and the stylistic integrity of the whole. Improvement of the locality and effect of gardens added to the general design plan, achieving a unity with surrounding buildings. It became the genre of Socialist Realism. Attention was paid to stylistic elaboration of the more utilitarian elements of architectural furniture – benches, urns, street lamps, etc. (Fig. 04); specific techniques of planning and the principles of landscaping were hallmarks of the style. During that time, a classification system was developed for

01. Palace of Councils in Moscow. Green areas and huge parterres were important parts of the ensemble. Perspective sketch. Design by Plan Management of Moscow under the guidance of Academician of Architecture S. Chernyshov, late 1930's

02. Sevastopol, destroyed during World War II: Bolshaya Morskaya Street – one of the main streets of Sevastopol after liberation in June 1944

green areas in Ukrainian urban complexes, as well as methods of their layout and greenery.

Lawns, borders, rows of trees, shrubberies, supplemented complex development of highways, streets and boulevards organically. In the common areas of housing estates gardens were arranged for relaxation with fountains, benches and children's play areas. In the early postwar years, the Council of Ministers of the Ukraine had already issued the decree (from 27 April 1948) »On the greening of cities and villages of Ukrainian SSR« [5, pp. 4–5]. The area of green space for public use in the Ukrainian cities had almost been restored in 1947, and was 33,500 hectares (85. 8% of the pre-war level).

In 1952, according to the Office of the Chief Architect of Kharkiv, the area of greenery of the city amounted to 5,050 hectares in total. Just a few years after World War II, in addition to rehabilitation and reconstruction of the former green territories affected by the war, 12 new parks and gardens with a total area of 280 hectares, and 25 green squares and boulevards with a total area of 60 hectares were created in Kharkiv. The assortment of plants had been considerably expanded. 349 breeds and varieties of ornamental trees and shrubs were planted in the city at the beginning of 1953 [6, pp. 33–34]. Under the landscape plan of Kharkiv, developed in 1951 for the next decade, the average rate of greenery public space should be 33.9 m^2 per citizen (Fig. 05). These official statistics testify to the importance of green building in Ukraine as an integral part of town-planning, the development of garden art for the cities in that period.

Along with large tracts of big parks, green town squares – usually small areas (from 0.1 to 4 hectares) connected with the architecture of the adjacent buildings were developed in those years. Its verdurization (i.e. the planting of trees and shrubs) and all other elements had to be created »in complete unity with the surrounding architectural ensemble« [7, p. 20]. The architectural characteristics of the houses played an important part: they were not ignored. The composition of each of those small gardens and spaces was designed in accordance with the scale, ornamentation, color gamut of the architectural ensemble, and the local variety of plantings would give it a special tint to emphasize the individuality of details of facades. Colour composition was included so that the desirable features of a building were enhanced and the foliage or blossom of the trees and shrubs seen against an appropriate background.

In the 1940s and 1950s, classification of green squares [5, 7] depending on their function and location in the city was proposed:

1. A green square in a heart of a city within the main City Square.
2. A green square in front of public buildings (city council, theatre, university, etc.) was intended to emphasize the dominant role of this building (Fig. 06a).

3. A square inside an inhabited quarter (Fig. 06b).
4. A »green pocket«, which is adjacent to one or two sides of a street.
5. A square, located at a site formed by the intersection of several streets. Its green design should take into account landscaping of adjacent streets and the character of surrounding buildings.
6. A temporary square on sites of destroyed buildings or areas temporarily free from construction.

Sample planning decisions on different kinds of squares, advice on their planting and decoration in the style of Socialist Realism were developed [5, pp. 608–637]. Mostly regular planning, e. g. framing the perimeter of the site and the walkways by »hedging«, the use of clipped trees and shrubs, rich carpets of flowers, the saturation green site by ornaments and the application of high quality building materials, had been hallmarks of the style.

Moscow – the capital of the Union and the »second capital« – Leningrad – were »trendsetters« of Socialist Realism style. Their principles of planning green zones were transferred to the town planning practices of Ukrainian cities and other cities of the Soviet republics. For example, in the Guide to urban greening, published by the Ukrainian Academy of Architecture in 1952 [5], a sample plan of square # 1 was given. It can easily be identified with the plan for the Square of Victims of Revolution (or Field of Mars) in Leningrad (Fig. 07a, 07b). This seems odd at first glance: that the layout of the big main area of 11 hectares has become a model benchmark standard for the design of much smaller magnitude and less-important sites in the centers of provincial Ukrainian cities. However, it is the fact that new parks, city green squares, boulevards and embankments of the two capitals had served as role models and copied, sometimes mechanically, without regard to the scale of the space.

Parterres with lawn grass and flowerbeds were designed to play not only a decorative role. The specially selected combination of flowering plants had to »develop the artistic taste of the people« [7, p. 3]; portraits, slogans and logos, composed of flowers, were to serve as a means of monumental propaganda. It was recommended to use »the best achievements of Soviet art in this area, as well as artistic motives that are based on the creative development of the best examples of … classical inheritance« for figure patterned flowerbeds and borders. Preference was given to »the methods and solutions that meet the ideological, aesthetic and urban development requirements of a socialist society« [6, p.22]. Compositions from flowers, with portraits of Soviet leaders, texts or Soviet symbols (the State Emblem and its separate parts – the hammer and the sickle, the five-pointed star, the image of the Order of Victory, etc.) in their centers, were created on central places and on the slopes of hills, which were clearly visible from afar.

Ideological orientation and artistic qualities were the main requirements for flower design of cities in Socialist Realism style.

03. Kiev in 1954. View of Kalinin Square (now Independence Square)

04. View of the City Drama Theatre of A.V. Lunacharsky (arch. V. Pelevin, 1954–1956) with Primorsky Boulevard in Sevastopol

05. The residential house at Rosa Luxemburg Square (arch. A. Krykin, P. Areshkin, B. Klein, beginning of the 1950s). The perspective from the waterfront

Much attention was paid to the selection of color combinations and geometric patterns of flower beds. Often their compositions involved a combination of lawns, flower beds, shrubs with ornaments – small forms of architecture – vases, statues, balustrades, fountains, etc.

Ornamental motifs of Ukrainian folklore often served as a basis for the figure patterned of flower beds and borders in Ukrainian cities. For example, a lyre, surrounded by floral ornament details in Ukrainian folk style, was used in the figure of two symmetrical flower beds in front of the Opera and Ballet Theatre of T. G. Shevchenko in Kiev, 1950 [7]. As known, national motifs were widely used in the architecture style of Socialist Realism: in the decorating of facades and interiors of buildings (Fig. 08).

Color richness and complexity of the geometric decorative floral arrangements was an undoubted advantage of parterres during the period of 1930–50. Their creation required a high level of skill and rich imagination on the part of landscape

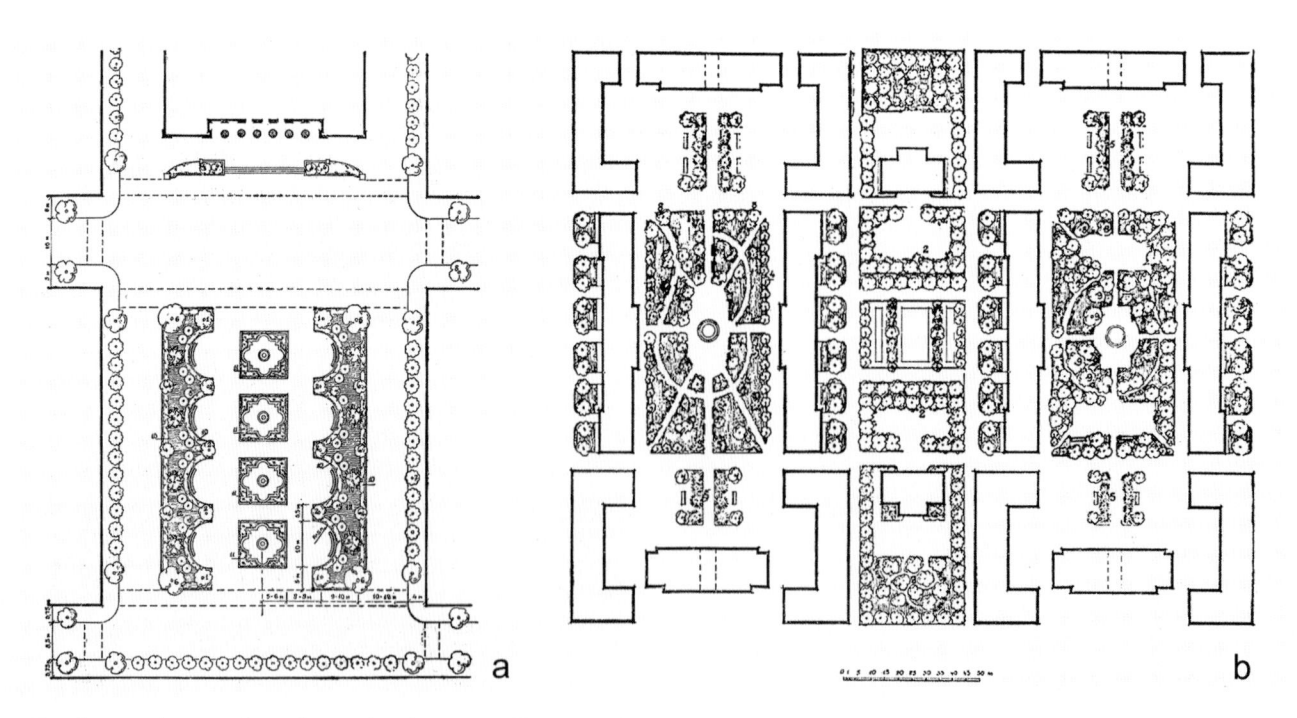

06. Classification of squares depending on their function and location in the city: a. A green square in front of public buildings (type 2). b. A square inside an inhabited quarter (type 3)

07. Plans of two green squares (both drawings are given in the identical scale): a. Square of The Victims of the Revolution (or Field of Mars) in Leningrad (author arch. L. Ilyin, 1940s)
(Prokhorova, M., Town Green Square. Moscow: State Architectural Publishing House, 1946, p. 8)
b. A green square (type 1) in the heart of a city at a city square from »Urban Greening«, published by the Ukrainian Academy of Architecture in 1952

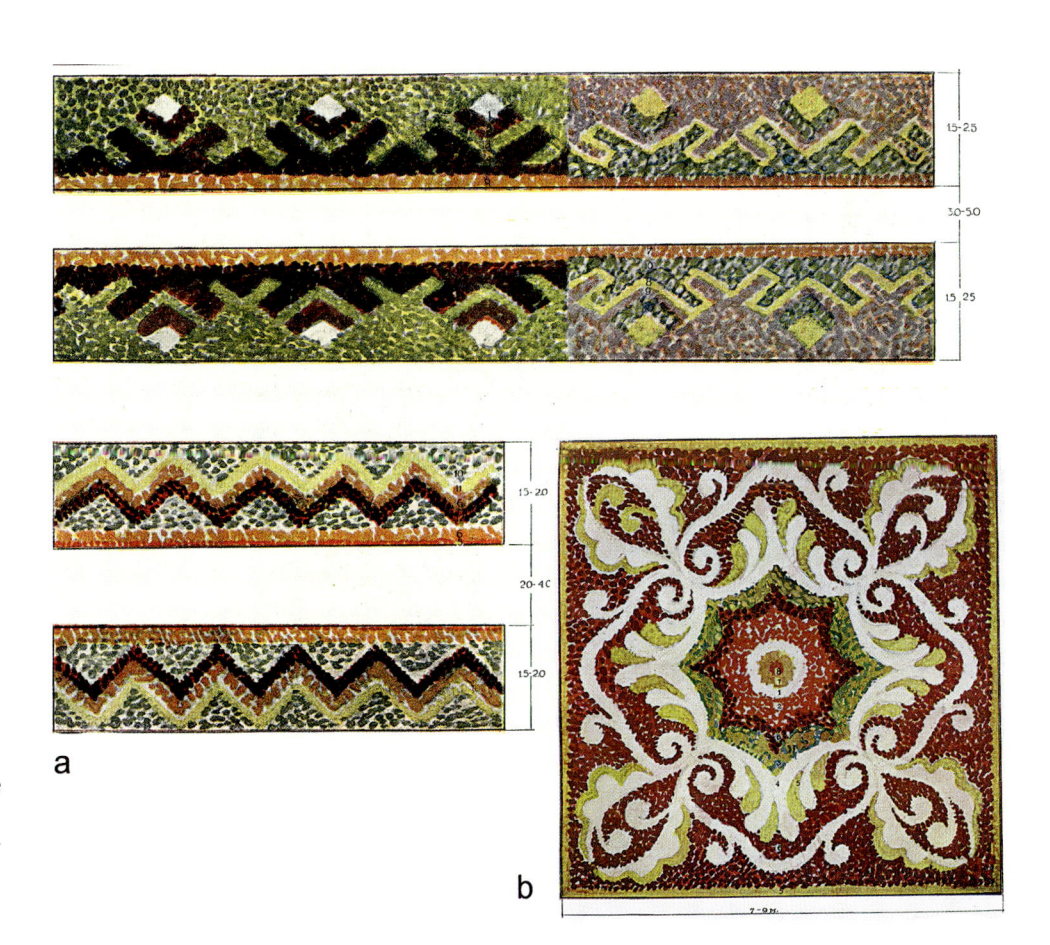

08. Projects of floral arrangements for parterres, developed by the Ukrainian Academy of Architecture in 1952: a. ornamental patterns with motifs of Ukrainian folklore; b. flower beds for carpet parterres in front of public buildings (projects of G. Dovdjenko, 1952)

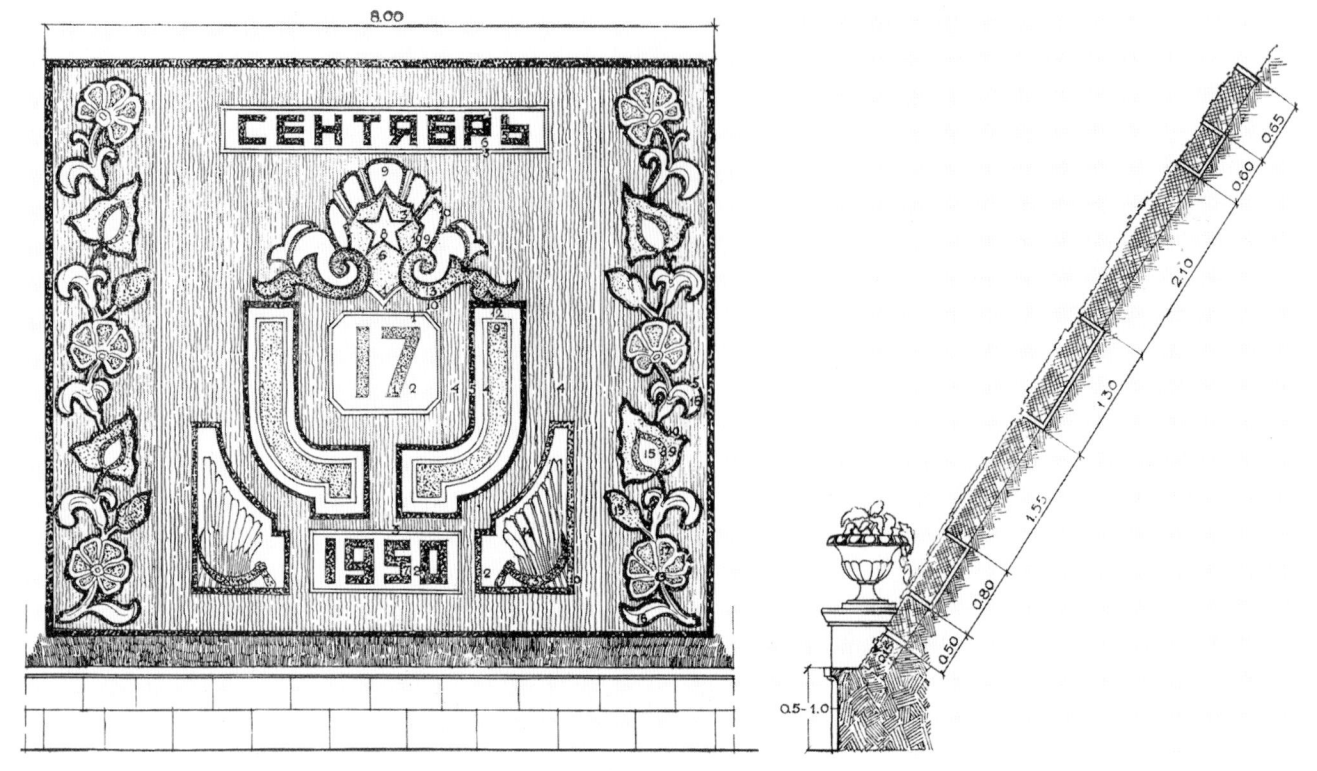

09. Design for a Flower Calendar with ornamental motifs of Ukrainian folklore on the slope 40°– 60° (the project of G. Kysliy, 1950)

architects (for example, flower beds representing a »calendar« or a »clock«). If we exclude the propaganda themes from consideration, it confirms that parterres generally formed an organic part of urban ensembles, complementing and enriching their coloring, highlighting their town-planning significance (Fig. 09).

It is impossible to imagine Ukrainian cities of the 1930s–1950s without the cast-iron lattices of Soviet symbolism, trimmed topiary, and bowls of fountains, sculptures and the intricate ornamental geometry of flower carpets. They were »style markers« at the household level, integral components of the architectural ensemble in which each element was considered a part of the art as a whole.

Unfortunately, they were, as it turned out, the most vulnerable components. After 1954–55, when utilitarianism began, the »excesses« in the landscaping and beautification of cities were the first to suffer, though the buildings were not necessarily endangered.

The author's analysis of the Socialist Realism complexes of the 1930s–1950s in Ukrainian cities identified successful examples of the preservation of small architectural forms and partial landscaping (for example, the building of the Cabinet of Ministers

10. Cast-iron fencing (a) and decorated lamp-posts (b) with Soviet symbols of victory near the Cabinet of Ministers of Ukraine in Grushevsky Street in Kyiv (late 1940s)

11. The entry in Soldiers'-Internationalists' Square on Lenin Street in Sevastopol (1950s)

of Ukraine and adjacent areas in Grushevsky Street in Kiev[2], etc., fig. 10). They are bright illustrations confirming the necessity of including landscaping and elements of beautification in the Socialist Realism heritage. Less successful examples of reconstruction where the character and stylistic features of the city's »green« sites were not completely preserved, testify to the loss of integrity of perception of Socialist Realism architectural ensembles (for example, the cascade green square on Khalturina Descent in the centre of Kharkiv, arch. Zhilkin I., 1950).

»The City Ring« of Sevastopol – its central part – should be noted especially. Comprehensive developments of Nakhimov Avenue, Bolshaya Morskaya Street, Ushakova Square, Lenin Street and the reconstruction of Primorsky Boulevard were carried out in the style of Socialist Realism. In this city, as in no other ensemble, features of the postwar period, including buildings' and elements' improvement are saved to this day. Discipline and order which were maintained in the city because of its special status (for many years it served as the base of the Navy of

12. Primorsky Boulevard in Sevastopol (the reconstruction project of arch. Kumpan P. Shvabauer G. Saburov I.): a. the propylaeum entry; b. the entry near the City Drama Theatre

13. Primorsky Boulevard in Sevastopol (the reconstruction project of arch. Kumpan P. Shvabauer G. Saburov I.): cast metal fence with symbolic forms of Victory in World War II

the USSR) helped to preserve the authenticity of its ensembles. Naval symbols and symbolism of Victory in World War II had been widely used in its architecture, as well as in landscaping and beautification elements (Fig. 11).

Sevastopol was completely destroyed during World War II. Some old buildings were restored after the war, but the bulk of the city, especially its centre, was revived in the 1940s–1950s. The new post-war master plan of Sevastopol was approved by the Committee for Architecture and Construction affairs under the Council of Ministers of the USSR in February 1949. Its authors were a group of architects under the direction of Sevastopol Chief Architect Jury Troutman and his deputy, Valentin Artyukhov [9, p.33]. Erected in a very short time, the centre of Sevastopol is perceived as a uniform ensemble. During the period from 1949 to 1954, more than 350 thousand square meters of housing were built [10, p.66]. White natural Inkerman stone served as the basic locally procurable building material in that period. Scenic, beautiful views of the sea, a combination of white walls of houses with green trees and shrubs are the components of a unique image of the city. Open terraces, loggias, balconies, galleries, shady canopies, stairs, ramps, green cours d'honneur were specific to architecture of the seaside city. Banisters of numerous stairways of the central hill, which perfectly complement the colonnades and balcony railings on the facades of residential and public buildings; alloy lattice fence and gate with the symbol of the Victory in World War II on Primorsky Boulevard and on Lenin Street, flower vases in green squares, small forms of architecture made in the classical traditions (for example, monumental Hall of Fame on Nakhimov Square, and the propylaeum entry of Primorsky Boulevard, fig. 12 and 13.). All these elements have important artistic significance in the composition of buildings and complexes.

SUMMARY

It could be recommended that:
- Socialist Realism Heritage status should be given not only to buildings and urban complexes, but also to their surroundings with elements of beautification and greenery.
- It is necessary to include in projects of reconstruction and restoration of Socialist Realism Heritage similar proposals for the restoration of green landscaping and utilitarian architectural forms. Where authentic design documents are not available, architects in restoration projects should refer to the original classification adopted in the period of Socialist Realism and they should follow the relevant styles of planning and landscaping typified in the historical literature of the 1930s to 1950s.
- For some urban ensembles of the period, which are especially important in town-planning values that have been recognized as heritage, parterres with their flower compositions should be restored, as unique examples of garden art in the style of Socialist Realism. They would not only complement the ensembles that emphasize character and stylistic features of the architecture, but also become objects of interest to tourists (flower beds with complex geometric patterns, inscriptions, portraits, calendars, green clocks, etc.).

Kurzfassung

Zu den Grundprinzipien des Sozialistischen Realismus in der sowjetischen Architektur der 1930er bis 1950er Jahre zählte die Fokussierung auf die städtebauliche Stellung der Gebäude, deren Entwurf jeweils in Wechselbeziehung mit dem städtischen Umfeld stehen musste, sowie auf die Einhaltung klassischer Methoden der Stadtplanung. Von Anfang an standen die Zielsetzung des verordneten neuen Stils und die Ausrichtung auf die Schaffung riesiger architektonischer Komplexe fest. Ideologischer Zweck war die Glorifizierung des Sowjetsystems – die Erschaffung pompöser, bisweilen grandioser Komplexe in Anlehnung an die Palastensembles vorausgegangener Zeitalter. Befördert wurde die Entwicklung und Verkörperung dieses Prinzips durch die Notwendigkeit des umfangreichen Wiederaufbaus von im Zweiten Weltkrieg weitgehend zerstörten Städten. Die architektonischen Ensembles von Magistralen, Plätzen, Wohngebieten, Parks usw. galten in den 1950er Jahren als größter Erfolg der sowjetischen Städteplanung – und verdienen heute Anerkennung und Denkmalschutz als größte Errungenschaft des Sozialistischen Realismus in der Ukraine.

In der Gesamtkomposition und stilistischen Kongruenz der Komplexe spielten nicht nur die Gebäude und deren Architektur, sondern auch die angrenzenden Flächen wie Gärten, Boulevards, »grüne Taschen« usw. eine wichtige Rolle. Die Anlage, Möblierung und Wirkung von Grünzonen war in das Gesamtkonzept eingegliedert und bildete eine Einheit mit den umgebenden Gebäuden. Es entstand das Genre des Sozialistischen

Realismus. Auf die stilistische Ausarbeitung von eher funktionellen Elementen der architektonischen Ausstattung (Bänke, Urnen, Straßenlampen usw.) wurde Aufmerksamkeit verwendet, und spezielle Planungstechniken sowie Grundsätze der Landschaftsgestaltung wurden zu Markenzeichen dieses Stils. Neben einem Klassifizierungssystem für Grünflächen in ukrainischen Wohngebieten wurden auch spezielle Methoden ihrer Konzipierung und Begrünung entwickelt.

Das Bild ukrainischer Städte der 1930er bis 1950er Jahre ist nicht vorstellbar ohne ihre gusseisernen Gittermuster sowjetischer Symbolik, geometrische Schnittformen, Brunnenschalen, Skulpturen und die anspruchsvolle ornamentale Geometrie von Blumenteppichen. Sie waren typische »Stilkennzeichen« auf Haushaltsebene, feste Bestandteile des architektonischen Gesamtbilds, in dem jedes Einzelelement als Teil des Ganzen gesehen wurde. Leider sollten sie sich nach dem architekturpolitischen Schwenk um 1954/55 auch als besonders anfällige Gestaltungskomponenten erweisen, und der Einzug des Utilitarismus traf zuallererst diese »Auswüchse« der landschaftlichen Gestaltung und Verschönerung der Städte, selbst wenn die Gebäude nicht gefährdet waren.

Die von der Autorin angestellten Analysen von Quartieren ukrainischer Städte aus den 1930er- bis 1950er-Jahren liefern erfolgreiche Beispiele für den Erhalt kleiner architektonischer Formen und des Stadtgrüns (u. a. der »City-Ring« von Sewastopol). Sie veranschaulichen sehr schön die Notwendigkeit, auch die Landschaftsgestaltung und kleinere Verschönerungsmaßnahmen im Freiraum in die Schutzgutausweisung des Erbes des Sozialistischen Realismus einzubeziehen. Weniger gelungene Beispiele des Wiederaufbaus, bei denen der Charakter und die Stilmerkmale der »Stadtbegrünung« nicht umfassend erhalten wurden, sind Beleg für einen Mangel an integrativer Planung und Wahrnehmung sozialistisch-realistischer Architekturensembles.

Die Empfehlungen könnten lauten:
– Der Status »Denkmale des Sozialistischen Realismus« sollte nicht nur Gebäuden und städtebaulichen Komplexen, sondern auch ihrem Umfeld mit Elementen der Verschönerung und Begrünung verliehen werden.
– In Planungen zur Erhaltung und Sanierung dieses Architekturerbes sollte die Wiederherstellung der Grünlandschaften und architektonischen Gebrauchsformen einbezogen werden. Wenn die Originalpläne für das Design nicht mehr zur Verfügung stehen, sollten Erhaltungs- und Gestaltungskonzepte auf die zu Zeiten des Sozialistischen Realismus eingeführte Klassifizierung zurückgreifen und sich an Planungs- und Gestaltungsmerkmalen orientieren, die in der historischen Literatur der 1930er- bis 1950er-Jahre typisiert sind.

Bei einigen städtebaulichen Ensembles jener Zeit, die als Architekturdenkmal anerkannt wurden und einen besonderen städtebaulichen Wert aufweisen, sollten die Parterre mit ihren Blumenkompositionen als einzigartige Beispiele für die Gartenkunst im Stile des Sozialistischen Realismus wiederhergestellt werden. Sie würden nicht nur den Charakter und die stilistischen Merkmale der umgebenden Architektur und den Ensemblecharakter ergänzen, sondern könnten auch zu Anziehungspunkten für Touristen werden (Blumenrabatten mit komplexen geometrischen Mustern, Inschriften, Kalender, »grüne Uhren« usw.).

Streszczenie

Jedną z podstawowych zasad socrealizmu w obowiązującej w latach 1930–50 sowieckiej architekturze był nacisk na wartość urbanistyczną obiektów architektonicznych, na projektowanie każdego budynku w odniesieniu do środowiska miejskiego i na rozwój klasycznych metod urbanistycznych. Od pierwszych lat ogłoszenia ustanowienia nowego stylu zdefiniowano jego nastawienie na duże kompleksy architektoniczne. Celem ideologicznym była gloryfikacja ustroju sowieckiego – tworzenie pompatycznych, czasami pretensjonalnych kompleksów podobnych do pałacowych zespołów z minionych epok.

Konieczność odbudowy na wielką skalę miast, które zostały zniszczone podczas II wojny światowej, promowała taką zabudowę i jej urzeczywistnienie w latach 1940–50. Architektoniczne zespoły autostrad, placów, osiedli mieszkaniowych, parków itp. były uznawane za największe zwycięstwo w sowieckiej urbanistyce lat pięćdziesiątych XX w. Uważam, że jest to nadal główne osiągnięcie ukraińskiego socrealizmu, które powinno być chronione jako dziedzictwo. Nie tylko budynki i ich architektura, ale również przyległe tereny: ogrody, bulwary, »zielone kieszenie« itp., odgrywały ważną rolę w zachowaniu całości kompozycji i stylistycznej integralności. Układ, meble i efekt ogrodów pozytywnie wpływały na cały plan, pozwalając uzyskać efekt jedności z budynkiem. Tak powstał gatunek socrealizmu. Zwracano uwagę na stylistyczne dopracowanie bardziej użytkowych elementów mebli architektonicznych (ławki, popielnice, lampy uliczne itp.); specyficzne techniki planowania i zasady kształtowania krajobrazu stały się znakami rozpoznawczymi tego stylu. W tym okresie powstał też na Ukrainie system klasyfikacji terenów zielonych na osiedlach miejskich, jak również metody ich aranżacji.

Trudno wyobrazić sobie ukraińskie miasta z lat 30–50. bez żeliwnych krat sowieckiego symbolizmu, ozdobnie przystrzyżonych krzewów, mis fontann, rzeźb i skomplikowanej ozdobnej geometrii dywanów kwiatowych. Były one »wyznacznikami« stylu na poziomie gospodarstwa domowego, integralnymi komponentami zespołu architektonicznego, w którym każdy element uważany był za część artystycznej całości.

Niestety, były one też, jak się okazało, elementami najbardziej narażonymi na zniszczenia. Po okresie 1954–55, kiedy nastąpił utylitarianizm, socrealistyczne »zbytki«, czyli zaprojektowane krajobrazy i zielone ozdoby miast, jako pierwsze padły jego ofiarą, chociaż budynki niekoniecznie były zagrożone.

Dokonana przez autorkę analiza budynków i zespołów lat 1930–50 w ukraińskich miastach wyodrębniła pozytywne przykłady zachowania się małych form architektonicznych i częściowego kształtowania terenu (Obwodnica miasta Sewastopol itp.). Są one jaskrawymi ilustracjami potwierdzającymi konieczność włączenia kształtowania krajobrazu i elementów upiększających do dziedzictwa socrealizmu. Mniej udane przykłady rekonstrukcji, w których charakter i cechy stylistyczne »zielonych« obszarów miasta nie zostały całkowicie zachowane, świadczą na rzecz utraty percepcji zespołów architektonicznych socrealizmu jako integralnej całości.

Należałoby zalecić, aby:

– Nadać status dziedzictwa socrealizmu nie tylko budynkom i zespołom miejskim, ale również ich otoczeniu z elementami upiększenia i zielenią.
– Koniecznie włączyć do projektów rekonstrukcji i odbudowy dziedzictwa socrealizmu podobne propozycje odnoszące się do odbudowy terenów zielonych i użytkowych form architektonicznych. W przypadkach gdy oryginalna dokumentacja projektowa nie jest dostępna, architekci zajmujący się projektami odbudowy powinni odnieść się do oryginalnej klasyfikacji przyjętej w okresie socrealizmu i zastosować się do stosownych stylów planowania i kształtowania terenu przedstawionych w historycznej literaturze z lat 30–50.
– Jeśli chodzi o niektóre zespoły miejskie z tego okresu, które mają szczególną wartość urbanistyczną i zostały uznane za dziedzictwo, to należałoby odrestaurować klomby kwiatowe jako przykłady sztuki ogrodowej w stylu socrealizmu. Nie tylko uzupełniałyby one zespoły, które podkreślają charakter i stylistyczne cechy architektury, ale również stałyby się miejscami ciekawymi turystycznie (rabaty ze złożonymi wzorami geometrycznymi, napisy, kalendarze, kwiatowe zegary itp.).

Annotations

1 According to the project of planning and construction of Kyiv (it was developed after the war by a team composed of A. Vlasov, A. Dobrovolsky, A. Primak, I. Kozlov, and others) the center of the city was placed on Kreschatik Street. It was transformed from the narrow street (34 m of width) in capital avenue width of 75 m. The combination of grandeur of the main streets with the picturesque landscape of the area, diversity and building silhouette, finishing facades by ceramics using national Ukrainian ornaments and skillful inclusion of greenery have given peculiar to Khreshchatyk original shape and have been an example of the original decision of the architectural ensemble [4, p.11].

2 The House of People's Commissars of the Ukrainian SSR (now the Cabinet of Ministers in Grushevsky Street) was built in 1935–37 by arch. Ivan Fomin and Pavel Abrosimov in the Socialist Realism style. The status of the governmental object saved the building itself and its surroundings from distortions and vandalism. Cast-iron fencing and decorated lamp-posts with Soviet symbols of Victory, grilles with a complex pattern which protect trunks from trampling and which complement the style of architecture, preserved perfectly since the postwar period (late 1940s).

Bibliography

Докучаев Н., Площади Москвы // Архитектура СССР. – 1940. – № 4. – С. 11–22. [Dokuchaev N., Squares of Moscow // *Architecture of the USSR, 1940, # 4, P. 11–22*, in Russian].

Хроника // Архитектура СССР. – 1935. – № 12. – С. 61. [Chronicle // *Architecture of the USSR, 1935, # 12, P. 61*, in Russian].

Архитектурный ансамбль в строительстве городов. Материалы XIV пленума Правления Союза советских архитекторов СССР (2–5 июня 1952 года). Москва: Государственное издательство литературы по строительству и архитектуре, 1952. – 44 с. [The architectural ensemble in the construction of cities. Proceedings of XIV Plenary Session of the Union of Soviet architects of the USSR (June 2–5, 1952). *Moscow: State Publishing House of Literature on Construction and Architecture, 1952, 44 p.,* in Russian].

Мищенко Г., Успехи градостроительства Советской Украины. Архитектура СССР. – 1954. – № 5. – С. 10–14. [Mishchenko G., Urban Successes of Soviet Ukraine. *Architecture of the USSR. 1954, # 5, pp. 10–14,* in Russian].

Липа А. Л., Косаревский И.К., Салатич А.К., Озеленение населенных мест. – Киев: Изд. Академии архитектуры Украинской ССР, 1952. – 743 с. [Lypa A., Kosarevsky I., Salatich A., Urban greening. *Kiev: Academy of Architecture of the Ukrainian SSR, 1952, 743 pp.,* in Russian].

Гузенко Т. Г., Опыт озеленения Харькова // Вопросы планировки и застройки г. Харькова. Сокращенная стенограмма совещания, проведенного исполкомом Харьковского городского Совета депутатов трудящихся и Институтом градостроительства Академии архитектуры УССР 23–24 июня 1955 г. – С. 33–37. [Gouzenko T., Experience in landscaping of Kharkiv // Problems of planning and development of Kharkiv. Abridged transcript of the meeting held by the Executive Committee of Kharkiv City Council of People's Deputies and the Institute of Urban Academy of Architecture of USSR on June 23–24, 1955, P. 33–37, in Russian].

Прохорова М. И., Городской сквер. – М.: Государственное архитектурное издательство, 1946. [Prokhorova, M., Town green Square. *Moscow: State Architectural Publishing House, 1946, 59 pp.,* in Russian].

Липа А. Л., Косаревский И.К., Салатич А.К., Альбом партерной зелени (цветочно-декоративные композиции и их элементы). – Киев: Издательство Академии архитектуры Украинской ССР, 1952. – 108 с. [Lypa A., Kosarevsky I., Salatich A., Album of parterre greenery (flower-decorative compositions and their components). *Kiev: Academy of Architecture of the Ukrainian SSR, 1952, 108 pp.,* in Russian].

Веникеев Е. В., Архитектура Севастополя: Путеводитель. – Симферополь: Таврия, 1983. – 208 с. [Venikeev E., Architecture of Sevastopol: A Guide-book. *Simferopol: Tavria, 1983. 208 pp.,* in Russian].

Архітектура України. 1917–1967. – Київ: «Будівельник», 1967. –143 с. [Arhitektura of Ukraine. 1917–1967. *Kyiv: »Budivelnik,« 1967, 143 pp.,* in Ukrainian].

Київ у фотоілюстраціях. – Київ: »Мистецтво«, 1954. – 131 с. 10. [Kyiv in the photo illustrations. *Kyiv: »Art,« 1954, 131 pp.,* in Ukrainian].

Die (Re)Urbanisierung der Industriestädte in den ersten Jahren der kommunistischen Herrschaft in Rumänien – Soziale und sozialistische Ziele

(Re)Urbanizacja miast przemysłowych w pierwszych latach reżimu komunistycznego w Rumunii. Pomiędzy inicjatywami społecznymi a socjalistycznymi

(Re)Urbanisation of Industrial Cities in the First Years of the Communist Regime in Romania. Between Social and Socialist Initiatives

Irina Tulbure

One of the first questions that comes into this discussion regards the *Socialist-Realist* built heritage as an inconvenient heritage. And somehow, one of the most difficult issues that arises when talking about »*Socialist-Realist* Urban Planning as the Object of Heritage Protection« is the *Socialist-Realist* content of the architecture and urbanism. After almost half a century, the protection of the *Socialist Realist* built heritage is a must, and not only by thinking of its highly symbolic nature. However, the way to do it is still raising problems with specialists in the field; unless approached with a mature and distant eye, it may reveal traces of a somewhat nostalgic attitude. The 1950s represented a period of dramatic changes in the society in all of Eastern Europe and not only in culture or architecture, but in all fields of life, in a world dominated by fear, terror, compromise. Today, the research on the Stalinist period in Eastern Europe is still an open field, uncovering the dark aspects of that time. And since *Socialist-Realist* architecture represented such a regime, being the incarnation of everything that was anti-modern in architecture at that time, it is very easy to understand the necessity of a reserved attitude when it comes to its protection and conservation. The statues of Lenin, Stalin and Stahanovist's workers have fallen into desuetude and lie down abandoned as embarrassing icons, hardly ever to regain their position in the architectural landscape where they belonged. Which is probably a politically correct attitude but definitely an improper one thinking of the urban space left without its architectural landmarks. Today in Romania the recognition of the *Socialist-Realist* architecture as a valuable built heritage is a matter of debate. The legal methodology for including buildings and urban complexes on the *Romanian Historic Built Heritage List* is not very flexible as concerns the recent heritage, especially because one of the four main criteria on the list

01. View from the Palace of Parliament in Bucharest

refers to the building period, which in this case (1920–1940) is considered of a low value. Yet, a latterly initiative (started in 2008) by a professional group aims to include some of the recent Romanian architectural heritage in the *Romanian Historic Built Heritage List*.

Some of the potential monuments are: Scânteia House (a »sister« of the seven gigantic buildings of Moscow), the Urban Complex *Înfrățirea între popoare* (*Fraternity Among the Peoples*[1]), the Summer Theatre in the former *Nicolae Bălcescu*[2] Park, *23 August* Housing Complex, all in Bucharesty and the *State Theatre* in Constanța.

Scânteia House is one of the first *Socialist-Realist* buildings erected in Romania, beginning with 1948. At that moment, the project for Scânteia House represented the official victory of *Social-Realism* in front of the modernist architects. The first dissymmetrical and functionalist solutions were replaced, after a visit to Moscow, by an architectural solution iterating the general shape of Lomonossov University in Moscow with architectural details inspired by Romanian traditional architecture. The Urban Complex *Înfrățirea între popoare* (*Fraternity Among the Peoples*) together with the Summer Theatre in the former *Nicolae Bălcescu* Park, *23 August* Stadium and a few other *socio-cultural* buildings were the pride of the prosperous socialist regime intended for exhibition at the Fourth International Youth Festival taking place in Bucharest in 1953.

The *State Theatre* in Constanța represents one of the few other theatres built up in Romania according to the *Soviet* pattern-projects for theatre as they were published in the *Architect's Manual*[3] issued in the 1950s. Unfortunately today in Romanian mentality this architecture still bears the symbol of the rough Stalinist regime which is transformed in an attitude of ignorance for the architectural qualities of this ensembles. Therefore, the legal demarche in preserving the *Socialist Realist* architecture should be followed by a public demarche in order to show the real potential (in economic and quality matters) of this architecture.

Judging by all there examples and generally by the architecture of that period, the main task of the architect was to find and reuse, in an ideologically *correct* way, the traditional sources of the national architecture. And yet, this was not a new approach for Romanian architects. The professional debate between tradition and modernity was one of the characteristic features in Romanian interwar architecture. And even if the development of architecture after 1948 seems not to have much in common with the interwar practice, there can be found some connections with the professional ideology before 1948. Therefore, despite the *socialist content*, it has to be taken into consideration that the architectural phenomenon can and must be regarded also as a purely professional debate, that sometimes architects tried to convert the political constraining into an authentic architectural experiment.

As it happened in most of the Eastern countries dominated by the Soviet regime after the Second World War, Romania faced a complete reorganization of its economy, society and culture. After the brief period of accommodation in the Popular Democracy, until 1948, the new regime proved its power by implementing the characteristic legislation and mechanisms of the Soviet pattern, for example the Nationalization Law, the new Constitution, Economic Plans, Institutions and several Organizations, etc.[4] This led both to the necessity and opportunity of raising and reconstructing towns nearby the industrialized poles according to the new economic policy. One core of the economic plans for the »socialist (re)construction« of the country, and also of the socialist political propaganda for the first years was »the raising of the material and cultural living standards for workers«. This was put into practice, mostly in a strategy plan for the construction of a great number of urban complexes composed by blocks of flats (dwellings for workers) in the industrial areas.

In fact, neither the social housing policies nor the question of traditional sources was something new for the interwar Romanian State. Yet, it is also true that the Soviet pattern of social policies came with a new architectural model (as the *cvartal* instead of individual housing) and a series of typical relations inside the urban structure (such as the workers' club as the main pole of the neighborhood, or workers' club – administration – dwellings, social facilities – dwelling in smaller areas, etc.) and also with a new form of expression for the architecture (based on the traditional and/or national sources). A more in-depth research of the documents of the 1940s demonstrates that some of the professionals' demands to the State were still valuable in the 1950s. And in a stupendous way, the need for centralization and radical measures signaled by the professionals in the 40's found its much more radical answer in the socialist policies for the nationalization of all private enterprises.

The first intention of the Romanian State to create a National Plan for low-cost dwellings dates back to 1938, being actually put forward at the initiative of the professional core. As a measure to prevent the possible dramatic consequences of the housing crisis expected by the end of the war, in 1940 an Advisory Committee was formed at Marshal Antonescu's request. The aim of this Committee was to analyze the existing situation at that time and to create a complex document to be validated as soon as possible. In fact, it took at least two years for this committee to elaborate such an analysis connecting all the information of external and internal concern and revising all the anterior debates on low-cost dwellings. Two issues outlined in the conclusions to this analysis are worth mentioning as a continuity line inside the professional core before and after the end of the Second World War. One of them stipulated that if collective houses for workers were to be built in blocks of flats, a very low height of the construction should be maintained (not more than two floors). The other idea was based on the use of the traditional resources as both materials for construction and architectural expression of the buildings. Among other, these two principles continued to be part of the main core of the debate after 1948.

02. Street in worker's settlement in Hunedoara

Clădire de locuit în Petroșani — Perspectivă
Autori, arh. A. Moisescu și ing. M. Drimer
Colaboratori, arhitecții: Z. Papanide, V. Stratu și inginerii C. Papudof, I. Hossu

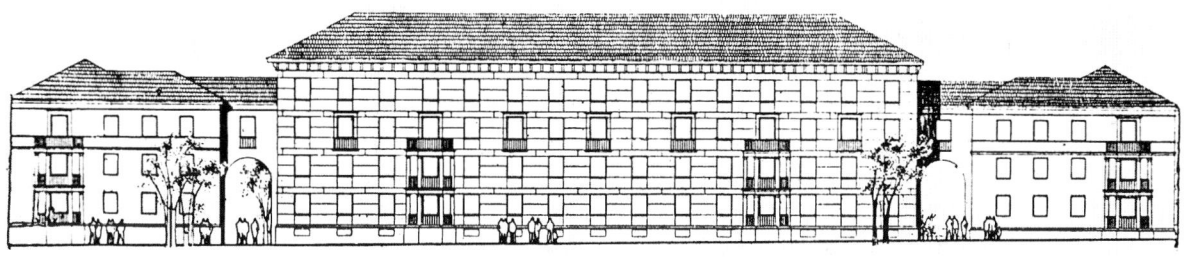

Fațada posterioară

03. Experimental building, Petrosani, 1955

04. Model of Uricani settlement, 1953

Consequently, the 1948–1956 changes for the newly created State Institutions for urban planning and architecture constituted the start of a very fruitful period of study and elaboration for the future settlements that were planned to be constructed upon the *Socialist-Realist* method in architecture. Actually, even if a great deal of sketches and conceptual drawings were made, most of them remained only in the conception phase, or were not completed until 1956, when another wind of change marked Soviet and Eastern European architecture. Such examples can be seen in Romania, on one hand in the capital city Bucharest and in the further to be socialist industrial areas (Onești, Galați, Medgidia) but also, on the other hand, in some of the industrial areas already in place (Hunedoara-Valea Jiului, Reșița).

In Bucharest *Socialist-Realist* urban complexes are not very large in surface. In fact, the construction of the first »neighborhoods« for workers was based upon a decree issued by the Central Committee of the Party in 1952, which stipulated that the socialist reconstruction of Bucharest (as well as of other cities) must follow the Soviet pattern of the *cvartal*, even though developed on areas between four and ten hectares. By positioning the urban complexes of the 1950s on the city plan of Bucharest one can easily notice that they were built, more or less without demolishing the previous urban fabric, exactly on the same areas that belonged to the former pre-communist Societies for low-cost dwellings, which is possible to be accounted for by two types of arguments: an economical one, based on the fact that demolishing is much more expensive then building on bare ground, and a political one, based on the fact that even if the nationalization of the land started in 1948, the State had theoretically prescribed laws to protect the property of the under-privileged caste, who were the same beneficiaries of the social protection in the interwar period. Of course, whenever it found it necessarily, the State immediately took the trouble of expropriating symbolic fees in order to construct the new, optimistic and healthy socialist landscape. Therefore only small areas, mostly situated at the periphery of Bucharest, were being developed in this period, with professionals complaining (as one can read in the periodicals of that time) that a true *Socialist-Realist* landscape can hardly be conceived using only such limited areas.

On the other hand, greater urban complexes were being built around the industrial poles. The main area envisaged as strategic for the industrialization of the country was Hunedoara – Valea Jiului. An entire propagandistic structure came along with the development of this region, somehow meant to create a balance between the socialist development of the hard industry and the first bourgeois industrial area in Reșița. Preparing began, and not later than May 1950, a main »Sketch« for regional planning was drawn up and presented for the Ministry for Constructions, along with which complex field researches were made. The two main poles of the region were Hunedoara as a hard industry center and a series of settlements, along the Eastern Jiu river, as centers for the mining industry. At the State Institute for Construction Planning a research group was created for doing investigation into and drafting documentation on the traditional Romanian architecture – meant to be used as a source for the *Socialist-Realist* architecture, of course, only ideologically correct sources were being taken into consideration. The group was led by Petre Antonescu, one of the most remarkable and well known architects in the interwar period, whose architecture was of traditional orientation, and whose CV recorded extensive involvement in the interwar administrative structure.

Later on, the first settlements were erected. General drawings were made by the State Institute in Bucharest, being fit in on the site. Unfortunately, in some of the cases, the natural setting was not the main preoccupation, this being rather the following of the rigid *Socialist-Realist* pattern. Generally speaking, there were two kinds of interventions: the development of the previous urban tissues (with minimum to no interventions on the existing fabric) and the construction of some new small towns. However in this respect, there are a few aspects worth mentioning: some of the areas are built exactly by the *Socialist-Realist* method, when it came to the layout and architectural expression; some of them follow the *cvartal* layout but have a particular architectural aspect and, in the third case, the new settings are somehow integrating previous urban interventions. The cases of Hunedoara, Uricani and Petroșani can represent exactly these three distinctive approaches.

In the interwar period Hunedoara was already an industrial town with an iron factory beneficiating of 70% of the iron country resources and strategically placed next to the coal basin of Valea Jiului. Between 1947–1949 it was one the first location chosen for building a »city for workers«, as a State initiative that came along with the nationalization of the private industry. The layout dating before 1948 was designed as a »garden city«, maintaining still the same features of the pre-war industrial towns with individual plots and dwellings, but adding in the center of the settlement an important civic center. The truth is that the preoccupation for integrating the social buildings in complexes of low-cost housing for workers was not very consistent before the second war. Yet, in 1948, new layouts were made for Hunedoara and this time, the layout was composed by rows of individual housing and block-of-flats, and two years later, after establishing the industrial profile of the region, a rough draft plan for development of a town for 30.000 inhabitants was designed. The town layout was divided in two areas: a main street network following cardinal directions situated on the flat area connected with a second street network following the relief. As a socialist feature a main straight road was connecting the civic center with the entrance in the industrial complex. Not more than four years later, in 1954, another rough draft plan for a 60.000 inhabitants town was designed by the State Institute for Town Planning. This time, the idea of rectangular street network was abandoned in the benefit of a *Socialist-Realist* layout. A central axis created a new connection between a public center and the Industrial Complex. Large public places and esplanades were meant to be constructed along this ample boulevard. The construction between 1951–1956 began in the upper part of the town and actually, the grandiose layout remained a simple sketch. At a closer view, the urban complex follows the general principles of a *Socialist-Realist* layout with *cvartals* and large green courtyards for public use. The two stored constructions do not seem to be very different from any other blocks of flats created in that period, yet, a few details worth to be mentioned as a complete different attitude apart from *Socialist-Realist* features: a color diversity disposed on groups of blocks is breaking the unity of color specific to such urban complexes and a diversity in designing the details of each entrances based on a reinterpretation of classical elements. It is true, it was not a very consistent deviation from the typical *Socialist-Realist* image but it is an aspect demonstrating an individual approach of the architect.

Not very far from Hunedoara, in Petroșani, another urban complex draws the attention. In 1954 Petroșani was an important town for the region of Valea Jiului and a miner center with a certain tradition dating from the first half of nineteenth century. In the new economical perspectives Petroșani was to become a socialist industrial town with a completely different profile, not only in terms of socialist functions but also with a new socialist city shape. Around 1954 the agenda for constructions that came with the Five-Year Economical Plan included housing urban complexes and an institute for higher education called the Carbon Institute. Both investments were to be part of the new socialist landscape and their particular location was chosen in order to be a welcoming *façade* of the city. The housing constructed around 1954 were of a *Socialist-Realist* layout and architectural expression but they were conceived as a logical continuation of a former housing area, shaped in a completely different way. Beside housing in 1954 few other social services were included in the area as a small commercial building, a kindergarten and a school with a generous sport ground. And among these, a construction for single workers which is the subject of another kind of initiative. After 1952, a party decisions related to the efforts of economy in construction imposed that in each of the urban complexes that will be constructed one should be an experimental construction with prefabricated elements. And in some of the cases there exist such experimental construction, sometimes based on local materials. Therefore, in such complexes, beside the typical features of *Socialist-Realist* outlined in functional and aesthetic urban disposition and expression the existence of such experimental building detaches as a particular feature of the urban complexes built in the fifties.

The third case study is that of Uricani. This settlement (in fact a urban complex) was placed nearby a former village, right next to coal mine entrance, between the main road and Jiu river. It's construction last from 1950 to 1954 and it has a characteristic layout with a large esplanade connecting the main entrance of the complex with a workers' club. Small public parks, scenographic settings combining romantic gardening and *Socialist-Realist* statues can still be seen today, but unfortunately in a status of a very pronounced degradation. This situation accentuates the question of rehabilitating an image of an undesirable regime. And, of course, the rehabilitation of such urban complexes should take into account not only the aesthetic matters, but also aspects related to functional characteristics, that are overdue since very long time.

On one hand this three cases demonstrate that there are two possible approaches to the *Socialist-Realist* urban planning: a party-minded one that somehow is open to museification of the architecture of the 1950s, and a strictly professional one that outlines the process of evolution in Eastern European architecture.

This conclusion should outline the two main directions in preserving such heritage of architecture that should find solutions to preserve architectural values of the buildings (that usually are note taken into consideration in thermic rehabilitation of the buildings – insulation or closing balconies) but also of the whole areas (in terms of green space, plantations, parks) regarding both *Socialist Realist* features and the evolution line from modernist way of thinking to *Socialist Realism*.

Kurzfassung

Eine der schwierigsten Fragen, die sich bei der Diskussion über den Städtebau im Stile des Sozialistischen Realismus als Aufgabe der Kultur- und Denkmalpflege stellt, ist die nach dem sozialistisch-realistischen Gehalt von Architektur und Stadtplanung. Nachdem nahezu ein halbes Jahrhundert vergangen ist, wird der Schutz dieses Kulturerbes nicht nur wegen seiner hohen symbolischen Bedeutung zu einem Muss. Angesichts des von der sozialistisch-realistischen Architektur repräsentierten Regimes, das sie zur Inkarnation der Gegenmoderne in der Architektur jener Zeit machte, erscheint eine gewisse Zurückhaltung beim Schutz und bei der Pflege dieses Erbes verständlich. Andererseits weisen städtebauliche Komplexe des Sozialistischen Realismus auch eine Reihe besonderer Qualitäten in punkto Wohnkomfort auf. Die Anerkennung dieser Bauten als wertvolles Architekturerbe ist jedoch in Rumänien heute umstritten. Viele Rumänen erleben diese Architektur noch immer als ein Symbol des rigiden stalinistischen Regimes, was leider eine ignorante Haltung gegenüber den architektonischen Qualitäten solcher städtebaulichen Ensembles zur Folge hat. Deshalb sollten gesetzliche Initiativen zur Erhaltung der sozialistisch-realistischen Architektur mit einer öffentlichen Debatte einhergehen, die das besondere, kulturelle wie wirtschaftliche Potential dieser Architektur thematisiert.

Drei Fallstudien sollen verdeutlichen, dass beim Städtebau des Sozialistischen Realismus zwei Ansätze denkbar sind: eine Partei ergreifende Herangehensweise, die einen gewissen Raum zur Musealisierung der Architektur der 1950er-Jahre eröffnet, sowie ein streng professioneller Ansatz, der den Entwicklungsprozess im Rahmen der osteuropäischen Architektur in den

Vordergrund stellt. Als Schlussfolgerung werden zwei Hauptrichtungen der Baudenkmalpflege umrissen, die auf Lösungen zur Erhaltung des architektonischen Werts einerseits der Gebäude (der bei ihrer energetischen Sanierung – Wärmedämmung oder Schließung der Balkone – üblicherweise nicht in Betracht gezogen wird) und andererseits ganzer Wohngebiete (einschließlich Grünflächen, Gärten, Parkanlagen usw.) abzielen und zugleich die sozialistisch-realistischen Eigentümlichkeiten sowie Entwicklungslinie zum Sozialistischen Realismus aus dem Blickwinkel der Moderne berücksichtigen.

Streszczenie

Jednym z najtrudniejszych problemów, jaki pojawia się, gdy mowa o »Socrealistycznym planowaniu urbanistycznym jako obiekcie objętym ochroną dziedzictwa« jest *socrealistyczna* treść architektury i urbanistyki. Po prawie pół wieku, ochrona budowlanego dziedzictwa socrealizmu jest koniecznością – i to nie tylko w odniesieniu do jego wysoce symbolicznego charakteru. Architektura socrealistyczna uosabiała reżim i będąc wcieleniem wszystkiego, co było antynowoczesne w architekturze tego okresu, z pewnością wzbudza powściągliwość, jeśli chodzi o jej ochronę i zachowanie. Niemniej jednak socrealistyczne zespoły urbanistyczne również mają szczególne wartości, jeśli chodzi o komfort mieszkania. Obecnie w Rumunii uznanie architektury socrealistycznej za wartościowe dziedzictwo jest kwestią dyskusyjną. Niestety, w mentalności rumuńskiej architektura ta nadal symbolizuje grubiański porządek stalinowski, co przekłada się na obojętny stosunek do pozytywnych cech architektonicznych tych zespołów. Stąd też zabiegi prawne związane z ochroną architektury socrealistycznej powinny pociągnąć za sobą zabiegi publiczne, by wykazać prawdziwy potencjał, zarówno w kwestiach ekonomicznych, jak też jakościowych tej architektury.

Trzy przypadki przedstawione w niniejszym referacie mają na celu wskazanie, że istnieją dwa możliwe podejścia do socrealistycznego planowania urbanistycznego: jedno podejście stronnicze, które jest w pewnym stopniu otwarte na muzeifikację architektury lat pięćdziesiątych, a drugie ściśle profesjonalne, które wskazuje na proces ewolucji we wschodnioeuropejskiej architekturze. Wnioski powinny przedstawiać te dwa kierunki odnoszące się do ochrony takiego dziedzictwa architektury, które powinny znaleźć rozwiązania związane z ochroną architektonicznych wartości zabudowań (które zazwyczaj nie są brane pod uwagę przy okazji termicznej modernizacji budynków – ocieplanie lub zamykanie balkonów) oraz całych obszarów (tereny zielone, roślinność, parki) w odniesieniu zarówno do charakterystycznych cech socrealizmu, jak i do ewolucji modernistycznego spojrzenia na socrealizm.

Annotations

1 As it was translated in a promotional album for the Romanian Architecture, *Rumanian Architecture*, Bucharest, 1956, p. 37.

2 The name of a Romanian historical figure related to the 1848 Revolution, promoted by the Romanian communist State.

3 *Architect's Manual* was a publication in three volumes, issued in 1954-1957 that replaced the 1948 Romanian version of Neufert Architect's Manual. The new manual offered the socialist view of the architectural programs among with a large series of Soviet examples.

4 The first economic plans in Romania were adopted in 1949, 1950, 1951-1955. The first socialist constitution was adopted in 1948 and then readjusted to the 1936 Soviet Constitution in 1952, along with a series of the decree for *Socialist Realist* reorganisation of the architectural field.

Bibliography

Derer, Peter, *Locuirea urbană*, București, Ed. Tehnică, 1985

Ionescu, Grigore, *Arhitectura in Romania 1944–1969*, București, Ed. Tehnică, 1969

Machedon, Luminița and Scoffham, Ernie, *Romanian Modernism. The Architecture of Bucharest, 1920–1940*, London, The Mit Press, 1999

Zahariade, Ana Maria, *Architecture in the communist project. Romania 1944–1989*, București, Ed. Simetria, 2010

Arhitectura RPR Review: 1–2/1952, 6–7/1952, 12/1952, 6–7/1954

www.inforom-cultural.ro: 5+5 clădiri pentru patrimoniul cultural național 1950–1977

V.

Postsozialistische Perspektiven für das Erbe des Sozialismus

Postsocjalistyczne perspektywy dla dziedzictwa socjalizmu

Post-Socialist Perspectives for the Heritage of Socialism

Nationale Tradition und Ostmoderne – postsozialistische Denkmalbewertungen im Wandel

Socrealizm i socmodernizm – zmiany w ocenie dziedzictwa architektonicznego okresu socjalizmu po 1989 roku

National Tradition and East Modern – Changing Post-Socialist Assessment of Socialist Realism Heritage

Arnold Bartetzky

In der Zeit des Umbruchs von 1989–1991 stand zu befürchten, dass mit dem untergegangenen politischen System auch sein gesamtes architektonisches Erbe unterschiedslos in Ungnade fallen könnte. Die Repräsentationsbauten in den Stadtzentren waren in weiten Teilen der Bevölkerung als Symbole des überwundenen Regimes verhasst, Politiker profilierten sich mit Abrissforderungen. Zur politischen Aversion gesellte sich bei den seit den späten 1950er Jahren entstandenen Bauten der sogenannten Ostmoderne die zeittypische ästhetische Abneigung gegen den Funktionalismus hinzu. Auch in markanten und bei genauerem Hinsehen baukünstlerisch anspruchsvollen Ensembles wurden damals, selbst von Fachleuten, einfach nur Bausünden gesehen, und die uniformen Großwohnsiedlungen galten schlechthin als Verkörperung der Tristesse realsozialistischen Alltags.

Das Verschwinden des größten Teils des Bauerbes aus der Zeit des Sozialismus schien vielen Zeitgenossen eine Frage der Zeit zu sein. Sobald es ökonomisch möglich werde, so eine seinerzeit weit verbreitete Wunschvorstellung, würden die Abrissbagger anrücken und Tabula rasa machen.

Es ist wohl eine Langzeitfolge der damaligen Wahrnehmung, wenn diese architektonische Hinterlassenschaft noch heute immer wieder pauschal als »ungeliebtes«, »ungewolltes« oder »unbequemes Erbe« bezeichnet wird. Solche Charakterisierungen sind längst zu Stereotypen geworden, die hinterfragt, wenn nicht gar demontiert gehören. Denn sie blenden aus, dass sich der Blick auf das Bauerbe des Sozialismus in den letzten gut zwei Jahrzehnten, wenn auch in einem von Land zu Land unterschiedlichen Maß und Tempo, verändert und ausdifferenziert hat. Die verallgemeinernde Rede vom »ungeliebten Erbe« ignoriert das heutige facettenreiche Spektrum von Haltungen und Praktiken, das von strikter Ablehnung einschließlich anhaltender bilderstürmerischer Reflexe über pragmatische Aneignung oder auch geschichts- und qualitätsbewusste Konservierung bis zur lustvollen Inszenierung und Erhebung zum Kultobjekt reicht.

01. Ausgedient: die Großgaststätte »Ahornblatt« in Berlin vor ihrer Zerstörung

Bereits seit den 1990er Jahren stoßen in Deutschland die stalinzeitlichen historisierenden Monumentalbauten des Sozialistischen Realismus – hierzulande meist als Architektur Nationaler Tradition bezeichnet – nicht nur bei Denkmalpflegern, sondern auch beim Publikumsgeschmack und damit letztlich bei Investoren auf zunehmende Akzeptanz. Die schon 1990 unter Schutz gestellte einstige Stalinallee in Berlin wurde inzwischen weitestgehend denkmalgerecht saniert. Und sie ist heute keineswegs eine schlechte Adresse, sondern ein beliebter Wohnort für verschiedene Altersgruppen und soziale Milieus. Das öffentliche Interesse am Baudenkmal Stalinallee ist enorm. Die Flut neuer Publikationen zu ihrer Architektur und Bewohnerschaft nimmt quantitativ fast schon Ausmaße des publizistischen Propagandafeuerwerks an, von dem ihr Bau in den 1950er Jahren begleitet wurde. Die in der Zeit entstandenen Großensembles in anderen Stadtzentren der ehemaligen DDR, etwa in Dresden, Rostock oder Leipzig, erfahren weniger mediale Aufmerksamkeit. Der Sanierungsgrad und die Popularität als Wohnort sind aber vergleichbar.

In Polen präsentiert sich die Architektur des Sozialistischen Realismus größtenteils in einem deutlich schlechteren Zustand, und ihre Wertschätzung hat noch lange nicht das Niveau Ostdeutschlands erreicht. Die steigende Beliebtheit einiger ikonischer Bauten und Ensembles vor allem bei jungen Leuten und in trendbewussten Milieus und nicht zuletzt deren zunehmende touristische Vermarktung sind aber untrügliche Anzeichen für einen allmählichen Wandel der gesellschaftlichen Wahrnehmung. So hat etwa der nach Moskauer Vorbild und zum Zeichen sowjetischen Herrschaftsanspruchs errichtete Palast der Kultur und der Wissenschaft in Warschau – jahrzehntelang einer der meistgehassten Bauten des Landes, für dessen

02. Als der Sozialismus noch an seine Zukunft glaubte: die Kaufhalle »Supersam« als Warschaus strahlender Konsumtempel. Aufnahme 1960er/1970er Jahre

Überdauern nach 1990 kaum jemand viel verwettet hätte – mit der Zeit seinen Status als eine der Hauptsehenswürdigkeiten der polnischen Hauptstadt wiedererlangt. Nach einer langen Phase des Niedergangs erwacht langsam auch die als urbanistisches Vorzeigeprojekt errichtete Industriearbeiterstadt Nowa Huta bei Krakau zu neuem Leben. Lokale Kulturinitiativen wecken das Interesse der Bewohner für die Geschichte der stalinistischen Reißbrettstadt und tragen damit zur Stärkung der Identifikation bei. Die repräsentativen Wohnungen an den weitläufigen Straßen und Plätzen registrieren Zuzug von

03. Ein Meisterwerk, durch Dreckschichten und Werbewildwuchs entstellt: der Hauptbahnhof in Kattowitz kurz vor seinem Abriss. Aufnahme 2008

04. In der DDR-Zeit begehrt, danach entleert: Wohnbauten an Leipzigs Brühl nach Beginn des Abrisses. Aufnahme 2007

Künstlern und Intellektuellen. Für Besucher werden geführte Rundgänge angeboten, die als Alternative zum üblichen Touristenprogramm in Krakau gelten.

Dieser Wandel hat mehrere Gründe. Das Heranwachsen neuer Generationen, die mit dem Architekturerbe des Stalinismus keine unangenehmen Assoziationen mehr verbinden und darin eher kuriose bis exotische Relikte einer längst vergangenen Welt als Erinnerungszeichen an eine finstere Diktatur sehen, gehört ebenso dazu wie die stilistische Anschlussfähigkeit des klassizisierenden, sozialistisch-realistischen Historismus an retrospektive Tendenzen der Gegenwartsarchitektur.

Deutlich schlechter steht es um die Akzeptanz der danach entstandenen Bauten der Ostmoderne, die nach wie vor häufig ohne Ansehen der Qualität abgerissen werden. Zu den kapitalen Verlusten gehören etwa die durch ihre kühnen Dachkonstruktionen herausragenden Bauten der Großgaststätte »Ahornblatt« in Berlin (1971–73 erbaut, 2000 abgerissen, Abb. 01), die Kaufhalle »Supersam« in Warschau (1962 erbaut, 2006 abgerissen, Abb. 02) und jüngst der Hauptbahnhof in Kattowitz/Katowice (1964–72 erbaut, 2010–11 abgerissen, Abb. 03), ein Vertreter des sogenannten Betonbrutalismus, der ungeachtet dieser stilgeschichtlichen Etikettierung zu den gestalterisch raffiniertesten Bauten der polnischen Architektur der Spätmoderne gehörte.

Allerdings gibt es auch in Bezug auf das Bauerbe der 1960er- bis 1980er-Jahre mittlerweile viele Anzeichen einer steigenden Wertschätzung. Zahlreiche Bürgerinitiativen setzen sich, unterstützt von Fachleuten wie Architekten, Kunsthistoriker und Denkmalpfleger, für den Erhalt gefährdeter Bauten ein. Das Engagement schließt mitunter auch die sperrigsten Teile dieses Erbes ein: Manch ein Gebäude oder städtebauliches Ensemble, das vor ein bis zwei Jahrzehnten nur als banal und plump galt, kann heute vor allem in Kreisen junger Künstler und Intellektueller geradezu Kultstatus erlangen. Besonders in Ostdeutschland ist ein gesellschaftlicher Aneignungsprozess unüberseh-

05. Verhärtete Fronten im Streit um die Leipziger Brühl-Bauten: King-Kong-Kampfszene, 2003 vom Verein »archleague leipzig« als Bildkommentar zu den Abrissplänen publiziert

06. Banalisierung des Stadtraums: die Leipziger Brühl-Bauten, mit schrillen Bildplanen verhüllt

bar, der sich nicht nur auf Aktivitäten gegen Abrisse beschränkt. Leerstehende Bauten werden temporär mit öffentlichen Veranstaltungen bespielt, sich entvölkernde Plattenbaugebiete zunehmend als Spielwiesen für Kunstaktionen nachgenutzt. Derweil finden sich, wie Sachsen-Anhalts Landeskonservatorin Ulrike Wendland bemerkte, in Internetportalen wie »flickr« zahlreiche Fotoaufnahmen zum Teil sehr unscheinbarer Bauten der DDR-Moderne, die dort von Scharen von Amateuren zur Ergötzung der Netzöffentlichkeit zugänglich gemacht werden. Ein Paradebeispiel für die Neubewertung dieser Architektur durch weite Teile der Öffentlichkeit bieten die jahrelangen Auseinandersetzungen um den Abriss der sogenannten Brühl-Bauten in Leipzig. Die drei 1966–68 errichteten, durch Flachbauten verbundenen Wohnhochhäuser markierten den nördlichen Rand der Innenstadt (Abb. 04). Karg in der Form, maßstabssprengend in den Dimensionen, nahmen sie keine Rücksicht auf ihr hauptsächlich durch vormoderne Bauten geprägtes Umfeld. Nach der Wende zunehmend als städtebaulicher Missstand empfunden, hemmten sie die Entwicklung einer der potenziell lukrativsten Lagen der Innenstadt. Als aber die Stadt beschloss, die Bauten – freilich durchaus nicht nur aus städtebaulichen, sondern vor allem aus finanziellen Gründen – für ein Großeinkaufszentrum zu beseitigen, regte sich lautstarker, von verschiedenen Initiativen getragener Protest. In zahllosen öffentlichen Verlautbarungen und Diskussionsveranstaltungen wurde als eines der Argumente gegen den Abriss nicht zuletzt auch der Hinweis auf die vermeintlich hohe städtebaulich-architektonische Qualität des Ensembles

07. Aus dem Stadtbild verschwunden, auf der Leinwand verewigt: die Leipziger Brühl-Bauten in Verena Landaus Gemälde »Brühl 2007.3«

08. Städtebaulich ungünstig, aber als Klassiker geschätzt: die Blechbüchse in Leipzig, kurz vor ihrer Demontage. Aufnahme 2009

vorgebracht. Von der Emotionalität der nicht immer sachlichen Debatten zeugt eine King-Kong-Kampfszene mit der Bildunterschrift »So wird in Leipzig mit Gebäuden aus der 40jährigen DDR-Geschichte umgegangen«, die der Verein »archleague leipzig« 2003 als polemischen Kommentar zu den Abrissplänen veröffentlichte (Abb. 05). Einen neuen Aggressionsschub erhielten die Auseinandersetzungen 2006, als der in der lokalen Szene als kommerzieller Kitschmaler verschriene Leipziger Künstler Michael Fischer-Art die Bauten mit Unterstützung der Stadt temporär mit bunten, bedruckten Planen verhüllte (Abb. 06). Die Verwandlung der Wohnhäuser in eine schrille Freilichtgalerie aus infantilen Figürchen nebst Sponsorenlogos wurde von vielen Kritikern als Banalisierung des Stadtraums und zugleich eine Demütigung der DDR-Architektur angeprangert. Während Fischer-Art die Brühl-Bauten als Präsentationsfläche für seine expansive Bildproduktion benutzte, entdeckten andere Künstler den spröden Charme ihrer Architektur. Die Leipziger Malerin Verena Landau etwa verewigte sie kurz vor dem Abriss im Jahr 2007 in einer Bildfolge von erlesener Handwerklichkeit (Abb. 07).

09. Ramponierte Pracht des Späthistorismus: das im Zweiten Weltkrieg schwer beschädigte ehemalige Kaufhaus Brühl. Aufnahme 1950er Jahre

Im heutigen Polen können Bauten wie die Brühl-Wohnhäuser sicher noch nicht mit so vielen Verteidigern rechnen. Allerdings werden auch dort zumindest die Abrisse der markanteren und qualitätvolleren Bauten der Ostmoderne keineswegs mehr ohne Widerspruch hingenommen. Schon gegen den Abriss des Warschauer »Supersam« gab es Proteste, und die Initiative gegen die Zerstörung des Kattowitzer Hauptbahnhofs fand zahllose Unterstützer im In- und Ausland und ein starkes überregionales Echo in den Massenmedien.

Was nützen aber alle Debatten und Proteste von Fachleuten, Intellektuellen und Künstlern, lässt sich an dieser Stelle einwenden, wenn sich am Ende staatliche oder kommunale Behörden und Investoren doch gegen die Ostmoderne entscheiden?

Selbst davon ist aber, zumindest im heutigen Ostdeutschland, beileibe nicht mehr zwingend auszugehen. Auch für diese Entwicklung bietet das Leipziger Brühl-Areal ein Beispiel. An die Reihe der Brühl-Wohnhäuser schloss sich ein Kaufhausgebäude an, das wegen seiner Metallverkleidung im Volksmund als »Blechbüchse« bezeichnet wurde (Abb. 08). Die beim Umbau von 1966–68 angebrachte fensterlose Hülle aus konvex und konkav gewölbten Aluminiumplatten bedeckte den Torso eines 1907–08 errichteten und später mehrmals erweiterten, zwischen spätem Historismus und zaghafter Frühmoderne schwankenden Großbaus, der im Zweiten Weltkrieg stark beschädigt worden war (Abb. 09). Als das Gebäude in das Projekt des anstelle der Brühl-Bauten entstehenden Einkaufszentrums einbezogen wurde, der Investor aber auf einer totalen Entkernung bestand, stellte sich die Frage, welcher Fassadenschicht der Vorzug gegeben werden soll. Angesichts der retrospektiven Architekturpräferenzen unserer Tage könnte ein auswärtiger Beobachter meinen, dass hier die DDR-Moderne gegen den Historismus keine Chance habe, zumal die sattsam bekannten städtebaulichen Nachteile einer fensterlosen Fassade auf der Hand liegen. Doch der Investor entschied sich mit Zustimmung tonangebender Kreise der Leipziger Öffentlichkeit für die DDR-zeitliche Metallhaut und erhielt schließlich die Genehmigung zum Abbruch des Altbaus einschließlich seiner Fassaden bis auf ein wenige Meter langes Alibi-Fragment. Als die Aluminiumplatten 2010 demontiert wurden, um nach fachgerechter Sanierung am Neubau wieder angebracht zu werden, zeigte sich, dass sich die Fassade des Altbaus trotz erheblicher Schaden durch Krieg und Umbau in weiten Teilen in einem wesentlich besseren Zustand erhalten hatte, als zuvor verlautbart. Eine heftige Debatte entbrannte, doch sie konnte die Abrissbagger nicht aufhalten. Der anstelle des planierten Kaufhauses auf gleichem Grundriss entstehende Neubau wird vollständig mit den Aluminiumplatten verkleidet (Abb. 10). Die vermeintlich allgemein missachtete DDR-Moderne triumphiert hier über den vermeintlich unschlagbar populären Historismus.

Auch andernorts erweist sie sich zuweilen als viel beliebter und marktgängiger, als ihr nachgesagt wird. Als Beispiel sei nur das 1973–78 erbaute einstige Warenhaus Centrum an Dresdens Prager Straße genannt. Der Bau wurde zwar 2007 vollständig abgerissen, doch seine charakteristischen, kristallinen

10. Wiedergeburt der DDR-Moderne: Baustellenschild mit der Aluminiumfassade der ehemaligen »Blechbüchse« als Blickfang des künftigen Einkaufszentrums »Höfe am Brühl«. Aufnahme 2011

Wabenfassaden sind an dem an der Stelle errichteten, um ein Vielfaches größeren Einkaufszentrum wiedererstanden.

Der Blick auf diese wenigen Beispiele aus Ostdeutschland und Polen zeigt, dass von einer generellen Unbeliebtheit der Ostmoderne keine Rede (mehr) sein kann. Besonders irreführend ist die generalisierende Einschätzung, dass ihre Hinterlassenschaft wegen politischer Missliebigkeit – als Relikt des untergegangenen Regimes – systematisch dezimiert werde. Das Abrissvolumen ist zwar beträchtlich. Die Gründe dafür sind aber in der Regel nicht politischer, sondern ästhetischer, funktionaler und städtebaulicher Natur.

Dementsprechend ergeht es der westlichen Nachkriegsmoderne keineswegs besser. In der Altstadt von Frankfurt am Main etwa wurden kürzlich die sperrigen Gebäude des Technischen Rathauses und des Historischen Museums abgerissen. Aber auch weitaus qualitätvollere Bauten der Nachkriegsjahrzehnte werden in Westdeutschland ohne Federlesens beseitigt. In Duisburg wurde die Mercatorhalle abgebrochen, in Bonn entging die Beethovenhalle nur um Haaresbreite – und vorläufig – dem Abriss. Selbst Inkunabeln der bundesrepublikanischen Demokratie wie der Niedersächsische Landtag in Hannover werden zur Disposition gestellt.

Wenn man von dem vor allem in Ostdeutschland akuten Problem des Nutzermangels absieht, haben Bauten der Ostmoderne nicht generell schlechtere Erhaltungschancen als die der Westmoderne. Auch unter Stadtverwaltungen und Investoren können sie ihre Freunde finden, sofern Aussicht auf eine Nachnutzung besteht. Ideologische Motive spielen beim Umgang mit diesem Erbe jedenfalls eine viel geringere Rolle, als immer wieder behauptet.

Streszczenie

W okresie przełomu lat 1989–1991 należało się obawiać, że wraz z upadkiem systemu politycznego w niełaskę popadnie również w całości jego dziedzictwo architektoniczne. O ile jednak budowle reprezentacyjne w centrach miast wśród szerokich rzesz społeczeństwa uchodziły za symbole pokonanego reżimu, które należy wyburzyć, to smutnym symbolem życia codziennego w realnym socjalizmie były przede wszystkim przygnębiające, zuniformizowane wielkie osiedla. Z czasem jednak spojrzenie na architektoniczne dziedzictwo socjalizmu stawało się coraz bardziej zróżnicowane, mimo że w każdym byłym kraju socjalistycznym odbywało się to w nieco innej mierze i tempie. Już od lat dziewięćdziesiątych XX w. historyzujące budowle monumentalne socrealizmu znajdowały rosnącą akceptację społeczeństwa, a tym samym inwestorów. Zdecydowanie trudniej ma funkcjonalistyczny, socjalistyczny późny modernizm, w dalszym ciągu dziesiątkowany przez wyburzenia, często bez zwracania uwagi na jego jakość architektoniczną. Jednak i tutaj w międzyczasie zaobserwować można zmianę w ocenie tego okresu. Liczne inicjatywy obywatelskie przy wsparciu specjalistów, takich jak architekci, historycy sztuki i konserwatorzy zabytków, angażują się na rzecz zachowania zagrożonych budowli z lat sześćdziesiątych, siedemdziesiątych i osiemdziesiątych XX w. Niejeden budynek lub zespół urbanistyczny, który przed dziesięcioma lub dwudziestoma laty uważany był po prostu za grzech architektoniczny, dziś w środowiskach młodych artystów i intelektualistów otrzymać może status kultowy. Referat na podstawie kilku przykładów naświetli kierunki rozwoju w różnych krajach postsocjalistycznych. W centrum uwagi znajdą się Niemcy Środkowe oraz Polska.

Abstract

At the time of the 1989–91 transition there were fears that the general distaste felt for the political system that had just collapsed would also target the entire architectural heritage of the system. While the imposing buildings in the city centers were seen by large sections of the population as symbols of the defeated regime that needed to be swept aside, it was the large and monotonous housing estates that were the predominant symbols of dreary real-socialist everyday life. As time passed, though, appreciation of the structural remains of socialism became more differentiated, although varying from state to state to a greater or lesser extent and at different speeds. Already in the 1990s public taste – and with it, consequently, that of investors – was becoming more accepting of the monumental social realist buildings in a historicising style. For the functional socialistic late modernity which continues to be decimated by demolition, often enough without any regard for architectural quality, the breakthrough was significantly more difficult. However, assessments are changing here, too. Numerous citizens' initiatives supported by professionals such as architects, art historians, and conservationists are campaigning for the preservation of 1960s–1980s buildings at risk. There is many a building or urban ensemble that was seen as a monstrosity ten or twenty years ago, but which today has achieved what can only be called real cult status – particularly in the young artist and intellectual scene. The lecture will illuminate these developments with a number of highlights from several post-socialist countries. The focus will be on East Germany and Poland.

Die Architektur des Sozialistischen Realismus als Gegenstand des Denkmalschutzes
Architektura socrealizmu jako przedmiot ochrony konserwatorskiej
Socialist Realism Architecture as Object of Preservation

Bogusław Szmygin

Das im Jahr 2010 durch die Nationalen ICOMOS-Komitees in Polen und in Deutschland aufgelegte Forschungsprogramm hat zum Ziel die Analyse, Bewertung und Schutz des architektonischen und städtebaulichen Erbes des Sozialistischen Realismus. Als Gegenstand des denkmalschützerischen Interesses ist der Sozialistische Realismus immer noch neu, obwohl es keine formellen oder inhaltlichen Beschränkungen gibt. Denkmalschützer interessieren sich weltweit für Objekte, die immer näher an die Gegenwart heranreichen, an deren Bau sich die noch lebenden Generationen erinnern können oder die von noch tätigen Architekten entworfen worden sind.[1] Der Denkmalschutz für das architektonische Erbe des 20. Jahrhunderts wurde durch ein gutes Dutzend Einträge auf der UNESCO-Liste des Welterbes besiegelt.

Wenn sich auch die Denkmalschützer der jüngeren Vergangenheit zuwenden, so ändert das nichts daran, dass sie sich weiterhin bemühen, mit in sich abgeschlossenen Phänomenen zu operieren, denn nur in solchen Grenzen lässt sich eine objektivere Bewertung der einzelnen Bauten vornehmen. Dies ist sehr wichtig, weil die Festlegung der Bewertungskriterien über die richtige Auswahl denkmalgeschützter Objekte entscheidet. In diesem Kontext ist es unzweifelhaft, dass im Ostteil Europas in der zweiten Hälfte des 20. Jahrhunderts der Sozialistische Realismus als abgegrenztes und eindeutig abgeschlossenes Phänomen gelten kann.

Eine klare Abgrenzung des Sozialistischen Realismus vor dem Hintergrund der Nachkriegsarchitektur heißt natürlich nicht, dass automatisch alle in diesem Stil errichteten Bauten unter den Denkmalschutz fielen. Beim Interesse der Denkmalschützer handelt es sich in gewisser Weise um ein erzwungenes Interesse, weil in der neuen politischen und wirtschaftlichen Realität, die nach dem Fall des vorherigen Systems entstand, Vorschläge auftauchten, einige Bauten des Sozialistischen Realismus umzugestalten oder sogar abzureißen.

Das bekannteste Beispiel in Polen sind die Vorschläge, den Warschauer Kultur- und Wissenschaftspalast (Pałac Kultury i Nauki[2]) abzureißen, Vorschläge, die symbolisch oder städtebaulich motiviert waren. Weniger radikale Vorschläge beschränkten sich auf die Änderung bestimmter Säle im Zuge der Modernisierung (u. a. plante man eine grundlegende Modernisierung des Kongresssaals des Kulturpalastes und seine Umwandlung in ein Musiktheater). Solche und ähnliche Beispiele gab es und gibt es immer noch viele.

Unabhängig von den Gründen und der Größenordnung der Pläne zum Abriss oder zur Umgestaltung von Bauten des Sozialistischen Realismus musste sich der Denkmalschutz zu diesem Problem positionieren.

Dabei gaben die Denkmalschützer nicht vor, die Ersten zu sein, die die Architektur des Sozialistischen Realismus bewerten. In der hitzigen Diskussion und angesichts der Stimmen, die der Architektur des Sozialistischen Realismus jeglichen Wert absprechen, fiel ihnen diese Rolle aber aus formalen Gründen zu. Der Denkmalschutz hat als Einziger die formale Möglichkeit (und Pflicht), einzugreifen. Aus dieser Notwendigkeit heraus mussten die Denkmalschützer als Erste eine Bewertung der Architektur des Sozialistischen Realismus abgeben, und diese Aufgabe gewinnt weiterhin an Dringlichkeit.

Es macht die Sache nicht leichter, dass die Größenordnung sowohl in quantitativer als auch in qualitativer Hinsicht enorm ist. Bauten des Sozialistischen Realismus gibt es relativ viele, sie sind aus Prinzip groß und stehen an den teuersten und exponiertesten Stellen vieler großer polnischer Städte.

Der Zeitraum des Sozialistischen Realismus – so unterstreichen es die Autoren, die mit seiner Bewertung beschäftigt sind – war eine städtebaulich sehr aktive Phase. (Zum Beispiel war der Wiederaufbau Warschaus nach dem Zweiten Weltkrieg die Zeit der größten geplanten städtebaulichen Aktivität.) Städtebauliche Entwürfe des Sozialistischen Realismus wie in Warschau oder In Nowa Huta setzten, ähnlich wie in kleinerem Maßstab in anderen Städten, konsequent die homogenen Pläne um, in denen Architektur und Städtebau eine Einheit bildeten. Aus diesem Grund sind unmittelbare Eingriffe in diese komplexen Strukturen sehr schwierig oder geradezu unmöglich, weil sie Kohärenz und Homogenität des Ganzen drastisch stören. In der Praxis stellt sich heraus, dass alle komplexen städteplanerischen Absichten, die in diesen Städten umgesetzt werden sollen, in irgendeiner Weise auf diese vorhandenen Strukturen Bezug nehmen müssen. Auch aus diesem Grund ist es unabdingbar, dass eine denkmalschützerische Bewertung des Sozialistischen Realismus erfolgt. Die Notwendigkeit, eine Bewertung des architektonischen und städtebaulichen Erbes des Sozialistischen Realismus in Polen vorzunehmen, hat den Denkmalschutz in eine schwierige

Position gebracht.[3] Einerseits war das Erbe dieser Epoche bisher noch nie eindeutig bewertet worden. Wenn es auch verschiedene Publikationen zur Geschichte und den Errungenschaften dieser Zeit auf verschiedenen Gebieten – in Architektur, Bildhauerei, Musik und Literatur – gibt, so haben diese bezüglich der Architektur eher faktographischen Charakter und bieten keine ausreichende Bewertungsgrundlage, insbesondere angesichts der immer noch sehr emotional geführten Diskussionen. Diesbezüglich kann der Denkmalschutz den Stand der Bearbeitung dieses Themas nur als nicht ausreichend einschätzen. Damit bringt der Sozialistische Realismus für den Denkmalschutz gleich eine ganze Reihe von Problemen mit sich, deren Lösung ansteht, damit das Wertvollste aus dieser Stilrichtung unter Denkmalschutz gestellt werden kann.

Vor allem jedoch müssen die Denkmalschützer selbst eindeutig entscheiden, ob Architektur und Städtebau des Sozialistischen Realismus als Denkmal gelten können. Mit anderen Worten – ihnen obliegt die Entscheidung, ob die geltenden Kriterien für Denkmale durch die Bauten des Sozialistischen Realismus erfüllt werden. Eine Antwort auf diese Frage kann sowohl in der Theorie als auch in der gelebten Praxis des Denkmalschutzes formuliert werden.

Im theoretischen Rahmen ist die Antwort eindeutig: Es spricht nichts dagegen, dass ausgewählte Bauten des Sozialistischen Realismus als Denkmal gelten sollten.[4] Die bis vor Kurzem selbstverständliche Forderung, dass ein Denkmal das Kriterium eines gewissen Alters zu erfüllen habe, findet in Polen keine Anwendung mehr – weder formal noch praktisch.[5] Als einzig verbindlich wird die Formulierung des Gesetzes angesehen, nach der die Objekte »*hinsichtlich ihres historischen, künstlerischen oder wissenschaftlichen Wertes*« (Art. 3) zu betrachten sind. Die endgültige Entscheidung, ob ein Objekt solche Werte repräsentiert und den rechtlichen Schutz verdient, ist eine individuelle Entscheidung der Denkmalschutzbehörde in der jeweiligen Wojewodschaft.

Man kann davon ausgehen, dass es einige Bauten des Sozialistischen Realismus gibt, die zweifelsfrei im materiellen wie im immateriellen Sinne über die vom Gesetz geforderten Werte verfügen. In materieller Hinsicht war der Sozialistische Realismus in Architektur und Städtebau eine Epoche, die eine klar lesbare, eigene Handschrift hatte, zahlreiche Bauten hinterlassen hat und wo die architektonische Qualität ausgewählter Objekte ihren Erhalt rechtfertigt (es gibt genügend Objekte, um Vergleiche und Bewertungen der architektonischen Qualität vorzunehmen). Solche Bewertungen werden in den Diskussionen zu einzelnen Objekten formuliert.[6]

Nicht weniger wichtig ist im Denkmalschutz aber auch der immaterielle Aspekt, insbesondere im Fall der Denkmale aus jüngster Vergangenheit, die viele symbolische Bedeutungen in sich vereinen. Die Existenz gegensätzlicher Bewertungen muss ein Objekt überhaupt nicht diskreditieren, allerdings erschwert sie die Arbeit des Denkmalschutzes.

Die Bauten des Sozialistischen Realismus illustrieren und widerspiegeln einen ganz bestimmten Abschnitt der Geschichte der Volksrepublik Polen, die Jahre mit den stärksten Restriktionen und der Politisierung, in denen Architektur und Städtebau konsequent und unmittelbar die ideologischen Grundsätze und Bedürfnisse von Staat und System umzusetzen hatten. Das Bauwesen war ein Element des totalitaristischen Systems – der Sozialistische Realismus war der staatliche Stil, der seine Politik durchsetzen sollte und als Symbol der Macht diente. Damit waren die Bauten des Sozialistischen Realismus von der ideologischen Seite her ein Produkt des Systems, ein symbolisches Programm, die Ikonographie des Sozialismus, bis hin zur Art und Weise ihrer Errichtung. In der polnischen Gesellschaft, das muss hier gesagt werden, herrschte über die Interpretation dieser Symbolik kein Zweifel. Das führt angesichts der noch nicht lange zurückliegenden Systemtransformation zur Fragestellung, ob Objekte mit einer so eindeutigen symbolischen Aussage, die gleichzeitig so stark die Stadtzentren dominieren, es verdienen, bewahrt zu werden?

Die Antworten auf diese Frage fallen nach wie vor unterschiedlich aus. Ein Teil der Forscher und Kommentatoren ist der Meinung, dass die Wertung der Ereignisse weniger wichtig ist als die Erinnerung an diese Ereignisse. In diesem Fall sollten die Objekte des Sozialistischen Realismus (Bauten und Innenausstattung) als Denkmale anerkannt werden, weil sie an viele wichtige Ereignisse aus der Geschichte Polens in der zweiten Hälfte des 20. Jahrhunderts erinnern.

Vor und in diesen Gebäuden spielte sich ein Teil der neuesten polnischen Geschichte ab. So wie es Waldemar Baraniewski in einer Redaktionsdiskussion zur Notwendigkeit des Denkmalschutzes für Bauwerke des Sozialistischen Realismus formulierte: »*Wenn der Kongresssaal abgerissen wird, werden wir es unseren Kindern nie mehr zeigen können, an welchem Ort die unrühmlichen Parteitage der PVAP oder das legendäre Konzert der Rolling Stones stattgefunden haben*« … »*Es wäre so, also würde aus unserer Geschichte ein ganzes Teilstück herausgerissen.*«[7] In derselben Diskussion fiel die Feststellung: »*Es geht hier um die Bewahrung der Erinnerung. Die Erinnerung an verschiedene Epochen unserer Geschichte. Eine Stadt braucht Vielschichtigkeit. Diese wird von der Geschichte getragen. Deshalb müssen Objekte aus verschiedenen Epochen unter Denkmalschutz gestellt werden.*« (Kuba Szczęsny)

Diese Argumente werden von immer mehr polnischen Denkmalschützern geteilt, aber es gilt auch, die Einstellung der Gesellschaft zu berücksichtigen, denn die öffentliche Meinung stand zu einem großen Teil dem Denkmalschutz für Bauten des Sozialistischen Realismus sehr kritisch distanziert gegenüber. Es herrschte die Überzeugung, dass diese Objekte für die Polen immer ein Symbol der Vorherrschaft einer fremden Macht bleiben werden und deshalb nicht als Denkmale anerkannt werden sollten. Unter den gegenwärtigen Gegebenheiten hat der Denkmalschutz aber ohne gesellschaftliche Akzeptanz keine Chance, wirksam tätig zu werden.

Das Problem ist nur zu lösen, wenn wir die zwei Bewertungssysteme präzise voneinander trennen: Die Fachleute sehen Objekte des Sozialistischen Realismus als Werke der Architektur und Städtebaus und bewerten diese objektiv im Rahmen ihrer Fachdisziplinen, während sich die öffentliche Meinung von Emotionen leiten lässt und den Bauten frei eine bestimmte Bedeutung zuschreibt. Eine Vermischung dieser beiden Systeme verhindert eine Verständigung dazu.

Dabei ist es wesentlich, dass die Zuschreibung negativer symbolischer Bedeutung generationenabhängig ist. Wie Umfragen gezeigt haben, hat sich das Verhältnis der Warschauer zum Kulturpalast – dem ikonographischen Gebäude der Hauptstadt schlechthin – in den 20 Jahren geändert, die seit dem Systemwechsel vergangen sind. Unmittelbar nach der politischen Wende waren 18 % der Warschauer dafür, den Kulturpalast abzureißen, 30 % waren dafür, die charakteristischen Verzierungen abzubauen und die Fassaden zu modernisieren, 7 % wollten, dass er auf die Hälfte seiner Höhe abgetragen würde. Gegenwärtig ändert sich diese Einschätzung deutlich. Nach Untersuchungen aus dem Jahr 2006 waren 30 % der jungen Warschauer der Meinung, dass der Kulturpalast der repräsentativste Ort Warschaus sei. Dies bedeutet: Die Beziehung zu Bauten dieses Typs ändert sich; es kommen junge Menschen hinzu, die keine politischen und persönlichen Erfahrung mit dem vorherigen System gemacht haben. Für neue Generationen handelt es sich einfach um eine weitere Gruppe historischer Gebäude. Damit kann man die Frage mit der Feststellung abschließen, dass die emotionale Beziehung zum Sozialistischen Realismus dynamisch der Veränderung unterworfen ist und dass seine Bauwerke immer leichter akzeptiert werden.

Der zweite Problemkreis, der sich aus dem Denkmalschutz für Bauten des Sozialistischen Realismus ergibt, ist praktischer Natur.

Es handelt sich um ernsthafte technische Probleme, die sich aus der Qualität des Baumaterials und der Bauausführung vieler Bauten aus der Zeit des Sozialistischen Realismus ergeben. Besonders deutlich spürbar ist das im Wohnungsbau, wurden doch die Wohnblocks aus Baumaterial von geringer Qualität errichtet (häufig handelte es sich um Abrissmaterial), es wurde sehr schnell gebaut (unter Missachtung technologischer Anforderungen), die Qualität der Bauausführung war gering (u. a. fehlten Fachkräfte). Nach 50 Jahren treten alle diese Mängel zutage, umso mehr, weil die entsprechenden notwendigen Reparaturen nicht durchgeführt wurden. Im Ergebnis nimmt der technische Verschleiß dieser Gebäude zu. Von immer größerer Bedeutung ist auch der moralische Verschleiß, weil moderne Wohnstandards wie Wohnungsgröße, Installationen, Qualität im Innenausbau, Wärmedämmung nicht erfüllt werden. Als Randbemerkung kann hier hinzugefügt werden, dass die Bauten des Sozialistischen Realismus diese Probleme durchaus mit anderen Gruppen von denkmalgeschützten Häusern der modernen Architektur gemeinsam haben.[8]

01. Die Zeitschrift »Blick nach Polen« brachte Neuigkeiten aus der polnischen Hauptstadt in die DDR

Das Problem der technischen und funktionellen Qualität der Gebäude des Sozialistischen Realismus hat auch für den Denkmalschutz einen wesentlichen Aspekt, weil nach den traditionellen Grundsätzen des Denkmalschutzes dieser Schutz die Erhaltung von authentischem Material und der Form des Objekts umfasst. Originalmaterial sollte erhalten, instandgesetzt oder ergänzt werden. An dieser Stelle aber ist dieser Ansatz alles andere als selbstverständlich. Die »Denkmalsubstanz« auszutauschen und neue Materialien einzusetzen, scheint begründet und zulässig zu sein, aber es gilt, die Grundsätze für dieses Vorgehen zu definieren, angepasst an die Spezifik und den Wert der Bausubstanz des Sozialistischen Realismus.

Entscheidend dafür, wie das Erbe des Sozialistischen Realismus zu behandeln sei, sind auch Größenordnung und Charakter dieser Bebauung. Objekte und städtebauliche Vorgaben bestimmen wegen ihrer Größe und ihres Charakters entscheidend, welche Möglichkeiten es für die Bewirtschaftung des angrenzenden Umfeldes gibt.

Sowohl die Nutzung als auch die unmittelbare Umgebung können sich bei den meisten Objekten wegen deren übermächtigen Größe dieser Dominanz nicht entziehen. Öffentliche Bauten entstanden an zentralen Punkten. Heute erschweren Größe und architektonische Form eine harmonische Nutzung des angrenzenden Raums und machen sie manchmal gänzlich unmöglich. In Warschau fanden Architekten zum Beispiel keine Lösung für die Nutzung des Raumes um den Kulturpalast herum.[9] Keine Bebauung lässt sich in die unmittelbare Nachbarschaft einpassen. Ein ähnliches Problem haben viele Städte (wie z. B. Rzeszów mit dem »Haus der Partei«).

Es taucht für den Denkmalschutz auch ein völlig neues Problem bei der Bewertung des sozrealistischen Erbes auf.

Aus Sicht des Denkmalschutzes war der Sozialistische Realismus der Wiederkehr historischer Formen förderlich.[10] In den Kriegszerstörungen erblickten die Architekten der Moderne (auch in Polen) die Chance, die Innenstädte nicht wiederaufzubauen, sondern in moderner Form neu zu bebauen. Die Doktrin des Sozialistischen Realismus ermöglichte es, diese Pläne aufzuhalten. Beim Wiederaufbau der Altstädte gab es jedoch mehrfach Eingriffe unter Nutzung der Formensprache des Sozialistischen Realismus. Der Schlossplatz (Plac Zamkowy) in Lublin wurde (an der Stelle des zerstörten Gettos) im Stil des Sozialistischen Realismus wieder aufgebaut. Die Fassaden der Häuser wurden vereinfacht und vereinheitlicht, zurückgeführt auf sich wiederholende Teilstücke. Im Innenbereich wurden die geltenden Standards umgesetzt und hinter der so geschaffenen Kulisse wurde der städtische Raum als Wohnsiedlung genutzt. Von der Idee her ähnliche Lösungen wurden in Łódź, Gdańsk, Opole und noch weiteren Städten zur Anwendung gebracht.[11] Heutzutage ist diese Bebauung bereits integraler Bestandteil der wiederaufgebauten Altstadtkerne. Der Denkmalschutz muss also eine Antwort auf die Frage geben, ob er alles oder nur ein Teilstück unter seinen Schutz stellen will?

Die Gesamtheit der oben genannten Fragen und Probleme bewirkt, dass der Denkmalschutz vor einer Herausforderung steht.

Erst wenn die angesprochenen Probleme umfassender bearbeitet sein werden, wird man ein Programm erstellen können, wie mit dem Erbe des Sozialistischen Realismus umzugehen ist. Auf der Arbeitsebene kann man jedoch folgende Vorschläge für die weitere Diskussion und Bearbeitung formulieren:

1. Der Sozialistische Realismus ist als deutlich eigenständiges Phänomen in der Architektur und Städteplanung des 20. Jahrhunderts zu behandeln.[12] Das Erbe des Sozialistischen Realismus ist nach den erarbeiteten Kriterien, die für diese Formation zutreffend sind, einer komplexen Analyse zu unterziehen und ausgewählte Bauwerke sind unter Denkmalschutz zu stellen.

2. Die immaterielle Komponente des Sozialistischen Realismus, d. h. alle vorhandenen Konnotationen, sollte diese Architektur nicht von vornherein disqualifizieren, wenn es um deren Analyse und den potenziellen Denkmalschutz geht. Immaterielle Werte, auch negativer Art, sollten beim Schutz des Sozialistischen Realismus berücksichtigt werden.

3. 20 Jahre nach der Systemwende und 50 Jahre nach Ende des Sozialistischen Realismus sind Vorschläge, Bauten des Sozialistischen Realismus wegen ihres ideologischen und symbolischen Ballasts abzureißen, fehl am Platz.[13]

4. Ein Teil der Gestaltungen des Sozialistischen Realismus – insbesondere bei den städtebaulichen Lösungen – stellt einen gegenwärtig positiv bewerteten Standard dar. Deshalb sollte hier auch aus funktionellen Überlegungen der Denkmalschutz greifen.

5. Architektur und Städtebau des Sozialistischen Realismus sollten im Hinblick auf die Größenordnung und die technische und funktionale Spezifik nicht in der restriktivsten Form, wie sie vom polnischen Recht vorgesehen wird (d. h. mit einem Eintrag ins Denkmalregister), geschützt werden. Für die Mehrzahl der Bauten des Sozialistischen Realismus sollte eine geeignetere Form des Schutzes gefunden werden, wie Aufnahme in Raumordnungspläne, Kulturparks und kommunale Denkmalslisten.

6. Denkmalschutz ist für die Mehrzahl der Bauten des Sozialistischen Realismus nicht nach den restriktiven denkmalschützerischen Ansätzen möglich, die den vollen Erhalt der historischen Form und Substanz zum Ziel haben. Erforderlich sind die Erarbeitung individueller (liberaler) denkmalpflegerischer Grundsätze und eine größere Differenzierung der Grundsätze im Unterschied zu den Objekten, bei denen das authentische Material oder die individuelle handwerkliche Ausführung einen größeren Wert haben.

7. Weil der Sozialistische Realismus ideologisch inspiriert und zentral für alle Länder des Ostblocks formuliert war und eine ähnliche Formensprache aufweist, ist es begründet, einen Vergleich und eine Bewertung seines Erbes für die gesamte Region vorzunehmen. Dies könnte die Erarbeitung spezifischer denkmalpflegerischer Methoden und die serienmäßige Beantragung der Aufnahme in die Welterbeliste der UNESCO erleichtern.

***

Przedmiotem programu badawczego, który w roku 2010 został zainicjowany przez Komitety Narodowe ICOMOS w Polsce i Niemczech, jest analiza, ocena i ochrona dziedzictwa architektury i urbanistyki socrealizmu.

Socrealizm jako przedmiot zainteresowań konserwatorskich jest wciąż zagadnieniem nowym, chociaż nie ma w tym względzie żadnych ograniczeń formalnych ani merytorycznych. Konserwatorzy zabytków na całym świecie interesują się obiektami coraz bliższymi współczesności – zbudowanymi za pamięci żyjących pokoleń, a nawet zaprojektowanymi przez nadal tworzących architektów[14]. Ochrona konserwatorska dziedzictwa architektonicznego XX w. została nawet uprawomocniona poprzez kilkanaście wpisów na Listę Światowego Dziedzictwa UNESCO.

Sięgnięcie przez konserwatorów do najbliższej przeszłości nie zmienia jednak faktu, że nadal starają się oni operować w granicach zjawisk w jakiś sposób zamkniętych i zakończonych. Tylko bowiem w granicach takich zjawisk można dokonywać pewnej obiektywizacji w ocenie wartości poszczególnych realizacji. A jest to bardzo ważne, gdyż ustalenie kryteriów oceny poszczególnych obiektów warunkuje właściwy wybór przedmiotu ochrony konserwatorskiej. W tym kontekście nie ma wątpliwości, że w tej części Europy w drugiej połowie XX w. w pełni wyodrębnionym i jednoznacznie zamkniętym zjawiskiem był socrealizm.

Czytelne wyodrębnienie socrealizmu na tle powojennej architektury nie oznacza oczywiście, że automatycznie realizacje tego kierunku stają się przedmiotem ochrony konserwatorskiej. Zainteresowanie konserwatorów zostało jednak w pewien sposób wymuszone. Przede wszystkim w nowej rzeczywistości polityczno-gospodarczej, która ukształtowała się po upadku poprzedniego systemu, pojawiły się propozycje przekształcenia – a nawet zburzenia – niektórych budowli socrealistycznych. W Polsce przykładem najszerzej znanym były propozycje rozebrania warszawskiego Pałacu Kultury i Nauki, motywowane bądź względami symbolicznymi, bądź względami urbanistycznymi. Propozycje mniej radykalne dotyczyły zmiany wystroju wybranych pomieszczeń w związku z planami ich modernizacji (m.in. planowano gruntowną modernizację Sali Kongresowej PKiN w związku z planami utworzenia teatru muzycznego). Tego typu przykładów było i jest nadal wiele.

Niezależnie od motywacji i skali działań zmierzających do burzenia czy przekształcania obiektów socrealistycznych problemem tym musiały się zająć służby konserwatorskie. Konserwatorzy zabytków nie pretendowali do tego, by być pierwszą grupą oceniającą wartość architektury socrealizmu. Jednak wobec burzliwej dyskusji – przede wszystkim głosów całkowicie deprecjonujących wartość architektury socrealizmu, obowiązek ten spadł na nich ze względów formalnych. Służby konserwatorskie jako jedyne miały bowiem formalną możliwość (i obowiązek) reagować na sposób postępowania z tymi obiektami. Z konieczności więc to konserwatorzy jako pierwsi muszą dokonywać oceny architektury socrealizmu i to zadanie staje się coraz pilniejsze.

Problem jest tym poważniejszy, że skala zadania jest relatywnie duża, zarówno w kategoriach ilościowych, jak i jakościowych. Obiektów zbudowanych w okresie socrealizmu jest stosunkowo wiele, z zasady mają znaczącą skalę, a przede wszystkim są zlokalizowane w najcenniejszych, najbardziej eksponowanych obszarach wielu dużych polskich miast. Okres socrealizmu – jak podkreślają autorzy zajmujący się oceną tego zjawiska, był też czasem znaczącej aktywności urbanistycznej (na przykład w powojennej odbudowie Warszawy był to etap największej zaplanowanej aktywności urbanistycznej). Urbanistyczne realizacje socrealizmu w Warszawie czy Nowej Hucie – podobnie zresztą jak w innych miastach, tyle że w mniejszej skali – konsekwentnie realizowały jednorodne plany, w których architektura i urbanistyka stanowiły spójną całość. Dlatego wszelkie bezpośrednie interwencje w tych zespołach stają się bardzo trudne, wręcz niemożliwe, gdyż drastycznie naruszają ich spójność i jednorodność. W praktyce okazuje się zresztą, że wszelkie kompleksowe zamierzenia urbanistyczne realizowane w tych miastach muszą w jakiś sposób odnieść się do tych realizacji. Dlatego również z tego względu konieczna stała się ocena wartości socrealizmu przez konserwatorów zabytków.

Konieczność oceny architektonicznego i urbanistycznego dorobku socrealizmu przez służby konserwatorskie w Polsce postawiła je w trudnej sytuacji[15]. Przede wszystkim dlatego, że dorobek tego okresu nie został do tej pory jednoznacznie oceniony. Opublikowano wprawdzie różne opracowania dotyczące historii i dokonań tego okresu w różnych obszarach – architektury, plastyki, rzeźby, muzyki czy literatury. Jednak w odniesieniu do architektury publikacje te mają przede wszystkim charakter faktograficzny i nie stanowią wystarczającej podstawy do oceny wartości poszczególnych obiektów, szczególnie w kontekście trwających nadal emocjonalnych dyskusji na temat. Dlatego z punktu widzenia służb konserwatorskich temat ten nie może być uznany z opracowany w sposób wystarczający. Tak więc dla konserwatorów socrealizm wiąże się z katalogiem problemów, które trzeba rozwiązać, tak by najcenniejszy dorobek tego nurtu stał się częścią dziedzictwa objętego systemową ochroną konserwatorską.

Przede wszystkim konserwatorzy muszą jednoznacznie zadecydować, czy architektura i urbanistyka socrealistyczna może być uznana za zabytkową. Innymi słowy, środowiska konserwatorskie muszą zadecydować, czy realizacje socrealizmu spełniają obowiązujące kryteria »bycia zabytkiem«. Odpowiedź na to pytanie może być formułowana w ramach teorii konserwatorskiej i w ramach praktyki, realizowanej przez służby konserwatorskie.

W ramach teorii konserwatorskiej odpowiedź jest jednoznaczna: nie ma żadnych przeciwwskazań, by wybrane realizacje socrealizmu uznać za zabytki[16]. Oczywisty do niedawna wymóg, by obiekty uznawane za zabytki spełniały kryterium wieku, w Polsce nie jest już ani formalnie, ani praktycznie stosowany[17]. Jako jedyny obowiązujący przyjmuje się zapis ustawy, który wymaga, by obiekty były oceniane »ze względu na posiadaną wartość historyczną, artystyczną lub naukową« (art. 3). Oczywiście decyzja, czy oceniane obiekty reprezentują wyszczególnione wartości w stopniu zasługującym na roztoczenie prawnej ochrony, ma charakter indywidualnej oceny wojewódzkiego konserwatora zabytków. Jednak można zakładać, że niektóre realizacje socrealizmu są zabytkami, gdyż bez wątpienia są »nośnikami« wymaganych ustawą wartości, zarówno w wymiarze materialnym, jak i niematerialnym.

W wymiarze materialnym socrealizm był okresem w architekturze i urbanistyce, który miał czytelną, indywidualną charakterystykę, pozostawił znaczącą ilościowo liczbę realizacji, a jakość architektoniczna wybranych realizacji uzasadnia ich zachowanie (zbiór obiektów jest wystarczająco duży, by dokonywać porównań i oceny jakości architektonicznej). Takie oceny są formułowane w dyskusjach na temat wartości poszczególnych obiektów[18].

Jednak równie ważny w ochronie zabytków jest aspekt niematerialny, szczególnie w przypadku zabytków czasów najnowszych, które są obarczone wieloma symbolicznymi znaczeniami; rozbieżność ocen wcale obiektu nie musi dyskredytować, jednak bardzo utrudnia działania konserwatorskie.

W tym przypadku budowle socrealistyczne stają się zabytkami, które ilustrują i odzwierciedlają pewien okres Polskiej Rzeczypospolitej Ludowej. Okres najbardziej restrykcyjny i upolityczniony, w którym architektura i urbanistyka konsekwentnie i bezpośrednio realizowały założenia i potrzeby ideologiczne tamtego państwa i ustroju. Budownictwo było elementem totalitarnego ustroju – socrealizm był stylem państwowym, który miał realizować jego politykę, symbolizować jego potęgę. Dlatego budowle socrealizmu były produktem systemu od strony ideologicznej, programu symbolicznego, programu ikonograficznego, aż do sposobu realizacji. Co ważne, polskie społeczeństwo jednoznacznie interpretowało symbolikę tych obiektów. Dlatego tak ważne jest pytanie – szczególnie w kontekście niedawnej jeszcze transformacji ustrojowej, czy należy zachowywać obiekty o tak jednoznacznej symbolice, obiekty które są jednocześnie tak silnymi dominantami w krajobrazie centrów miast?

Odpowiedzi na takie pytania są nadal różne. Część badaczy i komentatorów uważa, że ocena wydarzeń staje się mniej ważna niż ich upamiętnienie. W takim przypadku obiekty socrealizmu (budowle i wnętrza) powinny być uznane za zabytki, gdyż upamiętniają wiele znaczących wydarzeń z historii Polski 2 poł. XX w. W scenografii tych budowli i wnętrz rozgrywała się część współczesnej polskiej historii. Jak to ujął w redakcyjnej dyskusji na temat potrzeby ochrony socrealistycznych obiektów Waldemar Baraniewski: »Jeżeli zostanie zburzona Sala Kongresowa, to już nigdy naszym dzieciom nie pokażemy miejsca, gdzie odbywały się niesławne zjazdy PZPR czy słynny koncert Rolling Stonesów … Tak, jakby z naszej historii wyrwano cały fragment dziejów«[19]. W tej samej dyskusji padło też takie stwierdzenie: »Tu chodzi o zatrzymanie pamięci. Pamięci o różnych epokach naszych dziejów. Miasto wymaga przecież wielowarstwowości. Niesie ją historia. Dlatego trzeba otaczać ochroną obiekty z różnych epok« (Kuba Szczęsny).

Takie argumenty podzielają coraz częściej polscy konserwatorzy zabytków, jednak muszą również uwzględniać nastawienie społeczne. Tymczasem opinia publiczna była w znacznym stopniu niechętna uznawaniu obiektów socrealizmu za zabytki. Panowało przekonanie, że obiekty te dla Polaków zawsze będą symbolem dominacji obcej władzy i dlatego nie powinny być uznane za zabytki. A w obecnych realiach bez społecznej akceptacji konserwatorzy nie mogą skutecznie działać.

Rozwiązanie tego problemu wymagałoby precyzyjnego rozgraniczenia dwóch systemów wartościowania. Specjaliści postrzegają obiekty socrealistyczne jako dzieła architektury i urbanistyki, oceniając je obiektywnie w ramach tych dyscyplin, podczas gdy opinia publiczna kieruje się emocjami i swobodnie przypisuje znaczenia obiektom. Mieszanie tych systemów właściwie uniemożliwia osiągnięcie porozumienia.

Na tle tych uwarunkowań istotny jest fakt, że negatywne, symboliczne konotacje w ocenie socrealizmu są uwarunkowane generacyjnie. Jak pokazały badania ankietowe, stosunek mieszkańców Warszawy do Pałacu Kultury i Nauki – najbardziej ikonicznego budynku stolicy, zmienił się na przestrzeni dwudziestu lat, które minęły od czasu transformacji. Bezpośrednio po zmianie systemu liczba zwolenników zburzenia pałacu wynosiła 18%, 30% badanych deklarowało poparcie dla pozbawienia go charakterystycznych ozdób i unowocześnienie fasad, 7% deklarowało poparcie dla zmniejszenia go o połowę. Obecnie oceny te ulegają istotnej zmianie. Według badań z 2006 r. aż 30% młodych warszawiaków stwierdziło, że Pałac jest najbardziej reprezentacyjnym miejscem Warszawy. Oznacza to zmianę stosunku do tego rodzaju obiektów; przybywa respondentów, którzy nie mają politycznych i osobistych doświadczeń z minionym ustrojem. Dla nowych pokoleń jest to po prostu jedna z grup historycznych budowli. Dlatego tę kwestię można podsumować, stwierdzając, że stosunek emocjonalny do socrealizmu jest dynamiczny, zmienia się, jego zabytki będą coraz łatwiej akceptowane.

Druga grupa problemów związanych z ochroną dziedzictwa socrealizmu ma charakter praktyczny. Przede wszystkim narastają poważne problemy techniczne, związane z jakością materiałów i wykonania wielu obiektów zrealizowanych w okresie socrealizmu. W sposób szczególny dotyczy to budownictwa mieszkaniowego. Bloki mieszkaniowe budowano bowiem z materiałów o niskiej jakości (często były to materiały rozbiórkowe), bardzo szybko (nie przestrzegano wymagań technologicznych), jakość wykonawstwa była niska (m.in. brak kwalifikacji dużej części robotników budowlanych). Po upływie pięćdziesięciu lat te wszystkie mankamenty ujawniają się tym bardziej, że obiekty te nie były poddawane odpowiednim remontom. W efekcie stopień zużycia technicznego budynków jest coraz wyższy. Coraz większe znaczenie ma też tak zwane zużycie moralne; czyli niespełnienie współczesnych standardów użytkowych – wielkość mieszkań, wyposażenie instalacyjne, standard materiałów wykończeniowych, izolacyjność termiczna. Na marginesie można dodać, że te problemy łączą zabudowę socrealistyczną z innymi grupami zabytków uznawanych za zabytki architektury współczesnej[20]. Problem jakości technicznej i funkcjonalnej zabudowy socrealistycznej jest też istotny z konserwatorskiego punktu widzenia, gdyż zgodnie z tradycyjnymi zasadami konserwatorskimi ochrona powinna obejmować utrzymanie autentycznego materiału i formy obiektu. Oryginalne materiały powinny być utrzymane, konserwowane i uzupełniane. Jednak w tym przypadku konserwatorska ochrona materiału wcale nie jest oczywista. Wymiana »zabytkowej« substancji i stosowanie nowych materiałów wydaje się uzasadnione i dopuszczalne, jednak należy ustalić zasady tych działań, uwzględniając specyfikę i wartość zabudowy socrealistycznej.

Kolejnym zagadnieniem wpływającym na ocenę sposobu traktowania dorobku socrealistycznego jest skala i charakter tej zabudowy. Obiekty i założenia urbanistyczne – właśnie ze względu na skalę i charakter, determinują w istotnym stopniu możliwości zagospodarowania otoczenia.

Przytłaczająca skala większości obiektów determinuje zarówno ich wykorzystanie, jak i otoczenie. Budowle publiczne z zasady budowano w centralnych punktach. Obecnie skala i forma architektoniczna tych obiektów utrudniają – a czasami uniemożliwiają – zharmonizowane zagospodarowanie otaczającej przestrzeni. W Warszawie na przykład architekci nie poradzili sobie z zagospodarowaniem przestrzeni wokół Pałacu Kultury[21]. W pobliżu nie udaje się »wpasować« żadnej budowli. Podobny problem jest w wielu innych miastach (np. Dom Partii w Rzeszowie).

Zupełnie nowy problem konserwatorski jest związany z oceną konserwatorskich realizacji socrealizmu.

Z punktu widzenia konserwatorskiego socrealizm był czynnikiem sprzyjającym odbudowie form historycznych[22]. Zniszczenia wojenne były bowiem przez środowiska modernistycznych architektów (również w Polsce) uznane za okazję do zabudowy (nie odbudowy) śródmieść w całkowicie współczesnych formach. Doktryna socrealizmu ułatwiła odrzucenie tych planów. Jednak podczas odbudowy zespołów staromiejskich wielokrotnie dokonywano różnorodnych ingerencji, wykorzystując formy socrealistyczne. Na przykład plac Zamkowy w Lublinie (po zniszczonej zabudowie getta) odbudowano w stylistyce socrealistycznej. Fasady kamienic zostały uproszczone i ujednolicone, sprowadzone do powtarzalnych sekcji. We wnętrzach zrealizowano obowiązujące standardy użytkowe, za kulisą tej zabudowy przestrzeń zagospodarowano jak osiedle mieszkaniowe. Podobne co do idei rozwiązania zastosowano

02. Strausberger Plac przy alei Stalina – pierwszej ulicy socjalizmu w Berlinie. Plakat reklamujacy Narodowy Program Odbudowy NRD

w Łodzi, Gdańsku, Opolu i jeszcze kilku miastach[23]. Obecnie ta zabudowa jest już integralną częścią odbudowanych zespołów staromiejskich. Konserwatorzy muszą więc odpowiedzieć na pytanie: w jakim zakresie te realizacje powinny być przedmiotem ochrony konserwatorskiej?

Suma powyższych pytań i problemów sprawia, że służby konserwatorskie znajdują się w trudnej sytuacji. Dlatego dopiero gdy uda się szerzej opracować zasygnalizowane problemy, będzie można tworzyć program postępowania z dorobkiem socrealizmu. Na roboczo zaś można sformułować następujące propozycje do dalszej dyskusji i opracowania:

1. Socrealizm powinien być potraktowany jako jedno z wyraziście wyodrębnionych zjawisk w architekturze i urbanistyce XX w[24]. Dorobek socrealizmu powinien być poddany kompleksowej analizie; na podstawie opracowanych kryteriów – właściwych dla tej formacji, wybrane realizacje powinny stać się przedmiotem ochrony konserwatorskiej.
2. Komponent niematerialny socrealizmu – wszelkie konotacje nie powinny z założenia dyskwalifikować tej architektury jako przedmiotu analizy i potencjalnej ochrony konserwatorskiej. Wartości niematerialne – również o charakterze negatywnym, powinny zostać uwzględnione w programie ochrony socrealizmu.
3. Propozycje burzenia obiektów socrealistycznych ze względu na ideologiczne i symboliczne konotacje nie są właściwe po upływie 20 lat po zmianie ustroju i po upływie 50 lat po zakończeniu socrealizmu[25].
4. Część realizacji socrealizmu – szczególnie rozwiązań urbanistycznych, reprezentuje standard współcześnie pozytywnie oceniany. Dlatego również ze względów funkcjonalnych realizacje te powinny być przedmiotem ochrony.
5. Architektura i urbanistyka socrealizmu – ze względu na swoją skalę, specyfikę techniczną i funkcjonalną, powinna być ochroniona nie tylko w najbardziej restrykcyjnej formie z punktu widzenia polskiego prawa (wpis do rejestru zabytków). Większość chronionych realizacji socrealizmu powinna być zachowana z wykorzystaniem takich instrumentów, jak plany zagospodarowania przestrzennego, parki kulturowe, ewidencja zabytków.
6. Ochrona większości dzieł socrealizmu nie może być realizowana z zachowaniem rygorystycznych zasad konserwatorskich obejmujących pełne zachowanie historycznej formy i substancji. Konieczne jest opracowanie indywidualnych (bardziej liberalnych) zasad ochrony konserwatorskiej; większe zróżnicowanie zasad działania niż w przypadku obiektów, w których większą wartość ma autentyzm materiału czy indywidualizm rzemieślniczego wykonania.
7. Ze względu na ideologiczne inspiracje socrealizmu formułowane centralnie dla państw »bloku wschodniego« oraz podobną charakterystykę formalną uzasadnione jest porównanie i ocena dorobku socrealizmu w skali całego regionu. Może to ułatwić wypracowanie specyficznych metod działania konserwatorskiego i sformułowanie seryjnych nominacji na Listę Światowego Dziedzictwa UNESCO.

***

An analysis, assessment and preservation of the socialist realism architecture heritage are the subject matters of the research project, which in 2010 was initiated by ICOMOS National Committees in Poland and in Germany.

Socialist realism as the object of conservators' interest is still a new issue although there are not any formal or substantial limitations in this respect. Conservators all over the world are becoming interested in the objects closer and closer to the present day – in buildings remembered by the living generations and even designed by architects who are still creating.[26] Preservation maintenance of the 20th century architectonic heritage was even implemented by a dozen or so inclusions in the UNESCO List of World Heritage.

However, conservators' turning to the nearest past does not change the fact that they are still trying to operate within the phenomena somehow closed and complete. It happens so as only within such phenomena is it possible to carry out some objective evaluation of the qualities of the particular realizations. It is very important, because determining the assessment criteria of the particular objects conditions an adequate selection of the object to be preserved. In this context, there are no doubts that socialist realism was a fully isolated and definitely closed phenomenon in the eastern part of Europe in the second half of the 20th century.

A clear isolation of socialist realism on the post-war architecture background does not mean that the realizations of this trend automatically become the objects of preservation maintenance. However, the interest of the conservators has been, to some extent, attracted. First of all, the proposals of transformation – or even pulling down some of the socialist realism buildings – occurred in a new political and economic reality which formed after the fall of the previous system. In Poland, the best-known examples of this kind of attitude were the proposals of pulling down the Warsaw Palace of Culture and Science, which were justified either by symbolic or town-planning reasons. Less radical suggestions referred to redecoration of the selected rooms due to their modernization plans (among others, a thorough modernization of the Congress Hall of the Palace of Culture and Science was planned to make it into a musical theatre). There have been many examples of that kind. Regardless of motivation and scale of activities aimed at pulling down or transforming the socialist realism objects, this issue had to be taken care of by preservation authorities. The conservators did not lay claims to be the first group to assess the value of the socialist realism architecture. However, facing stormy discussions – first of all the voices totally depreciating the value of the socialist realism, they fell under the obligation to do so due to formal reasons. It was only the preservation authorities that had a formal possibility (and duty) to react to the way of dealing with these objects. Thus, it is out of necessity that the conservators are the first ones to assess the socialist realism architecture and this issue is becoming more and more urgent.

The problem is even more substantial as the scope of this task is relatively large in terms of quantity and quality. There is a relatively large number of the objects built during socialist realism, they are usually of a significant scale, and above all they are located in the most costly, most exposed areas of many large Polish cities. The period of socialist realism – as is stressed by the authors dealing with the assessments of this phenomenon – was also the time of a considerable town-planning activity (for example, in the post-war restoration of Warsaw it was the biggest stage of town-planning activity to be realized). The town-planning realizations of socialist realism in Warsaw or Nowa Huta – like in other cities although on a smaller scale – consistently realized uniform plans, in which architecture and town-planning formed a coherent whole. Therefore any direct interventions in these complexes become very difficult, even impossible, as they drastically violate their integrity and uniformity. Anyway, it turns out in practice that any complex town-planning projects realized in these cities must, in some way, refer to these realizations. This is also the reason why the assessment of socialist realism qualities by conservators has become indispensable.

The assessment necessity of the architectonic and town-planning socialist realism output by preservation authorities in Poland put them in a difficult position.[27] First of all, the output of this period has not been evaluated explicitly yet. Admittedly, various studies on history and the achievements of that period in various fields – architecture, fine arts, sculpture, music or literature – have been published. Nevertheless, in reference to architecture, these publications are mostly of a factographic character and do not provide a basis good enough for the assessment of the particular objects, especially in the context of the emotional discussions on this topic that are taking place. Therefore, from the point of view of the preservation authorities, this topic may not be considered to be elaborated sufficiently. Thus socialist realism is connected with a catalogue of problems for conservators to be solved so that the most precious output of this trend shall become a part of the heritage included in the systematic preservation maintenance.

First of all, conservators must decide clearly whether socialist realism architecture and town-planning can be considered as being monumental. In other words, the circles of conservators must decide whether socialist realism realizations meet the obligatory criteria of ›being monuments‹. The answer to this question may be developed within preservation theory and within the practice carried out by preservation authorities. Within preservation theory the answer is conclusive; there are no contraindications for recognizing some selected socialist realism realizations as monuments.[28] The requirement, which was considered obvious until not so long ago, that objects recognized as monuments meet the requirement of age is not formally or practically applied in Poland any more.[29] The legal regulation that requires that the objects be evaluated »considering their historical, artistic or scientific value« is considered to be the only one being in force (Art. 3). Of course, the decision whether the objects evaluated sufficiently represent the qualities mentioned to deserve legal protection depends on an individual assessment of the provincial historic preservation officer. However, it can be assumed that some socialist realism realizations are monuments, as undoubtedly, they are »carriers« of the values required by law, both in material and non-material aspects. In the material aspect, socialist realism was the period in architecture and town-planning which had a clear, individual characteristic, left a quantitatively significant number of realizations, and the architectonic quality of the selected realizations justifies their preservation (the set of objects is numerous enough to make comparisons and assessments of the architectonic quality). Such assessments are expressed during discussions on the values of the particular objects.[30]

However, the non-material aspect is equally important in monument preservation, especially in the case of the monuments of the newest time, which are burdened with many symbolic meanings; the discrepancy in assessment does not have to bring discredit on a given object, however, it makes preservation activities difficult.

In this case socialist realism buildings become monuments which illustrate and reflect a certain period in the history of the Polish People's Republic. It was the most restrictive and politicized period, in which architecture and town-planning realized consistently and directly the ideological assumptions and needs of the state and system. Building was an element of the totalitarian system – socialist realism was a state style, which was to carry out its policy, symbolize its power. Therefore, the socialist realism structures were the products of the system from the ideological point of view, a symbolic programme, an iconographic programme all the way to its realization. What is important, Polish society interpreted unequivocally the symbolism of these objects. Thus the question – especially in the context of the recent transformation of the system – whether the objects of such an explicit symbolism, the objects which are at the same time such strong dominants in the landscapes of the centres of the cities should be preserved becomes so essential. The answers to such questions still vary. Some scientists and commentators believe that the assessment of the events becomes less significant than their commemoration. In this case the socialist realism objects (buildings and interiors) should be recognized as monuments as they commemorate many important events from the Polish history of the second half of the 20th century. In the scenery of these buildings and interiors a part of the Polish contemporary history was taking place. As Waldemar Baraniewski put it in an editorial debate on the need of the socialist realism objects preservation: »If the Congress Hall is pulled down, we will never show our children the place where the inglorious Polish United Workers' Party congresses were held or a famous Rolling Stones' concert took place« …

03. The main avenue Lange Straße in Rostock

»It is as if a whole fragment of our history was torn out«.31 Also in the same discussion it was stated: » … it is about retaining memory. The remembrance of various epochs of our history. The city requires many layers. This is provided by history. Thus it is imperative that the objects from various epochs be preserved.« (Kuba Szczęsny).

Such arguments are also shared more and more often by Polish conservators of monuments. However, they also need to take into account the attitude of society. The public opinion has, to a large extent, been unwilling to recognize the socialist realism objects as monuments. The belief prevails that these objects will always be the symbol of the foreign authority domination and as such they should not be recognized as monuments. In present reality, conservators cannot act effectively without social approval.

The solution to this issue would require a clear separation of two evaluation systems. Specialists view these socialist realism objects as works of architecture and town-planning and assess them objectively within these disciplines, whereas the public opinion is driven by emotions and freely assigns meanings to these objects. Mixing these systems makes reaching an agreement impossible.

Considering the conditions, the fact that negative, symbolic connotations in the assessment of socialist realism are conditioned generationally is significant. As shown by a survey, the attitude of the inhabitants of Warsaw to the Palace of Culture and Science – the most iconic building in the capital – has changed over the twenty years which passed since transformation. Directly after the change of the system the number of the supporters of pulling down the palace was 18%, 30% of the surveyed declared their support for removing its characteristic ornaments and modernizing its facades, 7% declared their support for downsizing it by half. Presently, these assessments have changed considerably. According to the survey from 2006, as many as 30% of young Warsovians claimed that the Palace is the most representative place in Warsaw. This shows that the attitude to this kind of buildings has changed; the number of respondents without political or personal experiences with the past system is growing. For new generations it is just one of the groups of historic buildings. Therefore, this issue can be summed up by saying that the emotional attitude to socialist realism is dynamic, changing and its monuments will be more and more easily acceptable.

The other group of issues connected with the socialist realism heritage protection is of a practical character. First of all, some serious technical problems connected with the quality of materials and realization of the objects from the socialist realism started to appear. This refers especially to house-building. Apartment buildings were built of low-quality materials (they were often demolition materials), they were built very fast (technological requirements were not observed), the quality of

04. The principle axis of Nowa Huta

execution was low (lack of qualifications of a considerable part of construction workers, among others). After the passage of fifty years all those shortcomings appear, the more so as they were not subjected to adequate repairs. As a result, the degree of the technical wear of these buildings is mounting. Also the so-called moral wear is of ever bigger significance; that is non-fulfilment of contemporary functional standards – the size of the apartments, installation equipment, the standard of finishing materials, thermal insulation. Incidentally, it can be added that these problems connect the socialist realism complexes with other groups of monuments recognized as the monuments of modern architecture.[32]

The issue of technical quality and the functional socialist realism developments is also significant from the conservators' point of view, as according to traditional preservation maintenance rules, preservation should include maintaining of the authentic material and the form of a given object. Original materials should be kept, preserved and supplied. However, in this case the preservation of the material is not quite obvious. The replacement of the »monumental« substance and the application of new materials seem justified and admissible, nevertheless, some rules should be established taking into account the specificity and value of the socialist realism building. Still another issue influencing the assessment of the treatment of the socialist realism output is the scale and character of this building. The objects and town-planning objectives – just due to the scale and character, significantly determine the possibility of the land management.

The overpowering scale of most of the buildings determines their use and environment. Public buildings were usually built in central points. Presently, the scale and the architectonic form of these buildings make it difficult – and sometimes even impossible – to manage the surrounding space in a coordinated way. In Warsaw, for example, architects failed to manage the space around the Palace of Culture.[33] No building can be »fit in« nearby. A similar problem occurs in other cities (e.g. The Party House in Rzeszów).

An entirely new preservation problem is connected with the assessment of the preservation realizations of socialist realism. From the preservation maintenance point of view, socialist realism was a factor favourable for the reconstruction of historical forms.[34] War damage was found by modernistic architects' circles to be the occasion for building (not rebuilding) city centres in entirely modern forms. The socialist realism doctrine facilitated the rejection of these plans.

However, during the reconstruction of the old town complexes, various interferences were introduced frequently, using socialist realism forms. For example, the Palace square in Lublin (after the damaged ghetto buildings) was rebuilt in the socialist realism style. The facades of the buildings were simplified and unified, reduced to repeating sections. Current functional standards were realized in the interiors, and the space behind these building was managed as a housing development. Ideologically similar solutions were applied in Łódź, Gdańsk, Opole and some other cities.[35] Presently, these buildings are already an integral part of the rebuilt old town complexes. Thus conservators have to answer the question in what scope these realizations should become the objects of preservation maintenance.

The sum of the above questions and issues puts historic preservation officers in a difficult position. Thus only when the issues signalled are more widely elaborated will it be possible to create a programme for managing the socialist realism output. Provisionally, however, the following suggestions for further discussions and developments can be shaped:

1. Socialist realism should be treated as one of the clearly isolated phenomena in architecture and town-planning of the 20th century.[36] The socialist realism output should be subjected to a complex analysis, based on the elaborated criteria – adequate for this formation; selected realizations should become the objects of the preservation maintenance.

2. The non-material component of socialist realism – any connotations should not disqualify this architecture on principle as the subject of the analysis and potential preservation maintenance. Non-material values, also the ones of a negative character should be included in the programme of the socialist realism preservation.

3. The proposals of pulling down the socialist realism objects due to their ideological and symbolic connotations are not proper after 20 years from the system change and after 50 years from the end of socialist realism.[37]

4. Some parts of socialist realism realizations – especially the town-planning solutions, represent the standard which is positively evaluated nowadays. Therefore, also for the functional reasons, these realizations should become the subject of preservation.

5. Socialist realism architecture and town-planning – owing to their scale, technical and functional specificity should be preserved not only in their most restrictive form the point of view of the Polish law (entry in the register of monuments). Most protected socialist realism realizations should be preserved using such instruments as spatial management plans, culture parks, and monument register.

6. Protection of most socialist realism works cannot be carried out observing rigorous historic preservation rules including a complete maintenance of the historical form and substance. It is necessary to develop individual (more liberal) preservation maintenance rules; bigger diversification of acting principles than in the case of the objects in which material authenticity or individualism of craftsmanship is of a bigger value.

7. Due to ideological inspirations of socialist realism centrally formulated for the countries of the ›Eastern Block‹ and a similar formal characteristics, the comparison and assessment of the socialist realism output in the scale of the whole region is justified. This may facilitate the development of specific methods of preservation maintenance activity and formulation of serial nominations onto the UNESCO List of the World Heritage.

Anmerkungen

1 Ein spektakuläres Beispiel: In Brasilia wurden 2007 aus Anlass des 100. Geburtstags von Oscar Niemeyer 23 seiner Bauten dem Denkmalschutz unterstellt.

2 A.d.Ü.: Bekannt auch unter der polnischen Abkürzung PKiN, im weiteren Text als Kulturpalast bezeichnet.

3 Die Diskussion, ob es begründet sei, Bauten des Sozialistischen Realismus unter Denkmalschutz zu stellen, fand mit all ihren symbolischen und emotionalen Implikationen ihre Widerspiegelung in der Fachpresse zum Denkmalschutz. U.a.: Katrzyna Liwak-Rybak, *Socrealizm: fakty i mity*, »Spotkania z Zabytkami«, Nr. 5, 2009; Krzysztof Mordyński, *Träume von einer idealen Stadt – Warschau im Sozrealismus Marzenia o idealnym mieście – Warszawa socrealistyczna*, »Spotkania z Zabytkami«, Nr. 9, 2009.

4 Bildhauerei, Malerei, Plakate und Gegenstände des Kunsthandwerks, die zu Zeiten des Sozialistischen Realismus entstanden sind, haben den Status musealer Exponate einer gesonderten Sammlung im Museum des Sozialistischen Realismus in der ehemaligen Residenz der Familie Zamoyski in Kozłówka bei Lublin.

5 Das Alterskriterium findet weiterhin in vielen nationalen Rechtsakten zum Denkmalschutz Anwendung. – Vgl. z. B.: *Cultural Heritage and Legal Aspects in Europe*, M. Gustin & T. Nypan (Hg.), Annales Mediterranaea, Lubljana 2010.

6 »*Die Kriterien sind klar. Im Fall des Kulturpalasts haben wir es mit einem Objekt von großem architektonischen und historischen Wert zu tun*« (Maciej Czeredys); »*Ich meine, es ist eines der besten Objekte seiner Klasse. Höchste Zeit, ihm wegen seines Ranges in der Architektur von Warschau die entsprechende denkmalpflegerische Betreuung angedeihen zu lassen. Wegen seiner Integrität, die immer wieder verletzt wird, und wegen der polnischen Architektur des 20. Jahrhunderts …*« (Waldemar Baraniewski), Diskussion in der Redaktion der Gazeta Wyborcza, Stalins Geschenk als größtes Denkmal Warschaus, GW, 15.01.2007; »*(Nowa Huta) stellt ein herausragendes Beispiel des städtebaulichen Schaffens während der ideologischen Unterdrückung in Polen in der ersten Hälfte der 50er-Jahre des 20. Jahrhunderts dar*«, Zbigniew Beiersdorf, Waldemar Komorowski, Nowa Huta in den Fünfzigern. Erbe – Bedrohung und Perspektiven. Dziedzictwo – zagrożenia i perspektywy. In: Das Erbe der Nachkriegszeit erhalten und erneuern – Denkmale der Moderne und Gegenmoderne, (B. Szmygin, J. Haspel (Red.), ICOMOS Polska – ICOMOS Deutschland, Warszawa Berlin, 2010, S. 17–28.

7 Diskussion in der Redaktion der Gazeta Wyborcza, *Stalins Geschenk als größtes Denkmal Warschaus*, GW, 15.01.2007.

8 Susan Macdonald, *20th Century Heritage: Recognition, Protection and Practical Challenges*, [w:] Heritage & Risk. ICOMOS World Report 2003/3 on Monuments and Sites in Danger, ICOMOS 2003, München, S. 224.

9 Diesen Aspekt unterstreicht Prof. L. Kłosiewicz, wenn er darauf hinweist, dass der Kulturpalast den Wiederaufbau des Zentrums von Warschau determiniert hat, da er den Wiederaufbau von Tausenden von Wohnungen verhinderte, indem er einen riesigen innerstädtischen Raum okkupierte.

10 Eine Aufstellung vieler Quellmaterialien zum Wiederaufbau von Warschau und denkmalpflegerischen Fragestellungen zur Zeit des Sozialistischen Realismus enthält die folgende Arbeit: Piotr Majewski, *Ideologie und Konservierung. Denkmalgeschützte Architektur in Zeiten des Sozialistischen Realismus – Ideologia i konserwacja. Architektura zabytkowa w czasach socrealizmu*, Warszawa 2009.

11 Zum Beispiel war die Bebauung des Alten Marktes (Stary Rynek) in Łódź nach der Erklärung der Autoren durch die Form des »Marktes« eine Anknüpfung an die historische Bausubstanz; die Architektur war inspiriert durch den Klassizismus des Polnischen Königreiches. Das Ziel sollte in der Schaffung einer »historischen Atmosphäre« bestehen. – A. Sumorok, *Architektur und Städtebau in Łódź während des Sozrealismus – Architektura i urbanistyka Łodzi okresu realizmu socjalistycznego*, Warszawa 2010.

12 In Polen wird der Sozialistische Realismus nach wie vor als getrenntes Phänomen wahrgenommen, losgelöst vom architektonischen Kontext und völlig im politischen Kontext angesiedelt – eine solche Herangehensweise bringt eine einseitige, nicht fundierte Bewertung. Dabei war, wie Prof. A. Olszewski unterstreicht, ein »vereinfachter Klassizismus« oder ein »Akademismus« in der Architektur vieler Länder in den 20er, 30er, 40er Jahren zu Hause. – A. Olszewski, *Zwischen MDM und Minneapolis. Über einige Mythen des Sozrealismus. Między MDM a Minneapolis. O kilku mitach socrealizmu*. In: Das Erbe der Nachkriegszeit erhalten und erneuern – Denkmale der Moderne und Gegenmoderne, (B. Szmygin, J. Haspel (Red.), ICOMOS Polska – ICOMOS Deutschland, Warszawa, Berlin, 2010, S. 179–183.

13 In Polen wurde in der Diskussion über die Sinnhaftigkeit des Erhalts von Symbolgebäuden des Sozialistischen Realismus das Beispiel der Zerstörung orthodoxer Kirchen nach Wiedererlangung der nationalen Selbstständigkeit im Jahr 1918 genannt. Diese Analogie ist jedoch nicht begründet, weil dies damals im Affekt geschah, wesentlich schneller, direkt nach dem Umbruch.

Przypisy

14 Spektakularnym przykładem jest objęcie z okazji 100-lecia urodzin Oscara Niemeyera (w 2007 r.) ochroną konserwatorską 23 obiektów zaprojektowanych przez niego w mieście Brasilia.

15 Dyskusje o zasadności ochrony zabytków socrealizmu, ze szczególnym uwzględnieniem uwarunkowań symbolicznych i emocjonalnych, znalazły odzwierciedlenie w ostatnich latach w prasie konserwatorskiej, m.in.: Katrzyna Liwak-Rybak, *Socrealizm: fakty i mity*, »Spotkania z Zabytkami«, nr 5, 2009; Krzysztof Mordyński, *Marzenia o idealnym mieście – Warszawa socrealistyczna*, »Spotkania z Zabytkami«, nr 9, 2009.

16 Rzeźby, malarstwo, plakaty i wyroby rzemiosła artystycznego powstałe w okresie socrealizmu mają status eksponatów muzealnych w odrębnej kolekcji gromadzonej w Muzeum Socrealizmu zorganizowanym w dawnej rezydencji Zamoyskich w Kozłówce pod Lublinem.

17 Kryterium wieku jest nadal stosowane w wielu krajowych aktach prawnych regulujących ochronę dziedzictwa. – Por. np.: *Cultural Heritage and Legal Aspects in Europe*, ed. M. Gustin & T. Nypan, Annales Mediterranaea, Lubjjana 2010.

18 »Kryteria są jasne. W przypadku PKiN mamy do czynienia z obiektem o dużych wartościach architektonicznych i historycznych« (Maciej Czeredys); »Uważam że jest to jeden z najlepszych obiektów w swojej klasie. Najwyższy czas, by otoczyć go opieką konserwatorską ze względu na rangę tego obiektu w architekturze Warszawy. Ze względu na jego integralność, która wciąż jest naruszana, i na polska architekturę XX w.« (Waldemar Baraniewski), Dyskusja w redakcji Gazety Wyborczej, Dar Stalina największym zabytkiem Warszawy, GW, 15.01.2007; »Stanowi (Nowa Huta) wybitny przykład twórczości w zakresie kształtowania miast w Polsce w okresie opresji ideologicznej pierwszej połowy lat pięćdziesiątych XX«, Zbigniew Beiersdorf, Waldemar Komorowski, *Nowa Huta lat pięćdziesiątych. Dziedzictwo – zagrożenia i perspektywy*, [w:] Das Erbe der Nachkriegszeit Erhalten und Erneuern – Denkmale der Moderne und Gegenmoderne, (B. Szmygin, J. Haspel (red), ICOMOS Polska – ICOMOS Deutschland, Warszawa Berlin, 2010, s.17–28.

19 Dyskusja w redakcji »Gazety Wyborczej«, *Dar Stalina największym zabytkiem Warszawy*, GW, 15.01.2007.

20 Susan Macdonald, *20th Century Heritage: Recognition, Protection and Practical Challenges*, [w:] Heritage & Risk. ICOMOS World report 2003/3 on Monuments and Sites in Danger, ICOMOS 2003, Munchen, s. 224.

21 Ten aspekt podkreśla prof. L. Kłosiewicz, zwracając uwagę, że Pałac Kultury i Nauki zdeterminował odbudowę centrum Warszawy, uniemożliwiając odbudowę tysięcy mieszkań, zawłaszczając ogromną przestrzeń śródmieścia.

22 Zestawienie wielu materiałów źródłowych dotyczących odbudowy Warszawy i zagadnień konserwatorskich w okresie socrealizmu zawiera praca: P. Majewski, *Ideologia i konserwacja. Architektura zabytkowa w czasach socrealizmu*, Warszawa 2009

23 Na przykład zabudowa Starego Rynku w Łodzi według deklaracji autorów była nawiązaniem do »historycznej zabudowy«, poprzez formę »rynku«, architekturę inspirowaną klasycyzmem Królestwa Polskiego oraz cel, jakim miało być stworzenie »zabytkowej atmosfery«. – A. Sumorok, *Architektura i urbanistyka Łodzi okresu realizmu socrealistycznego*, Warszawa 2010.

24 W Polsce socrealizm nadal jest postrzegany jako odrębne zjawisko, wyjęte z kontekstu architektonicznego i całkowicie osadzone w kontekście politycznym – takie podejście pozwala na jednostronne, pozamerytoryczne oceny. Tymczasem jak podkreśla prof. A. Olszewski, »uproszczony klasycyzm«czy »akademizm« był powszechny w architekturze wielu krajów w latach 20–40. – A. Olszewski *Między MDM a Minneapolis. O kilku mitach socrealizmu*, [in:] Das Erbe der Nachkriegszeit Erhalten und Erneuern – Denkmale der Moderne und Gegenmoderne, (B. Szmygin, J. Haspel (red), ICOMOS Polska – ICOMOS Deutschland, Warszawa Berlin, 2010, s. 179–183.

25 W Polsce podczas dyskusji nad celowością utrzymania ikonicznych budowli socrealizmu był przywoływany przykład burzenia prawosławnych soborów po odzyskaniu niepodległości w roku 1918. Ta analogia nie jest jednak uzasadniona, gdyż tamte działania były podejmowane »w afekcie« – znacznie wcześniej »po przełomie«.

Annotations

26 A spectacular example is including in the preservation maintenance, on one hundredth birthday of Oscar Niemayer (in 2007), 23 objects designed by him in the city of Brasilia.

27 Discussions on legitimacy of the socialist realism preservations, with special stress on symbolic and emotional conditioning, were reflected in recent years in preservation press, among others.: Katrzyna Liwak-Rybak, *Socrealizm: fakty i mity*, »Spotkania z Zabytkami«, no. 5, 2009; Krzysztof Mordyński, *Marzenia o idealnym mieście – Warszawa socrealistyczna*, »Spotkania z Zabytkami«, no. 9, 2009.

28 Sculpture, painting, posters and craftsmanship created in the socialist realism period have a status of museum exhibits in a separate collection housed in the museum of socialist realism organized in the Zamoyskis' residence in Kozłówka near Lublin.

29 The age criterion is still used in many national legal acts pertaining to preservation of heritage. – Comp. e.g.: *Cultural Heritage and Legal Aspects in Europe*, ed. M. Gustin & T. Nypan, Annales Mediterranaea, Lubljana 2010.

30 ›*The criteria are clear. In the case of the Palace of Culture and Science, we deal with an object of great architectonic and historic values*‹ (Maciej Czeredys); ›*I believe that it is one of the best objects in its class. It is high time to include it in the preservation maintenance program due to the rank of this object in Warsaw architecture. Because of its integrity that is constantly violated and because of the Polish architecture of the 20th century.*‹ (Waldemar Baraniewski), Discussion in Gazeta Wyborcza's editorial office, *The gift of Stalin the greatest monument of Warsaw*, GW, 15.01.2007; ›*It constitutes (Nowa Huta) an outstanding example of creativity in the scope of shaping the cities in Poland in the period of the ideological oppression in the first half of the fifties of the 20th century*‹, Zbigniew Beiersdorf, Waldemar Komorowski, Nowa Huta of the fifties. Heritage – risks and prospects. [in:] Das Erbe der Nachkriegszeit Erhalten und Erneuern – Denkmale der Moderne und Gegenmoderne, (B. Szmygin, J. Haspel (red), ICOMOS Poland – ICOMOS Deutschland, Warsaw Berlin, 2010, pp. 17–28.

31 Discussion in Gazeta Wyborcza's editorial office, *The gift of Stalin the greatest monument of Warsaw*, GW, 15 January 2007.

32 Susan Macdonald, *20th Century Heritage: Recognition, Protection and Practical Challenges*, [in:] Heritage & Risk. ICOMOS World report 2003/3 on Monuments and Sites in Danger, ICOMOS 2003, Munchen, p. 224.

33 This aspect is stressed by Prof. L. Kłosiewicz who observes that the Palace of Culture and Science determined the reconstruction of the centre of Warsaw, making the reconstruction of thousands of apartments impossible, appropriating a huge space in the city centre.

34 A listing of many source materials on Warsaw reconstruction and historic preservation issues in the period of socialist realism is included in the work: Piotr Majewski, *Ideologia i konserwacja. Architektura zabytkowa w czasach socrealizmu*, Warsaw 2009.

35 For example, the development of the Old Market in Łódź, according to the authors »declaration« was a reference to the »historical building development« through the form of the »market«, the architecture inspired by the classicism of the Kingdom of Poland and the objective to create a »monumental atmosphere« – A. Sumorok, *Architektura i urbanistyka Łodzi okresu realizmu socrealistycznego*, Warsaw 2010.

36 In Poland, socialist realism is still regarded as a separate phenomenon, taken out of an architectonic context and totally set in a political context – such an approach permits a one-sided, insubstantial assessments. Whereas, as is stressed by Prof. A. Olszewski a »simplified classicism« or »academism« was quite common in architecture of many countries in the 1920s–1940s. – A. Olszewski, *Między MDM a Minneapolis. O kilku mitach socrealizmu*, [in:] Das Erbe der Nachkriegszeit Erhalten und Erneuern – Denkmale der Moderne und Gegenmoderne, (B. Szmygin, J. Haspel (red), ICOMOS Poland – ICOMOS Deutschland, Warsaw Berlin, 2010, pp. 179–183.

37 In Poland, during a discussion on the expediency of maintaining the iconic buildings of socialist realism, the example of demolishing Russian Orthodox churches after regaining independence in 1918 was often referred to. This analogy, however, is not justified as those actions were taken in »affect« – much sooner »after the transition«.

VI.

Anhang / Dokumente

Załącznik / Dokumenty

Appendix / Documents

Letter of intent

within the framework of the Warsaw & Berlin City Partnership Agreement and preparing
the 20th anniversary ceremonies of the & Berlin City Partnership Agreement (1991-2011)

by and between

Biuro Stołecznego Konserwatora Zabytków
Urząd Miasta Stołecznego Warszawy
ul. Foksal 11
00-372 Warsaw
Poland

and

Senatsverwaltung für Stadtentwicklung / Landesdenkmalamt Berlin
- Altes Stadthaus -
Klosterstraße 47
10179 Berlin
Germany

Preamble

Berlin and Warsaw's agreement on friendship and cooperation and a corresponding supporting program was signed in Berlin on 12 August 1991. This was followed on 7 January 1994 by the signing of a "framework agreement on mutual cooperation between Berlin and Warsaw" on continuing the cooperative partnership that had existed since August 1991. Over the following years, the two cities established close contacts between their city administrations and in different areas inclusively reciprocal contacts and exchange in the field monument protection and heritage conservation.

Poland and Germany are direct neighbours. The cooperation between the two partners includes helping each to share experience and their work together as two EU capitals. In view of the eventful history we share, Berlin and Warsaw attach great importance to the partnership and other Polish and German cities. This emphasis will also be expressed in the program the two cities are planning for the 20th anniversary celebration of our partnership in 2011.

On occasion of the 20th anniversary celebration the departments responsible for monument protection and heritage conservation in Warsaw (Biuro Stołecznego Konserwatora Zabytków, Urząd m.st. Warszawy) and Berlin (Senatsverwaltung für Stadtentwicklung / Landesdenkmalamt Berlin), intend to enter into and to establish a **"Warsaw Berlin Heritage Dialogue"**, initially starting with consultations and cooperation in the field of unloved post-war heritage in post-socialist countries.

The "Socialist Realism" developed under Stalin's regime imposed greatly influence on postwar architectural development in countries under the Soviet hegemony over Central and Eastern Europe. Though, more than a half a century old, it continues to evoke extreme emotions and controversies ranging from admiration to demands for its demolition. "Socialist Realism" heritage is the shared inheritance of the former Central and Eastern European Block in post socialist countries. It is important to raise awareness that the architectural heritage of "Socialist Realism" represents both the forced implementation of the Stalinist cultural doctrine in Soviet dominated countries as well as outstanding examples of a strong anti-modernism in architecture and urban planning in Europe during the last century.

Article 1

The subject matter of partnership between the aforementioned entities is to introduce and intensify a regular "Warsaw Berlin Heritage Dialogue", starting with a cooperation project entitled

City and Identity. Modernism and Anti-Modernism in Post-War Heritage.
The architectural Legacy of Socialist Realism in Warsaw and Berlin.

Article 2

The project is to be delivered within the framework of the Warsaw & Berlin City Partnership Agreement initiated in 1991. The parties declare that they have already started negotiations that have led to cooperation regarding the project.

Article 3

The partnership will regulate the issues related to the division of obligations between partners with relation to project execution and management, the timetable and duration of the project's activities and the budget.

Article 4

The parties will work towards the following:

1. Recognition of the legacy of Socialist Realism: criteria for evaluation and methodology for the preservation of Post War Architectural Heritage;
2. Production of guidelines on the evaluation, significance, conservation and management issues;
3. Inventory and research: establishing documentation standards, setting up principles of conservation practice;
4. Setting up best practices examples throughout Europe
5. Building up a trans-boundary inter-communal and international experts' forum working on the project
6. Working on a proposal for a collective (international) Tentative List for World Heritage Site Nomination

Article 5

The project is to be delivered within the next two to three years (2011 – 2013) and carried on a local and municipal level within the Warsaw-Berlin Partnership. Both sides desire to involve Warsaw and Berlin twin cities from Central and Eastern Europe in their bilateral project as well as experts and professional associations on a national level such as ICOMOS Poland and ICOMOS Germany, the "Arbeitskreis deutscher und polnischer Kunsthistoriker/Grupa Robocza Polskich i Niemieckich Historyków Sztuki" or partners like the Polish Institute in Berlin, the Goethe-Institut in Warsaw, and the embassies of both countries.

Article 6

The project is to be carried out through various activities such as workshops, conservation seminars and exhibitions and the final European conference in 2013, presenting the summary of the project.

Article 7

Responsibilities will be shared by Partners in the following manner:

The project leader:
1. Biuro Stołecznego Konserwatora Zabytków, Urząd m.st. Warszawy

Project management and financial management:
1. Biuro Stołecznego Konserwatora Zabytków, Urząd m.st. Warszawy

Meritoric issues as specified in the Article 4
1. Biuro Stołecznego Konserwatora Zabytków, Urząd m.st. Warszawy
2. Landesdenkamalamt Berlin / Senatsverwaltung für Stadtentwicklung Berlin

Project promotion:
1. Biuro Stołecznego Konserwatora Zabytków, Urząd m.st. Warszawy
2. Landesdenkamalamt Berlin / Senatsverwaltung für Stadtentwicklung Berlin

Final provisions

This letter of intent has been executed in duplicate in Polish and in English.

(signature and stamp of Partner/ of Entity directing the Partner)

WARSAW, 22.09.2010
(town/city, date)

(signature and stamp of Partner/ of Entity directing the Partner)

BERLIN, 22.09.2010
(town/city, date)

Letter of Intent

within the framework of the Warsaw & Berlin City Partnership Agreement
and in cooperation with ICOMOS Polska and ICOMOS Deutschland by and between:

Polski Komitet Narodowy ICOMOS Plac Zamkowy 4, 00-277 Warszawa, Poland	and	Deutsches Nationalkomitee von ICOMOS Maximilianstr. 6 D-80539 Munich, Germany
Miasto stołeczne Warszawa Biuro Stołecznego Konserwatora Zabytków Pl. Bankowy 3/5 00-950 Warsaw, Poland	and	Senatsverwaltung für Stadtentwicklung / Landesdenkmalamt Altes Stadthaus Klosterstraße 47 10179 Berlin, Germany

Preamble

Poland and Germany are neighbouring states and deeply connected by a long tradition of cultural interchange. Both countries and their capitals are sharing parts of common European history and heritage including the Cold War period. The Polish-German cooperation in the field of preservation of historical monuments and sites developed continuously since the founding of the International Council of Monuments and Sites (ICOMOS) in Warsaw in 1965. Today, 20 years after the fall of the Iron Curtain, especially the post-war history and post-war heritage of Poland and Germany are on the agenda of monument conservation authorities and cooperating institutions.

The project »City and Identity. Modernism and Anti-Modernism in Post-war Heritage. The architectural Legacy of Socialist Realism in Warsaw and Berlin. (Stadt und Identität. Nachkriegsdenkmale der Moderne und der Gegenmoderne. Das architektonische Erbe des Sozialistischen Realismus in Warschau und Berlin)« initiated by representatives from Miasto stołeczne Warszawa – Biuro Stołecznego Konserwatora Zabytków, and Senatsverwaltung für Stadtentwicklung – Landesdenkmalamt Berlin in close consultation with Polski Komitet Narodowy ICOMOS and Deutsches Nationalkomitee von ICOMOS was strengthened by the signing of a *Letter of Intent* between the cities of Warsaw and Berlin on the 22nd of September 2010 in Warsaw. The 40th anniversary of German-Polish cooperation in the field of heritage conservation, celebrated at the *denkmal* trade fair 2010 in Leipzig, and the joint Polish-German ICOMOS-Workshop on post-war heritage, organised on occasion of the *denkmal* trade fair 2010 in Leipzig, offer a particular opportunity for further development of the bi-municipal Warsaw – Berlin projects to a bi-national cooperation.

The representatives of Miasto stołeczne Warszawa Biuro Stołecznego Konserwatora Zabytków, Senatsverwaltung für Stadtentwicklung / Landesdenkmalamt Berlin and Polski Komitet Narodowy ICOMOS, and Deutsches Nationalkomitee von ICOMOS have expressed their willingness to cooperate on an extended project regarding the post-war heritage in both countries including the less accepted architectural legacy of Socialist Realisms. .Socialist Realism heritage mirrors the architectural development of countries in the former Eastern European Block, it is shared heritage. The heritage of Socialist Realism is part of National Tradition and the common inheritance of the former Eastern European Block countries.

»Socialist Realism« is an ideological slogan of the Cold War period, it represents the doctrine of Stalinist policy in art, architecture and urban planning. »Socialist Realism« exerted great influence on post-war architecture and urban design in countries under Soviet hegemony. For this reason, this part of our younger heritage is often less estimated and still causes conflicts today. Though more than half a century old, it continues to evoke extreme emotions and controversies ranging from admiration to demands for its demolition. Post-war heritage includes unloved monuments of Modernism and Anti-Modernism, such as the built and plant legacy following principles of the Socialist Realism. Therefore, it is of great importance to exchange expert knowledge internationally and to raise the public awareness that the architectural heritage of »Socialist Realism« represents both the forced implementation of the Stalinist cultural doctrine and a strong anti-modernism movement in architecture and urban planning in Europe during the 20th century.

Article 1

The subject matter of the agreement between the aforementioned entities is the cooperation, implementation and promotion of the project entitled:
City and Identity. Modernism and Anti-Modernism in Post War Heritage. The architectural legacy of Socialist Realism in Poland and Germany and neighbouring countries of Central and Eastern Europe.

Article 2

The project is to be delivered within the framework of the Warsaw & Berlin City Partnership Agreement initiated in 1991 and with the cooperation of the ICOMOS Polska and ICOMOS Deutschland. The parties declare that they have already started negotiations and activities that have led to initial steps of cooperation regarding the project.

Article 3

The partnership will regulate the issues related to the division of obligations between partners with relation to the issue of the project, the project execution and management, the timetable and duration of the project's activities and the budget.

Article 4

The parties will work towards the following:
1. Recognition of the legacy of Socialist Realism: criteria for evaluation and listing; methodology for the protection of Post War architectural and urban heritage;
2. Inventory and information: establishing research and documentation standards; setting up principles of communication/publication and providing information for the public;
3. Production of guidelines on the evaluation, conservation and management issues;
4. Setting up a collection of good practice examples throughout Europe regarding inventory and communication as well as conservation and restoration measures;
5. Building up a trans-boundary inter-communal and international experts' forum working on the project
6. Working on proposals (Tentative List) for a serial (international) World Heritage nomination

Article 5

The project is to be delivered within the next two to three years (2010–2013) and carried out on two levels, the local within the Warsaw-Berlin Partnership and the international level through the ICOMOS network.

Article 6

The project is to be carried out through various activities such as workshops, conservation seminars and exhibitions and the final European conference in 2013, presenting the summary of the project.

Article 7

Responsibilities will be shared by Partners in the following manner:

Project initiative and coordination: 1. Miasto stołeczne Warszawa, Biuro Stołecznego Konserwatora Zabytków

Project management: Miasto stołeczne Warszawa, Biuro Stołecznego Konserwatora Zabytków

Project partners on the issues specified in the Article 4 and project promotion
1. Miasto stołeczne Warszawa, Biuro Stołecznego Konserwatora Zabytków
2. Senatsverwaltung für Stadtentwicklung, Landesdenkmalamt Berlin
3. Polski Komitet Narodowy ICOMOS
4. Deutsches Nationalkomitee von ICOMOS

Arbeitsplan 2011–2013 für das Projekt / Plan działania na lata 2011–2013 dla projektu / Action Plan 2011–2013 for the Project

Stadt und Identität. Nachkriegsdenkmale der Moderne und Gegenmoderne. Das architektonische Erbe des Sozialistischen Realismus in Polen und Deutschland und in den Mittel- und Osteuropäischen Staaten

Tożsamość Miasta. Modernizm i Antymodernizm. Dziedzictwo architektury powojennej okresu Socrealizmu w Polsce i Niemczech oraz krajach Europy Środkowo-Wschodniej

The City and Identity. Modernism and Anti-Modernism in Post War Heritage. The Architectural Legacy of Socialist Realism in Poland and Germany and Countries of Central and Eastern Europe

ICOMOS-Veranstaltungen / Konferencje ICOMOS / ICOMOS Conferences

2011 Warschau / Warszawa
SocЯealismus. Städtebauliches Erbe und Städtebaulicher Denkmalschutz
Socrealizm. Problematyka ochrony dziedzictwa architektury i urbanistyki
Socialist Realism. Protection of Urban Heritage Resources

2012 Leipzig / Lipsk
Das Nachkriegserbe in den postsozialistischen Ländern Mittel- und Osteuropas. Kommunizieren und Konservieren
Powojenna spuścizna architektoniczna w krajach byłego bloku wschodniego w Europie. Wymiana doswiadczeń konserwatorskich
The Post-War Legacy in the Post-Socialist Countries of Central and Eastern Europe. Conservation and Communication

2013 Warschau / Warszawa
Schließung der Lücken der Welterbeliste durch eine internationale Nominierung von Nachkriegsdenkmalen?
Wypełnianie luk w reprezenatcji powojennego dziedzictwa 2 połowy XX w. na Liście Światowego Dziedzictwa UNESCO?
Filling the Gaps of the World Heritage List by an International Serial Nomination of Post-War Heritage?

Denkmaldialog Warschau–Berlin / Dialog konserwatorski Warszawa–Berlin / Heritage Dialogue Warsaw–Berlin

2011 Berlin
Sozialistischer Realismus (SozRealismus) und Nationale Tradition. Schlüsseldenkmale in Warschau und Berlin
Socrealizm – »Narodowy w formie i socjalistyczny w treści«. Kluczowe przykłady architektury w Warszawie i Berlinie
Socialist Realism and National Tradition. Key Monuments and Memorials in Warsaw and Berlin

2012 Warschau
Nachkriegserbe in Warschau und Berlin. Fallstudien zur Denkmalpflege und Denkmalrestaurierung
Dziedzictwo powojenne Warszawy i Berlina. Przykłady programów ochrony i prac konserwatorskich
Post-War-Heritage in Warsaw and Berlin. Conservation and Restoration Case Studies

2013 Berlin
Bau-, Garten- und Kunstdenkmale der Nachkriegszeit. Welterbepotenziale in Warschau und Berlin
Dziedzictwo kulturowe okresu powojennego (architektura, założenia urbanistyczne, zieleń) – propopozycja wpisu wybranych przykładów z Warszawy i Berlina na Listę Światowego Dziedzictwa UNESCO
Post War Monuments of Art, Architecture and Landscape Architecture. Potential Sites for World Heritage Nomination in Warsaw and Berlin

DENKMALDIALOG WARSCHAU – BERLIN 2011
DIALOG KONSERWATORSKI WARSZAWA – BERLIN 2011

11. 9. 2011 - Denkmalsalon im Berliner Rathaus / Salon Konserwatorski w Ratuszu Berlińskim
12. 9. 2011 - Kolloquium im Martin-Gropius-Bau / Seminarium w Martin-Gropius-Bau

Sozialistischer Realismus und Nationale Tradition.
Erfassung, Bewertung und Unterschutzstellung von Schlüsselzeugnissen in Warschau und Berlin

Socrealizm – narodowy w formie i socjalistyczny w treści.
Kluczowe przykłady architektury w Warszawie i Berlinie

Landesdenkmalamt Berlin / Urząd Konserwatora Miasta i Landu Berlin
Denkmalamt Warschau / Biuro Stołecznego Konserwatora Zabytków
in Zusammenarbeit mit / we współpracy z
ICOMOS Deutschland und ICOMOS Polen / ICOMOS Niemcy i ICOMOS Polska

Das architektonische Erbe des Sozialismus in Berlin und Warschau – KMA/MDM
Architektoniczna spuścizna Socrealizmn w Warszawie i Berlinie
SocЯealismus – The Architectural Heritage of Warsaw and Berlin

01. Eröffnung der Ausstellung im Lichthof des Deutschen Historischen Museums in Berlin am 24.08.2011

Eine Gemeinschaftsausstellung des Denkmalamtes Warschau und des Hauses der Geschichte in Warschau in Verbindung mit dem Landesdenkmalamt Berlin und dem Deutschen Historischen Museum – Wspólna wystawa Biura Stołecznego Konserwatora Zabytków, Domu Spotkań z Historią w Warszawie we współpracy z Berlińskim Biurem Miejskiego Konserwatora Zabytków oraz Niemieckim Muzeum Historycznym – Collaborative exhibition of the Warsaw Heritage Protection Department and the History Meeting House Warsaw in cooperation with Landesdenkmalamt Berlin and the German Historical Museum

Anlässlich der Feierlichkeiten zum 20-jährigen Jubiläum der Städtepartnerschaft Warschau-Berlin wurde in der zweiten Jahreshälfte 2011 die auf Warschauer Seite vom Stadtkonservatoramt in Zusammenarbeit mit dem Haus der Geschichte (Dom Spotkań z Historią – DSH) organisierte und von Maria Wojtysiak kuratierte Wanderausstellung *SocЯealismus – das architektonische Erbe in Warschau und Berlin: Marszałkowska Dzielnica Mieszkaniowa (MDM) und Karl-Marx-Allee (KMA)* in beiden Hauptstädten präsentiert und eine aufwändige dreisprachige Begleitpublikation vorgelegt. Die Veranstalter stellen die Wanderausstellung für Präsentation in interessierten Kreisen gerne zur Verfügung.

02. Eröffnung der Ausstellung im Lichthof des Deutschen Historischen Museums in Berlin 24.08.2011

Z okazji jubileuszu dwudziestolecia partnerstwa Warszawy i Berlina Biuro Stołecznego Konserwatora Zabytków przy współpracy z Domem Spotkań z Historią zorganizowało objazdową wystawę pod tytułem *Architektoniczna spuścizna realizmu socjalistycznego w Warszawie i Berlinie: Marszałkowska Dzielnica Mieszkaniowa (MDM) i Karl-Marx-Alee (KMA)*, kuratorowaną przez Marię Wojtysiak. Wystawę otwarto w Berlinie w sierpniu 2011 r., a w Warszawie we wrześniu 2011 r. Ekspozycji towarzyszył trójjęzyczny album. Organizatorzy udostępnią wystawę do ponownej prezentacji w zainteresowanych kręgach.

To celebrate 20 years of town twinning between Warsaw and Berlin, the Warsaw Heritage Protection Department in cooperation with the History Meeting House Warsaw (Dom Spotkań z Historią – DSH) organised a touring exhibition »*SocЯealismus – The Architectural Heritage of Warsaw and Berlin: Marszałkowska Dzielnica Mieszkaniowa (MDM) and Karl-Marx-Allee (KMA)*«, that was coached by Maria Wojtysiak. The exhibition opened in August 2011 in Berlin and in September 2011 in Warsaw and was accompanied by a trilingual booklet. The organizers will make the exhibition panels available for further presentation to interested parties.

03a. und 03b. Dreisprachiger Katalog der Ausstellung

Exhibition KMA-MDM | 275

Autoren / Autorzy / Authors

Marek Barański, Dr. arch., historian of architecture, architect, conservator of historic monuments; ICOMOS Poland; Polish Conservators of Historic Monuments Baranski and Associates; Warsaw, Poland

Arnold Bartetzky, Dr. phil., art historian, research coordinator for art history; Geisteswissenschaftliches Zentrum Geschichte und Kultur Ostmitteleuropas – GWZO; Leipzig, Germany

Aneta Borowik, Dr., art historian, assistant professor; Department of Art History University of Silesia; Katowice, Poland

Piotr Brabander, mgr. inż. arch., architect; Head of Heritage Protection Department of the Capital City of Warsaw; Warsaw, Poland

Sigrid Brandt, Dr., art historian, lecturer; ICOMOS Germany; Salzburg, Austria / Berlin, Germany

Szymon Brzezowski, mgr. inż. arch., architect; University of Technology Wroclaw; Wrocław, Poland

Krzysztof Charewicz, M. A., art historian, inspector; Warsaw Heritage Protection Department; Warsaw, Poland

Dmitrij Chmelnizki, Dr.-Ing., architect, art historian; Berlin, Germany

Wojciech Ciepiela, mgr. inż. arch., architect; inspector, Office for Monument Protection, Department of Culture and National Heritage; Kraków, Poland

Christina Czymay, Dipl. Phil., art and architectural historian, curator of monuments; Landesdenkmalamt Berlin; Berlin, Germany

Maria Dydek, M. A., architect affiliated with Warsaw Heritage Protection Department, Office for Architecture and Urban Planning; Warsaw, Poland

Antje Graumann, M. A., art historian, scientific assistant; Landesdenkmalamt Berlin; Berlin, Germany

Jörg Haspel, Prof. Dr.-Ing., art historian; conservator of the federal state of Berlin, vice-president of ICOMOS Germany, Head of Landesdenkmalamt Berlin; Berlin, Germany

Waldemar Komorowski, M. A., art historian, custodian; National Museum of Krakow; Kraków, Poland

Kristina Laduch, Dipl.-Ing., architect; leader of the City Planning Department of District Berlin-Mitte, Head of the Office for Planing and Authorisation; Berlin, Germany

Eugenij Morozow, Dr., architect, associated professor; National Institute for Management and Social Technology, Belarusian State University; Minsk, Belarus

Ewa Karolina Nekanda Trepka, M. Sc. architect, expert; former Head of Heritage Protection Department of the Capital City of Warsaw; Warsaw, Poland

Antoni Oleksicki, M. A., historian, deputy conservator; Masovian Heritage Protection Department; Warsaw, Poland

Michael Petzet, Prof. Dr., art historian; president of ICOMOS Germany, former president of ICOMOS International and former Conservator General of the Bavarian State Conservation Office; München, Germany

Katarzyna Rogalska, M. A., art historian; Polish Institute of World Art Studies (Polski Instytut Studiów nad Sztuką Świata); Warsaw, Poland;

Halina Rojkowska-Tasak, M. A., art historian; head of divison, Office for Monument Protection, Department of Culture and National Heritage; Kraków, Poland

Bernadeta Schäfer, Dr.-Ing. des., architect, universitary assistant; Chair of Architectural History Technical University of Berlin; Berlin, Germany

Svitlana Smolenska, Prof. Dr., architect; associated professor, Kharkiv State Technical University of Construction and Architecture; ICOMOS Ukraine; Kharkiv, Ukraine

Michał Paweł Smoktunowicz, M. Sc., architect, landscape architect; consultant to the Minister of Culture and National Heritage; Warsaw, Poland

Christian Steinmeier, Dipl.-Ing., architect; scientific assistant, Landesdenkmalamt Berlin; Berlin, Germany

Aleksandra Sumorok, Dr., art historian, assistant professor; Academy of Fine Arts W. Strzeminski in Łódź; Łódź, Poland

Paulina Świątek, M. A., art historian; inspector, Warsaw Heritage Protection Department; Warsaw, Poland

Dominika Szewczykiewicz, M. A., art historian; inspector, Warsaw Heritage Protection Department; Warsaw, Poland

Bogusław Szmygin, Prof. Dr., civil engineer; president ICOMOS Poland, Head of Department of Architectural Monument Conservation, Technical University of Lublin; Lublin, Poland

Irina Tulbure, Dr., architect, universitary assistant; Department of History & Theory of Architecture and Heritage Conservation; Bucharest, Romania

Klaus-Henning von Krosigk, Dr.-Ing., garden conservator, deputy Head of Landesdenkmalamt Berlin; ICOMOS Germany; Berlin, Germany

Maria Wojtysiak, mgr. inż. arch., architect, expert of the Minister of Culture and National Heritage, Member of the Public Council of the Cultural Heritage Protection under the President of Warsaw; Warsaw, Poland

Urszula Zielińska-Meissner, M. A., art historian; senior conservation officer, Warsaw Heritage Protection Department; Warsaw, Poland

Abbildungsnachweise / Źródła Ilustracji / Credits

Es wurden alle Möglichkeiten zur Ermittlung der Bildrechte ausgeschöpft. Soweit nicht anders angegeben, wurden Abbildungsvorlagen und Abbildungsrechte von den Autoren zur Verfügung gestellt. Eventuelle Hinweise geben Sie bitte an die Herausgeber bzw. den Verlag weiter.

Abbildungsnachweise / Źródła Ilustracji / Credits
Architektura 1950 / 7–8: S. 68 (03, 04, 05)
Architektura 1954 / 2: S. 190 (05)
Architektura 1954 / 10: S. 43
Arhitectura, Bild- und Planarchiv: S. 241 (02)
Arhitectura RPR, 1953 / 1: S. 241 (04)
Arhitectura RPR, 1955 / 11–12: S. 241 (03)
Architekturbüro mghs, Berlin: S. 153
Archiv des Stadtmuseums Magnitogorsk: S. 218 (03)
Archiv V. Landau / Reprografie: Ch. Sandig: S. 249 (07)
Archiwum Urzędu Miasta w Katowicach: S. 188; 189; 190 (04); 191
archleague leipzig e. V.: S. 248 (05)

Barański, Marek: S. 85; 86 (03); 87 (04); 88
Bartetzky, Arnold: S. 247 (03)
Biecuszek, M.: S. 185
Bierut, Bolesław: Sześcioletni plan odbudowy Warszawy, Warszawa, 1950: S. 45; 87 (05)
Biuletyn Instytutu Urbanistyki i Architektury, 1954 / 2: S. 46 (13)
Biuro Geodezji i Katastru Urzędu miasta stołecznego Warszawy: S. 54 (06); 55 (08)
Biuro Stołecznego Konserwatora Zabytków miasta stołecznego Warszawy, Bildarchiv/ Stępień, Wiesław: S. 21; 66; 67; 91 (09)
Bötefür, Achim: S. 263
Bradner, Heiko: S. 262
Brenner, Klaus Theo – STADTARCHITEKTUR: S. 155 (06)
Bylinkin, Nikolaj: Vysotnye zdanija Moskvy, Moskva 1951: S. 220 (06)
Bylinkin, Nikolaj P.: Istorija sovetskoj architektury: (1917–1954 gg), Moskva 1985: S. 220 (07)

Centralna Agencja Fotograficzna, 1953, Privatarchiv Familie Stępiński: S. 69
Charewicz, Krzysztof: S. 76; 77; 78; 79; 80; 81; 82
Ciepiela, Wojciech: S. 184
Czymay, Christina: S. 134; 135; 136; 138

Dietz, Christian: S. 248 (04); 249 (06)
Dokuchaev N.: Squares of Moscow // Architecture of the USSR, 1940: S. 229
Durth, Werner; Düwel, Jörn; Gutschow, Niels: Architektur und Städtebau der DDR, Frankfurt am Main 1998, Bd. 1: S. 107; 108; 109 (07)
Dydek, Maria; Holnicki–Szulc, Wojciech; Marczuk, J.; Wojtysiak, Maria: S. 51; 52; 53; 54 (07, 09); 56; 57

Festschrift Dresden. Zur 750-Jahr-Feier der Stadt. 1206–1956, Dresden 1956: S. 110
Foto Service, Warszawa, ul. Marszałkowska 6, Privatarchiv Familie Stępiński: S. 70
Garliński, Bohdan: Architektura Polska 1950–1951, Warszawa 1953: S. 86 (02); 89; 91 (08); 174 (04)

Heck, Karsten: S. 147 (08a)
Hermanowicz, Henryk; Zawadzki, Daniel, in: Skarbowski, Jan: Nowa Huta, Kraków 1971: S. 174 (05)

Jarecki, Jurand, Privatarchiv: S. 194
Jaworska, Małgorzata: S. 97 (07)
Juchnowicz, Stanisław: Nowa Huta, przeszłość i wizja. Z doświadczeń warsztatu projektowego, w: Nowa Huta, przeszłość I wizja. Studium muzeum rozproszonego, Biblioteka Krzysztoforska 2, Kraków 2005: S. 179

Kamiński, Witold: S. 197; 198; 199; 200; 201; 204; 205
Komorowski, Paweł: S. 178
Komorowski, Waldemar; Opaliński, Piotr: S. 181
Kubaczyk, Tomasz: S. 18
Kyiv in photo illustrations. Kyiv: »Art,« 1954: S. 231 (03)

Landesarchiv Berlin / Landesbildstelle: S. 116 (07); 255; 259
Landesdenkmalamt Berlin, Bildarchiv: S. 168 (09)
Landesdenkmalamt Berlin / Wolfgang Bittner: S. 10; 111; 115 (02); 117 (06); 118 (09); 132; 133; 137; 141; 142; 143; 144 (04); 163; 165; 166; 167 (08); 168; 246; 274
Landesdenkmalamt Berlin / Antje Graumann: S. 145 (06); 146; 147 (08b, 09); 148; 273
Landesdenkmalamt Berlin / Antje Graumann, Gunnar Nath: S. 115 (03)
Landesdenkmalamt Berlin / Jörg Haspel: S. 28
Landesdenkmalamt Berlin / Wolfgang Reuss: S. 118 (08); 144 (03b); 164
Landesdenkmalamt Berlin / Franziska Schmidt: S. 119 (10); 167 (07)
Lypa A., Kosarevsky I., Salatich A., Urban greening. Kiev: Academy of Architecture of the Ukrainian SSR, 1952: S. 232 (06); 233 (07b)
Lypa A., Kosarevsky I., Salatich A., Album of parterre greenery (flower-decorative compositions and their components). Kiev: Academy of Architecture of the Ukrainian SSR, 1952: S. 233 (08); 234 (09)
Łoziński, Wojciech, in: Sibila, Leszek; Miezian, Maciej: Nowa Huta – architektura i twórcy miasta idealnego. Niezrealizowane projekty [Flyer Kraków 2006]: S. 173 (03); 177

Majka, Wiesław: S. 172

Meerovic, Mark: Tipologija vmasjvogo zilischa socgorodov-novostroek 1920–1930-ch gg. http://archvuz.ru/2010_3/6: S. 218 (04)

Mishchenko G., Urban Successes of Soviet Ukraine. Architecture of the USSR. 1954: S. 232 (05)

Morozow, Eugenij: S. 222; 223; 224; 225; 226

Moskal, Jerzy; Janota, Wojciech; Szewczyk, Wilhelm: Bogucice, Załęże et nova villa Katowice, Katowice 1993: S. 192; 193

Nekanda Trepka, Ewa: S. 22; 23; 24; 24; 26

Oleksicki, Antoni: S. 40; 41; 44; 46 (14); 47; 96 (06)

Preusler, Burhard: Walter Schwagenscheidt. Stuttgart, 1985: S. 219

Proekty rabocich ziliszc, Moskau, 1929: S. 216

Prokhorova, M., Town green Square. Moscow: State Architectural Publishing House, 1946: S. 233 (7a)

Ptaszycki, Tadeusz (Hrsg.): Nowa Huta, Kraków 1959: S. 173 (02); 175

Pugach, E., private archive: S. 230

Rogalska, Katarzyna: S. 72; 73

Sbornye derevjannye doma (konstrukcii). Albom, Moskau-Leningrad, 1931: S. 217

Senatsverwaltung für Stadtentwicklung und Umwelt Berlin: S. 120; 121; 124; 129; 145 (05); 152; 155 (05); 160

Senatsverwaltung für Stadtentwicklung und Umwelt Berlin / Sören Bott: S. 127 (06)

Senatsverwaltung für Stadtentwicklung und Umwelt Berlin / Hans-Georg Büchner: S. 125 (04)

Senatsverwaltung für Stadtentwicklung und Umwelt Berlin / Rima Gutte: S. 126; 130

Senatsverwaltung für Stadtentwicklung und Umwelt Berlin / Philipp Meuser: S. 123

Senatsverwaltung für Stadtentwicklung und Umwelt Berlin / Ulrich Reinheckel: S. 125 (03); 127 (07)

Senatsverwaltung für Stadtentwicklung und Umwelt Berlin / Benita Wübbe: S. 128

STADT LAND FLUSS Büro für Städtebau und Stadtplanung Berlin: S. 151; 154; 156; 157; 159

Smoktunowicz, Michał: S. 27; 30; 33; 34; 35

Smolenska, Svitlana: S. 231 (04); 234 (10); 235; 236

Stolica 1949 / 29: S. 38 (04)

Stolica 1949 / 43: S. 42 (08)

Stolica 1950 / 8: S. 68 (03, 04, 05)

Stolica 1951 / 8: S. 37 (01, 02)

Stolica1953 / 33: S. 42 (09)

Stolica 1953 / 42: S. 38 (03)

Stolica 1954 / 43: S. 49 (71)

Stowarzyszenie Architektów Polskich, Warszawa: S. 247 (02)

Szczepińska, Joanna, in: Jan Szczepkowski, Warszawa 1957: S. 99 (02)

Szewczykiewicz, Dominika: S. 94; 95

Szkoła, M.: S. 182; 183

Świątek, Paulina: S. 60; 61; 62

Welzbacher, Christian: Die Staatsarchitektur der Weimarer Republik, Berlin 2006: S. 106

Wikimedia Commons: S. 239; S. 251

Wikimedia Commons: Brückels, Manfred: S. 119 (11)

Wikimedia Commons: Joeb07: S. 250 (08)

Wikimedia Commons: Stefan-Xp: S. 114

www.balticseabackpackertips.com/files/2011/07/LangeStrasse_Stullkowski.jpg: S. 109 (06)

www.deutsches-architektur-forum.de: S. 250 (09)

Wojewódzki Urząd Służby Ochrony Zabytków w Białymstoku / Paszkowski, Władysław: S. 39

Wojewódzki Urząd Służby Ochrony Zabytków w Białymstoku / Bildarchiv, Neg. Nr. M5/25/1: S. 48

Wysłocka, Anna: S. 96 (05)

Zawadzki, Daniel; Henryk Makarewicz, vor 1971, in: Skarbowski, Jan: Nowa Huta, Kraków 1971: S. 176

Zielińska-Meissner, Urszula: S. 99 (01); S. 100; S. 101; S. 102; S. 103